주식 차트 절대비기 300선!

이상우 지음

여의도책방

저자 소개

이상우

주식은 끝이 없는 훈련이며 겸손하고 꾸준해야만 승률을 높일 수 있다는 믿음으로 유튜브를 통한 주식 강의를 시작했다. 주식 유튜버로서 구독자 65만 명, 누적 조회수 7천3백만을 기록하고 있으며, 명쾌하고 쉬운 주식 강의를 바탕으로 온라인 주식학교 투공을 설립해 주식을 처음 시작하는 초보자들이 실수를 줄이고 잃지 않는 투자자로서의 삶을 살아갈 수 있도록 도움을 주고 있다.

증권사 출신의 전문가로서 18년 넘게 실제 투자 현장을 누볐다. 그동안 투자자의 심리가 고스란히 투영되는 주식 차트의 중요성을 깨달은 그는 투자의 길을 찾지 못하는 많은 개인 투자자에게 등대가 되어 주었다. 투자에 있어 무엇보다 심리가 중요함을 간파한 심리매매, 시장 변화와 흐름을 읽는 시나리오 매매, 단기 변동성을 활용하는 차트 매매의 깊이 있는 영역을 개척했다. 한 가지 매매 방식만을 고집하지 않고 다양한 분석 툴을 활용하여 변화하는 투자 패러다임에 적용할 수 있는 스마트한 투자 방법을 전하고 있다. 투자자산운용사, 증권투자상담사, 금융자산관리사, 선물거래상담사, AFPK 자격을 보유하고 있으며 저서로는 『이상하게 쉬운 주식』, 『주식투자 끝장내기』, 『주식차트 절대비기 300선』, 『투자노트』, 『이것이 진짜 주식이다』가 있다.

주식 차트 절대비기 300선!

투공 및 여의도책방 저서 소개

진짜 주식 공부, 딱 하루 15분!
주식을 모른다면 투공!

- **수익률로 검증된 수석 전문가들의 고품격 강의**
- **쉽고 재밌게 배우는 실전 중심형 콘텐츠**
- **수석 연구원이 집필한 교재 기반의 체계적인 커리큘럼**

공부하지 않고 주식을 시작하는 건 도박이나 다름없습니다. 주식의 기초인 차트, 이동평균선에 대한 이해부터 재무제표, 공시, 세력 분석, 실전 매매까지 개미가 이길 수 있는 승리 공식 알기 쉽게 설명해 드립니다.

주식 초보라면 반드시 읽어야 할 주식투자서!

주식과 관련한 필수 용어는 물론이고 다양한 실전 매매 사례, 주식 고수의 꿀팁, 절대매매 Tip을 수록한 책이다. 주식 초보자의 이해를 도울 뿐만 아니라 실제 투자하여 수익을 올릴 수 있게끔 구성되었다.

작은 불확실성에 흔들리지 마라
흔들리는 것은 가짜다!

공매도와 세력을 이기는 진짜 주식의 세계를 소개하는 책이다. 팬데믹 이후 변화한 투자 패러다임에 대한 탁월한 인사이트와 함께 가치주와 성장주의 차이 그리고 매매 타이밍을 명확히 제시한다. 또한 중장기 투자와 함께 단기 투자를 병행해야 할 명분과 실패하지 않는 15/60 단기 투자 기법까지 공개한다.

앞으로 10년간 주식시장을 이끌
섹터와 키워드

투자에 어려움을 느끼는 개인 투자자를 위한 책이다. 현재 뿐만 아니라 앞으로 10년간 전 세계 주식시장을 이끌 섹터(산업) 9개를 선정하고, 각 섹터에 알맞은 키워드들(300여 개)을 검색량순으로 나열했다. 2020년에 탄생한 수많은 초보 개인 투자자를 위해 용어들은 최대한 친절하게 설명했고, 보다 쉬운 이해를 위해 관련 단어와 관련 종목도 담았다. 마지막 전문가 한마디는 키워드, 섹터, 전체 주식시장을 조망하게 한다.

당연하다고 생각한 모든 것이 피식자의 프레임이다!

시장경제의 민낯에 대해 이야기하는 책이다. 금융시장에서 포식자로 자리잡은 대기업, 최대주주, 기관, 글로벌 기업, 이웃나라인 일본과 중국에 대한 우리의 잘못된 시각을 지적한다. 이 책의 핵심 메시지는 이렇다. 돈을 벌기 위해서라면 그동안 낡은 피식자의 프레임을 벗어던지고 포식자의 논리를 깨달아라!

프롤로그

절대비기를 공부하면 평범한 투자자도 부자가 될 수 있다!

투자의 신 '혼마 무네히사'는 운이 나빠도 수익을 낼 수 있는 방법을 찾기 위해서 고군분투했고, 수십 년간의 통계를 기반으로 일목균형표를 만들었다. 그는 주식투자라는 재테크 수단을 적극 활용해서 평범한 투자자도 '빈곤 추방'을 만들고 싶다는 굳은 의지로 자신의 이론을 세상에 공개했다.
필자도 이런 마음으로 18년간 연구하고 공부한 기술적 차트 매매 비기들과, 극비에 부쳐왔던 실전 차트 매매 기법들을 본 책에서 최초로 공개하기로 했다. 이 책은 필자가 18년간 주식시장에서 수없이 많은 매매와 자문을 하면서 터득한 다양한 실전 방법을 300선의 절대비기로 담아낸 차트분석 해설서이다. 이 책을 통해 정확한 차트분석 노하우를 터득하고, 평범한 개인투자자들도 부자가 되기를 바라는 마음으로 집필하였다.

주식시장의 숨겨진 정보는 차트 안에 있다!

필자는 오랫동안 주식시장 참여자로 일하며 한국의 주식은 기업가치적인 부분보다 유동성의 힘과 대중심리요소가 더욱 큰 작용을 하고 있음을 몸소 느꼈다. 개인투자자들은 기업의 분식회계 여부나 잘못된 공시, 횡령배임 등이 일어나고 있는지 알 수가 없다. 그러나 차트를 읽을 줄 안다면, 이런 악재를 미리 알고 기업 내부자나 기관, 대주주들이 빠져나간 흔적을 찾아내 선제적으로 대응할 수 있다. 이것이 바로 차트분석이 필요한 이유다. 차트분석을 잘 하게 되면, 세력들의 속임수에 속지 않으며 오히려 속임수를 활용해 더 큰 수익을 내는 방법을 추구할 수도 있다.

우리는 이길 수 없는 큰 세력들과 주식시장에서 총성 없는 전쟁을 하고 있다. 엄청난 자본력을 가진 외국인과 정확하고 빠른 정보로 똘똘 뭉친 기관들 그리고 작전을 치는 세력들까지. 총성없는 전쟁터에서, 우리가 알 수 없는 정보와 숨겨진 부분들이 직접적으로 드러나는 것이 바로 차트이다. 상당히 많은 개인투자자들이 저점과 고점 구분에 어려움을 느낀다. '저점매수 고점매도'가 주식투자의 원칙인데 '고점매수 저점매도' 로 투자하는 분들이 정말 많다. 10년 넘게 투자하는 분들도, 누가 봐도 많이 올랐고 고점인데도 불구하고 더 갈 수 있다는 믿음과 확신이 강한 나머지 적극적으로 매수해서 결국 큰 손해를 보고 손절하는 경우가 허다하다. 그 이유는 현재의 주가가 어느 위치에 있는지를 모르기 때문이다. 현 주가가 가치 대비 저렴한지 비싼지 알지 못하는 것이다.

사실상 주식시장에서 가치평가나 다양한 재무제표를 통한 분석은 한계가 있다. 이미 그 지표들은 과거자료일 뿐만 아니라 분식회계나 다양한 편법으로 눈속임을 하는 경우가 많기 때문이다. 그러나 '시세' 라는 것은 매도세와 매수세의 균형점에서 형성이 되는 것이다. 시세의 흐름이 어디로 움직이는지, 지금 시세가 고점에서 얼마나 내려와 있고 저점에서 얼만큼 올라가 있는지를 파악하고 시세의 흐름이 어느 방향(추세 방향)으로 움직이든 힘(거래량)의 세기가 얼마나 강하게 작용하는지 여부와 그 힘(거래량)이 과연 언제까지 이어질 것인지를 알 수 있는 것이 차트분석이다.
주식시장의 숨겨진 정보는 모두 차트 안에 있다.

이 책의 특징

필자는 이 책이 한국에서 하나뿐인 완벽한 차트분석서라고 자신있게 말할 수 있다. 실전에서 바로 사용할 수 있는 '절대비기'를 엄선하여 수록하였다. 위기를 기회로 만들수 있는 방법은 고점에서 매수하는 것이 아니고 저점이 끝나가는 자리에서 매수하는 것이다. 고가놀이나 기간/가격 조정구간 동안에 어떻게 매매를 해야 하며, 2차상승과 3차상승이 나와서 고점에 오게 되면 어떤 신호를 보고 매도해야 하는지에 대해서 실전 매매로 바로 적용할 수 있도록 상세한 방법을 수록하였다.
단타 매매, 직장인 스윙 매매, 중장기 매매 기법, 세력을 이기는 법, 거래량 분석법, 시나리오 분석법, 심리 매매법, 역발상 매매 기법, 급등주 매매 기법, 캔들 매매 기법, 속임수캔들 매매 기법, 보조지표 비교분석 활용법, 신규상장주 매매 기법, VI 매매법, 1000% 수익 기법, 고점매도 기법, 저점에서 분할매수 하는 방법, 공시 매매 기법까지. 한국 주식시장 맞춤형 싸움의 기술들을 한 권에 모두 담았다.

평범하게 직장을 다니는 개인투자자도 전문적인 투자자보다 더 많은 수익을 낼 수 있도록 다양한 매매 기법 노하우를 집대성한 책이다. 처음 주식을 시작하는 개인투자자부터 전문적인 주식투자 지식을 가지고 있으나 잘못된 투자습관을 가지고 있는 분들, 그리고 자신의 투자방법을 다시 한번 확인하거나 훈련받고 싶은 분들에게 성공의 길잡이가 되어줄 것이다.

주식은 훈련이다!

'주식을 공부하면 정말 수익을 낼 수 있나요?'
많은 개인투자자들이 필자에게 가장 많이 묻는 질문이다. 사실 주식은 암기과목처럼 열심히 외운다고 잘하는 것이 아니다. 매일 500개 이상의 종목의 차트를 돌려보면서 내일의 매매 전략을 수립하고 매수/매도/손절/비중확대를 전략대로 정확히 해내는 고된 훈련을 받아야 한다.

모짜르트도 절대음감과 같은 선천적인 재능을 가지고 있었지만 그것을 더욱 극대화 시킬 수 있었던 것은 3살때부터 20대가 될 때까지 아버지로부터 극도로 전문적인 수련을 받았기 때문이다. '골프황제' 타이거 우즈는 40살이 넘은 고령에도 끊임없는 부상과 스캔들로 10년간 정체기를 가졌지만, 엄청난 노력과 훈련으로 2019년 미국프로골프(PGA)투어 시즌 메이저대회 마스터스 최종라운드 우승을 했다. 모짜르트와 타이거 우즈는 뼈를 깎는 연습과 훈련을 이겨내고 고수가 될 수 있었다.
이처럼 주식도 꾸준히 훈련을 받아야 한다. 골프 자세나 용어를 배우고 실내에서 엄청난 연습을 한다고 해도 골프를 잘 칠 수 있는 것은 아니다. 라운딩을 나가서 잔디와 바람 상태 등 수많은 변수들에 대응하며 훈련받고 경험해야 고수가 될 수 있는 것과 같다.

이 책에서는 여러분들을 주식의 고수가 될 수 있도록 훈련시키는 과정을 만들었다. 공부와 훈련의 차이는 반복과 연습 과정이다. 한 가지 주제를 여러 가지 방향으로 수록하였고, 다양한 접근방식을 통해 상황적 판단력을 꾸준히 훈련할 수 있도록 하였다. 또한 변동성완화장치나 신규상장주매매 등 최근 시장 트렌드에 맞는 매매 기법도 수록하여 복기 훈련에 최적화될 수 있도록 구성했다.

우리의 목표는 지지 않는 게임을 하는 것이다!

우리는 주식투자를 하면서 내일은 어떻게 될 것인지 예측하려고 한다. 바둑의 수와 같이, 한 수 앞을 내다볼 수 있는 방법은 차트분석이다. 이 책에서는 기업의 재무상태나 펀더멘탈 등 숫자로 표현될 수 있는 지표들은 배제하였다. 오로지 거래량/이평선/엘리엇 파동이론/일목균형표/다우이론 등 차트에 영향을 줄 수 있는 심리적 요소 및 기술적 분석 방법을 통해 한 수 앞을 내다볼 수 있는, 나아가 주식시장에서 이길 수 있는 다양한 매매 기법을 다루고 있다.

그 첫 번째는 가격 분석 방법이다. 현재 가격이 고점 대비 얼만큼 하락했느냐 또는 저점 대비 얼만큼 올랐느냐에 따라서 투자자들은 심리적으로 가격을 판단하기 때문에, 50%룰부터 시작해서 삼파동 이론, 돌파 매매, 눌림 매매, 삼중바닥 매매 등 효율적인 가격 분석 방법을 수록하였다.

두 번째는 수급 분석 방법이다. 최근 전세계 유동성장세가 진행되면서 아무리 영업이익이 고공행진을 하더라도, 시대에 맞지 않거나 수급이 따라붙지 않으면 주가가 올라갈 생각을 하지 않아 마냥 기다려야 한다. 그래서 외국인, 기관들이 적극적으로 매수하고 특정 증권사가 집중매수하는 종목을 찾는 방법과 세력들의 매매 성향 및 반복되는 특징을 찾아 미래 차트 분석에 적용하는 방법을 수록하였다.

세 번째는 거래량 분석 방법이다. 차트에서는 거래량이 유일하게 세력들이 숨길 수 없는 흔적이고 가장 중요한 부분이다. 그래서 본서에서는 거래량에 대해 상당히 많은 내용을 담았다. 거래량을 통해서 큰 세력의 숨은 의도를 파악하고, 세력이 매수하면 함께 매수하고 세력들이 매도하기 전 신호를 파악해서 미리 매도하는 것을 목표로 하고 있다.

네 번째는 캔들 + 보조지표 분석 방법이다. 사실 캔들과 보조지표 분석 방법은 많은 기술적분석 서적에서 쉽게 내용을 확인할 수 있으나, 본서에서는 실전에서 활용할 때 다른 분석 방법들과 어떻게 연계해서 사용할 수 있는지와 필자만의 특별한 매매 기법들을 서술했다. 아마 여러분들은 이제껏 보지 못한 활용법들에 놀랄 것이다.

마지막으로 모멘텀 분석 방법이다. 모멘텀이란 쉽게 설명하면 재료나 뉴스 매매라고 보면 된다. 다양한 뉴스와 재료가 오픈되고 증시에 영향을 끼치고 있다. 그런 여러가지 테마나 재료 뉴스가 나왔을 때 어떻게 대응하고 매매해야 하는지 기술적으로 안내했으니 실전 투자에 큰 도움이 될 것이다.

또한 특별부록에서는 단기 매매 기법과 급등주 5일선 매매 기법/기준선 매매 기법/친구양봉기법 등 전업투자자들이 따라할 수 있는 매매 기법들을 소개했고, 공시 분석을 통해서 매매할 수 있는 전문 실전 매매 기법을 실었다. M&A 및 기업들이 어떤 형태로 자본을 확충하고 주가부양을 하는지도 기재했으니 꼭 숙지하고 투자에 큰 도움이 되었으면 한다.

이 책이 나오기까지…

필자의 첫 번째 주식투자서인 '이상하게 쉬운 주식'은 주식 기본개념과 정의 및 시장의 흐름과 원리를 최대한 이해하기 쉽게 설명하여 초보들을 위한 입문서로 자리매김했다.

두 번째 주식투자서인 '주식유튜버 이상우의 주식투자 끝장내기'는 실전에서 바로 적용할 수 있는 매매 방법 및 훈련 방법을 자세하게 실었고 조건검색식 및 고수의 HTS 설정법, 급등주 찾기, 공시해석 끝장내기 등 개인투자자들을 위한 내공 있는 기법들을 수록했다.

그리고 마침내, 주식 고수가 되는 마지막 차트 분석 기법이 집약된 본서 '주식 차트 절대비기 300선!'은 필자의 차트 분석 고급 스킬을 엄선하여 실었다. '옷걸이 기법' '삼삼 기법' '빌딩 매집법' 등 어떤 곳에서도 배울 수 없고 어느 곳에서도 볼 수 없는 내용을 잘 정리하여, 초보부터 고수까지 모두 쉽게 이해할 수 있도록 만들었다. 여러분들이 이 기법들을 마스터하고 훈련하여 자유자재로 사용할 수 있는 투자자가 되기를 바란다.

2019년, 주식을 책으로만 배우는 것에 어려움을 느끼는 개인투자자들을 위해 온라인 주식학교 투공을 설립하였다. 투공에서는 개인 수준별 주식 동영상 강의를 수강할 수 있으며 본서는 투공에서 고급반 강의 교재로 사용되고 있다. 영상과 책을 함께 공부한다면 주식과 쉽게 친해질 수 있을 것이다.

이 책을 출간하기까지, 도움과 지원을 아끼지 않은 많은 분들께 고마운 마음을 전하고 싶다.

1년간 주식 책 4권을 집필하는 동안 늘 응원해주시고 기도해주신 부모님께 큰 감사의 말씀을 드린다. 이 책을 정독하고 주식 고수가 될 독자 여러분들, 본서를 쓰는 데 많은 도움을 준 김동희 전문가에게 고마움의 인사를 전하며, 특별부록을 통해서 책의 내용을 더욱 심도 있게 만들어준 장지웅 이사님께도 감사드린다. 또한 언제나 회사를 위해서 노력해주시고 옆자리를 지켜주시는 김종성 고문님께 고마운 마음을 전한다.

'주식 차트 절대비기 300선!'을 통해 한국의 개인투자자들이 전세계에서 가장 투자를 잘하는 슈퍼 개미로 거듭나기를 진심으로 소원한다.

저자 이상우

주식 차트 절대비기 300선!

이렇게 활용하자!

1

절대매매 Tip!

실전 매매에 적용할 수 있는 차트 분석 팁을 알려드립니다.

개선 선생이 알려주는 절대매매 팁으로 직접 수익을 올려보세요!

2

개선 선생의 한마디!

개선 선생의 차트 분석법을 알려드립니다.

차트를 통해 어떤 패턴을 포착해야 하는지, 매수와 매도 포인트는 어딘지 설명해 드리니 실전 투자에 적용해보세요!

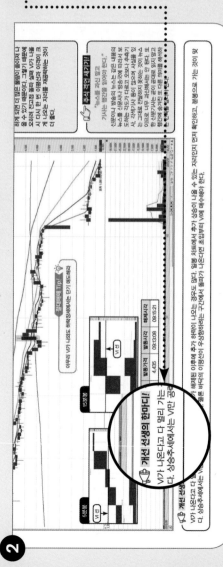

이렇게 활용하자!

3

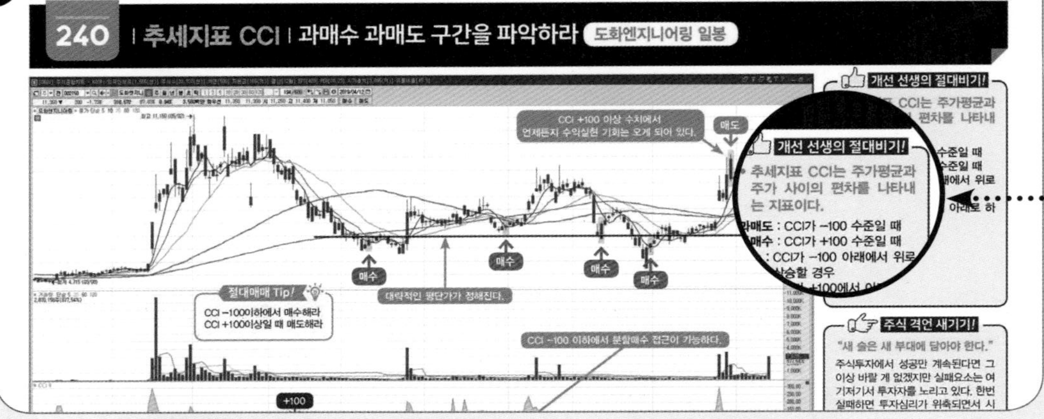

개선 선생의 절대비기!

개미의 선구자! 개선 선생만의 절대비기를 알려드립니다.
고수는 투자에 대해 어떤 생각을 가지고 있는지,
실전 매매에서 강조하는 부분은 무엇인지 확인해 보세요!

4

291 | M&A | 상장사가 주식교환방식 M&A로 (비)상장사를 인수할 때를 지켜봐라!

장지웅 이사

[주식교환방식 M&A]
특정기업을 인수하려는 기업 주식을 신규로 발행해 피인수기업의 주식과 교환함으로써 해당 회사를 자회사로 편입시키는 M&A 방법

주식교환방식 M&A는 1997년 외환위기 이후 각종 경제 질서가 활발히 재편되고 기업 및 금융기관의 구조조정의 필요성이 강조되던 시절 자본시장의 원활한 자금흐름을 유도하고, 기업 인수합병 시장에 활기를 불어넣기 위해 시작되었다.

주식교환방식으로 M&A 하려는 기업은 주식 신규 발행분을 피인수기업의 주식과 교환하기 때문에 신규 자금을 조달할 필요가 없다.

이 과정에서 피인수기업이 배정받은 인수기업의 주식 교환비율이 턱없이 낮음에도 불구하고 주식교환을 통해 모기업의 주식을 취득하는 경우가 있다. 피인수

※단, 인수기업이 피인수기업을 인수 후 유상증자를 시행하는 시점에서 약 1개월에 한하여 주가는 상승한다.

▶ 주식교환방식 M&A의 옳지 못한 사례

인수기업 (주당 10,000원) | 경영권 귀속 | B사 피인수기업 (주당 1,000원) | 콜옵 | 유상증자

특별부록

전문가가 직접 알려주는 M&A, 공시 분석 비법을 수록하였습니다.
어렵게만 느껴졌던 M&A와 공시 분석, 다양한 사례로 쉽게 설명해 드립니다.

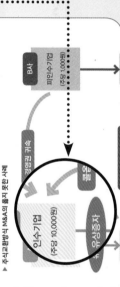

목차

목차

목차

목차

목차

목차

목차

목차

PART 01

• 꼭 알고 넘어가기

001 | 꼭 알고 넘어가기 | 변동성완화장치(VI : Volatility Interruption)란?

KRX에서는 기존의 가격제한폭만 운영하는 상황에서, 장중 개별종목의 주가가 급변할 때 생기는 피해를 막기 위해 변동성완화장치(VI)를 도입하였다. 변동성완화장치는 대부분의 해외거래소가 채택하고 있는 개별종목 가격 안정화 장치로 주문실수, 수급 불균형 등에 의한 일시적 주가급변 시 단기간의 냉각기간(2분의 단일가 매매)을 부여하여 투자자에게 주가 급변 상황에 대해 주의를 환기함으로써 가격급변을 완화하기 위한 제도이다. 일시적인 주가급변의 완화장치인 동적 VI와, 보다 장기간의 주가변동 완화장치인 정적 VI로 구분된다.

▶ 동적 VI와 정적 VI의 정의

유형	내용
동적 VI	특정 호가에 의한 일시적 주가 급변 시 발동
정적 VI	특정 단일호가 또는 여러호가로 야기되는 누적적 주가 급변 시 발동

▶ 변동성완화장치 적용 대상

시장	거래소	코스닥
대상	주권, DR, ETF, ETN, 수익증권	주권, DR
제외	정리매매종목, 단기과열종목	

▶ VI 발동요건

구분		동적 VI			정적 VI
참조가격		호가제출직전 체결가격			호가제출직전 단일가격 – 시가결정전 : 당일 기준가격 – 시가결정후 : 직전 단일 가격
발동가격		참조가격 ± (참고가격 × 발동가격율)			
발동가격율		정규시장 (9:00~15:20)	종가단일가	시간외단일가	정규시장 모든세션
주식	KOSPI200 구성종목	3%	2%(1%)	3%	3%
	유가 일반종목, 코스닥종목	6%	4%	6%	
ETF/ETN	KOSPI200/100/50, KRX100, 인버스, 채권	3%	2%(1%)	3%	3%
	레버리지, 섹터 · 해외지수, 상품 등 기타지수	6%	4%	6%	

일반적으로 동적 VI는 직전 가격 대비 급등할 때 발생하고, 정적 VI는 시가 대비 급등할 경우 발생한다. 정적 VI가 발생하기 전 동적 VI가 발생하는 경우가 많다.

동적 VI 와 정적 VI 모두 발동요건을 충족하여 발동되면 2분간 단일가 매매 호가 접수 및 체결이 진행된다. 단일가 매매가 진행되는 2분 동안 가격이 급변한 이유를 분석하고, 향후 주가 움직임을 예상하는 시간을 갖게 된다. VI가 발동되면 시황에 뜨고, HTS에서 실시간으로 검색할 수 있다.

주문실수나 일시적인 수급에 의해 발생한 VI는 단일가 매매 이후 주가가 발동 이전으로 회귀하는 경우가 많다. 하지만 의미 있는 시황이나 투자자들의 기대감이 강하다면 소폭 조정 받더라도 재차 상승하는 경우가 많다.

VI가 발동되면, 무조건 매매하는 것보다는 단일가 매매 시간인 2분 동안 분석을 통해 매매할 수 있다.

▶ HTS [TR-0193] 변동성완화장치(VI) 발동 종목 현황

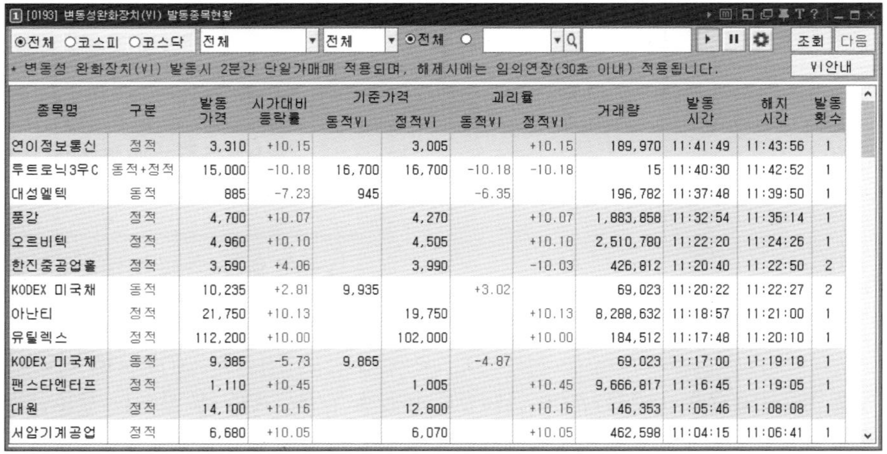

[0193] 변동성완화장치(VI) 발동종목현황

◉전체 ○코스피 ○코스닥 | 전체 | 전체 | ◉전체 ○ | 조회 | 다음

• 변동성 완화장치(VI) 발동시 2분간 단일가매매 적용되며, 해제시에는 임의연장(30초 이내) 적용됩니다. | VI안내

종목명	구분	발동 가격	시가대비 등락률	기준가격 동적VI	기준가격 정적VI	괴리율 동적VI	괴리율 정적VI	거래량	발동 시간	해지 시간	발동 횟수
연이정보통신	정적	3,310	+10.15		3,005		+10.15	189,970	11:41:49	11:43:56	1
루트로닉3우C	동적+정적	15,000	-10.18	16,700	16,700	-10.18	-10.18	15	11:40:30	11:42:52	1
대성엘텍	동적	885	-7.23	945		-6.35		196,782	11:37:48	11:39:50	1
풍강	정적	4,700	+10.07		4,270		+10.07	1,883,858	11:32:54	11:35:14	1
오르비텍	정적	4,960	+10.10		4,505		+10.10	2,510,780	11:22:20	11:24:26	1
한진중공업홀	정적	3,590	+4.06		3,990		-10.03	426,812	11:20:40	11:22:50	2
KODEX 미국채	동적	10,235	+2.81	9,935		+3.02		69,023	11:20:22	11:22:27	2
아난티	정적	21,750	+10.13		19,750		+10.13	8,288,632	11:18:57	11:21:00	1
유틸렉스	정적	112,200	+10.00		102,000		+10.00	184,512	11:17:48	11:20:10	1
KODEX 미국채	동적	9,385	-5.73	9,865		-4.87		69,023	11:17:00	11:19:18	1
팬스타엔터프	정적	1,110	+10.45		1,005		+10.45	9,666,817	11:16:45	11:19:05	1
대원	정적	14,100	+10.16		12,800		+10.16	146,353	11:05:46	11:08:08	1
서암기계공업	정적	6,680	+10.05		6,070		+10.05	462,598	11:04:15	11:06:41	1

002 | 꼭 알고 넘어가기 | JOSEPH ENSIGN GRANVILLE THEORY(그랜빌의 법칙)

미국의 주가 분석사인 그랜빌(Joseph Ensign Granville)은 이동평균선의 개념을 최초로 도입한 사람으로 유명하다. 그는 주가가 움직이는 방향으로 계속 움직이려고 하는 관성의 법칙과, 주가와 이동평균선의 이격이 크면 이를 줄이려는 현상인 회귀 현상을 이용하여 매수 신호 4가지와 매도 신호 4가지를 만들었다. 그랜빌은 여러 가지 이동평균선 가운데 장기이동평균선인 200일 이동평균선을 가장 신뢰할 수 있다고 했다. 하지만 투자 기간에 따라 다양한 이동평균선을 활용하여 그랜빌의 법칙을 적용할 수 있다. 단기 투자의 경우에는 5일/20일 이동평균선을 사용할 수 있고, 중기 투자의 경우에는 60일/120일 이동평균선을 활용할 수 있다.

Ⅰ. 그랜빌의 매수 신호 4가지

▶ **그랜빌의 매수 신호 4가지**

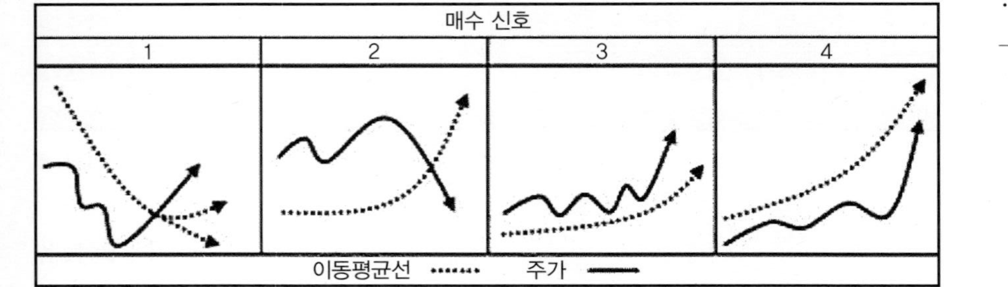

① 매수 신호

: 이동평균선이 하락이나 보합 상황에서 주가가 평균선을 상향 돌파 시

→ 거래 수반될수록 강한 신호

② 매수 신호

: 이동평균선이 상승하고 있을 때 주가가 이동평균선 아래로 하락하는 경우

→ 일시적 반락의 마무리로 해석

③ 매수 신호

: 이동평균선을 향해 하락하던 주가가 하향 돌파를 하지 않고 오를 때

→ 평균선이 주가 하락을 막는 지지선 역할

④ 매수 신호

: 주가가 이동평균선 밑으로 급하게 하락하다가 평균선으로 접근하려 할 때

→ 주가는 평균선으로 회귀하려는 성향이 있다.

Ⅱ. 그랜빌의 매도 신호 4가지

▶ 그랜빌의 매도 신호 4가지

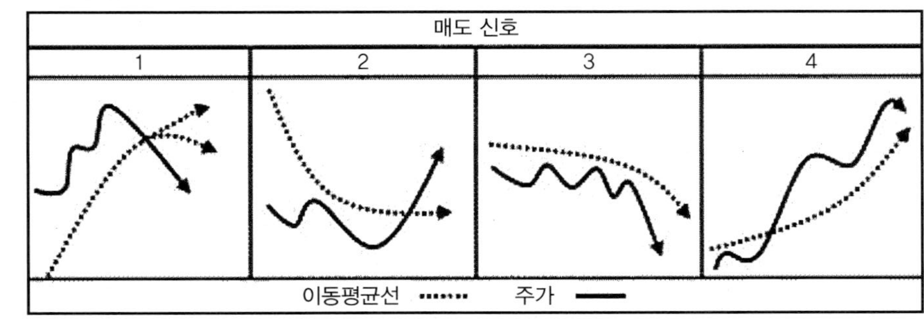

① 매도 신호

: 상승하던 이동평균선이 옆으로 횡보하거나 하락 추세에서 주가가 평균선을 위에서 아래로 뚫고 내려올 때

→ 평균선의 횡보나 하락은 주가의 약세를 뜻하며 하향 돌파는 본격적 약세장 시작을 뜻함

② 매도 신호

: 이동평균선이 계속 하락하고 있는데 주가는 평균선 밑에서 위로 뚫고 올라갈 때

→ 평균선 상향 돌파는 단기 반등의 마무리 단계를 뜻함

③ 매도 신호

: 이동평균선을 향해 주가가 밑에서 위로 올라오다 평균선 돌파를 못 하고 다시 반락 시

→ 평균선이 주가 상승을 막는 저지선 역할을 하므로 매도

④ 매도 신호

: 주가가 상승 중인 이동평균선을 크게 넘어 급등하다 반락할 기미가 보일 때

→ 단기 매도관점으로 이격도가 과도하게 증가하면 회귀하려는 성질을 이용

003 | 꼭 알고 넘어가기 | PATTERN이란 무엇인가?

주가는 투자자의 심리가 반영되기 때문에 일정한 모양이 반복되는 성격이 있다. 투자자의 매수세와 매도세의 결과로 만들어진 패턴은 오랜 기간의 데이터가 모여 정형화되어 앞으로도 주가 움직임이 반복될 가능성이 크다. 이런 정형화된 패턴을 분석하면 주가 움직임을 손쉽게 예측할 수 있다.

대표적인 패턴으로는 **도형 패턴**과 **반전형 패턴**이 있다.

도형 패턴은 우리가 일상생활에서 자주 접할 수 있는 모양으로 나타나는 패턴이며, 한 번만 보더라도 쉽게 인지할 수 있는 삼각형, 사각형, 글자 모양 등과 같은 패턴이다.
삼각형 패턴은 주가의 범위가 확장되었다가 다시 좁아지는 모습을 보인다. 상승삼각형 패턴은 주가의 저점은 상승하고 있지만 상단 저항대에 대기 매도물량이 많은 경우에 나타난다.
상단의 강한 저항대를 돌파한다면 그 이후로는 큰 저항 없이 주가 상승을 이어갈 수 있는 패턴이다.
하락삼각형 패턴은 주가의 고점이 낮아지면서 상승 탄력이 약해지고 있지만 하단에 강한 지지대가 있는 모습이다. 하락삼각형 패턴이라고 해서 패턴이 완성된 이후 주가가 반드시 하락하지는 않는다. 그러나 상승삼각형에 비해 주가가 상승할수록 출현하는 매도물량이 많아, 상승 탄력이 둔화될 가능성이 큰 패턴이다.
대칭삼각형 패턴은 기울기가 서로 다른 두 개의 추세선이 수렴하는 모습을 보인다. 즉, 변동폭이 갈수록 줄어드는 모습을 보이게 된다. 이후 패턴이 완성될 때 결정된 방향으로 시세가 나게 될 가능성이 높다.
다이아몬드 패턴은 주가의 변동폭이 넓어졌다가 다시 좁아지는 모습을 보인다. 주가가 정확하게 도형의 모양을 만들기보다는 확장 · 수렴하는 모습을 확인하는 것이 중요하다.
사각형 패턴은 주식시장에서 박스권이라고도 부르는 유명한 패턴이다. 하단 지지선과 상단 지저항선을 가진 패턴으로, 상단과 하단 중 더 많은 거래량이 발생하는 곳이 더 강한 힘을 가졌다고 볼 수 있다. 상단 저항선에서 거래량이 많이 발생하면 추가 상승보다는 하락하는 힘을 가진다.
L자형 패턴은 기존의 주가가 잠자듯이 조용히 횡보하고 있다가 갑작스런 상승이 나오는 패턴이다. 큰 호재가 갑자기 발생하는 경우에 L자형 패턴이 자주 출현한다.
N자형 패턴은 초기 상승이 나온 이후 주가가 조정 받고 재상승하는 모습을 보여준다. N자형 차트 모양은 생각보다 자주 발견되며, 조정 이후 재상승이 나오는 구간에서 발생하는 거래량과 캔들의 유형이 이 패턴의 핵심 포인트이다.

반전형 패턴으로는 상승 반전형 패턴 (역 헤드 앤 숄더형, 삼중바닥형, 이중바닥형, 원형바닥형, V자형) 과 하락 반전형 패턴 (헤드 앤 숄더형, 삼중천장형, 원형천장형, 역V자형, 이중천장형) 이 있다.

패턴 분석은 단순히 모양만 확인하기보다는 매도세와 매수세의 의미를 이해하는 것이 중요하다. 또한, 패턴 분석과 동시에 거래량 분석을 해야 더욱 유용한 지표가 된다.

004 | 꼭 알고 넘어가기 | ELLIOTT WAVE PRINCIPLE (엘리엇 파동 이론)

엘리엇(Ralph Nelson Elliott)는 주식시장의 움직임과 투자자의 심리는 패턴(Pattern), 비율(Ratio), 시간(Time)의 세 가지 요소로 구성되며, 이 모든 것이 피보나치 수열(Fibonacci Numbers)과 일치한다는 이론을 만들었다.

엘리엇 파동 이론의 핵심은, 주가는 상승 5파와 하락 3파에 의해서 끝없이 순환한다는 것이다. 이 8개의 파동으로 추세를 파악하고 목표가를 설정해볼 수 있다.

▶ 엘리엇 파동 예시

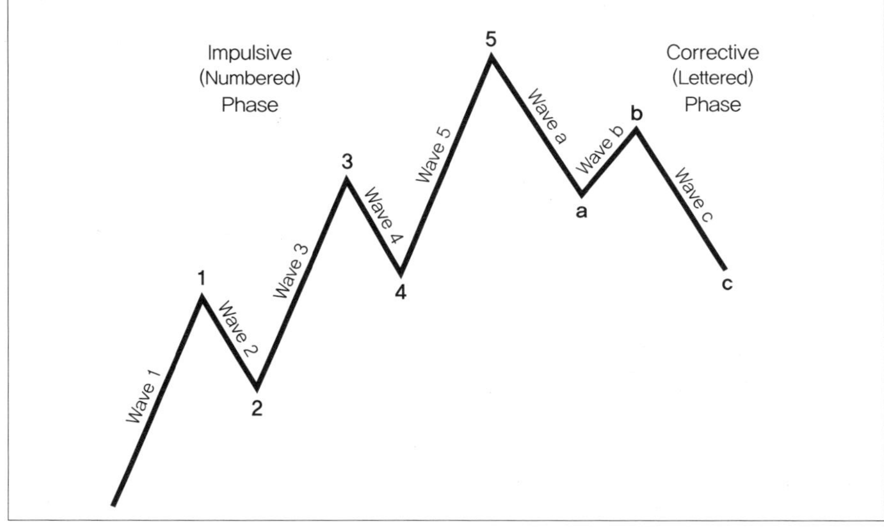

Ⅰ. 상승 5파

엘리엇 파동의 상승 5파는 우상향하는 1, 3, 5번의 충격 파동과 2, 4번의 조정 파동으로 만들어진다.

① 상승 1파(Wave 1)

가장 짧은 파동으로 장기 하락 추세 이후에 나타나기 때문에 단순한 Dead cat bounce인지, 새로운 상승 1파의 시작인지 확인하기 어려울 수 있다. 다른 보조지표를 활용하여 상승 반전의 시그널이 같이 확인되면 더욱 좋다.

② 상승 2파(Wave 2)

조정 파동으로 일반적으로 상승 1파의 38.2% 혹은 61.8% 비율로 발생하는데, 99.9%까지 발생하여도 유효한 것으로 본다. 하지만 상승 1파의 시작점 아래까지 조정받게 되면 엘리엇 파동이 아닌 것으로 본다.

상승 2파는 상승 1파를 확인 후 매수하는 타이밍이다. 상승 3파의 경우 강력하게 급등하는 경우가 많아서 매수 진입이 어렵다.

③ 상승 3파(Wave 3)

상승하는 5개의 파동 중 가장 긴 파동이 나온다. 상승 5파가 더 길더라도 엘리어트 파동으로 본다. 보통 상승 3파의 목표가로는 상승 1파의 고점과 저점을 중심으로 1.618배만큼을 목표가로 잡는다.
하지만 강력한 상승세를 보이면 2.618배까지 상승하기도 한다.

상승 3파는 상승 5파보다 짧을 수는 있지만, 상승 1파보다는 확실히 길어야 한다.

④ 상승 4파(Wave 4)

일반적으로 상승 3파의 23.6%~38.2% 정도의 조정을 보인다. 만약 상승 1파의 고점을 깨고 하락하면 상승 4파는 무효로 본다. 상승 2파와 마찬가지로 매수 시점으로 볼 수 있다. 하지만 상승 2파에서 매수하는 것보다는 손절매 지점이 낮아서 위험할 수 있다.

⑤ 상승 5파(Wave 5)

충격 파동 3개 중 가장 많은 거래량이 나타나면서 상승을 마무리한다. 일반적으로 상승 1파의 파동 길이와 같거나, 상승 1파의 0.618배, 상승 1파와 상승 2파의 길이의 0.618배에서 형성되는 경우가 많다.
상승 5파는 상승 4파의 조정이 짧을수록 연장될 가능성이 크다. 거래량을 수반하면서, 상승 3파가 2.618배만큼 연장되지 않았다면 더 연장될 확률이 높다.
상승 5파 이후에 하락 1파가 발생할 수 있으므로 매도타이밍에 신경 써야 한다.

ii. 하락 3파

① 하락 1파(Wave A)

조정 파동이다. 상승 5파의 연장에서 나올 수 있으므로 확인이 어려운 경우가 많다.

② 하락 2파(Wave B)

하락 2파는 하락 1파의 고점을 돌파하지 못하고 하락하게 된다. 강하게 하락할 때 기술적인 반등인 하락 2파가 나오기 때문에, 고점에서 정리하지 못했다면 이 구간이 매도 시점이다.

③ 하락 3파(Wave C)

가장 큰 폭의 하락이 나오는 구간으로 투매가 나올 수 있는 구간이기도 하다.

005 | 꼭 알고 넘어가기 | 혼마의 사케다 전법

혼마 무네히사(1717~1803)는 일본 에도시대 때 신출귀몰한 거래로 일본 경제를 뒤흔들었던 거상이다. 지금까지도 거래의 신(神)이라고 불리고 있다. 쌀 거래를 통해 거부가 된 그는, 사람의 심리와 시장의 에너지를 캔들 차트로 나타냈다. 그가 개발한 사케다 전법은 심리와 투자 타이밍에 대한 근본적인 이해를 담고 있다.

사케다 전법은 삼산(三山), 삼천(三川), 삼공(三空), 삼병(三兵), 삼법(三法)으로 구성된다. 이 중 삼산, 삼천, 삼공은 패턴 분석 중 가장 신뢰도가 높은 Head & Shoulder 및 Gap 등과 그 모양을 같이하고 있어 신뢰도가 높다. 투자자의 매수세와 매도세의 심리를 담고 있으므로 실전 투자에서 유용하게 활용할 수 있다.

① 삼산(三山)

▶ **삼산(三山) 예시**

삼산(三山)은 대표적인 반전 패턴으로 지속적인 주가 상승 이후 매수세는 유입되지만 더 상승하지 못할 때 발생한다. Head & Shoulder 패턴과 유사한 모양으로 상승추세 이후 상승과 하락이 3번 반복되면서 형태가 완성된다. 삼산(三山)이 완성되기 위해서는 1~3개월 이상의 기간이 필요하며 기간이 길어질수록 신뢰도는 높아진다.

② 삼천(三川)

▶ **삼천(三川) 예시**

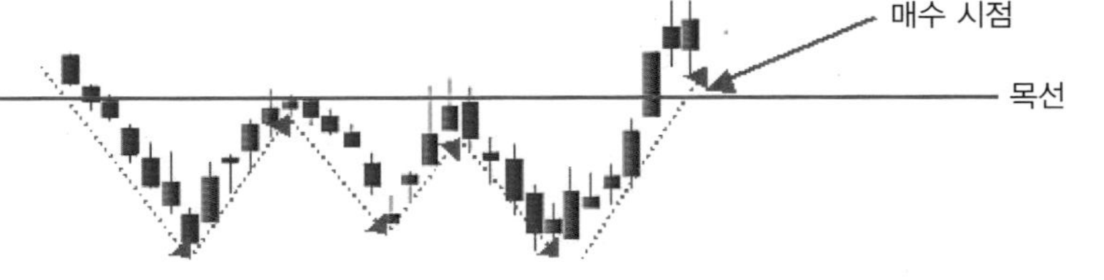

삼산(三山)과 반대 형태로 Inverse Head & Shoulder pattern과 유사한 모양이다. 대표적인 상승 반전 패턴으로 주가가 수개월 이상 하락한 후 나타난다. 저항선인 목선을 돌파할 때가 매수 시점이 된다.

③ 삼공(三空)

▶ **삼공(三空) 예시**

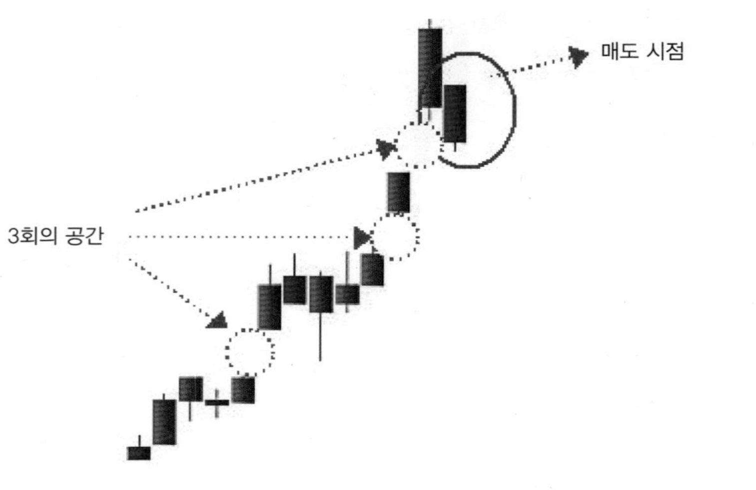

삼공(三空)은 Gap을 의미한다. 주가가 큰 폭으로 상승한 이후 천정권에서 발생한 삼공이나 일시적으로 발생한 삼공도 조정국면에 들어간다고 본다. 주가가 장기간에 걸쳐 상승을 보인 이후 마지막 양봉보다 다음 음봉이 전일 양봉의 시가를 밑돌거나 십자형이 나타나면 전형적인 천정권의 매도 시점으로 본다.

④ 삼병(三兵)

▶ **삼병(三兵) 예시**

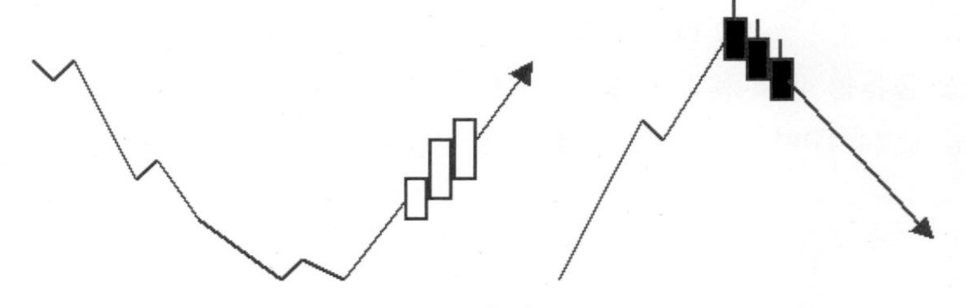

삼병은 추세의 변화를 암시해주는 패턴으로 적삼병과 흑삼병으로 구분된다. 적삼병은 장기간동안 바닥권에서 횡보하던 주가가, 단기에 양봉 3개가 연속으로 발생하면서 상승 반전을 알리는 패턴이다. 흑삼병은 상승추세에서 음봉 3개가 연속으로 발생하면서 하락 반전을 알리는 패턴이다.

⑤ 삼법(三法)

▶ 삼법(三法) 예시

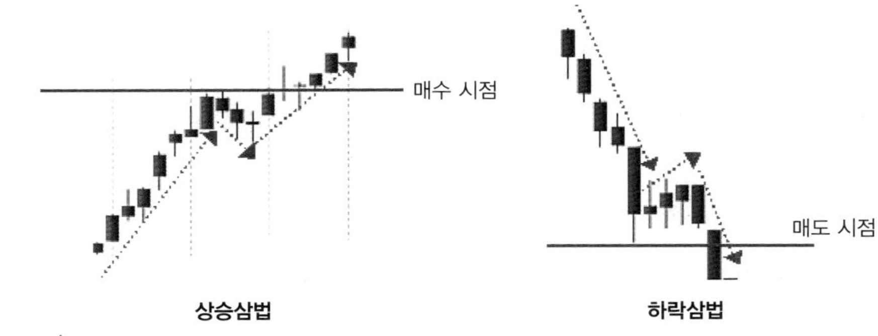

삼법(三法)은 매수, 매도, 휴식을 의미하며, 상승삼법과 하락삼법이 있다. 상승삼법은 주가가 상승추세일 때 긴 양봉에 이어 음봉 3개가 연속적으로 나타나는 것을 의미하고 이때를 휴식기라 한다. 주가가 휴식기 이전의 양봉을 돌파하는 시점이 매수 시점이다. 하락삼법은 주가가 하락추세일 때 긴 음봉에 이어 양봉 3개가 연속적으로 나타나는 것을 의미하고 이때를 휴식기라 한다. 주가가 휴식기 이전의 음봉을 밑도는 시점이 매도 시점이다.

006 | 꼭 알고 넘어가기 | 일목균형표

일목균형표는 일본의 一目山人으로 불리는 호소다 고이치 선생님이 만들었다. 고이치 선생은 운이 좋지 않아도 수익을 낼 수 있는 방법을 연구했고, 중산층을 만들고 싶다는 일념으로 일목균형표를 완성했다. 동경대학생 2천 명이 3년간 모든 숫자와 통계, 동양철학을 접목하여 완성하였고, 이후 몇십 년의 검증과 연구를 거쳐 세상에 알려지게 되었다. 봉차트 분석법, 사케다 전법, 엘리엇 파동 등 기술적분석이 복합적으로 융합되어 있고, 시세철학을 기반으로 언제까지 오를것인가를 예측한다. 일반적인 보조지표들이 후행성을 띠지만, 일목균형표는 과거, 현재, 미래의 주가를 일목요연하게 나타내어 활용도가 매우 높다.

▶ **일목균형표 예시**

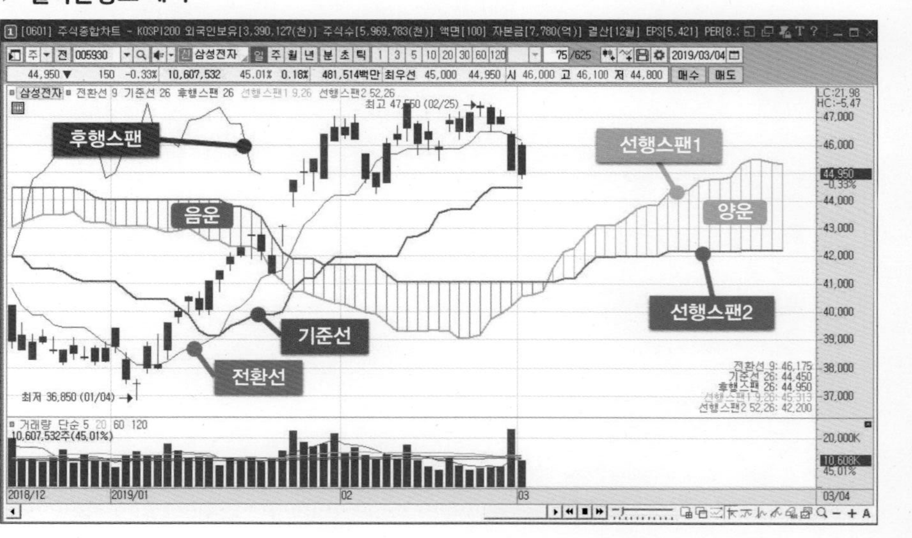

▶ 일목균형표 각 선의 계산법

기준선 : (과거 26일간의 최고값 + 과거 26일간의 최저값) ÷2
전환선 : (과거 9일간의 최고값 + 과거 9일간의 최저값) ÷2
선행스팬1 : (기준선 + 전환선) ÷2 → **26일 앞에 표시**
선행스팬2 : (과거 52일 최고값 + 과거 52일 최저값) ÷2 → **26일 앞에 표시**
후행스팬 : 오늘의 종가 → **26일 뒤에 표시**

전환선은 주가와 가장 가깝게 움직이는 선으로 단기 시세전환을 의미한다. 기준선은 주가 위치의 기준이 되는 선으로 실전 매매에서 다양하게 사용된다. 후행스팬은 오늘의 종가를 26일 뒤에 표시하는 선으로 가장 중요한 의미가 있다. 후행스팬을 통해서 주가의 고점과 저점을 예측할 수 있기 때문이다. 선행스팬은 값을 26일 앞으로 던져놓는다. 선행스팬1은 기준선과 전환선의 중간값이고, 선행스팬2는 가장 긴 기간인 과거 26일의 최고값과 최저값의 중간값이다. 선행스팬1이 선행스팬2보다 위에 있으면 그 중간 영역을 양운이라 하고 이동평균선의 정배열을 의미한다. 선행스팬1이 선행스팬2보다 아래에 있으면 그 중간 영역을 음운이라 하고 이동평균선의 역배열을 의미한다.

일목균형표는 그 내용이 종합적이고, 동양철학을 담고 있어 제대로 해석하면 다른 어떤 보조지표보다 실전 매매에 강력하게 활용할 수 있다.

007 | 꼭 알고 넘어가기 | 주식의 역사

▶ KOSPI 월봉

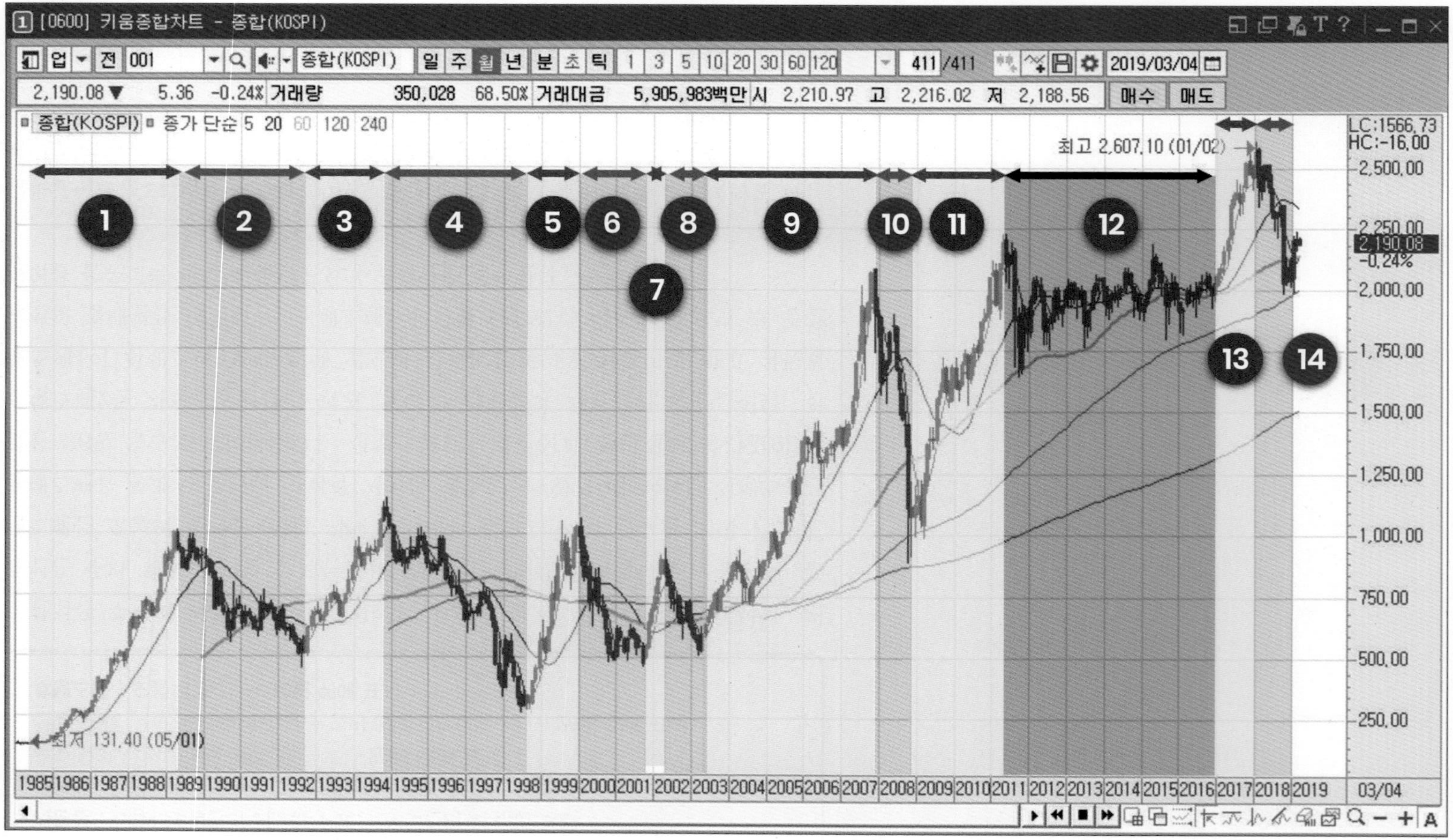

① 1차 강세장

1985년 5월 ~ 1989년 3월
KOSPI (131p → 1,007p) +666%

1980년대 초반 고달러, 고유가, 고금리의 영향으로 우리나라 경제 성장이 둔화되었다. 하지만 1985년 저달러, 저유가, 저금리의 3저 현상이 발생하면서 우리나라 경제는 단군 이래 최대 호황기를 맞으며 급성장했다.

② 1차 약세장

1989년 4월 ~ 1992년 8월
KOSPI (1,007p → 549p) −54%

우리나라뿐만 아니라 동북아시아 국가들은 3저 현상에 기인한 급격한 경제 성장으로 주가 및 부동산 가격이 급등하면서 버블을 보였다. 하지만 이 시기에 버블이 붕괴되면서 폭락을 경험하게 된다.

③ 2차 강세장

1992년 9월 ~ 1994년 10월
KOSPI (549p → 1,138p) +107%

우리나라의 경제 규모가 커지면서 미국과 유럽 여러 나라의 개방 압력이 강해졌다. 미국 FRB는 한국 정부가 제시한 금리 자유화 일정을 앞당기도록 요구했고, 상품 및 서비스에 대한 관세 및 비관세 장벽을 허물려고 했다. 1992년 김영삼 정부가 들어서면서 적극적인 대외 개방정책을 펼쳤다. 이때 대형주 위주의 상승이 두드러졌다.

④ 2차 약세장

1994년 11월 ~ 1998년 6월
KOSPI (1,138p → 280p) −75%

대외 개방으로 해외자본이 유입되면서 외환위기가 서서히 진행되기 시작했다. 1997년 태국에서 시작한 외환위기가 광범위하게 확산되면서 결국 우리나라도 IMF에 구제금융을 신청하게 된다.

⑤ 3차 강세장

1998년 7월 ~ 1999년 12월
KOSPI (280p → 1,059p) +278%

외환위기를 전국민적인 협동으로 극복하면서 수출이 호조를 보이기 시작했다. 이 시기에 인터넷이 폭발적으로 성장하면서 벤처기업 열풍이 불기 시작한다. 1999년 8월에 코스닥 시장에 상장한 새롬기술은 1,890원에서 6개월 만에

282,000원까지 150배가량 상승하기도 했다.

⑥ 3차 약세장

2000년 1월 ~ 2001년 9월
KOSPI (1,059p → 468p) −55%

IT 버블은 오래가기 힘들었다. 과도하게 상승한 주가는 결국 IT 버블의 붕괴로 하락했다.

⑦ 4차 강세장

2001년 10월 ~ 2002년 4월
KOSPI (468p → 937p) +100%

IT 버블 붕괴 이후 정부는 경기 부양 의지를 보이며 유동성을 증가시켰다. 이때 부동산과 카드에 대한 규제를 완화하기 시작했다. 내수경기가 버블을 보이며 급격한 성장이 이루어졌다.

⑧ 4차 약세장

2002년 5월 ~ 2003년 3월
KOSPI (973p → 515p) −45%

정부의 과도한 경기 부양 정책은 결국 카드대란으로 경제에 큰 타격을 주었다. 카드 숫자는 1억 480만 장에 이르렀고, 경제 인구 1명당 4.6장의 카드를 보유한 셈이다. 무분별한 신용의 사용으로 2000년에서 2002년 사이 가계신용이 무려 173조 늘어나면서 경제가 전반적인 조정을 받게 되었다.

⑨ 5차 강세장

2003년 4월 ~ 2007년 10월
KOSPI (515p → 2,064p) +300%

2003년을 바닥으로 세계 증시는 거의 비슷한 대세 상승으로 전환된다. 저금리와 물가안정이 경제 성장으로 이어졌다. 특히 이 시기에 중국경제가 급격하게 성장하면서 중국관련주들이 강세를 보였고, 중국 펀드에 대한 기대가 높아졌다.

⑩ 5차 약세장

2007년 11월 ~ 2008년 10월
KOSPI (2,064p → 938p) −54%

세계적인 증시 호황으로 미국의 모기지업체들은 과도한 유동성을 형성했다. 결국, 서브프라임모기지 사태가 발생하면서 전세계적인 금융위기가 오게 된다.

우리나라 주식시장도 금융위기로 큰 타격을 받았다.

⑪ 6차 강세장

2008년 11월 ~ 2011년 5월
KOSPI (938p → 2,228p) +137%

글로벌 금융위기를 해결하기 위해 세계 각국은 경기 부양 정책을 펼쳤다. 전 세계적 저금리 기조 속에 미국은 제로 금리까지 인하하며 유동성을 확대했다. 중국도 적극적인 경기 부양정책을 내놓았고, 우리나라 증시는 다시 한번 고점을 돌파하게 된다.

⑫ 횡보장

2011년 6월 ~ 2016년 11월
KOSPI (2,228p → 1,984p) −10%

글로벌 금융위기를 어느 정도 회복했다는 인식이 확대되면서 그동안 확대되었던 유동성을 흡수하는 양적 완화 정책이 시행된다. 그동안 급격한 성장을 보였던 중국의 성장도 둔화하면서 뚜렷한 방향성이 없는 횡보 장세가 이어졌다.

⑬ 7차 강세장

2016년 11월 ~ 2018년 1월
KOSPI (1,984p → 2,607p) +30%

삼성전자와 SK하이닉스를 중심으로 IT산업이 강세를 보였다. 반도체 산업이 최대의 호황을 맞으며 삼성전자의 주가는 287만 원까지 상승했다.

⑭ 7차 약세장

2018년 1월 ~ 2018년 10월
KOSPI (2,607p → 2,029p) −22%

주식시장의 상승을 이끌었던 삼성전자와 SK하이닉스의 실적에 대한 불안감으로 주식시장이 조정을 받았다. 특히 미 · 중 무역분쟁이 격화되면서 전 세계적인 조정을 보였다.

008 | 꼭 알고 넘어가기 | 거래량

거래량이란?

주가를 분석하는 방법은 여러 가지가 있다. 그 중에서 기본 펀더멘탈을 분석하는 기본적 분석과 차트를 기반으로 분석하는 기술적 분석이 큰 테두리 안에 있다면 기술적 분석에서 가장 중요한 것은 바로 거래량 분석이다.

주가가 바닥에서 움직이지 않고 하방을 지지하는데 OBV지표가 늘어나고 있다면 거래량이 누적으로 쌓이고 있다는 것이고 하방에서 누군가 계속 지지하면서 사고 있다는 증거가 될 수 있다.

그렇다면 세력들이 때가 되서 상승을 시키면 강한 시세분출이 나올 수 있는 것이다. 이런 수급적인 부분을 가지고 세력이 가지고 있는 힘이 얼만큼 되는지, 그리고 그 힘을 어디까지 쓸 수 있는지 세력의 평단가가 얼마가 되는지를 알 수 있는 방법이 거래량이다.

또한 많은 큰 세력 주체자들은 다른 시장참여자들을 따돌리기 위해서 다양한 방법을 사용한다. 잘못된 뉴스나 토론방, 블로그 마케팅을 활용해서 과매수, 과매도를 만든다. 그러나 이런 모든 행동을 할 때 흔적이 남게 되는데, 그것이 거래량이다. 절대 거래량은 속일 수 없다.

거래량 절대비기 총칙

1) 거래량은 주가보다 선행한다.
2) 거래량이 터지는 자리는 저점이어야 한다.
3) 거래량이 눌림구간 완성단계 돌파 전에는 터져도 좋다.
4) 거래량이 터지기 전에 캔들이 신호를 준다.
5) 거래량의 흔적이 클수록 급등주가 나온다.
6) 거래량만 보고도 주가의 흐름을 잡을 수 있어야 한다.
7) 고점에서 거래량이 터지면 물량을 터는 것이다.
8) 세력들은 모든 것을 숨길 수 있지만 거래량만은 숨길 수 없다.
9) 큰 세력일수록 대범하게 거래량을 핸들링한다.(거래량 순증)
10) 작은 세력일수록 개미떨기라던지 음봉으로 차트를 망가뜨리면서 올린다.
11) 거래량이 순증하는 것이 가장 좋다.
12) 거래량 고점이 점차 줄어든다면 조정이 나올 수 있다.
13) 당일의 거래량만 가지고 모든 것을 판단하는 것은 오류가 있을 수 있다.
14) 거래량은 세력의 힘이다.
15) 거래량은 위치에 따라서 해석할 수 있어야 한다.
16) 거래량은 주가의 그림자이다.
17) 거래량의 변화가 없는 하락추세 중간에 들어가지 마라
18) 하방경직이라고 덥썩 매수하지 마라, 땅굴이 있을 수 있다.
19) 거래량은 세력을 잡을 수 있는 유일한 무기다.

20) 거래량은 시나리오를 통해서 이해를 해야 한다.

거래량과 주가의 관계

1) 거래량이 상승하면 주가는 변동폭을 보일 수 있다. 주가가 상승하면서 거래량이 늘어난다면 주가가 더 올라갈 것이라고 생각하는 투자자가 많다보니 거래량이 늘어나게 되는데, 주가가 하락하면서 거래량이 터진다면 차익매물이 나왔다고 해석할 수 있다. 고점에서 주가가 하락하는데 오히려 거래량이 터지지 않는다면 일시적 조정이 나온 후 다시 반등이 나올 수 있다는 신호이다.
2) 주가는 횡보하고 있는데 거래량이 증가하고 있다면 매수 신호이다. 반대로 거래량이 감소하고 있다면 매도 신호이다.
3) 주가가 변동성이 생길 때는 거래량의 변화를 꼭 체크해야 한다. 주가가 V자 반등이 나올 땐 꼭짓점에서 거래량이 터지거나 상승 전환 후 거래량이 꼭 터져줘야 강한 반등이 나올 수 있다.
4) 주가가 완만한 기조로 상승하는데 거래량도 순증하고 있다면 추가적인 상승이 더 나올 수 있다는 신호이다.
5) 주가가 전고점을 돌파할 땐 이전 고점 돌파 실패했던 거래량보다 더 많은 거래량이 터져야 돌파할 수 있다.

거래량과 세력의 관계

1) 세력은 거래량을 통해서 매집한다.
2) 세력은 거래량을 속일 수 없다.
3) 세력의 평단가를 거래량으로 계산하는 방법
4) 거래량을 활용한 세력 매수 방법
5) 거래량을 활용한 세력의 개미떨기 방법
6) 거래량을 속이려고 안간힘을 쓰는 세력
7) 세력만이 알고 있는 정보를 거래량으로 볼 수 있다.
8) 세력이 급등 시 거래량 활용 방법
9) 세력의 손바뀜을 거래량으로 포착 방법
10) 거래량으로 큰손인지 작은 세력인지 알아맞춰라
11) 거래량 급증 이후 세력들 이탈하지 않은 급등주 매매

급등주와 거래량의 관계

1) 파동을 만드는 힘의 원천, 거래량
2) 개장 30분 안에 전날 거래량의 50%에서 200%이상 터질 시 급등주이다.
3) 시가 갭을 활용한 급등주 거래량 매매
4) 조막손 장난을 조심해라
5) 숨고르기를 발견해라
6) 거래량의 힘을 다 쏟으면 다시 힘을 모으는데 시간이 걸린다.
7) 큰손의 전술을 무시하지 마라
8) 재료가 나오는 시점을 거래량과 함께 확인해라
9) 주가는 급등 중인데 거래량 증가
10) 주가는 급등 중인데 거래량 감소
11) 주가는 상투권에서 거래량 증가
12) 거래량이 터지면서 추세반전 실패한 급등주는 버려라
13) 바닥권에서 거래량 급증종목 있을 시 급등주 터진다.
14) 눌림목에서 거래량 터질 때 급등주를 잡아라

거래량과 캔들의 관계

1) 고점에서의 장대양봉은 조심해라
2) 캔들이 길어지면서 거래량이 터지면 안 된다.
3) 단봉 캔들 나오면서 거래량이 숨죽는다면 매수 기회가 다가온다는 신호이다.
4) 하락을 끝없이 하다가 거래량이 터지면서 꼬리 캔들 나올 시 매수신호탄이 된다.
5) 고점에서 장대양봉 거래량이 터진다면 매도를 준비하는 것이 맞다.
6) 바닥에서 횡보하면서 거래량이 완전히 죽은 상태이지만 OBV가 늘어나고 있다면 하방매집이라고 봐야 한다.
7) 속임수 음봉 캔들은 위치가 어디 있느냐에 따라서 거래량이 달라져야 한다. 저점에서 거래량이 터지는 것이 좋고 중간지점에서 나오는 속임수 캔들은 거래량이 적어야 한다. 고점에서 발생하는 것은 속임수라기보단 음봉이니, 거래량이 터지면서 매도하는 것이 맞다. 만약 고점의 음봉에서 거래량이 안 터진다면 단기적 상승이 한두 번 나올 수 있으니, 그때는 매도해야 한다.

이평선과 거래량의 관계

1) 240일선을 돌파 시 강한 거래량이 터져야 한다.
2) 지수가 하락하다가 20일선을 돌파하는 자리에서는 거래량이 터져야 하나 돌파 후 눌림이 나오는 자리에서 20일선을 지지할 때는 거래량이 줄어야 한다.
3) 골든크로스가 나오는 자리는 기본적으로 거래량이 터져야 한다.
4) 어떤 이평선이든, 이평선을 돌파한 캔들이 나온 이후에 눌림이 나온다면 눌림 구간에서는 거래량이 줄어야 한다.

속임수 거래량

1) 고점에서 거래량 터지는 것 없이 지속 하락하는 경우가 있다. 고점에선 거래량이 터져야 하는데, 줄줄 새는 것처럼 하락이 나올 때는 일단 전저점을 지지하지 못하면 매도하는 것이 맞다. 왜냐하면 이렇게 줄줄 새다가 갑자기 한 번에 거래량이 터지면서 하락이 나온다면 대응이 안될 수 있기 때문이다.
   그러나 거래량이 터지지 않고 계속해서 하락한다면 이 종목의 시세분출이 완전히 끝난 것은 아니라고 생각하고, 기간 가격 조정이 끝나는 시점을 기다렸다가 재공략이 가능하다.
2) 바닥에서 거래량 상승 없이 상승하는 경우는 큰 상승이 나오기보다는 조금씩 우상향하는 차트가 많다. 보통 이런 차트 형태에선 한 번 눌림이 나올 수 있다. 그럴 때 오히려 매수 기회로 삼으면 큰 상승이 나올 수 있다.

009 | 꼭 알고 넘어가기 | 급등주 매매 기법 총 정리

1. 5일선이 살아서 움직이는 종목을 골라라.

이동평균선에서 5일선은 상당히 중요하다. 왜냐하면 5일선은 최근 시세에서 최신 반영된 투자자들의 심리가 들어가 있기 때문이다.

5일선을 타고 흘러가다가 상승이 나오는지, 5일선을 버티지 못하고 깼지만 다시 10일선에서 반등이 나오는지 등의 여러가지 경우의 수를 놓고 시나리오를 진행해야 한다.

5일선은 일단 올라타면서 흐름이 지속적으로 이어지는 것이 좋으며, 스윙 매매보단 단타 매매를 하는 분들이 주로 쓰는 것이 맞다. 2~3일 매매하는 것도 5일선을 활용해야 한다. 5%에서 10% 사이 수익을 내고 나오는 것이 좋고 2~3% 대에서 손절해라.

이때 5일선만 보면 절대 안 되고 분봉 매매를 함께 하는 것이 좋은데, 15분봉이나 30분봉을 보면서 스캘핑한다는 마음으로 매매하면 1~2일 사이 5% 이상 수익 내고 나오는 것이 어렵지 않다.

또한 상한가가 30%인 상황이니 VI가 두 번 이상 나오고 20% 넘게 움직이는 것을 매수해서 상한가 들어가기 전이나 상한가에서 매도하고 나오는 것도 스캘핑하는 방법일 수 있다. 또한 종가 매매를 통해서 단기 상승 후 5일선 눌림목을 지지하는 종가자리 매수방법도 가능하다. 그러나 중요한 것은 5일선이 살아서 움직이는 종목을 매수해 가는 것이 가장 좋다.

2. 눌림목에서만 매수해라 < 분차트와 일차트 활용법 >

급등주를 매매할 때 가는 말에 올라타는 매매 방법보다, 가는 말에 올라타지 못했을 경우 때를 기다려서 눌림목이 나왔을 때 매수하는 것이 훨씬 더 큰 수익을 낼 수 있다. 특히 눌림목 매매를 할 때에는 분차트(15분이나 30분봉)를 보면서 상호 비교해가면서 매매하면 신뢰도가 더 높다.

3. 폭등주는 역배열에서 터진다.

보통 급등주는 200~300% 수익을 말하고,폭등주는 300~1000% 이상의 엄청난 수익을 내는 것을 말한다. 신라젠 종목을 예를 들면, 1400% 최대 수익이 나왔기에 폭등주라고 할 수 있다. 폭등주는 역배열에서 터지기 시작한다. 보통 역배열은 투자시기가 아니고 매도시기라고 알고 있는데, 역배열도 초기 중기 말기가 있다. 그 중 역배열 말기에서 매수를 잘하면 정배열 초기부터 급등이 나와 폭등 수익이 나올 수도 있다. 물론 역배열 말기라고 무조건 매수하면 안 되고, 거래량과 캔들을 확인하면서 상승 초입에서 매수하는 것이 좋다.

4. 신고가 지속적으로 돌파하는 자리를 공략해라.

신고가 매매를 무서워하면 안된다. 모든 급등주 및 폭등주는 신고가 매매 방법에서 터진다. 신고가 매매를 자신있게 할 수 있어야 하는데, 신고가 매매를 잘못하다 고점에서 매수해서 빠져나오지도 못하고 급락한 경험이 있는 분들이라면 더욱 힘들어 할 것이다. 그러나 주식은 신고가 갱신 종목에서 시세분출이 나온다. 저점매수를 잘못하게 되면 오랜 시간동안 땅굴을 파고 있어야 하는 고통이 따르지만, 신고가 매매는 빠른 수익과 빠른 대응이 가능하고, 큰 수익도 바라볼 수 있다.

그래서 신고가 매매를 할 땐 모든 물량을 다 사는 것이 아니고 분할매수하는 것이 좋다. 혹시 모를 눌림이나 개미떨기가 나올 수 있으니 일단 절반의 물량을 먼저 사고 상승하면 수익실현해야 한다. 그렇지 않고 하락하거나 눌림이 완성되면 추가매수를 통해서 평단가를 낮추는 작업을 하되 지지해야 할 선은 확실히 지지하는지 보면서 손절가를 유지하면서 진행한다.

5. 정배열 초기에 매수해서 정배열 말기에 팔아라.

가장 쉽고 간단한 원리는, 정배열 초기에서 매수해서 정배열 말기에 매도하는 것이다. 보통 역배열 말기부터 징후가 나온다. 차트나 뉴스에서 기본적 FUNDA MENTAL이나 어떤 방식으로든 신호가 나오게 되는데, 그 신호를 감지해서 정배열 초기부터 매수에 들어가는 것이 가장 좋다.

6. 이중바닥, 삼중바닥 매매에서 가장 중요한 것은 추세 전환 확인작업이다.

급등주를 찾는 방법은 다양하다. 그러나 주식에서 중요한 것은 타이밍이다. 언제 매수할 것이냐, 언제 매도할 것이냐를 결정하는 것이 더 어렵다.

이중바닥과 삼중바닥은 이자리가 바닥인지 아닌지를 확인시키는 작업이다. 보통, 횡보하는 주가는 바닥이 언제인지, 어디까지 떨어질지 알 수가 없다. 하락추세에 있는 종목은 절대 매수하면 안 된다. '떨어지는 칼날은 잡는 것이 아니다' 라는 증시 격언처럼, 절대 매수하면 안 된다. 그렇기 때문에 바닥을 확인하는 캔들이나 패턴, 그리고 거래량은 상당히 중요한 보조지표가 될 수 있다. 그 역할을 하는 것 중에 이중바닥, 삼중바닥은 가장 큰 신뢰도를 가지고 있다. 바닥을 꼭 확인하고 상승전환될 때부터 매수해 간다면 실패하지 않는 투자자가 될 것이다.

7. 240일 이동평균선 돌파부터 시작해라.

240일선은 1년 동안 흘러온 주가의 평균이다. 다시 말하면 꼭 지켜줘야 하는 선이기도 하고 꼭 넘어가야 할 선이기도 하다. 장기 매집선이라고 생각하고 240일 매매를 해야 한다. 바닥을 횡보하는 주가가 240일선을 돌파 시 매수하면 된다.

8. 대형주는 이격 매매를 즐겨해라.

이격 매매는 중심선과의 이격을 통해서 수익을 내는 방법이다. 전업하시는 분들이 즐겨하는 매매이기도 하다. 왜냐하면 단기적 리스크가 발생될 때 이격이 나오게 되고 그에 맞춰서 매수하면 단기 수익을 낼 수 있기 때문이다. 대형주 매매하는 분들은 단기트레이딩 관점보다 중장기 스윙으로 이격 매매를 진행해도 좋다.

9. 급등주 상승 원칙!

1) 바이오 및 신사업 모멘텀이 살아있는 형태
2) 거래량이 완전히 죽었고 매집봉 출현
3) 1차 상승 후 눌림 기간이 2 ~ 6개월 사이 횡보하는 자리
4) 뜬금없이 주가가 올라가는 종목을 주시해라

5) 흑자전환 종목을 잡아라
6) 제3자배정/자회사 모멘텀을 확인해라
7) V자 반등패턴은 강한 상승 가능
8) 신용물량이 적어야 올라간다.
9) 테마의 대장을 잡아라
10) 갭이 나와야 한다.
11) 종가관리 및 세력들이 핸들링 하는 모습이 있어야 한다.

10. 급등주 찾는 훈련법

우리는 급등주를 찾는 연습을 해야 한다. 급등주는 한 번 매수하면 큰 수익을 낼 수 있는 방법이다. 그러나 쉽게 잡히지 않는 단점이 있다.
그러나 세력들은 급등주를 만들거나 끌어올릴 때 나름대로 원칙과 방법이 있다. 계속해서 주시하다 보면 그런 흔적들이 거래량과 다양한 차트, 공시내용 그리고 뉴스에 표출된다.
그런 흔적을 찾아서 수사를 한다는 마음으로 접근하면 충분히 급등주를 잡아낼 수 있고, 잘 대응하고 나간다면 큰 수익을 낼 수 있다. 그러나 훈련법은 쉽지 않다. 매일 매일 연속되는 시장 앞에서 많은 종목들을 찾아보고 훈련을 받아야 한다.
좋은 종목을 찾는 여러 가지 다양한 훈련법을 숙지하고 당장 행동으로 옮겨라.

1) 매일 상한가 종목의 공통점을 분석해라
2) 하루에 500개 종목을 계속 돌려봐라(조건검색 활용)
3) 거래량 200% 이상 시초가 터지는 종목을 분석해라
4) 시간외 상승 종목의 이유를 분석해라
5) 정책주는 무조건 정리해 둬라(특히 매년 1월, 2월)
6) 대선테마는 대선주자별로 대장 매매를 해야 한다. 부대장이라도 잡아라
7) 대선테마는 순환매성이 강하니 지지율에 집중해라
8) 동시대성 관심도 인기 유행을 쫓아라(미세먼지, 전기차, 수소차 등)
9) 제3자배정 및 증자 관련 자료 및 공시 내용을 분석해라
10) 시장에서 수급이 어떻게 흘러가는지 꼭 확인해라
11) 30% 상한가이니 VI매매를 해야 한다.
12) 기관이나 외국인들이 집중 매수하는 종목이 빠질 때 집중해라
13) 장대양봉/역망치를 찾아라
14) 거래량 터지는 종목을 찾아라
15) 현재 주식 트렌드를 꾸준히 분석해야 한다.
    EX) 기술적 차트 트렌드 분석
16) 과거 사례를 분석해라
17) 기업가치로도 급등주를 찾을수 있으니 분석해라
    – 초고속 성장기업
    – 데이터
    – 산업변화
    – 세계 1위 기업이 될 가능성
    – 현금 유보율 및 자산 재평가
18) 급락 종목이나 대 이격 종목들을 찾아라
19) 세력들이 물량 매집한 기업을 찾아라

11. 급등주 특징

1) 큰 세력일수록 차트가 더 예쁘다.
2) 사고자 하는 사람이 많지만 살 수 없는 형국이라면 더 멀리 간다.

3) 짧은 조정은 오히려 급등을 더 부추긴다.
4) 갭을 메우지 않는다면 멀리 봐라
5) 시초가 갭 상승폭이 5%이상 상승 후 긴 음봉이 나오면서 거래량이 터진다면 피해라
6) 세력들도 단타친다.
7) 고점이 가까울수록 캔들 길이는 길어진다.

12. 급등주 수급 성격

1) 매수가 들어오고 있는 자금의 성격이 중요하다.
2) 선도세력이 끌고 가면 조막세력들이 따라가야 한다.
3) 기관들이 사는 종목
4) 외국인들이 사는 종목
5) 세력들의 큰 허점은 덩치가 크다는 것이다.

13. 급등주도 패턴이 있다.

어떤 패턴을 '급등주 상승패턴이다'라고 정의하고 매매하면 실패하는 경우가 종종 있다. 급등주에서 가장 중요한 것은, 거래량과 패턴이 완성된 후 나오는 캔들과 뉴스타이밍 증권사 리포트 등이다.

재료가 갑자기 발생했는데 그 재료(찌라시/증권 속보)의 타이밍이 차트 상 너무 좋은 자리에서 나오고, 상승이 나온다면 추가 반등이 나올 수 있을 것이다. 그러나 너무 조작된 느낌이 많이 난다면 1차 상승할 때 분할매도하는 것이 맞다.

그러나 정말 좋은 뉴스가 계속 발생하는데도 주가가 올라가지 않다가 어느 한 순간 거래량이 터지면서 강한 상승이 나온다면 급등 랠리가 가능할 것이다. 이전에 나왔던 기사나 다양한 정보를 다시 해석하면서 이런 정보들이 과연 기업 매출에 어느 정도 가시화될 수 있는지를 빠르게 판단해서 추세 매매 여부를 결정하는 것이 좋다.

14. 급등주 손절매 원칙

1) 급등주를 손절할 때는 칼같이 지켜라
2) 거래량이 터지는 자리는 조심해라
3) −7%에서는 될 수 있으면 매도해라
4) 3분할 4분할 매수 원칙을 가지고 손절가와 병행해서 사용해라
5) 고점에서 매수했다고 판단했다면 빠르게 손절해라
6) 손절을 두려워 하지마라
7) 손절은 새로운 시작을 할 수 있게 해준다.
8) 현금은 최고의 무기가 될 수 있다.
9) 손절원칙보다 중요한 것은 매수를 최대한 눌림에서 하는 것이다.
10) 음봉 매매를 해라

15. 급락시장에서 버티는 방법

1) 급락시장에서는 전 저점 지지 안될 시 매도해라
2) 거래량 터질 땐 무조건 빠져나와라
3) 단타 한다고 쉽게쉽게 매수하지 마라
4) 현금을 더 확보해라
5) 위기를 기회로 삼으려면 오래 기다려야 한다.
6) 작은 수익에도 만족하고 수익실현해라

7) 적은 금액을 매매한다고 쉽게 매매하지 마라
8) 1위기업만 매수해라
9) 가치 매매를 진행하고, 보수적인 투자 및 배당주 및 국영기업 국채 매매를 해라
10) 분할매수를 하되 적금 넣듯이 소량씩 넣어라
11) 길게 보고 기업에 투자해라
12) 망하지 않을 기업에 투자해라

16. 30% 상한가 매매 방법

1) 30% 상한가에서 1차 VI가 들어갔을 때 5% 손절 잡고 저점의 눌림에서 매수해라
2) 20% 넘게 상승중일 때 2차 VI가 들어가면 5% 손절 잡고 매수해라
그리고 상한가 임박할 때 매도해라
3) 상한가 따라잡기(상따)는 하지마라, 위험하다.
4) 연속 상한가를 꿈꾸지 말고 2차 상승 때 고점에서 매도해라
5) 상한가 도달 후 그 다음날 시가 올리고 전일 상한가 종가를 지지 시 음봉에서 매수해라
6) 상한가 도달 후 그 다음날 전일 상한가 절반을 지지 시 음봉에서 매수해라
7) 240일선을 넘는 바닥에서 오르는 상한가에선 눌림을 활용해서 적극적 매수해라

17. 세력 포착 방법

1) 상승 시작할 때 매집봉이 나오는지 확인해라
2) 자전거래 포착가가 이루어지는지 확인해라
3) 장대양봉 매매는 세력만 만들 수 있다.
4) 속임수 음봉은 거래량이 터지지 않거나 거래량이 터질 때 매집봉이어야 한다.
5) 재료뉴스 타이밍이 상승 초입에 나오면서 매출로 이어지는 팩트적인 요소인지, 아니면 가능성만 이야기하고 있는지 확인해라
6) 주가가 횡보할 때 거래량 매집봉을 확인해라
7) 역망치 십자봉 망치형이 나오면 유심히 확인해라
8) 거래량이 이전보다 200% 넘게 터지면 의심해라

18. 이제는 실적주를 매매해라

1) 미래 경제 환경 변화에 따른 최대 성장 1위 기업을 매수해라
2) ROE 15%이상 꾸준히 나오는 기업을 매수해라
3) 저PER 종목 및 동종 PER보다 낮은 기업에 투자해라
4) 산업 라이프 사이클상 경기호전기업 및 정부 정책주 중에서 실적연결성 높은 기업에 투자해라
5) 만년적자에서 흑자로 전환되었다면 연속성이 있는지 확인해라
6) 바이오 임상 3상 같은 재료보다는 어떤 재료에 의해서 실적으로 연결되는지를 확인해라
7) 신규 공장증설을 완료했다면 기업 이익이 얼마나 올라갈 것인지 분석해라
8) 실적호전의 원인이 자산재평가나 부동산 매각 금융이익인지, 아니면 영업성이 좋아져서 올라간 것인지, 혹은 똑똑한 자회사가 있는지 확인해라
9) 부채비율이 적당한 기업을 매수해라
10) 최근 2 ~ 3분기 EPS가 크게 늘어났는지를 확인해라

19. 정치테마주 공략법

1) 정치테마주는 한국에선 5년마다 오는 이벤트 같은 것이다.
2) 대선이 있기 2 ~ 3년 전부터 움직인다.
3) 현재 집권 대통령 지지율 하락 시 꿈틀거린다.
4) 1차적으로 인맥주가 움직이고, 2차적으로 정책주가 움직인다.
5) 가장 멀리 가는 것은 정책주이다.
6) 대장이나 부대장을 잡아야 한다.
7) 저점을 깨거나 차트가 뭉개질 때는 매도해라
8) 보통 대선주 대장은 10배까지 터진다.
9) 단기적으로 오르면 매도하고 눌림이 나오면 매수하는 방식을 선택해라 계속 가져가는 매매는 위험하다.
10) 대선후보 지지율이 계속 올라갈 시, 캔들이 길어지면 오히려 매도하는 것이 맞다.
11) 대선후보 중 지지율 2위, 3위까지는 유심히 봐라
12) 여당과 야당, 각 당의 대선후보 1위 관련주들은 유심히 봐라
13) 시장이 좋지 않을 때 대선주는 더 요동을 친다.
14) 시장에 주도주가 없을 때 대선주는 움직인다.
15) 지지율이 너무 올라가서 당선될 것 같으면 그전에 매도해라
16) 대선 선거가 있기 한 달 전부터 매도해라
17) 대선주는 빨리 오른 만큼 빠르게 떨어져 큰 고통이 있을 수 있으니, 꼭 소액만 투자해라
18) 회사의 펀더멘탈이나 뉴스와 상관없이 움직이니, 다시 원점으로 올 수 있다는 생각을 가지고 단기적으로 대응해라

20. 급등주 버티기 방법

1) 달리는 말에 올라타는 것보다 달리는 말이 쉴 때 매수해라
2) 하수와 고수의 차이는, 버티지 말아야 할 때 버티는 게 하수다.
3) 고수는 급등주 매매에서 시나리오를 그린다.
4) 세력들은 변곡점이 올 때마다 하는 행동패턴이 정해져 있다.
5) 세력과 심리싸움을 해라

21. 급등주 매도 방법

1) 엘리엇 파동이론에 맞춰서 상승5파가 나올 시 매도해라
2) 거래량이 연속적으로 터질 시 매도해라
3) 고점에서 유성형이나 긴 십자단봉 나올 시 매도해라
4) 속임수 음봉과 구분할 수 있어야 한다.
5) 20일선을 이탈하고 바로 상승이 나오지 못할 경우 매도해라
6) 넥라인을 긋고 넥라인 이탈 시 매도해라
7) 사케다 기법의 삼산원칙을 지켜라
8) 차트를 거꾸로 보며, 지속적으로 확인한 뒤 역발상 하면서 매도해라
9) 매수하는 것보다 매도하는 것이 더 중요하다.

22. 국가부도위기 및 세계경제위기에서 살아남는 방법

1) 국채금리 장단기 금리가 역전되는지 확인하라
2) 환율이 올라갈 시 수익 나는 상품을 매수하고 달러 매수금을 매수해 둬라
3) 1위 기업은 망하지 않는다. 1위 기업이 크게 하락하면 매수해라

4) 미국 주식 중 1위 기업을 매수해라
5) 인버스 상품을 매수해라
6) ETF를 활용해서 미국 국채를 매입해라
7) 크게 하락한 강남 중소형 아파트를 매수해라
8) 현금을 많이 가지고 있는 것이 가장 좋다.
9) 위기가 끝나면 기회가 온다는 것을 명심해라
10) 위기는 10년마다 온다고 생각하고 대비해라
11) 계좌관리는 늘 철저히 해야 한다.

23. 금리/환율을 확인해야 할 때

1) 금리가 상승하는 시기엔 주식이 잘 갈 수 없다.
2) 유동성장세가 실적장세보다 단타에는 더 좋다.
3) 환율변동으로 인한 리스크는 상당히 크기에 환율 변동 시 조심해라
4) 전쟁이나 다양한 위기가 올 때는 VIX 지수 및 환율을 봐야 한다.
5) 한국 IMF때 환율이 2배 이상 올라갔었다는 것을 잊지 마라

24. 재료분석 해석하기

1) 뉴스가 나올 시 거래량이 터진다면 그때부터 관심을 가져라
2) 뉴스나 재료가 연속성이 있는지 해부해라
3) 뉴스나 재료를 잘 보면서 가능성 같은 것들이 있는지, 아니면 실제로 어느 기간 안에 기업에 매출이 실질적으로 올라가는지를 파악해라
4) 증권사에서 분석 자료가 나올 시 그날 그 증권사에서 매수하는지 매도하는지 확인해라
5) 기사를 낸 기자의 이름을 적어두고, 이 기자가 종목에 대한 기사를 낸 후 그 종목이 올라가는지 떨어지는지 패턴 분석을 해라
6) 재료의 가치를 해석하는 능력을 키워라 → 기업의 실적과 연관시켜라
7) 국민들이 느끼는 심리적 이유로 테마가 형성되고 재료가 나올 시, 주가가 올라갈 때 매도해라
8) 최근 수소차나 미세먼지 등 정부가 함께 움직이면서 재료를 밀어주는 것은 테마 형성이 가능하고 큰 상승이 나올 수 있다.

25. 싸구려 주식 VS 초저평가 주식 구분하기

우리는 주식을 하면서 초저평가 황제주를 찾기에 분주하다.
그러나 초저평가를 찾는다면서 싸구려 주식을 계속 매매하게 되는 우를 범하는 경우가 많다. 일단 초저평가 황제주의 특징을 알아야 할 것이며, 싸구려 주식은 왜 싸구려 주식이 될 수 밖에 없는지 분석할 수 있어야 한다.

1) 초저평가 황제주

- 저PER 고ROE 종목을 매수해라
- 실적이 적자에서 흑자로 전환되고, 추세적 상승이 가능한 자리
- 거래량이 없고 시가총액이 1천 억대 미만이면서 증권사 리포트가 없고 꾸준하게 매집흔적이 있는 것

2) 싸구려 주식

- 하락하면서 전환사채를 계속해서 발행하는 기업
- 무상감자와 유증을 지속해서 발행하면서 하락하는 기업
- 매출과 연관되지 않는 뉴스를 지속적으로 내면서 개인들의 투심을 자극하는

기업

- EPS성장이 3년 동안 감소하고 있는 기업
- PER가 동종업계보다 낮으나 성장성도 낮은 기업
- 주식담보대출로 인해서 재무건전성이 좋지 못한 기업
- 신저가를 계속 만들면서 하락하는 기업
- 신용물량이 많아서 끌어올리기 어려운 기업

26. 단타 매매 잘하는 법

1) 눌림 매매, 음봉 매매를 통해서 리스크를 줄여라
2) 세력들이 매집흔적이 있는 구간대를 이탈 시 꼭 손절해라
3) 돌파 매매를 할 때 구간별로 분할 매도하면서 가라
4) 정배열이 형성된 종목만 매매해라
5) 테마 매매를 한다면 대장 및 부대장까지만 매매해라
6) 짧은 단타를 한다고 단기수급에 따라서 매수하지 말고, 크게 수익이 날 종목을 들어가서 짧게 수익 낸다고 생각해라
7) 강한 수급이 들어온 후 눌림이 나온다면 공략해라
8) 단기 이평선은 5일선 매매를 하되 상한가가 30%가 된 이후는 조금 더 변동성을 보고 매매하는 것이 좋다. 다시 말해서, 20일선 매매로 단타 매매를 해도 충분하다.
9) 단기 상승 후 일목균형표에서 기준선 지지 시 단기 공략해라
10) 정부에서 나오는 정책주는 추세상승이 가능하다.
11) 실적개선으로 인한 수급확대는 단타 매매 가능하다.
12) 동전주 매매는 스캘핑으로만 매매해라
13) 대형주로도 단타 매매를 할 수 있다.
14) 낙폭과대주 이격 매매, 돌파 매매를 해라

27. 계좌 관리 잘하는 법

보유자금을 몽땅 다 주식에 투자하는 것은 상당히 리스크가 크다. 재테크 관점에서 주식투자는 여유자금으로만 매매해야 한다. 특히 결혼자금, 은퇴자금, 자녀 학자금 같은 자금을 주식투자로 탕진할 수는 없으니 적은 돈이라도 여유자금으로만 매매하는 것이 좋다.

또한 내가 1억을 가지고 매매한다면 5천만 원은 예금으로 묶어 1천만 원씩 분할로 입금하고, 활동성자금은 5천만 원만 가지고 매매한다.

예금에 들어간 5천만 원은 지수가 하락하거나 개별종목 폭락이 나올 때 1천만 원씩 분할로 해약하면서 추가매수를 진행한다. 단 2천만 원은 금융위기가 올 정도의 위기가 아니면 될 수 있으면 현금으로 유지시킨다.

28. 주식투자는 복기로 시작하고 복기로 완성된다.

흔히들 주식투자는 운칠기삼이 아니냐는 생각을 많이 한다. 그러나 주식은 훈련이고 노력이다. 또한 그냥 노력한다고 되는 것이 아니라 올바른 방향으로 연구한 사람들이 잘한다. 골프선수도 초등학교 시절부터 10년 넘게 훈련 받고 노력해서 프로가 되는 것이다. 그런데 하수들은 쉽고 빠르게 고수가 될 수 있다고 생각한다. 그래서 고수처럼 매매하려고 온갖 매매법을 따라하고 시도한다. 그러다 보니 하수는 절대 고수를 이기지 못하는 것이다. 처음 주식을 시작하는 투자자도 충분히 고수가 될 수 있다. 시간과 노력이 조금 더 오래 걸릴 뿐이지, 이루지 못할 꿈은 아니다.

로또는 정말로 운이 좋아야 되는 것이지만 주식은 누구나 충분히 훈련만 잘 받

는다면 고수가 될 수 있다. 물론 모든 사람들이 다 프로 골프선수가 되고 LPGA에서 1위를 하는 것은 아니지만, 내가 만족할 만한 재테크 수단으로서는 충분한 값어치를 할 수 있다. 또한 하수들은 보통 과거를 잘 돌아보지 않는다. 내가 고점매수로 큰 손해를 입었으면 왜 고점에서 샀는지, 내가 어떤 실수를 했는지 어떤 부분에 속아서 매수 타이밍을 잘못 잡았는지 이해하고 앞으로는 그러지 않기 위해서 노력해야 한다. 하수들은 아무리 과거를 돌아봐도 이런 매매가 올바른 것이었는지 왜 내가 틀렸는지 알 수가 없다. 그러나 고수들은 차트나 다양한 분석을 통해서 과거 주식의 변동원인과 결과를 해석할 수 있다. 그렇기 때문에 하수가 고수가 되려면, 고수가 매매하는 방법을 최대한 이해하고 많은 책들과 좋은 멘토를 만나서 내가 매매하는 방법들을 복기해 봐야 한다. 모든 재테크는 복기부터 시작한다. 그리고 복기를 통해서 완성된다.

29. 단기 상승 나오면 일단 분할매도하면서 수익을 챙겨라.

주식투자를 하면서 누구나 하는 실수는, 매수는 잘해놓고 더 오르겠지 하다가 급락이 나와서 매수가 근처에서 매도하고 나오고, 매도하고 나오면 다시 추가반등이 나와서 더 큰 상승이 나올 때이다.
그렇기 때문에 단기 상승이 나올 때 일단 절반 수익실현을 하고 눌림이 어느 정도 나오는지, 조정 후 다시 반등이 나올 수 있는지를 확인한 후 팔아둔 물량을 다시 매수해서 더 큰 수익을 내야 한다.

30. 세력주 매매하기

1) 세력주들은 개인들의 집중적인 신용물량을 싫어한다.
2) 세력주들은 거래량과 호가 창 매매를 동시에 해야 한다.
3) 세력도 작은 동호회부터 큰 세력까지 다양하게 있으므로 속임수 음봉이나 거래량을 보고 판단해야 한다.
4) 역발상 매매를 해야 세력주의 심리를 이해할 수가 있다.
5) 꼭 이 종목의 과거 차트를 돌아보면서 캔들과 이평선의 흐름을 분석해야 한다.
6) 뉴스 타이밍 및 증권사 리포트를 확인하고 단기 상승이 나오는지 추세 상승이 나오는지 확인하면서 매매한다.
7) 호가 창에서 큰 금액의 주문 물량이 지속적으로 나오는지 확인해라
8) 세력의 평단가를 계산해야 한다. 거래량이 전혀 없던 횡보구간에서 갑작스런 거래량 상승이 나오고 장대양봉이 나왔다면 그 장대양봉의 절반을 세력의 평단가로 계산하고 그 거래량과 주가를 곱해서 매수금액을 계산한다. 물론 이전에도 거래량 매집봉을 통해서 매집흔적이 있다면 그 물량까지 함께 계산한다. 정확할 순 없겠지만 대략적인 금액을 확인할 수 있다.
9) 갑작스럽게 거래량이 터지는 부근에선 분할매도하고 다시 눌림이 나오면 매수하는 전략을 세워도 좋다.
10) 세력들은 특수한 증권사를 집중적으로 활용하는 경우가 있다. 증권사 분석을 통해서 세력의 유무를 파악해라
11) 세력들은 자신이 좋아하는 호가 창 매수 · 매집방법이 있다. 예를 들어서 호가 창에 특정 숫자가 반복해서 발생한다면 매집중이라고 볼 수 있다.
12) 세력들은 자신들이 매집하고 있다는 것을 감추기 위해서 계속적으로 거래량 없는 겁주기 패턴을 사용하는 경우가 있다. 거래량이 터지지 않는 하락과 조정은 세력의 이탈이 없다고 간주하고 분할매수하는 전략을 진행하되, 전저점을 이탈할 시에는 일부 비중을 줄였다가 다시 전저점 위로 올라올 시 다시 분할매수하는 전략을 취하는 것이 훨씬 더 안정적인 수익을 낼 수 있다.
13) 세력주는 갭을 만들고 쩜상을 만들고 장대양봉을 만든다.
14) 세력주들은 양음양을 좋아한다. 왜냐하면 음봉에서 단타 매매하는 개인들의

기대심리를 꺾을 수 있기 때문이다.

15) 보통 세력들은 2~3개월 준비하고 2~3개월 매집하고 2~3개월 끌어올리고 2~3개월 마무리한다. 그래서 보통 6개월에서 1년 정도 기간이 소요된다.

16) 세력주 매매를 잘하기 위해서 가장 중요한 것은 타이밍이다.

17) 우리가 세력을 이길 수 있는 방법은 세 가지밖에 없다. 첫 번째는 시간이고 두 번째는 분할매수 · 매도이고 마지막으로는 분석 능력 및 해석 능력이다.

18) 세력은 큰 물량으로 움직이기 때문에 빠른 매매가 불가능하다. 그래서 오히려 개인투자자가 세력주 매매로 수익내기가 쉽다.

19) 세력주 매매를 할 땐 무릎에 사서 어깨 아래에서 판다고 생각하고, 타이밍 좋게 저가 매수했다면 20일선을 기준으로 이격 매매를 한다고 생각해라

20) 세력주를 가지고 장기적으로 투자한다고 생각하면 큰일난다.

21) 세력주란 급한 상승과 강한 거래량이 나오는 것을 말한다. 만약 실적이 좋고 가치주라고 하더라도 세력주 같은 모습이 나온다면 일부 수익실현 후 다시 재접근하는 것이 더 높은 수익을 낼 수 있다.

22) 세력주는 개인들이 매수를 더 하게끔 하기 위해 많은 노력을 한다. 우리는 세력주가 처음 노력을 시작하는 초기에 매수해서 극대화된 노출로 많은 개인들이 관심을 가질 때 팔고 나오는 것이 목표다.

23) 세력주를 잡으려고 노력하지 말고 4박자 매매를 하는 것이 좋다.(실적+수급+차트+재무)

24) 시장이 좋지 않거나 추세 하락할 땐 세력주/테마주/품절주/동전주 등을 매매해야 한다.

25) 세력들도 단타한다.

26) 세력주를 매매할 때 중요한 것은 손절할 것이냐 추가매수할 것이냐를 전략적으로 정하고 들어가야 한다.

27) 세력들은 과거 패턴과 동일하게 움직이기 때문에, 과거 차트를 돌아보면서 미래 차트를 예상해야 한다.

28) 세력들이 매도할 땐 같이 매도해야 한다.

29) 세력들이 매집한 종목은 큰 상승이 나온 후 한순간에 거래량을 터트리면서 전량매도할 수가 없다. 그렇기 때문에 다시 한 번 기회를 줄 때(쌍고점이 나올 때)는 매도해야 한다.

30) 세력들은 개미떨기를 활용해서 개인들의 매도심리를 자극한다. 개미떨기가 나온다면 오히려 매수 기회가 될 수 있다.

010 | 꼭 알고 넘어가기 | CB/BW 발행

전환사채(CB ; Convertible Bond)와 신주인수권부사채(BW ; Bond with Warrant)의 주요한 차이점은 전환사채 투자자는 채권을 주식으로 전환할 수 있는 반면, 신주인수권부사채는 채권은 그대로 보유하면서 주식을 매입할 수 있는 콜옵션(Call Option)을 행사할 수 있다는 것이다.

투자자 입장에서는 채권의 안정성과 주식전환으로 인한 수익성을 겸비한 투자 수단이라 할 수 있다. 만기까지 주식으로 전환하지 않으면 일정 금리의 수익률을 보장받을 수 있다는 채권의 장점과 주식으로 전환 시 전환가격보다 시장가격이 높을 경우, 높은 매매 수익률을 가질 수 있다는 주식의 장점을 모두 갖고 있다.

하지만 신주인수권부사채는 일반 채권시장에서 발행되는 사채보다 수익률이 대부분 낮다는 단점이 있다. 주식으로 전환할 수 있는 만큼 채권수익률이 낮아지는 것이며, 채권의 만기도 길다. 최근에는 몇몇 기업들이 발행한 전환사채와 신주인수권부사채가 높은 수익률을 올리면서 많은 자금이 몰리고 있다. 모든 전환사채와 신주인수권부사채가 좋다는 것은 아니다. 기본적으로 CB와 BW는 발행 주식을 늘려 기존 주식의 가치를 희석시키는 것으로, 초우량기업이 하는 선택은 아니다. 또 높은 수익률만큼 높은 리스크가 있다.

과거의 경우, CB나 BW를 발행한 회사의 주가가 행사가격보다 낮아 주식으로 전환하지 못하는 사례가 많았다. 따라서 CB나 BW에 투자할 경우, 발행하는 회사의 신용등급 및 업황 등을 따져보고 주식으로 전환할 수 있는 권리는 채권에 딸려 있는 덤으로 여길 수 있는 여유를 갖고 기다리며 투자를 고려해야 한다.

코스닥을 예로 들면, 한국 코스닥 시장 규모를 감안할 때, 전체 CB 발행액이 비정상적으로 많다. 미국 주식시장과 비교해도 국내 메자닌(Mezzanine) 발행 시장은 비교할 수 없을 정도로 가파르게 커지고 있기에 개미들이 투자금을 잃을 가능성이 농후하다. CB는 주가가 떨어지면 주식으로 바꿀 때 적용되는 전환가액을 낮춰 조정할 수 있는 권리가 있기 때문이다.

최근에 헤지펀드들은 최소 가입 금액 1억 원 이상의 자산가 자금을 모아 CB 투자에 적극적으로 나섰다. 사모 CB는 보호예수기간 1년이 지나면 일반 주식과 똑같이 주가 상승에 따른 차익을 누릴 수 있다는 데 주목했다. 채무불이행(Default)만 피하면 주가 하락 때도 원금에 이자까지 받을 수 있는 부분이 헤지펀드사를 CB투자로 이끌고 있다.

미국 상장사의 CB 발행액이 전체 주식시장 시가총액(약 21조 달러)에서 차지하는 비중은 약 0.15%에 불과하다. 반면, 2019년 코스닥의 CB 발행 규모는 전체 코스닥 시가총액(284조 3420억 원)의 2%를 웃돌 것으로 예상된다. 미국은 CB 발행사의 주가 하락에 따른 전환가 조정 조항이 없고, 전환가가 현재 주가보다 높게 발행되기 때문에 한국처럼 CB의 인기가 높지 않다. CB 수요 증가에 따라 신용도가 낮은 기업들이 CB 발행을 통해 자금 조달을 늘리다 보면 결국 디폴트가 일어날 수 있다는 점에 유의해야 한다.

011 | 꼭 알고 넘어가기 | 윌리엄 오닐(William O'Neil) – CAN SLIM Model

윌리엄 오닐(William O'Neil)은 투자의 대가로 1950년대부터 주식시장을 연구해 CAN SLIM Model을 활용해 1962년부터 2년 6개월간 무려 2000%의 투자수익을 올린 것으로 유명하다.

CAN SLIM이란 주식이 급성장하기 전에 보이는 7가지 조건의 앞 글자를 따서 만든 투자기법이다.

'C'는 현재 분기 주당순이익(Current Quarterly Earnings Per Share), 'A'는 주당순이익 증가율(Annual Earnings Increase), 'N'은 새로운 것(New), 'S'는 수요와 공급(Supply and Demand), 'L'은 주도주(Leader), 'I'는 기관투자가의 뒷받침(Institutional sponsorship), 'M'은 시장의 방향성(Market Direction)을 의미한다.

① 현재 분기 주당순이익 (Current Quarterly Earnings Per Share)
큰 시세를 내는 종목은 최근 분기의 주당순이익이 작년 동기 대비 70% 이상 증가한 종목이었다고 한다. 즉, 분기별 주당순이익이 증가율이 최소 20%~50% 증가하는 종목이 좋다.

② 연간 주당순이익 증가율 (Annual Earnings Increase)
시세 초기 단계에서 상승세를 타는 종목은 연간 주당순이익의 과거 5년간 평균 성장률이 24%에 달했다고 한다. 주당순이익이 매년 늘어나는 종목이 좋다.

③ 신제품, 경영방식, 신고가 (New product, management and highs)
큰 시세를 내는 종목의 95%가 새로운 제품, 새로운 서비스, 해당 산업에서의 새로운 물결과 혁신적인 경영방식, 신고가 등의 특징이 있다.

④ 수요와 공급(Supply and Demand)
주식시장에서도 수요와 공급의 법칙이 적용된다. 비교적 소형주나 자사주를 많이 보유해 유통주식수가 적은 종목이 향후 큰 시세를 낼 가능성이 크다.

⑤ 주도주와 소외주 (Leader and laggards)
최근 1년간의 주가 상승률이 전체 가운데 상위 20% 이내에 들어야 주도주로 분류했다. 주도주에 들지 못하는 소외주는 피해야 한다.

⑥ 기관투자가의 뒷받침 (Institutional sponsorship)
기관투자자는 주식시장의 큰손이고, 주도주는 일반적으로 이들이 선호하는 주식이다. 이들의 움직임을 잘 파악해야 큰 시세를 내는 주식을 찾을 수 있다. 하지만 기관투자자가 너무 많이 보유하고 있는 종목은 한꺼번에 매물이 쏟아질 우려가 있으니 조심해야 한다.

⑦ 시장의 방향성 (Market Direction)
주식시장이 강세인지 약세인지만 제대로 파악해도 주식투자의 절반은 성공한 것이다.

012 | 꼭 알고 넘어가기 | 증권사 리포트 해석

증권사 리서치센터에서 발행하는 종목 리포트는 대부분 긍정적인 시각인 경우가 많다. 실적이 좋지 않은 경우에도 이번 분기 실적이 최저치이고 앞으로 실적 개선의 여지가 있다고 한다. 이렇게 종목 리포트가 긍정적인 시각인 이유는, 리포트의 작성 목적이 법인세일즈의 수단이기 때문이다.

증권사는 국민연금, 우정사업본부, 교원공제회 등 대형 기관들이 운영하는 주식의 주문 창구로 사용되고, 이때 발생하는 수수료가 상당히 크다. 법인영업부는 주문 창구로 선정되기 위해 다양한 기준을 충족해야 한다. 그 중 하나가 리포트이다. 법인영업 담당자는 종목에 대한 긍정적인 시각의 리포트를 가지고, 기관투자자들에게 종목을 추천한다. 추천한 종목이 주식 운영에 큰 도움이 되면 당연히 주문 창구로 선정될 가능성이 크다.

종목 리포트가 긍정적인 또 다른 이유는 기업의 지배력 때문이다.
삼성전자에 대한 리포트를 쓰려면 삼성전자 IR 담당자에게 자료를 받아야 한다. 만약 삼성전자에 대한 부정적인 시각의 리포트로 삼성전자 주가가 하락한다면, IR 담당자는 더는 해당 애널리스트에게 자료를 주지 않을 것이다. 애널리스트는 기업의 IR 담당자와 긴밀한 관계를 유지해야 기업에 대한 양질의 정보를 받을 수 있어서 부정적인 시각으로 리포트를 작성하기 어렵다.
근본적인 이 두 가지 이유로 우리나라에서 매도의견 리포트가 나오기 힘들다. 실제로 2018년 바이오에 대한 버블 논란을 지적했던 애널리스트는 엄청난 스트레스를 받았다고 한다.

종목 리포트의 목표가는 일반적으로 컨센서스와 동종산업의 PER을 적용하여 산정된다. 하지만 이 두 가지 모두 타당성을 따져 봐야 한다.

먼저, 증권사에서 제시하는 기업의 컨센서스는 모든 조건이 완벽할 때 가능한 수치이다. 실제로 리포트에서 제시하는 조건이 맞지 않는다면 실제 실적이 컨센서스를 만족하기는 힘들다. 기업의 영업환경은 항상 예상대로 형성되지는 않는다. 기업의 실적이 컨센서스를 상회한다는 것은 사실 상당히 영업을 잘한 결과이다. 증권사에서 컨센서스를 발표하면 산출근거가 타당성이 있는지 확인해 봐야 한다.

다음으로, 동종산업의 다른 기업의 PER을 적용하는 것이 타당한지 살펴봐야 한다. 같은 제약업종이라고 같은 PER을 적용한다는 것은 사실상 의미가 없다. 기업의 크기, 영업환경, 투자자의 심리가 모두 다르기 때문이다.

주식은 스토리라는 말이 있다. 아무리 허황된 스토리라도 사람들이 믿기 시작하면 기정사실화되고, 그 스토리의 주인공인 주식의 주가는 상승하게 된다. 그 스토리를 널리 퍼트리는 것이 리포트이다. 항상 타당성 여부를 확인하는 게 중요하다.

013 | 꼭 알고 넘어가기 | 4박자 투자법

4박자 투자법은 기업별로 4가지 항목을 확인하여 조건을 충족하는 기업에 투자하는 방법이다. 이를 통해서 실수를 줄일 수 있고, 성공적인 투자가 가능하다. 4박자 투자법에서 4가지 항목은 실적, 수급, 차트, 재료이다. 투자하고자 하는 기업 관련 4가지 항목을 확인하여 각각 점수를 매기고, 종합 점수가 좋다고 판단되면 해당 종목을 계속 가져가는 것이 좋다. 그러나 2개 이상의 항목에서 문제가 있다고 판단되면 좀 더 지켜본 후에 매매를 결정해야 한다. 지금부터 4가지 항목에 대해 좀 더 자세히 알아보자.

1. 실적

기업 분석에서 제일 중요한 것은 기본적 분석이다. 투자에 앞서 이 기업이 어느 정도의 가치가 있고, 얼마만큼의 매출을 내느냐를 알아야 한다. 다시 말해 실적이 중요하다. 실적이 점점 좋아지고 있는지, 앞으로도 긍정적으로 나타날지를 파악해야 한다. 실적을 판단할 때에는 몇 가지 지표가 필요하다.

첫째, 안전한 기업인지 확인해야 한다. 자기자본 대비 부채의 비율을 나타내는 부채비율이 200%를 넘어가는 기업은 안전하다고 할 수 없다. 하지만 부채비율이 200%를 넘는 기업이 상당히 많기 때문에, 200%를 과하게 넘어서는 수준이 아니라면 큰 걸림돌이 되지 않는다. 반대로 부채비율이 매우 낮은 기업이 무조건 좋은 기업이라고 할 수는 없다. 부채가 낮다는 것은 그만큼 레버리지 활용을 못한다는 의미이기도 하다.

둘째, 기업의 성장성을 확인해야 한다. 기업의 성장성은 ROE로 확인할 수 있다. CAN SLIM 법칙으로 유명한 월가의 투자자 윌리엄 오닐의 저서에서도 ROE를 중요하게 다루고 있다. 이 책에서는 연 ROE가 15% 이상인 기업은 무조건 투자하라고 한다. 장기투자보다 단타를 더 많이 하는 투자자라면, 1년 단위가 아닌 분기별로 확인하면 된다. 즉, ROE가 3분기 이상 꾸준히 15% 이상인 종목이면 성장성이 좋다고 판단할 수 있다.

2. 수급

실적을 확인했다면 그 다음은 수급을 확인해야 한다. 외국인, 기관, 국민연금, 투자신탁의 매매 동향을 확인한다. 각 투자자별로 투자성향을 파악하고 있어야 한다. 외국인은 주가가 하락할 때 매수하고, 상승하면 매도한다. 반면, 기관은 주가가 하락할 때는 매수하지 않고, 상승할 때 실적을 어느 정도 확인하고 매수한다. 대부분의 개인투자자는 기관이 매수한 후에 이어서 매수한다. 그렇기 때문에 기관이 매도하면 주가가 하락하면서 개인투자자는 손해를 보게 되는 것이다. 따라서 개인투자자도 외국인 투자자처럼 기관보다 빠르게 매수해야 한다.

수급을 확인해야 투자자별 매매 동향을 파악할 수 있고, 이를 기반으로 매매 시점을 포착하여 성공적인 투자를 할 수 있는 것이다.
수급을 파악할 때는 호가 창 분석도 중요하다. 수급은 HTS의 '투자자별 매매동향' → '종목별투자자'에서 개인, 외국인, 기관의 매매 동향을 확인할 수 있다. 이틀에서 확인하고 끝나는 것이 아니라 차트에 기관과 외국인 매수를 추가해 놓으면 더 편리하게 HTS를 이용할 수 있다.

3. 차트

세 번째로 확인해야 할 것은 기술적 분석인 차트이다. 투자하기 좋은 차트를 판단하는 기준은 콕 기법, 삼중바닥, 옷걸이 기법, 스키 매매 기법 등 다양한 방법으로 긍정적인 신호를 찾는 것이다. 본 책에서 다양한 핵심 기법을 다루고 있으니 참고하면 좋을 것이다.

4. 재료

재료는 뉴스 등 다양한 경로를 통해 쉽게 접할 수 있다. 만약 긍정적인 재료가 많이 나온다면 주가가 상승할 가능성이 높다. 과거와 달리 현재는 정보의 비대칭성이 많이 없어졌기 때문에, 누구나 쉽게 정보에 접근할 수 있다. 따라서 정보 수집 능력만으로 주식투자를 하기에는 무리가 있다. 무엇보다 중요한 것은 정보를 분석하는 능력이다.

정보의 강도를 판단하는 기준은 재료와 매출과의 연관성이다. 매출과의 연관성이 높을수록 정보의 강도가 강하다고 판단할 수 있다.
단순히 매출과의 연관성을 파악하는 데에서 그치는 것이 아니라 해당 재료가 매출에 끼치는 영향이 단기적인지, 중기적인지, 장기적인지까지 파악해야 한다. 이를 기반으로 매매 시점을 판단할 수 있다.

014 | 꼭 알고 넘어가기 | 월가의 이야기

켄 피셔(Ken Fisher)의 역발상 투자

켄 피셔(Ken Fisher)는 워런 버핏이 정신적 스승으로 꼽는 성장주 투자의 거장 필립 피셔의 아들로 아버지 못지않은 월스트리트 최고의 투자 전략가이다. 운용자산이 600억 달러가 넘는 세계적인 자산운용사 피셔 인베스트먼트(Fisher Investments)의 설립자이자, 회장 겸 CEO이다.

켄 피셔는 주식시장을 군중과 다르게 보는 역발상 투자를 강조했다. 군중에 휩쓸리지 않는 독자적인 분석과 판단이 필요하다는 의미이다. 군중이 하나의 악재에 집중하고 있다면 더는 중요하지 않고, 그와 다른 사건이 일어날 가능성에 대비해야 한다고 했다.

① 초단기, 단기 전망은 쓸모없다.

이미 발표된 지표나 뉴스들은 주가에 벌써 반영되어 있다. 군중들은 이런 지표나 뉴스에 집중하지만, 주식시장은 이미 정해진 방향으로 움직인다. 테러도 전염병도 주식시장의 방향을 바꾸지 못한다. 단기적인 전망이나 뉴스에 연연하기보다는 중장기적인 관점으로 접근해야 한다.

② 30개월 안에 일어나지 않는 사건

30개월 안에 일어날 가능성이 거의 없다면 주식시장에는 큰 영향을 주지 못한다. 주식시장은 이미 발표된 뉴스가 반영되어 있지만, 너무나 먼 미래에 발생하는 사건은 반영되기 힘들다. '지구 온난화', '달러의 지위' 등 너무 먼 미래에 발생할 일을 걱정하는 것보다는, 현재 주식시장에 영향을 미칠 요소들을 찾아보는 것이 좋다. 주식시장 하락에 영향을 미치는 요소는 사람들이 전혀 예상하지 못하는 곳에서 나오는 악재일 수 있다.

③ 방 안의 코끼리 보기

방 안에 엄청난 크기의 코끼리가 있다면, 처음에는 사람들이 인지하지만, 나중에는 무감각해진다는 의미이다. 이렇게 당연하게 생각하는 사건에서 역발상을 하면 큰 수익이 발생한다.

2013년 버냉키가 양적 완화 축소를 발표했을 때 많은 투자자는 장기금리 상승을 우려하여 매도에 집중했다. 하지만 역발상으로 과감하게 투자한 투자자들은 이후 큰 수익을 냈다. 이처럼 군중이 너무나 익숙한 요소로 두려워할 때가 오히려 투자 시점이다.

④ 경험을 경시하면 안 된다

경제학자와 회계사가 오히려 주식투자에서 수익 내기가 어렵다. 이론적으로는 누구보다 잘 알지만, 실전 경험이 중요하다. 주식시장은 살아있는 생물과 같다. 기본적인 이론을 알고 있는 것은 중요하지만, 실제로 수익은 많은 경험이 필요하다. 그 경험을 바탕으로 살아 움직이는 주식시장에 적응해 나가야 수익을 낼 수 있다.

사람들이 일반적으로 알고 있는 사실을 맹신하면 오히려 투자에 해가 될 수 있다. 20일 이동평균선을 사람들이 중기 추세선으로 사용하다가 주가가 20일 이동평균선을 밑돌면 추세이탈로 보고 매도한다.
하지만 주가는 20일 이동평균선을 밑돈 이후 2～3일 뒤에 반등하는 경우가 많다. 역발상 투자는 군중과 반대로 하는 것이 아니다. 군중과 다르게 투자해야 수익을 낼 수 있다.

앙드레 코스톨라니(André Kostolany) - 심리매매

앙드레 코스톨라니는 헝가리 부다페스트 출신으로 주식투자를 예술의 경지에 올려놓은 사람으로 평가받는다. 그는 노력으로 부자가 되는 3가지 방법을 언급했는데, 첫째는 부자인 배우자를 만나는 것, 둘째는 유망한 사업 아이템으로 사업을 하는 것, 셋째는 투자를 하는 것이라고 했다.

그는 재무와 차트는 주가에 영향을 주지만, 제일 중요한 것은 심리라고 했다. 사람들이 주식에 관심이 없을 때 주식을 매수하고, 사람들이 주식에 관심을 가질 때 주식을 매도한다.
앙드레 코스톨라니는 페따 꼼쁠리(Fait acoompli : 기정사실화)라는 개념을 전파했다.
이 말은 이미 발생한 사건은 주가와는 무관하다는 개념이다. 주가는 미래를 반영한다는 의미이다. 아무리 대형사건이라도 일단 발생하면 그것은 과거일 뿐 주가는 미래를 향해 달려간다. 실제 주식시장에서도 실적 악화 우려로 하락한 주식이 악화된 실적을 발표했을 때가 저점인 경우가 많다.

그는 삶과 주식투자를 즐기라고 했다. 특히 빚내서 주식투자를 하면 안 된다고 했다. 빚을 내면 주식투자를 즐길 수 없기 때문이다. 탐욕을 줄이고 주식투자를 지적 도전행위로 여기라고 했다.

인내의 중요성도 강조했다. 주식투자는 머리로 보상받는 게 아니라 인내로 보상받는다고 했으며, 실패에 대한 진지한 분석만이 성공투자의 유일한 방법이라고 말했다. 누구나 아는 건 정보가 아니고, 뉴스의 행간을 읽을 수 있어야 한다고 했다. 뉴스보다는 뉴스에 반응하는 여론을 참조했다.

다음은 코스톨라니가 언급한 투자자를 위한 10가지 권고 사항과 금기 사항이다.

▶ 투자자를 위한 10가지 권고 사항

1. 매입 시기라고 생각되면 어느 업종의 주식을 매입할 것인지를 결정하라
2. 압박감에 시달리지 않도록 충분한 돈을 가지고 행동하라
3. 모든 일이 생각과 다르게 진행될 수 있다는 것을 명심하라 그리고 반드시 인내하라.
4. 확신이 있으면, 강하고 고집스럽게 밀어붙여라
5. 유연하게 행동하고, 자기 생각이 잘못될 수 있음을 인정하라
6. 완전히 새로운 상황이 전개되면 즉시 팔아라
7. 때때로 자신이 보유한 종목의 리스트를 보고 지금이라도 역시 샀을 것인지 검토하라
8. 대단한 가능성을 예견할 수 있을 경우에만 사라
9. 계속해서 예측할 수 없는 위험 역시 염두에 두라
10. 자신의 주장이 옳더라도 겸손하라

▶ 투자자를 위한 10가지 금기 사항

1. 추천 종목을 따르지 말며, 비밀스러운 소문에 귀 기울이지 마라
2. 파는 사람이 왜 파는지, 혹은 사는 사람이 왜 사는지를 스스로 알고 있다고 생각하지 마라 또한, 다른 사람들이 자기보다 더 많이 알고 있다고 생각해서 그들의 말에 귀 기울이지 마라
3. 손실을 다시 회복하려고 하지 마라
4. 지난 시세에 연연하지 마라
5. 주식을 사놓은 뒤 언젠가 주가가 오를 것이라는 희망 속에 그 주식을 잊고 지내지 마라
6. 시세 변화에 민감하게 반응하지 마라
7. 어디서 수익 혹은 손실이 있었는지 계속해서 계산하지 마라
8. 단기 수익을 얻기 위해서 팔지 마라
9. 정치적 성향, 즉 지지나 반대에 의해 심리적 영향을 받지 마라
10. 이익을 보았다고 해서 교만해지지 마라

조지 소로스(George Soros) – 헤지펀드(Hedge Fund)

헤지펀드 하면 가장 먼저 떠오르는 사람이 조지 소로스이다. 헝가리 부다페스트 출신인 그는 20세기 최고의 펀드매니저이자 현대 금융사의 신화 같은 존재이다.

소로스의 별명 중 하나는 영국 중앙은행을 박살 낸 사나이(The man who broke the Bank of England)이다. Quantum Fund라는 헤지펀드를 앞세워 영국 중앙은행과의 환율전쟁에서 승리했기 때문이다. 영국은 1992년 9월 16일 환투기에 대처하기 위해 파운드화 지지용으로 280억 달러의 보유 외환을 투입해 파운드화를 매입했다가 33억 파운드의 손실을 보았다. 이자율도 하루 사이에 10%에서 12%, 다시 15%로 두 차례 인상했다. 하지만 영국은 환율을 방어하지 못하고 소로스에게 항복했다.
특정 국가의 환투기 메커니즘은 간단하다. 특정 국가의 화폐를 빌린 다음 그 화폐로 달러를 사들인다. 이 과정을 반복하면 화폐시장에 해당 국가의 화폐는 많이 풀리고, 달러는 감소한다. 결과적으로 달러의 가치는 상승하고 해당 국가의 화폐 가치는 크게 떨어지게 된다. 일정한 시간이 지난 다음 그동안 사들였던 달러를 비싼 값에 한꺼번에 처분하고, 빌렸던 해당 화폐를 모두 갚는다. 이렇게 되면 결국 해당 화폐의 가치가 떨어진 만큼 차익이 생기게 된다.

예를 들어 1달러에 1000원이던 환율이 1달러에 2000원으로 오른다면, 1억 원(10만 달러)을 빌린 사람은 나중에 5만 달러만 팔아도 1억 원을 갚게 된다.

조지 소로스를 성공으로 이끌어준 투자철학은 재귀성 이론이다. 재귀성 이론은 사회의 모든 현상은 인지기능과 조작기능이 서로 영향을 주는 상호순환 관계를 통해 나타난다는 주장을 담은 이론이다. 이는 곧 시장은 불확실성에서 움직인다는 이론이고, 시장은 언제나 균형상태로 움직인다는 효율적 시장 가설과 차별화되는 이론이다. 소로스는 상승할 때는 레버리지를 써서 상승을 촉진하고, 하락할 때는 공매도를 최대한 사용하여 하락을 촉진한다. 이 과정에서 특정 상황이나 주가가 제자리로 돌아오기 전에 빠져나오는 것이 소로스의 투자 전략이다.
그는 펀더멘탈만이 주가를 움직인다는 것은 잘못된 것이고 주가 자체가 시장의 변화를 촉진하는 역할도 한다고 말했다.

조지 소로스는 남들과 다른 관점에서 분석하고 기회가 왔을 때 과감하게 집중 투자하는 강점이 있다. 군중과 똑같은 방식으로 투자하는 것을 지양했고, 항상 상황에 맞게 투자 방식을 조정했다.

한 나라의 경제를 파탄시키는 투기꾼이라는 오명도 있지만, 활발한 자선활동도 하고 있다. '오픈 소사이어티'라는 자선단체를 만들어 전 세계 50개국에서 자선활동을 펼치며 매년 4억 달러 이상을 기부한다.

월스트리트의 스승 – 제시 리버모어(Jesse Livermore)

투자의 대가라고 불리는 윌리엄 오닐(William J.O'Neil), 잭 스웨거(Jack D.Schwager), 알렉산더 일다(Alexander Elder)가 존경하는 투자가가 있다. 바로 월스트리트의 전설로 불리는 제시 리버모어(Jesse Livermore)이다. 그는 5달러로 주식을 시작하여 1억 달러까지 수익을 낸 전설적인 투자가다.

그가 만든 피라미딩 기법을 비롯한 다양한 기법은 아직도 실전 투자에서 사용되고 있다. 특히 그의 투자에 대한 철학과 통찰은 많은 투자자에게 교훈이 되고 있다. 대표적인 투자 비법은 3가지가 있다.

첫째, 자신만의 매매 기법이 있어야 한다. 제시 리버모어는 기술적 분석을 대표하는 투자가이다. 하지만 그는 차트에만 집착하는 것을 지양했다. 주가의 움직임을 다양한 방법으로 해석하고, 자신의 기준을 세워 상황에 맞게 대처하는 것이 중요하다. 제시 리버모어도 수많은 시행착오를 거처 피라미딩 기법이라는 자신만의 기법을 만들었다. 결국, 그는 원칙을 지키는 투자를 통해 큰 성공을 거둘 수 있었다.

둘째, 시장이 우선이다. 제시 리버모어는 전체 주식시장의 움직임을 중요하게 생각했다. 일반 투자자들은 시장보다는 개별종목에 관심이 있다. 전체 주식시장의 움직임과 상관없이, 자신이 보유한 종목이 상승할 수 있다고 생각한다. 하지만 전체 시장 움직임을 모르고 매매하는 것은 등산할 때 산에 올라가는 중인지 내려가는 중인지 모르는 것과 같다. 정상을 향해 올라갈 때도 오르막 내리막이 있다. 반대로 산을 내려올 때도 오르막, 내리막이 있다. 전체 흐름을 보지 못하고 오르막, 내리막에만 집중하면 큰 손실을 볼 수 있다. 제시 리버모어는 경제상황과 시장을 선도하는 업종의 주식을 매매해야 한다고 했다. 전체 주식시장의 움직임을 알고 투자하는 것이 중요하다.

셋째, 인내심을 강조했다. 제시 리버모어는 자신의 수익이 머리에서 나온 것이 아니라 앉아 있어서 나왔다고 했다. 그는 매수할 때 자신이 세운 기준이 될 때까지 기다렸다고 한다. 이렇게 인내심을 가지고 기다린 결과, 매수할 때 승률은 70% 이상이었다고 한다. 일반 투자자들은 심리적으로 흔들리기 때문에 급하게 매수하거나 매도한다. 하지만 진정한 수익은 확실한 매매 타이밍이 나올 때까지 기다릴 때 달성된다. 인내심은 그가 가장 강조한 부분이다.

> There is only one side to the stock market; and it is not the bull side or the bear side, but the right side.
>
> 주식시장에는 오로지 한 가지 시각만 존재한다. 그것은 강세론도, 약세론도 아닌 시장을 정확히 바라보는 눈이다.
>
> – Jesse Livermore

주식투자는 예측보다 대응이 중요하다. 시장을 강세로 또는 약세로 바라보는 편향된 시각이 아니라, 시장을 정확히 보고 대응하는 것이 중요하다.

> It never was my thinking that made the big money for me. It always was my sitting.
> 내가 큰돈을 벌 수 있었던 것은 결코 내 머리 덕분이 아니다. 항상 앉아 있는 덕분이었다.
>
> – Jesse Livermore

종목은 머리로 분석해서 선정하고 매매하지만, 수익은 인내심이 있어야 생긴다. 등락을 반복하는 주가 움직임에 일희일비하기보다는, 올바른 분석을 했다면 인내심을 가지고 기다리는 것이 필요하다.

PART 02

- 급등주 매매
- 단타 매매
- 역발상 매매
- 고수 매매

015 | 1,000% 폭등주 매매 1 | 폭등주 시작점 + 끝까지 수익 내기! 신라젠 일봉

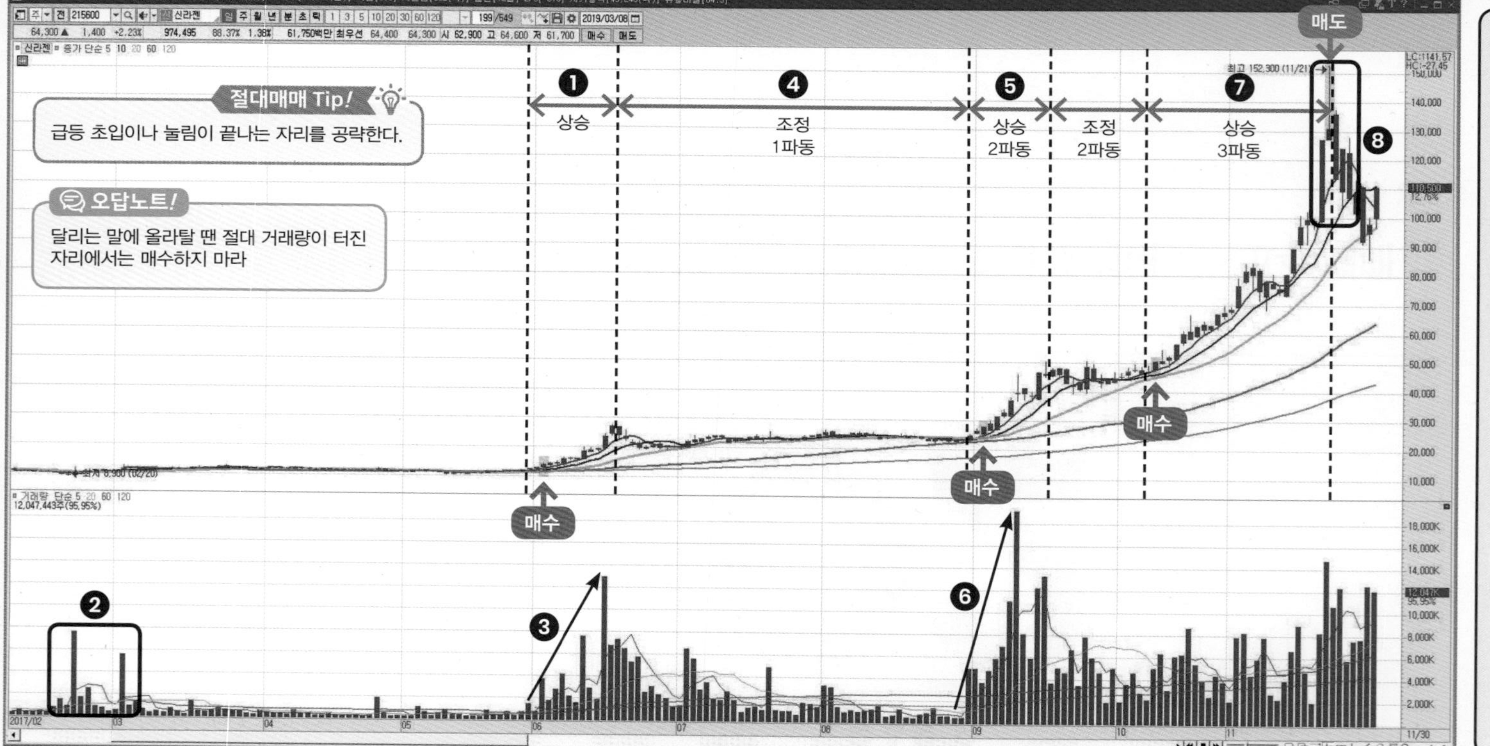

절대매매 Tip!
급등 초입이나 눌림이 끝나는 자리를 공략한다.
오답노트!
달리는 말에 올라탈 땐 절대 거래량이 터진 자리에서는 매수하지 마라
상승
조정
1파동
상승
2파동
조정
2파동
상승
3파동
매수
매수
매수
매도
최고 152,300 (11/21)

개선 선생의 절대비기!

- 신라젠 바이오 신약으로 1,400% 폭등주 찾는 방법은?

1) 주가의 급등(①)이 시작되기 2 ~ 3개월 전에 거래량 매물봉(②)이 나온다.
2) 이후에 거래량 급등(③)이 나오지만, ①번 구간 후 눌림이 나오고 고가놀이(④)가 시작된다.
3) ⑤번 구간에서 거래량(⑥)이 ③번 거래량보다 더 많이 터지면서 상승 2파동이 시작된다.
4) 20일선을 지지선으로 하여 다시 반등(⑦)이 나오기 시작하면서, 엘리엇 파동이론에서도 거론되는 가장 긴 상승 3파동이 시작된다.
5) 상승 파동이 세 번 이상 나온 후, 캔들(몸통 + 꼬리)이 길어지는 모습(⑧)이 나온다면 매도를 진행해야 한다.

개선 선생의 한마디!

1,000% 폭등주는 강한 수급을 끌고 가게 된다. 이 차트는 좁혀 놓아서 간단하게 보이지만, 실제로 매매를 하다 보면 주가가 아주 급하게 매일 올라가는 현상으로 이해할 수 있다. 다시 말해서 달리는 말에 올라타야 한다. 그것이 어렵다면 고가놀이 및 눌림 구간이 마무리되는 자리를 찾아서 매수해야 한다. 이런 종목들은 사실 급격한 변동성이 나오지 않고 심플하게 움직이기에, 오히려 매수나 매도를 하기가 더 쉽다.

016 | 1,000% 폭등주 초입 | 폭등주도 시작점 → 정배열 + 역망치 + 장대봉 신라젠 일봉

절대매매 Tip!

20일선을 살짝 이탈한 후에 빠르게 20일선을 회복하는 자리가 매수 포인트이다.

개선 선생의 절대비기!

- **급등주가 시작할 때 나타나는 신호는?**

1) ①번 지점에서 가장 중요한 신호는 저점에서 잠자리형 캔들(Dragonfly Doji) (A)이 나왔다는 것이다.
2) 그 후 20일선을 돌파하면서 망치형 캔들(B)이 나온다.
3) 이후에 역망치형 캔들(C)이 나오고, 장대봉(D)이 나오면서 마지막으로 정배열을 만들고 있다.

주식 격언 새기기!

"결정적인 순간을 찾아야 한다."

질 확률이 많을 때나 불투명할 때 승부수를 띄워서는 안 된다. 평소 칼을 갈고 있다가 때가 왔을 때, 결정적인 순간에 나서야 한다. 그러나 한번에 모든 것을 걸면 안 된다. 한 번에 모든 것을 걸었다가 실패하면 모든 것을 잃게 되고 만다. 나누어서 투자하되, 각각의 투자에서 결정적인 순간을 찾아야만 한다.

개선 선생의 한마디!

20일선과 이격이 벌어지면(②), 다시 이격을 좁히는 눌림이 나오게 된다. 그러면 ③번이 단기 고점이 되고, 다시 눌림 구간 후에 전고점(E)을 돌파하는 자리를 매수 포인트로 잡으면 된다.

017 | 1,000% 폭등주 고가놀이 | 중간 쉬어가기! 관통형 자리에서 잡아라! 신라젠 일봉

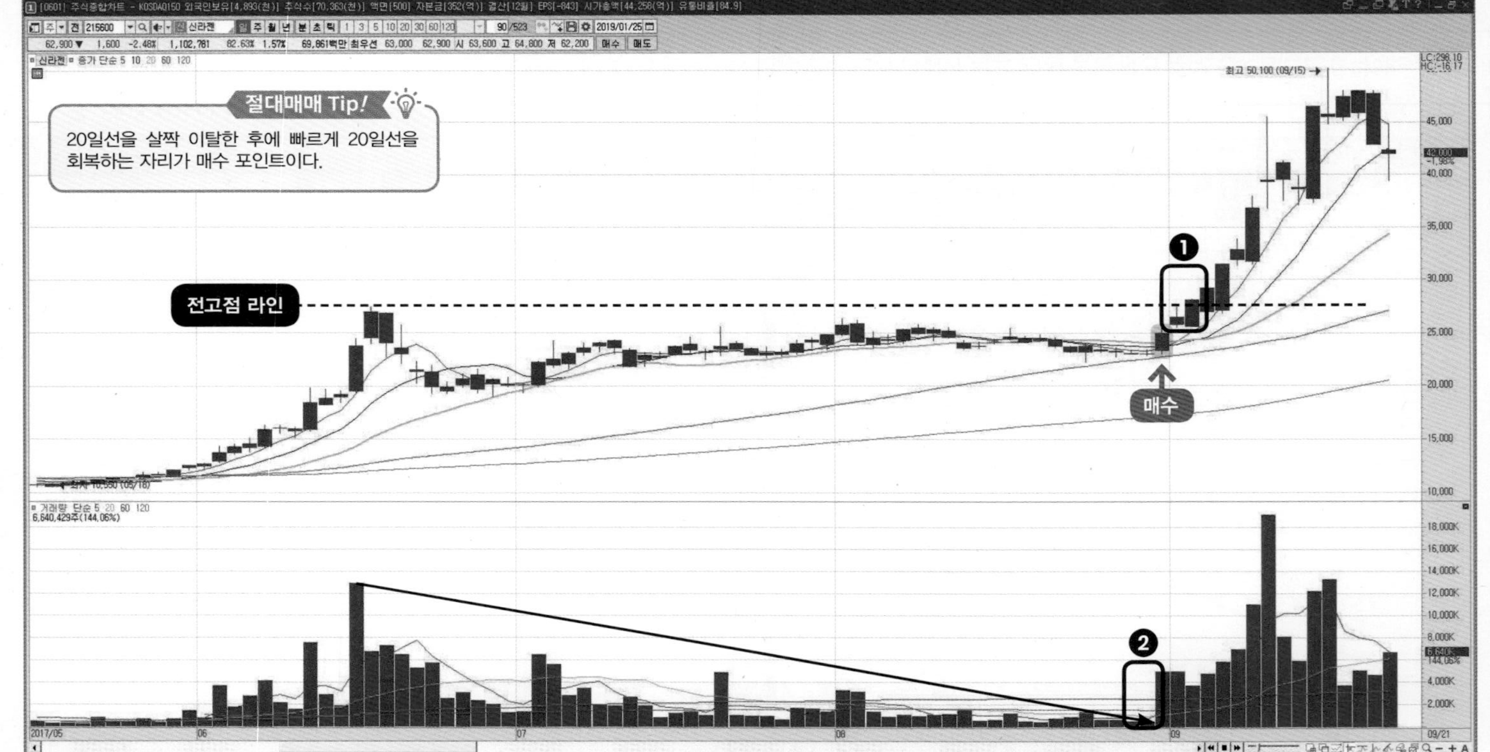
절대매매 Tip!
20일선을 살짝 이탈한 후에 빠르게 20일선을 회복하는 자리가 매수 포인트이다.
전고점 라인
매수
최고 50,100 (09/15)

개선 선생의 절대비기!

• **고가놀이란?**

1차 상승이 나온 후 쉬는 구간이지만, 정확히 말하면 기간조정을 뜻한다. 이 기간조정은 1차 상승이 나온 기간만큼 시간적 조정이 발생하는 구간이다. 매수 포인트는 거래량이 완전히 줄어들고 20일선을 잠깐 이탈 후, 다시 치고 올라갈 때이다. ②번처럼 전고점(①)을 돌파 시 올라타야 한다.

주식 격언 새기기!

"걸레주식도 큰 돈 벌 수 있다."

기업내용이 극히 부실한 소위 걸레주식은 평소에는 주가가 최저가에 고착되어 투자자들의 관심밖에 방치되지만, 주식시장이 크게 활황을 보여 우량주나 보통주들이 지나치게 오르고 나면 이들 걸레주들이 움직이기 시작한다.
기업 내용에 결함이 있는 이 주식들은 한번 움직이기 시작하면 무서운 속도로 오르는 것이 보통이다. 그러나 떨어질 때에도 급속도로 떨어지는 것을 명심해야 할 것이다.

개선 선생의 한마디!

거래량이 줄고, 20일선 아래로 눌림 구간이 나타나며, 상승만큼 기간조정을 거친 후에 전고점을 돌파하면 2차 급등이 시작된다.
거래량이 줄어들면서 최소화된 지점이 매수 자리(②)이다. 관통형 매매는 캔들의 중간 및 아랫부분을 이평선이 관통하면서 우상향하는 것을 말한다. 관통하는 지점이 캔들 몸통의 아랫부분일수록 신뢰도가 높다.

018 | 1,000% 폭등주 매도 타이밍 | 10배 수익 내고 잘 매도하려면? 신라젠 일봉

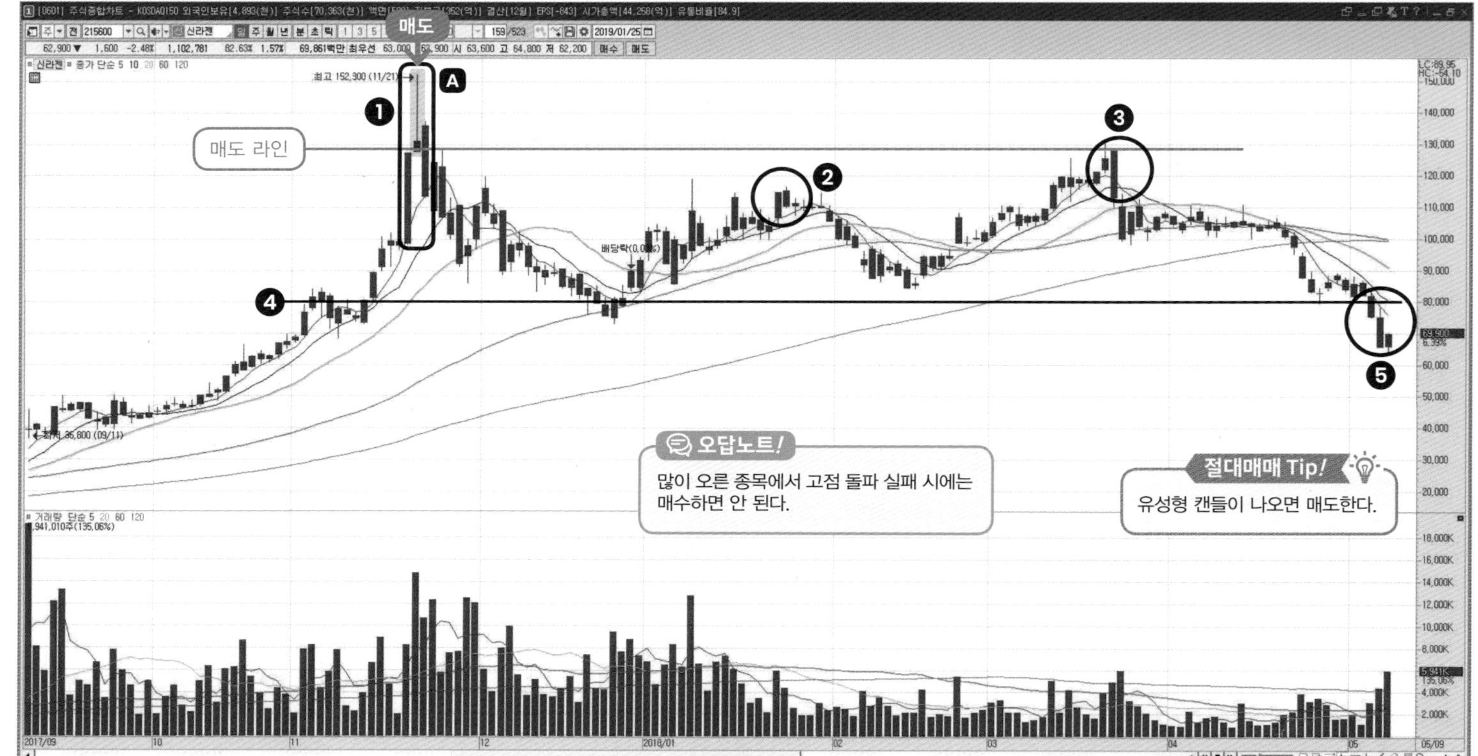

매도
매도 라인
최고 152,300 (11/21)
A
배당락(0.00%)
오답노트!
많이 오른 종목에서 고점 돌파 실패 시에는 매수하면 안 된다.
절대매매 Tip!
유성형 캔들이 나오면 매도한다.

개선 선생의 절대비기!

- **무조건 매도해야 하는 자리는?**

1) 3차 상승이 나온 후, 캔들(몸통 + 꼬리)이 길게 나타나는 지점(①)은 하락을 예고한다.
2) 비석형 캔들(A)이 나온 후부터는 매도를 하는 것이 맞다. 매도에 실패하더라도 ②, ③번처럼 데드캣 바운스(죽은 고양이)가 나오는 자리에서 두세 번의 매도 기회가 더 있다. 이때는 꼭 매도해야 한다.
3) ④번 선을 헤드 앤 숄더에서는 넥라인이라고 이야기한다. 넥라인을 이탈 시 큰 하락(⑤)이 나오니 꼭 매도해야 한다.

개선 선생의 한마디!

주식시장에서 매수보다 더 중요한 것은 매도이다. 특히 손절선을 지키지 못하는 행위는 절대 피해야 한다. 넥라인처럼 손절선을 하향 이탈하게 되면 일단 비중을 줄이거나 매도한 후, 다시 넥라인까지 올라오면 매수해도 늦지 않다. 마음이 아프더라도 손절 후에 다음을 모색하는 것이 좋다. 이는 반드시 지켜야 한다.

019 | 1,000% 폭등주 추세 매매 | 엘리엇 파동이론의 상승 5파동 신라젠 일봉

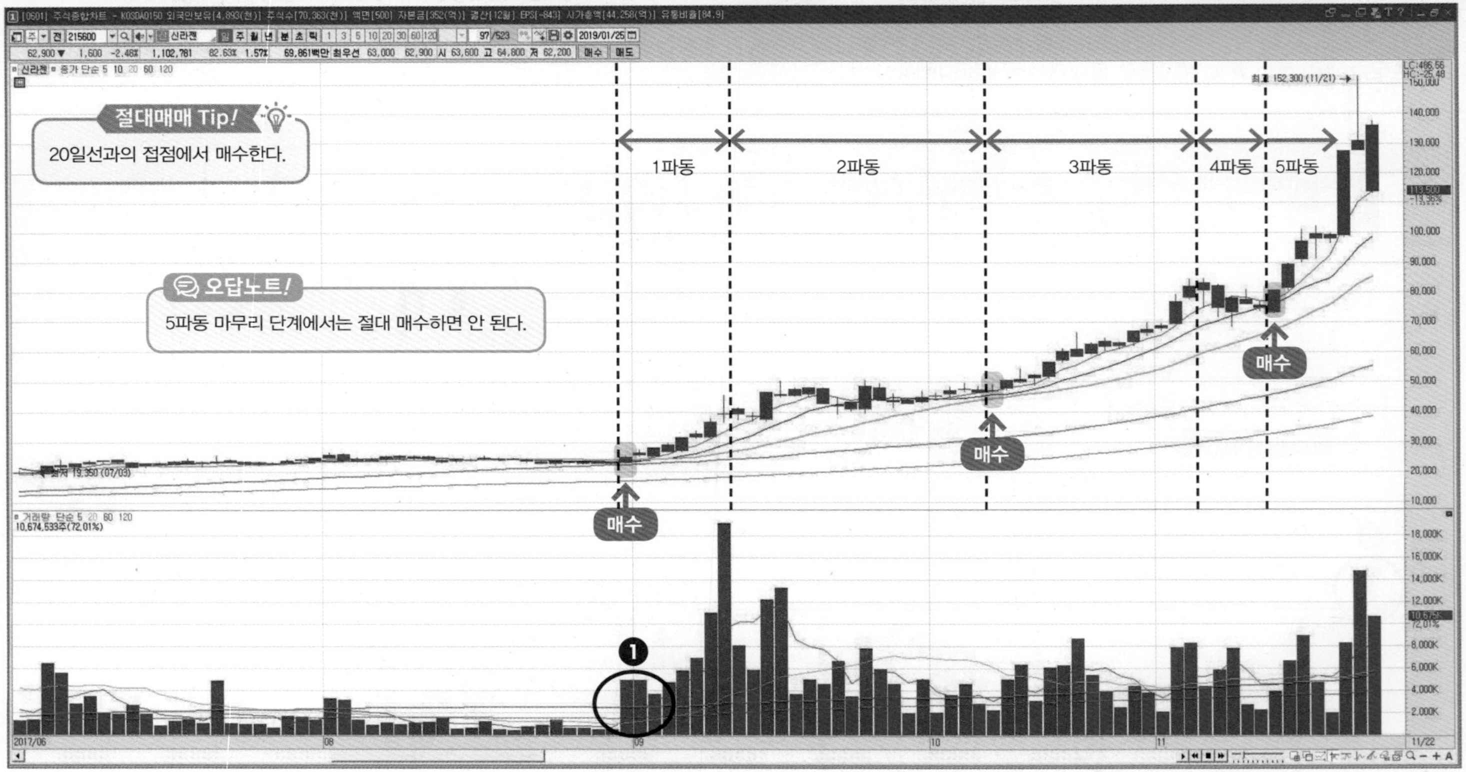

절대매매 Tip!

20일선과의 접점에서 매수한다.

오답노트!

5파동 마무리 단계에서는 절대 매수하면 안 된다.

개선 선생의 절대비기!

• **엘리엇 파동이론이란?**

엘리엇 파동이론은 패턴, 비율, 시간의 3가지 요소를 포함하고 있는 이론이다. 상승 5파와 하락 3파로 구성되어 있으며, 1939년도에 엘리엇이 발표한 기술적 차트이론이다.

1) 가장 힘이 센 파동은 3파동이다.
2) 조정 파동은 2, 4파동이다.
3) 조정구간이 마무리될 때 매수해야 한다.

주식 격언 새기기!

"내 마음에 맞는 것은 모두 독이고, 내 마음에 맞지 않는 것은 약이다."

감정이 내키는 대로 매매했을 때 실패는 꼭 문밖에 기다리고 있다. 마음이 내키는 대로 매매하는 것은 독이다. 천정에서 사고 싶고 밑바닥에서 팔고 싶은 것이 인간의 자연스런 감정. 천정에서 팔고 밑바닥에서 팔면 마음이 후련하겠지만 이것은 아주 잠시일 뿐 그 뒤에는 후회가 찾아온다. 주식투자의 성공비결은 자신의 감정을 억제해야 한다는 점이다.

개선 선생의 한마디!

상승이 시작되면 거래량이 터진다(①). 그러면 주가가 20일선 위로 올라오고, 정배열 초기 모델이 형성된다. 상승이 시작되면 1파동이 나타나고, 상승 후 피보나치 수열에 의해서 일부 조정이 나오게 된다(2파동). 조정이 마무리되면 가장 힘이 센 3파동이 시작되고, 이어서 조정파동(4파동)이 나타난다. 마지막 5파동에서는 수익을 실현해야 한다.

020 | 1,000% 폭등주 매매 2 | 급등주 흐름은 늘 비슷하니 자주 눈으로 익혀라 에이치엘비 일봉

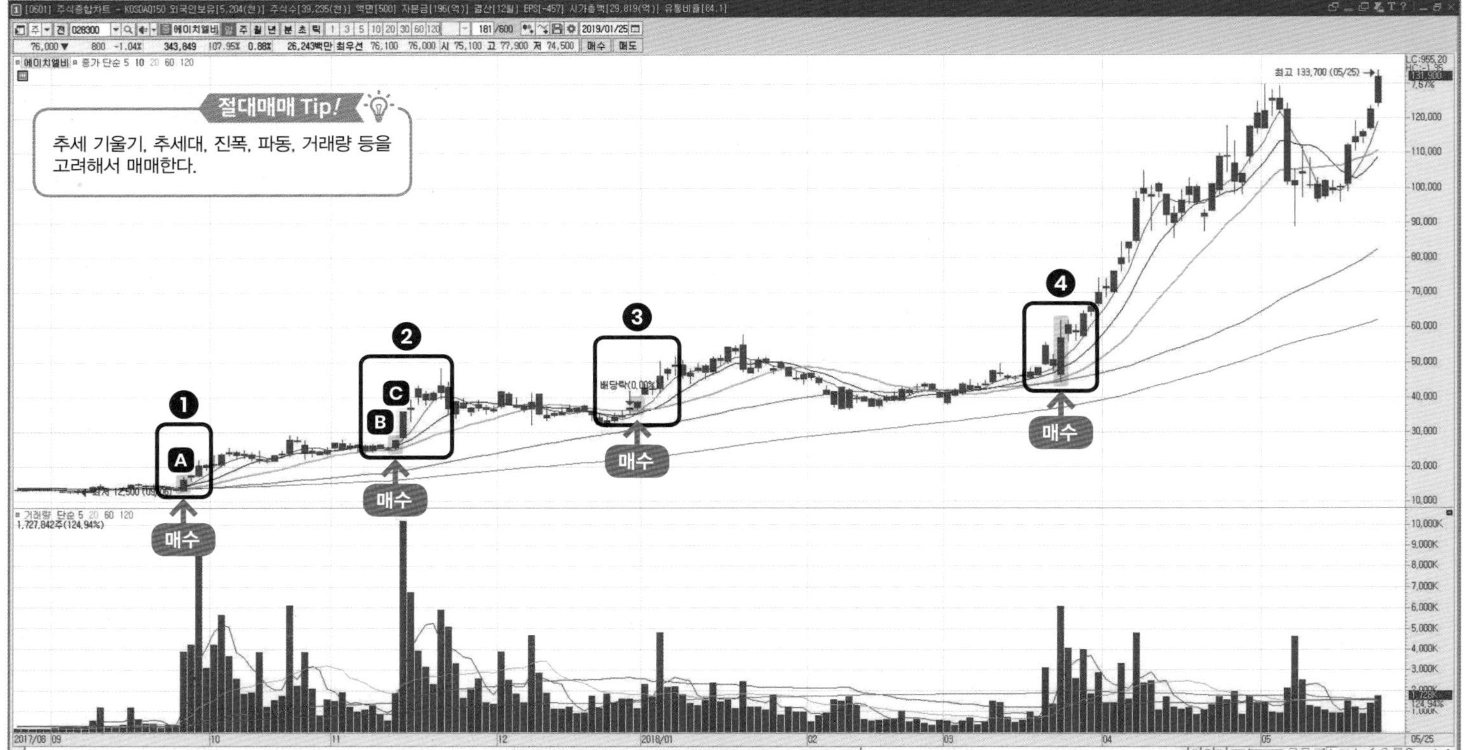

절대매매 Tip!
추세 기울기, 추세대, 진폭, 파동, 거래량 등을 고려해서 매매한다.
A
B
C
매수
매수
매수
매수
최고 133,700 (05/25)

개선 선생의 절대비기!

- **급등주 및 세력주는 형태와 흐름이 비슷하다.**

차트를 꾸준히 보는 훈련을 한다면 급등주의 초입에서 매수하여 큰 수익으로 끌고 갈 수 있는 기술이 생긴다.

1) ①번에서 위꼬리가 짧은 장대봉(A)이 20일선을 돌파하고 있다.
2) ②번에서 캔들이 수렴되면서 20일선에 지지(B)하고 있고, 다음 캔들에서 상당히 많은 거래량이 터지면서 전고점을 돌파(C)한다.
3) 기간조정이 나온 후, 캔들이 다시 20일선을 살짝 이탈하지만, ③번처럼 다시 상승추세가 살아난다.
4) ①~③번에서 추세 기울기는 15°밖에 안 되지만, ④번부터는 45° 이상의 추세 기울기가 형성되고 있다. 이는 본격적인 상승이 시작되었음을 알려 주는 것이다.

개선 선생의 한마디!

급등주일수록 차트 형태는 더욱 간결하게 만들어지고, 20일선과 캔들 추세 매매만 할 수 있어도 누구나 매매가 가능하다. 원리는 똑같다. 전고점을 돌파하고, 거래량이 터진다면 새로운 시세의 분출이다. 그러나 주식에서는 어떤 완벽한 기법이나 기술이라도 100% 들어맞는 것은 없다. 그래서 어떠한 신호 후엔 확인 작업을 통해 신뢰도를 확인하고, 매매를 하는 것이 더욱 안전하고 정확하다.

021 | 1,000% 폭등주 매매 2 | 급등주 초입을 찾아라! → 관통 돌파 매매 에이치엘비 일봉

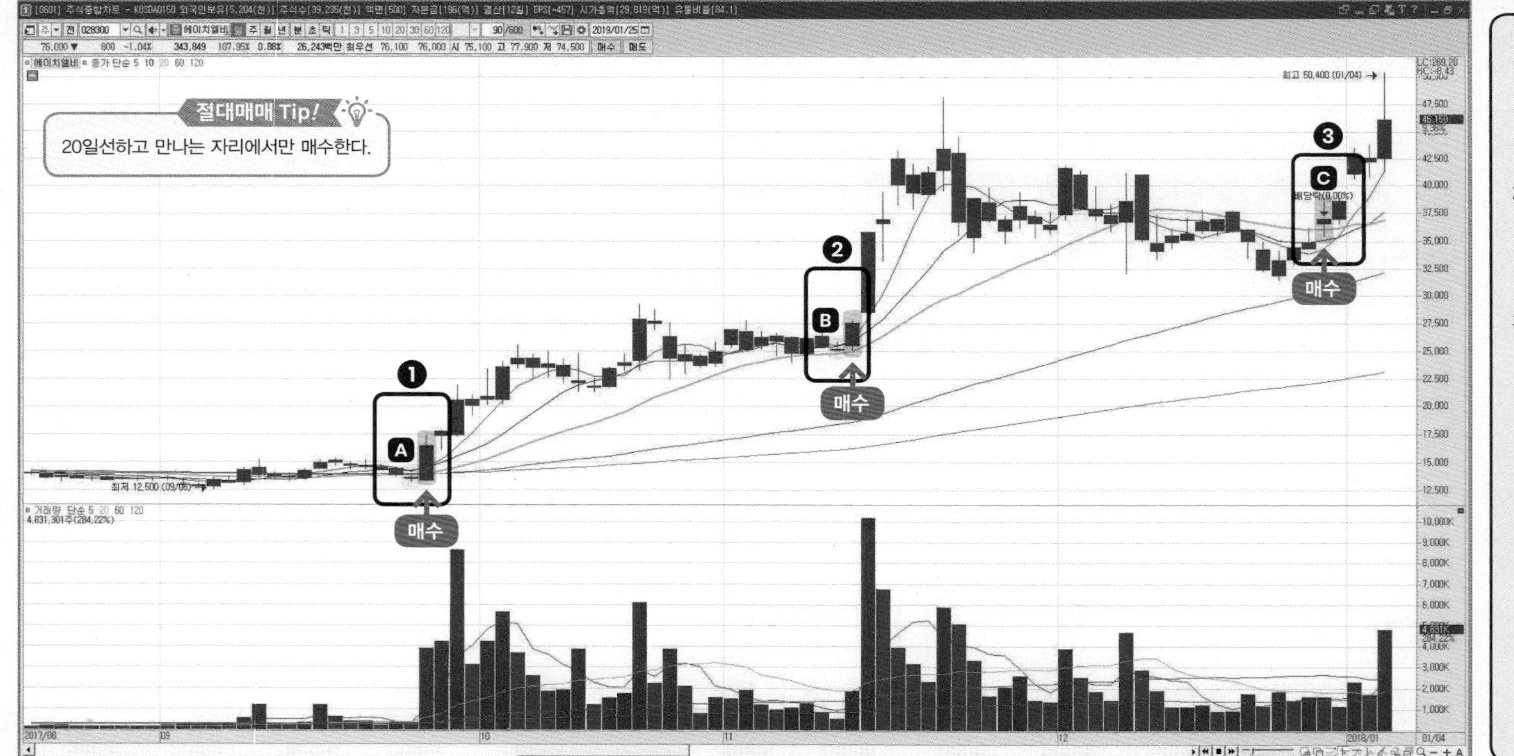

개선 선생의 절대비기!

- **급등주는 분명히 끌어올리는 주 수급세력이 있다.**

1) 주 수급의 주체는 급등시키기 위한 준비운동을 하고, 이는 흔적으로 남는다.
2) ①번에서는 20일선을 돌파하기 전에 십자형 단봉(A)이 나오고, ②번에도 십자형 단봉(B)이 나타난다. 십자형 단봉은 변곡점을 만들 수 있는 힘이 있다.
3) 캔들이 20일선을 깨고 내려갔다가 ③번에서 망치형 캔들이 곧바로 20일선을 돌파하는 모습이 나온다. 20일선을 깼기 때문에 매도를 고민한다면 다시 한 번 생각해야 한다. 이 때 매도는 상승 탄력이 진행되고 있는 추세라인을 말하는 것이다. 본 차트처럼 조정구간에서는 거래량이 중요하다.

개선 선생의 한마디!

크게 가는 종목, 즉 급등주 및 폭등주는 큰 수급들이 끼어 있기 때문에 어느 정도 개인투자자가 매수하고 수익 내는 것을 불편해 하지 않으나, 일부 세력주는 개인투자자나 소형 세력이 들어오면 개미떨기를 통해서 쫓아내려고 한다. 다시 말해서 이런 종목들은 차트도 더 정확하게 잘 맞고, 마찬가지로 거래량도 더욱 심플하게 떨어진다.

022 | 1,000% 폭등주 매매 2 | 급등주 2차 랠리 자리를 찾아라! 에이치엘비 일봉

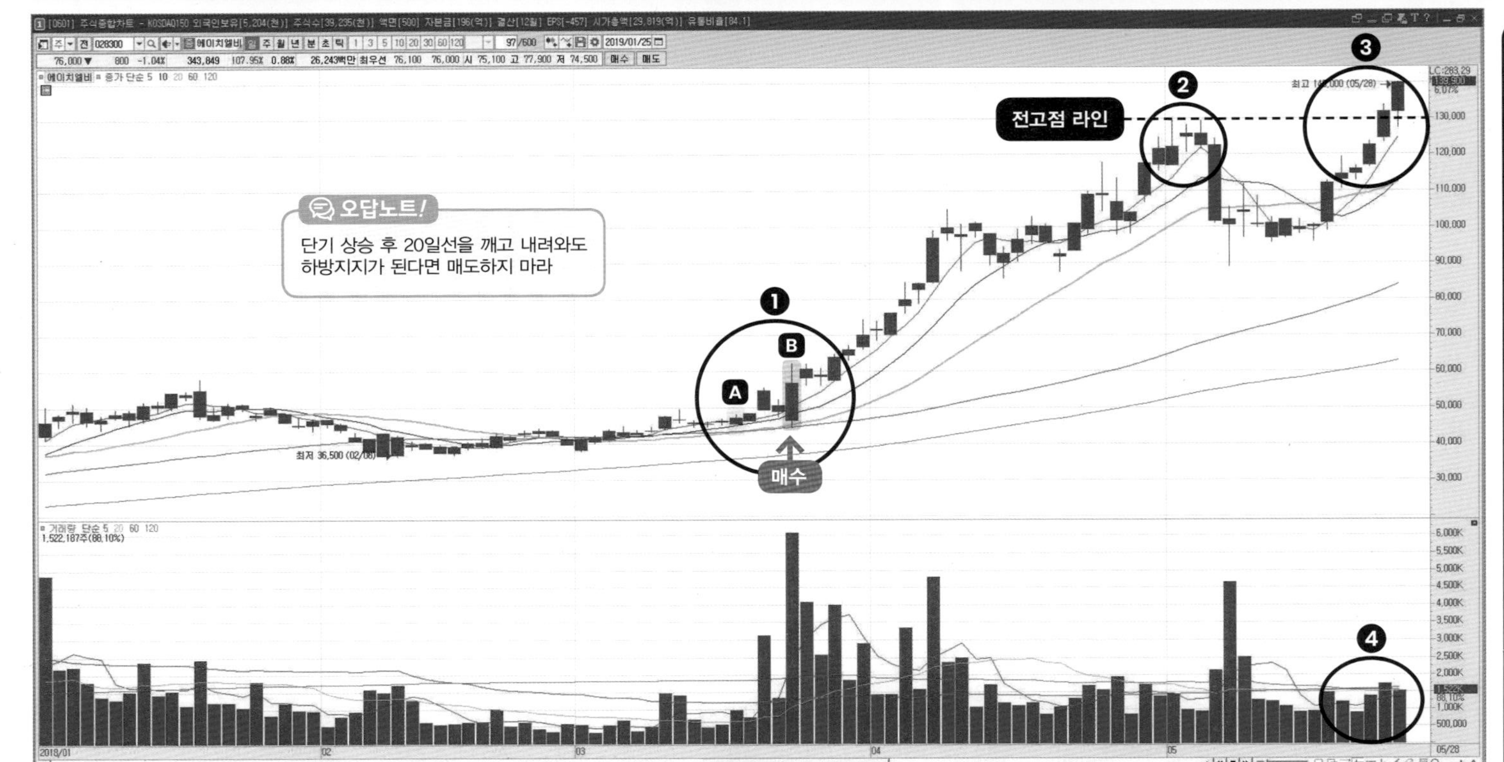

전고점 라인
오답노트!
단기 상승 후 20일선을 깨고 내려와도 하방지지가 된다면 매도하지 마라
매수

개선 선생의 절대비기!

• 2차 랠리를 잡아라!

이전 페이지에서 1차 랠리가 나온 후 일정 기간조정이 나왔고, 다시 2차 랠리가 ①번 지점에서부터 시작되고 있다. 그러나 1차 랠리에서 이미 잔파동이 3번 이상 나왔기 때문에 이번 파동은 사실상 마지막 파동이라고 봐도 된다.

1) ①번에서 거래량이 터지면서 전고점 돌파의 힘을 발휘하고 있다. 이때 역망치형 캔들(A)이 나오면 장대봉(B)을 기다려야 한다.
2) ②번은 단기 고점이 완성된 자리이다. 보통 ②번에서 터진 거래량보다 더 많은 거래량이 나오면서 전고점을 돌파해야 하는데, ③번에서는 거래량이 없는 상태(④)지만 적삼병이 나오면서 전고점을 돌파한다. 언뜻 보면 ③번 이후에 큰 상승이 나올 것이라 생각하고 매수에 가담할 수 있다. 하지만 거래량 없이 고점을 돌파할 경우에는 의심을 해봐야 한다. 적삼병은 저점에서는 매수 신호지만, 고점에선 매도 신호가 될 수 있다. 차트를 보면, 그 동안 10배 이상 수익이 난 구간이 잔파동 3번, 큰 상승파동 2번이기에 충분한 추세는 이미 완성됐다고 봐야 한다.

개선 선생의 한마디!

보통 개인투자자는 급등주를 보면 '10배 이상 오른 종목을 내가 왜 초기에 못 샀을까'라고 아쉬워한다. 그리고 '이제라도 매수해야지', '올라타야지'라는 마음이 들기도 한다. 차트는 절대 거짓말을 하지 않는다. 속임수는 있을 수 있어도 흔적은 절대 지울 수 없다. ③번에서 고점 돌파 이후에 흐름을 꼭 확인해 보고, 이를 꼭 숙지해야 한다.

023 | 1,000% 폭등주 매매 2 | 매도 타이밍 놓치지 않는 비기 에이치엘비 일봉

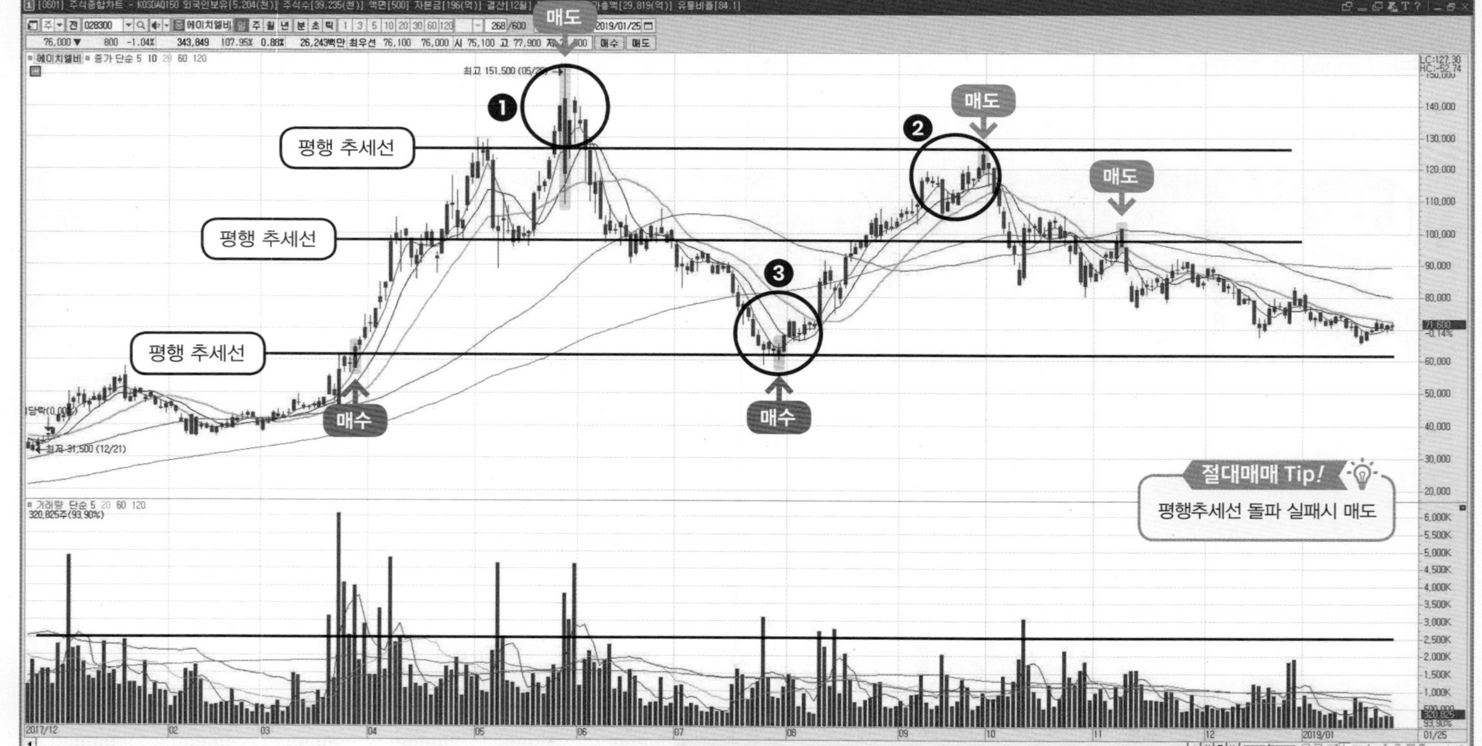

개선 선생의 절대비기!

• 매도 타이밍은?

①번에서 고점을 돌파하는 것처럼 보이지만, 바로 긴 음봉이 나오면서 하락 전환을 하고 있다. 이때는 매도해야 한다. 만약 돌파를 예상하고 매수했다면 돌파 실패는 더욱 큰 하락이 나올 수 있다는 것을 명심해야 한다. ②번은 한 번 더 빠져나올 수 있는 기회일 뿐, 재돌파를 꿈꾸고 매수하면 안 된다.

주식 격언 새기기!

"대중은 항상 틀리고 있다."

대중은 진리보다 착각을 사랑하고, 사물을 깊게 보려 하지 않는 속성이 있다. 당신이 얕고 표면적인 사고방식을 가졌다면 주식시장에서 성공하기 힘들다. 또, 재료나 정보에 얽매여 있으면 주식투자에서 백전백승하기 어렵다. 무엇보다도 거짓정보를 판별할 수 있는 능력을 길러야 한다. 주식투자에서 성공하기 위해서는 대중에서 벗어나야 한다는 것을 명심해야 한다.

개선 선생의 한마디!

상승추세가 강해 캔들의 고점이 높아질수록 평행추세선을 그어 놓고 매매해야 한다. 변곡점 자리의 거래량이 터진 지점을 기점으로 추세선을 그으면, 신기하게도 그곳은 지지와 저항이 형성되는 평행추세선 구간이 된다. ③번에서는 단기적으로 데드캣바운스가 나오고 있다.

024 | 1,000% 폭등주 매매 3 | #시작점 # 선취매 # 역망치 #삼파동 인스코비 일봉

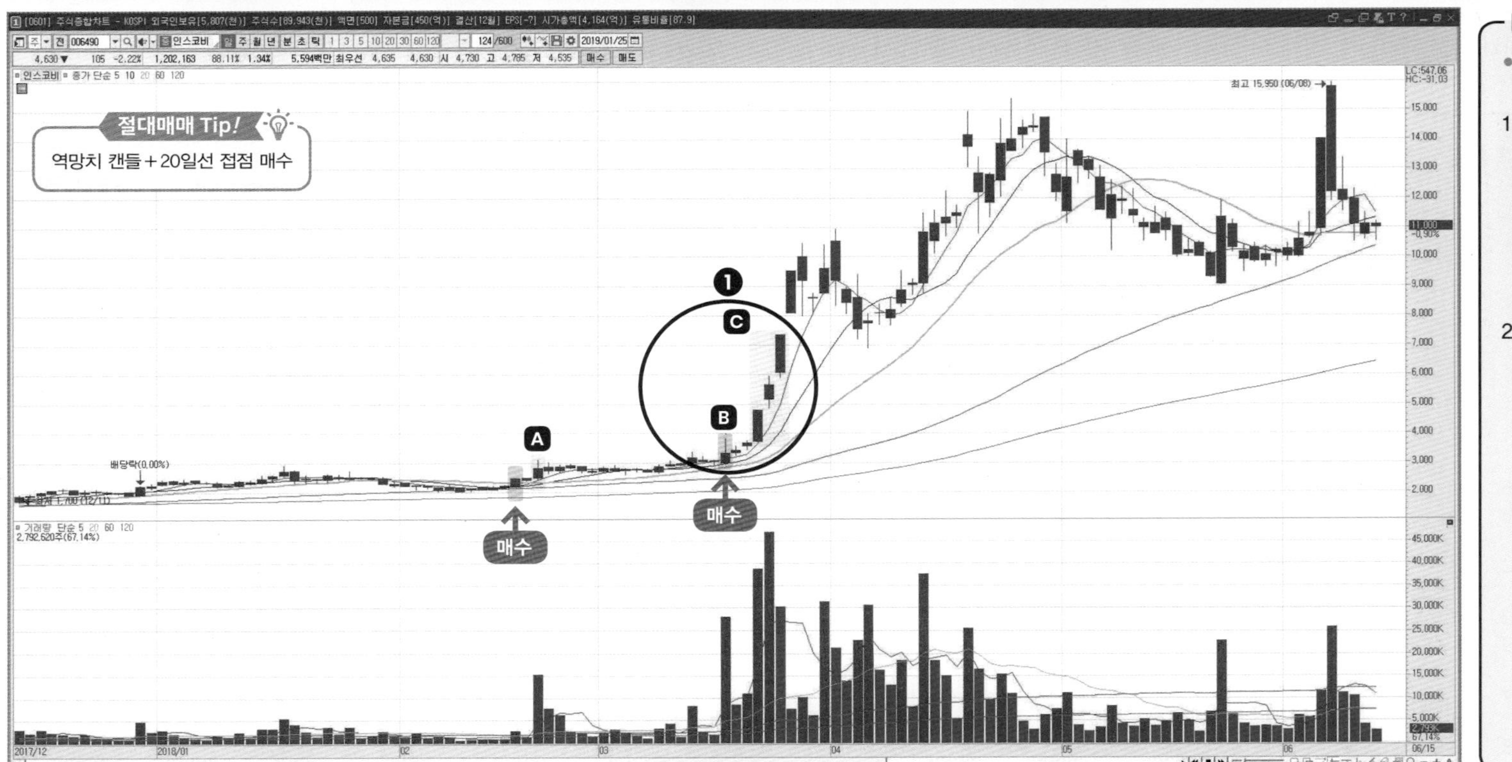

개선 선생의 절대비기!

- 1000% 터지는 급등주는 떡잎부터 알아본다.

1) 역망치형 캔들(A, B)에는 힘이 있다. 급등주를 찾아내는 방법 중에서 역망치형 캔들을 가장 강조하는 이유는 많은 자리에서 나올 수 있는 캔들이지만, 완벽한 타이밍에 완성되면 큰 수급을 몰고 온다는 특징이 있기 때문이다.
2) ①번에서 적삼병(C)이 나오면서 거래량이 순증하고 있다. 이는 강한 랠리를 예고하는 것이다.

개선 선생의 한마디!

주식은 훈련이다. 계속해서 좋은 차트를 많이 보고, 왜 이렇게 올라갔는지 분석하며 스토리를 잡아가야 한다. 그래야 똑같은 떡잎을 보고도 큰 나무가 될지 안 될지 구분할 수 있다. 꾸준히 훈련하면 여러분들도 충분히 가능하다. 왜냐하면 모든 수급세력들은 흔적을 남기고 행동하며, 그 패턴은 반복되어 움직이기 때문이다.

025 | 1000% 폭등주 매매 4 | 폭등주도 법칙이 있다 셀트리온 월봉

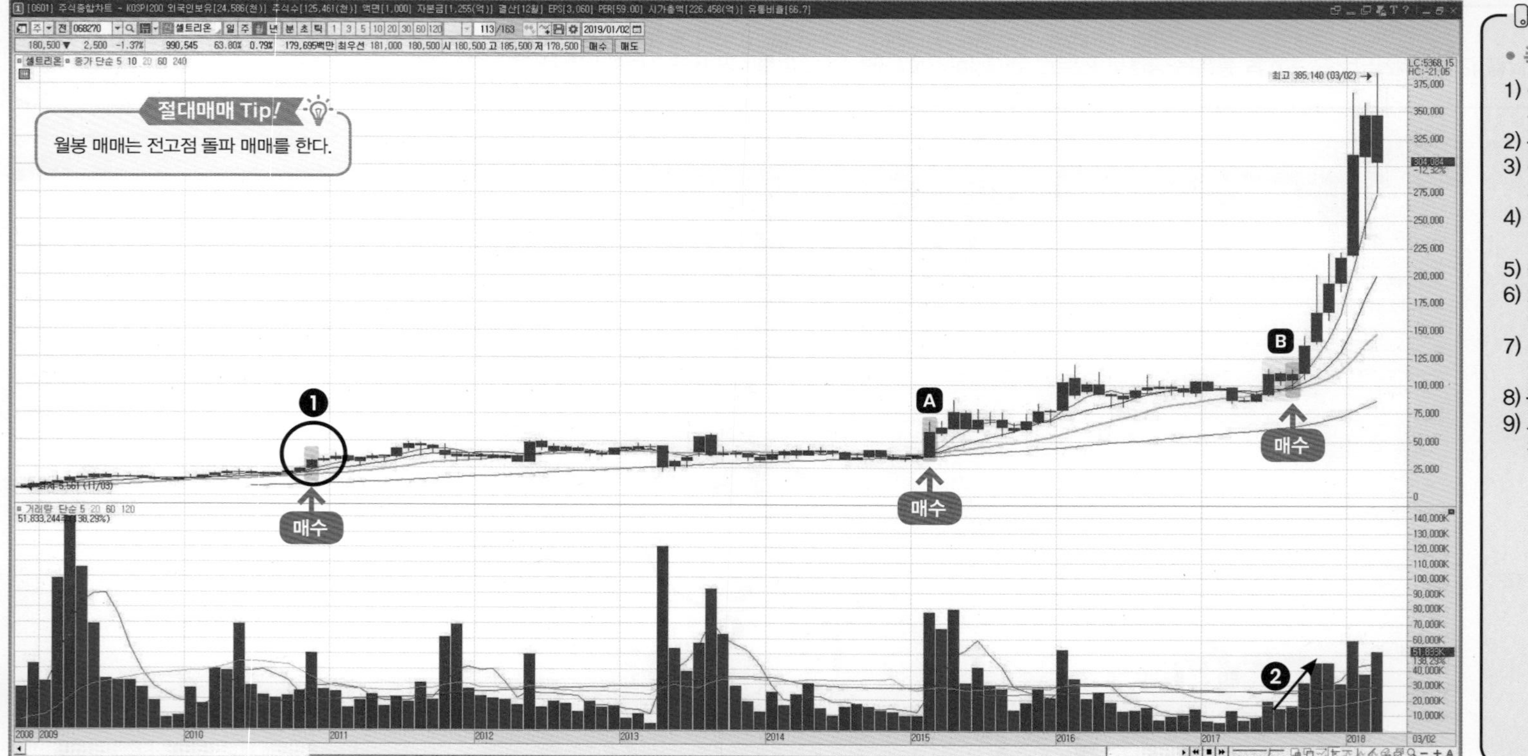

절대매매 Tip!
월봉 매매는 전고점 돌파 매매를 한다.
매수
매수
매수
최고 385,140 (03/02)

개선 선생의 절대비기!

- **폭등주 상승 법칙은?**

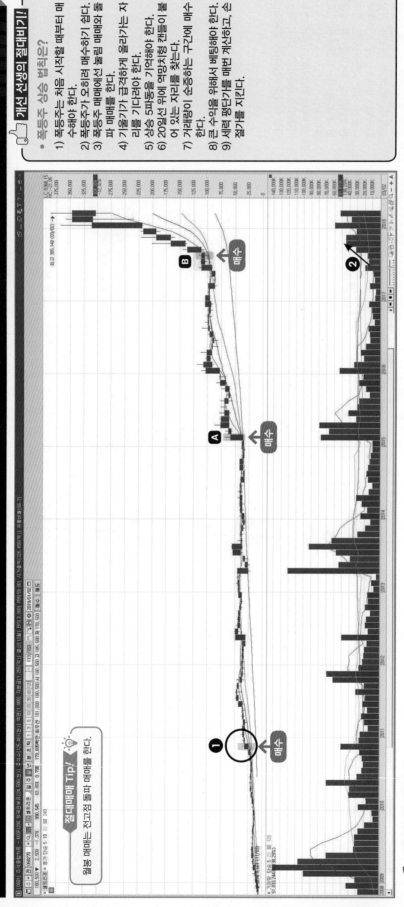

1) 폭등주는 처음 시작할 때부터 매수해야 한다.
2) 폭등주가 오히려 매수하기 쉽다.
3) 폭등주 매매에선 눌림 매매와 돌파 매매를 한다.
4) 기울기가 급격하게 올라가는 자리를 기다려야 한다.
5) 상승 5파동을 기억해야 한다.
6) 20일선 위에 역망치형 캔들이 붙어 있는 자리를 찾는다.
7) 거래량이 순증하는 구간에 매수한다.
8) 큰 수익을 위해서 베팅해야 한다.
9) 세력 평단가를 매번 계산하고, 손절가를 지킨다.

개선 선생의 한마디!

①번에서부터 상승이 시작된다. 캔들이 20일선을 올라타면서 주가 부양을 위한 초석을 만들었고, 그 동안 지지부진하던 흐름에 강한 돌파가 임박했음을 알리는 장대봉(A)이 나온다. 양음양(B)이 나오면서 거래량이 순증(②)하고, 기울기가 가장 급격한 급등 랠리가 터지기 시작한다. 매수 타이밍은 거래량이 줄어든 상태에서부터 거래량이 늘어나는 초입까지다.

026 | 삼삼 기법 | 주식에서 꼭 잊지 말아야 하는 숫자 "3" 에이블씨엔씨 일봉

추세대
❶
❷
❸
❹
매수
매수
매수
매도
최고 28,344
최저 13,595 (09/25)
절대매매 Tip!
20일선 지지가 나올 때 매수하고, 이격이 벌어지면 차익을 실현하는 방법으로 단타도 가능하다.
오답노트!
20일선과 이격이 벌어진 추세대가 형성된 때는 추세대 고점에서는 매수하면 안 된다.

개선 선생의 절대비기!

• 삼삼 기법이란?

3이라는 숫자를 활용한 매매 기법이다. 3이라는 숫자는 심리적으로 완성된 숫자이다. 추세대를 기준으로 ①~③번 지점이 세 번 연속으로 추세대와 만나면, 보통 세 번째 지점이 고점이 된다. 여기에 신뢰도를 더 높이는 것이 거래량이다. ①~③번의 거래량이 점차 증가(④)하다가 ③번 지점의 거래량이 가장 크게 나타나면서 삼삼 기법에 대한 확신을 주고 있다.

개선 선생의 한마디!

혼마 무네히사가 캔들을 만들면서 삼삼이라는 기법을 더욱 극대화시켰다. 삼삼 기법에는 삼봉(= 삼산), 삼천, 삼공, 삼병, 삼법이 있다.

027 | 급등주 매매 1 | 갑자기 거래량이 터진다면 집중해라 뉴프라이드 일봉

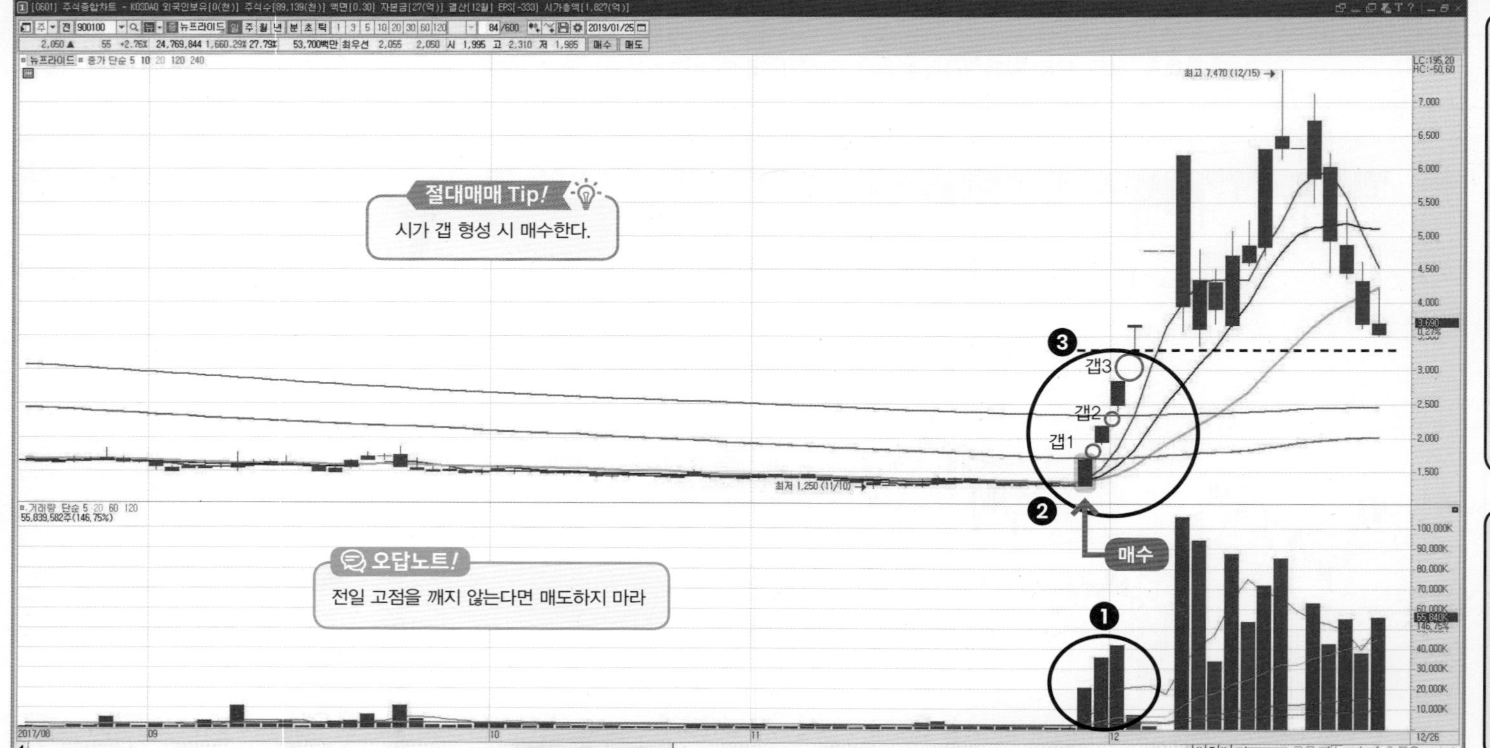

절대매매 Tip!
시가 갭 형성 시 매수한다.
오답노트!
전일 고점을 깨지 않는다면 매도하지 마라
갭1
갭2
갭3
매수
최고 7,470 (12/15)
최저 1,250 (11/10)

개선 선생의 절대비기!

- 바닥주에서 갑자기 거래량이 터진다면?

1) 거래량이 계단식(①)으로 터진다면 강한 모멘텀이 나올 수 있다.
2) ②번에서 장대봉이 나오면서 삼공이 나타난다. 적삼병도 함께 나타나면서 강한 상한가가 연속으로 나오고 있다.
3) 위꼬리가 없는 장대봉이나 상한가가 지속될 시, ③번처럼 시가에서 밀리면서 하방을 찍는 지점이 지지해야 할 지점이 된다.

주식 격언 새기기!

"가지 많은 나무 바람 잘 날 없다."

유망한 종목을 하나 둘 사 모으고 어떤 종목은 손절매 시기를 놓쳐 그냥 보유하다 보면, 종목이 지나치게 많아진다. 이렇게 되면 주식관리가 더욱 어려워지고 수익률도 제자리걸음이다. 너무 많은 종목을 보유하는 건 바람직하지 않다.

개선 선생의 한마디!

많은 개미들이 주식시장에서 급등주 찾기를 늘 꿈꾼다. 급등주 거래 시에는 다음과 같은 매매 원칙을 지켜야 한다. '거래량이 순증해야 한다', '주가가 상승하면서 갭이 발생해야 한다', '캔들(몸통 + 꼬리)이 길어지지 않아야 한다', '고점에서 거래량이 터지지 않아야 한다', '개미떨기가 나올 땐 하방지지가 나와야 한다', '차트가 깔끔하게 움직여야 한다', '세력의 평단가를 잘 지켜야 한다', '고점에서 차익매물이 나오는지 확인해야 한다' 이 원칙들만 제대로 지켜도 금세 수익이 날 것이다.

028 | 급등주 매매 2 | 모든 급등주는 충분히 매수할 기회를 준다 루미마이크로 일봉

절대매매 Tip!
240일선을 지지하거나 돌파할 때 매수
오답노트!
전고점이 왔다고 무조건 매도하지 마라
평행 추세선
평행 추세선
매수
매수
매수
최고 3,145 (06/01)
최저 915 (03/05)

개선 선생의 절대비기!

- **거래량이 터지면서 장대봉이 240일선을 돌파하는 때가 바로 급등주의 시작이다.**

1) 장대봉이 돌파하는 이평선이 장기 이평선일수록 신뢰도가 더 높고, 한 번에 올리기가 어렵다.
2) 급등주일수록 시작하는 부분에서 충분히 매수 기회를 주고 올라간다.
3) 특히 ①번처럼 어느 정도 조정이 끝난 자리에서 저점을 형성한다면 더 큰 매수 기회라고 볼 수 있다.

개선 선생의 한마디!

급등주도 여러 가지 형태가 있다. 중요한 것은 어떤 형태든 힘을 모으는 구간이 필요하다는 것이다. 힘을 모으지 않은 상태에서 주가 상승이 나오면, 상승할 때 변동성이 심해져 개미떨기가 자주 발생할 수 있는데, 오히려 이때가 매수 기회가 되기도 한다. 다시 말해, 어떤 형태로든 급등주를 찾아낸다면 충분히 매수 기회를 준다는 것이다.

029 | 급등 전 겁주기 패턴 | 급등 나오기 전에 20일선 이탈 현상 미코 일봉

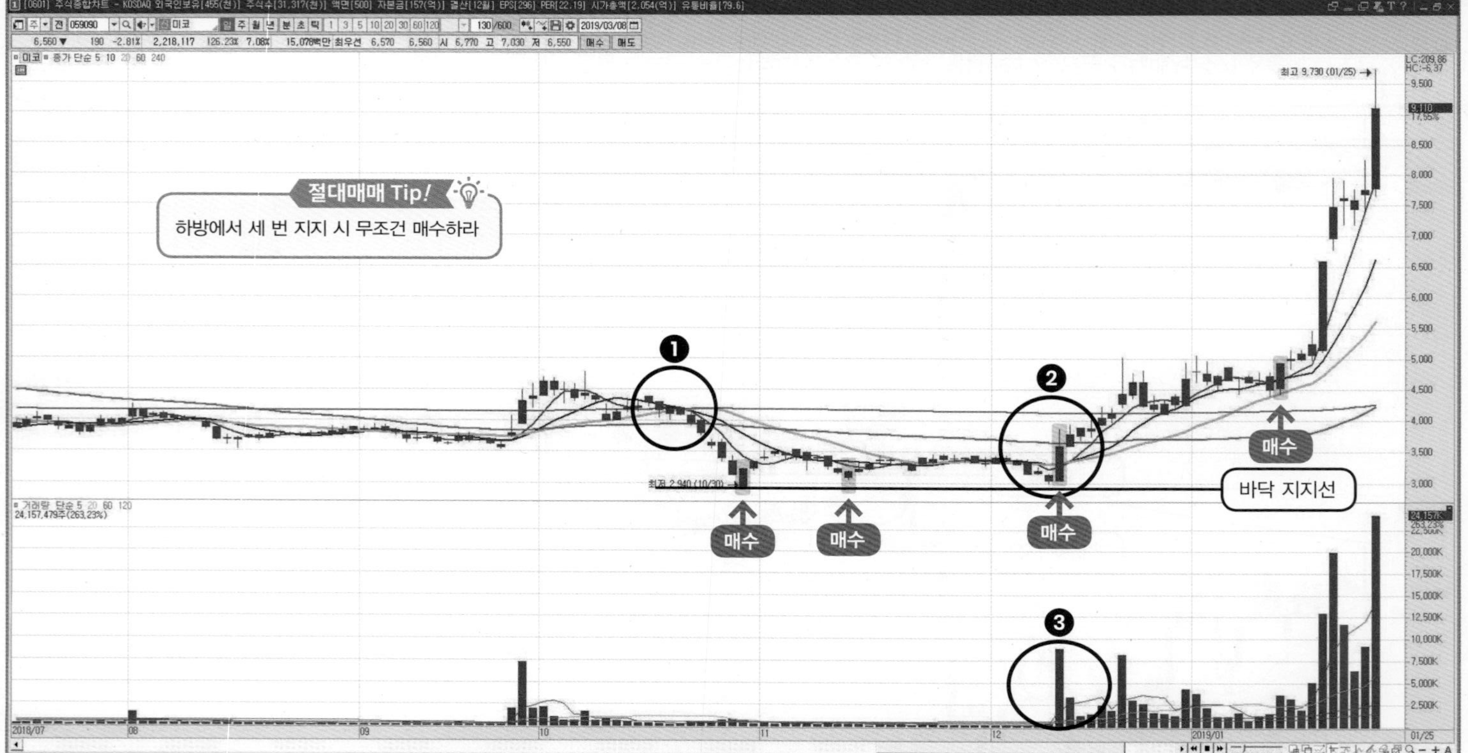

개선 선생의 절대비기!

- **급등주가 나오기 전, 기대감을 낮추기 위해 20일선을 깬다.**

1) 급등주가 나오기 전, 개인들의 관심을 돌리기 위해서 20일선을 깨고 내려오는 경우가 있다. 이를 저점 이탈로 보고 매도하게 되면 그 자리가 저점이 되는 경우가 많다.
2) 20일선을 깨고 내려왔을 땐 일단 비중 축소가 맞으나, 다시 20일선을 올라탈 때 매수해야 한다. 또한 저점을 깨더라도 거래량이 터지지 않는 자리는 다시 반등이 나올 수 있다.

개선 선생의 한마디!

①번에서 20일선을 깨고 내려온 후, 다시 반등을 준비하는 듯하다가 ②번에서 한 번 더 20일선을 깨면서 기대치를 많이 낮춘다. 그러나 곧바로 관통형 캔들이 발생했고, 20일선을 돌파하면서 급등이 시작되고 있다. 여기서 핵심은 거래량이다. 거래량이 다시 올라오는 자리(③)부터가 중요한 상승구간이 도래한 것이라고 보면 된다.

030 | 급등주 포착 | 급등주는 출발하기 전에 신호를 꼭 준다 1 파미셀 일봉

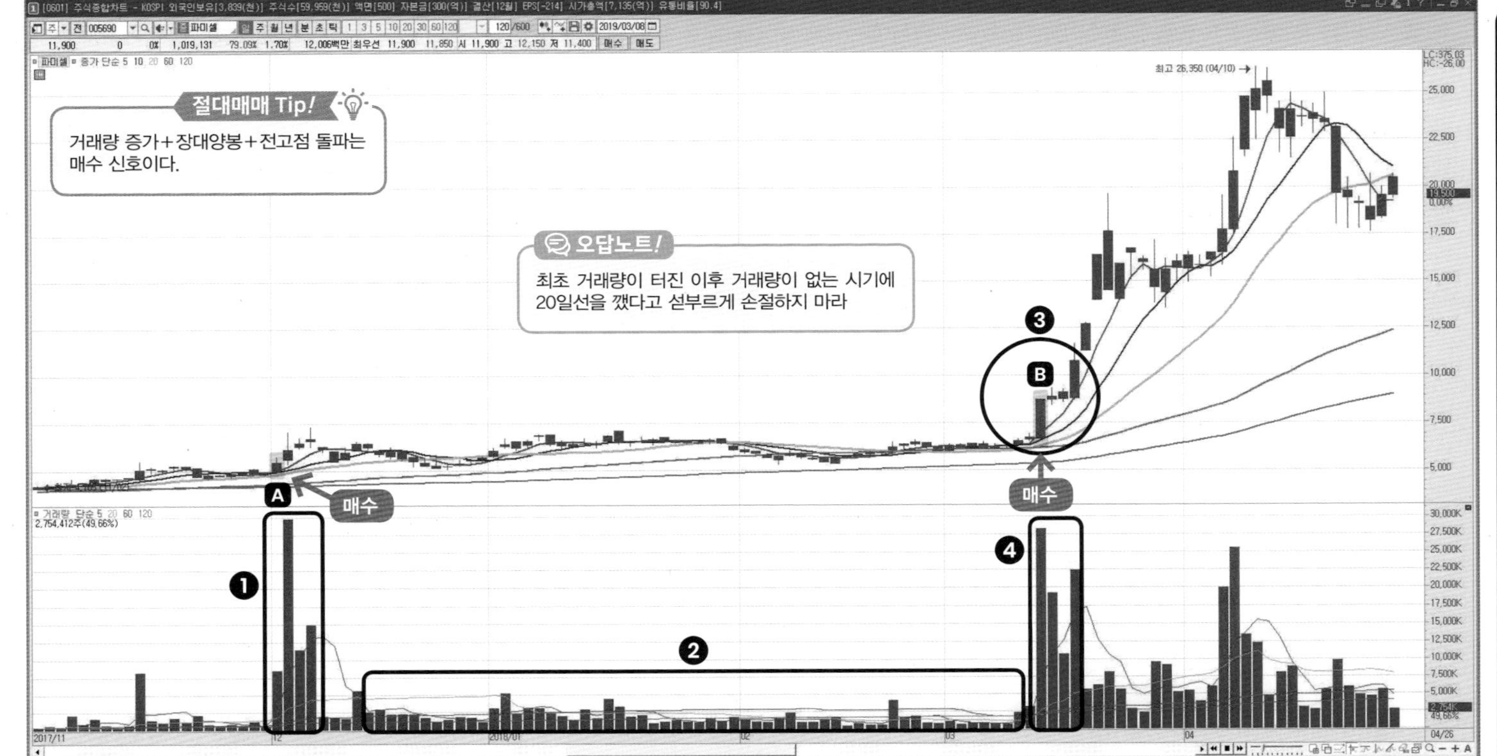

절대매매 Tip!
거래량 증가+장대양봉+전고점 돌파는 매수 신호이다.
오답노트!
최초 거래량이 터진 이후 거래량이 없는 시기에 20일선을 깼다고 섣부르게 손절하지 마라
최고 26,350 (04/10)
매수
매수
A
B

개선 선생의 절대비기!

• 급등주는 누구나 찾을 수 있다.

1) 20일선에 붙은 역망치형 캔들(A)은 급등주를 알리는 가장 좋은 신호이다.
2) 잠잠했던 거래량이 갑자기 터지지만(①) 고점 돌파를 하지 못하는 모습은 급등하기 전 세력들의 테스트이다. 얼마나 힘을 쏟아야 전고점을 돌파할 수 있는지 확인하는 작업이며, 기대치를 꺾는 수단이기도 하다.
3) 물량 테스트가 끝나면 거래량 소진 상태(②)가 온다. 거래량을 죽여 시장에서 기대치를 꺾은 상태에서 조금씩 물량 확보를 해나가는 작업이다.
4) 장대양봉은 세력들의 더없이 좋은 고점 돌파 도구이며, 아무나 만들 수 있는 캔들이 아니다. ③번에서 장대양봉(B)이 나타나고, 정배열을 만들면서 추세 돌파가 함께 나온다.
5) ③번을 보면 ①번 누적 거래량보다 ④번 누적 거래량이 더 늘어나면서 고점 돌파를 하고 있다. 거래량은 세력들의 참여 여부 및 세력의 크기를 확인할 수 있는 유일한 흔적이자 예언가 역할을 한다.

개선 선생의 한마디!

급등주를 매수해야 큰 수익을 낼 수 있다. 급등주는 무조건 선취매를 통해서 올라가기 전에 매집해야 한다. 기다리기 어려운 분들도 급등주의 초입 신호를 찾아서 늦기 전에 올라타야 한다. 보통 급등주 초입에 매수하지 못했다면 거래량을 통해서 세력의 크기를 확인한 후, 허리 부근에서 단타로라도 매수 가능하다.

031 | 급등주 포착 | 급등주는 출발하기 전에 신호를 꼭 준다 2 파미셀 일봉

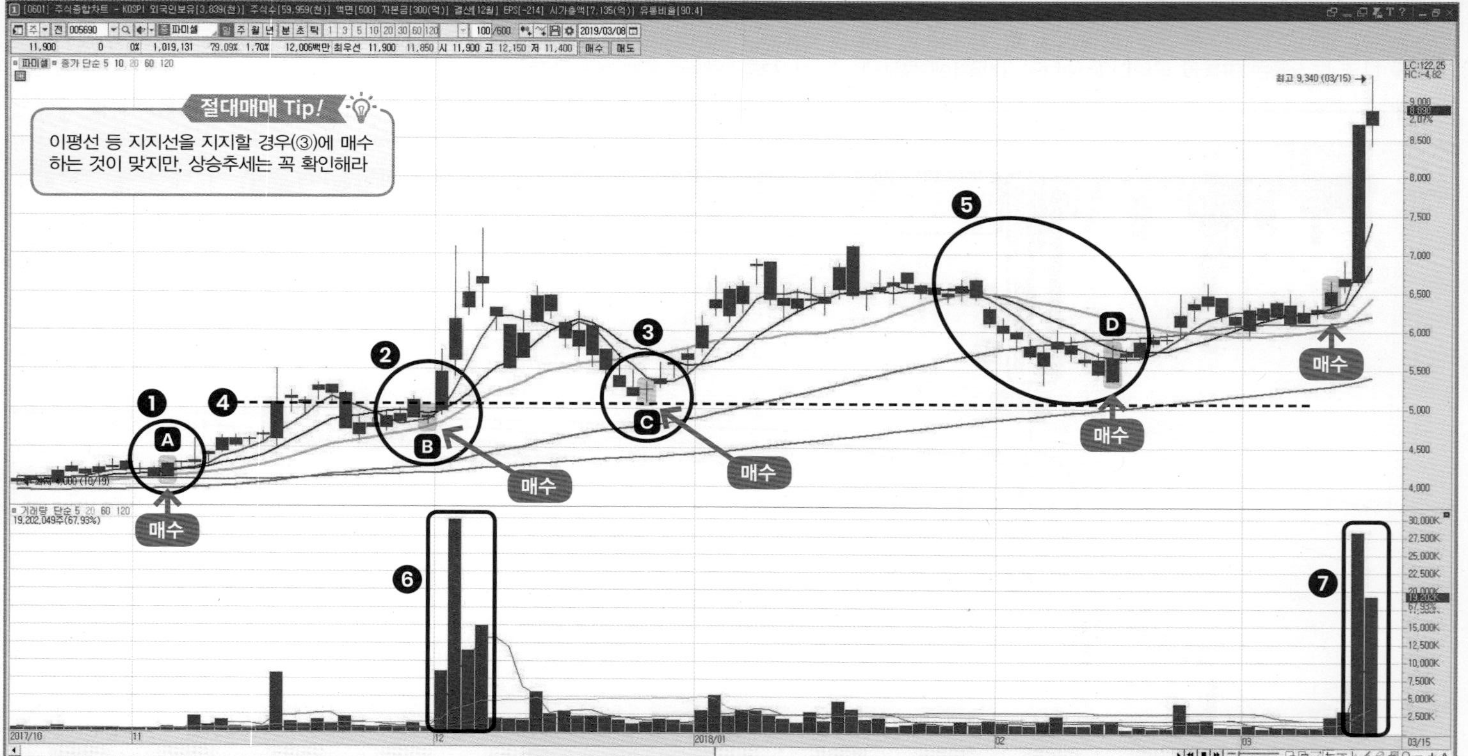

절대매매 Tip!
이평선 등 지지선을 지지할 경우(③)에 매수하는 것이 맞지만, 상승추세는 꼭 확인해라
A
B
C
D
매수
매수
매수
매수
매수
최고 9,340 (03/15)

개선 선생의 한마디!

④번 선은 정말 중요하다. 세력들은 선을 만든 후, 그 선을 깨지 않는 상태에서 매매하기 때문에 ④번 선은 세력의 손절선과 같다. 급등이 시작되면, 올라갈 때마다 손절선을 정확히 정하고, 손절선을 지지하지 못하면 비중 축소, 빠르게 회복하면 다시 매수해야 한다. 이렇게 하지 않을 거라면 전량매도를 하는 것이 맞다.

개선 선생의 절대비기!

- 급등주는 타이밍이 가장 중요하다!

1) ①번의 꼬리가 없는 몸통형 캔들(A)은 관통형 신호이다.
2) ②번에서 주가가 20일선을 지지하면서 망치형 캔들(B)이 나타난다.
3) ③번에서는 거래량이 감소하면서 이전 고점 부근(④번 선)을 지지하여 엘리엇 파동이론을 완성시켰고, 십자형 캔들(C)이 나오면서 하방지지에 대한 확신을 준다.
4) ⑤번에서는 전고점을 돌파하지 못하고 20일선을 깨고 내려온다. 전고점을 돌파하지 못한 이유는 거래량이 터지지 않았기 때문이다.
5) 이후에 역망치 캔들(D)이 나오고, ④번 선을 지켜주면서 다시 20일선을 돌파한다면 적극적으로 매수해야 한다.
6) ⑥번과 ⑦번 거래량이 비슷하게 터졌지만 ⑥번 거래량에선 고점 돌파에 실패했고, ⑦번 거래량에서는 고점 돌파를 하고 있다. ⑥번과 ⑦번 거래량 사이에 어느 정도 물량 소화를 만들어냈고, ⑤번에서 개인투자자의 기대치를 끌어내렸기 때문에 고점을 돌파하기가 더욱 쉽다.

032 | 급등주 시세 초입 찾기 | 급등주는 시작할 때 신호를 꼭 준다 캔서롭 일봉

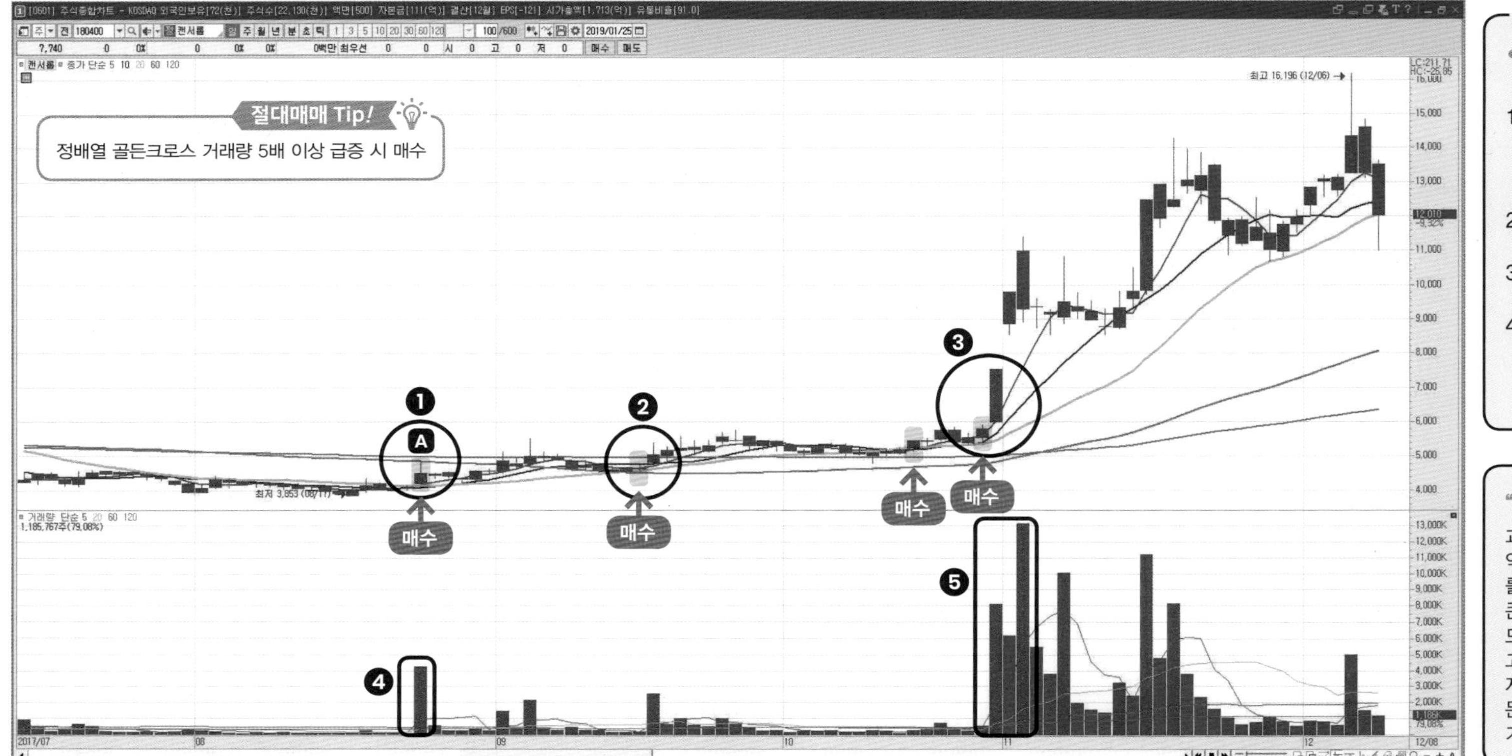

개선 선생의 절대비기!

- 급등주는 시세분출 하기 전에 나오는 신호가 있다.

1) 20일선 밑으로 눌림이 나왔다가 다시 20일선을 돌파한 후에 위 꼬리가 긴 역망치형 캔들(A)이 나오고, 거래량이 증가(④)한다.
2) 정배열 + 골든크로스 + 거래량이 5배 이상 급증한다.
3) ①, ②번에서 돌파하지 못한 지점을 ③번에서 돌파한다.
4) ①, ②번에서 나온 거래량보다 ③번에서 훨씬 많은 거래량(⑤)이 나타나면서 돌파가 나온다.

주식 격언 새기기!

"끼있는 주식이 가장 잘 올라간다."

과거 주식시장의 총아로서 크게 활약을 한 바가 있는 주식이 다음에 오를 때에도 크게 오르는 경향이 있다. 큰손들이 작전에 한번 성공했을 때에도 다시 작전을 시도하는 경우도 있고, 과거 재미를 보았던 주식은 투자자들이 좋은 인식을 가지고 있기 때문에 시세가 쉽게 형성되는 면이 있기 때문이다.

개선 선생의 한마디!

주식시장에서는 과거 추세의 힘을 예측하여 기술적 타이밍을 잡을 수 있다. 추세의 힘을 예측하기 가장 좋은 도구는 거래량이다. ⑤번 거래량은 ④번 거래량보다 두 배 이상 나오면서 돌파의 힘을 발휘하고 있다. 또한, ①, ②번 지점 사이에 상당히 많은 역망치형 캔들이 나오는데, ①, ②번에서처럼 20일선에 붙은 역망치형 캔들이 더욱 신뢰도가 높다.

033 | 급등주 초입 찾기 | 급등주는 시작하기 전 신호를 꼭 준다 세원 일봉

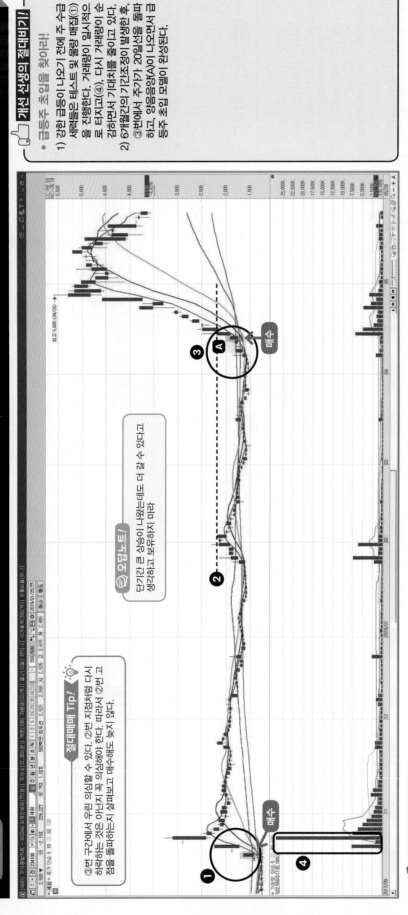

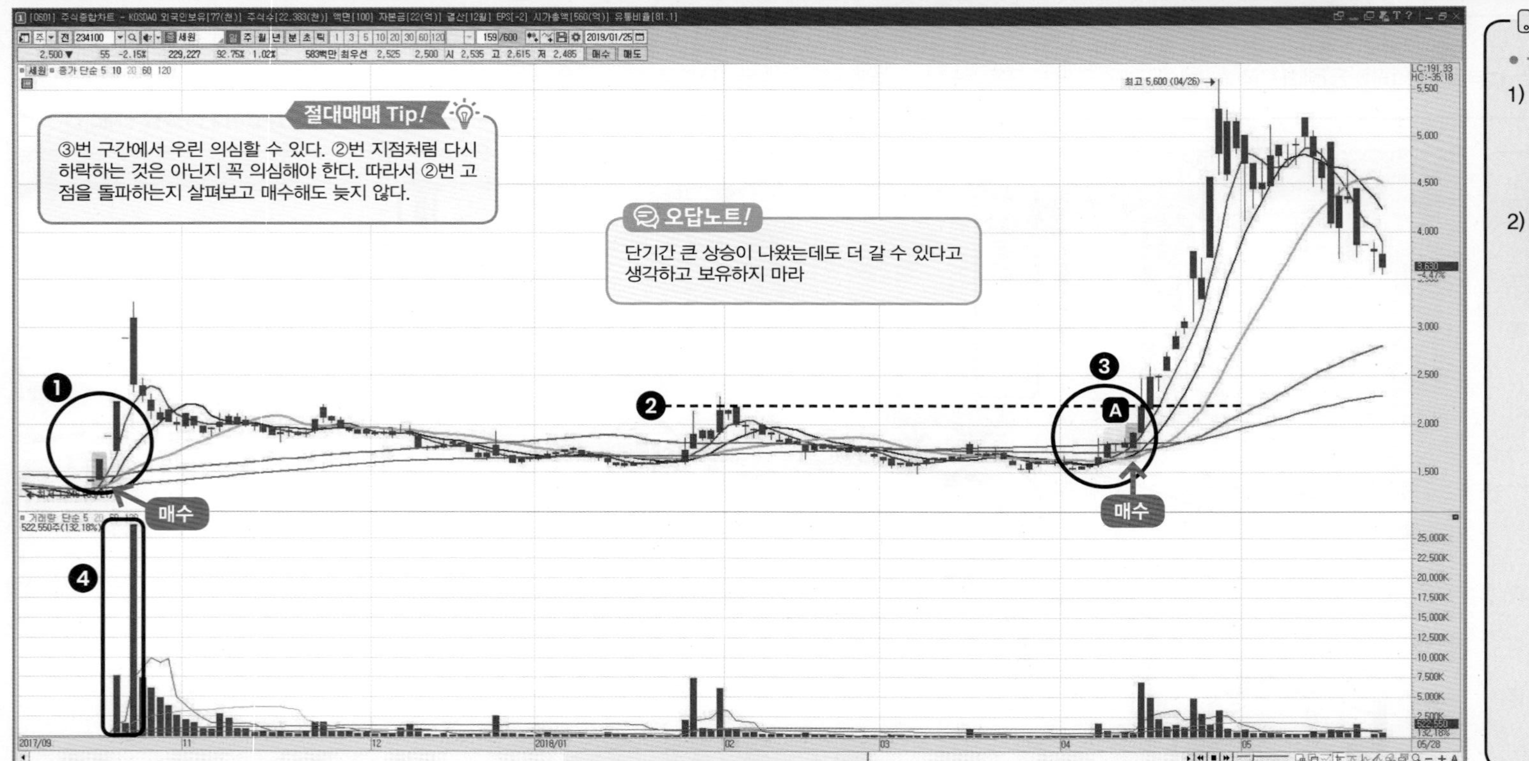

절대매매 Tip!
③번 구간에서 우린 의심할 수 있다. ②번 지점처럼 다시 하락하는 것은 아닌지 꼭 의심해야 한다. 따라서 ②번 고점을 돌파하는지 살펴보고 매수해도 늦지 않다.
오답노트!
단기간 큰 상승이 나왔는데도 더 갈 수 있다고 생각하고 보유하지 마라
최고 5,600 (04/26) →
매수
매수
A

개선 선생의 절대비기!

- **급등주 초입을 찾아라!**

1) 강한 급등이 나오기 전에 주 수급 세력들은 테스트 및 물량 매집(①)을 진행한다. 거래량이 일시적으로 터지고(④), 다시 거래량이 순감하면서 기대치를 줄이고 있다.
2) 6개월간의 기간조정이 발생한 후, ③번에서 주가가 20일선을 돌파하고, 양음음양(A)이 나오면서 급등주 초입 모델이 완성된다.

개선 선생의 한마디!

양음음양이란 양봉이 나온 후, 짧은 고가놀이 조정이 나타나 음봉이 두 개 나온 다음에 다시 양봉이 나오는 것이다. 여기서 음봉은 세력이 힘을 모으는 것으로 볼 수 있다. 음봉이 한 개인 양음양이 더 좋지만 때에 따라서 양음음양이 나오기도 한다. 위의 차트를 보면, 거래량이 터지면서 ②번 선을 돌파하는 시점이 밀어붙이는 매수 자리가 될 수 있다.

034 | 급등주 초입 매매 | 장대봉 + 거래량 + 익일 지지 큐캐피탈 일봉

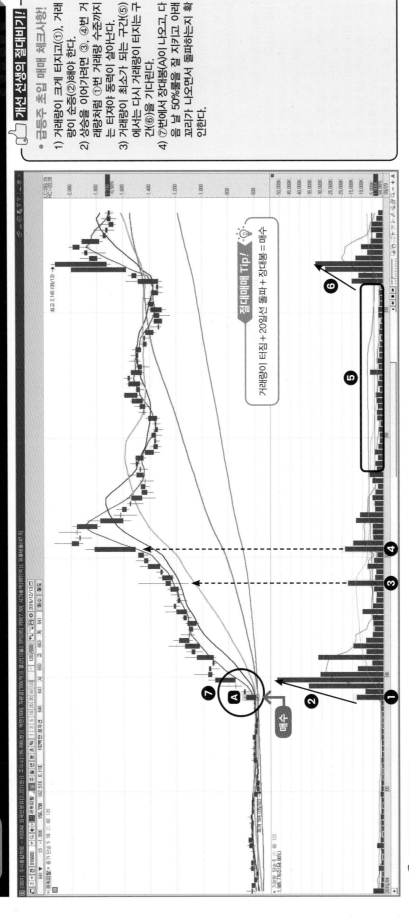

개선 선생의 절대비기!

• 급등주 초입 매매 체크사항!

1) 거래량이 크게 터지고(①), 거래량이 순증(②)해야 한다.
2) 상승을 이어가려면 ③, ④번 거래량처럼 ①번 거래량 수준까지는 터져야 동력이 살아난다.
3) 거래량이 최소가 되는 구간(⑤)에서는 다시 거래량이 터지는 구간(⑥)을 기다린다.
4) ⑦번에서 장대봉(A)이 나오고, 다음 날 50%룰을 잘 지키고 아래 꼬리가 나오면서 돌파하는지 확인한다.

개선 선생의 한마디!

급등주에서 가장 중요한 것은 거래량이다. 거래량만이 세력들의 흔적을 눈치챌 수 있는 유일한 단서이다. 거래량은 숨길 수가 없기 때문이다. 거래량을 통해서 세력의 힘을 느낄 수 있어야 하고, 그 상승력을 예측하여 수익을 극대화해야 한다.

035 | 급등 매매 | 바닥에서 거래량 터지고 장대봉 나올 시 집중 화이브라더스코리아 일봉

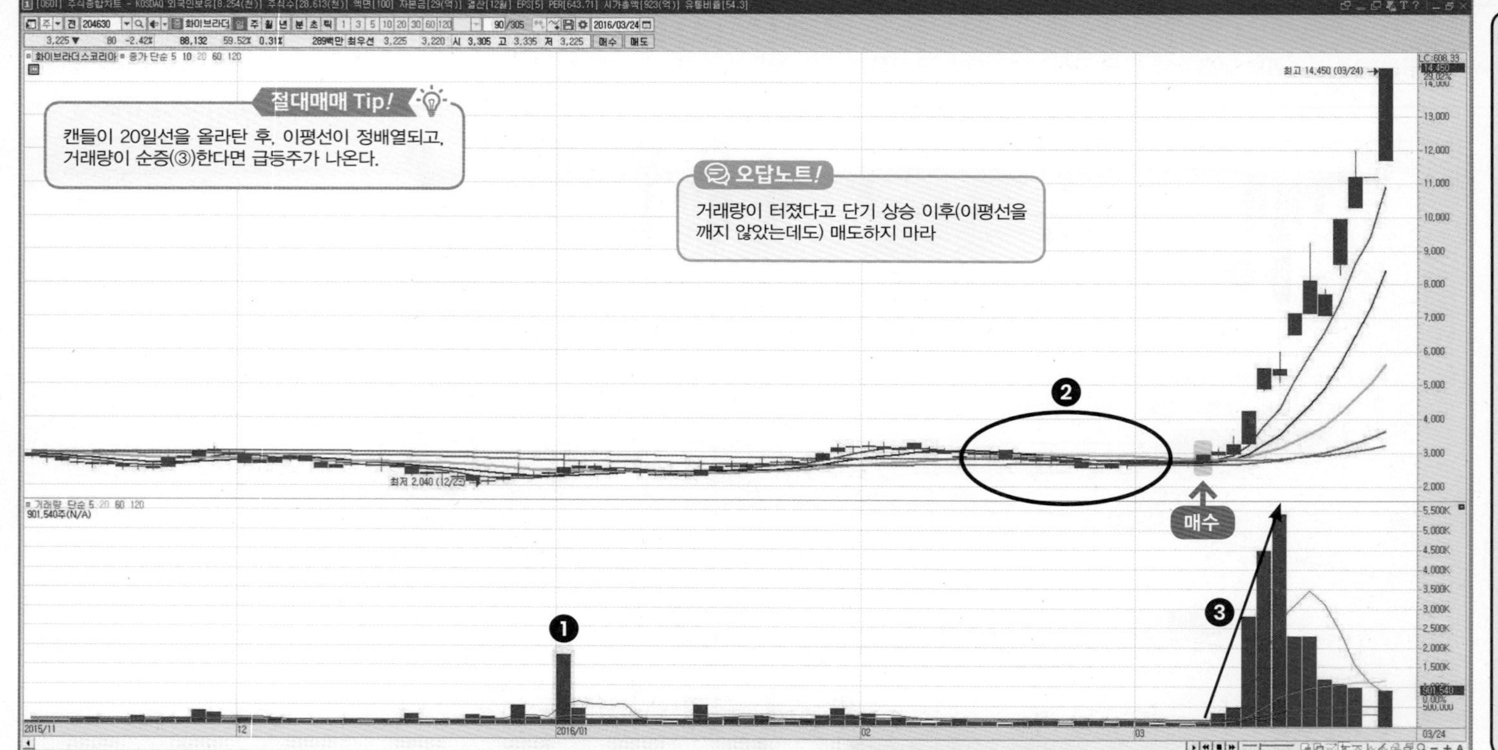

절대매매 Tip!
캔들이 20일선을 올라탄 후, 이평선이 정배열되고, 거래량이 순증(③)한다면 급등주가 나온다.
오답노트!
거래량이 터졌다고 단기 상승 이후(이평선을 깨지 않았는데도) 매도하지 마라
최고 14,450 (03/24)
최저 2,040 (12/23)
매수
2016/01
02
03
03/24

개선 선생의 절대비기!

- **급등주 매매의 기본은 거래량이다.**

1) 거래량은 곧 세력의 발자취이기 때문에 거래량을 통해서만 세력들의 의도를 알 수 있다.
2) 세력들은 급등을 시키기 전 3개월 이내에 물량테스트를 꼭 진행한다. 개인투자자가 얼만큼 따라붙는지, 혹시 다른 세력들이 같이 작업하고 있는지 테스트를 진행한다. 이는 증권사 분석, 거래량 분석, 20일선 깨기, 뉴스 분석 등으로 확인 가능하다.
   본 차트를 보면, ①번처럼 거래량 장대 캔들을 통해서 세력의 흔적을 찾을 수 있다.
3) 급등 전 20일선을 일시적으로 깨는 모습(②)을 볼 수 있다. 20일선 아래로 눌림 구간이 나타나다가 다시 20일선을 타고 움직이는 모습을 보인다면 매수 가능한 자리이다.

개선 선생의 한마디!

급등이 나오기 전에 세력들은 어느 정도 물량 확보를 해야 한다. 물량을 티 안 나게 확보하려면 정말 오랜 시간 공을 들여야 한다. 하지만 그럴만한 시간이 없는 세력들이 많기 때문에 ①번 거래량처럼 한 번씩 거래량이 솟구치는 자리가 나오고, 다시 거래량이 줄어든다면 2~3개월 안에 시세분출이 나올 수 있다. 물론 거래량에서 장대양봉이 한 개일 때보다는 두세 개일 때가 더욱 신뢰성이 높다.

036 | 급등주 위꼬리 매매 | 역망치 + 20일선 근접 + 긴 위꼬리 매매 로보로보 일봉

절대매매 Tip!
위꼬리 캔들이 나올 시 눌림 구간(거래량 소강상태) 마지막 단계이다.
오답노트!
위꼬리 캔들 상단에서 매수 후 눌림이 나와도 이평선이 상승 중이라면 매도하지 마라
매수
매수
거래량 최소 구간
최고 4,810 (04/02)
최저 1,825 (12/26)

개선 선생의 절대비기!

- 위꼬리 매매란?

1) 캔들에서 몸통의 위 또는 아래에 붙은 선을 꼬리라고 표현하는데, 몸통 위에 붙은 선을 위꼬리, 아래에 붙은 선을 아래꼬리라고 한다.
2) 위꼬리 매매는 시세 초반에 적용할 수 있는 매매 기법이다. 위꼬리가 생긴다는 것은 단타 세력들의 이탈이 나오고 있다는 것이다. 위꼬리가 나오더라도 지켜야 할 선(지지선 등)만 잘 지켜준다면 상승 여력은 충분히 있다고 볼 수 있다.
3) 위꼬리 캔들이 나왔을 때 거래량이 터졌다면, 이후로 거래량이 점점 줄어들어야 할 것이고, 주가는 최초 위꼬리 캔들의 몸통을 지지하는 반등이 나와야 한다.

*본 책에서 '지켜야 할 선' 혹은 '지지해야 할 선'이란?
지지선, 이평선, 기준선, 전고점선, 전저점선 등을 의미한다.

개선 선생의 한마디!

위꼬리의 길이는 어느 정도가 적당할까? 꼬리는 보통 몸통 길이의 절반을 넘지 않는 것이 좋고, 될 수 있으면 꼬리가 짧은 것이 신뢰도가 더 높다. 대신 꼬리가 짧은 형태는 매수 기회를 거의 주지 않고 올라가기 때문에 매매에 있어 심리적으로 어려운 부분이 있다. 오히려 꼬리가 있을 때, 꼬리와 몸통 부분을 지지하는 자리에서 매수하는 것이 더 효과적인 단기 트레이딩이 될 수 있다.

037 | 돌파갭 매매 | 돌파갭 장대양봉은 쉽게 죽지 않는다 풍국주정 일봉

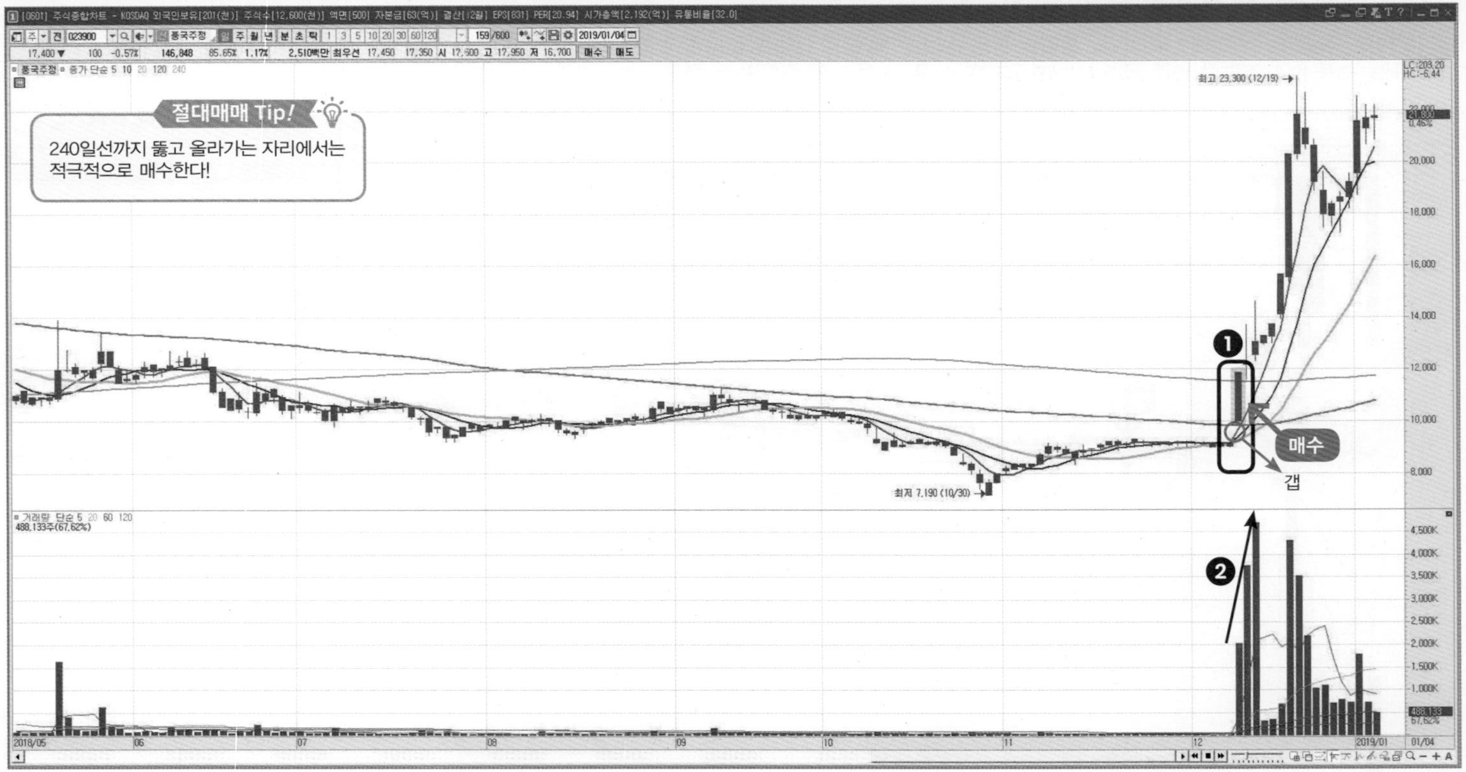
최고 23,300 (12/19)
최저 7,190 (10/30)
매수
갭
거래량 단순 5 20 60 120
2018/05
06
07
08
09
10
11
12
2019/01

절대매매 Tip!

240일선까지 뚫고 올라가는 자리에서는 적극적으로 매수한다!

개선 선생의 절대비기!

- **GAP 매매!**

1) '갭은 메우면서 가야 더 멀리 간다'는 것이 주식투자의 정설이다. 그러나 바닥에서의 갑작스런 돌파갭은 오히려 갭을 메우지 않고 가는 것이 더 힘이 세다.
2) 장대봉이 나온 첫 날, 갭을 메우지 않고 올라가는 자리(①)라면 적극적으로 매수한다. 또한, 거래량이 순증(②)하는지 본다.
3) 장대양봉 다음에 나타나는 캔들이 전일 종가 및 전일 장대양봉의 50%를 지지한다면, 음봉에서 다시 매수한다.
4) 5일선을 타고 가파른 상승이 나오는지 확인한다.

개선 선생의 한마디!

갭 매매를 상당히 어려워하는 분이 많다. 시가 갭 매매를 적극적으로 하는 분들은 오히려 더 큰 손실을 볼 수 있다. 그렇기 때문에 갭 매매는 될 수 있으면 지속적인 상승 여부를 꼭 확인하고, 그 다음 날 매매해도 늦지 않다. 진짜 돌파갭이라면 순식간에 상승 탄력이 죽지 않기 때문에, 돌파갭이 완성되는 것을 확인하고 매수해도 늦지 않다.

038 | 갭 매매 기법 | 상한가 30% 매매 기법 + 돌파갭 풍국주정 일봉

절대매매 Tip!
돌파갭이 나온 것을 확인하고, 그 다음 날 지속적인 상승 형태가 나온다면 매수 가능하다.
최고 15,650 (12/17)
매수
최저 7,190 (10/30)
오답노트!
돌파 갭이 나올 시 시세분출이 가능하니 너무 빠른 단기 수익을 내지 마라

개선 선생의 절대비기!

- 갭은 돌파갭이 가장 좋다.

1) 소멸갭이란, 돌파갭 형태에서 갭을 메우면서 갭이 소멸되는 것이다.
2) 돌파갭은 폭등주 형태에서 많이 나온다. 상한가가 15%일 때는 많이 나왔지만, 상한가가 30%이상 올라가면서 돌파갭 형태는 많이 나오지 않는다.
3) 돌파갭이 나온 이후의 차트가 중요하다. ①번에서처럼 돌파갭이 나온 캔들의 50%를 무조건 지지해야 하고, 거래량은 순증(②)하는 것이 가장 좋다. 지지가 계속된다면 돌파갭이 성공했다고 보고 추세 매매를 진행하면 된다.

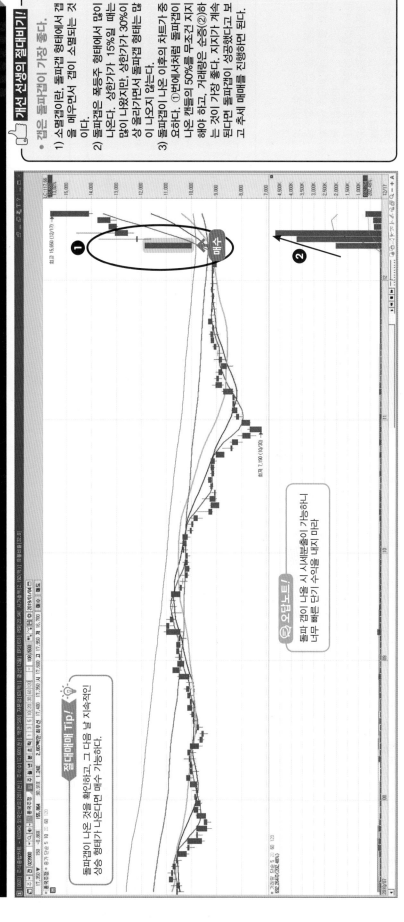

개선 선생의 한마디!

돌파갭은 급등 초입에서도 나오지만, 급등 중기에 짧은 캔들로 돌파갭이 나오면 아주 강한 흐름이 발생할 수 있다. 그러나 상한가가 30%이상 올라가면서 이런 세력 급등은 쉽게 나오지 못하게 되었다. 만약 돌파갭이 나온다면 3번째 돌파갭 이후엔 물량이 쏟아질 수 있다는 것을 명심해야 한다.

039 | 단기 추세 돌파 매매 | 돌파 + 추세 + 저점 높이기 매수 포인트 위지윅스튜디오 일봉

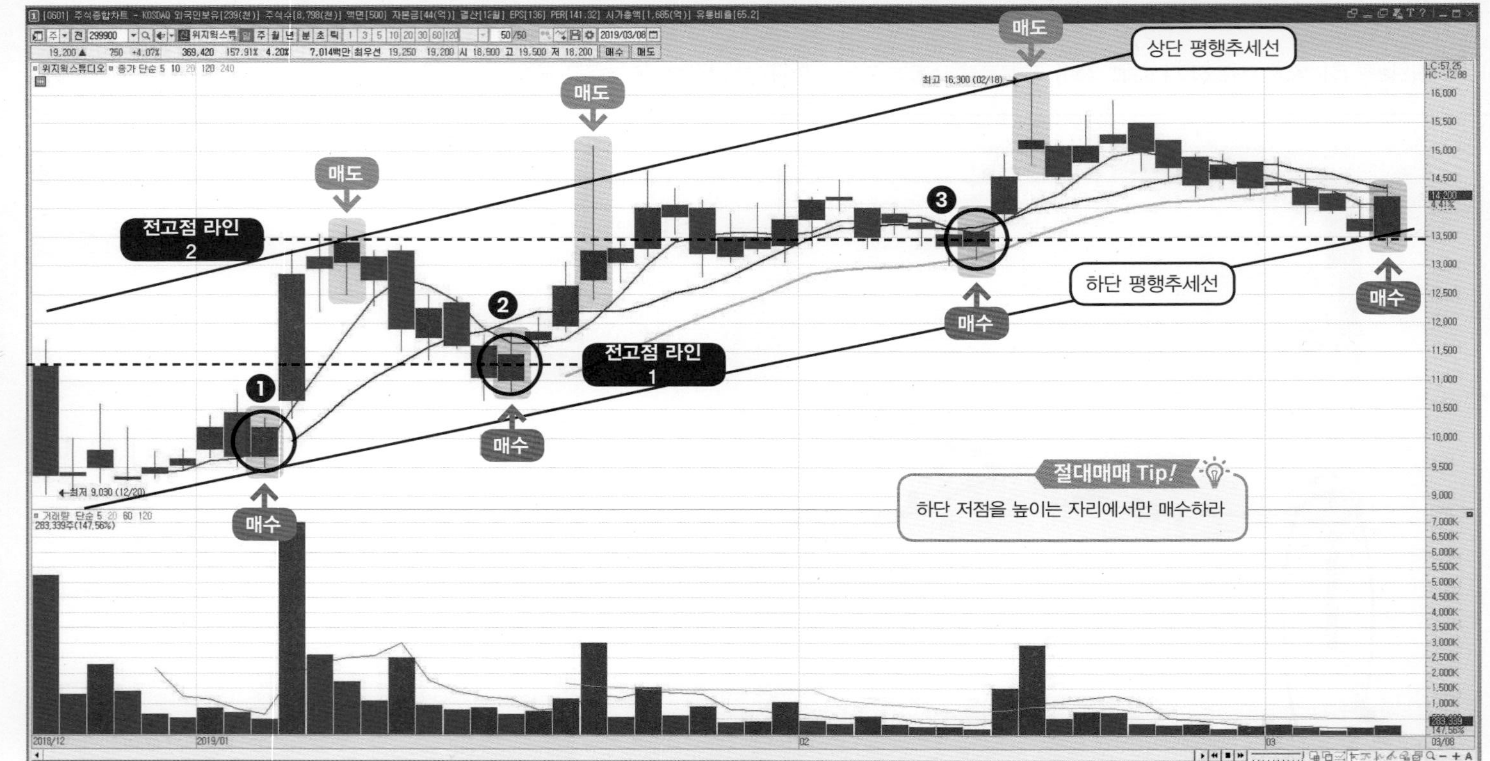

👍 **개선 선생의 절대비기!**

- **추세 매매를 활용한 매매 비기**

1) 하단 저점을 높이는지 확인해라
2) 전고점 돌파 시 가격조정으로 돌파한 전고점까지 눌림이 나왔다가 다시 상승할 수 있음을 인지해라
3) 20일선 지지는 강력한 무기가 된다.
4) 평행추세선 상단에서 단기 차익을 실현해라
5) 추세선 상단에 세 번 닿을 시 이전 눌림보다 더 길고 깊은 조정이 나올 수 있다.

주식 격언 새기기!

"꿈이 있는 주식이 가장 크게 오른다."

투자자들이 주식을 사는 것은 미래에 대한 어떤 기대 때문이다. 따라서 미래에 대한 꿈이 크고 화려할수록 주가는 크게 오른다. 비록 현재의 재무상태나 수익성은 나빠도 장래에 좋아질 수 있다는 큰 꿈이 있으면 좋은 상태에 있는 주식보다 더 크게 오를 수 있는 것이 주가이다.

개선 선생의 한마디!

①~③번을 보면, 눌림 후 강한 변곡점이 나온다. 갭을 띄우고 올라가는 종목을 매수하는 것보다, 기간조정이나 가격조정이 끝나는 구간에서 변곡점이 나와 다시 상승이 시작되는 지점을 찾으려는 노력을 해야 한다.

040 | 단타 매매 | 단기 저점과 단기 고점을 찾아라! 유틸렉스 일봉

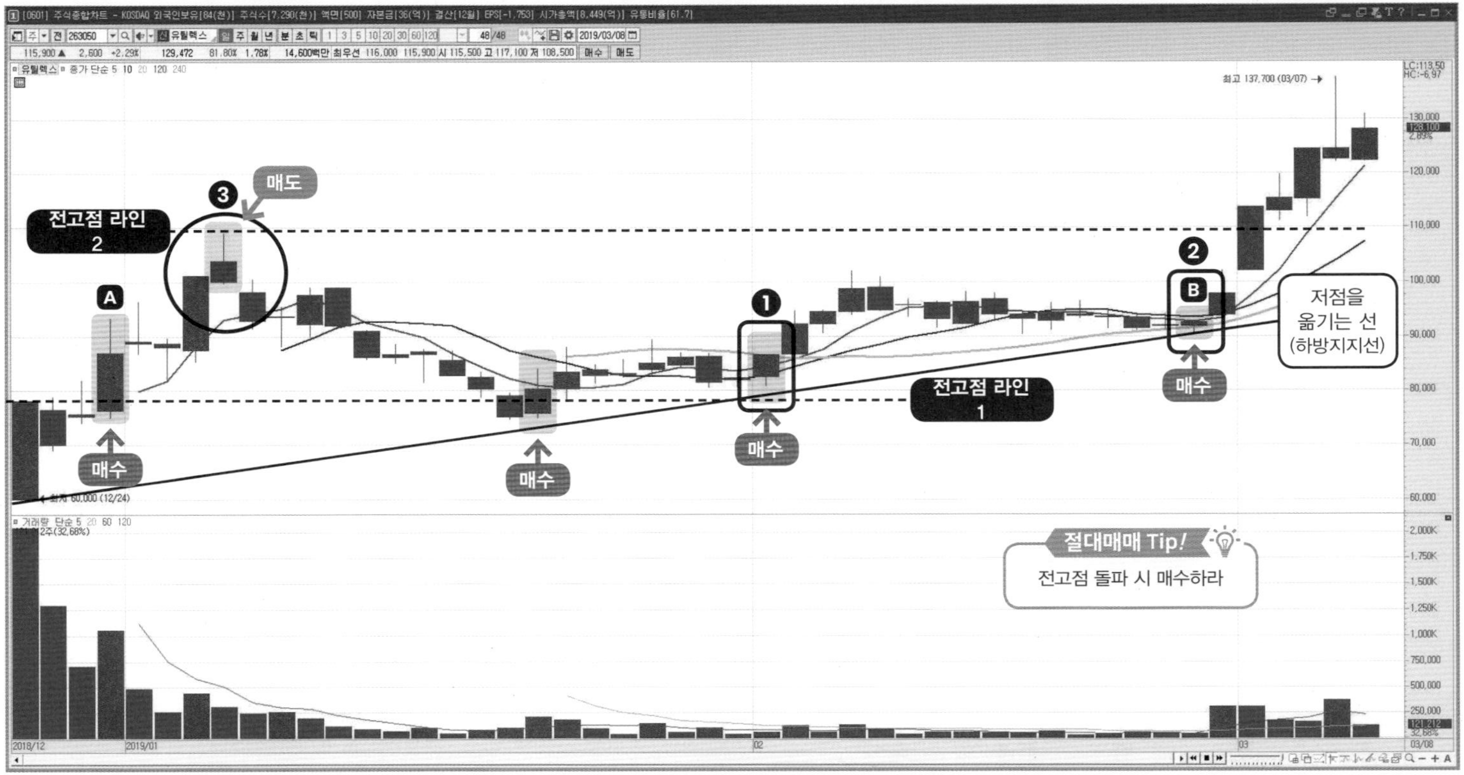

절대매매 Tip! 전고점 돌파 시 매수하라

개선 선생의 절대비기!

• 단타 매매는 오히려 더 쉽다.

1) 캔들(A)이 전고점 라인 1을 돌파 시 매수한다.
2) 이전 장대봉 종가(전고점 라인 1)를 지지하면서 눌림이 완성된 자리(①)는 매수하기 가장 좋다.
3) 짧은 망치형 캔들(B)로 20일선을 지지하는 자리(②)는 강력한 매수 신호가 된다.

주식 격언 새기기!

"내림 시세의 매입은 바닥을 사지 않으면 이익이 적다."

주식에는 상승 트렌드와 하강 트렌드가 있기 마련. 상승 트렌드일 때 주식 매입을 하는 것이 당연하지만 대부분의 투자자들은 상승보다는 하강 기류 때 출동한다. 고가를 기록한 주식이 하강할 때 대 시세를 잊지 못하고, 또 상승할 것 같은 기분이 작용하기 때문이다. 하강 트렌드에서 매수하는 것은 위험하다. 바닥에서 사지 않으면 이익을 보기 어렵기 때문이다.

개선 선생의 한마디!

③번에서 단기 고점이 어디인지 모르는 분들은 전 장대양봉의 50%를 지지하는지를 확인해야 한다. 만약 지지를 못 하고, 이평선마저 깨고 내려가는 자리라면 매도해야 한다. 주식시장에서 돌파에 실패했을 때, 실망한 매물이 쏟아진다는 것을 생각한다면, '돌파 실패는 추세 하락이 나올 수 있다'라고 판단하고 매도를 하는 것이 좋다.

041 | 단타 추세 매매 | 추세를 따라 눌림을 활용 셀트리온 일봉

개선 선생의 절대비기!

- 단타 매매에서 가장 중요한 것은 눌림에서 사는 것이다.

1) 단기 상승이 나오면 주가가 더 올라갈 것 같아서 무조건 들고 가는 분들만 아니라면, 단타 매매에서는 단기 상승에서 차익실현하고, 다시 조정을 기다린 후에 눌림에서 재차 매수하는 전략이 가장 중요하다.
2) 한 번 추세 상승이 나오면 이런 단타 매매는 3～4번 가능하다.

개선 선생의 한마디!

보통 단타 매매를 오늘 사서 내일 파는 빠른 스캘핑 매매로 생각하지만, 변곡점 매매라고 보는 것이 더 큰 수익이 나올 수 있다. 추세 전환이 되기 전까지는 스윙 개념으로 추세 매매를 진행하는 것이다. 물론 단기 수급이 강하게 들어올 때는 더 갈 수 있는 모멘텀이 있어도 일단 차익실현을 하면서 수익을 계속 챙겨나갈 수 있는 것이 단타 매매의 특징이다.

042 | 역발상 매매 | 이전보다 기울기가 큰 이격 하락이 나올 시 역발상 바이넥스 일봉

저항선
최고 14,050 (03/07)
최저 8,550 (12/26)
매수
매수
오답노트!
하락 마무리 단계에서 손실이 크다고 매도하지 마라
절대매매 Tip!
20일선과 이격이 벌어졌을 때 매수해라

개선 선생의 절대비기!

• **역발상 매매란?**

주식투자에서 가장 잘해야 하는 것이 대중심리 파악과 역발상이다. 대중들이 '더 빠질 것이다', '이젠 올라갈 수 없다'라고 자포자기하는 순간이 매수 시기이다. 한미약품의 기술이전 공시가 나오고, 추가적인 상승이 지속적으로 나오면서 투자자들은 '이번 기술이전보다 더 큰 계약이 나올 것이다'라는 기대감을 가졌다. 하지만 그 순간 고점이 된 것처럼, 기대감이 증폭된 순간에 역발상 전략을 펼쳐야 한다.

개선 선생의 한마디!

①번에서 거래량이 터지지만 주가가 240일선 돌파에 실패하고, 이후 바닥을 지지하는 듯하다가 갑자기 주가 하락(②)이 나온다. 이때가 오히려 매수 기회가 될 수 있으니 두려움에 떨지 말라. 역발상 전략은 투매에서 매수하고, 캔들(몸통+꼬리)이 길어지고 고점을 돌파할 때 매도하는 것이다. 하지만 ②번에서처럼 하락이 나올 때 거래량이 터진다면, 개별 악재가 나올 수 있으니 조심해야 한다. 따라서 거래량 체크를 반드시 해야 한다.

043 | 역발상이란? | 더 이상 떨어질 데가 없는 상황이다 알파홀딩스 일봉

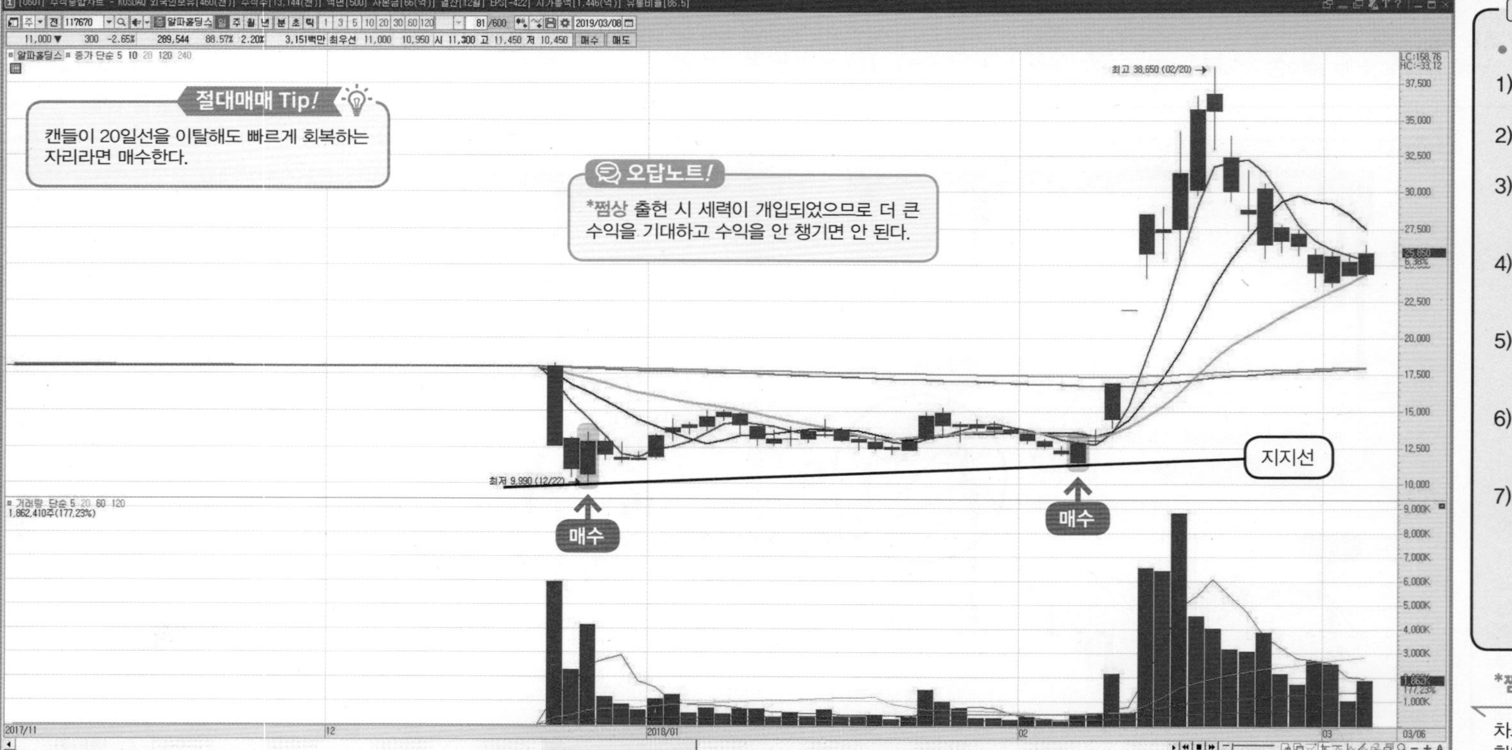

절대매매 Tip!
캔들이 20일선을 이탈해도 빠르게 회복하는 자리라면 매수한다.
오답노트!
*찜상 출현 시 세력이 개입되었으므로 더 큰 수익을 기대하고 수익을 안 챙기면 안 된다.
최고 38,650 (02/20)
최저 9,990 (12/22)
지지선
매수
매수

개선 선생의 절대비기!

- 동이 트기 전이 더 어둡다.

1) **거래량** : 하락할 때나 고점에서 거래량이 터지면 안 된다.
2) **이격도** : 캔들과 이평선의 이격이 많이 벌어져 있는지 체크해라.
3) **캔들** : 망치형, 역망치형, 십자형, 상승장악형, 상승관통형 등 변곡점이 될 수 있는 캔들이다.
4) **과매도, 과매수 파악** : 보조지표를 활용해서 과매도, 과매수를 파악해라.
5) **수급 고려** : 기관투자자나 외국인투자자가 매수하는지 고려해야 한다.
6) **기본적 분석** : 변곡점이 나오려면 이전보다 나아지는 지표가 있어야 한다.
7) **재료 분석** : 앞으로 나올 재료가 어떤 것이 있는지 체크해라.

***찜상**

차트상에서 점으로 올라간 상한가를 뜻한다. (가격 제한 폭이 풀리지 않는 상태)

개선 선생의 한마디!

시장의 흐름을 거슬러 역으로 발상하는 것은 참 어려운 일이다. 어디가 고점이고, 저점인지 기준을 잡는 것 또한 어렵다. 하지만 거래량만큼은 속일 수 없다. 캔들(몸통 + 꼬리)이 길어진다면 고민해야 하고, 호가 창 매수 · 매도 잔량 및 체결량, 그리고 경제산업 섹터 분석까지 하면서 역발상 마인드를 키워야 한다.

044 | 심리 매매 | 심리 매매 + 역발상 매매, 기회는 꼭 온다 KC코트렐 일봉

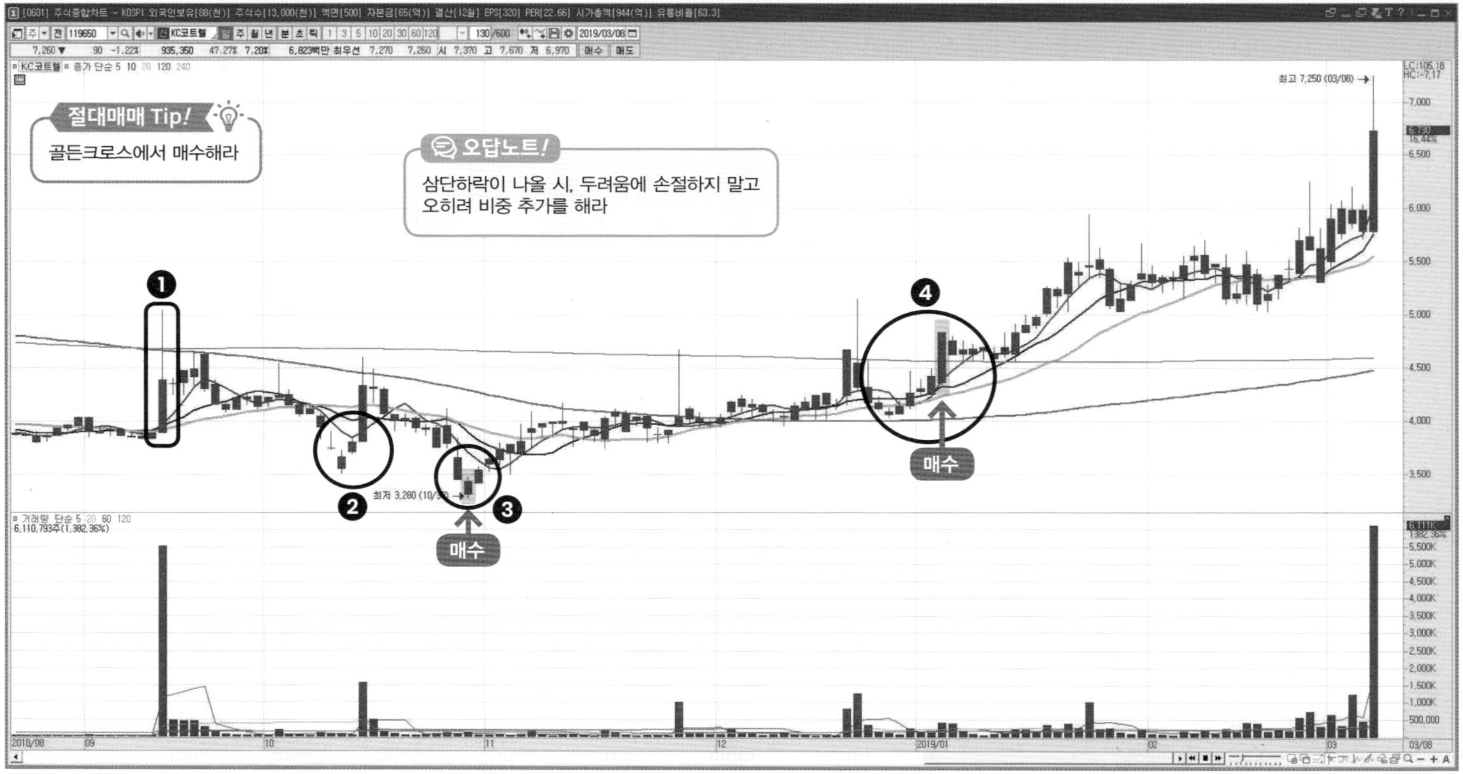

절대매매 Tip!
골든크로스에서 매수해라
오답노트!
삼단하락이 나올 시, 두려움에 손절하지 말고 오히려 비중 추가를 해라
최고 7,250 (03/08)
최저 3,280
매수
매수

개선 선생의 절대비기!

- **심리 매매란?**

1) 차트의 흐름을 파악해서 수급의 방향성 및 의도를 파악하며 매매하는 방식을 말한다.
2) ①번에서 거래량이 터지지만 240일선 돌파에 실패하여 차익을 실현하려는 매물이 출회한다. 이로 인해 전저점을 깨고 내려온 상태(②)로, 저점이 낮아지고 있으니 그 충격은 한 번 더 발생할 수 있다는 것을 예상하고 대비해야 한다.
3) ③번의 하락 변곡점에서는 3차례 하락으로 충격 완화작용이 가능하고, 반등 시 추세 전환을 기대해도 좋다.
4) ④번에서 20일선 골든크로스가 나오고, ①번에서 돌파하지 못한 240일선을 돌파하면서 추세 매매가 가능하다.

개선 선생의 한마디!

심리 매매는 차트 매매, 파동 매매, 보조지표 등 다양한 방법을 통해서 흐름을 파악할 수 있다. 특히 중요하게 기억해야 할 것은 3이라는 수치다. 하락 세 번, 상승 세 번 후엔 변곡점이 나올 수 있다는 것이고, 돌파할 땐 거래량과 차트 모양에 따라서 세력들의 의도를 파악할 수 있어야 한다. 개미떨기가 나올 땐 이것이 눌림인지 매물 출회인지 파악할 수 있어야 한다.

045 | 고수 VS 하수 | 고수는 단기 매매와 추세 매매를 구분한다 인콘 일봉

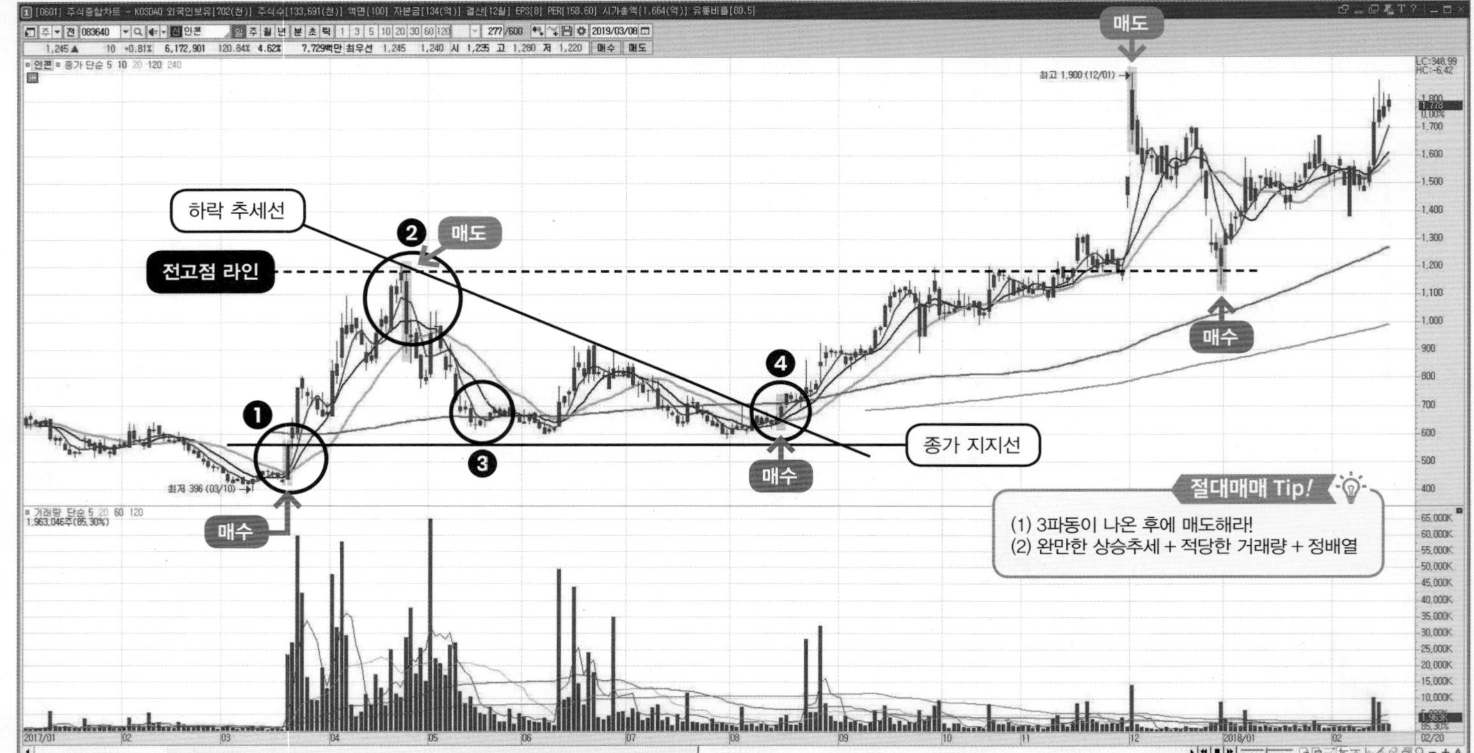

개선 선생의 절대비기!

• **단기 매매 VS 추세 매매**

하수는 ①번에서 매수를 하더라도 ②번에서 매도를 못하면 ③번까지 하락할 수 있다. ④번에서는 추세 매매를 해야 하는데, 단기 매매로 접근하여 300% 수익이 가능한데도 5% 수익만 내고 나온다.

주식 격언 새기기!

"내부자의 조언도 100% 믿어서는 안 된다."

투자정보 가운데 가장 위험한 것이 소위 내부정보이다. 기업내의 기밀취급자나 주가에 영향을 미칠 정책을 입안하는 정부부처 종사자가 직접 전해주는 정보다.

내부정보는 도중에 와전되거나 최종 결정과정에서 취소되거나 변경될 수도 있기 때문에 이것을 100% 믿고 투자하면 실패하기 쉽다. 또한 내부정보는 너무 일찍 알아서 다른 사람에게 알려질 때까지 주가에 반영되기 전에 못 견디고 팔아버리면 그때부터 주가가 오르는 일이 많다.

개선 선생의 한마디!

주식은 단기 매매할 때와 추세 매매할 때를 구분할 수 있어야 한다. ①번에서도 상단 돌파가 발생했다면, 큰 상승이 나왔을 것이다. 그러나 3파동이 나왔고, 단기적으로 주가가 20일선을 깨고 내려온다면, 일단 수익청산을 하는 것이 맞다. 왜냐하면 상승할 때 기울기가 너무 급할 뿐만 아니라 거래량이 고점에서도 많이 터졌기 때문이다. ④번에서 매물 소화를 다 하고, 완만한 기울기로 적당한 거래량을 유지한다면, 상승추세가 나오는 구간이니 끌고 가야 한다.

046 | 고수 매매 | 고수는 하락장에서도 수익을 낸다 NEW 일봉

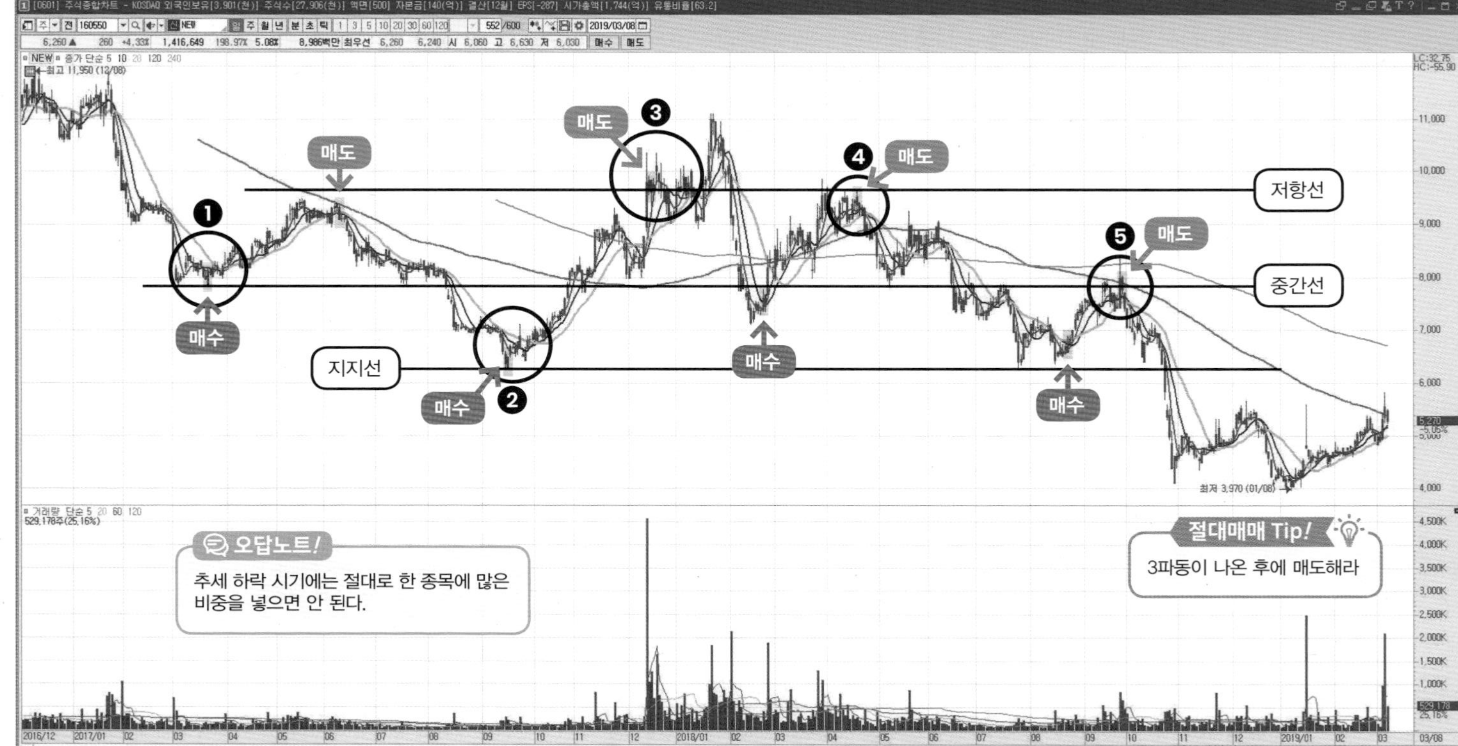

개선 선생의 절대비기!

- **하락장에서도 수익 낼 수 있다.**

1) 하수는 보통 하락장에서 수익이 가속화되는데도 불구하고 계속 보유하거나 ①번에서 매수해서 ②번에서 매도하는 우를 범한다.
2) 일단 급락이 발생하면 단기적으로 기술적 반등이 나올 수 있다. ①번에서 매수하고, 120일선과 캔들이 만나는 지점이 저항선이 되며, 저항선 구간에선 매도해야 한다.
3) 중심선을 기점으로 상승과 하락이 이어진다고 보면 된다.
4) 지지선은 최종적인 지지라인이자 단기 매수 자리가 된다. ④번과 ⑤번에서 점차 고점이 낮아지고 있는 것을 명심하고, 방망이를 짧게 잡고 단타 매매로 접근해야 한다.

개선 선생의 한마디!

하락장이나 횡보장에서도 우리는 수익을 내야 한다. 하락장에서는 일단 현금 보유를 더 많이 하고, 단기 수익을 내는 것을 목표로 하여 과매도, 과매수 전략을 펼치는 것이 좋다. 이때 돌파 매매는 하지 않는 것이 좋다. 고점에서 거래량이 터지는 것은 좋지 않기 때문에 ③번 고점처럼 거래량이 과하게 터질 땐 다시는 이 지점까지 주가가 상승하지 않을 것이라 생각하고 매매하는 것이 좋다.

047 | 고수 매매 | 고수는 신고가 갱신 종목을 매매한다 애경산업 일봉

개선 선생의 절대비기!

- 전고점 돌파는 새로운 시세분출이다.

1) ①번과 ②번에서 20일선을 지지하면서 강한 돌파가 함께 나온다.
2) ③번에서 다시 고점을 돌파하여 계속 신고가 갱신이 나오면서 추세 돌파 매매가 가능하다.
3) 고점을 찍은 후, ③번 지점까지 떨어진 자리(④)에서 넥라인이 형성되고, 다시 한 번 더 반등이 나올 때 전고점을 돌파하지 못한다면 매도해야 한다.

주식 격언 새기기!

"값진 보석은 황폐한 땅 깊숙이 있을수록 가치가 있다."

기업의 주가를 평가할 때는 성장성, 수익성, 안정성 3가지 요소를 기본으로 한다. 이 3가지를 모두 갖춘 종목은 현재 각광받지 못한다 하더라도 시간이 지나면서 제 가치가 반영된다. 과도한 확신은 낭패로 이어지기 십상이나 객관성을 가진 소신은 좋은 결과를 안겨주는 경우가 많다.

개선 선생의 한마디!

주가가 하락하는 종목을 매수하는 것보다 주가가 올라가는 종목을 매수하는 것이 더 큰 수익을 낼 수 있다. 단 올라가는 종목을 매수할 때에는, 돌파 시 매수하는 것보다 하방지지 후 다시 상승으로 전환될 때 거래량과 매수 체결강도를 파악해서 돌파 가능성을 예상하고 매수하는 것이 더 좋다. 만약 돌파에 실패한다면 비중을 줄이거나 매도하는 것이 좋다.

PART 03

- 거래량과 거래량 매매
- 매집법
- 수급 매매

048 | 거래량 증가 + 정배열 매매 | 급등이 시작되면 거래량이 가장 중요! 신라젠 일봉

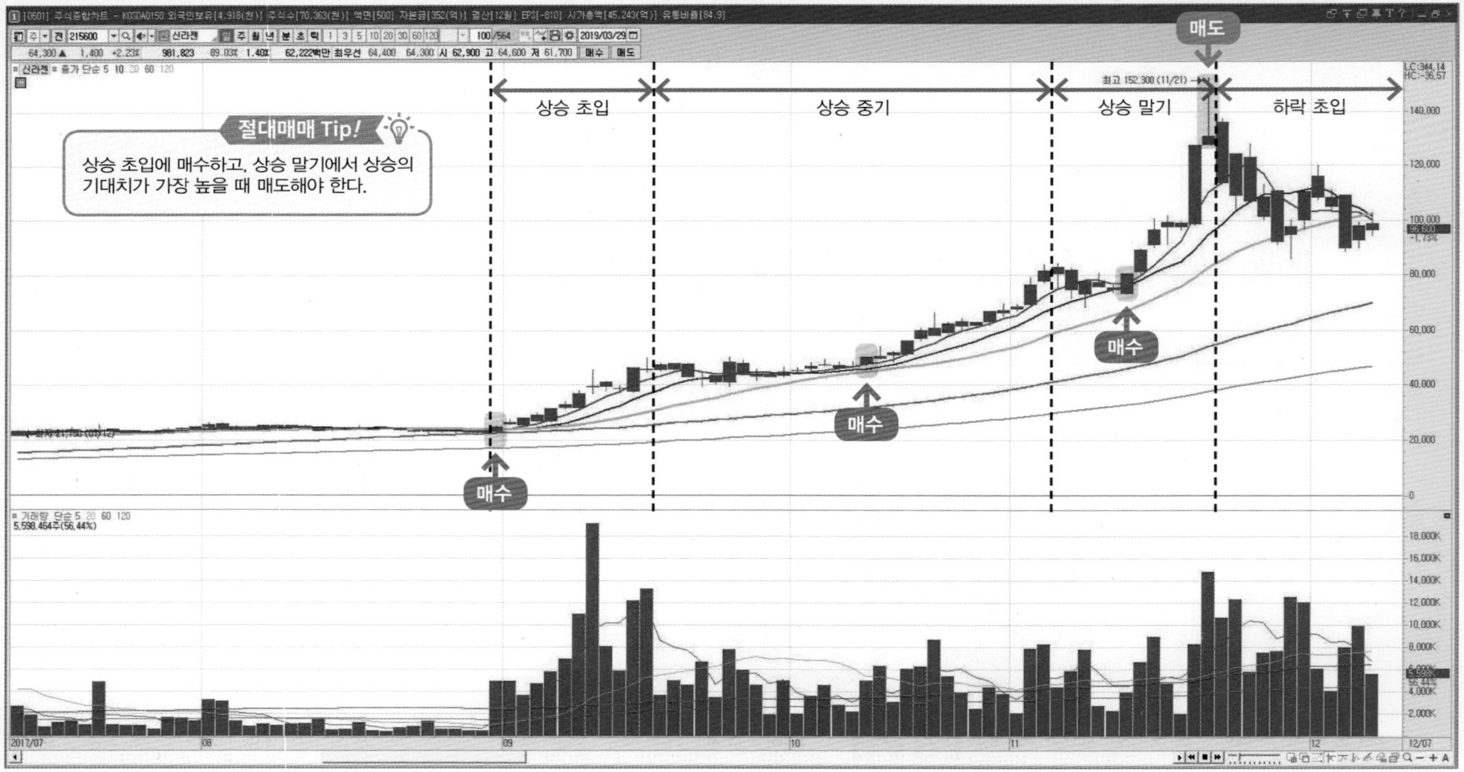

절대매매 Tip!

상승 초입에 매수하고, 상승 말기에서 상승의 기대치가 가장 높을 때 매도해야 한다.

개선 선생의 절대비기!

- 주식에서 거래량은 유일하게 선행성을 가지고 있다.

1) 세력들이 매집을 시작하고 급등이 나올 때 선취매할 수 있는 방법으로는 거래량이 유일하다.
2) 거래량이 갑자기 올라간다면 추세 전환이 일어날 수 있는 구간이 된다.

주식 격언 새기기!

"격언을 모르고 시세에 뛰어들지 말아야 한다."

투자격언이란 수백 년의 선진국 시세 역사 속에서 수많은 투자자들이 경험한 공통적인 시세의 속성이나 투자의 요령을 말한다. 인간이 한평생을 통해서 시세를 경험할 수 있는 기간은 고작해야 50~60년에 불과하다. 이 정도의 짧은 경험으로 시세와 투자요령을 제대로 이해하기란 어려운 것이다. 먼저 살다간 투자자들의 경험담이니 투자격언은 반드시 참고하는 것이 좋다.

개선 선생의 한마디!

1. **상승 초입** : 거래량이 크게 증가하면서 1파동이 나온다.
2. **상승 중기** : 거래량이 소강 상태로 오면서 20일선을 깨지 않고 다시 반등이 나온다.
3. **상승 말기** : 거래량이 다시 증가하고 이전까지 없었던 장대양봉이 나온다.
4. **하락 초입** : 캔들(몸통+꼬리)이 길어지면 매도를 준비하고, 위꼬리가 길어지면 매도로 임한다.

049 | 거래 흔적으로 선취매 | 예언자 거래량이 터졌다면 매수 준비해라! 아난티 일봉

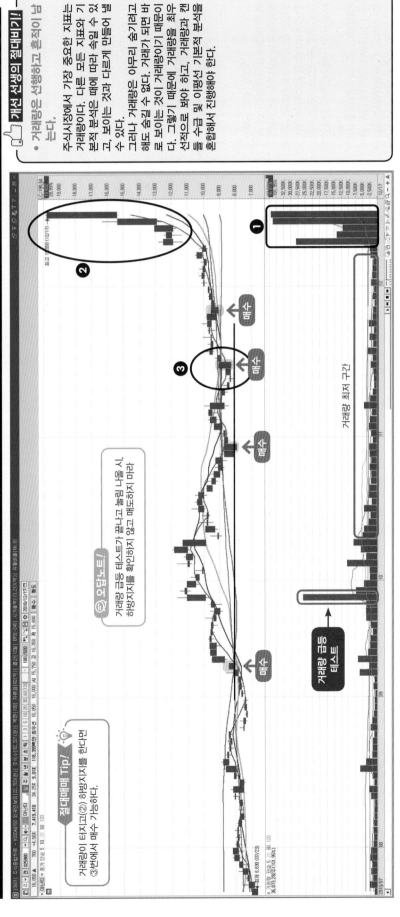

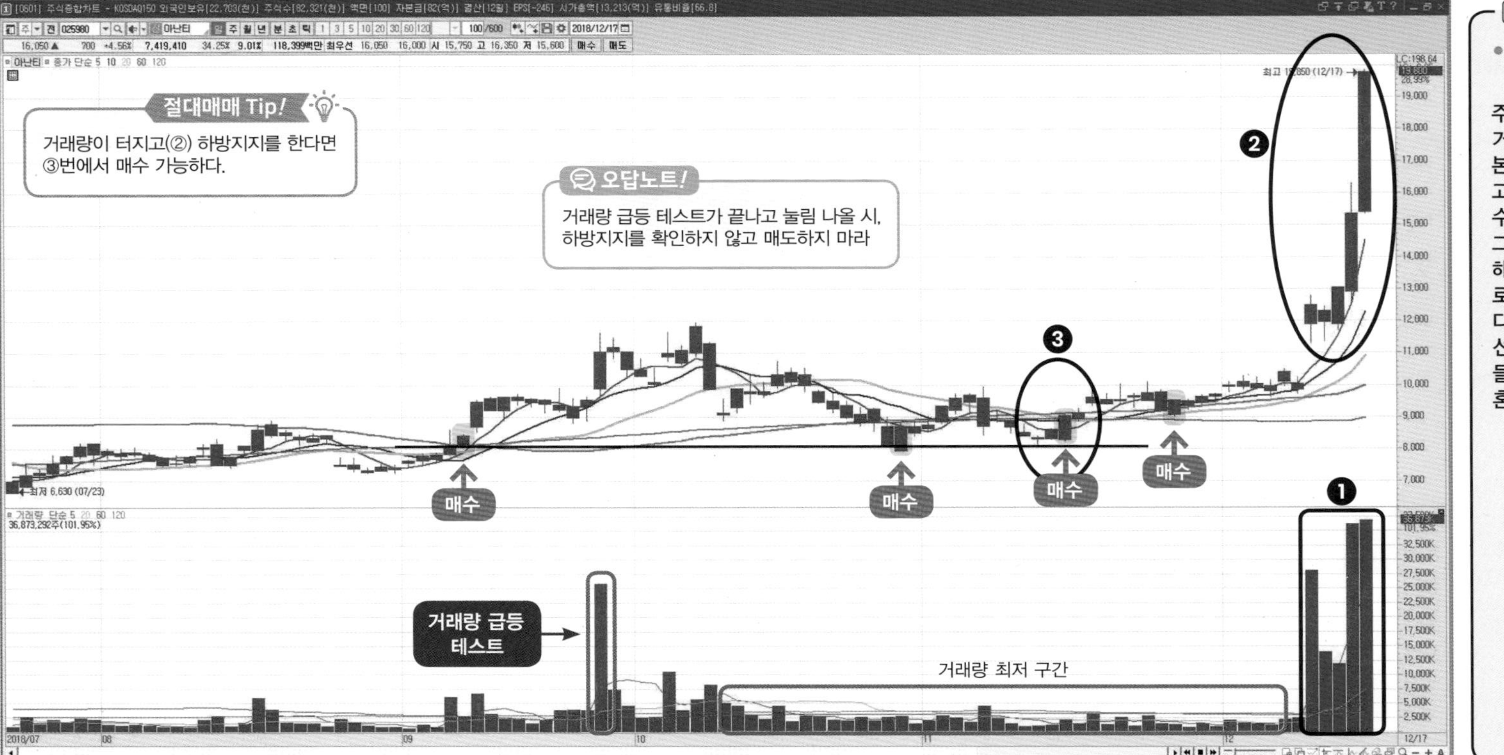
절대매매 Tip!
거래량이 터지고(②) 하방지지를 한다면 ③번에서 매수 가능하다.
오답노트!
거래량 급등 테스트가 끝나고 눌림 나올 시, 하방지지를 확인하지 않고 매도하지 마라
매수
매수
매수
매수
거래량 급등 테스트
거래량 최저 구간
최저 6,630 (07/23)

개선 선생의 절대비기!

- **거래량은 선행하고 흔적이 남는다.**

주식시장에서 가장 중요한 지표는 거래량이다. 다른 모든 지표와 기본적 분석은 때에 따라 속일 수 있고, 보이는 것과 다르게 만들어 낼 수 있다.
그러나 거래량은 아무리 숨기려고 해도 숨길 수 없다. 거래가 되면 바로 보이는 것이 거래량이기 때문이다. 그렇기 때문에 거래량을 최우선적으로 봐야 하고, 거래량과 캔들 수급 및 이평선 기본적 분석을 혼합해서 진행해야 한다.

개선 선생의 한마디!

거래량은 가장 중요한 지표가 된다. 거래량 분석은 여러 의미를 내포하기 때문에 해석에 차이가 있을 수 있으나, 저점에서 거래량이 터지는 것이 좋고, 고점에서 거래량이 터지는 것은 좋지 않다는 것이 중요하다. 그리고 급등주가 나올 때는 거래량을 통해서 세력의 평단가를 계산하며 가야 한다. ①번에서 거래량이 터지면서 강한 돌파(②)가 나오고 있다. 급등주일수록 쉽게 거래량이 줄지 않고 지속적으로 비슷한 물량이 터진다면 더욱 신뢰도가 높다.

050 | 거래량 매매 | 갑작스런 거래량 터짐 현상은 추세 반등 기대 연이정보통신 일봉

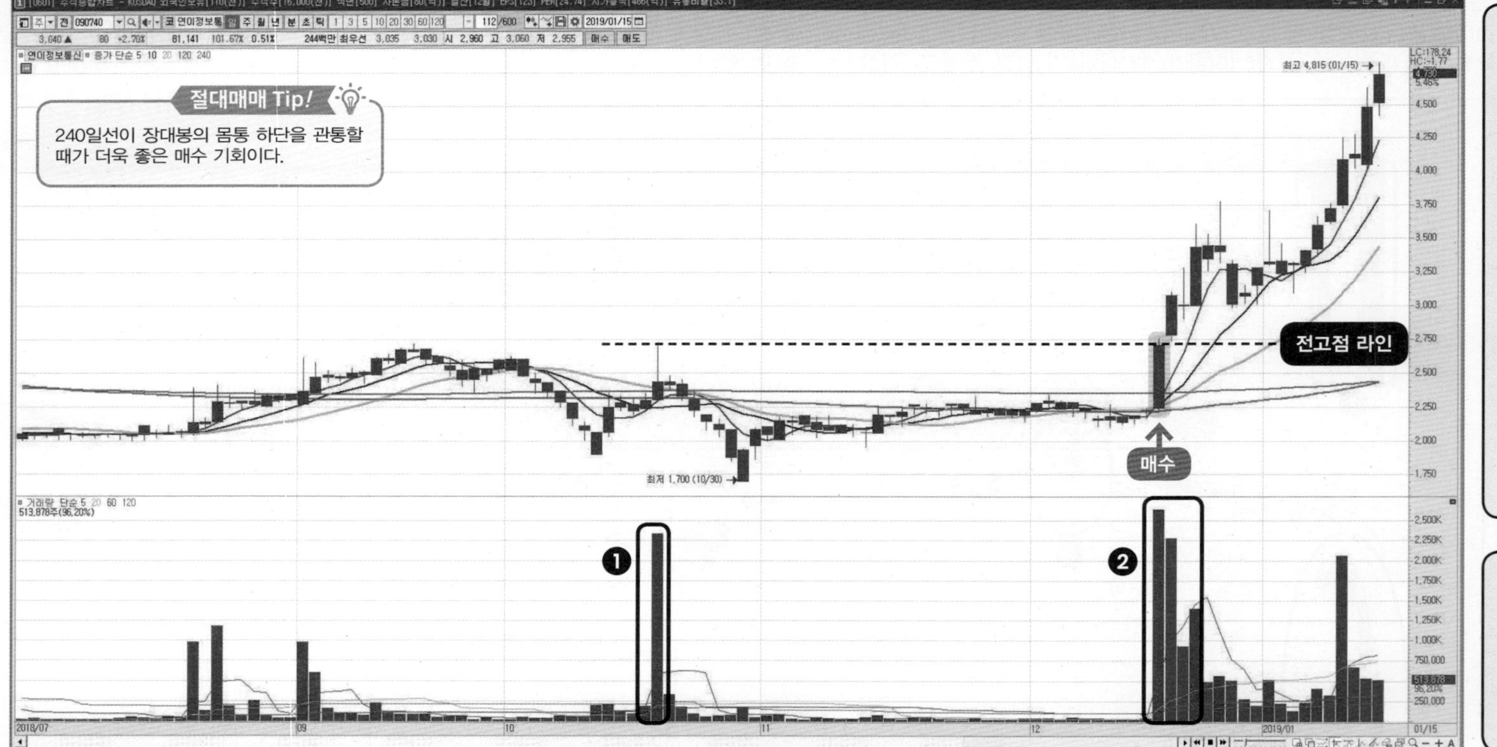

개선 선생의 절대비기!

- **거래량은 주식에서 가장 중요한 신호이다.**

이평선 골든크로스 + 장대양봉 + 거래량 증폭 + 전고점 돌파

1) 이전 거래량에서 그 전보다 10배 이상 터지는 거래량이 2 ~ 3개월 이내 나왔는지 확인해야 한다.
2) 이전에 거래량이 터진 ①번 거래량과 ②번 거래량 중 ②번 거래량이 더 많아야 돌파가 가능하다.
3) ①번 거래량이 터진 자리의 전고점을 ②번 거래량이 터진 이후에 주가가 돌파하는지 확인하고 매수해도 늦지 않다.

주식 격언 새기기!

"기다리는 봄은 오지 않는다."

저점매수 타이밍을 기다리지만 누구나 같은 생각을 하고 있으므로 기회는 쉽게 오지 않는다. 너무 기다리다 상승 장세를 놓치고 오히려 상투 무렵에야 뛰어드는 경우가 많다.

개선 선생의 한마디!

거래량은 절대 거짓말을 할 수 없다. 그렇기 때문에 세력들의 진입 여부는 거래량을 통해서 포착할 수 있다. 갑작스럽게 거래량이 터지는 것은 세력들이 위의 매물대와 차트 확인을 해보는 테스트 거래량이다. 따라서 ①번과 같은 거래량 장대봉이 나올 경우에는 유심히 지켜보고 때를 기다려야 한다.

051 | 거래량 매매 | 거래량이 계속 터진다는 것은 매물 소화 중 푸른기술 일봉

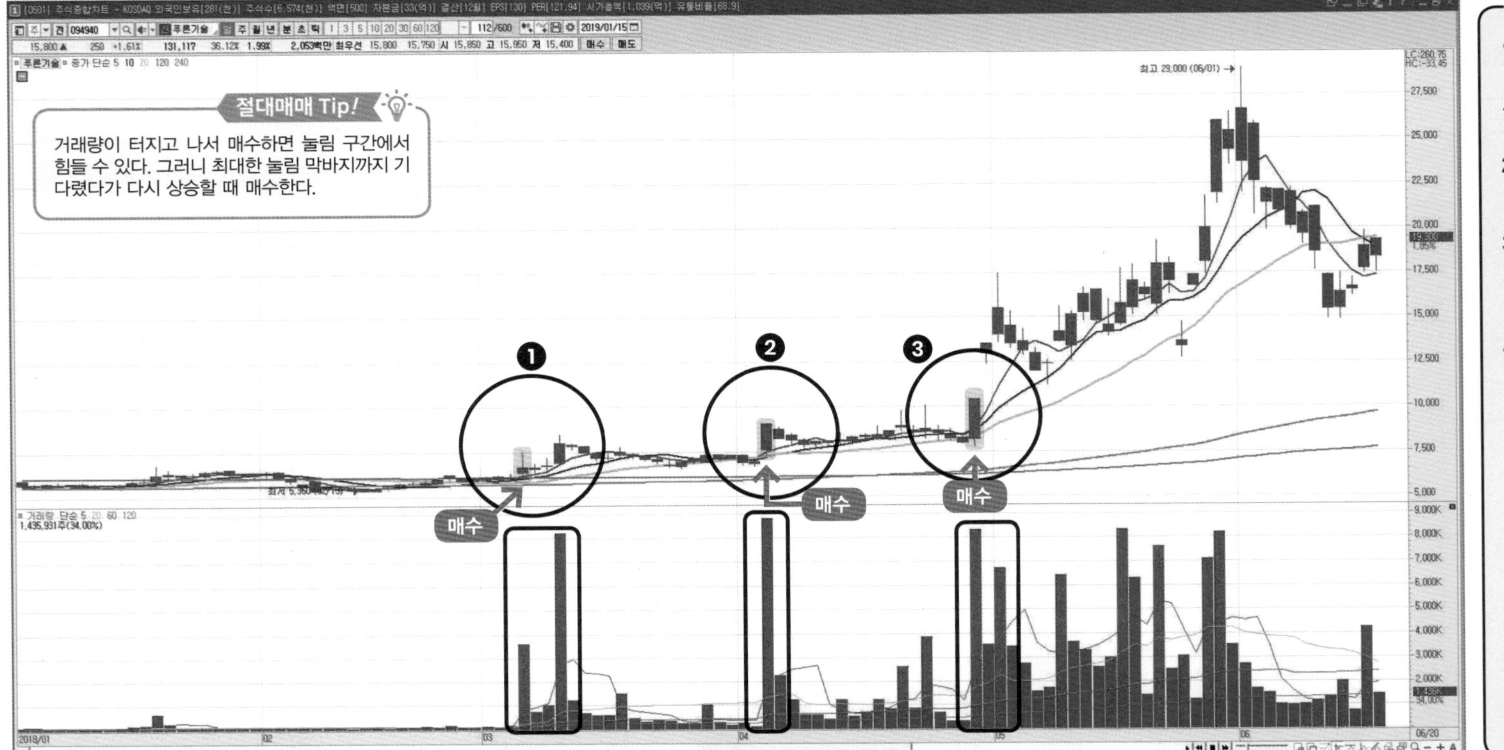

절대매매 Tip!
거래량이 터지고 나서 매수하면 눌림 구간에서 힘들 수 있다. 그러니 최대한 눌림 막바지까지 기다렸다가 다시 상승할 때 매수한다.
❶
❷
❸
매수
매수
매수
최고 29,000 (06/01) →

개선 선생의 절대비기!

- **거래량이 터져야 돌파가 쉽다.**

거래량 + 장대봉 + 전고점 돌파

1) ①~③번에서 세력들은 물량을 테스트하고 있다.
2) 장대봉이 계속 나오면서 그동안의 하락 폭 이상으로 돌파하고 있다.
3) 보통 위 천장을 돌파하기 위해서 뚫어야 할 횟수는 세 번이다. 세 번째도 실패한다면 매도하는 것이 맞다.
4) ③번부터 거래량이 줄어들어도 ①, ②번에서 이전 매물대를 어느 정도 소화했기 때문에 전고점을 쉽게 돌파할 수 있다.

개선 선생의 한마디!

거래량이 터지는데도 계속 상승 돌파에 실패하는 것은 세력들의 테스트가 덜 됐다고 보기보다는 매물 소화를 지속하고 있다고 해석해야 한다. 매물 소화가 되고 나면 ③번 지점 이후부터 아주 강한 랠리가 나올 수밖에 없다.

052 | 물량털기 대량거래 | 거래량이 터졌는데 돌파를 못 한다면? 엘비세미콘 일봉

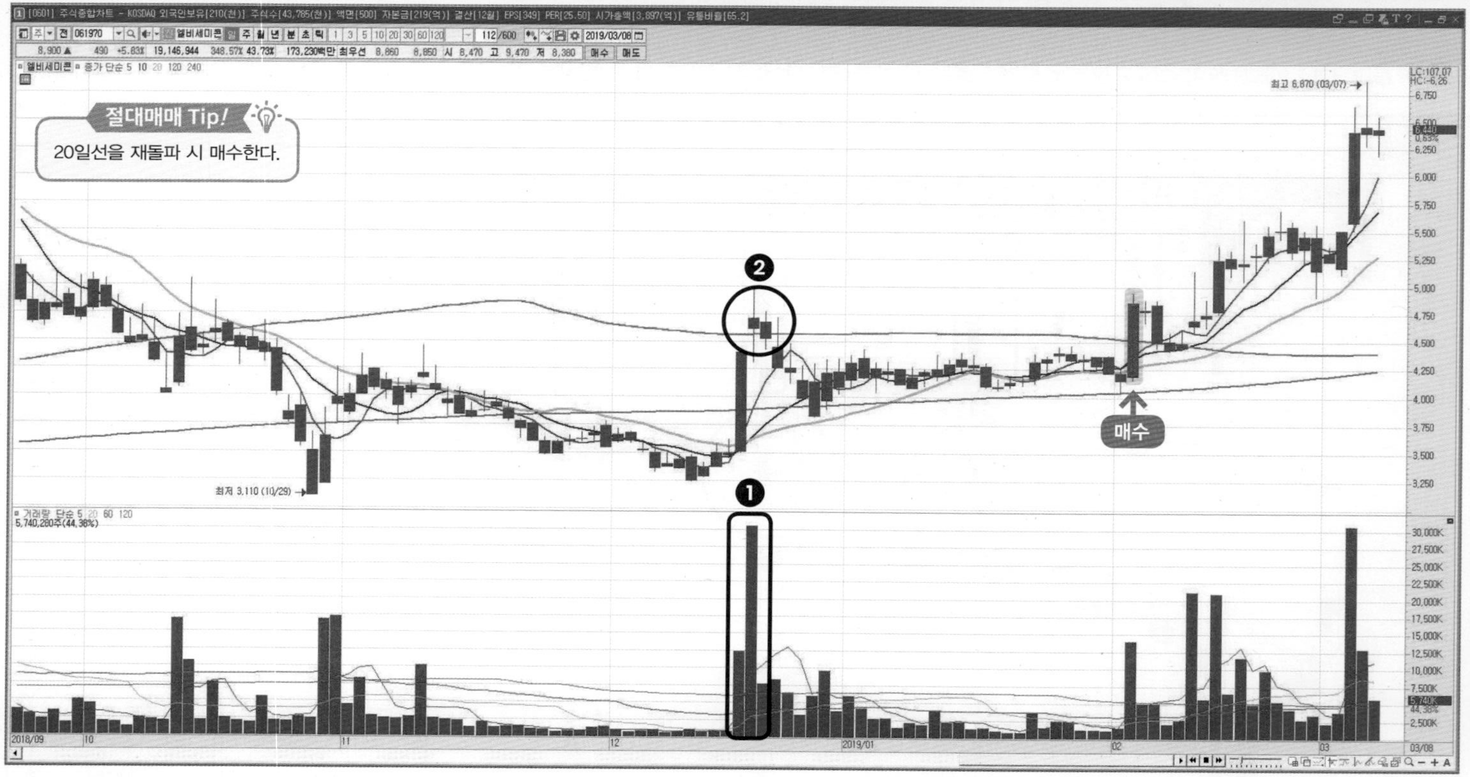

절대매매 Tip!

20일선을 재돌파 시 매수한다.

최고 6,870 (03/07)

최저 3,110 (10/29)

❶ ❷ 매수

개선 선생의 절대비기!

• 단기 물량털기 대량거래란?

1) 단기 상승 이후, 저항 부근에서 그동안 쌓인 매물이 쏟아져 나와서 거래량이 터지는 경우를 말한다.

2) 거래량이 이전보다 2배 이상 터지면서(①) 전고점이나 이평선 돌파에 실패(②)했을 경우, 조정이 나오게 된다. 단, 조정 후 단기 상승한 재료나 모멘텀이 살아 있다면 다시 상승이 나올 수 있다. 따라서 조정 기간에 하방지지하는지 확인하고 재매수해야 한다.

주식 격언 새기기!

"횡보 끝에 찾아오는 방향에 몸을 실어야 한다."

지수가 강한 저항대와 지지대에 갇혀 횡보를 보인 후에는 급등이나 급락으로 이어지는 경우를 자주 보게된다. 보다 안전한 투자를 위해 미리 예단하기보다 방향성을 확인한 후에 결정된 방향으로 투자하는 게 낫다는 의미다.

개선 선생의 한마디!

거래량이 터진다는 것이 좋을 때도 있고, 안 좋을 때도 있다. 상황이나 자리에 따라 의미가 달라지는 것이다. 일단 하방에서 물량이 터지는 것은 단기 눌림 가능성보다는 장기적인 물량 테스트 및 물량 매집으로도 볼 수 있다. 물량 테스트나 물량 매집이라면 지지해야 할 선들을 지지해 줄 것이고, 반등 시 매수하면 더 큰 수익이 나올 수 있다.

053 | 대량거래 | 대량거래 터질 시 매매 방법 에이디테크 일봉

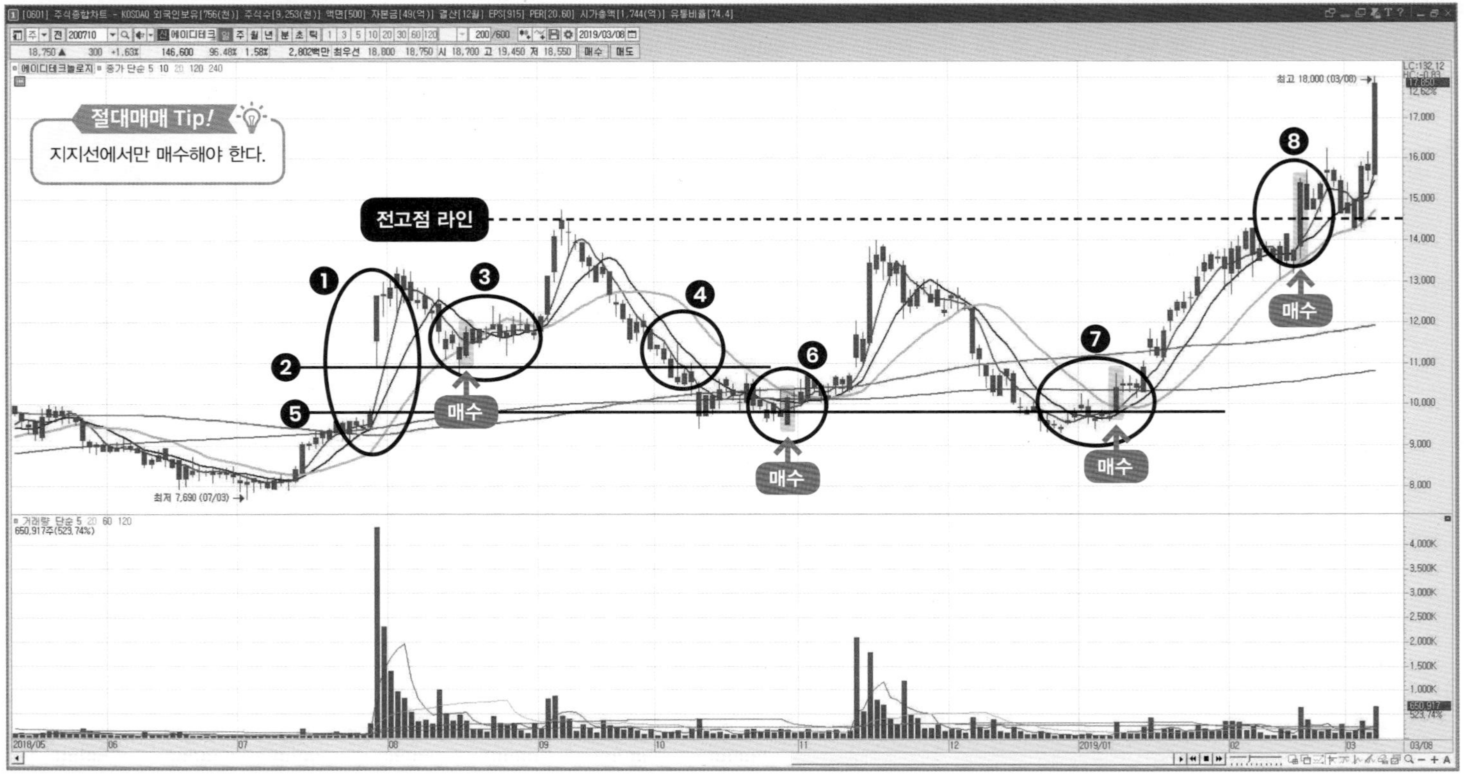

개선 선생의 절대비기!

- 대량거래 매매 방법 총정리

1) ①번의 거래량처럼 갑작스럽게 대량거래가 터지면서 고점 돌파에 실패한다면 차익실현을 해야 한다.
2) ①번에서 갭을 띄우고 시작했다면, 갭을 띄운 캔들(A)의 최하단이 지지라인(②번 선)이 되어 빠른 단타가 가능하다. 만약 ③번 지점 이후 단기 상승하지만 추가 돌파가 안 될 경우에는 차익실현을 해야 한다.
3) 이후 다시 눌림이 나타날 때, ③번에서 ②번 선 지지에 성공했지만 두 번째 지지에 실패(④)한다면, ①번의 거래량이 터지기 전 캔들(B)의 상단을 기준으로 지지라인(⑤번 선)이 형성되고 ⑥번처럼 지지하면 매수한다.
4) 주가가 다시 상승하면 전고점 돌파를 기대하지 말고, 박스권 매매로 대응해야 한다.
5) 세 번째 눌림(⑦)에서도 ⑤번 선에 지지하는지 확인하고 매수해야 한다.
6) 세 번째 돌파 구간에서 강하게 상승이 나오면서 전고점을 돌파(⑧)할 경우, 매수 가능하다.

개선 선생의 한마디!

거래량이 바닥에서 터지면 주가 상승의 신호가 맞지만, 단기 차익매물이 쏟아질 수 있다. 따라서 항상 단기 충격에 대비하고, 눌림이 나올 땐 지지를 할 것이라 예상하고 매매하는 것이 아니라 지지가 되는지 재차 확인하고 매수하는 것이 좋다. 그래도 늦지 않는다. 그리고 추세가 3번 이상 상승으로 움직일 경우에는 확신을 갖고 돌파를 기대하며 매수하고, 돌파 시 큰 추세 파동 매매를 진행하면 된다.

054 | 바닥 빌딩 매집 | 10배 터질 종목, 바닥부터 모아가라 필룩스 일봉

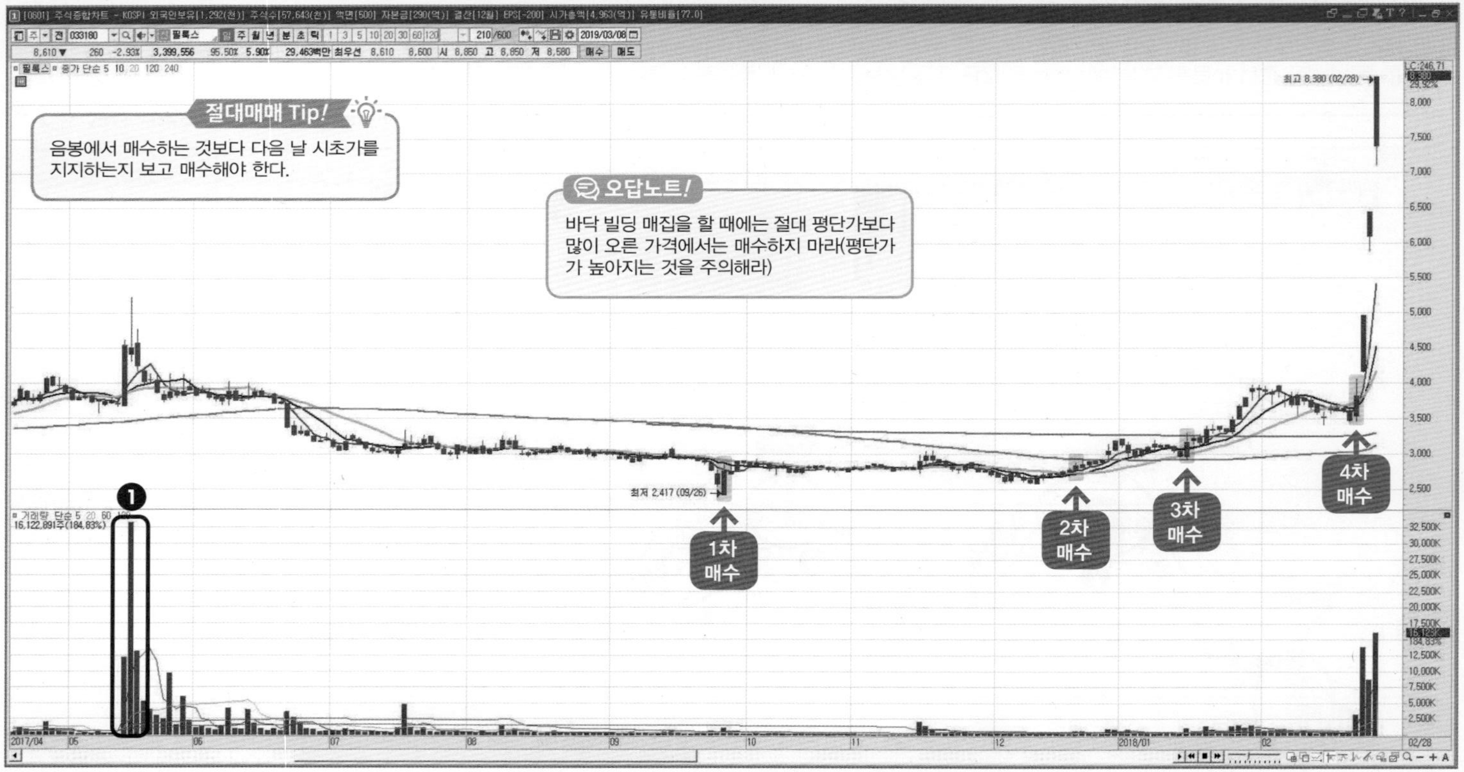

절대매매 Tip!

음봉에서 매수하는 것보다 다음 날 시초가를 지지하는지 보고 매수해야 한다.

오답노트!

바닥 빌딩 매집을 할 때에는 절대 평단가보다 많이 오른 가격에서는 매수하지 마라(평단가가 높아지는 것을 주의해라)

개선 선생의 절대비기!

- **바닥 빌딩 매집 방법이란?**

이전에 매집봉(①)이 나왔다면, 최저 바닥에서 1차 매수하고, 20일선을 돌파하는 자리에서 2차 매수를 한다. 이후 240일선을 돌파하는 자리에서 3차 매수, 거래량이 터지면서 급등이 시작되는 자리에서 마지막 4차 매수를 하면서 빌딩을 올리듯이 주력주를 매집해 가는 방식이다. 분할매수는 확실한 자리에서만 매수를 진행하는 것이다. 물론 주가가 올라갈 때 매수를 더해가는 것이라 평단가가 올라가는 경우가 있지만, 수익이 날 땐 큰 수익을 낼 수 있다. 물론 오르는 척 하다가 눌림이 나올 수 있으니, 내가 매수한 자리를 이탈했을 때는 비중을 줄이고, 이후에 재매수하는 방법도 좋다.

개선 선생의 한마디!

'해당 종목이 10배 터질지를 어떻게 알고 분할매수를 통해 비중을 늘릴 것인가'의 문제인데, 일단 큰 거래량이 터지면서 매집봉이 들어오고 3～6개월 이내에 강한 반등이 나온다면 급등주가 될 수 있다. 역배열에서 정배열로 바뀌는 순간을 기점으로, 피라미드 형식으로 분할매수해서 빌딩을 세운다고 생각하고 비중을 늘려가면 된다.

055 | 급등주 돌파 빌딩 매집 | 급등주는 터지기 전 조정구간에 매집 넥스트리밍 일봉

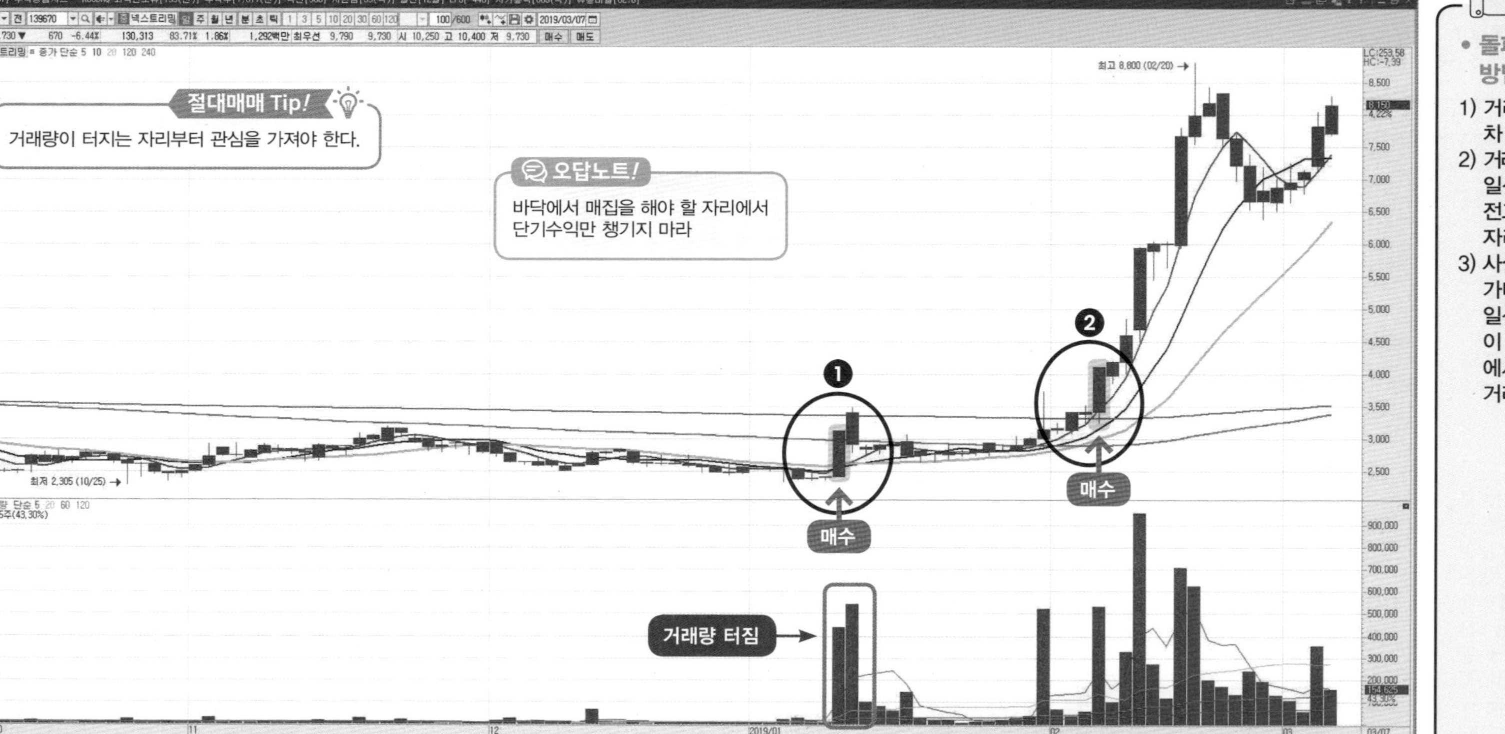

개선 선생의 절대비기!

- **돌파하는 자리에서 매집하는 방법?**

1) 거래량이 터지는 자리(①)에서 1차 매수한다.
2) 거래량이 터지고 조정구간에서 20일선이 우상향하는지 확인하고, 전고점 및 240일선을 돌파하는 자리(②)에서 추가매수한다.
3) 사실 ①번과 ②번 사이에서 추가매수는 더 가능하다. 만약 20일선을 깨고 내려간다면, 거래량이 터지는지 확인하고 눌림 구간에서 다시 추가매수를 할 것인지 거래량으로 판단한다.

개선 선생의 한마디!

처음 거래량이 터지면 급하게 매수할 필요 없다. 조용히 바닥을 다지다가 갑자기 거래량이 터지면서 올라가는 종목은 조정구간이 꼭 나오기 때문이다. 이 조정구간에서 충분히 분할매수할 수 있으니 급하게 고점에서 매수할 필요가 없다.

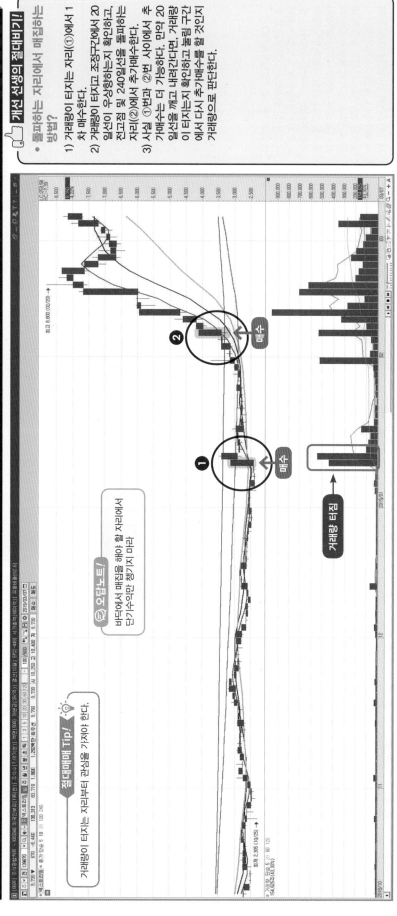

056 | 240일선 빌딩 매집 비기 | 지지와 저항을 활용한 매집법 파워로직스 일봉

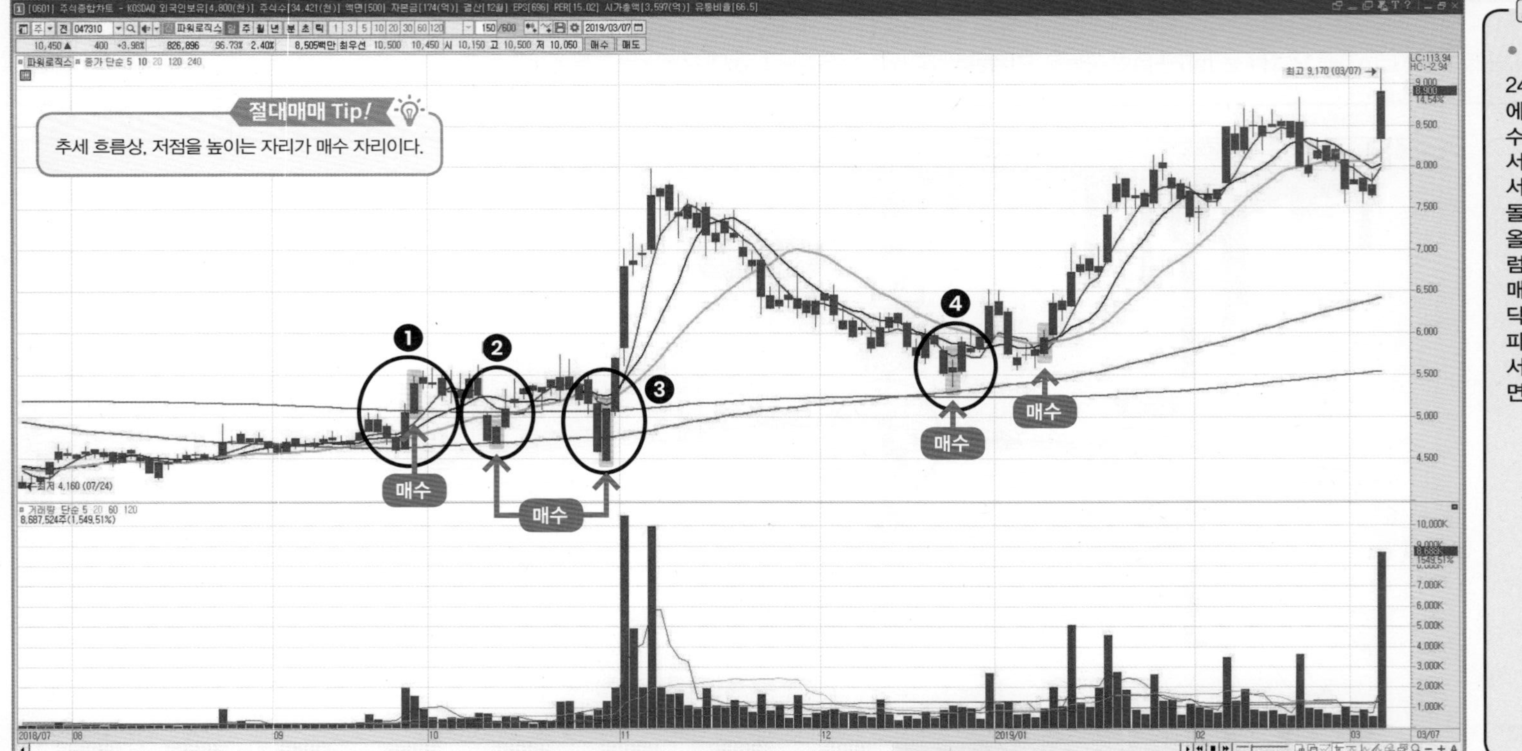

개선 선생의 절대비기!

• **240일선 매집 방법은?**

240일선은 장기 이평선이기 때문에 한 번 돌파하면 큰 수익이 나올 수 있다. 먼저 장대양봉이 나오면서 240일선을 돌파하는 자리(①)에서 매수한다. 보통 240일선을 1차 돌파할 경우에는 단기적 눌림이 나올 수 있다. 단기적 눌림이 ②번처럼 나올 경우, 하방지지가 되면 2차 매수를 한다. 또한 ③번처럼 삼중바닥을 형성할 경우에는 240일선 돌파가 재차 가능하며, 240일선 위에서 접점이 형성되는 자리(④)가 오면 다시 매수로 접근 가능하다.

개선 선생의 한마디!

급등의 시작은 거래량이다. 급등은 한순간에 올라가면 피로도가 높아지기 때문에 조정도 빨리 온다. 차근차근 잦은 파동을 만들면서, 점차 큰 파동을 만들어 가는 것이 길고, 높게 올라간다. 그런 차트는 매수 기회도 더 확실하게 준다. ①~③번처럼 기다리면 충분히 기회가 오는 자리가 있으며, ④번도 충분히 기다리면 다시 오는 자리이다. 단기 상승 시 비중을 절반으로 줄이고, 다시 ④번에서 추가매수하여 수익을 극대화하는 것이 더 좋다.

057 | NH투자증권 수급 | 개별 증권사가 직접 모아간다면 매도 전까지는 홀딩 에스에프에이 일봉

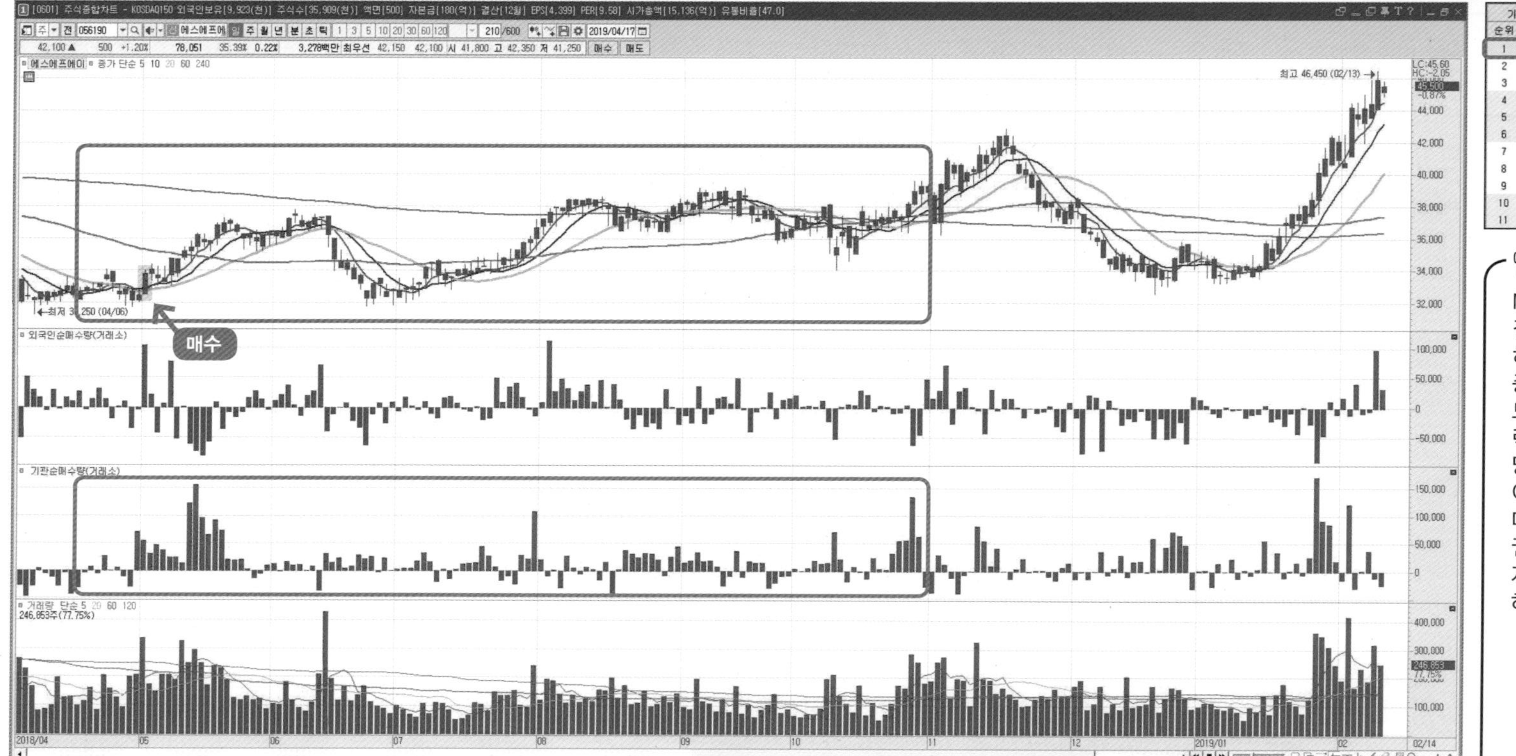

기간별 누적		8,057,944	4,985,464	+3,072,480
순위	거래원	매수량	매도량	순매수
1	NH투자증권	3,131,176	910,560	+2,220,616
2	모건스탠리	1,247,820	899,913	+347,907
3	CS증권	940,581	800,969	+139,612
4	유비에스증권	949,184	850,861	+98,323
5	JP모간서울	521,157	448,387	+72,770
6	메리츠	385,834	328,135	+57,699
7	도이치코리아	294,074	247,509	+46,565
8	노무라	127,150	80,647	+46,503
9	SG증권	53,482	28,088	+25,394
10	C.L.S.A 증권	283,216	269,335	+13,881
11	SK증권	124,270	121,060	+3,210

개선 선생의 한마디!

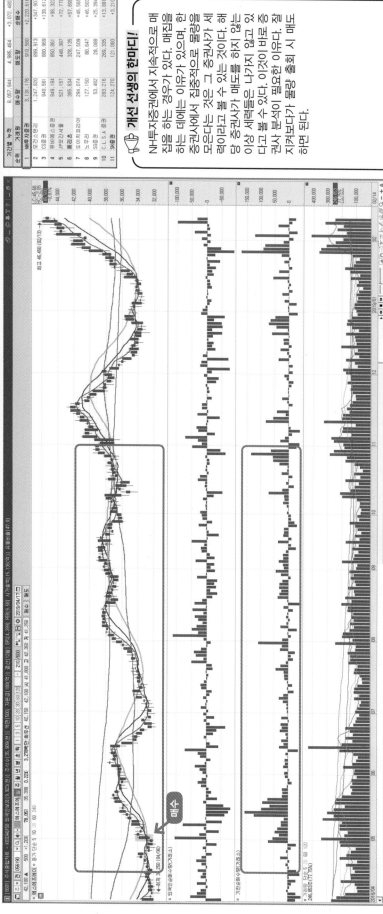

NH투자증권에서 지속적으로 매집을 하는 경우가 있다. 매집을 하는 데에는 이유가 있으며, 한 증권사에서 집중적으로 물량을 모은다는 것은 그 증권사가 세력이라고 볼 수 있는 것이다. 해당 증권사가 매도를 하지 않는 이상 세력들은 나가지 않고 있다고 볼 수 있다. 이것이 바로 증권사 분석이 필요한 이유다. 잘 지켜보다가 물량 출회 시 매도하면 된다.

(NH투자증권) 금융투자 집중매수 구간 (18.04.18. ~ 18.10.30.)			
외국인	+132,298		
기관	+2,182,972	금융투자	+2,783,739
개인	−2,243,164	NH투자증권	+2,220,616

058 | 외국인 수급 | 외국인이 집중 매수하는 종목을 사라 하나금융지주 일봉

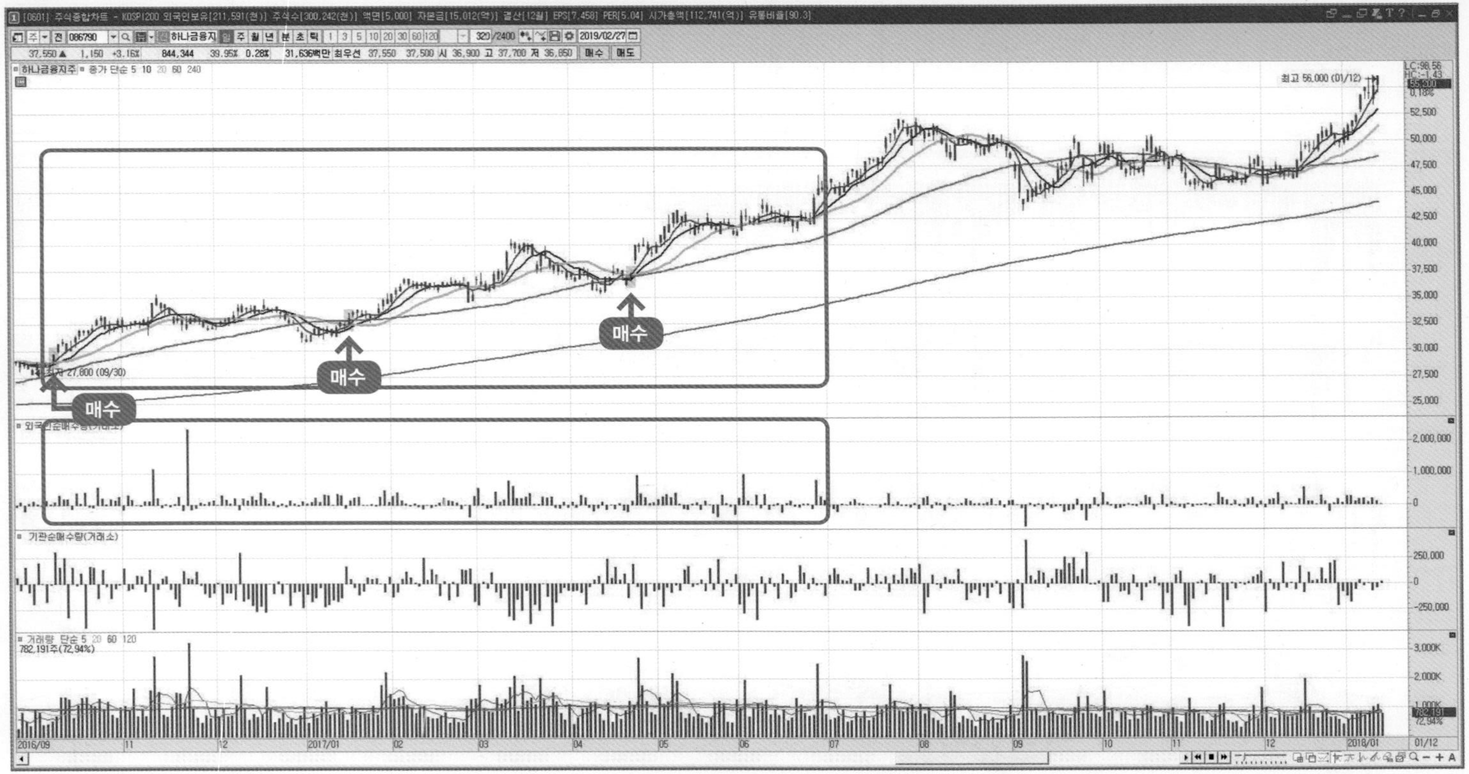

매수

매수

매수

주식 격언 새기기!

"공들여 바닥을 만드는 주식을 사야 한다."

주식투자를 할 때 욕심을 내거나 과격하면 안 된다. 화끈한 것도 위험하다. 주식투자를 하다 보면 손해를 볼 수도 있다. 그렇게 되면 여유자금이 아닌 남의 돈을 빌려 주식에 투자하게 되고 거기서 손해 보면 또다시 빚을 얻게 된다.
여유자금으로 투자를 하고 철저하게 공들여 바닥을 만드는 주식을 사야 한다. 가끔은 공을 들이지 않은 주식의 시세가 더 돋보일지 모르지만 공들인 주식의 성공 확률이 비교할 수 없을 정도로 높아진다. 모든 실패의 원인은 공들여 바닥을 만들고 있는 바닥주식을 사지 않기 때문이다. 눈앞의 시세에 이끌려 욕심을 내거나 과격하게 투자하는 일은 삼가야 한다.

외국인 집중매수 구간 (16.10.06. ~ 17.06.30.)	
외국인	21,782,260
기관	−8,276,893
개인	−10,380,590

개선 선생의 한마디!

보통 외국인투자자들은 주가가 하락하는 종목에서 분할매수해서 정배열 초기 이후 중기부터 기관투자자들의 매수가 들어오면 수익을 실현하고 나가는 모습이 나온다. 그러나 주가가 상승하는 종목에서 지속적으로 외국인투자자가 매수한다면 꾸준한 상승이 나올 수 있다. 외국인투자자가 매도를 하기 전까지 지속적으로 끌고 가는 매매를 하면 된다.

059 | 기관 수급 | 기관들도 매집한다 KB금융 일봉

주식 격언 새기기!

"매입은 처녀같이 하고, 매도는 토끼같이 해야 한다."

주식투자에서 매수 기회는 돈만 있으면 얼마든지 나중에라도 포착할 수 있기 때문에 신중하고 느긋할 필요가 있다. 그러나 매도 기회는 한번 놓치면 치명적인 결과를 초래할 수 있기 때문에 빠르고, 또 과감하게 행해야만 주식투자에 성공할 수 있다.

그리고 팔기로 마음을 정했으면 몇 백 원의 호가 차이에 연연해하는 것은 결코 바람직하지 않다. 단 몇 백 원의 호가 차이에 연연하다가 팔리지 않아 주가가 더 하락하면 그때는 매도가 더 어려워지는 경우가 많기 때문이다. 이 경우 결국 그 이상의 큰 손해를 보고 난 후 어쩔 수 없이 주식을 매도해야 하는 상황에 직면하게 될 가능성도 배제할 수 없다.

기관 집중매수 구간 (2016.10.09 ~ 2016.12.09)	
외국인	−2,758,495
기관	7,493,143
개인	−4,557,060

개선 선생의 한마디!

기관들의 매수세는 보통 외국인투자자가 먼저 매수하고, 그 다음 기관투자자, 마지막으로 개인투자자가 매수하는 형태이다. 그런데 위 차트에서는 기관투자자들이 먼저 매수하고, 외국인투자자들이 뒤쫓아서 계속 매수가 나오는 상태이다. 이런 형태의 움직임은 특이하게 기관투자자들이 매도하는 자리가 저점이 되고, 오히려 외국인투자자들이 더 크게 시세분출을 만드는 경우가 많다. 이는 대형주에서 가끔 나타난다.

060 | 하나금융투자 수급 | 매수와 매도를 증권사 분석으로 한다 아난티 일봉

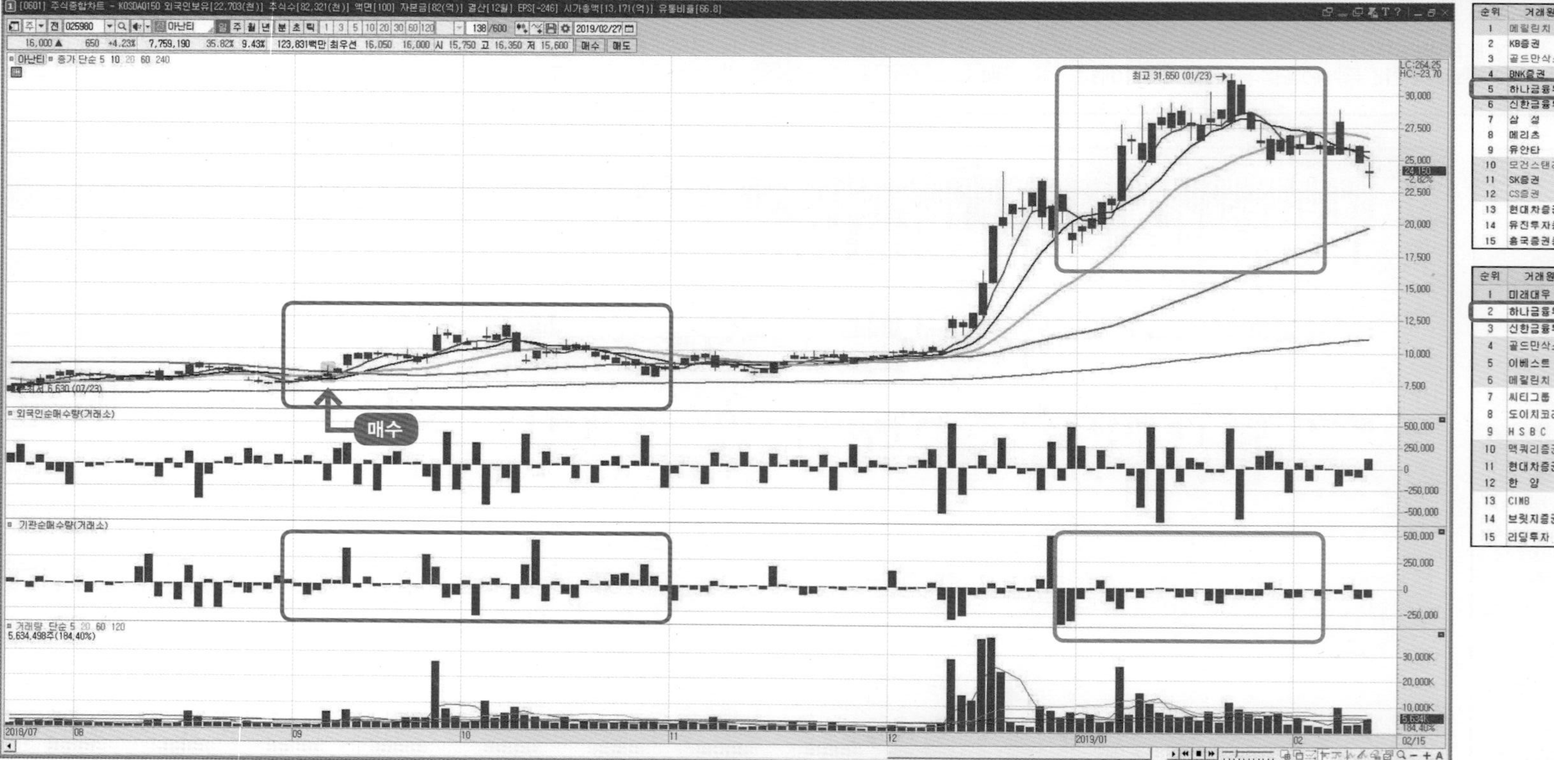

순위	거래원	매수량	매도량	순매수
1	메릴린치	6,392,371	5,945,122	+447,249
2	KB증권	9,250,756	8,817,041	+433,715
3	골드만삭스	382,139	97,879	+284,260
4	BNK증권	390,119	178,424	+211,695
5	하나금융투자	4,587,520	4,383,047	+204,473
6	신한금융투자	5,110,570	4,923,307	+187,263
7	삼 성	9,467,746	9,312,974	+154,772
8	메리츠	906,996	841,682	+65,314
9	유안타	3,328,319	3,264,927	+63,392
10	모건스탠리	1,373,389	1,318,495	+54,894
11	SK증권	1,680,656	1,627,902	+52,754
12	CS증권	2,047,073	1,994,373	+52,700
13	현대차증권	645,376	594,236	+51,140
14	유진투자증권	3,148,068	3,112,358	+35,710
15	흥국증권중개	34,375	500	+33,875

순위	거래원	매수량	매도량	순매수
1	미래대우	23,865,462	25,385,024	-1,519,562
2	하나금융투자	4,887,403	5,238,620	-351,217
3	신한금융투자	10,224,732	10,563,701	-338,969
4	골드만삭스	76,077	265,313	-189,236
5	이베스트	3,051,840	3,204,231	-152,391
6	메릴린치	218,524	354,966	-136,442
7	씨티그룹	32,565	101,459	-68,894
8	도이치코리아	462,893	500,826	-37,933
9	H S B C	0	33,030	-33,030
10	맥쿼리증권	0	30,000	-30,000
11	현대차증권	724,966	753,377	-28,411
12	한 양	56,123	66,531	-10,408
13	CIMB	0	7,947	-7,947
14	브릿지증권	150,301	155,696	-5,395
15	리딩투자	851	4,351	-3,500

(하나금융투자) 금융투자 집중매수 구간 (18.08.30 ~ 18.10.30)			
외국인	+13,814		
기관	+1,083,699	금융투자	+1,136,476
개인	-1,070,804	하나금융투자	+204,473

(하나금융투자) 금융투자 집중매도 구간 (18.12.27 ~ 19.02.08)			
외국인	+510,164		
기관	-1,857,358	금융투자	-428,064
개인	+2,448,817	하나금융투자	-351,217

061 | 삼성증권 수급 | 주 수급 증권사가 매도하면 함께 매도해라 대아티아이 일봉

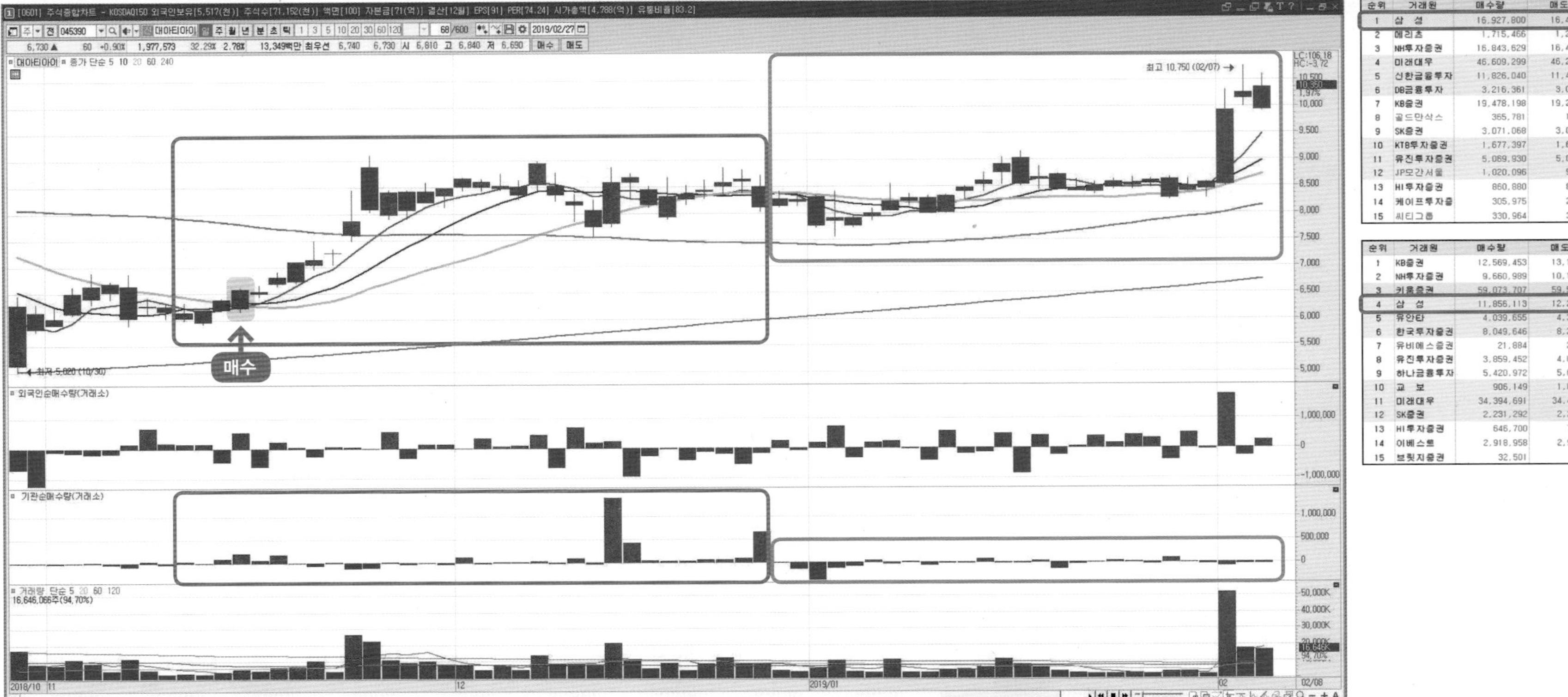

순위	거래원	매수량	매도량	순매수
1	삼 성	16,927,800	16,402,689	+525,111
2	메리츠	1,715,466	1,295,097	+420,369
3	NH투자증권	16,843,629	16,454,695	+388,934
4	미래대우	46,609,299	46,245,961	+363,338
5	신한금융투자	11,826,040	11,477,738	+348,302
6	DB금융투자	3,216,361	3,015,602	+200,759
7	KB증권	19,478,198	19,296,723	+181,475
8	골드만삭스	365,781	197,499	+168,282
9	SK증권	3,071,068	3,006,075	+64,993
10	KTB투자증권	1,677,397	1,633,714	+43,683
11	유진투자증권	5,069,930	5,029,263	+40,667
12	JP모간서울	1,020,096	984,699	+35,397
13	HI투자증권	860,880	832,375	+28,505
14	케이프투자증	305,975	289,069	+16,906
15	씨티그룹	330,964	315,585	+15,379

순위	거래원	매수량	매도량	순매수
1	KB증권	12,569,453	13,128,500	-559,047
2	NH투자증권	9,660,989	10,138,177	-477,188
3	키움증권	59,073,707	59,516,133	-442,426
4	삼 성	11,856,113	12,214,047	-357,934
5	유안타	4,039,655	4,349,856	-310,201
6	한국투자증권	8,049,646	8,281,372	-231,726
7	유비에스증권	21,884	239,447	-217,563
8	유진투자증권	3,859,452	4,069,635	-210,183
9	하나금융투자	5,420,972	5,604,314	-183,342
10	교 보	906,149	1,002,547	-96,398
11	미래대우	34,394,691	34,470,473	-75,782
12	SK증권	2,231,292	2,298,396	-67,104
13	HI투자증권	646,700	706,512	-59,812
14	이베스트	2,918,958	2,973,729	-54,771
15	브릿지증권	32,501	76,930	-44,429

(삼성증권) 금융투자 집중매수 구간 (18.11.12 ~ 18.12.26)			
외국인	−952,521		
기관	+3,425,152	금융투자	+371,364
개인	−2,574,030	하나금융투자	+525,111

(삼성증권) 금융투자 집중매도 구간 (18.12.27 ~ 19.02.08)			
외국인	+3,645,167		
기관	−709,447	금융투자	−343,406
개인	−2,702,684	하나금융투자	−357,934

062 | 한국투자증권 수급 | 증권사 매수 들어올 땐 매수, 매도할 땐 매도 파트론 일봉

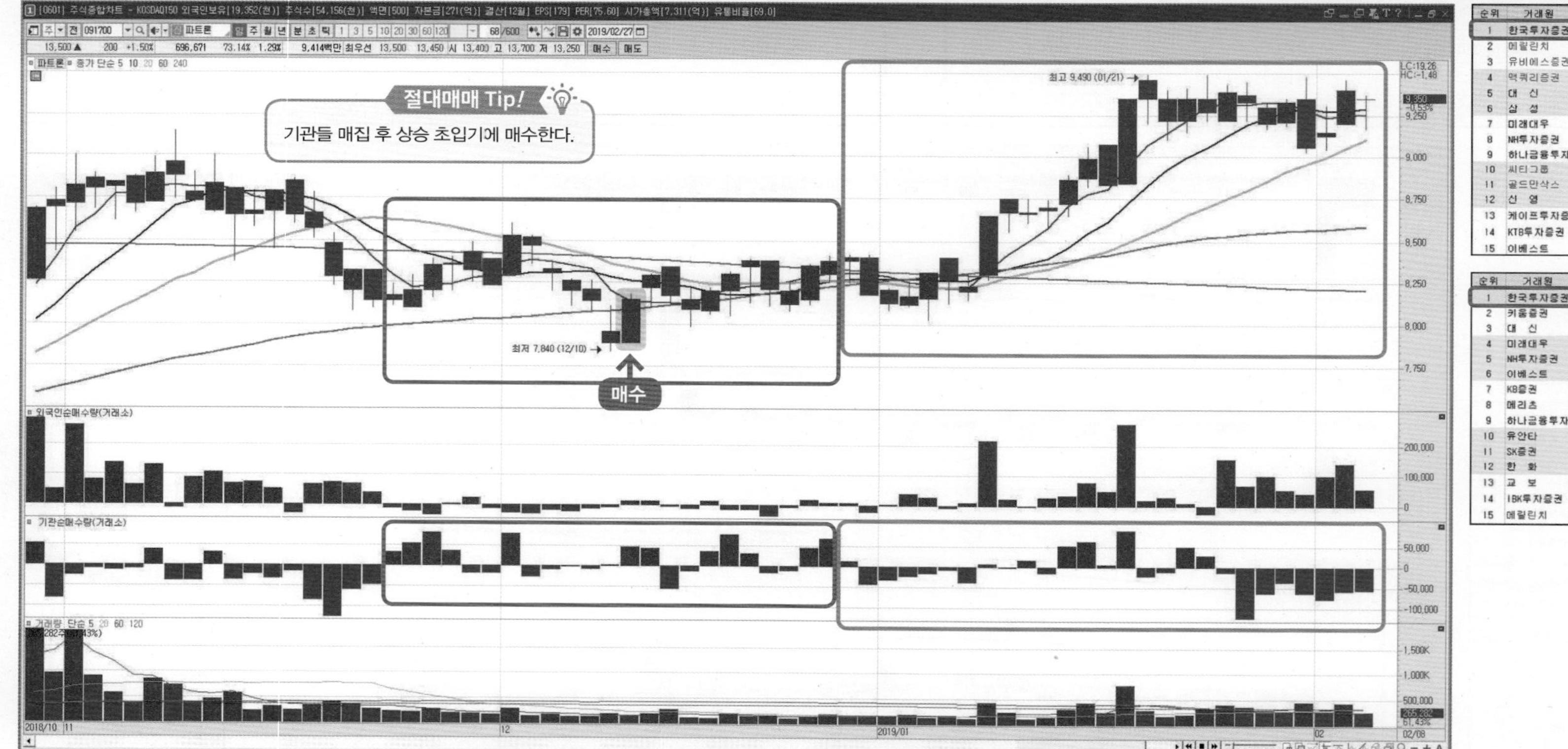

순위	거래원	매수량	매도량	순매수
1	한국투자증권	501,518	231,450	+270,068
2	메릴린치	290,015	216,552	+73,463
3	유비에스증권	77,137	14,363	+62,774
4	맥쿼리증권	61,654	0	+61,654
5	대 신	204,830	164,173	+40,657
6	삼 성	245,835	209,356	+36,479
7	미래대우	426,838	390,420	+36,418
8	NH투자증권	287,143	267,157	+19,986
9	하나금융투자	171,214	153,055	+18,159
10	씨티그룹	33,593	16,946	+16,647
11	골드만삭스	32,700	23,758	+8,942
12	신 영	12,953	4,790	+8,163
13	케이프투자증	7,490	3,175	+4,315
14	KTB투자증권	13,858	10,201	+3,657
15	이베스트	78,950	76,077	+2,873

순위	거래원	매수량	매도량	순매수
1	한국투자증권	340,121	649,815	-309,694
2	키움증권	1,087,205	1,221,482	-134,277
3	대 신	160,044	294,070	-134,026
4	미래대우	514,881	637,526	-122,645
5	NH투자증권	535,536	648,590	-113,054
6	이베스트	76,777	167,516	-90,739
7	KB증권	359,891	435,679	-75,788
8	메리츠	58,225	123,039	-64,814
9	하나금융투자	276,672	336,731	-60,059
10	유안타	162,672	218,866	-56,194
11	SK증권	123,289	173,110	-49,821
12	한 화	67,412	110,608	-43,196
13	교 보	16,301	40,997	-24,696
14	IBK투자증권	22,720	40,094	-17,374
15	메릴린치	461,256	476,944	-15,688

(한국투자증권) 금융투자 집중매수 구간 (18.11.23 ~ 18.12.26)			
외국인	−220,337		
기관	+451,567	금융투자	+457,403
개인	−221,028	한국투자증권	+270,068

(한국투자증권) 금융투자 집중매도 구간 (18.12.27 ~ 19.02.08)			
외국인	+1,443,834		
기관	−338,213	금융투자	−472,509
개인	−1,131,929	한국투자증권	−309,694

PART

- 이평선 매매
- 돌파 매매
- 추세선과 추세 매매

063 | 20일선 매매 | 20일선 옷걸이 기법 이화공영 일봉

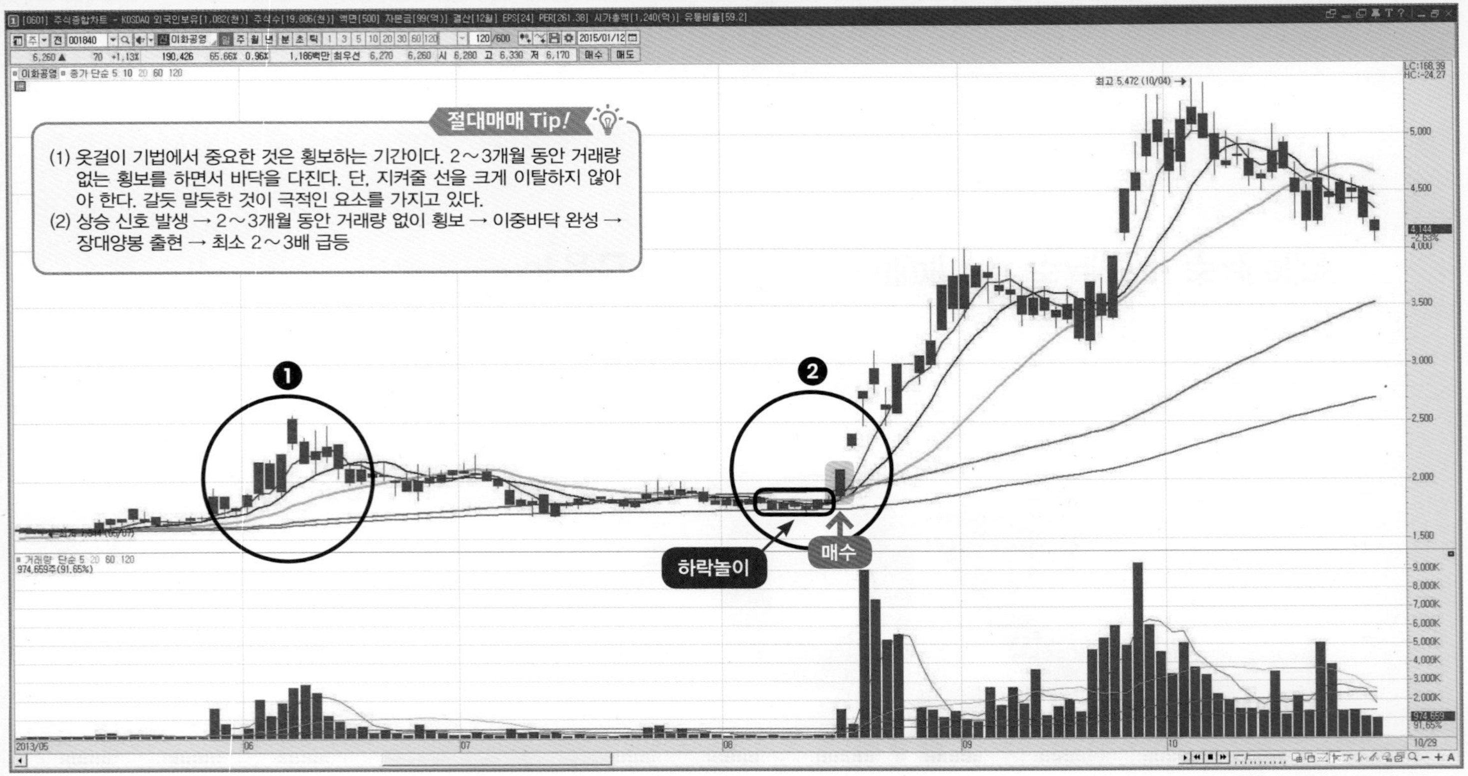

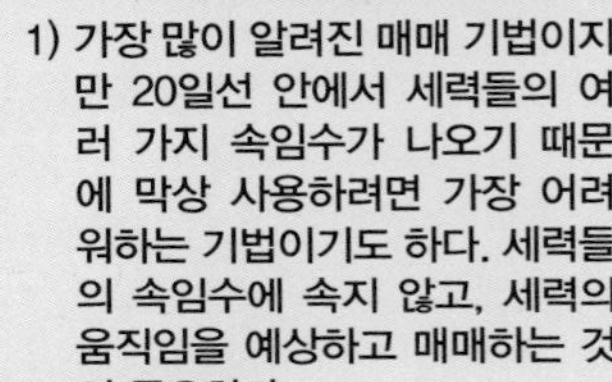

절대매매 Tip!

(1) 옷걸이 기법에서 중요한 것은 횡보하는 기간이다. 2～3개월 동안 거래량 없는 횡보를 하면서 바닥을 다진다. 단, 지켜줄 선을 크게 이탈하지 않아야 한다. 갈듯 말듯한 것이 극적인 요소를 가지고 있다.
(2) 상승 신호 발생 → 2～3개월 동안 거래량 없이 횡보 → 이중바닥 완성 → 장대양봉 출현 → 최소 2～3배 급등

개선 선생의 절대비기!

1) 가장 많이 알려진 매매 기법이지만 20일선 안에서 세력들의 여러 가지 속임수가 나오기 때문에 막상 사용하려면 가장 어려워하는 기법이기도 하다. 세력들의 속임수에 속지 않고, 세력의 움직임을 예상하고 매매하는 것이 중요하다.
2) 옷걸이 기법은 20일선 아래에서 움직이는데, 캔들의 상단이 옷걸이에 걸린 것처럼 20일선에 딱 붙어 움직인다. 이는 상승할 듯 말 듯한 상황을 연출하는 것이다. 본 차트는 상한가 이후 고가놀이가 나오듯이 하락 후 바닥에서 하락놀이를 시작했다. 보통 이런 차트에서 신호가 가장 중요하다. 신호가 나온 후 2～3개월 안에 반응이 나와야 하는 것이 원칙이다.

개선 선생의 한마디!

①번은 거래량이 터지는 자리이자 상승 신호가 발생하는 자리이다. 세력도 매집을 해야 하기 때문에 절대로 주식은 한 번에 급등할 수 없다. 거래량을 증폭시켰다가 하락시키면 개인투자자들이 물량을 매도하고, 이를 모두 확보함으로써 이후에 나올 대세 급등 시에 더 많은 수익금을 가져갈 수 있다. ②번은 매수 구간이다. 옷걸이 기법에서는 20일선 아래 있던 캔들이 20일선 위로 올라오면서 지지가 나오면 바로 매수해야 한다는 것이 가장 중요하다. 이때 세부적으로 양음양 법칙을 활용하면, 더욱 강력한 매수 구간이 된다. 양봉 자리보다는 음봉 자리에서 일단 매수하는 것이 좋으며, 이를 놓쳤다면 장대양봉이 나온 자리에서 20일선을 올라타면 바로 매수해야 한다. 이전에 차트가 2～3배 상승할 것을 표방했기에 이런 종목은 상한가 매매도 가능하므로 두려워 하지 말고 매수에 동참해야 한다.

064 | 20일선 매매 | 20일선 돌파 전에 나타난 긴 아래꼬리 망치형 캔들 원익큐브 일봉

절대매매 Tip!
바닥에서 가장 많은 거래량(②)이 터졌다. 거래량이 터지면 주시해야 하는 것이 맞으나, 지지할 선을 지지하지 못하는 모습이 좋아 보이지 않는다. 고가에서 쌍봉을 찍은 후 빠지는 모습이 나타난다면 무조건 매도해야 한다.
매도
매도
매수
오답노트!
매도할 자리에서 매수하면 안 된다.

개선 선생의 절대비기!

20일선 매매 기법은 급등주 매매 기법이다. 좋은 자리에서 매수하면 2~3배 수익을 낼 수 있으나 그렇다고 방관해서는 안 된다. 이평선이 있는 자리(①)나 전고점 자리에서 거래량이 터진다면 세력들이 어떠한 이유로라도 급등을 지연시킬 수 있다. 이런 경우, 다시 몇 개월의 눌림 구간이 나올 수 있기에 매도해야 한다. 20일선을 돌파한 후, 거래량이 순증하는 것이 좋다는 게 중요하다. 본 차트는 거래량 순증도 부족하고, 세력이 개미털기를 하기 위해 일부러 거래량을 증폭(②)시킨 사례이다. 매도하기 위해서 올린 종목이 하락할 경우, 더 큰 하락이 나올 수 있다는 사실을 명심해야 한다.

개선 선생의 한마디!

7개월 동안 20일선을 뚫지 못하고 하락하는 추세에서, 20일선의 횡보를 멈추기 전에 나오는 강력한 신호가 있다. 바로 아래꼬리가 긴 망치형 캔들(A)이다. 이때 공포가 찾아오고 이 종목을 컨트롤하는 세력이 입성했다는 신호이기 때문에 중요하다. 몸통보다 3배 이상 긴 아래꼬리 망치형 캔들이 나오면 20일선을 돌파하는지 지켜보다가 돌파가 인접하거나 돌파 수급이 들어오면 매수해야 한다.

065 | 20일선 매매 | 20일선 돌파 후, 20일선 접점 3원칙 한국화장품 일봉

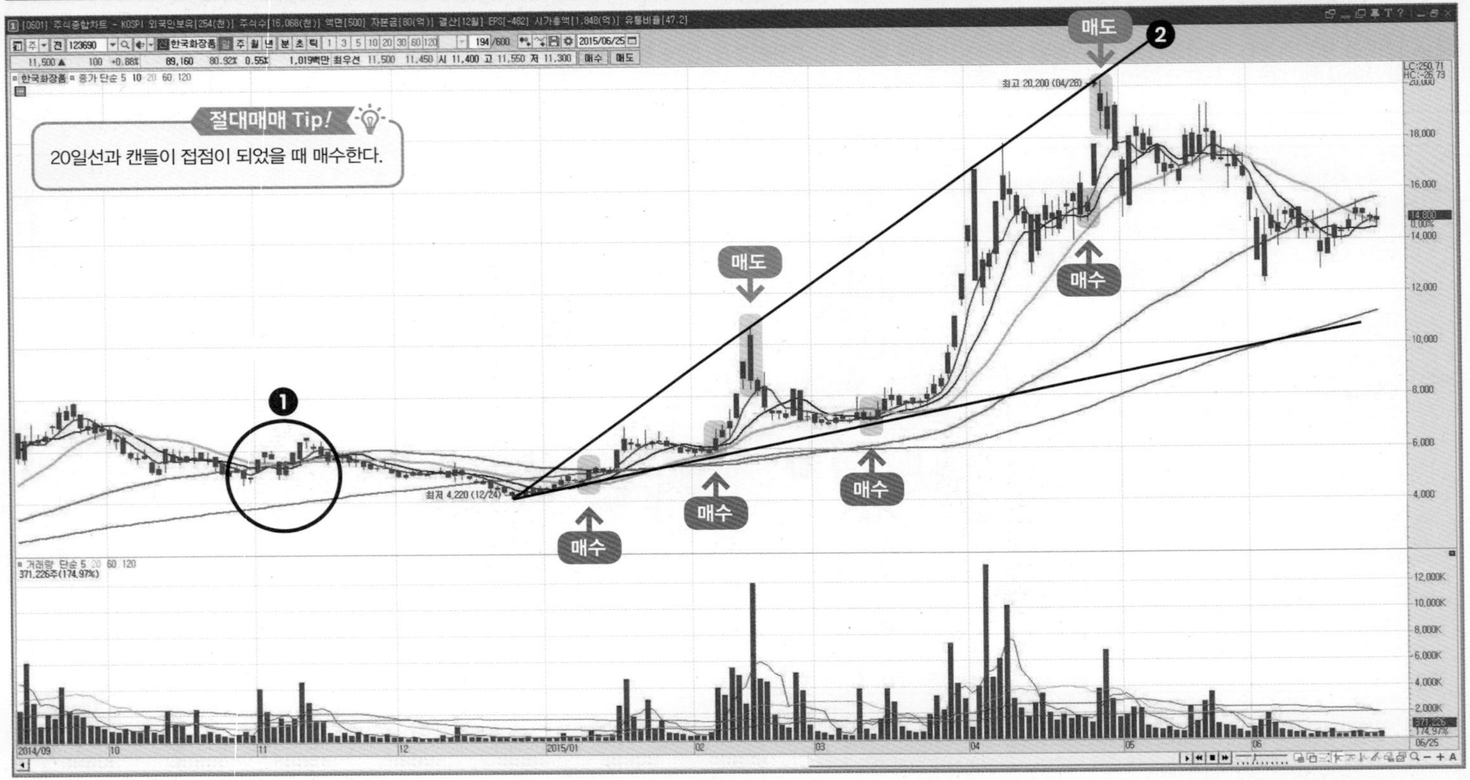

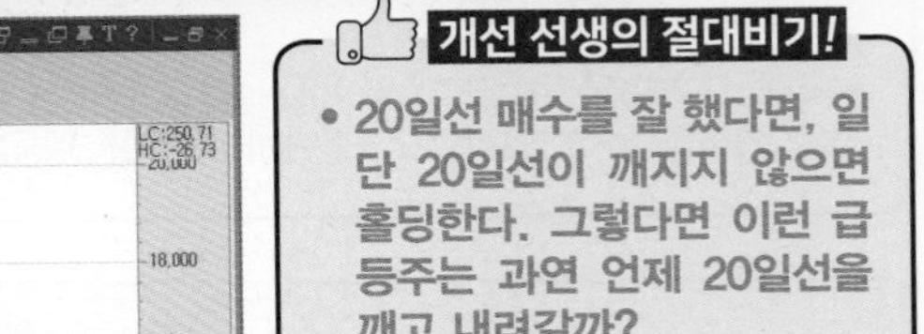

절대매매 Tip!

20일선과 캔들이 접점이 되었을 때 매수한다.

개선 선생의 절대비기!

- 20일선 매수를 잘 했다면, 일단 20일선이 깨지지 않으면 홀딩한다. 그렇다면 이런 급등주는 과연 언제 20일선을 깨고 내려갈까?

1) 급등이 시작되는 지점을 기준으로 45°의 추세선(②)을 긋는다. 이 추세선이 매도의 기준으로 보고, 이 선에 주가가 세 번째 닿는 곳이 마지막 추세 하락 지점이다. 물론 그대로 홀딩해서 가져가는 방식보다는, 구간별로 매수와 매도를 반복하는 것이 더 큰 수익을 낼 수 있다.
2) 주가가 20일선에 3번째 지지가 되는 접점이 마지막일 가능성이 크다. 이때는 20일선을 뚫고 내려갈 때까지 기다리지 말고, 거래량이 터질 때 매도하는 것이 답이다.

개선 선생의 한마디!

종목이 계속해서 횡보하거나 눌림을 받은 후, 20일선을 돌파하는 시점이 온다. 그러나 이 차트의 핵심은 ①번도 20일선을 돌파를 했었다는 것이다. 우리는 결과를 알고 있기에 ①번에서 매수하면 안 된다는 것을 알지만, 많은 분들은 ①번에서 20일선 돌파를 하니 매수를 했을 것이다. 만약 이때 매수했다면, 다시 20일선으로 내려왔을 때 지지가 안 되면 매도해야 한다. 즉, 20일선을 돌파했을 때 무조건 사는 것이 아니라 20일선을 돌파한 후에 재눌림이 나타났을 때, 20일선을 지지하면 매수하는 것이다. 만약 20일선 눌림 자리에서 고민된다면, 다음 날 강한 양봉이 나오는 자리에서 매수하는 것이 정답이다.

066 | 20일선 매매 | 20일선이 캔들 하단 지지/20일선이 캔들 상단 관통 오픈베이스 일봉

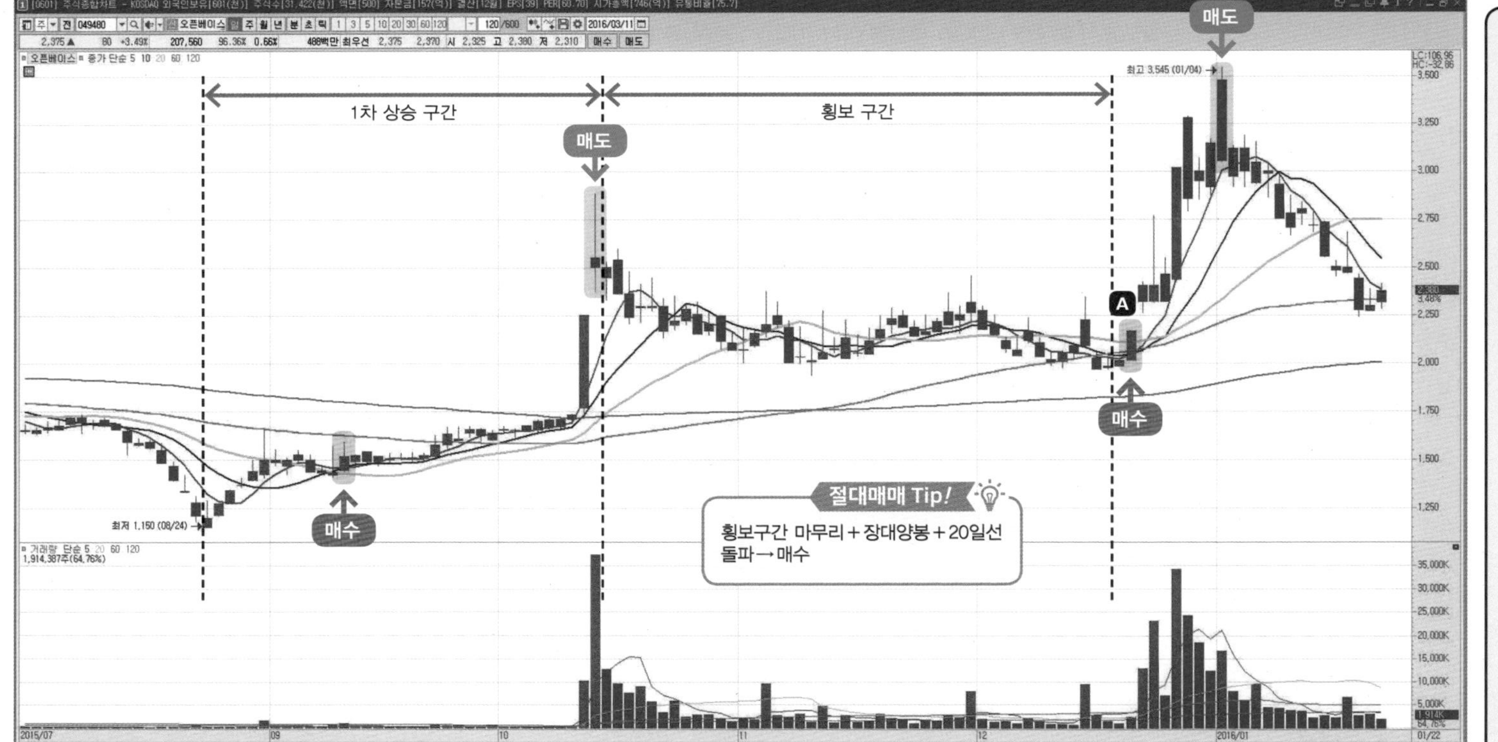

개선 선생의 절대비기!

- **20일선 매매 응용편 – 20일선 매매의 매수 타이밍!**

1) 많은 캔들이 20일선 주위에서 움직이는 상태에서, 횡보하던 주가가 상승으로 추세 전환을 할 수 있다는 확신은 역망치형 캔들이 20일선을 올라탔을 때가 가장 신뢰도가 높다.(바닥 매매)
2) 1차 상승이 일어난 다음, 1차 상승의 기간만큼 횡보한다. 주가가 20일선을 깨고 내려온 후, 20일선이 장대양봉(A)의 상단을 뚫고 우상향하면 적극적으로 매수에 동참한다.

개선 선생의 한마디!

주식투자에서는 매도가 매수보다 어려운 법이다. 일단 매도할 때는 두 가지만 생각하면 된다. 20일선과 캔들의 이격이 갑자기 벌어졌을 때는 단기 수익실현을 준비하고, 캔들이 상당히 길어지는 모습이 나타난다면 신뢰도가 더 높으니 적극적으로 매도에 동참한다.

067 | 20일선 매매 + 고가놀이 | 20일선에서 꼬리가 없는 캔들 발생! 엘비세미콘 일봉

개선 선생의 절대비기!

- **고가놀이란?**

고가놀이는 고속도로의 휴게소처럼 잠시 쉬어가는 구간이라고 생각하면 된다. 고가놀이에서 가장 중요한 것은 고가놀이의 기간과 고가놀이가 끝난 후의 추세가 상방으로 전환할 것인지, 하방으로 전환할 것인지이다.

1) 고가놀이 기간은 상승 구간의 캔들 숫자와 비슷하다. 추세전환이 일어난 순간부터 10개의 캔들(①), 그리고 옆으로 고가놀이가 진행되는 캔들 10개(②)가 나타난 후에 강한 상승이 나온다.
2) 고가놀이가 끝나는 시점에 돌파가 나올 때에는 거래량이 순증해야 순조로운 돌파가 가능하다.

개선 선생의 한마디!

보통 고가놀이가 일어나는 이유는 주가가 순식간에 상승하면서 이격이 발생하고, 가격조정인 아닌 기간조정으로 매물 소화를 함으로써 이격을 줄이기 때문이다. 기간조정이 나올 때는 최소한 저점을 지켜주는 지지가 나와야 하고, 20일선이 우상향하면서 이격이 줄어드는 지점이 재차 돌파할 수 있는 2차 매수 포인트가 된다.

068 | 20일선 돌파+옷걸이 기법 | 20일선을 옷걸이 걸듯이 깬 이후 랠리 국순당 일봉

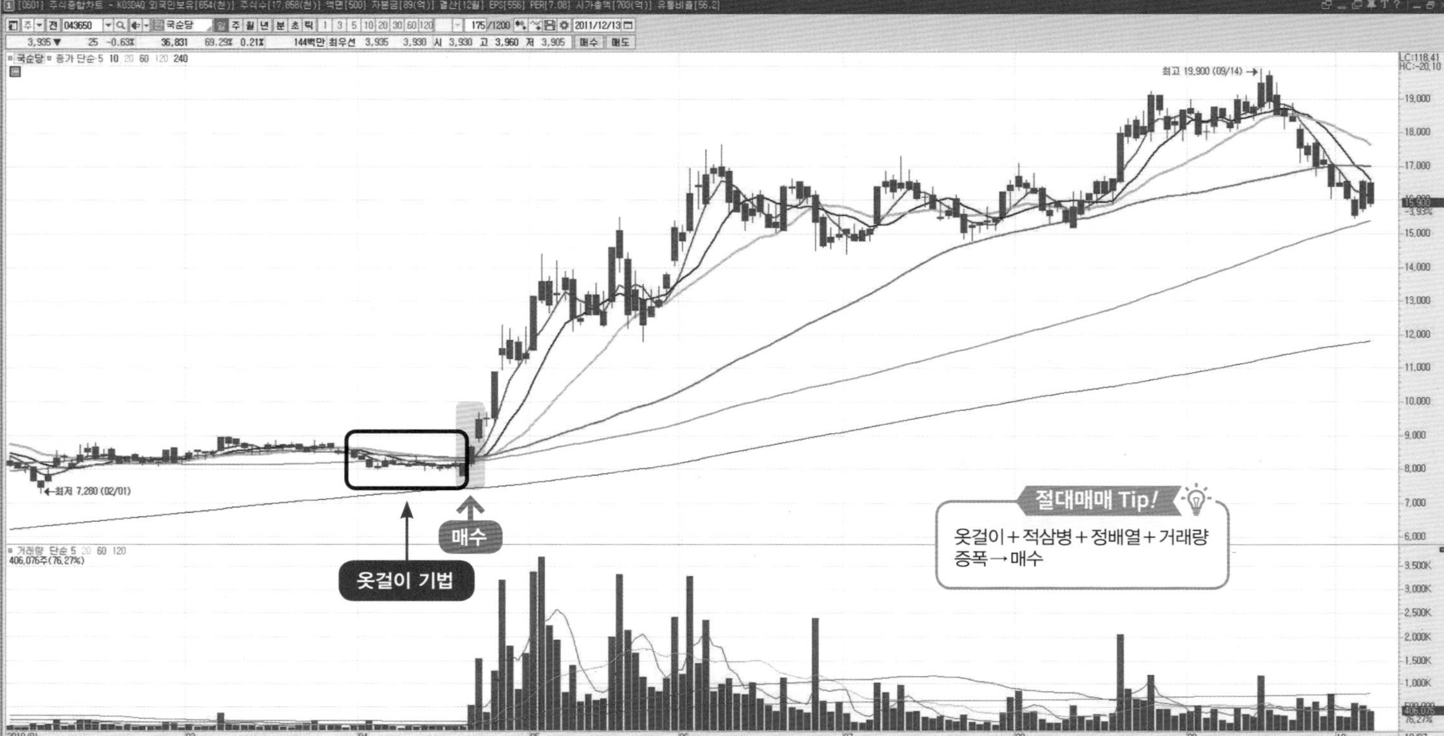

개선 선생의 절대비기!

• 옷걸이 기법이란?

1) 20일선 아래에 옷걸이가 걸려 있는 모습처럼 캔들이 20일 아랫부분을 타고 내려가는 형태를 말한다.
2) 거래량이 터지면서 장대봉이 형성되고, 20일선을 돌파하는 자리가 매수 포인트가 된다.

주식 격언 새기기!

"거래에는 내일도 있다."

주가는 경기변동에 따라 장기적으로 움직이지만 여러 가지 요인에 의해 쉴 새 없이 움직인다. 주식을 매매하려고 증권회사에 나가면 부단히 변화하는 단기 시세 변동에 현혹되어 당장 의사결정을 하지 않으면 큰 손해를 볼 것 같은 착각에 빠지게 된다.
하지만 돈벌이 할 기회나 손해를 만회할 기회는 얼마든지 있다. 눈앞의 이익에 집착하지 말고 긴 안목에서 여유 있게 생각하라. 과열되었을 때 냉정을 되찾고 내일을 바라보라. 주식거래에는 내일도 있다.

개선 선생의 한마디!

장대 캔들 3개가 연속으로 나오는 것을 적삼병(①)이라고 한다. 고점에서 나오는 적삼병은 좋지 못하나, 저점에서 20일선을 돌파하는 모습으로 나온 적삼병은 시세분출을 알리는 신호탄이 될 수 있다. 적삼병 중에서도 신뢰도가 가장 높은 캔들은 위꼬리, 아래꼬리가 없거나 최대한 짧게 달린 형태이다.

069 | 20일선＋역망치 | 20일선을 올라탄 역망치는 시세분출 가능 메디파트너생명공학 일봉

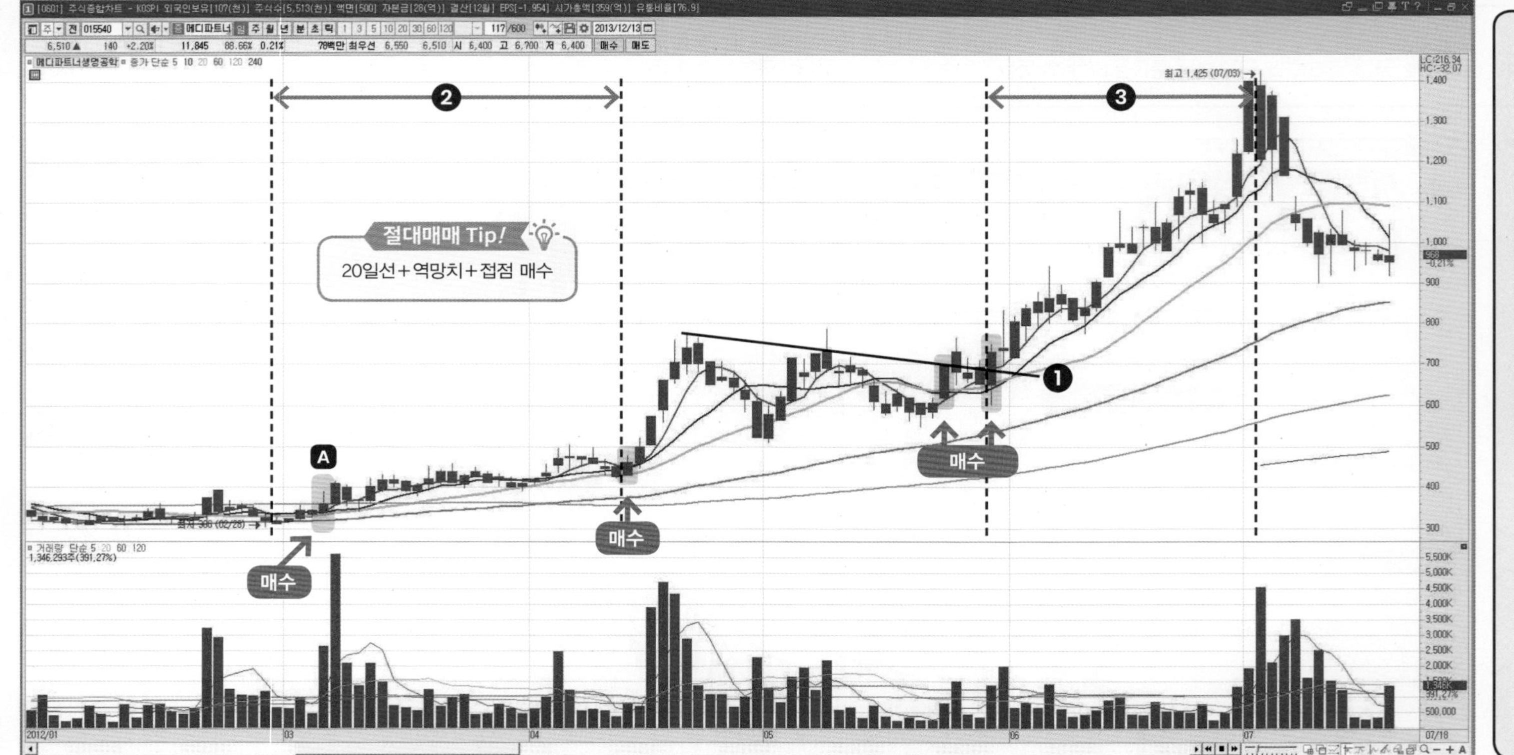

개선 선생의 절대비기!

주식에서 가장 중요한 선은 20일선이다. 20일선은 기준선이 되고 중심선이 된다. 캔들 중에 가장 핵심이 되는 캔들은 역망치형 캔들(A)이다. 왜냐하면 역망치형 캔들은 '장대봉＋음봉'을 하나로 완성시킨 것이기 때문이다. 역망치형 캔들은 위꼬리가 짧을수록 신뢰도가 높고, 20일선에 캔들의 하단이 붙어 있어야 좋다. 역망치형 음봉은 가장 신뢰도가 낮은 캔들이다.

역망치형 캔들도 나오는 위치가 중요하다. 고점에서 나오면 오히려 매도 신호가 되고, 20일선이 우상향하면서 바닥 탈피 상황에서 나타나면 신뢰도가 가장 높다.

개선 선생의 한마디!

①번은 대칭삼각형 채널 매매로서, 점점 힘이 응축되는 모습을 보이고 있다. 이때는 저점이 우상향하는 형태가 가장 좋다. 〈시세 상승 초입부터 중반기에 고가놀이를 하는 매물 소화를 하는 구간〉으로, 최대한 상승할 것이냐 하락할 것이냐를 가늠할 수 있는 매매 방법이다. 또한, 중간에 대칭삼각형 같은 추세 패턴이 나올 경우, ②번 구간의 기간과 ③번 구간의 기간이 비슷하게 나타날 수 있다. 이럴 경우, ③번 구간에서의 고점 매도는 더욱 쉽게 판단할 수 있다.

070 | 20일선 매도 | 상승하면서 쌍고점을 찍은 후 20일선 매도 덕성 일봉

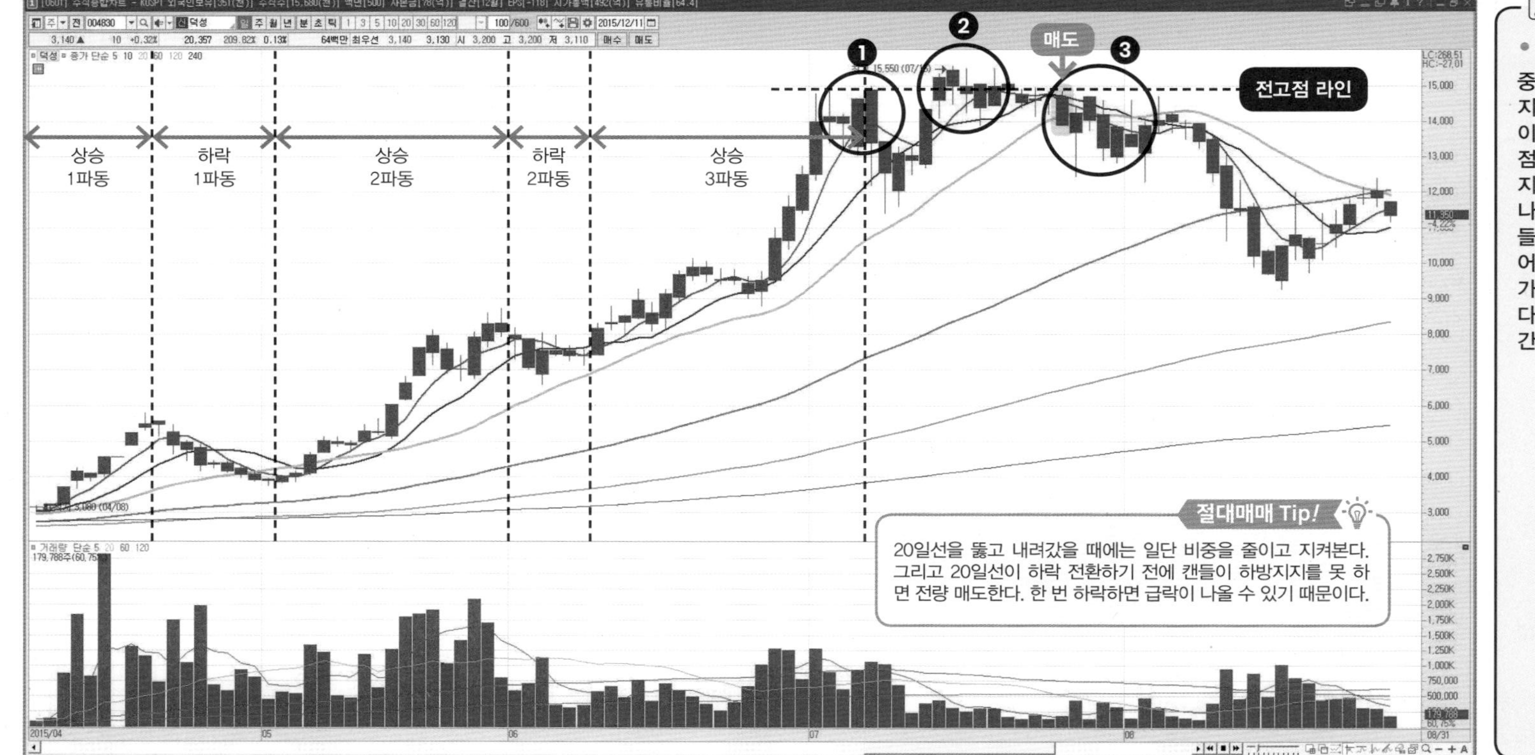

상승 1파동
하락 1파동
상승 2파동
하락 2파동
상승 3파동
전고점 라인
매도
절대매매 Tip!
20일선을 뚫고 내려갔을 때에는 일단 비중을 줄이고 지켜본다. 그리고 20일선이 하락 전환하기 전에 캔들이 하방지지를 못 하면 전량 매도한다. 한 번 하락하면 급락이 나올 수 있기 때문이다.

개선 선생의 절대비기!

• **고점을 찾는 방법은?**

중장기 상승 3파동이 나온다. → 마지막 상승 3파동의 기울기 각도가 이전보다 가파르게 나타난다. → 고점 형성 후, 전고점 돌파를 바로 하지 못한다(②). → 쌍고점(①, ②)이 나온다. → 거래량이 터진다. → 캔들 길이가 상승 초입보다 훨씬 길어진다. → 20일선의 상승 기울기가 완만해지면서 하락으로 전환한다. → 주가가 20일선을 뚫고 내려간다(③).

개선 선생의 한마디!

②번에서 돌파를 기대하고 매수를 하면 절대 안 된다. 이미 상승 초입부터 상승 3파동이 다 나온 상태에서 고점 돌파를 못 하면, 주가가 보통 횡보하다가 하락 전환할 가능성이 크기 때문이다. 고점에서 매도 신호가 계속 나오고 있을 때에는 일단 기대감을 갖지 말고 비중을 축소하면서 수익을 실현하는 것이 가장 좋다.

071 | 20일선 매매 + 역망치 매매 | 최고의 조합이다! 무조건 매수 동양철관 일봉

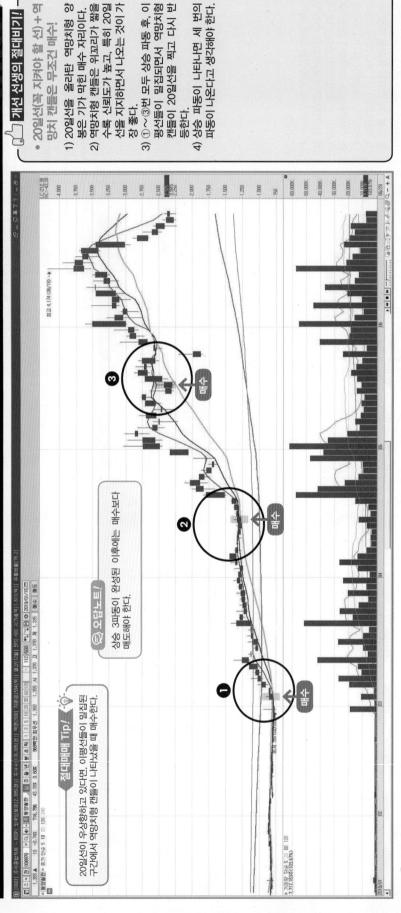

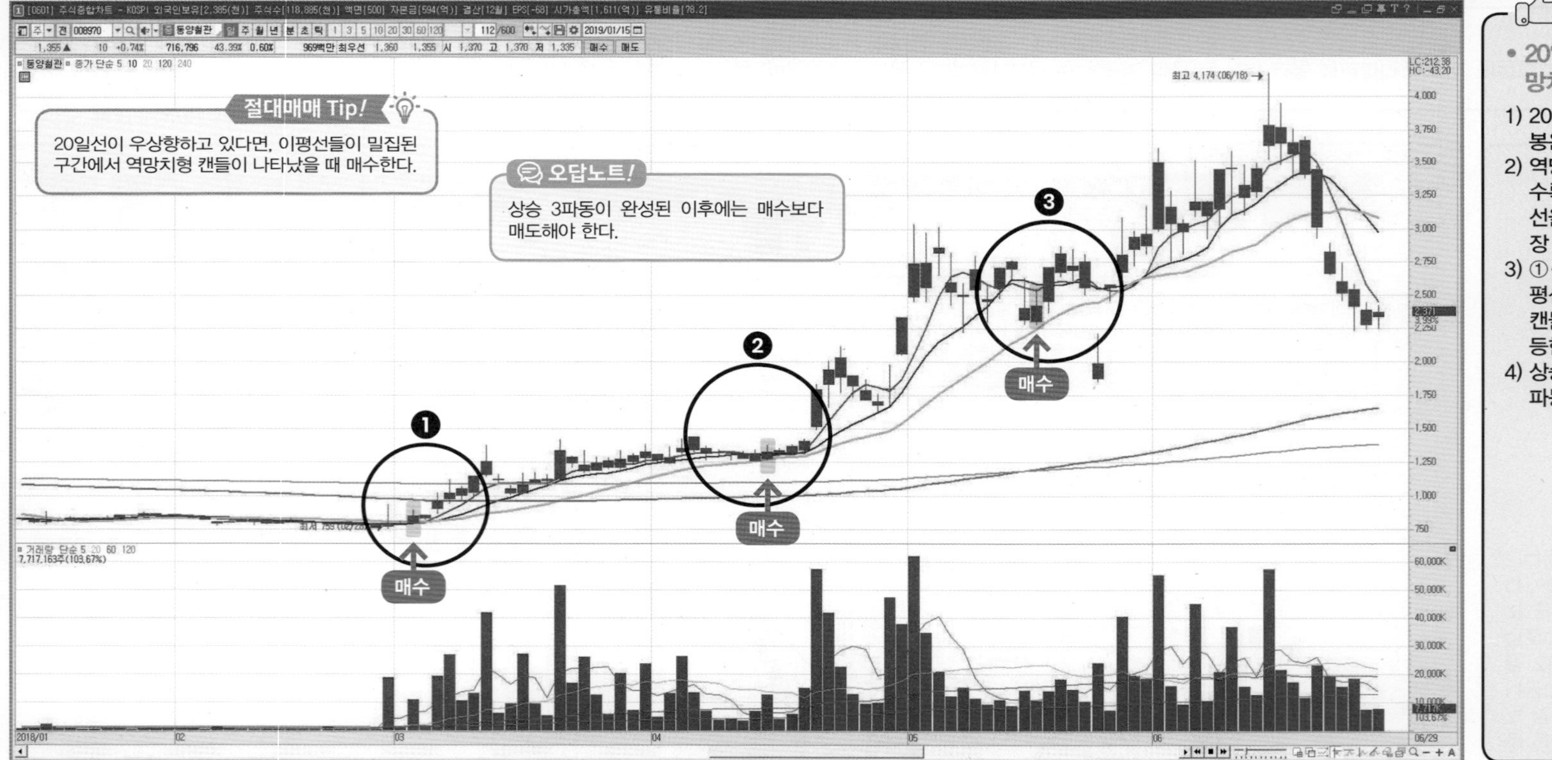

절대매매 Tip!
20일선이 우상향하고 있다면, 이평선들이 밀집된 구간에서 역망치형 캔들이 나타났을 때 매수한다.
오답노트!
상승 3파동이 완성된 이후에는 매수보다 매도해야 한다.
최고 4,174 (06/18)
매수
매수
매수

개선 선생의 절대비기!

- 20일선(꼭 지켜야 할 선) + 역망치 캔들은 무조건 매수!

1) 20일선을 올라탄 역망치형 양봉은 기가 막힌 매수 자리이다.
2) 역망치형 캔들은 위꼬리가 짧을수록 신뢰도가 높고, 특히 20일선을 지지하면서 나오는 것이 가장 좋다.
3) ①~③번 모두 상승 파동 후, 이평선들이 밀집되면서 역망치형 캔들이 20일선을 찍고 다시 반등한다.
4) 상승 파동이 나타나면 세 번의 파동이 나온다고 생각해야 한다.

개선 선생의 한마디!

역망치형 캔들은 양음양의 축소판이기 때문에 캔들 중 가장 중요하다. 역망치형 캔들은 위꼬리가 있어서, 다음 날 주가가 올라가기 시작하더라도 의구심을 가지는 투자자들이 있기 때문에 주 세력이 더욱 활용하기 좋은 캔들이다.

072 | 20일선 지지 매매 | 꼭 기억해야 한다! 20일선을 올라탔을 때만 매수 녹십자랩셀 일봉

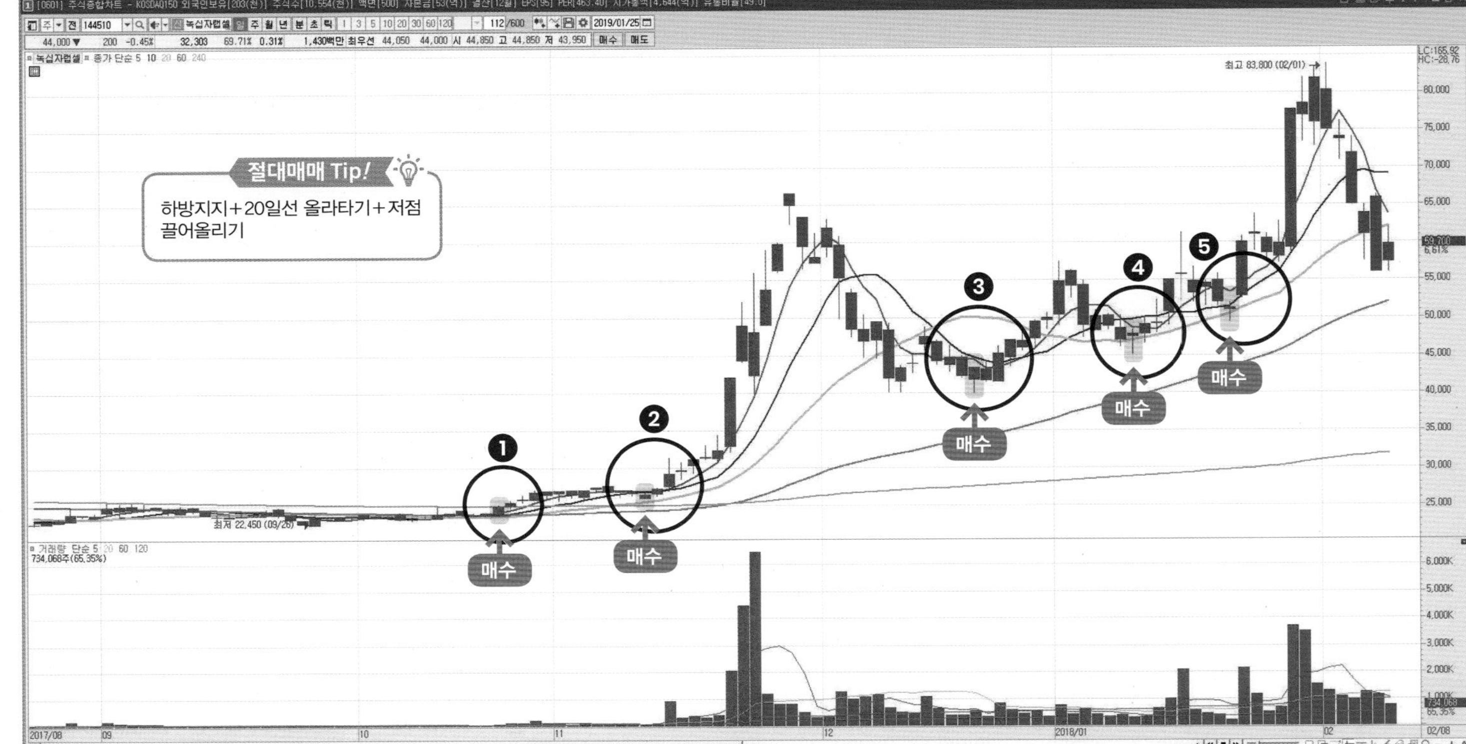

개선 선생의 절대비기!

①번은 20일선을 최초로 올라탄 자리이고, ②번은 두 번째로 올라탄 자리이다. ③번에서는 20일선을 깨고 내려갔지만 이전 저점에 지지하고 있다. 하지만 ③번은 20일선 아래에 있기 때문에 단기적 대응을 하는 것이 맞다. ④~⑤번은 20일선이 우상향하면서 다시 올라타고 있다.

주식 격언 새기기!

"고독이 성공을 불러온다."

각광받는 인기주를 외면하고 홀로 고독하게 거꾸로 행동하기는 참으로 힘들다. 인기주를 팔고 모두가 거들떠보지 않는 소외주를 사는 일은 대단한 용기를 필요로 한다. 많은 사람들이 주가가 떨어질 때 따라서 팔고, 주가가 상승할 때 매수하는 것은 고독을 두려워하기 때문이다. 남들이 두려워할 때 과감히 매수하고 남들이 매수할 때 매도할 수 있는 용기와 신념이 필요하다. 목표치를 기다리는 것도 고독한 일! 고독한 투자자에게 승리가 온다.

개선 선생의 한마디!

주식시장에 참여하는 모든 투자자는 20일선을 중요하게 생각해야 한다. 20일선은 지지하고 우상향해야 하며, 정배열을 만들고 캔들과 이격이 벌어지면 다시 캔들과 20일선이 만나게 된다. 기간 조정 후에 다시 상승이 나오더라도 이런 반복된 과정 속에서 20일선을 올라타는 자리에서만 매수를 해야 한다는 것을 꼭 기억하자.

073 | 장대양봉 매매 | 절대 놓치지 말아야 할 상승 초입 관통 매매 로체시스템즈 일봉

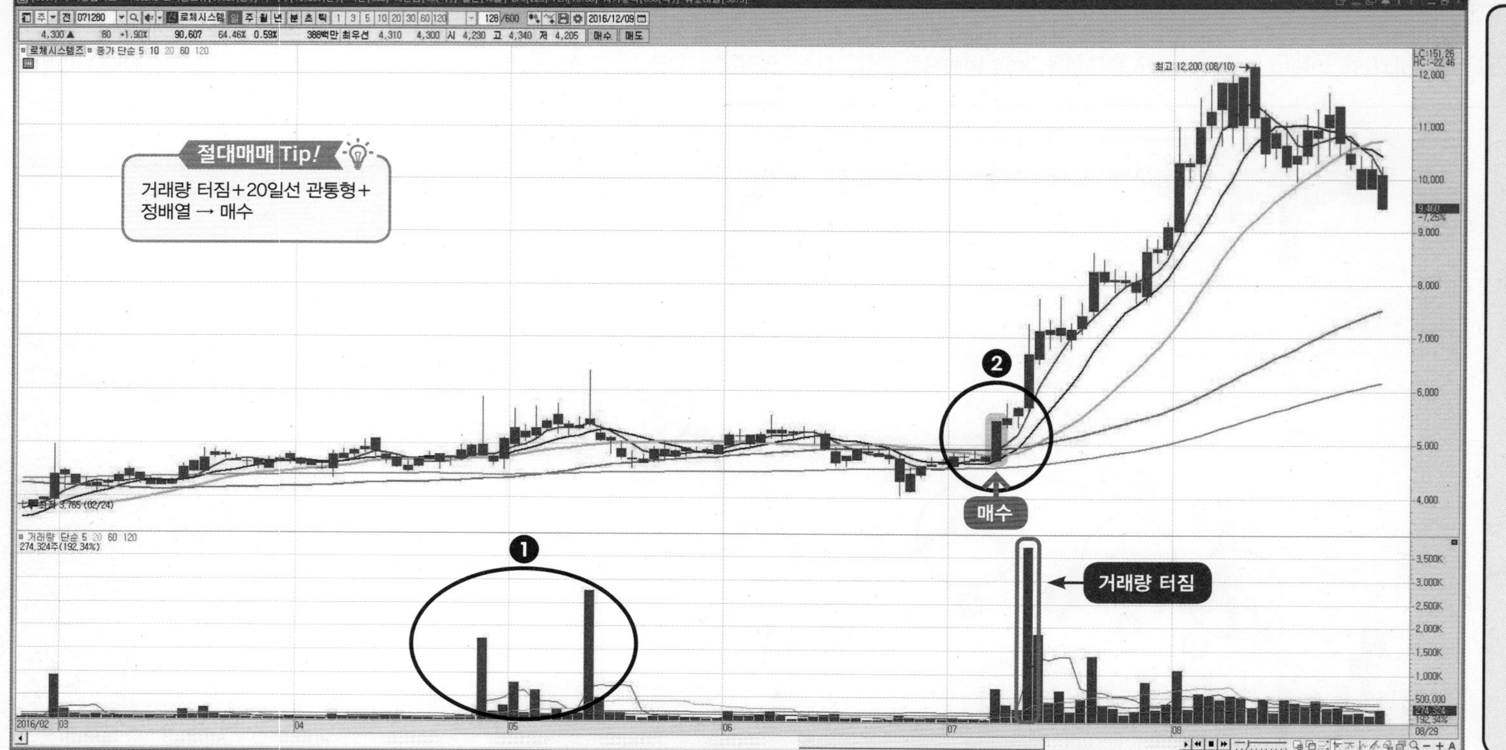

개선 선생의 절대비기!

- 장대양봉의 몸통 하단 관통 매매법이란?

1) 장대양봉의 몸통 하단 부분을 20일선이 관통하는 모델을 말한다. 중요한 것은 이전에 거래량 테스트 물량(①)이 있어야 하고, 장대양봉 관통이 나오기 전에 20일선 아래로 캔들이 하락하여 개미를 위협하는 모습이 좋다.
2) 20일선이 장대봉의 어느 위치를 관통하느냐가 중요한데, ②번처럼 몸통의 하단부분을 관통하는 모델이 가장 좋다.

개선 선생의 한마디!

과거를 잘 돌아봐야 주식을 잘할 수 있다. 역사가 반복되는 것처럼 주 세력은 똑같은 패턴으로 활동하기 때문에, 과거 차트 모습을 살펴보는 것이 중요하다. 그렇기 때문에 과거 주 세력의 흔적을 찾고 상승과 하락 형태를 익혀, 상승 초입에서 과거의 상승 형태를 적용시키면 훨씬 신뢰도 높은 매매를 할 수 있다.

074 | 고가놀이 | 이평선이 다시 밀집되고 힘을 응축하는 시기 동양철관 일봉

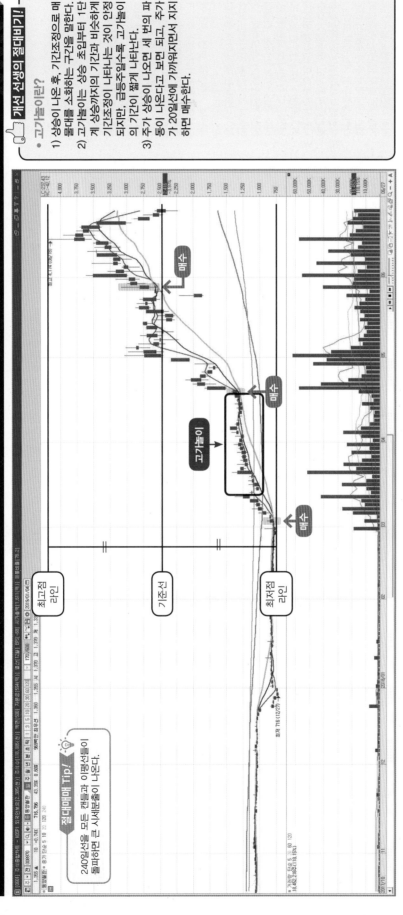

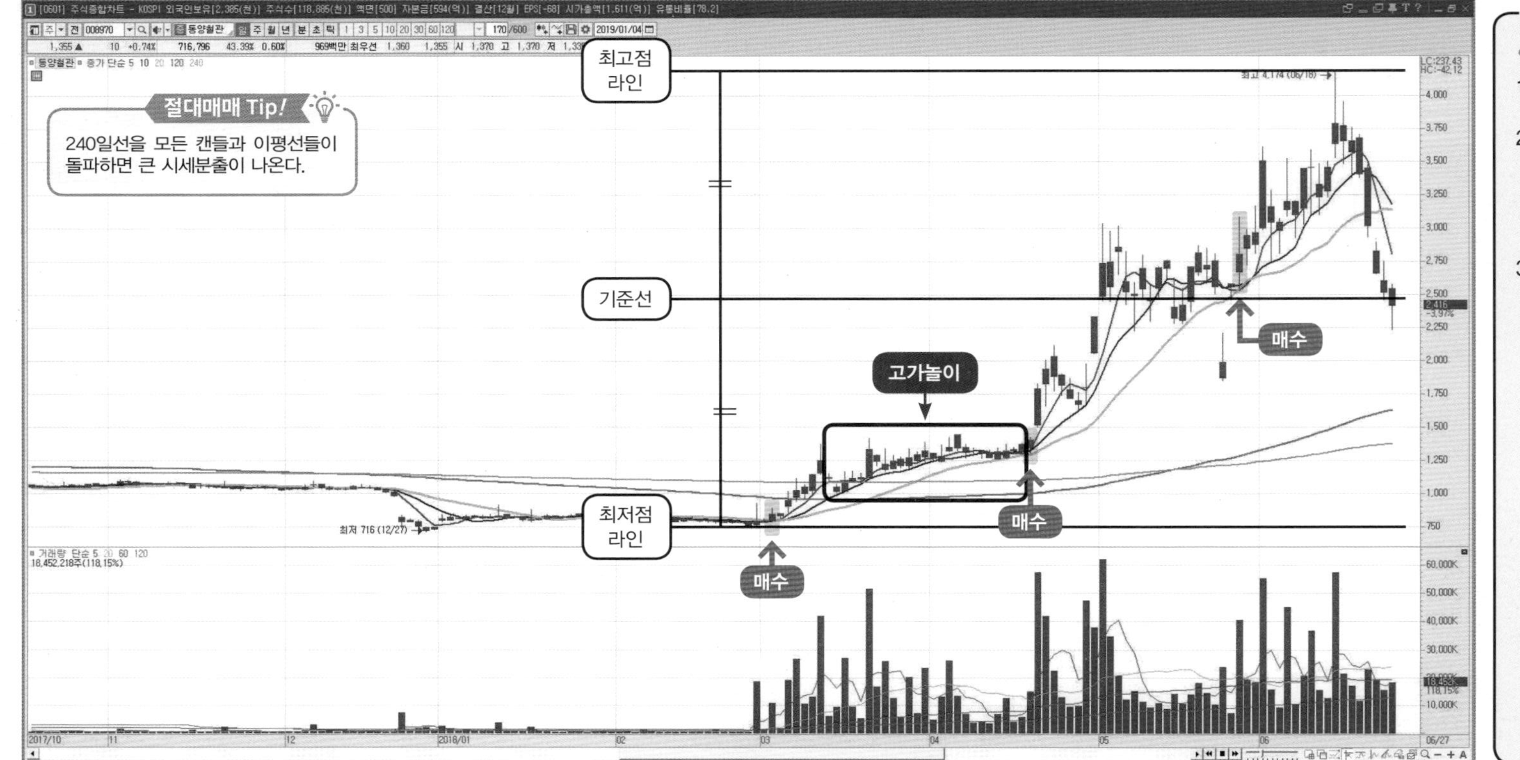

개선 선생의 절대비기!

- **고가놀이란?**

1) 상승이 나온 후, 기간조정으로 매물대를 소화하는 구간을 말한다.
2) 고가놀이는 상승 초입부터 1단계 상승까지의 기간과 비슷하게 기간조정이 나타나는 것이 안정되지만, 급등주일수록 고가놀이의 기간이 짧게 나타난다.
3) 주가 상승이 나오면 세 번의 파동이 나온다고 보면 되고, 주가가 20일선에 가까워지면서 지지하면 매수한다.

개선 선생의 한마디!

일목균형에서도 기준선을 중요시 여기는데, 기준선은 최고점과 최저점의 중간 지점이 된다. 즉, 중간지점을 기점으로 같은 기간이 걸린다. 파동은 시계추처럼 왼쪽으로 간만큼 오른쪽으로 가게 되어 있다. 그리고 점차 힘이 빠지면서 멈추게 된다. 힘의 흐름을 파악하고 그 힘의 세기가 어느 정도인지를 예측할 수 있다면 목표가를 설정할 수 있다.

075 | 관통 매매 | 장대 캔들 몸통을 20일선이 관통 미코 일봉

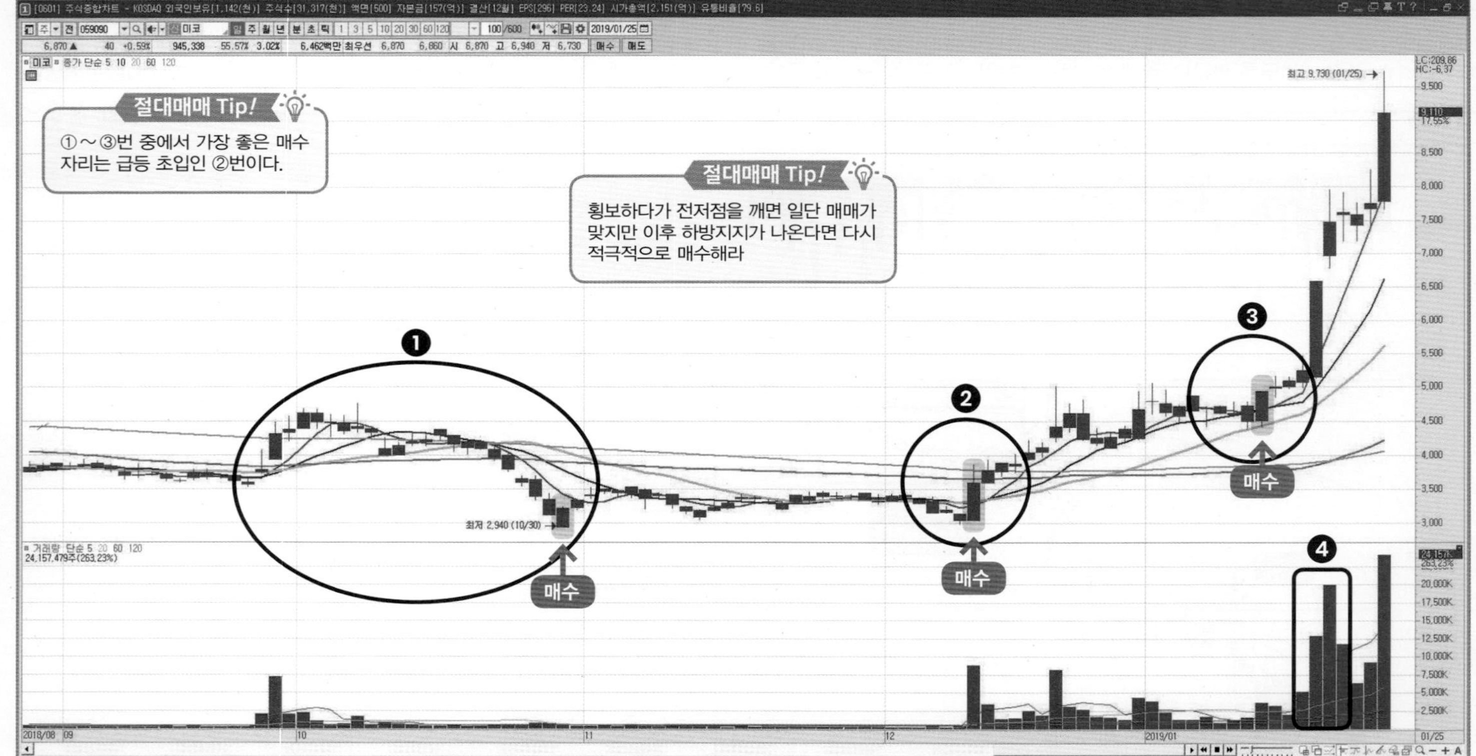

절대매매 Tip!
①~③번 중에서 가장 좋은 매수 자리는 급등 초입인 ②번이다.
절대매매 Tip!
횡보하다가 전저점을 깨면 일단 매매가 맞지만 이후 하방지지가 나온다면 다시 적극적으로 매수해라
매수
매수
매수
최저 2,940 (10/30)
최고 9,730 (01/25)

개선 선생의 절대비기!

- **관통 매매형은 급등주가 나오기 전에 꼭 확인된다!**

1) ①번을 보면, 갑작스럽게 주가가 하락하고, 전저점까지 이탈하는 폭락이 나온다. 그럼에도 불구하고 거래량은 줄지 않는다. 거래량이 없는 바닥에서 추가 하락이 나온다면 속임수일 가능성이 크다.
2) ②번에서 20일선이 장대봉 몸통 중간을 관통하고, 정배열이 나타나면서 캔들과 20일선이 벌어지기 시작한다. 벌어졌던 캔들과 20일선은 다시 만나게 되는데(③), 이때 20일선과 만나는 캔들이 어떤 캔들인지가 중요하다. ③번에서 20일선을 지지하는 장대봉이 나왔다는 것이 아주 중요한 포인트이다.
3) ④번의 거래량을 보면, 3단 계단식으로 올라가고 있다. 주가가 돌파보단 고가놀이를 보이는 구간에서 거래량이 가장 많이 터졌다. 이는 물량 매집으로 볼 수 있다. 아직 물량 매집이 덜 되었기에 전고점 부근에서 쏟아지는 물량을 다 받아주면서 돌파를 예견하고 있다.

개선 선생의 한마디!

관통형 매매는 캔들이 일시적으로 20일선 아래로 하락했기 때문에 나온다. 보통 많은 개인투자자는 캔들이 20일선 아래로 하향 이탈하면 매도해야 한다고 교육받는다. 이를 이용하여 개인투자자의 심리를 흔들어 놓기 위해 일시적으로 20일선을 이탈시키는 것이다. 따라서 개인투자자의 심리를 이용해서 개미떨기 및 심리적 불안감을 유도하는 것에 속지 말아야 한다.

076 | 240일선 매매 | 중장기 매매에서 돌파해야 할 이평선 매매 데코앤이 일봉

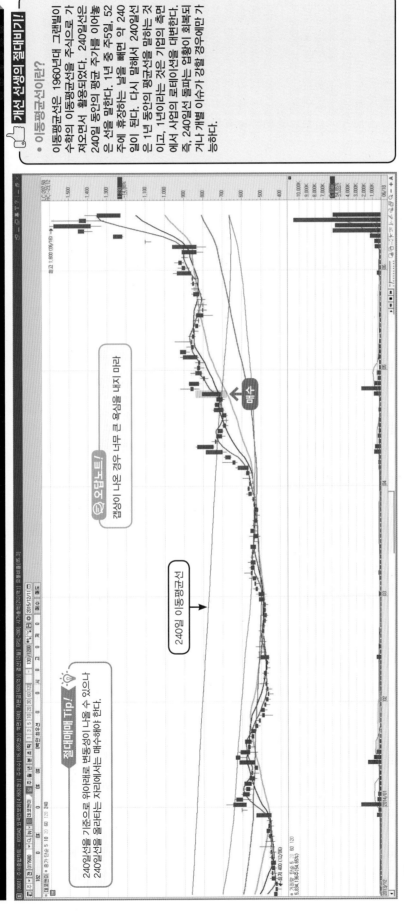

절대매매 Tip!

240일선을 기준으로 위아래로 변동성이 나올 수 있으나 240일선을 올라타는 자리에서는 매수해야 한다.

오답노트!

갭상이 나온 경우 너무 큰 욕심을 내지 마라

240일 이동평균선

매수

개선 선생의 절대비기!

• 이동평균선이란?

이동평균선은 1960년대 그랜빌이 수학의 이동평균선을 주식으로 가져오면서 활용되었다. 240일선은 240일 동안의 평균 주가를 이어놓은 선을 말한다. 1년 중 주5일, 52주에 휴장하는 날을 빼면 약 240일이 된다. 다시 말해서 240일선은 1년 동안의 평균선을 말하는 것이고, 1년이라는 것은 기업의 측면에서 사업의 로테이션을 대변한다. 즉, 240일선 돌파는 업황이 회복되거나 개별 이슈가 강할 경우에만 가능하다.

개선 선생의 한마디!

이동평균선 매매에서 중장기 매매를 할 때는 240일선을 가장 중요하게 여긴다. 특히 산업섹터의 회복 및 추세적 전환이 나올 때, 필수적으로 240일선을 돌파해야 한다. 만약 돌파하면 지금까지의 큰 시세가 계속해서 추세를 타고 올라간다. 보통 240일선엔 매물이 많기 때문에 돌파하는 것이 어렵지만, 한 번 돌파하면 큰 시세분출이 나오니 빠른 수익실현보다는 끌고 가는 매매를 진행하는 것이 좋다.

077 | 240일선 매매 | 중장기 매매 절대비기! 놓치지 마라 (소리바다 일봉)

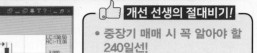

최고 3,100 (03/27)

최저 1,130 (09/25)

❶

❷

매수

절대매매 Tip!

240일선 돌파가 나오면 정배열 형태가 나타나는지 확인한다. 다른 이평선도 함께 240일선을 돌파하는 자리가 매수 포인트이다.

개선 선생의 절대비기!

- **중장기 매매 시 꼭 알아야 할 240일선!**

1) 240일선은 주 5일, 52주의 기간으로, 약 1년 주기를 뜻한다. 240일선은 장기선이기 때문에 매물대 지지와 저항 효과가 더 극명하게 나타난다.
2) 240일선이 우상향할 때, 캔들이나 다른 이평선이 골든크로스를 하면, 추세 방향이 정해지고 지속성이 오래간다. 따라서 240일선의 활용은 중장기 매매에 적합하다.
3) ①번에서 주가가 상승하면서 거래량이 늘고 있지만, 240일선 돌파 후에 240일선을 지지하지 못하고 하락하는 모습이 나온다. 240일선은 한 번에 뚫기 어려운 매물대 선이기 때문에 거래량이 이전보다 2~5배 이상 터져야 가능하다(②).

개선 선생의 한마디!

240일선은 어떤 이벤트로 주가가 장기간 하락이 나오고 다시 저점을 만들고 올라가는 시기와 타이밍을 잡는데 중요한 선이다. 240일선은 '이 기업의 진짜 저점이 어디일까?', '지금 바닥을 잡고 올라가는데 상승이 꾸준하게 나와줄까?'라는 의문을 해결해 줄 가장 탁월한 답변이다.

078 | 240일선 매매 | 240일선 돌파 시 지속 중장기로 관심 한국내화 일봉

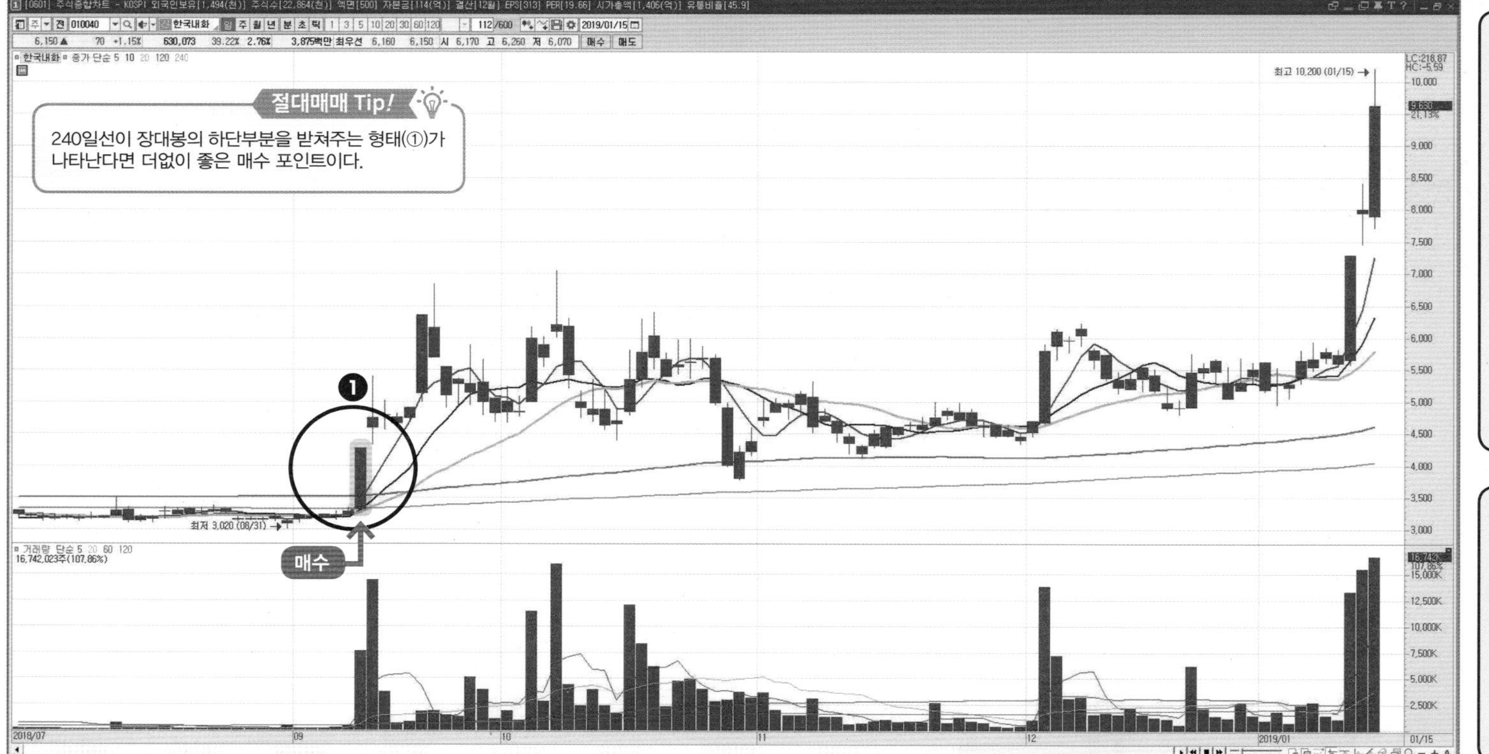

절대매매 Tip!
240일선이 장대봉의 하단부분을 받쳐주는 형태(①)가 나타난다면 더없이 좋은 매수 포인트이다.
①
매수
최고 10,200 (01/15)
최저 3,020 (08/31)

개선 선생의 절대비기!

240일선 돌파 후, 바로 급등주가 나오기 보다는 차근차근 올라간다고 봐야 한다. 그동안 매물대가 상당히 많이 쌓였기 때문에 매물 소화를 하는 데 시간이 걸리는 것이다. 따라서 240일선을 돌파했다고 무작정 사지 말고, 차분히 분할매수하면서 매매에 동참하는 것이 훨씬 효율적이다. 다시 말해서, 240일선 매매는 단기 매매보단 중장기 매매가 맞다.

주식 격언 새기기!

"거래량 바닥은 주가 바닥의 전조증상이다."

주가 바닥이 나오기 전에 우선 거래량(거래대금) 바닥국면이 나오게 된다. 이 과정에서 하향 추세선이 점차 완만해지며 제한된 범위 내에서 등락하는 횡보세를 보이게 된다. 그러나 증시가 불투명할수록 주가 바닥을 예단하기보다 확인할 필요가 있다.

개선 선생의 한마디!

이평선은 5일선, 10일선, 20일선, 60일선, 120선, 240일선을 사용한다. 중장기 매매자들은 20일선을 가지고 분할접근 매매를 하면 된다. 240일선 매매는 1년 이상의 장기 투자자들에게 적합한 매매 방법이다. 240일선의 바닥에서 주식을 잘 모아두면 3배에서 10배까지 수익이 터질 수 있는 좋은 자리가 된다.

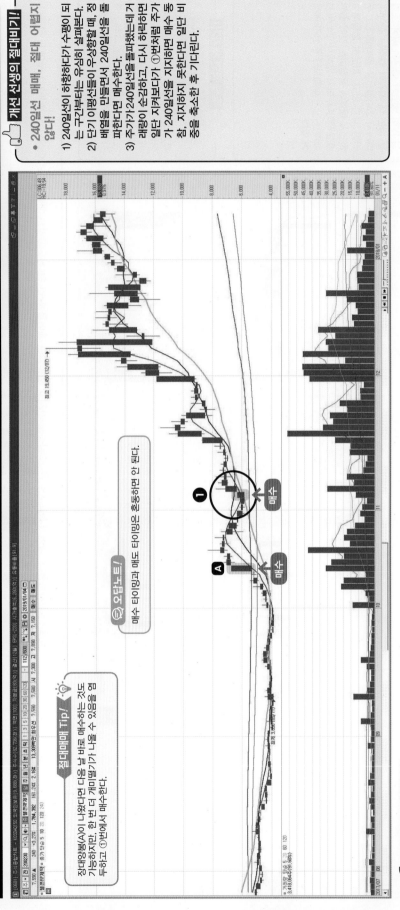

079 | 240일선 매매 | 240일선을 단기 이평선이 골든크로스 텔콘RF제약 일봉

절대매매 Tip!
장대양봉(A)이 나왔다면 다음 날 바로 매수하는 것도 가능하지만, 한 번 더 개미떨기가 나올 수 있음을 염두하고 ①번에서 매수한다.
오답노트!
매수 타이밍과 매도 타이밍은 혼동하면 안 된다.
최고 19,450 (12/07) →
A
1
매수
매수

개선 선생의 절대비기!

- **240일선 매매, 절대 어렵지 않다!**

1) 240일선이 하향하다가 수평이 되는 구간부터는 유심히 살펴본다.
2) 단기 이평선들이 우상향할 때, 정배열을 만들면서 240일선을 돌파한다면 매수한다.
3) 주가가 240일선을 돌파했는데 거래량이 순감하고, 다시 하락하면 일단 지켜보다가 ①번처럼 주가가 240일선을 지지하면 매수 동참, 지지하지 못한다면 일단 비중을 축소한 후 기다린다.

개선 선생의 한마디!

240일선 매매를 할 때는 캔들, 거래량, 단기 이평선들을 함께 봐야 한다. 특히 20일선이 240일선을 골든크로스하는 자리에서부터는 더욱 집중하여 관심을 가져야 한다. 우리는 240일선을 1차 돌파할 때 주목하다가, 240일선 위에 있는 20일선에 캔들이 닿았을 때 매수한다.

080 | 240일선 매매 | 240일선+시세분출 초입 지지+거래량 (에코마케팅 일봉)

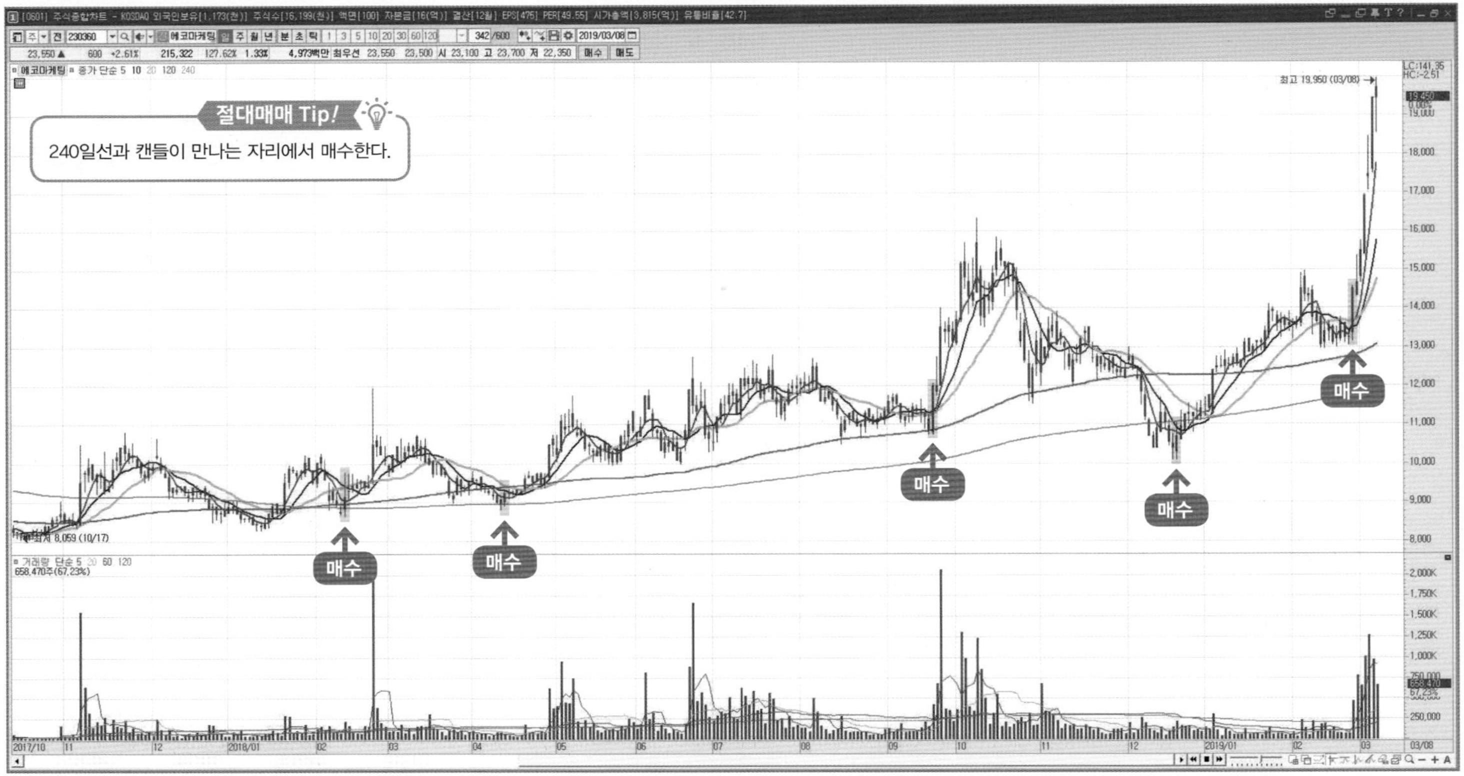
절대매매 Tip!
240일선과 캔들이 만나는 자리에서 매수한다.
최고 19,950 (03/08)
최저 8,059 (10/17)
매수
매수
매수
매수
매수

개선 선생의 절대비기!

• **240일선 매매란?**

240일선은 1년의 주기를 나타낸다. 240일선에는 기업의 1년 매출 등 모든 실적과 이슈가 반영되어 있기 때문에, 기업에 대한 분석이 가능하다. 따라서 240일선은 가장 중요한 선이다. 특히 대형주 매매나 시장 하락기나 바닥주 매매에 좋다.

1) 캔들이 240일선 돌파 후 다시 240일선을 지지하는 자리를 공략한다.
2) 돌파 후에 거래량이 터지면서 추가 상승이 지속적으로 나와야 한다.
3) 240일선이 꾸준히 우상향해야 하고, 시세분출이 나오는 시기는 상승 기울기가 70° 이상의 가파른 상승이 나올 때까지 기다려야 한다.

개선 선생의 한마디!

시세분출 초입에 우리는 매수해야 한다. 만약 초입을 놓쳤다면 캔들이 240일선에 지지되는 구간을 설정하고, 미리 준비하고 있어야 한다. 상승 기울기가 너무 급할 땐 단기적인 상승으로 마무리될 수 있다. 그러므로 파동이 시작되면 점차 기울기가 급해지는지 확인하고, 기울기가 급해지는 곳부터 수익을 실현해나가는 것이 좋다.

081 | 이평선 밀집 매매 | 이평선이 밀집된 것은 힘이 모아지고 있다는 것 장원테크 일봉

절대매매 Tip!
정배열을 확인하고, 캔들이 이평선을 하향 이탈하지 않는 자리에서 매수를 하는 것이 좋다.
이평선에 지지
매수
이평선에 지지
매수
최고 22,650 (01/04)
최저 7,010 (04/16)

개선 선생의 절대비기!

- 이평선이 밀집한다는 것은 힘이 모이고 있다는 것이다!

1) 이평선이 밀집할 때는 거래량이 완전 죽어야 한다.
2) 이평선이 밀집한 후에는 꼭 상승 반전만 하는 것은 아니고, 하락할 수도 있다.
3) 이평선이 밀집한 후, 주가가 상승하고 거래량이 터지며 정배열이 빠르게 나온다면 그때 매수하는 것이 좋다.

주식 격언 새기기!

"경계심이 강할 때에는 시세가 좀처럼 천정권을 치지 않는다."

주식시세는 대개 급등세로 천정권을 장식한다. 극단적으로 낙관적인 분위기가 천정권의 중요한 특징이기 때문에 경계심이 강한 시장 분위기는 아직 천정권에 이르지 않았다는 증거가 된다. 경계심이 강한 상태에서는 매수 세력이 아직도 남아 있으므로 천정권이 아니라는 의미인 것이다.

개선 선생의 한마디!

정배열이 나오면, 그때부터 이 정배열의 힘이 얼마나 셀지 파악해야 한다. 그러기 위해서는 거래량과 파동의 세기, 호가 창, 수급 형태를 유심히 지켜보고, 힘의 양을 파악하는 훈련을 해야 한다. 계속해서 훈련한다면, 힘의 세기가 파동으로 이어지는 연결고리를 잡을 수 있다.

082 | 이평선 올라타기 | 이동평균선 매매는 주식의 기본이다 셀트리온 일봉

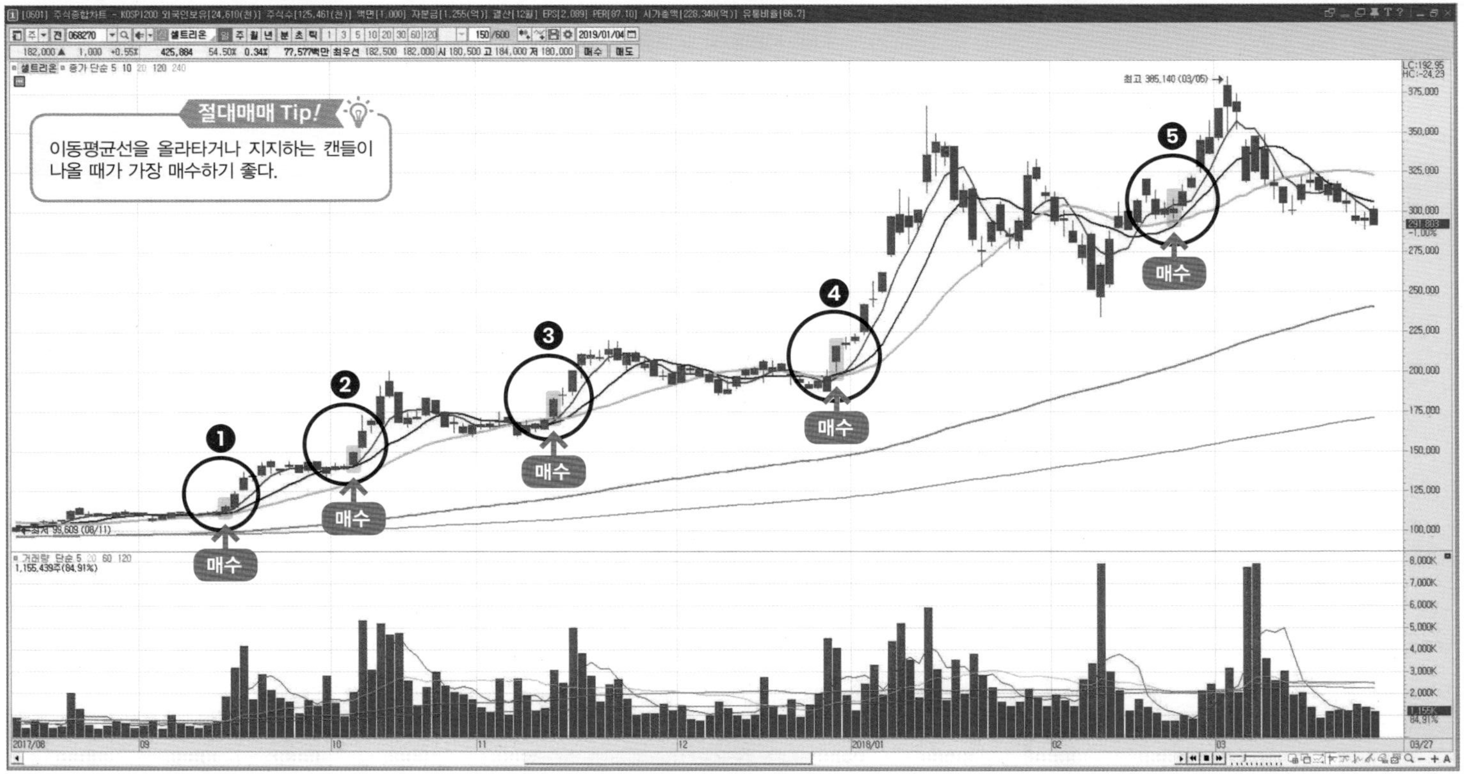
절대매매 Tip!
이동평균선을 올라타거나 지지하는 캔들이 나올 때가 가장 매수하기 좋다.
❶ 매수
❷ 매수
❸ 매수
❹ 매수
❺ 매수
최고 385,140 (03/05)
최저 99,609 (08/11)

개선 선생의 절대비기!

- **주식에서 가장 중요한 선은 이동평균선이다.**

1) 이평선을 올라타는 캔들을 유심히 봐야 한다.
2) 주가와 이평선이 멀어지면, 다시 만날 때까지 기다리고, 만났을 때 캔들이 이평선에 올라타는지 확인하고 매수한다.
3) 이동평균선 중에서도 20일선을 기준으로 한다.

주식 격언 새기기!

"공이 크게 보일 때만 쳐야 한다."

상승에 대한 확신이 있을 때만 적극적인 투자에 나서야 한다. 안개 장세로 인해 종목 선정이 어려운데다가, 고른다 해도 시세의 연속성을 기대하기 어려운 장이다. 현금을 보유하면서 상승할 수 있는 종목을 발굴하는 노력이 필요한 때다.

개선 선생의 한마디!

주식은 파동을 그리면서 움직인다. 보통 올라가는 차트를 보면 사고 싶은 생각이 든다. 주가가 상승할 때 이평선과 이격을 벌리고, 좁히고를 반복하면서 움직인다는 것을 명심해야 한다. 올라가는 차트라도 이격이 좁아지는 구간에서 지지하는지 확인(①~⑤)하고 매수해야 한다. 좋은 차트를 많이 보면서 훈련한다면, 올라타는 느낌을 자기 것으로 소화할 수 있다.

083 | 이평선 올라타기 | 주식은 타이밍이다! 이평선을 포착해라! 앤디포스 일봉

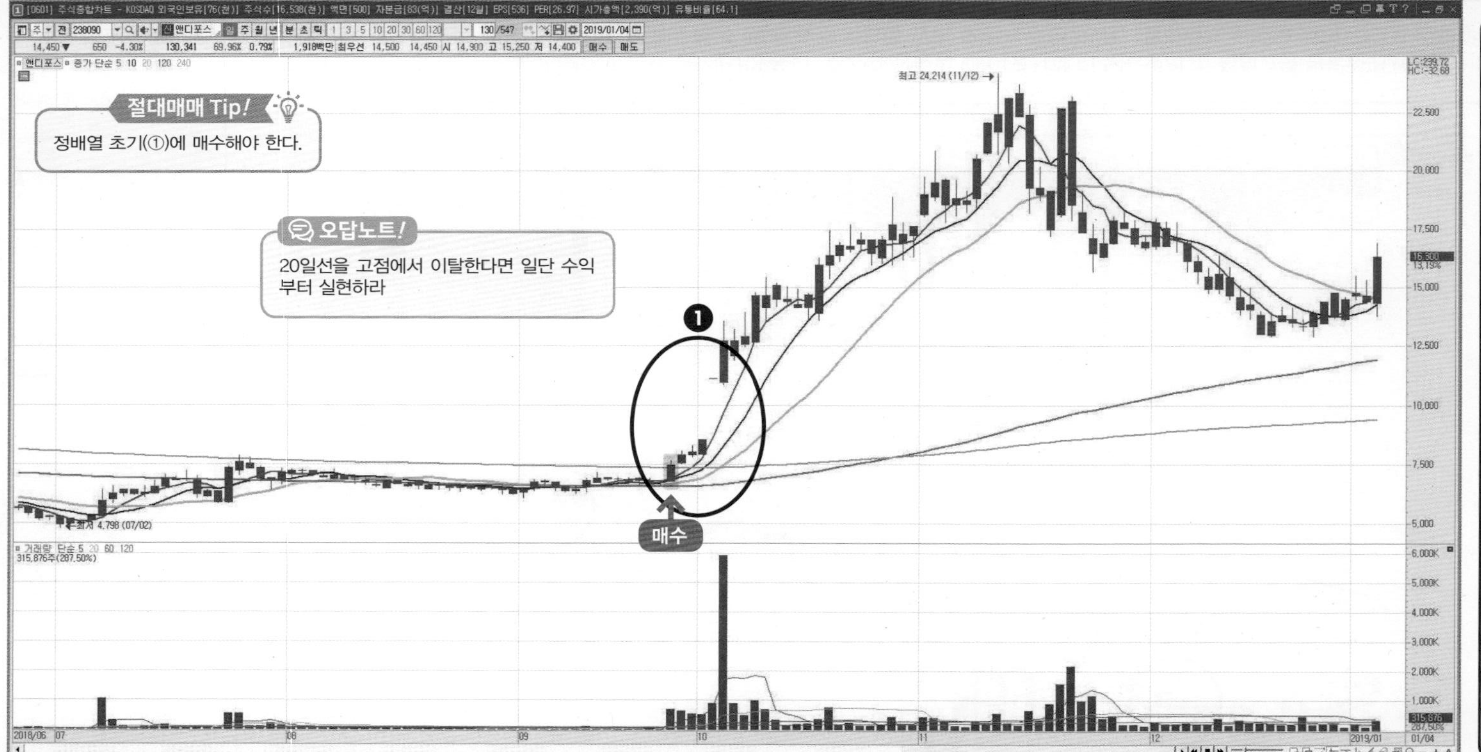

절대매매 Tip!
정배열 초기(①)에 매수해야 한다.
오답노트!
20일선을 고점에서 이탈한다면 일단 수익부터 실현하라
최고 24,214 (11/12)
최저 4,798 (07/02)
매수
①

개선 선생의 절대비기!

- 이평선을 올라타는 매매가 주식에서 가장 큰 수익을 낼 수 있으면서 가장 쉽다.

1) 이평선은 수렴과 팽창을 반복한다.
2) 특히 이평선이 수렴했을 때부터 추세방향을 확인해야 한다. 방향을 확인하는 가장 빠른 방법은 캔들의 방향을 확인하는 것이고, 신뢰도가 높은 방법은 캔들의 거래량이 늘어나는지 확인하는 것이다.
3) 이평선이 팽창하면 정배열이 완성되고, 전고점을 돌파한다면 더 신뢰도가 높다.

개선 선생의 한마디!

주식에서 타이밍은 정말 생명과 같다. 급등하는 종목일수록 개인투자자에게 매수 기회를 많이 주지 않고 올라간다. 따라서 급등할 가능성이 있는 종목을 관심종목에 미리 넣어두고, 상승 탄력이 나오면 확인 작업을 통해서 확신을 갖고, 타이밍을 놓치지 않도록 빠르게 매매해야 한다.

084 | 정배열 매매 + 핑퐁 매매 | 5>10>20>60>120>240 대림B&CO 일봉

최고 30,350 (07/20)
지지선
매수
매수
매수
절대매매 Tip!
핑퐁 매매에서 각 구간마다 비슷한 기간이 소요된다. 보통 핑퐁은 3파동으로 진행되고, 마지막 3파동에선 하락이 예상되니 매도 가능하다.

개선 선생의 절대비기!

• **정배열 매매란?**

정배열은 보통 역배열 말기가 진행된 후에 나타나는데, 정배열 초기에 매수하고, 특히 이격도가 극대화되는 3파동 자리에서는 매도해야 한다.

주식 격언 새기기!

"남이 가는 뒤안길에 꽃동산이 있다."

인기업종의 인기종목에 관심이 가는 것은 인지상정. 인기주는 거래도 활발하고 주가의 기복도 심하여 쉽게 차익을 얻을 수 있을 것 같은 생각이 들기 때문이다. 하지만 인기주는 이미 가격이 많이 올랐기 때문에, 자금이 많이 필요한데다 기대한 만큼의 투자효과를 보는 것도 그리 쉽지 않다.
비인기 종목 중에서도 재무구조가 건실하고 성장성이 높은 종목이 있기 마련. 숨어있는 1인치가 아닌 숨어있는 주식이 인기주보다 훨씬 큰 수익을 안겨줄 수도 있다.

개선 선생의 한마디!

핑퐁 매매는 20일선이 기준선이 된다. 5일선은 단타선, 10일선은 세력선, 20일선은 중심선이자 기준선이다. 절대 캔들이 20일선을 깨고 내려가서는 안 되고, 최대한 20일선에 지지를 해야 상승 동력이 된다.

085 | 정배열 골든크로스 | 역배열 말기 확인 후, 골든크로스 포착 강스템바이오텍 일봉

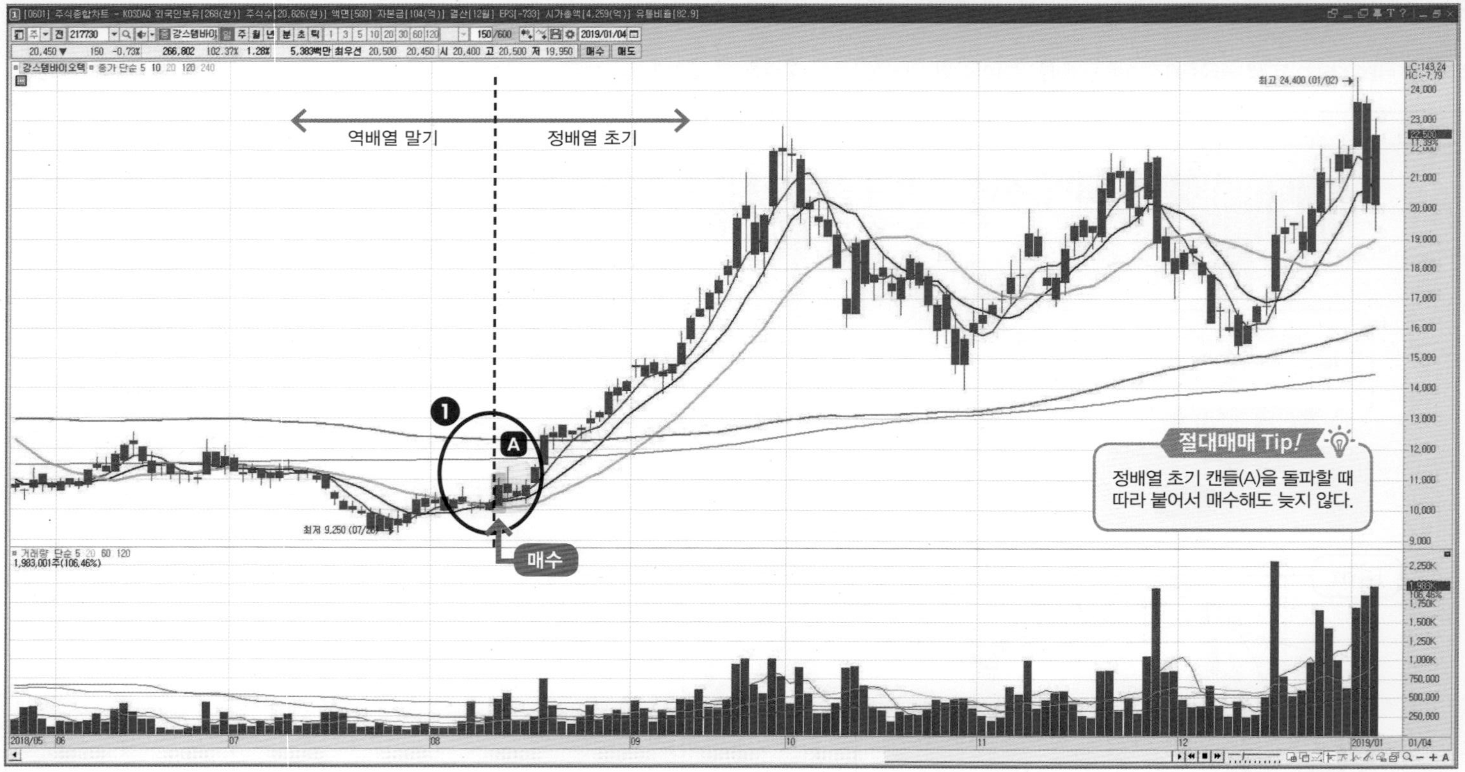

역배열 말기
정배열 초기
매수

절대매매 Tip!

정배열 초기 캔들(A)을 돌파할 때 따라 붙어서 매수해도 늦지 않다.

개선 선생의 절대비기!

- 역배열 말기를 확인하고, 정배열 초기 골든크로스를 준비해라!

1) 골든크로스(①)는 매도세보다 매수세가 더 많다는 의미이다. 주가가 상승 전환하면 매수세는 가속화될 수 있다.
2) 골든크로스가 나올 때의 거래량은 이전보다 훨씬 많아야 한다. 적어도 2배 이상의 거래량이 터져야 한다.

주식 격언 새기기!

"99번의 성공도
단 한 번의 실패로 끝난다."

주식투자로 성공한 사람들은 종목 발굴에 탁월한 재능을 가지고 있지만 수익을 철저히 지켜내는 능력도 필수적으로 갖추고 있다. 한 순간의 방심과 실수는 큰 손실로 이어진다는 점을 명심해야 한다.

개선 선생의 한마디!

역배열 말기를 찾아내는 방법이 있다. 주가가 3파동을 그리며 하락하여 바닥을 형성했을 때, 바닥신호는 캔들(Part 8 참고)이나 지지 형태인 이중바닥이나 삼중바닥으로 확인할 수가 있다.

086 | 역배열 매매 | 역배열이라도 이중바닥 후 반등 포착 에스퓨얼셀 일봉

절대매매 Tip!

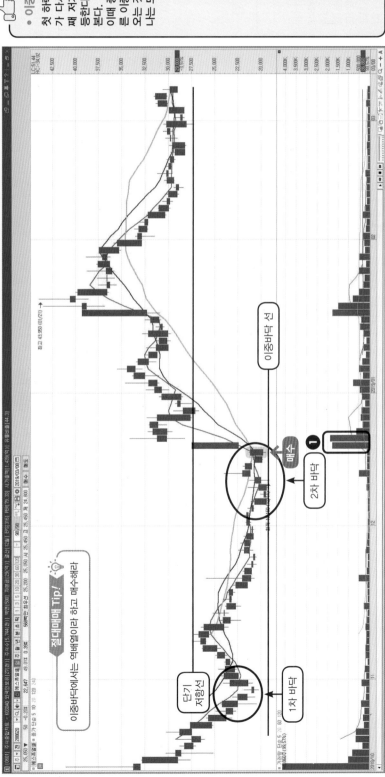

이중바닥에서는 역배열이라 하고 매수해라

단기 저항선

1차 바닥

2차 바닥

매수

이중바닥 선

최고 43,950 (01/21)

❶

개선 선생의 절대비기!

- **이중바닥이란?**

첫 하락이 나온 후, 반등이 나왔다가 다시 하락하는데 주가가 첫 번째 저가 라인을 지지하고 다시 반등한다면 이중바닥이 완성되었다고 본다.
이때 중요한 것은 삼중바닥보단 빠른 이중바닥에서 바닥 변곡점이 나오는 것이기 때문에 거래량이 늘어나는 모습(①)이 있어야 한다.

개선 선생의 한마디!

흔히 역배열은 좋지 않다는 인식이 있다. 하지만 주식시장에서는 역배열이 나왔을 때가 중요하다. 이때부터 정배열을 준비하는 단계가 오고, 하방지지가 되는 시점이 온다면 정배열 초기 모델이 나올 수 있기 때문이다. 하방지지가 된 자리는 큰 상승이 나올 수 있는 초입이 될 가능성이 높다.

087 | 역배열 매매 | 역배열에서 정배열로 바뀌는 자리 제이콘텐트리 일봉

절대매매 Tip!

역배열 말기에서 정배열 초기에 매수해라

역배열 → 정배열

매수

최고 5,667 (01/17)

최저 3,423 (09/26)

개선 선생의 절대비기!

- **역배열 VS 정배열**

개인투자자들은 보통 정배열을 좋아한다.
정배열이 되어 있는 종목은 큰 상승이 나올 것이라 알고 있지만, 역배열 종목은 무조건 빠질 것이라는 인식을 가지고 있다. 역배열에서 보통 폭등주가 나오게 되어 있다. 아무도 생각지도 못할 때, 역배열 자리에서 정배열로 바뀌면서 큰 상승이 나오는 것이다.

주식 격언 새기기!

"합창을 하면 주가는 반대로 움직인다."

모든 사람들이 주가가 반락하면 사겠다고 생각하고 있으면 반락은 오지 않고 많은 사람이 반등이 오면 팔겠다고 생각하면 반등은 오지 않는다. 모든 사람이 큰 시세가 올 것이라고 생각하고 있으면 미리 주식을 사놓고 큰 시세가 오면 팔겠다고 생각하고 있는 상태이므로 그런 경우 큰 시세는 오지 않는다.

개선 선생의 한마디!

역배열에서 정배열로 바뀔 때, 어떤 모습으로 전환되는지 잘 봐야 한다. 거래량이 터지거나(①) 장대양봉이 이평선을 올라타면서 단기 이평선을 끌고 가는 경우가 나오거나, 골든크로스가 나올 때 매수해서 추세 매매로 전환하여 큰 수익을 기대하는 방법이 가장 좋은 매매 방법이다.

088 | 역배열 말기 찾기 | 고수는 바닥 찍고 돌파하는 자리 매수 배럴 일봉

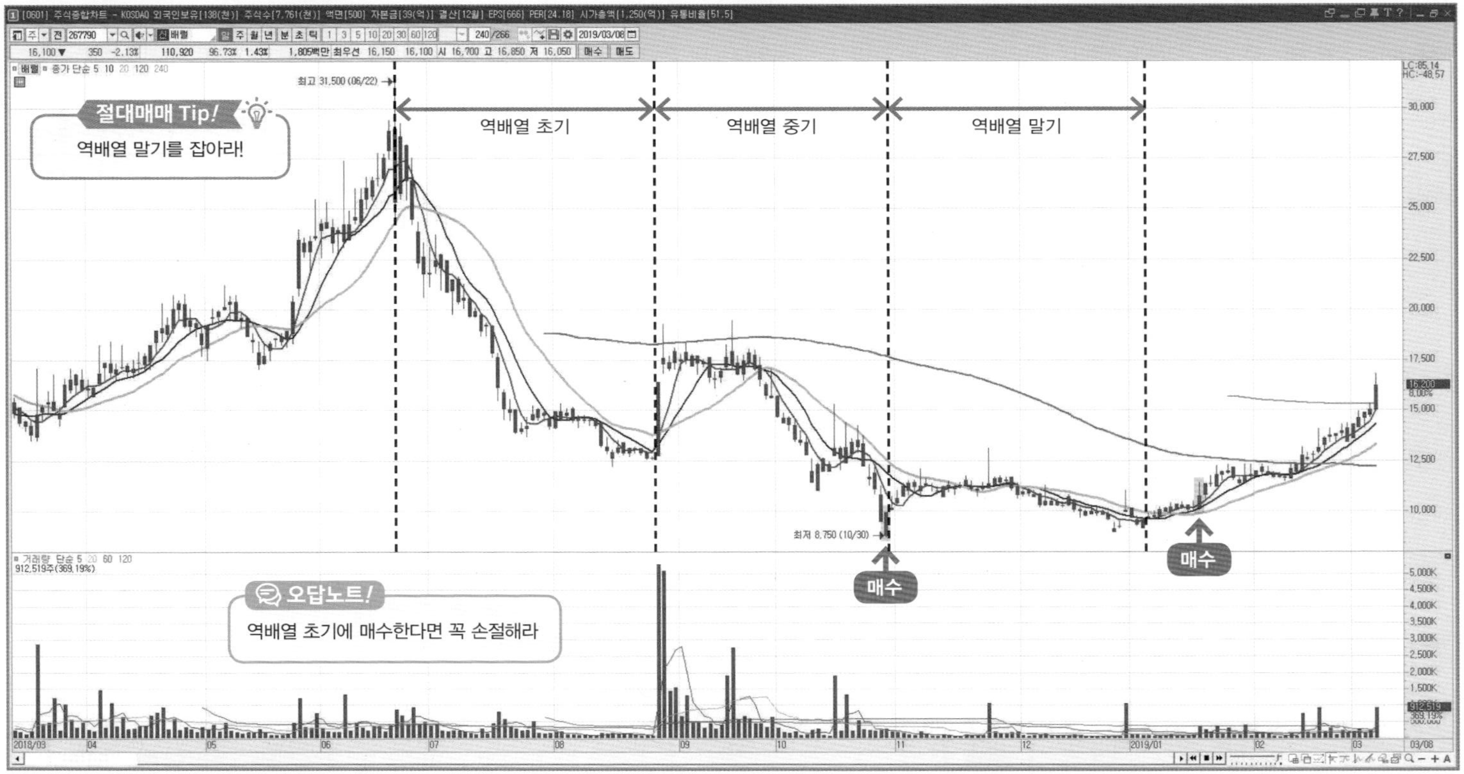

개선 선생의 절대비기!

- 역배열의 초기, 중기, 말기!

1) **초기** : 주가가20일선을이탈하면서 급격한 기울기로 하락이 나온다.
2) **중기** : 기술적반등이나오면서상승하려고 하나 재차 하락이 나온다.
3) **말기** : 3파동하락이완료되고, 바닥신호(캔들/이중 · 삼중바닥 신호)가 나온다.

개선 선생의 한마디!

하수는 고점에서 매수하고, 저점에서 매도하지만 고수는 저점에서 매수하고, 고점에서 매도한다. 하수가 고수를 따라하려고 저점매수를 하면, 보통 그 지점은 저점이 아니기에 추가 하락이 나오게 되어 있다. 다시 말해, 하수는 고점과 저점을 구분하지 못하는 것이다. 고점이 오면 고점신호가 있고, 저점이 오면 저점신호가 있다. 그 신호를 보고 정말 저점 또는 고점인지 확인 작업을 한 후 매수와 매도에 임하는 것이 주식 고수로 거듭나는 방법이다.

089 | 돌파 매매 | 대량 거래량이 터진다면 그때부터 매매를 준비해라 삼익악기 일봉

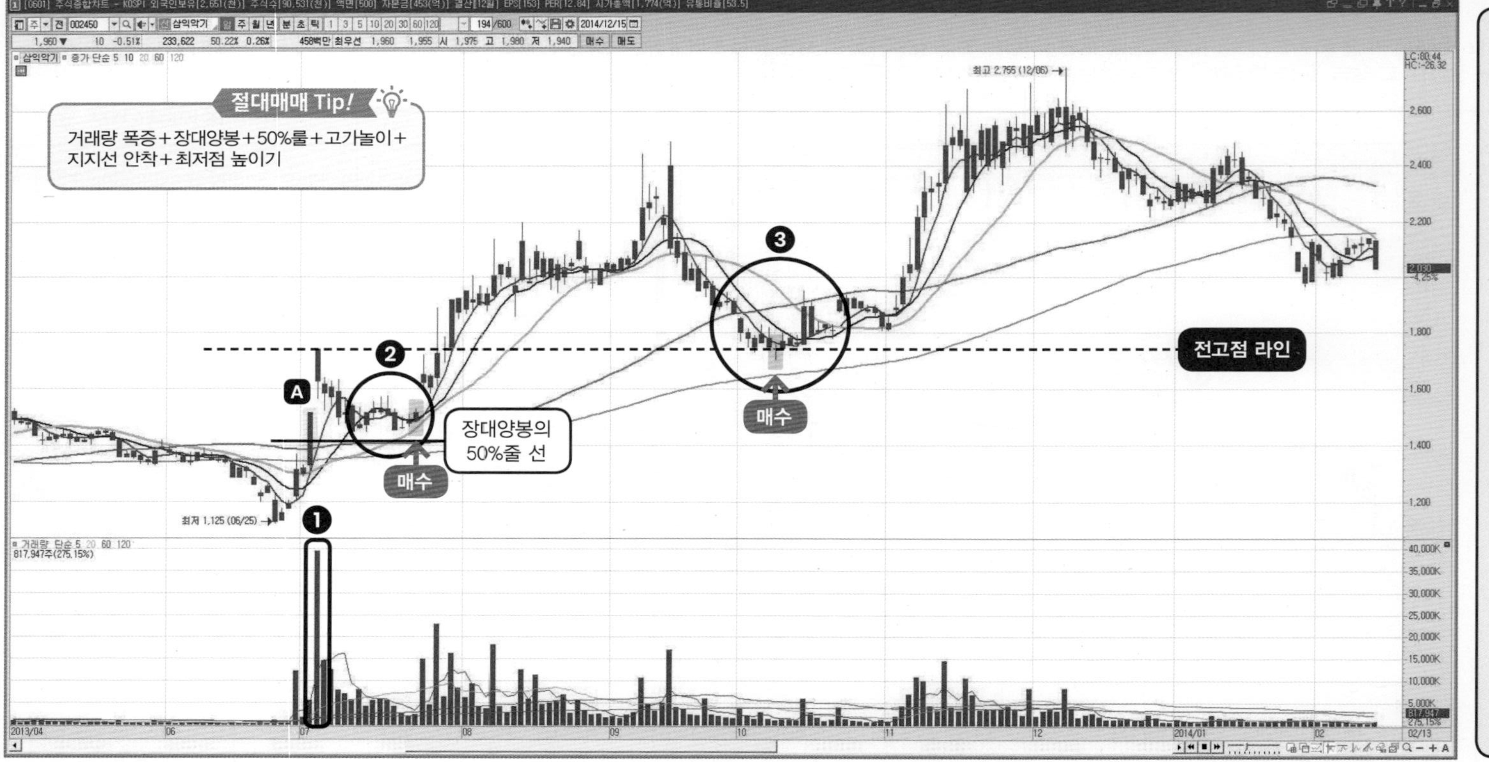

개선 선생의 절대비기!

바닥에서 거래량이 평균 대비 10배 이상 폭증(①)한다면, 이때부터는 관심종목에 넣고 매매를 준비하는 것이 맞다. 삼익악기는 이때부터 4800원까지 상승하여 1년 3개월 동안 400% 폭등했다. 주가는 단기 반등하여 단기 이중바닥을 완성한 후에 20일선까지 눌림이 나온다(②).
캔들이 20일선을 깨지 않고 스키 타는 순간 매수한다. 주가가 전고점 라인을 돌파하여 단기 상승한 후, 20일선을 깨고 내려오면 매도하고, 전고점 라인까지 눌림이 나온 상태(③)에서 망치형 캔들 출현과 함께 재상승이 나온다면 매수한다.
캔들이 전고점보다 아래 있을 때에는 전고점은 저항선 역할을 하지만 돌파하면 지지선이 된다.

개선 선생의 한마디!

①번 지점에서 장대양봉(A)이 나오고, 다음 날 갭상승을 한 후에 재눌림이 나온다. 장대양봉의 중간 지점을 지지해주는 것이 50%룰이다. 이중바닥은 어느 구간이든 형성되면 더 강한 추세를 만들어낸다. 이때는 매수 가능한 자리(②)이다. 만약 매수했는데 50%룰을 지키지 못한다면, 바로 매도하고 추이를 지켜봐야 한다. 주식의 기본 룰은 아주 쉽다. 저점이 올라가면 좋고, 고점이 낮아지면 좋지 않다. 정확한 지지가 나와준다면 그때부터 자신감을 가지고 배팅해도 좋다.

090 | 돌파 매매 | 바닥에서 거래량이 터지는 장대양봉(신호) 바른테크놀로지 일봉

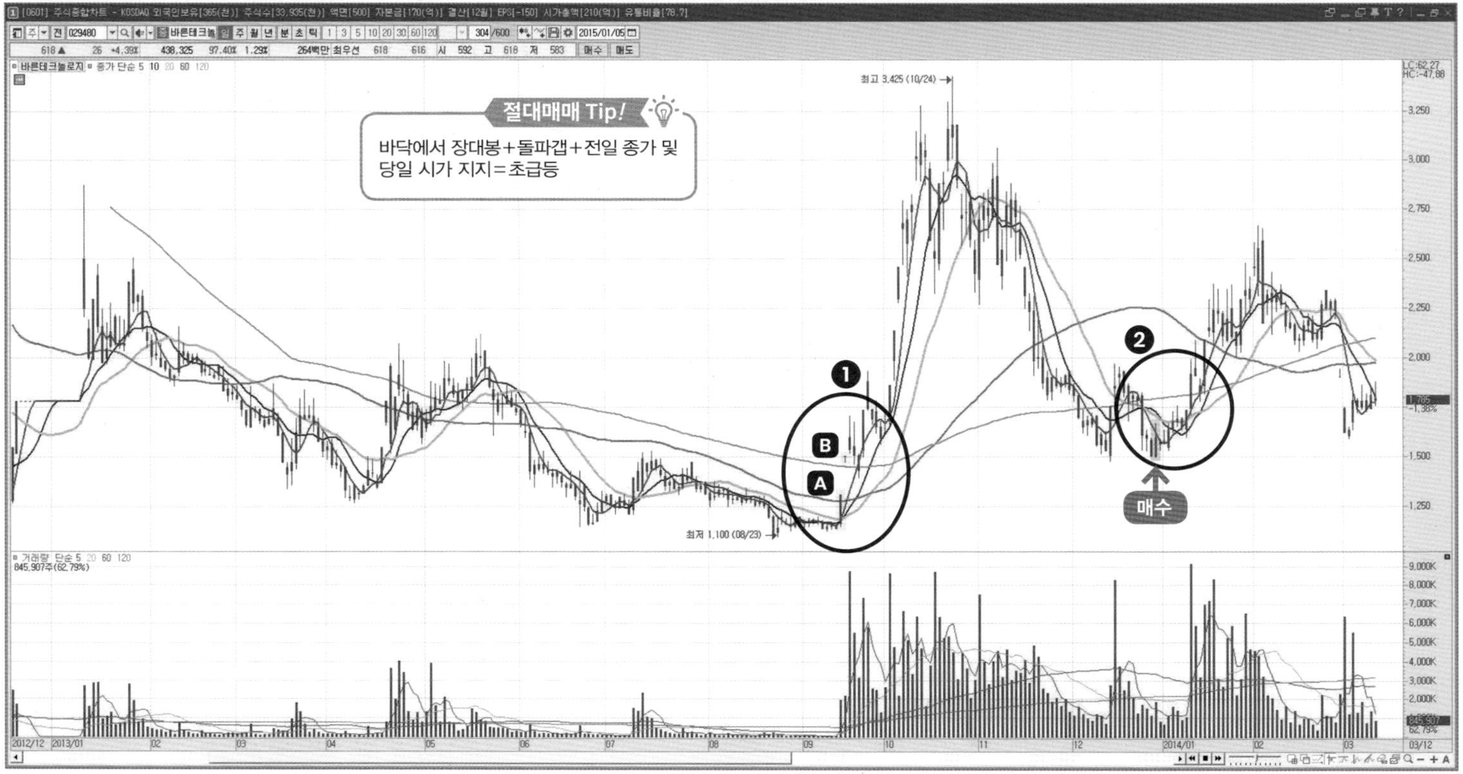
절대매매 Tip!
바닥에서 장대봉+돌파갭+전일 종가 및 당일 시가 지지=초급등
최고 3,425 (10/24)
최저 1,100 (08/23)
매수
A
B

개선 선생의 절대비기!

많은 투자자가 급등주 매매가 가장 어렵다고 말하지만, 이는 이미 상승 중인 종목을 따라서 매매하기 때문에 그렇다. 물론 바닥에 있다고 다 매수해도 되는 것은 아니다. 급등주는 여러 가지 흔적을 남길 수밖에 없다는 것을 명심해야 한다. 흔적이 없는 경우는 이처럼 바닥주에서 거래량이 터지면서 장대양봉이라는 신호를 보내게 된다.

본 차트는 장대양봉(A)이 나오고 상한가(B)가 나온 상황이다. 이런 경우, 매매를 시작하는 것이 맞지만, 주가가 다시 빠지는 경우도 많다. 따라서 상한가가 나왔다고 무조건 다음 날 매수하는 것이 아니라 지킬 선을 지키는지를 지켜보고, 확신을 가진 후에 매매하는 것이 좋다.

개선 선생의 한마디!

①번을 보면, 상한가를 친 후 추가적인 상승이 하루 더 나오고, 이틀간 조정이 나타난다. 다음 날, 주가는 10일선을 지지하면서 반등에 성공한다. 10일선은 세력선이기 때문에 10일선에 지지하면 매수 가능하다. 강한 반등 후, 고점에서 매물이 소화되고 하락추세가 2~3개월 이어졌다. 거래량이 최저로 떨어진 상황에서는 조금씩 관심을 갖고 거래량이 폭발하는 시점을 주목한다. 일차적으로 거래량이 폭발한 것에 뇌동 매매하는 것보다는 이중바닥이나 삼중바닥이 형성되는지 기다리는 것이 좋다. ②번에서 이중바닥을 만들고, 반등에 성공한다면 매수한다.

091 | 돌파 매매 | 20일선 깨진 후 바로 회복하면서 돌파 시점 웹젠 일봉

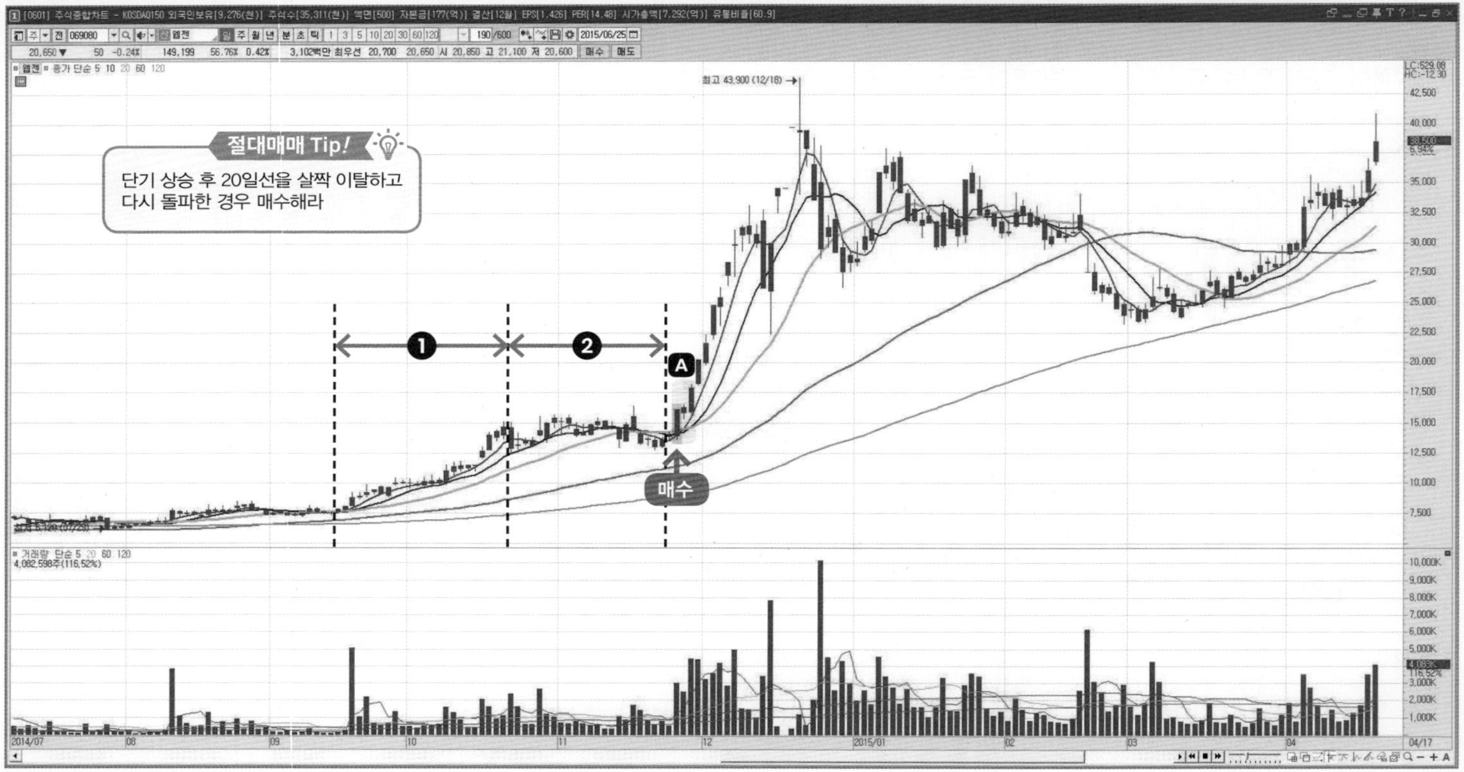

절대매매 Tip!

단기 상승 후 20일선을 살짝 이탈하고 다시 돌파한 경우 매수해라

개선 선생의 한마디!

돌파 매매에서 가장 중요한 것은 음봉이다. 양봉이 나온다고 무조건 시가 매수했다가 낭패를 보는 경우가 다반사이니, 음봉의 발생도 주의깊게 봐야 한다. 만약 강한 장대양봉이 나오고, 바로 다음 날 양봉이 나온다면 오히려 멀리 못 갈 수 있다. ③번처럼 양음양(A) 또는 양음음양이 나오고, 음봉이 단봉 형태이거나 전일 캔들의 50% 지점을 지지하면서 나온다면 다음날 시가를 지켜본다. 시가에서 전일 음봉의 최저점인 꼬리 부분을 지지하면서 상승이 나온다면 적극 매수에 동참한다. 만약 5일선에 지지하지 못하거나 양음양 또는 양음음양에서 첫 번째 양봉의 50%룰을 지키지 못한다면 매도해야 한다.

개선 선생의 절대비기!

- 기간조정이란 얼마만큼을 생각해야 하는가?

1) 주가가 한참 동안 상승하다가 횡보를 시작할 때가 온다.
2) 상승 시점부터 단기 고점까지를 ①번 구간으로 본다면, ①번 구간의 기간만큼 횡보(②)하다가 반등이 나온다면 급등을 의심해야 한다.
3) 이를 보통 기간조정(고가놀이)라고 한다. 고가놀이는 단기 3일, 중기 5, 7일, 장기 10, 20일 형태로 나오기 마련이다.

개선 선생의 절대비기!

- 20일선이 깨진다면 끝난 주식인가?

본 차트를 보면, 20일선이 깨졌다고 매도한 분들은 땅을 치고 후회했을 것이다. 이처럼 함정을 조심해야 한다. 주식의 수많은 기법을 세력이 모르고 있는 것이 절대 아니다. 세력은 20일선을 이용해서 개인투자자를 시험하고 있는 것이다.

횡보하던 주가가 20일선을 깨고 내려간다. 캔들의 고점이 20일선의 아래 또는 그 근처에서 20일선과 같은 패턴으로 움직이다가 반등이 나오면서 골든크로스하는 자리가 매수 포인트이다.

092 | 돌파 매매 | 돌파 매매가 나오기 전 갑작스러운 개미떨기 (남선알미늄 일봉)

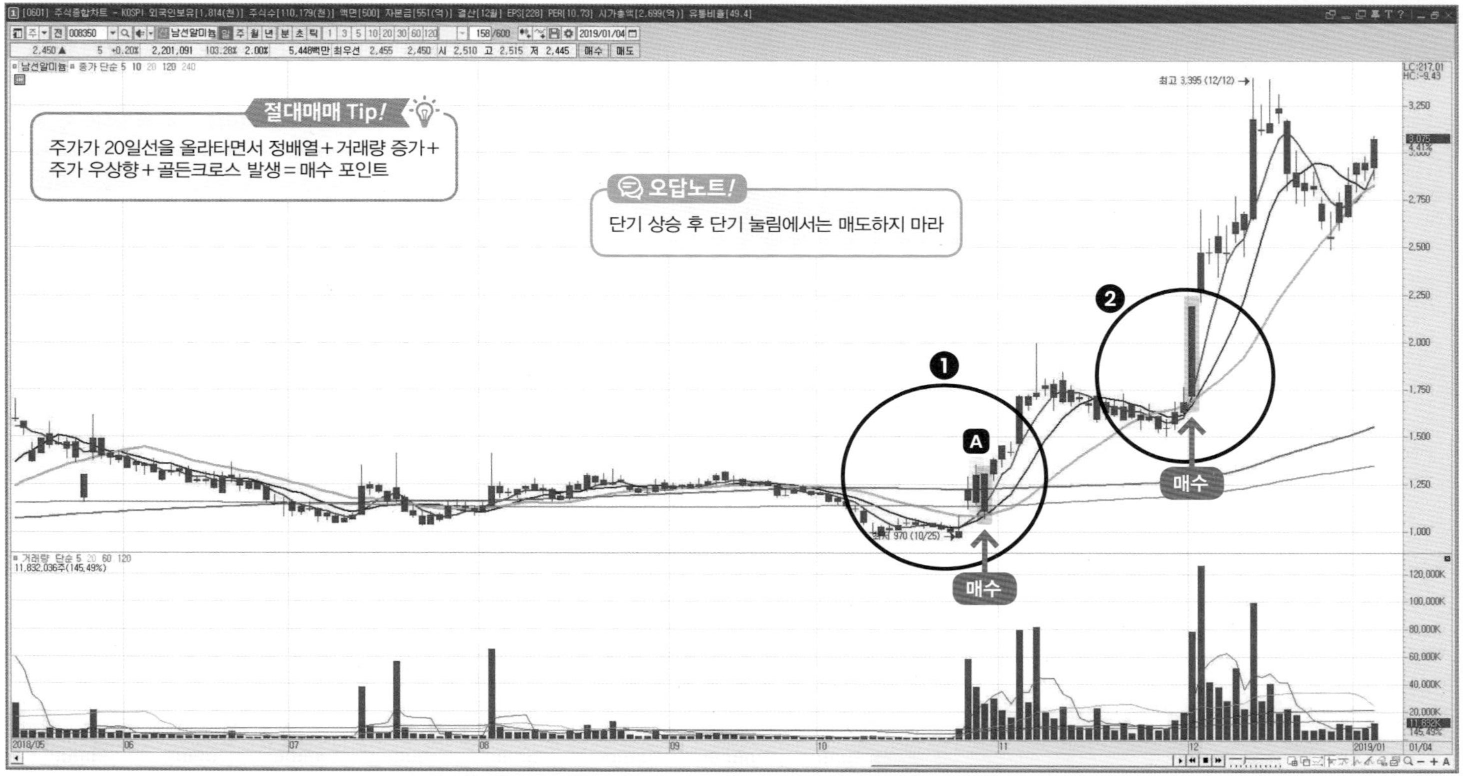

절대매매 Tip!
주가가 20일선을 올라타면서 정배열+거래량 증가+주가 우상향+골든크로스 발생=매수 포인트
오답노트!
단기 상승 후 단기 눌림에서는 매도하지 마라
최고 3,395 (12/12)
최저 970 (10/25)
매수
매수
A

개선 선생의 절대비기!

- 돌파 매매란, 세력이 본격적으로 주가를 올리기 시작한 것이다.

1) 세력은 개인투자자에게 많은 매수 기회를 주지 않으려 한다. 그래서 주가를 올리기 전, 개인투자자에게 겁을 주기 위해서 개미떨기가 나오는 경우가 많다.
2) ①번에서 이전에 잘 모여있던 이평선을 하방으로 밀어버리고, 개미떨기(A)가 나온 후 강한 돌파를 시작한다.
3) ②번에서 두번째 랠리가 시작되면서 20일선까지 수렴한다.

개선 선생의 한마디!

돌파 매매는 전고점이나 매물대를 강한 거래량과 함께 돌파하는 차트 모습이다. 전고점이나 매물대를 돌파했다는 것은 저항대 매물이 더 이상 없다는 의미이고, 매물이 없으니 강한 상승이 나올 수 있다.

093 | 돌파스윙 매매 | 돌파 매매가 오히려 더 쉽다 하이셈 일봉

절대매매 Tip!
삼중바닥의 저점에서 매수해야 하고, 전고점 돌파 후, 다시 전고점에 지지할 경우 매수해야 한다.
전고점 라인
정배열 골든크로스
매수
매수
매수
하방지지선
최고 6,500 (09/11)

개선 선생의 절대비기!

- **돌파 매매 시 꼭 확인해야 할 비기!**

1) 바닥을 잘 지지하고 있어야 한다.
2) 만약 바닥을 이탈하더라도 빠르게 회복해야 한다.
3) 거래량이 터지기 시작하면, 추세 돌파가 가능한 시점이 다가온 것이다.
4) 전고점 돌파 후, 다시 전고점 부근에서 지지가 나온다면(②) 상승 신뢰도는 더 높다.

개선 선생의 한마디!

무작정 돌파 시점에서 매수하는 것보다는 캔들이 전고점의 종가를 지지해야 하고, 고점에서는 차익매물이 쏟아질 수 있기 때문에 저점에서 이중바닥이나 삼중바닥이 나온 후, 움직임을 보면서 돌파 매매를 하는 것이 좋다. 돌파 매매는 시장 상황에 따라 차익매물이 먼저 나올 수 있는 리스크가 큰 매매 방법이기 때문에 눌림 구간을 활용해서 매수해야 한다.

094 | 하방지지+추세선 긋기 | 추세선을 잘 설정하면 매매에 큰 도움이 된다 한진칼 일봉

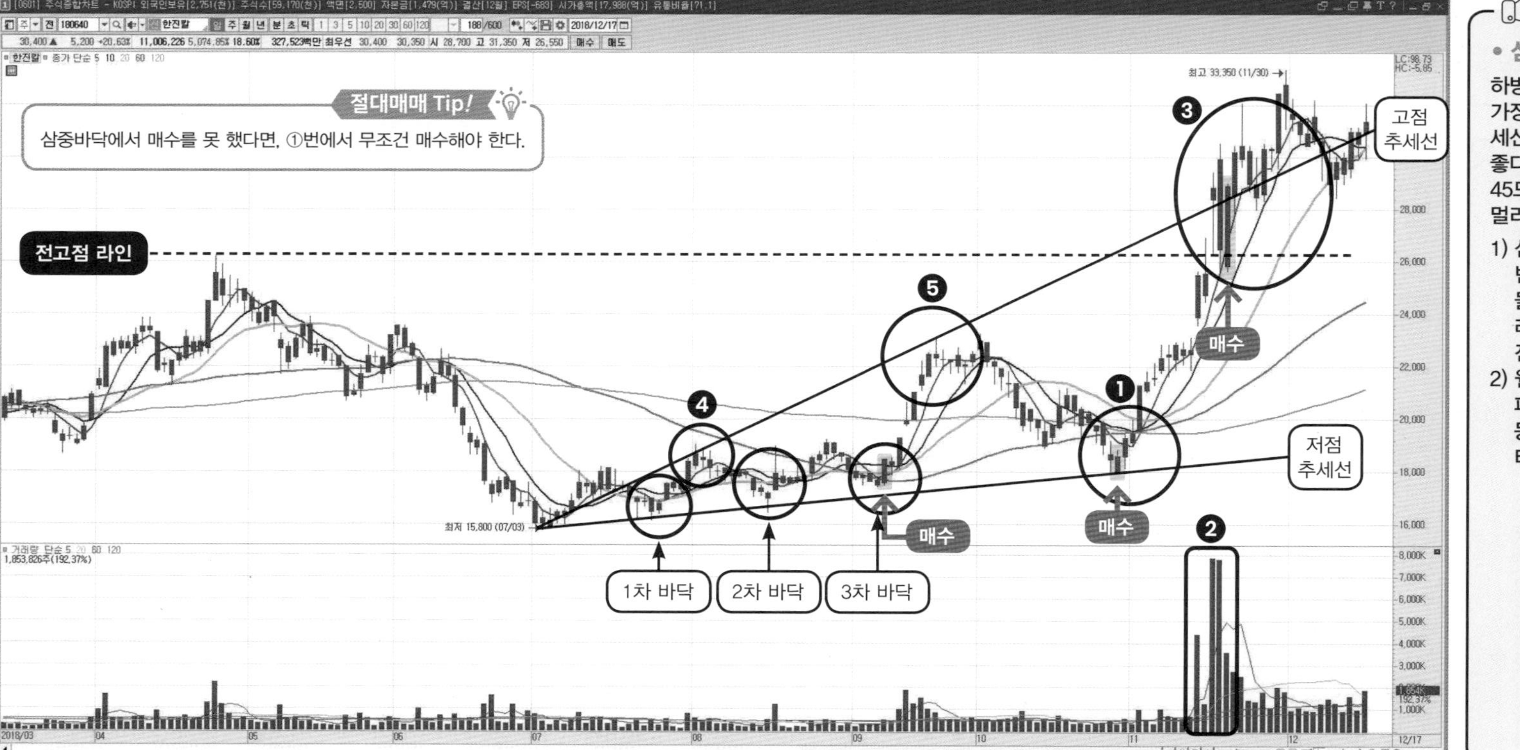

개선 선생의 절대비기!

• **삼중바닥의 완성?**

하방지지는 저점이 점차 상승할 때 가장 좋고, 고점 추세선과 저점 추세선의 간격이 점차 벌어지는 것이 좋다. 또한 고점 추세선의 각도가 45도 전후로 움직이는 것이 가장 멀리 갈 수 있다.

1) 삼중바닥이 완성되고, 다시 한 번 개미떨기가 완성(①)되면서 돌파를 준비하고 있다. 강한 거래량(②)이 터지면서 ③번에서 전고점을 돌파한다.
2) 웬만한 거래량으로는 전고점을 돌파할 수 없다. ③번에서 상당히 변동성이 증가했고 거래량이 크게 터지면서 돌파가 가능했다.

개선 선생의 한마디!

④번 자리가 완성되고, 상승 시작점부터 ④번 지점을 잇는 추세선을 그으면 ⑤번 지점까지 이어지게 된다. 추세선은 캔들과의 접점이 최소 3개 이상 만들어지는 것이 신뢰도가 높다. 추세선이 완성되면 추세선 매매를 하면 된다. 추세선은 지지선, 저항선 역할을 하기 때문에 이 추세선을 이탈하려면 아주 강한 거래량이 수반되어야 한다.

095 | 관통형 매매 | 하락추세를 상승추세로 바꾸는 힘 한미약품 일봉

개선 선생의 절대비기!

- **반전형 차트를 만들어 내는 힘!**

1) ①번 추세대를 돌파하지 못하고 눌림이 나오나 거래량이 함께 줄어들고 있는 상황(②)에서, ③번에서처럼 저항을 이겨내고 강한 장대봉(A)이 나오면 이는 매수 자리이다.
2) 장대봉(A)이 20일선을 관통하고 있으며, 다음 날부터 4일 동안 고가놀이가 나타나는데 큰 눌림 없이 5일선을 지지하고 있다.
   이처럼 힘을 지속적으로 끌어올리고 있는 모습이 추세 형성의 초기 모델이다.

개선 선생의 한마디!

삼각형 패턴에는 세 가지가 있다. 상승/하락/대칭 삼각형 패턴에서 가장 중요한 것은 '패턴이 완성된 후에 어떤 추세를 만들어내느냐'이다. 패턴이 완성된 후에 주가가 하락으로 움직인다면 매도해야 하고, 상승한다면 매수 자리가 될 것이다. 다시 말해서, 삼각형 패턴이 수렴되는 곳에서는 주가의 방향이 어디로 향할지 유심히 지켜봐야 한다.

096 | 추세 매매 + 거래량 | 추세 돌파 시 거래량이 터져야 한다 일진머티리얼 일봉

절대매매 Tip!
20일선 올라탄 자리에서 매수해라
오답노트!
20일선을 이탈하지 않으면 매도하지 마라
매수
매수
매수
매수
❶
❷
❸
❹
❺
❻

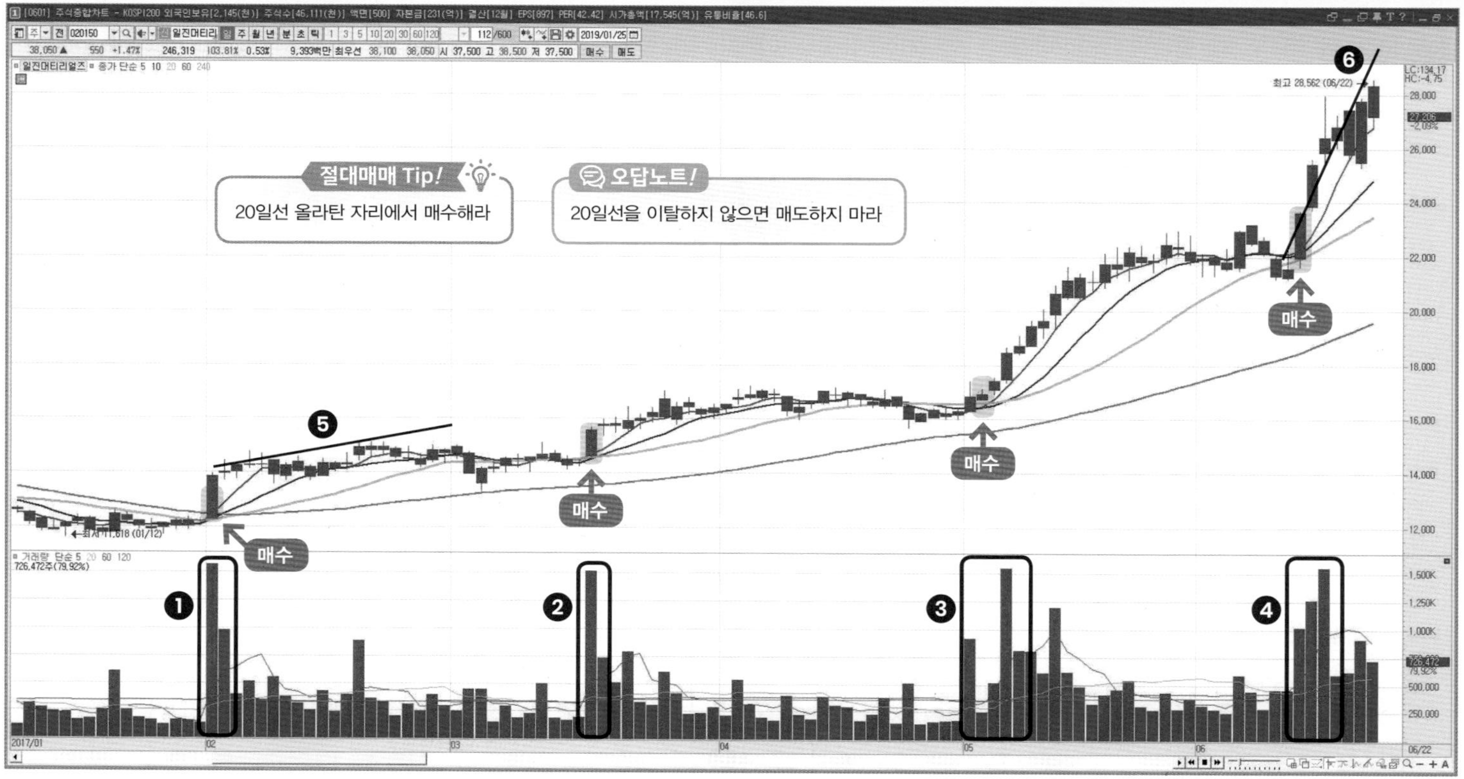

개선 선생의 절대비기!

거래량이 터지는 자리(①~④)의 공통된 특징은 장대양봉이 나오고, 장대봉이 20일선에 지지한 후, 반등이 나온다는 것이다. 우리가 매수를 하는 자리는 전부 저점을 계속 높이면서 추세가 지속적으로 상승하고 있다.

주식 격언 새기기!

"기적을 기대하지 말아야 한다."

최근 로또 복권이 사회적으로 큰 관심을 얻고 있다. 그러나 로또의 당첨확률은 814만분의 1이다. 벼락에 맞은 사람이 요행히 살아나서 다시 벼락에 맞을 확률과 맞먹는다고 한다.
주식투자는 복권이 아니다. 그러나 상당수 투자자들은 큰 행운이 나에게 올 것이라는 도박심리로 주식시장에 뛰어든다.
주식시장에서는 최대한의 노력으로 종목을 분석해야 하고 예상이 어긋나면 신속히 투자전략을 수정해가면서 대응해야 한다. 성공의 기회는 기다리고 노력하는 사람에게 조용히 다가오게 됨을 기억하라.

개선 선생의 한마디!

추세(Trend)라는 것은 한 번 형성되면 지속적으로 추세를 유지하려는 성질이 있다. 또한 그 힘이 꺾이는 자리마다 거래량이 터지면서 계속 추세를 상승으로 끌어올리는 모습이 나오고 있다. 누군가가 관리라도 하듯이 추세를 끌고 가고 있으며, 처음 추세의 기울기(⑤)는 10° 안팎이지만, 점차 기울기가 가팔라지고 있다. 45° 이상의 강한 기울기(⑥)가 형성되면, 차익실현을 해야 할 때가 임박했다고 보면 된다.

097 | 상승추세선 | 상승과 하락 시 추세선을 그어라 셀트리온 일봉

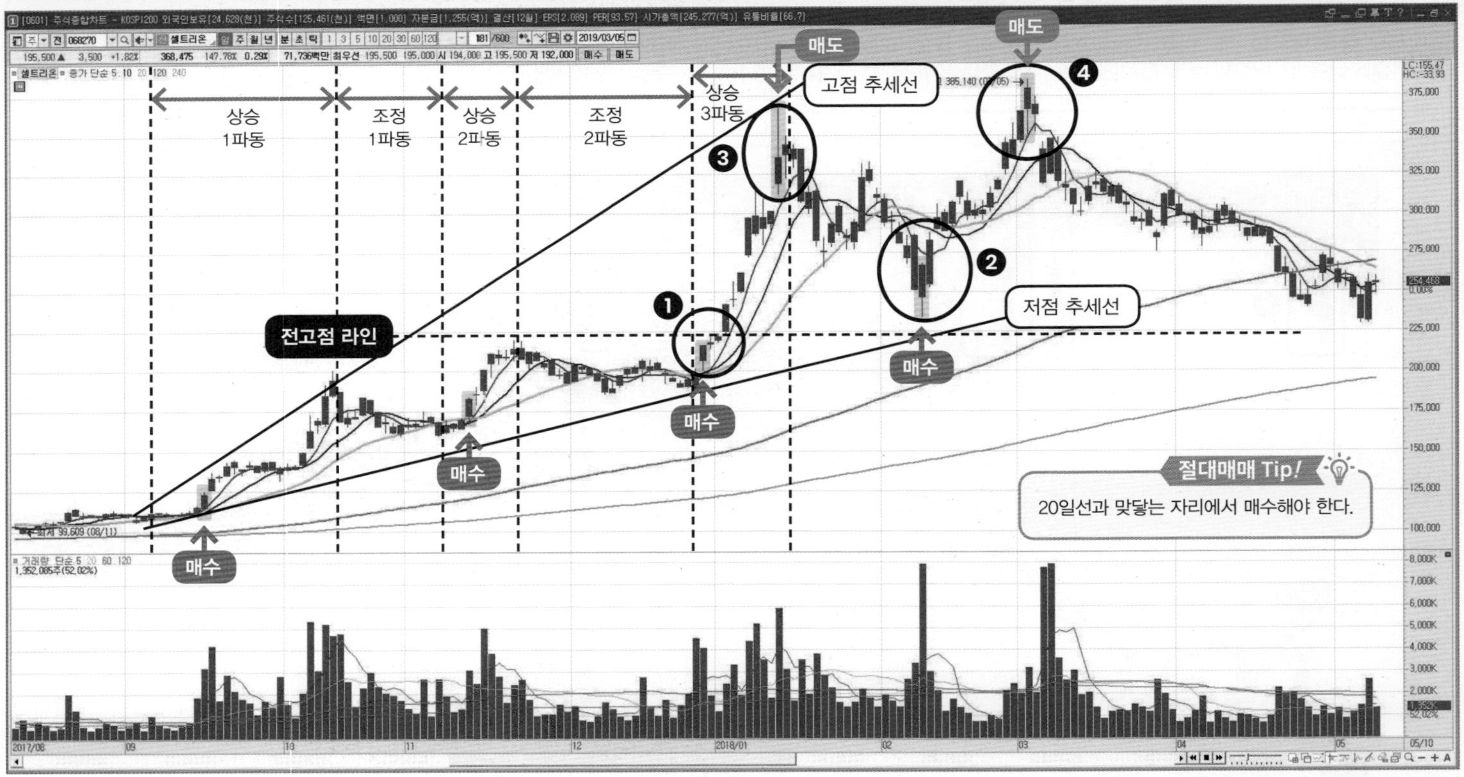

개선 선생의 절대비기!

- **상승추세선 설정하기**

1) 상승 시작점과 고점을 연결하는 추세선을 긋고, ①번에서 상승하여 ③번에 도달하면 매도한다.
2) ①번에서 20일선이 닿으면서 추세선 설정이 이루어지고, ②번에 왔을 때, 매수 가능한 자리가 될 수 있다. 보통 상승추세선과 평행추세선(전고점 라인)이 만나는 자리가 더욱 신뢰도가 높다.

개선 선생의 한마디!

상승이 시작되면 엘리엇 파동이론에 의해서 5번의 파동이 발생할 수 있다. 상승파동 시 3파동을 확인할 수 있는데, 상승 2파동에서 마무리될 수 있었지만 ①번에서 기울기가 가파른 추가 상승이 나오면서 마지막 랠리가 나온다. 마지막 파동은 가장 강력하고, 기울기가 가파르며 캔들의 길이가 길고, 거래량이 터진다. 이를 매도 신호로 생각하면 된다. 이후에 조정기간이 오더라도 ②번처럼 한 번의 매수 기회와 고점에서 쌍봉(③, ④)이 나오는 매도 기회를 준다.

098 | 평행추세선 | 평행추세선은 지지와 저항의 기본이다 녹십자랩셀 일봉

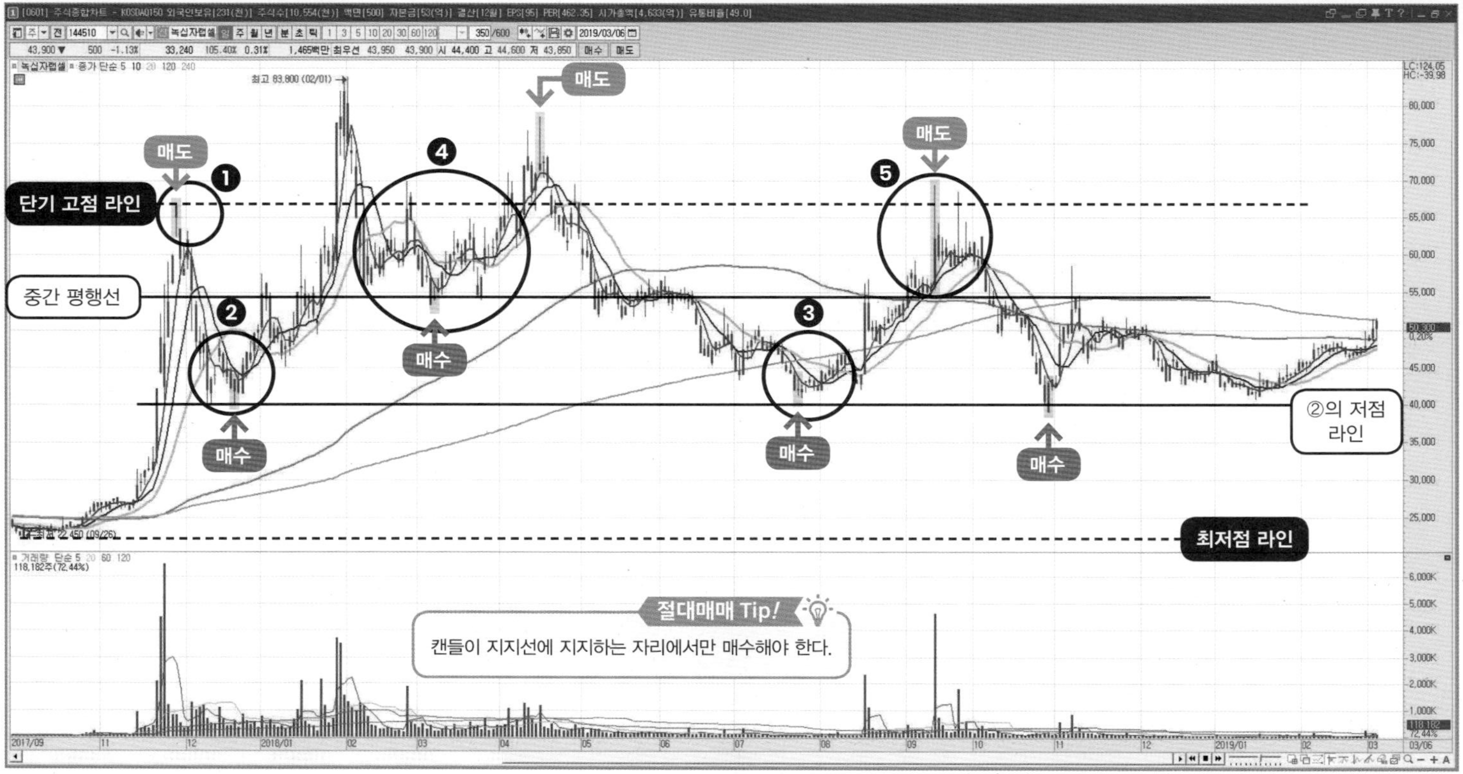

단기 고점 라인
매도
❶
최고 83,800 (02/01)
❹
매도
❺
매도
중간 평행선
❷
❸
매수
매수
매수
매수
②의 저점 라인
최저점 라인

절대매매 Tip!
캔들이 지지선에 지지하는 자리에서만 매수해야 한다.

개선 선생의 절대비기!

- **평행추세선은 지지나 저항의 기본이 된다.**

1) ①번에서 단기 고점을 형성한 후, 눌림이 나오면 최고점과 최저점의 중간 지점에서 ②번이 형성된다. 그리고 언젠가 캔들이 ②번과 비슷한 지점(③)에 오면 매수 자리가 나올 수 있다.
2) ②번에서부터 한 번 더 상승이 나오면서 ①번과 ②번 사이의 중간평행선이 형성되고, 데드캣바운스(④)가 나오게 된다.
3) 단기 고점 라인과 맞닿는 지점이 설정되고, ⑤번에서는 꼭 팔아야 한다. 이 지점이 마지막 매도 기회이다.

개선 선생의 한마디!

평행추세선과 상승추세선이 만나는 곳이 가장 강력한 매수 지점이 된다. 특히 평행추세선은 지지선 역할을 할 때도 있고, 저항선 역할을 할 때도 있다. 단기 상승이 나오면 50%룰을 기억하고 움직이면 된다. 넥라인을 설정하고 '매수 자리는 꼭 다시 온다'는 생각으로 기다리는 매매가 좋다. 매도는 기회를 놓치면 절대 안 되니 미리 차트에 추세선을 그려놓고 기다리고 있어야 한다.

PART 05

- 바닥 기법
- 알파벳 기법
- 조정 매매
- 파동 매매
- 고점 돌파 실패

99 | 삼중바닥 | 1차 급등 후 20일선을 깨고 내려온 후 바닥 완성 갤럭시아컴즈 일봉

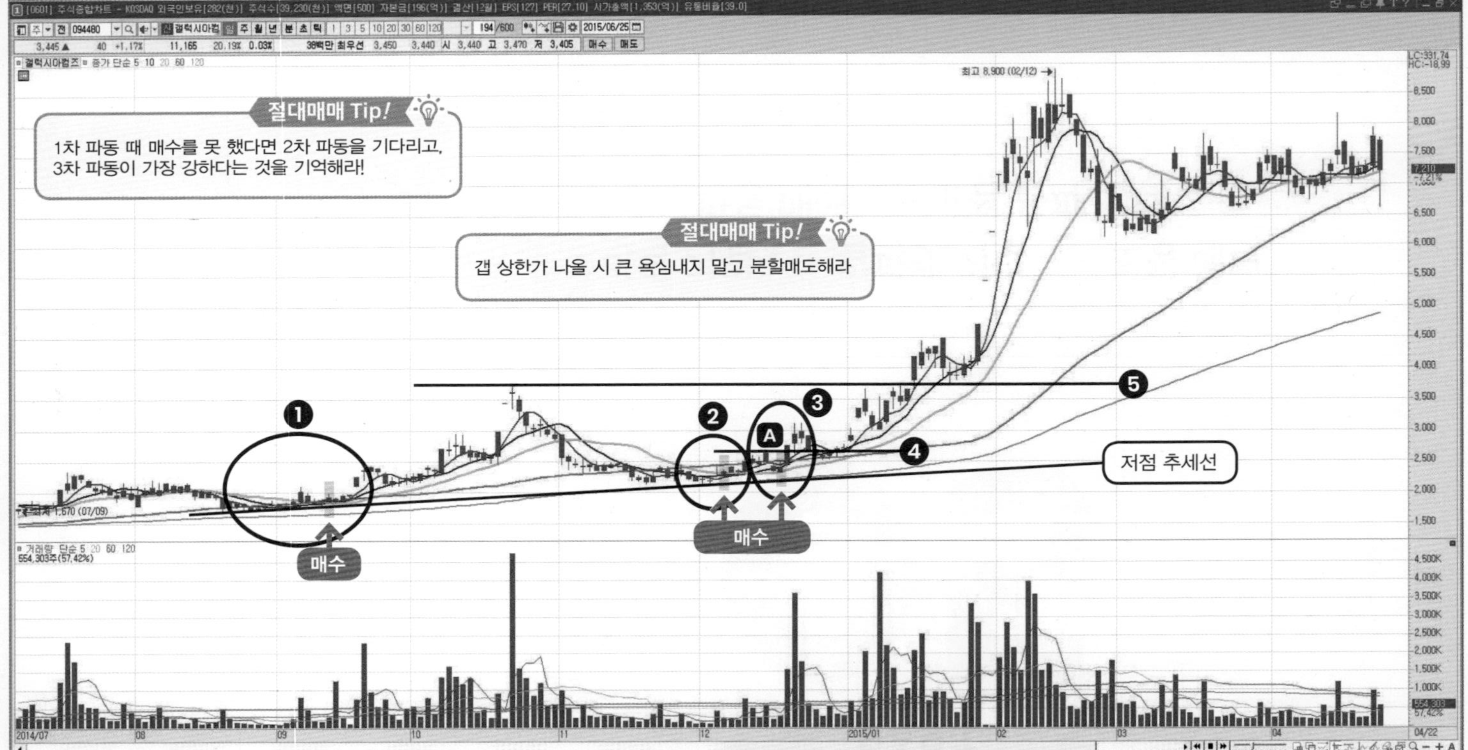

절대매매 Tip!
1차 파동 때 매수를 못 했다면 2차 파동을 기다리고,
3차 파동이 가장 강하다는 것을 기억해라!
절대매매 Tip!
갭 상한가 나올 시 큰 욕심내지 말고 분할매도해라
저점 추세선
매수
매수
최고 8,900 (02/12)

개선 선생의 절대비기!

• **삼중바닥 완성의 핵심 포인트**

삼중바닥은 집을 팔아서라도 매수하라고 할 만큼 급등의 기초가 된다. 세 번의 하방지지가 나왔다는 것은 세 번 모두 바닥에서 누군가가 받아주고, 매수하고 있다는 증거이다.

1) 1차 바닥(①)에서 초기 상승이 나오기 시작한다. 초기 상승으로 인해서 강세가 나온 뒤, 20일선을 깨고 내려온 순간부터 주목해야 한다. 단, 이 시기에 거래량을 체크한다.
2) 캔들이 20일선을 깨고 내려온 후, 초기 상승을 시작한 부근과의 접선에서 1차 바닥이 발생하면 주목한다. 이때는 거래량이 가장 바닥이어야 한다.
3) 2차 바닥(②)은 1차 바닥의 저점을 지지하는 것이 중요하다. 이때가 두려움이 최고조에 달한다.
4) 3차 바닥(③)은 평행선 접선도 좋지만, 2차 바닥과 3차 바닥처럼 살짝 짝궁뎅이 식으로 우상향이 되면 더욱 신뢰가 가고, 20일선을 지지하는 모습 또한 몸통이 긴 장대 역망치형 캔들(A)이 20일선을 지지하기 때문에 더욱 신뢰가 간다. 이때부터 거래량이 순증해야 한다.

개선 선생의 한마디!

삼중바닥이 이루어진 후, 언제 매수할 것인지가 가장 중요하다. 만약 삼중바닥이 실패로 끝나면 전저점을 뚫고 내려가 버리기 때문이다. 다시 말해서, 삼중바닥이 완성된 후, 중요한 매수 포인트는 이중바닥을 완성하고 상승한 고점을 돌파하거나 단기 고점 라인(④)을 재차 지지하는 지점이다. 삼중바닥은 상승 탄력이 나오면 전고점(⑤)을 충분히 뚫어낼 수 있기에 더욱 매력있다.

100 | 바닥 매매 | 20일선이 장대양봉 아랫부분을 관통 상승 와이디온라인 일봉

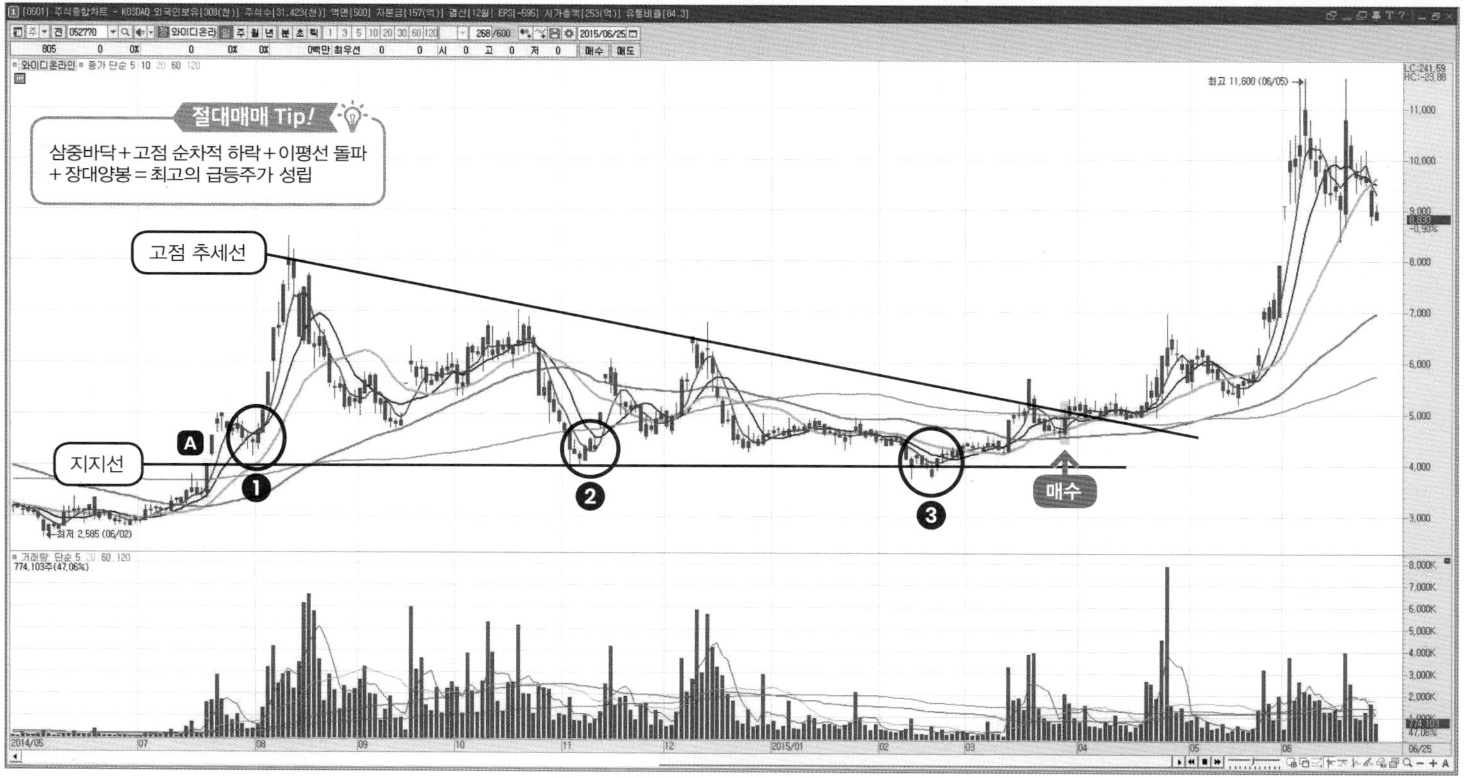

절대매매 Tip!
삼중바닥+고점 순차적 하락+이평선 돌파
+장대양봉=최고의 급등주가 성립
고점 추세선
지지선
A
❶
❷
❸
매수
최고 11,600 (06/05)
최저 2,585 (06/02)

개선 선생의 절대비기!

- **주식이 고점을 찍고 하락할 때는 언제 매수해야 하는가?**

최초 고점이 나온 이후, 고점부터 연결한 선이 캔들과 세 번 닿은 상태에서 하방으로도 지지가 세 번(①~③) 나와야 한다. 또한 그 지지 위치가 최초 급등 시점 장대봉(A)이 나오거나, 거래량이 증폭된 위치에서 저점이 완성되는 것이 신뢰도가 높다. 마지막 ③번 위치에서는 망치형 콕 기법 형태나 역망치형 하방지지 형태가 가장 강한 변곡점을 만든다. 그리고 ③번 지점으로 갈수록 거래량은 한없이 줄어든다. 이렇게 관심도가 떨어졌을 때가 중요한 매수 시기이다.

개선 선생의 한마디!

바닥 매매는 어렵다. 바닥은 지나고 나서야 이곳이 바닥이었다는 것을 알 수 있기 때문에 바닥 예측은 아무도 할 수 없다. 따라서 아무리 기법의 논리에 맞더라도 저점을 깨는 상황, 특히 위에서 ③번 저점을 깨고 하방으로 내려온다면 무조건 비중을 줄이거나 매도해야 한다.

101 | 바닥 매매 | 물결파동 3번 이후 거래량 터진다면 적극 매수 리드 일봉

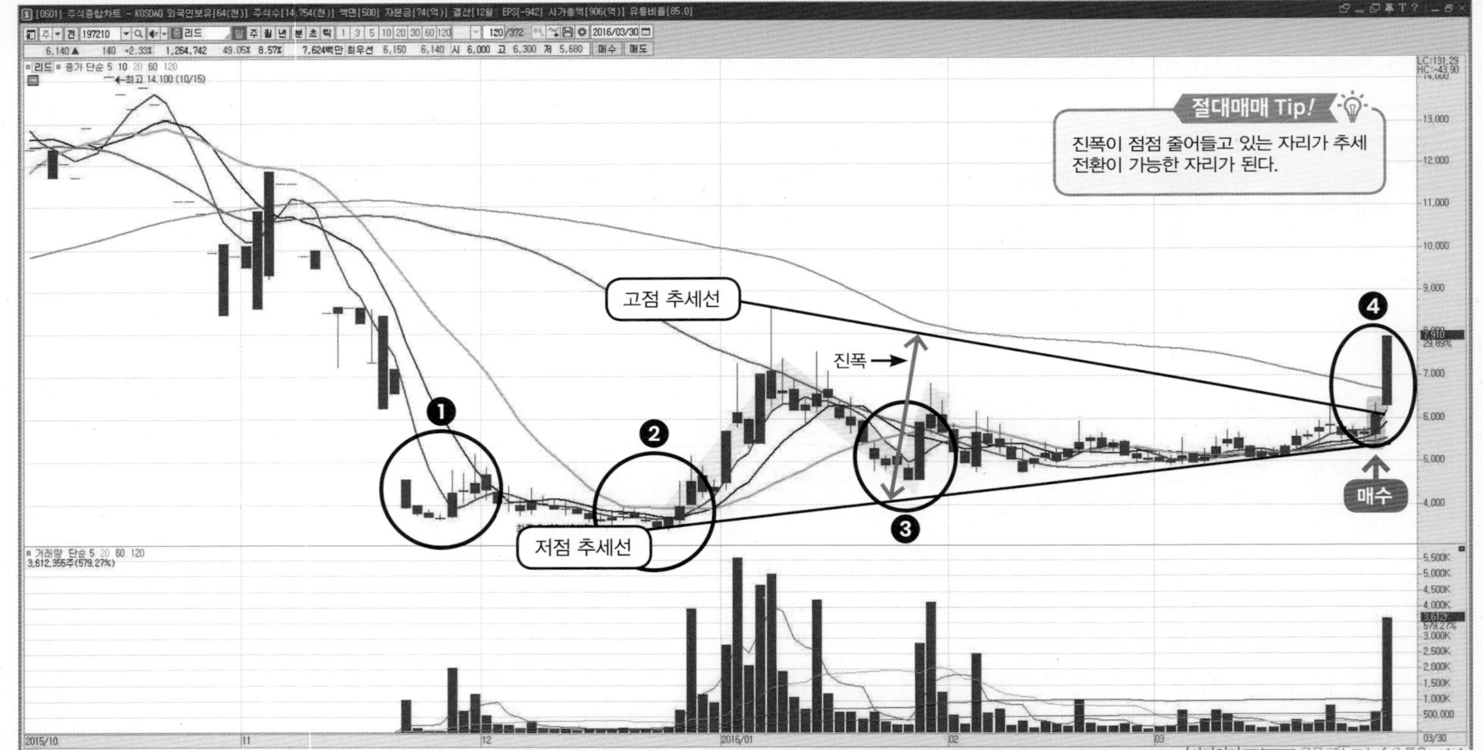

개선 선생의 절대비기!

- **바닥주 매매의 핵심!**

1) 바닥은 그 당시에는 알 수 없다가, 지나고 나서야 그 자리가 바닥이었다는 것을 확인할 수밖에 없다. 바닥은 일반적으로 캔들과 패턴 그리고 지지와 저항 관계로 확인할 수 있고, 거래량을 통해서 신뢰를 높일 수 있다.
2) ①번에서 일단 단기 기술적 저점을 형성하고, ②번이 ①번을 깨지 않고 지지를 한다. 그러면 이중바닥이 완성된 것이다.
3) ③번에서 N자형 패턴을 만들면서 짝궁뎅이 모습이 나오고, 이후에 ③번을 깨거나 해치는 모습이 나오지 않는다면 관심있게 본다.

개선 선생의 한마디!

거래량을 보면, ①번 지점의 거래량보다 ②번 지점의 거래량이 더 많고, ③번 지점도 ②번 지점과 비슷한 거래량을 보이고 있다. 무엇보다 ④번에서 추세 전환이 일어나는 순간 매수를 해야 한다는 것이 중요하다. 이때 거래량이 ②번과 ③번보단 적은데도 상승 돌파하게 되면 추세의 속도 및 방향이 더욱 빠르고, 가파르게 진행될 수 있다. 그래서 뒤늦게 가는 말에 올라타도 큰 수익을 지속해서 낼 수 있다.

102 | 삼단하락 | 하락이 나오기 시작하면 삼단 하락 후 반등 코센 일봉

하락
하락
하락
저점 추세선
❶
❷
❸
매수
최고 1,900 (01/04)
최저 742
절대매매 Tip!
3파동이 나온 후, 하락 파동을 주도한 20일선을 다시 돌파하고 지지한다면, 그때가 매수 타이밍이다.

개선 선생의 절대비기!

엘리엇 파동이론에서, 하락 파동은 세 번의 파동이 나온다고 한다. 이때 여러 가지 자세한 조건을 확인해야 한다.

1) 밀집된 이평선 저점을 뚫고 내려올 경우, 하락이 시작한다고 본다. 급등이 나온 후 하락이 시작될 때에는 20일선을 기준으로 한다.
2) ①번에서 하락이 나온 후에 다시 올라갈 듯하지만, 이평선이 다시 하락하여 내려오게 되면서 ②번을 형성한다.
3) ②번을 지나서 다시 상승하는 듯하지만, 마지막 투매로 ③번에서 또 주가가 하락하고, 이후에 급등이 시작된다.

개선 선생의 한마디!

저점을 깨고 내려간다는 것은 그만큼 하락추세의 힘이 세다는 것이다. 한 번 추세가 무너지면 올라가는 것은 쉽지 않다. 하락 파동에서는 꼭 세 번째 파동에서 매수를 진행하는 것이 좋다. 간혹 V자 반등이 나오기도 하지만, 이는 갑작스러운 악재나 단기성 악재인 경우에만 해당된다. 따라서 하락이 시작되면 보수적으로 생각하고 대응하는 것이 훨씬 안정적인 매매 방법이다.

103 | 지지 저항 박스권 매매 | 박스권 매매가 돌파 매매보다 더 쉽다 이노와이어리스 일봉

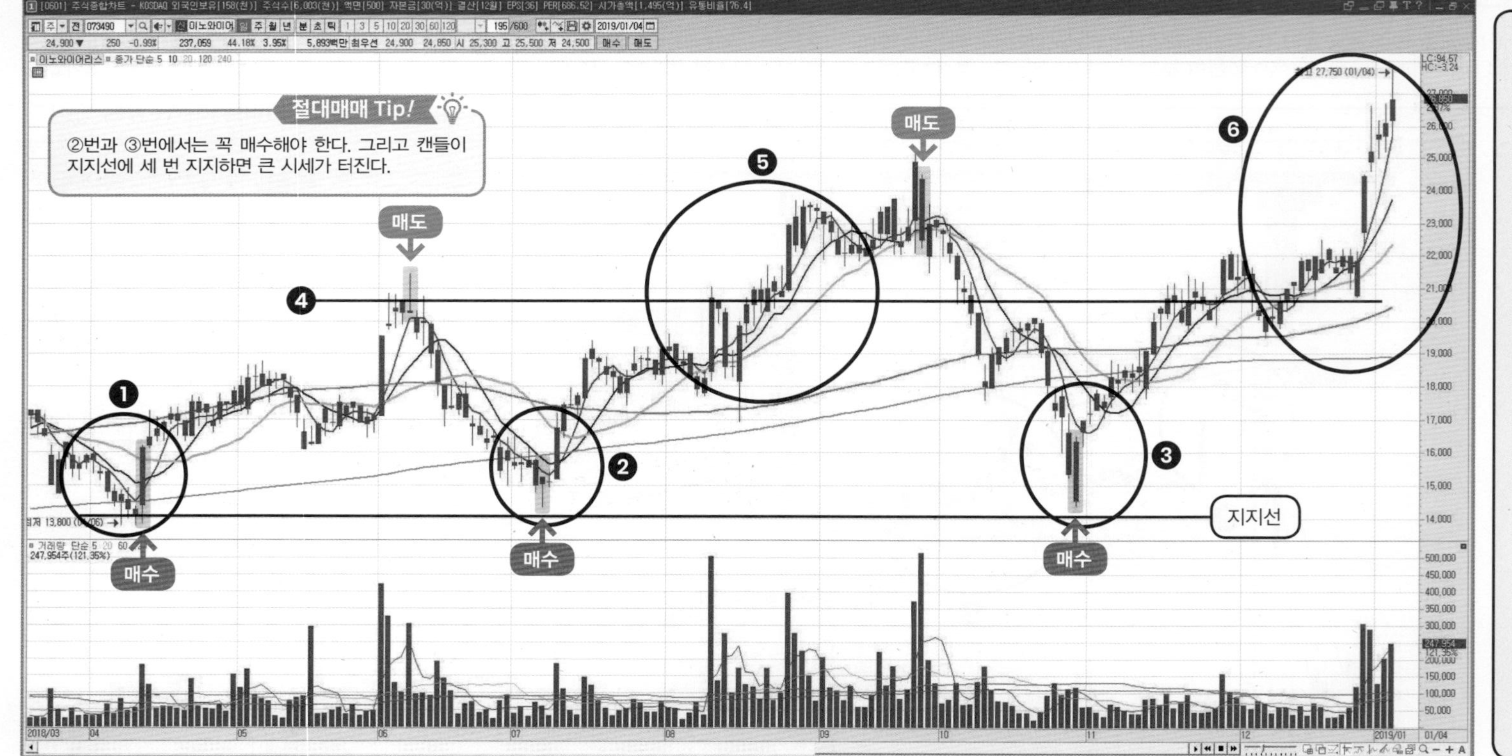

절대매매 Tip!
②번과 ③번에서는 꼭 매수해야 한다. 그리고 캔들이 지지선에 세 번 지지하면 큰 시세가 터진다.
매도
매도
매수
매수
매수
지지선

개선 선생의 절대비기!

- **박스권 매매는 지지와 저항의 평행 추세선 매매!**

1) 이평선이 조금씩이라도 우상향하고 있는 것이 좋다.
2) 최저점(①)을 기준으로 지지선을 정하고, ②번과 ③번처럼 캔들이 지지선까지 오면 매수한다.
3) 저항선(④)을 지속 돌파할 것이라는 강한 긍정보다는 다시 하락할 수 있다는 마음을 가지고 분할매도한다.
4) 저항선을 완전히 돌파할 때에는 이전에 있던 상승 기울기보다 더 가파른 기울기가 나와야 한다.

개선 선생의 한마디!

저항선(④번 선)을 ⑤번처럼 돌파하는 것보다는 ③번처럼 가파른 기울기를 가지고 돌파해야 한다. 이미 바닥을 세 번 찍었기 때문에 ⑥번에서는 돌파 확률이 더 높다. 일단 ①~③번에서 세 번 바닥을 찍어 삼중바닥을 만들었다면, ⑥번에서는 박스권 매매를 하지 말고, 추가 돌파 상승을 기대하는 것이 좋다.

104 | 삼중바닥 + 삼각형 | 힘이 응축되는 것을 느껴라 3S 일봉

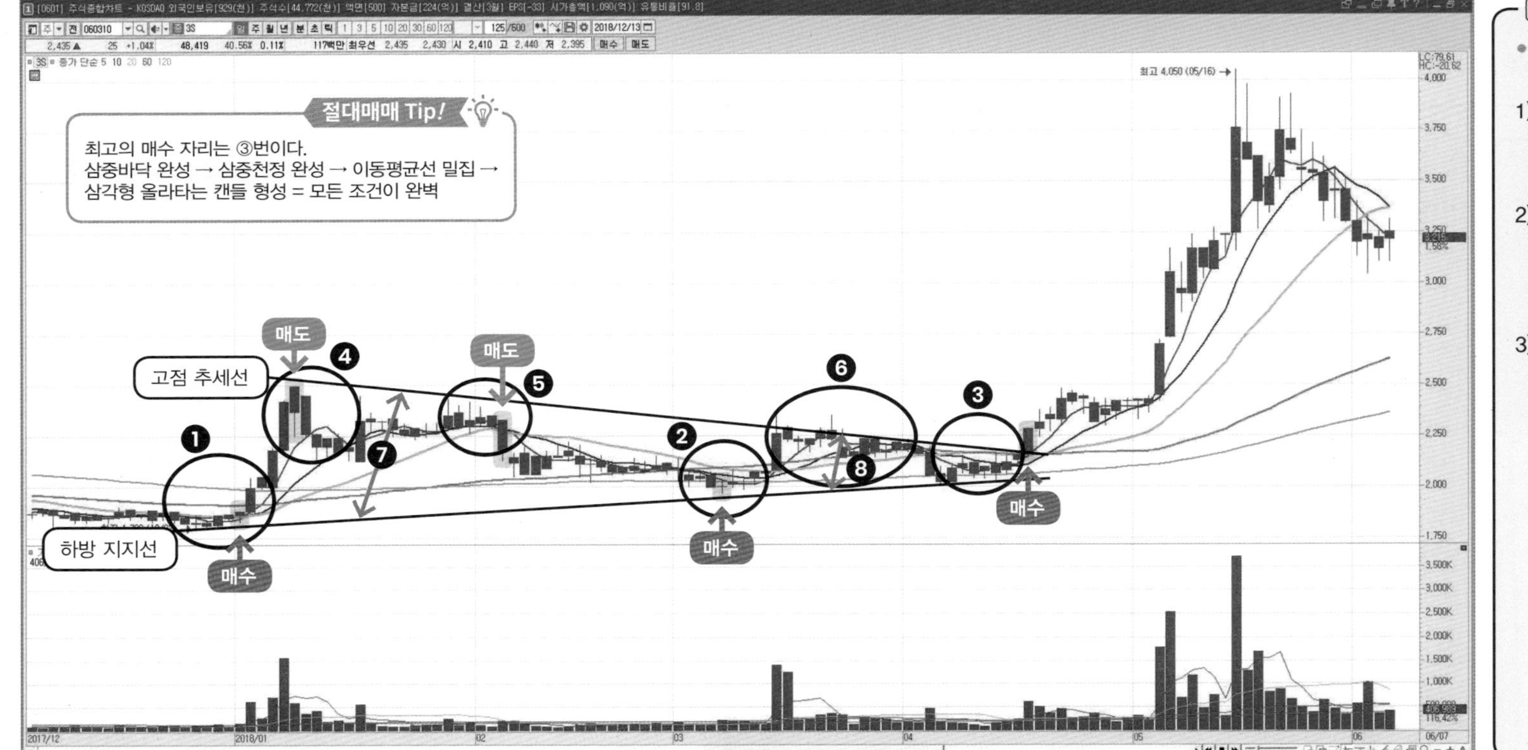

절대매매 Tip!
최고의 매수 자리는 ③번이다.
삼중바닥 완성 → 삼중천정 완성 → 이동평균선 밀집 →
삼각형 올라타는 캔들 형성 = 모든 조건이 완벽
고점 추세선
하방 지지선
매도
매수
최고 4,050 (05/16) →

개선 선생의 절대비기!

- 삼중바닥 + 직각삼각형 투자 기법!

1) 하방 지지선을 보면, ①~③번에서 하방을 지지하고 있다. 중요한 것은 점점 하방 지지선이 올라가고 있다는 것이다.
2) 고점 추세선을 보면, 캔들이 상단 돌파를 하지 못하고, ④~⑥번에서 세 번 매물 저항 중이며, 각 지점의 고점이 점차 낮아질수록 신뢰도가 더 높다.
3) 하방 지지선과 고점 추세선 사이의 간격은 진폭(⑦~⑧)이다. 진폭이 점차 좁아지면서 힘이 응축되고 있다.

개선 선생의 한마디!

①번에서 매수했다면, ④번이나 ⑤번에선 매도를 해야 한다. 두 번째에서 천정을 돌파하지 못하면 급락이 나올 수 있다. 그리고 ②번에서 매수하게 되면 돌파를 생각하고, 매수 후 급락이 나오면 삼중바닥이 형성되는지 확인할 때까지 버텨야 한다. 직각삼각형의 ⑦번 진폭에서 ⑧번처럼 진폭이 좁아지면서 힘이 응축되는 것을 느낄 수 있어야 한다.

105 | 바닥지지 매매 | 처음 바닥이 완성되면 지속 지지한다 삼성출판사 일봉

고점 라인

중간 지지선

세력 매집선

최저점 지지선

매수

매수

매수

절대매매 Tip!

1차 지지할 때 매수하지 못했다면, 캔들이 최저점 지지선과 세력 매집선 사이 구간에 진입 시 바닥지지를 확인하고 매수해야 한다.

개선 선생의 절대비기!

- 바닥지지는 정말 중요하다! 하방경직!

1) 최저점 지지선이 처음 형성되면, 급등 전 밀집된 고점선인 세력 매집선까지 지정될 수 있다. 세력 매집선이 완성되면, 최저점 지지선과 세력 매집선 사이가 매수 구간이 된다.
2) 그리고 중간 지지선, 고점 라인의 구간이 매물대 구간이다.

개선 선생의 한마디!

주식시장에서는 파동의 중요성이 크다. 힘이 모아질 때와 강해질 때 파도의 세기가 각각 다르듯이, 주식도 바다의 파도처럼 움직인다. 그러나 최대한 공통점을 찾아야 한다. 왜냐하면 이 종목을 주도하는 주 세력의 매수, 매도는 비슷하게 움직이기 때문이다.

106 | 삼중바닥 + 돌파 | 저점을 잡고 돌파를 기다려라 큐리언트 일봉

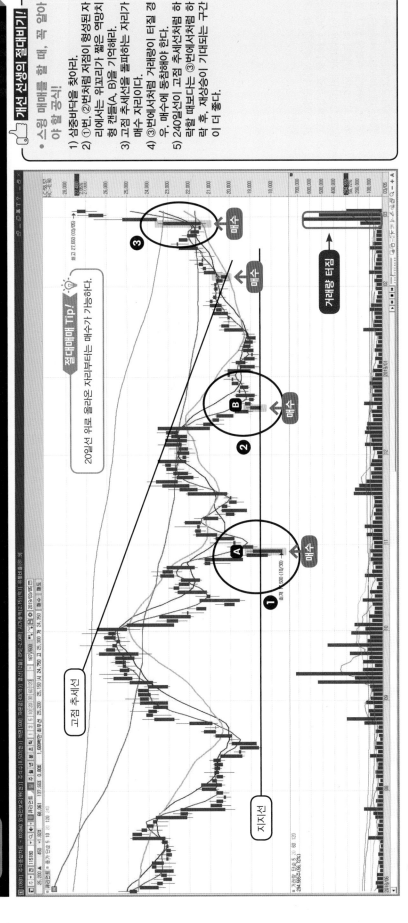

개선 선생의 절대비기!

• **스윙 매매를 할 때, 꼭 알아야 할 공식!**

1) 삼중바닥을 찾아라.
2) ①번, ②번처럼 저점이 형성된 자리에서는 위꼬리가 짧은 역망치형 캔들(A, B)을 기억해라.
3) 고점 추세선을 돌파하는 자리가 매수 자리이다.
4) ③번에서처럼 거래량이 터질 경우, 매수에 동참해야 한다.
5) 240일선이 고점 추세선처럼 하락할 때보다는 ③번에서처럼 하락 후, 재상승이 기대되는 구간이 더 좋다.

개선 선생의 한마디!

직장인들은 아무래도 시간이 많지 않기 때문에 하루에 한두 번 매매를 한다고 봐야 한다. 그렇다면 미리미리 매매 전략을 세우고 들어가는 것이 좋다. 바닥을 찾더라도 섣불리 바닥이라고 확신을 갖지 말고, 여유를 가지고 이중바닥과 삼중바닥을 확인한 후에 매수에 가담해도 늦지 않다는 것을 명심해야 한다.

107 | 직장인 스윙 매매 | 바닥 저점+N자형+박스권 매매 한온시스템 일봉

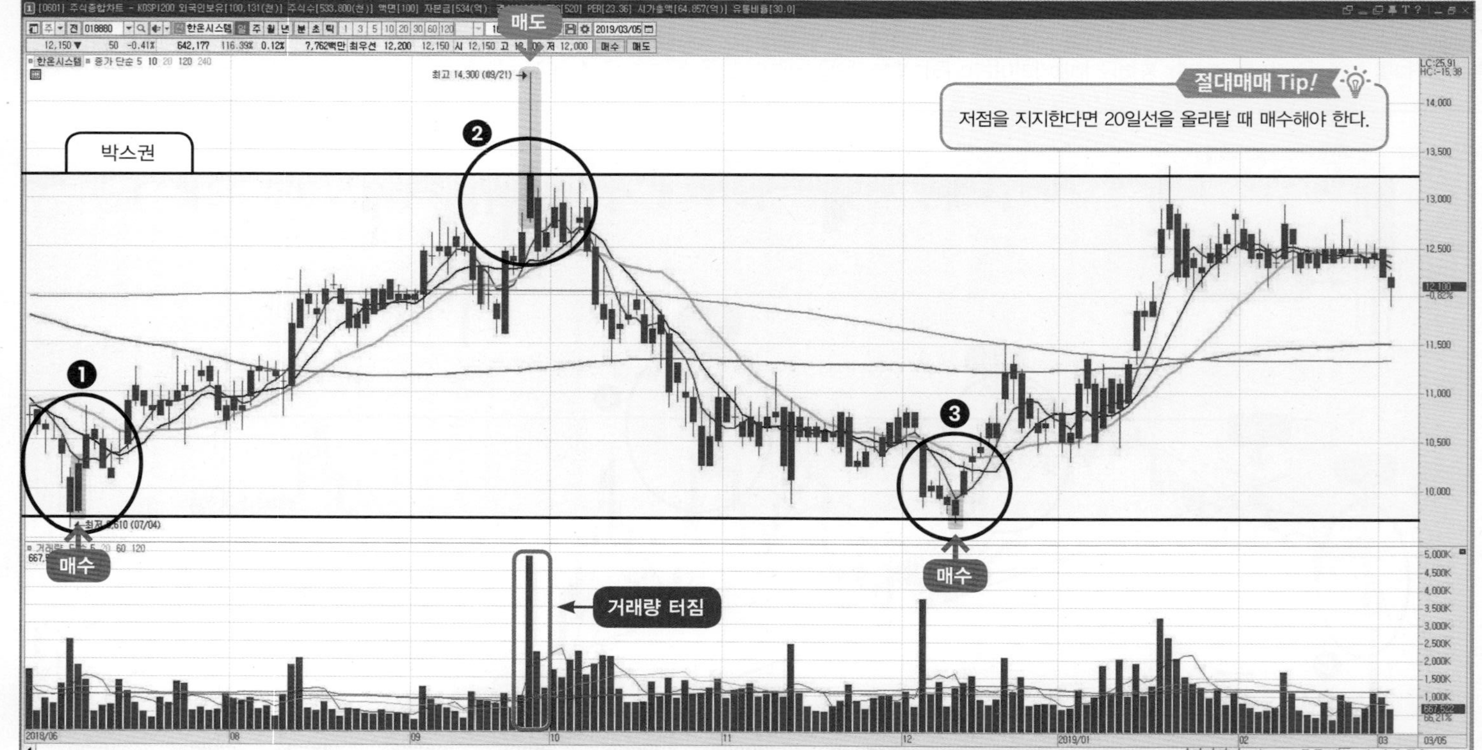

매도
절대매매 Tip!
저점을 지지한다면 20일선을 올라탈 때 매수해야 한다.
박스권
최고 14,300 (09/21)
매수
거래량 터짐
매수

개선 선생의 절대비기!

- **스윙 매매에서 가장 중요한 것은 저점매수이다.**

1) ①번에서 저점이 확인되었다면, ②번 자리를 기다려야 한다. ②번에서 240일선을 완벽히 돌파하는 데 실패하고 거래량이 터졌다면, 하락할 수밖에 없다. 하락이 시작되면 섣불리 매수하지 말고, ③번까지 기다려야 한다.
2) ③번에서 바로 매수하기 어렵다면, 20일선 위로 올라갈 때 매수해라.

개선 선생의 한마디!

한국 증시에서는 박스권 매매가 잘 통한다. 아무래도 심리적으로 움직이는 부분이 크다 보니 단기 변동성이 많다. 그래서 상승이 나온다면 아무리 좋은 호재가 있더라도 박스권을 생각하고 차익을 실현해야 하며, 박스권 돌파 시 재매수하는 방법을 선택하는 것이 리스크 관리에 더 좋을 수 있다.

108 | 바닥주 매매 | 삼파동 후 바닥 다지고 상승 탄력 시 스윙 매매 코오롱 생명과학 일봉

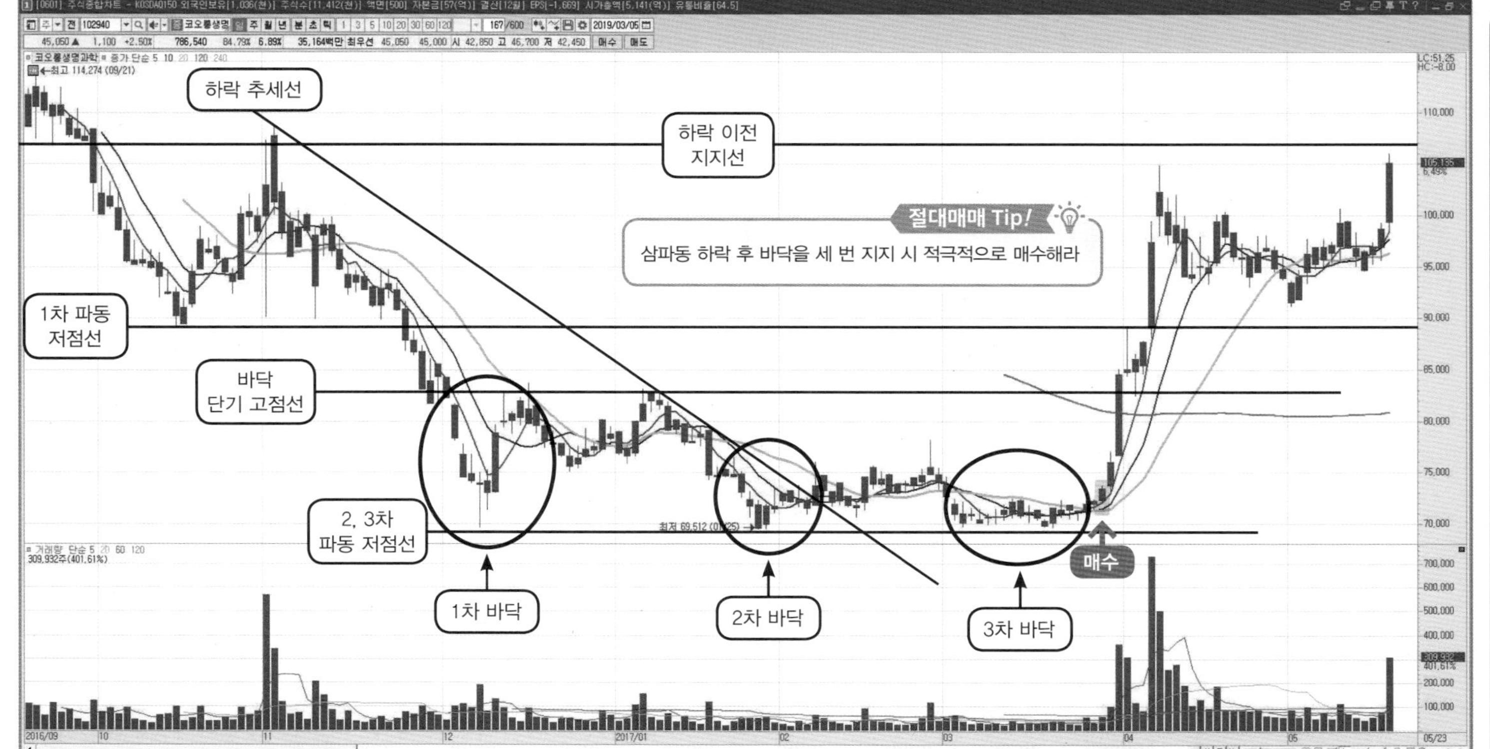

주식 격언 새기기!

"머리와 손은 함께 움직여야 한다."

인간은 항상 어려운 결정을 할 때에 이성과 감정 사이에서 방황하는 경우가 많다. 주식투자의 판단을 하는데 있어서도 이성과 감정이 명령하는 의견이 서로 상반되어 갈등을 느끼는 때가 많다.

주식을 제때에 팔지 못한 상태에서 주가가 계속 하락하고 있을 때는 이성적으로는 팔아 버리자는 생각을 하면서도, 감정적으로는 막대한 손실을 감수할 바엔 팔지 말았으면 하는 생각을 하게 된다. 그러나, 주식투자는 가급적이면 감정적인 요소를 최대한 제거하여 최대한 합리성을 바탕으로 판단하여야 한다.

또한, 머리로는 주식을 팔아야 한다고 생각하면서 바로 행동에 옮기지 못해서 주가가 폭락해 버리는 경우도 있다. 이성적으로 판단해서 어떤 결정을 내렸으면 바로 행동에 들어가야 한다. 어떤 위대한 사상도 행동으로 옮기지 않으면 가치가 없다.

개선 선생의 한마디!

차트에 평행추세선을 설정하고, 바닥을 세 번 찍으면 주가 상승을 기대한다. 삼중바닥을 찍을 때 파동의 진폭이 점차 줄어들고, 캔들이 20일선을 올라타면서 거래량이 순증하기 시작한다면, 삼중바닥이 완성되고, 역배열 말기가 끝나고 정배열 초기 모델이 되는 것이다.

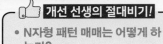

109 | N자형 매매 | 20일선 깨진 후 바로 회복하면서 돌파 시점 키이스트

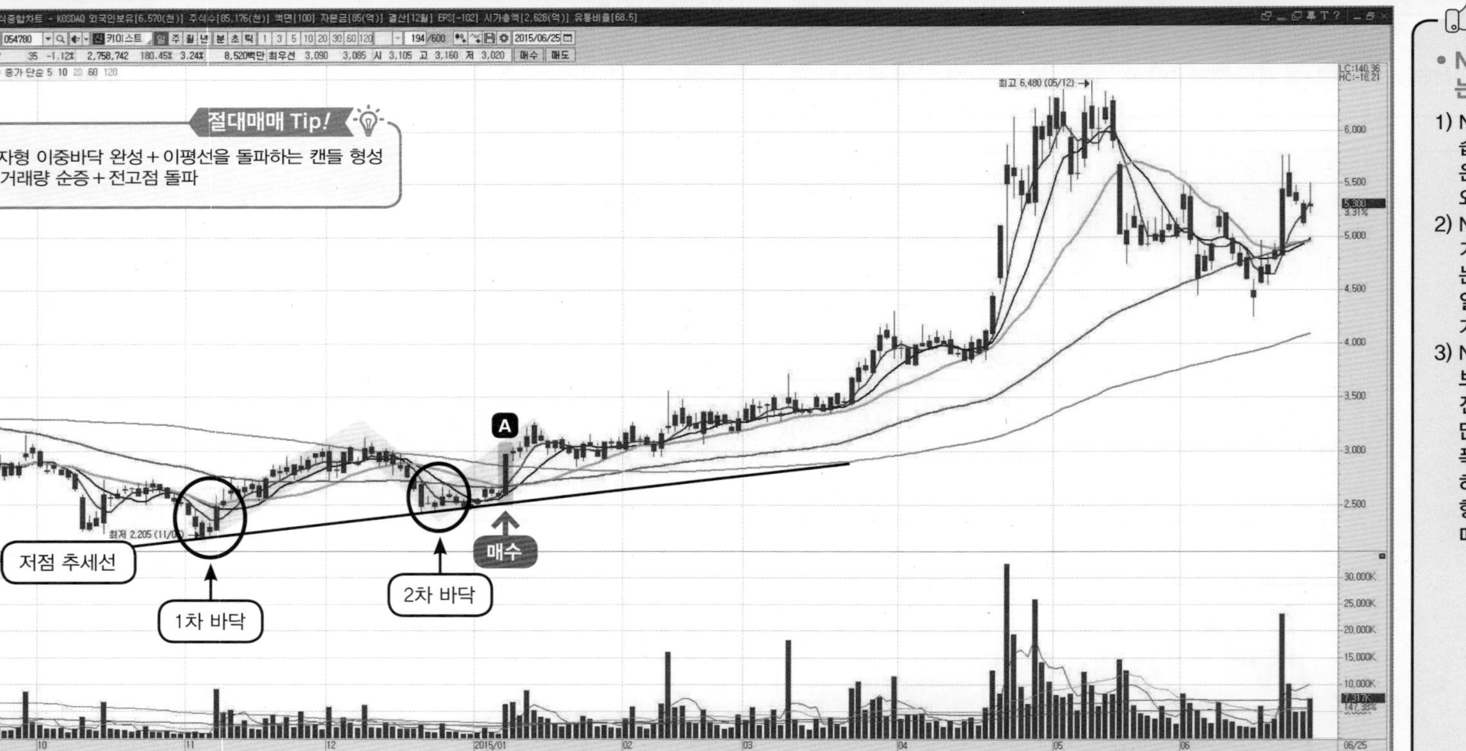

개선 선생의 절대비기!

- N자형 패턴 매매는 어떻게 하는가?

1) N자형 패턴은 저점을 올리는 모습이 좋다. 저점을 올린다는 것은 세력이 저점에서 매수가 들어와 주고 있다는 반증이다.
2) N자형에서는 각각의 변곡점까지 거리, 다시 말해서 N자를 형성하는 선분 3개가 다 동일한 거래일수로 만들어지는 것이 신뢰도가 좋다.
3) N자형 패턴에서는 진폭이 무엇보다 중요하다. 20일선과 멀어진 진폭의 정도에 따라 전략이 많이 달라진다. 본 차트처럼 진폭이 작은 경우는 급등을 준비하는 단계이고, 진폭이 큰 N자형 패턴은 박스권 매매, 즉 단타매매가 더욱 적당하다.

개선 선생의 한마디!

바닥주에서 강한 시세를 이끌어가려면 장대양봉(A)이 나오지 않고는 불가능하다. 장대양봉은 그동안 쌓여 있던 썩은 매물들을 한 번에 다 소화하는 놀라운 수급의 힘을 갖고 있다. 그렇기 때문에 장대양봉이 나온 자리에서는 종목을 더욱 관심있게 지켜봐야 할 것이다. 장대양봉에서 가장 중요한 것은 50% 룰이다. 가장 좋은 장대양봉은 본 차트처럼 20일선을 돌파해야 하며, 20일선이 장대양봉의 몸통 아랫부분을 관통하는 모양이면 더욱 신뢰가 간다.

110 | N자형 매매 | 콕 기법 완성 모델! 음봉으로 최근 저점 찍으면 바닥 CMG제약 일봉

절대매매 Tip!
망치형 캔들이 출현하면, 이후에 20일선을 돌파할 때 매수한다.
2차 바닥
1차 바닥
전저점 지지선
매수
매수

개선 선생의 절대비기!

- **콕 기법이란?**

콕 기법이란 N자형 모델과 V자형 모델에서 바닥을 찍는 자리를 찾아내는 캔들 매매 기법이다. 바닥을 찍을 때, 하나의 캔들로는 확인이 불가능하고, N자형 매매에서 함께 본다면 조금 더 신뢰도가 높다.

1) 2차 바닥에서 긴 아래꼬리가 달린 망치형 캔들이 발생하면 콕 기법이 완성된다.
2) 콕 기법 캔들이 나온 후, 캔들이 콕 기법 캔들의 아래꼬리 지점까지 내려가서는 절대 안 된다. 바로 수익이 나와야 한다.
3) 빠르게 20일선을 돌파할 경우, 신뢰도가 더 높다.

개선 선생의 한마디!

콕 기법에서 가장 중요한 것은 전저점을 지지하는 모습이다. 그리고 빠르게 N자형이나 V자형 모델을 완성시키면서 20일선 돌파까지 한꺼번에 나온다면 완벽한 모델이 완성된다. 보통 이런 모델이 완성되면 콕 기법이 완성된 후에 2~3배 상승이 나타날 수 있다.

111 | N자형 매매 | 거래량 감소+N자형 매매=시세분출 가능 엔케이 일봉

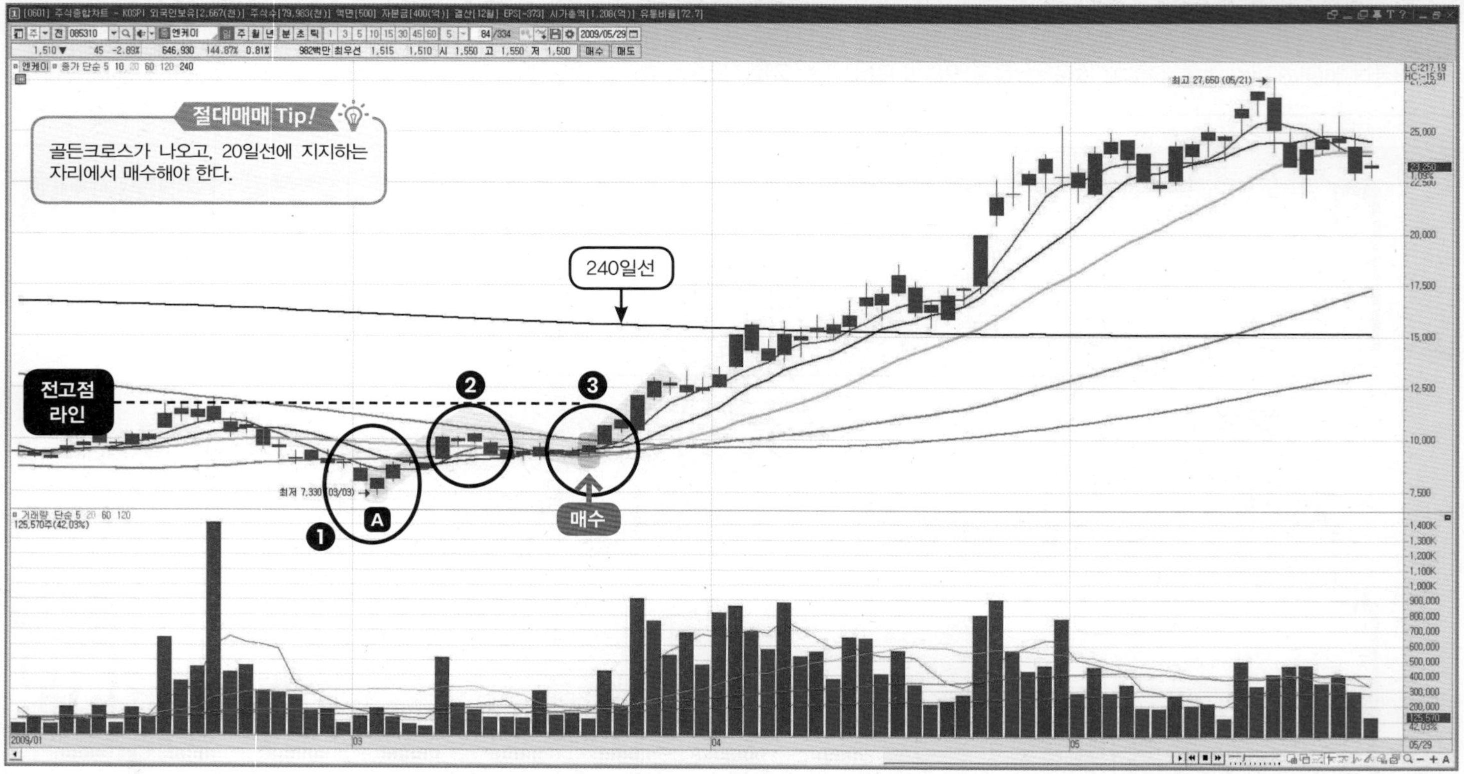

절대매매 Tip!

골든크로스가 나오고, 20일선에 지지하는 자리에서 매수해야 한다.

개선 선생의 절대비기!

• **패턴 매매의 대장, N자형 매매**

N자형 매매 시 신뢰도가 높은 경우

1) ①번에서 망치형 캔들(A)이 나오면서 N자형 모델의 시작을 알린다.
2) ②번에서 전고점을 돌파하는 모습보다는 추세를 잡아주는 형태가 더 좋다.
3) ③번에서 이평선이 밀집되고, 거래량이 줄어든 상태에서 20일선을 지지하고 반등할 경우, 강한 랠리가 가능하다. 따라서 이때 매수해야 한다.
4) 주가가 장기간 하락하고 다시 바닥에서 올라갈 때, 추세 반등인지를 확인하는 구간이 240일선이다. 240일선을 돌파할 경우, 추세 전환이 완벽히 일어났다고 생각하고, 추가적인 상승을 기대해도 좋다.

개선 선생의 한마디!

N자형 돌파 매매에서 중요한 것은 거래량이다. ②번과 ③번 사이의 눌림 구간에서 거래량 순감이 일어나야 하고, 지지해야 할 선을 정확히 지지해 주는 것이 필요하다. 이렇게 힘을 응축한 다음, 강력한 매수 신호와 함께 상승 랠리가 나온다면 큰 수익을 기대할 수 있다.

112 | L자형 매매 | 급등주 매매의 핵심은 거래량! 바닥에서 거래량 터진다면 와이제이엠 게임즈 일봉

절대매매 Tip!
횡보하던 중에 갑작스러운 거래량 상승(③)이 나오면 매수한다.
오답노트!
L자형 패턴 나올 시 단기 수익에 만족하지 마라
매수
❶
❷
❸

개선 선생의 절대비기!

- **L자형 매매는 세력주이다.**

L자형 패턴이 나오기 전에 알 수 있는 방법은 거래량 한 가지밖에 없다. 최근 6개월 이내에 ①번과 같은 거래량이 터졌다면 관심있게 봐야 한다. 이후에 거래량이 완전히 죽은 것을 확인하고, 캔들이 20일선을 올라타고 지지하는 모습(②)이 나온다면 강한 급등이 나올 수 있다.

개선 선생의 한마디!

보통 알파벳 매매에는 L, M, W, U, V, E, S, Z자형 매매가 있다. L자형 매매는 세력이 핸들링할 때 나올 수 있는 패턴으로, 쉽게 접근할 수 있는 구조는 아니다. 그러나 세력도 물량을 확보하기 위해서는 물량 매집 기간(3~6개월)이 필요하고, 그 기간 동안 흔적을 남기게 된다. 그 흔적이 ①번과 같은 것이다. 또한 물량 매집이 덜된 채로 올라가기 시작하면 개미떨기가 나오게 되는데, 그 시점이 매수 포인트가 될 수도 있다.

113 | V자형 매매+십자형 캔들 | 하락을 멈추게 하는 급브레이크 핸디소프트 일봉

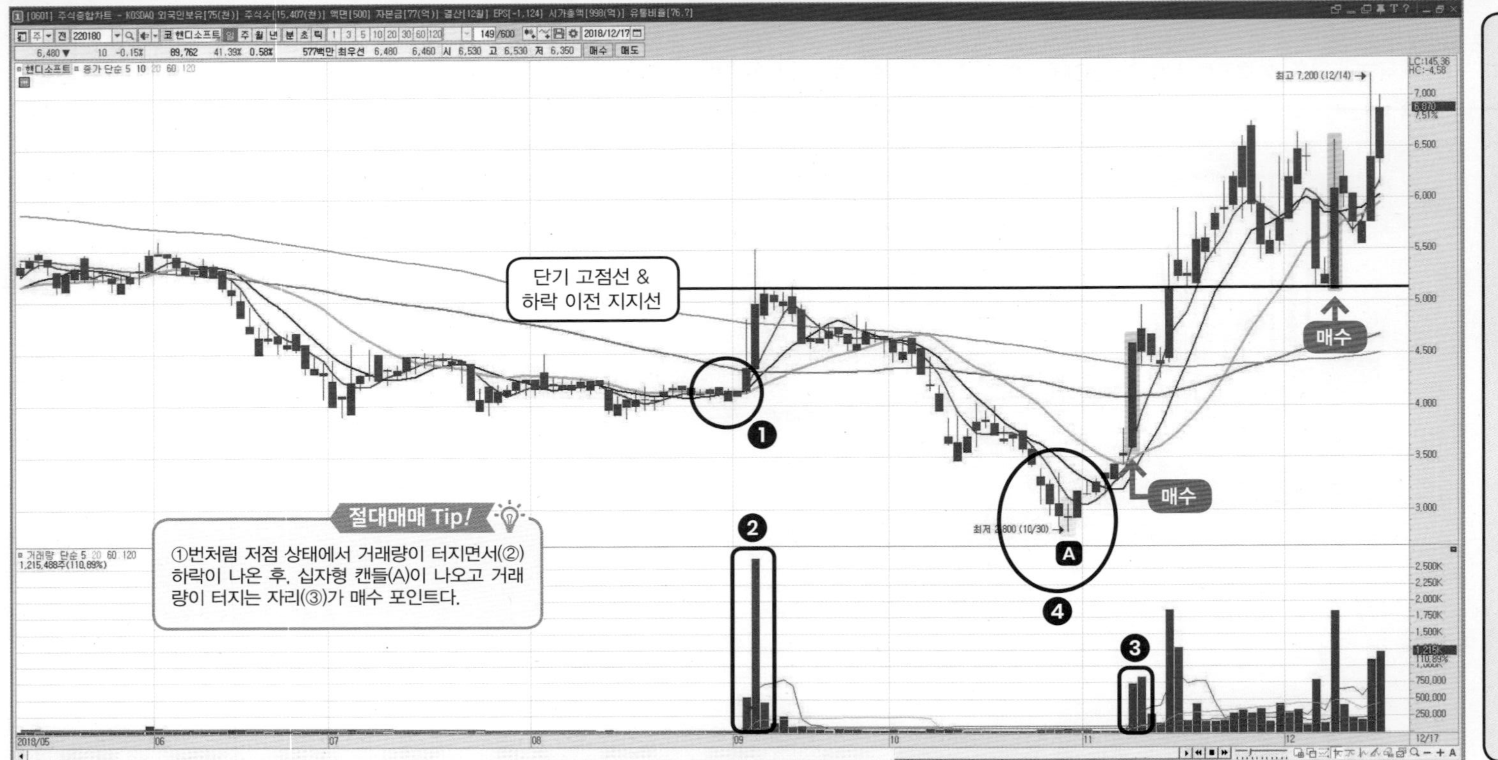

단기 고점선 &
하락 이전 지지선
매수
매수
최고 7,200 (12/14)
최저 2,800 (10/30)
절대매매 Tip!
①번처럼 저점 상태에서 거래량이 터지면서(②) 하락이 나온 후, 십자형 캔들(A)이 나오고 거래량이 터지는 자리(③)가 매수 포인트다.

개선 선생의 절대비기!

- **단기 하락 후에 나오는 V자형 매매**

십자형 캔들은 위치에 따라 상당히 다른 모습을 보인다. ④번처럼 하방에서 십자형 캔들이 나오면, 하락을 멈추게 하는 원동력이 된다. 매수와 매도가 어느 정도 합의를 봤다는 것이기에, 다음 날 상승으로 전환하는 것을 확인하고 매수하면 된다. V자형 모델은 한번 반등이 나오면, 전 고점 부근을 충분히 돌파하기 때문에 추세 매매를 해도 좋다.

개선 선생의 한마디!

V자형 매매는 쉬워 보이지만 고민을 많이 해야 하는 매매 기법이다. 단기반등인지 추세반등 전환인지 확인하는 작업을 해야 하기 때문이다. 이중바닥이나 삼중바닥처럼 두 번, 세 번 확인하는 작업이 생략되고 올라가는 것이라 오히려 놓치기 쉽다. 그렇기 때문에 이중바닥이 나오지 않고 20일선을 돌파하는 자리에서 매수해야 한다.

114 | W자형 + M자형 매매 | 삼중바닥을 형성하는 형태이다 자이글 일봉

절대매매 Tip!
지나고 나서야 '이게 삼중바닥이었구나'라고 알 수 있기 때문에 바닥을 확인하는 작업을 꼭 하고 매수한다.
저항선
최고 8,860 (01/04)
최저 5,300 (09/07)
매수
1차 바닥
매수
2차 바닥
매수
3차 바닥

개선 선생의 절대비기!

- **W자형 + M자형 = 삼중바닥**

1) 장기이평선인 240일선 아래에서 주가가 바닥을 형성한다.
2) ① ~ ③번처럼 저점이 계속 올라가는 모습이 훨씬 신뢰도가 높다.
3) 20일선이 120일선, 240일선 등 중장기 이평선을 골든크로스하는 모습이 같이 나타나면 더욱 신뢰도가 높다.
4) 저항선을 통해 삼중바닥이 완성되었는지 확인할 수 있다. 주가가 전고점인 저항선을 완벽히 돌파하면 삼중바닥이 완성되었음을 의미한다.

개선 선생의 한마디!

주식은 통합적 사고를 해야 한다. 캔들만 봐서는 안 되고, 이평선, 거래량, 뉴스, 시장 상황, 수급까지 모든 것을 한꺼번에 사고할 수 있는 능력을 키워야 한다. 이평선, 정배열, 골든크로스가 나오면서 힘의 방향이 점차 우상향한다는 것을 느낄 수 있어야 한다.

115 | 기간조정+가격조정 | 조정인가? 눌림인가? 하락인가? 엘비세미콘 일봉

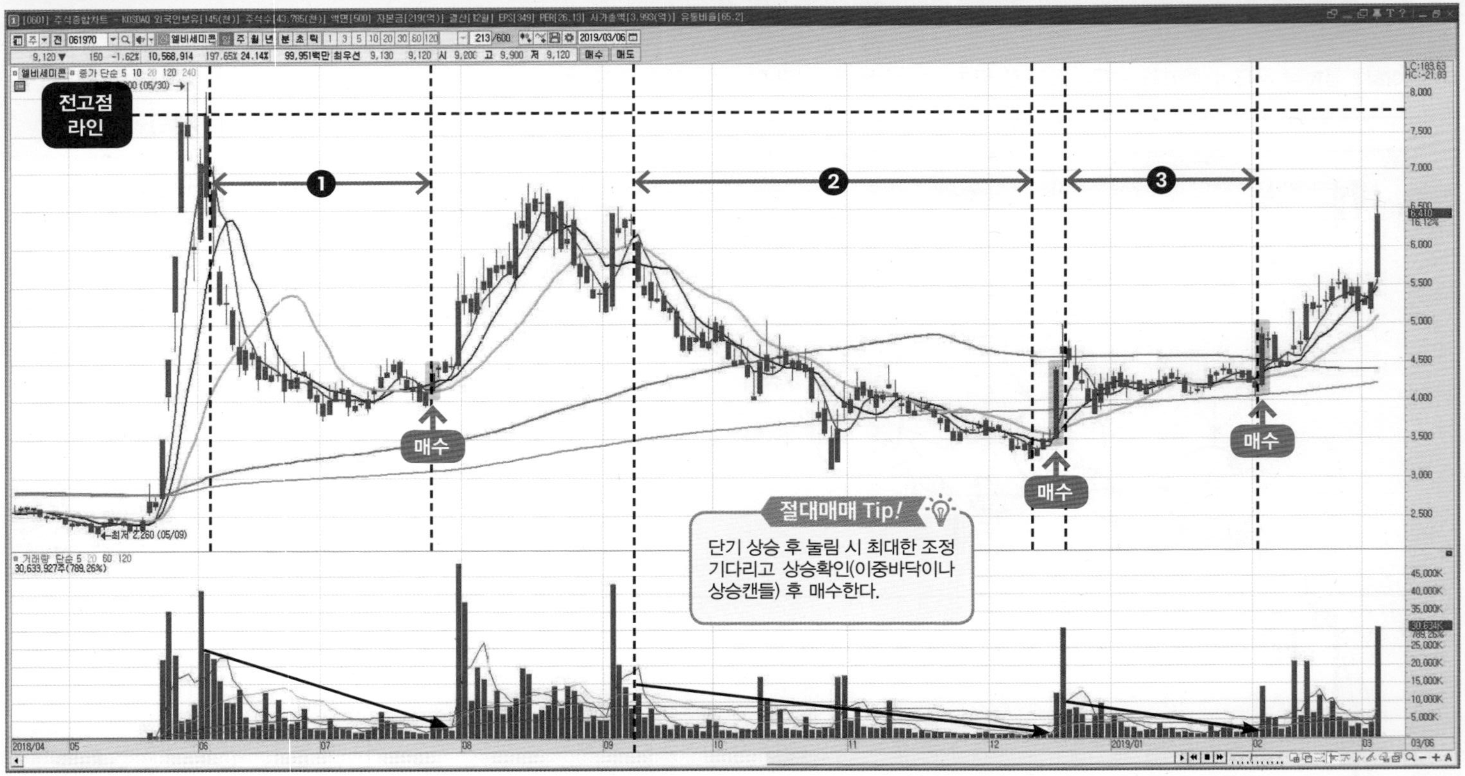

전고점 라인

❶ ❷ ❸

매수

매수

매수

절대매매 Tip!

단기 상승 후 눌림 시 최대한 조정 기다리고 상승확인(이중바닥이나 상승캔들) 후 매수한다.

주식 격언 새기기!

"시세는 주가보다 기간이 중요하다."

초보 주식투자자는 주가의 움직임만 보고 매매를 결정하지만 투자경험이 많은 사람들은 거래량의 변화도 중요시한다. 거래량은 확실히 시세의 추진에너지이며, 주가의 선행지표이기 때문에 주가예측의 가장 중요한 근거로 삼아야 한다.

그러나 주식투자자는 거래량 이외에도 시세의 진행기간을 반드시 고려하지 않으면 안 된다. 시세는 마치 살아있는 생물처럼 하나의 라이프사이클에 따라 진행된다고 생각된다. 시세의 태동기에서 발전기, 도약기를 거쳐 마침내 천정의 꽃을 피우고 천정을 치고 나면 쇠퇴기를 지나서 바닥기의 기나긴 침체기간에 들어서는 것이다.

일단 천정을 친 시세는 충분한 하락기간과 침체기간을 거치지 않고서는 다시 상승세로 돌아서기가 어려운 것이다. 주가수준의 높낮이보다도 현재 주가가 시세의 진행상 어느 위치에 와있느냐가 더욱 중요하다.

개선 선생의 한마디!

①번은 가격조정이 발생하는 구간이다. 이처럼 가격조정이 확인될 때에는 반등이 나오더라도 전고점까지 올라간다고 생각하지 말고, 전고점과 저점 대비 50% 이상 상승할 경우, 매도하여 수익을 실현하는 것이 맞다. 두 번째 나오는 가격조정(②)은 더 멀고 길게 가기 때문에 힘든 과정이다. ③번은 기간조정이 나오고 있다. 기간조정 이후엔 다시 전고점까지 올라갈 수 있는 힘을 응축했다고 생각해야 한다. ①~③번 조정구간에서는 거래량이 완전히 감소되는 시점이 매수 시기이다.

116 | 가격조정 | 단기 상승 후 눌림은 불가피하다면 반등시점은? 토박스코리아 일봉

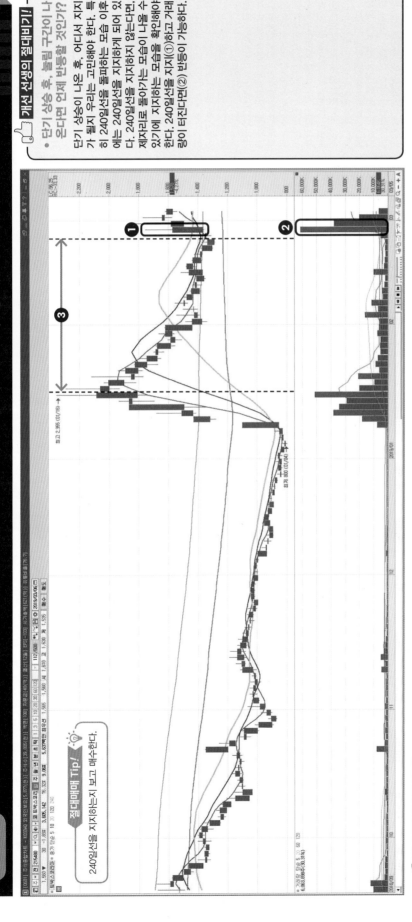

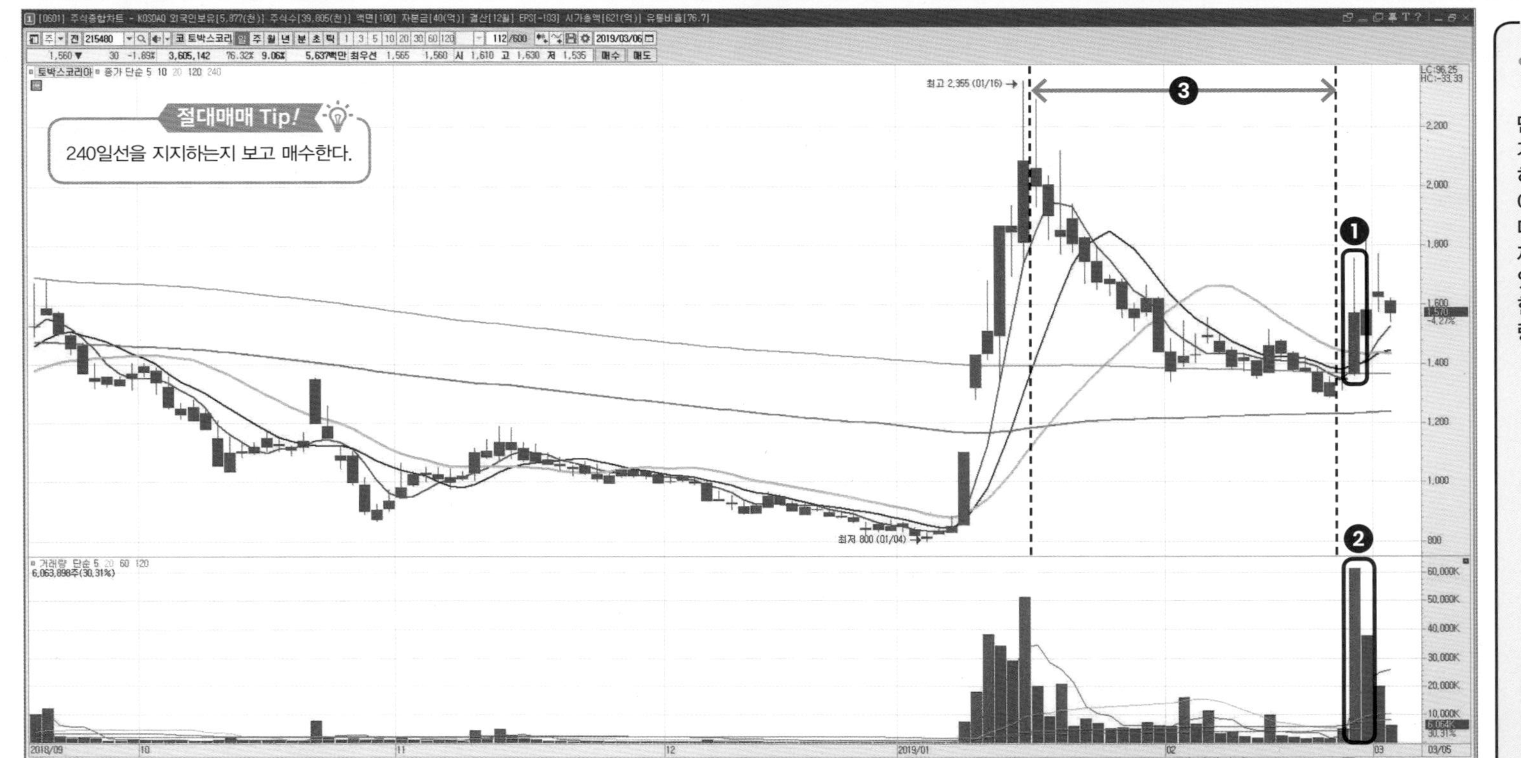

절대매매 Tip!
240일선을 지지하는지 보고 매수한다.
최고 2,955 (01/16)
최저 800 (01/04)

개선 선생의 절대비기!

- **단기 상승 후, 눌림 구간이 나온다면 언제 반등할 것인가?**

단기 상승이 나온 후, 어디서 지지가 될지 우리는 고민해야 한다. 특히 240일선을 돌파하는 모습 이후에는 240일선을 지지하게 되어 있다. 240일선을 지지하지 않는다면, 제자리로 돌아가는 모습이 나올 수 있기에 지지하는 모습을 확인해야 한다. 240일선을 지지(①)하고 거래량이 터진다면(②) 반등이 가능하다.

개선 선생의 한마디!

보통 주가가 바닥에서 계속 하락하다가 240일선을 돌파하면서 거래량이 터진다면, 큰 수급이 들어왔다고 봐야 한다. 그러나 240일선이 장기 이평선이기 때문에 직각으로 상승하여 돌파할 경우, 가격조정(③)이 나온다. 가격조정이 나올 때에는 꼭 지지해야 할 자리가 240일선이다. 240일선을 지지한다면 다시 강한 반등이 나올 수 있고, 전고점까지 올라갈 수 있으니 단기, 중기 매매를 진행해도 좋다.

117 | 기간조정 | 오른 일수만큼 조정도 나온다 바이오리더스 일봉

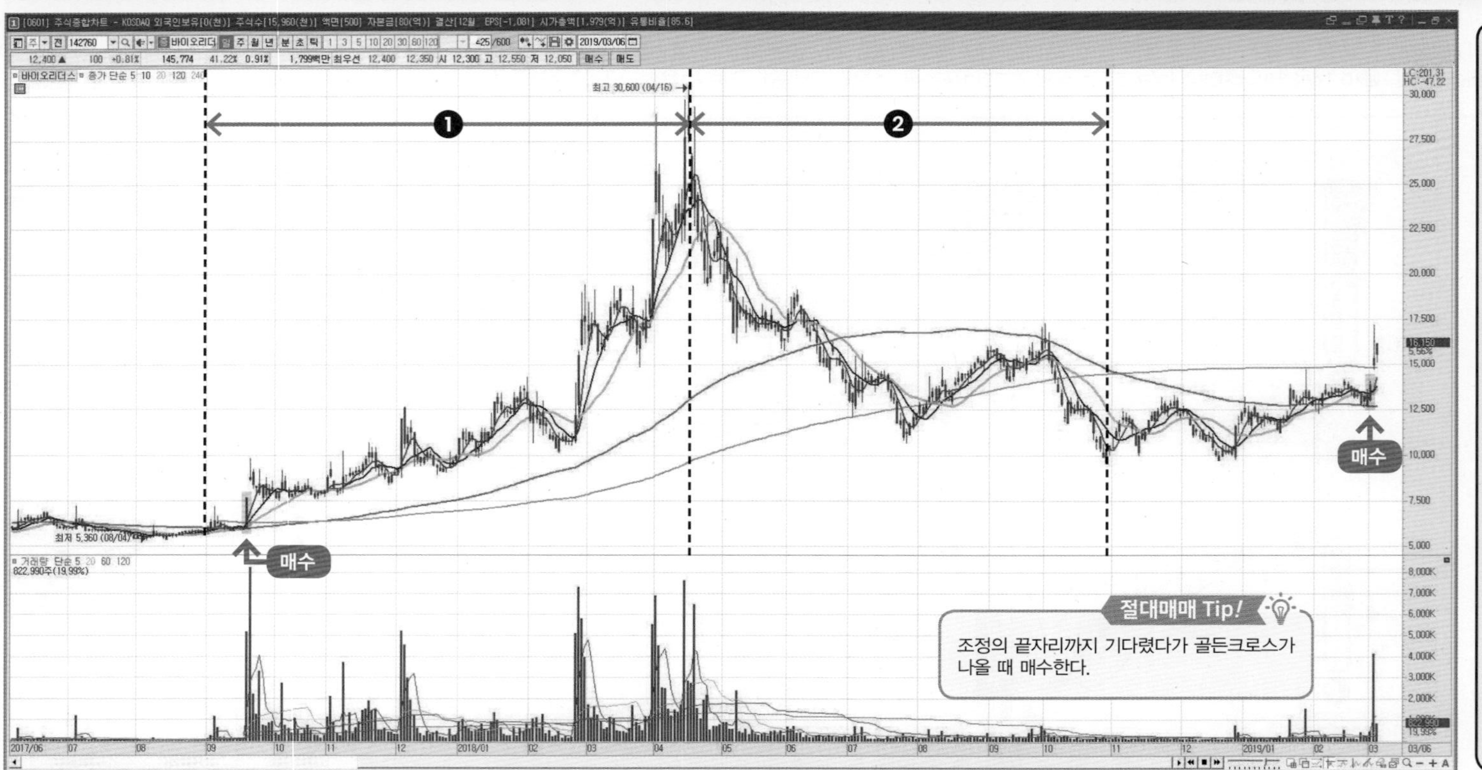

최고 30,600 (04/16)
최저 5,360 (08/04)
❶
❷
매수
매수
절대매매 Tip!
조정의 끝자리까지 기다렸다가 골든크로스가 나올 때 매수한다.

주식 격언 새기기!

"방심은 가까운 곳의 최대 적이다."

인생살이에서 불행하고 외로운 날을 보내고 있는 사람들은 처음부터 그렇게 불행했던 것이 아니고, 한때는 행운의 여신이 미소짓는 가운데 번영했던 사람들이 많다. 그들은 그러한 번영이 지속될 줄 알고 자만하고 방심했다가 불행의 씨앗을 뿌린 것이다.
자만심은 물론 나쁘지만 방심이라는 것도 그에 못지 않게 주식투자에서는 금물인 것이다. 주식투자에 방심은 뜻하지 않는 큰 실패를 가져오는 수가 많다. 주가가 오랫동안 상승해왔기 때문에 주가란 기다리면 오르는 것이라고 막연하게 생각하고 천정권에 와 있는 주식을 심하게 방치해 두었다가, 주가가 갑자기 폭락하기 시작하여 큰 손실을 당하는 수가 많다.
주가가 저가권에 고착되어 있어서 그 주식은 하락하지 않을 것이라고 방심했다가 어느날 갑자기 주식이 다시 하락하기 시작하는 경우도 있다.

개선 선생의 한마디!

단기 상승 이후 조정은 불가피하다. 아름다운 조정이 나온 이후부터는 더 큰 상승이 나올 수 있다. 또한 고점이 형성된 이후 하락 조정(②)이 나오기 시작하면, 그 기간은 상승 초입부터 고점이 형성(①)되는 기간까지와 같다고 봐야 한다. 바로 반등이 나오지 않고 옆으로 횡보하는 추가 기간조정이 나올 수 있으니 상승 시엔 분할매도한 후, 단기적인 수익을 내면서 가야 한다.

118 | 눌림 매매 | 급등 후 가격 조정자리에서 반등 단기 매매 삼성출판사 일봉

개선 선생의 절대비기!

눌림 매매의 중요성을 인지하라. 어느 지점에서 지지를 하고 있는지, 그리고 그 지점이 왜 지지선이 될 수밖에 없는지를 고민하고 심리적으로 해석할 수 있어야 한다.

1) 장대양봉(A)의 종가를 지지(①)한다.
2) 단기 상승 후, 장대양봉의 종가를 지지한 곳을 재차 지지(②)한다.

개선 선생의 한마디!

일단 단기 상승이 나온 후에 하락할 때에는 1차적으로 5일선 지지 그리고 10일선 지지, 20일선 지지를 본다. 그리고 일목균형에 기준선 지지를 하는지 본다(PART 9 일목균형표 참고). 만약 세력의 평단가(거래량이 터지는 자리에서 수급량을 가지고 계산한다)를 지지한다면 추가적인 상승이 나올 수도 있다.

119 | 눌림 매매 | 직각삼각형 매매 기법 삼익악기 월봉

절대매매 Tip!
직각삼각형을 유지한 채 삼중바닥 형성 + 진폭 파동의 3단계 완성 + 상승 캔들 출현(역망치형, 아래꼬리 양봉, 도지형, 샛별형 등) + 전날 거래량보다 오전 거래량 200% 증폭 = 매수 타이밍
최고 4,800 (10/01)
최저 335 (10/01)
진폭 파동이 3단계로 줄어야 한다.
매수
매집봉의 거래량이 점증해야 한다.
매집봉
매집봉
매집봉

개선 선생의 절대비기!

직각삼각형 매매 기법은 실전에서 상당히 많이 쓰이며 누구나 알고 있지만, 사용 방법을 잘 모른다. 직각삼각형 매매 기법에는 주의사항이 많다. 잘못 매매할 경우, 추세 하락 종목으로 엄청난 실패를 경험할 수도 있는 기법이기에 모든 조건이 잘 형성되어 있어야 한다. 가장 중요한 것은 이중바닥 및 삼중바닥을 형성해야 한다. 앞으로 이러한 직각삼각형이 나온다면, 여기서 설명하는 내용을 무조건 염두하고 매매하는 것이 좋다. 하방으로 지지만 잘 된다면, 대박 급등의 서막에서 자주 나오는 패턴이기 때문이다.

개선 선생의 한마디!

첫 번째 매집봉이 등장하면, 관심을 갖고 확인하면서 평행 추세선(①)을 설정한다. 첫 번째 매집봉이 나올 때, 추세선을 돌파함으로써 해당 추세선은 강력한 지지선이 되어야 한다. ②번 추세선은 전고점을 기준으로 한다. 해당 전고점 부근에서 거래량이 많이 나왔기 때문에 이 거래량을 뛰어넘지 못한다면 절대 돌파가 불가능하므로 ②번 추세선은 강력한 저항선이 되기도 한다. 그러므로 ②번 추세선을 돌파하지 못하고 하락한다면, 다시 ①번 추세선에 지지되는지 지켜본다. 그리고 ①번 지지선에 지지된다면, 추가적인 상승이 나올 수 있다. 이때부터는 매물이 어느 정도 소화되는 과정이기에 거래량이 예전보다는 적어도 충분히 돌파 가능하다.

120 | 대칭삼각형 | 저점을 높이고, 고점을 낮추고, 방향은 상방! 유니크 일봉

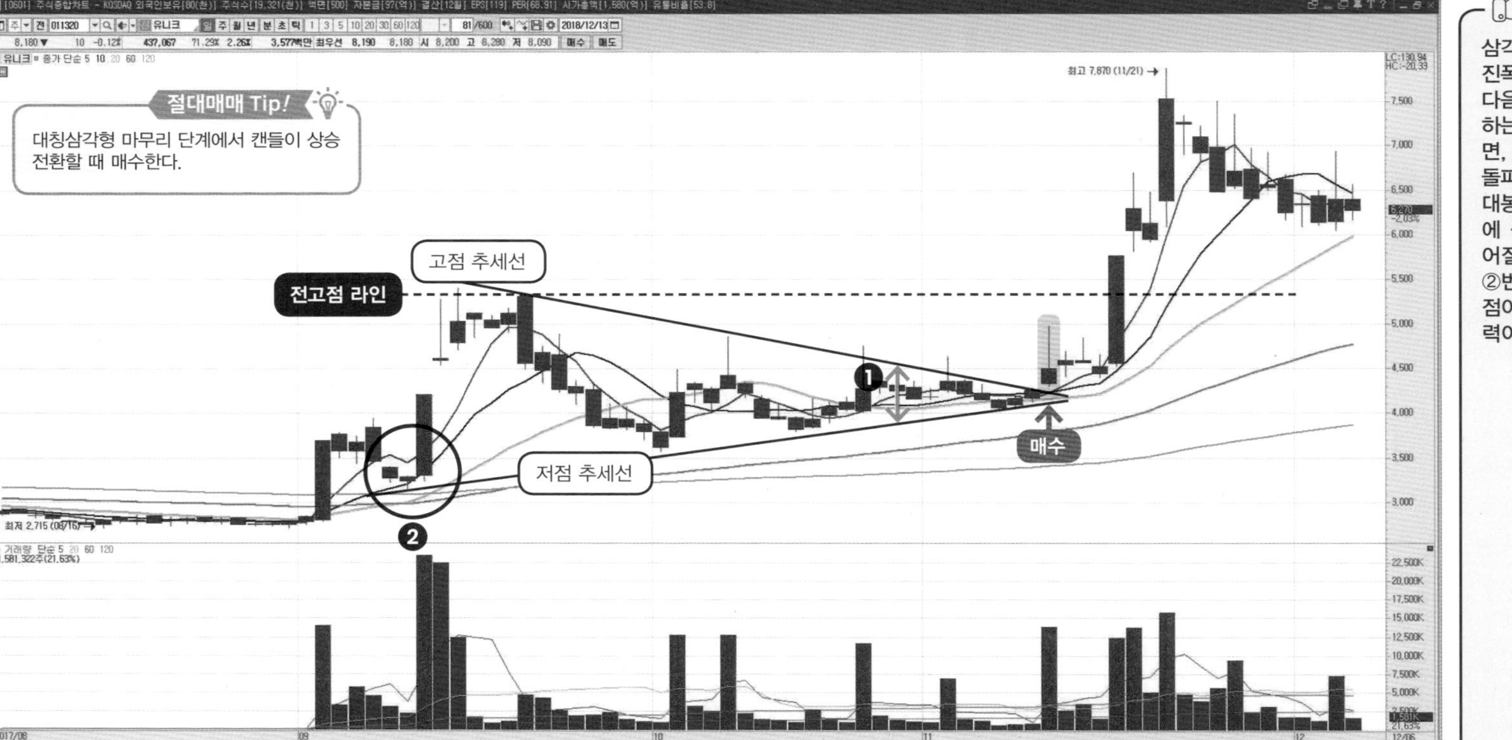

개선 선생의 절대비기!

삼각형 패턴에서 가장 중요한 것은 진폭이 ①번처럼 좁아진 부근에서 다음 캔들이 어디로 향하는지 확인하는 것이다. 만약 캔들이 상승한다면, 매수해야 한다. 전고점 라인을 돌파할 때, 거래량이 터지면서 장대봉이 솟구치는 것이 좋고, 돌파에 성공하면 강한 상승 랠리가 이어질 수 있다. 저점 추세선을 보면, ②번 자리에서부터 지속적으로 저점이 올라가고 있다는 것은 상승 탄력이 꺾이지 않고 있다는 것이다.

개선 선생의 한마디!

패턴 분석은 현재의 상황을 조금 더 쉽게 이해할 수 있도록 도와주는 분석 도구이다. 패턴 분석에서 중요하게 확인해야 할 것은 두 가지다. 첫 번째는 거래량이 터지는 자리이고, 두 번째는 패턴이 완성된 후, 방향성 캔들(캔들이 향하는 방향)의 모습이다.

121 | 파동 매매 | 파동은 점점 강해지고 진폭은 3번째가 가장 크다 GH신소재 일봉

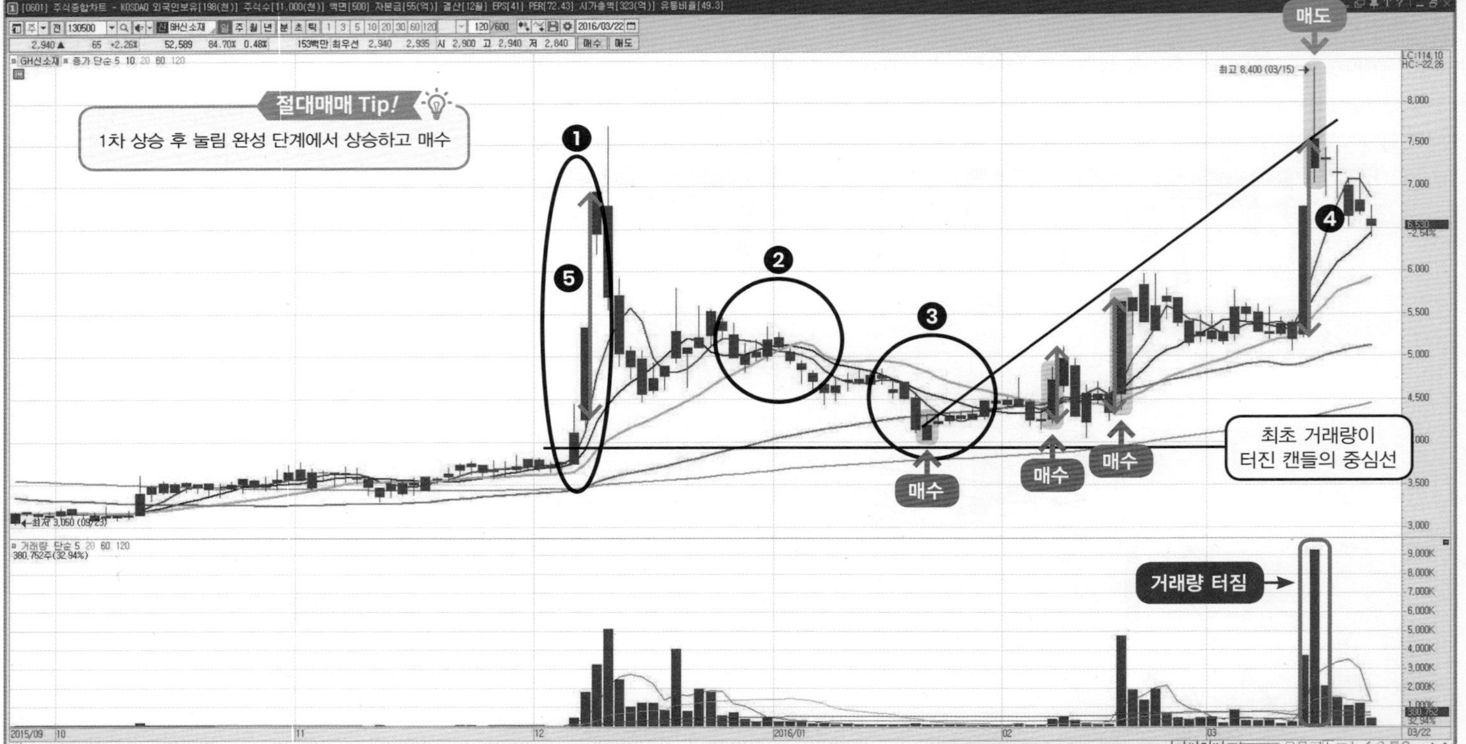

개선 선생의 절대비기!

1) 주식은 매수하는 자와 매도하는 자의 심리싸움에서 나온 여러 가지 결과에 따라 움직인다. 이 심리싸움에서 줄다리기의 결정체가 파동이고, 파동 매매는 다양하게 적용되기 때문에 과거 차트를 통한 통계적 접근만 유용하다.
2) 처음으로 ①번 지점에서 강하게 상승하는 모습을 보이고 있다. 이때 매수하지 못했다면 20일선을 지지하는지 기다려야 한다. ②번에서 20일선 지지를 실패하면, 최초 거래량이 상승했던 상승 시작점까지 내려올 수 있기에 기다려야 한다.
3) 파동 매매를 할 때는 파동이 시작될 수 있는 매수 시점을 찾는 것이 첫 번째로 중요하고, 진폭을 체크하는 것이 두 번째로 중요하다.
4) ③번이 단기 바닥을 형성할 수 있으려면 확인이 필요하다. 다시 한 번 이중바닥이 나오는지 확인하고 매수해야 한다. 그리고 짝궁뎅이 쌍바닥을 완성하고 캔들의 완성(단봉, 역망치형, 장대봉 등)이 나와야 한다.

개선 선생의 한마디!

처음으로 파동(①)이 나온 후에 잔파동이 점점 강하지면서 ④번 진폭이 ⑤번 진폭과 비슷하게 나타나는 것을 알 수 있다. 매도 시점은 진폭이 커지기 시작하는 ③번부터 3번의 파동이 생긴 후에 ④번과 같은 크기의 진폭이 나온다면 단기 수익을 실현하는 것이 좋다. 전고점을 돌파했다고 하여 계속 홀딩한다면, 힘이 빠지는 파동의 영향으로 ⑤번 진폭에서의 수익을 다 잃을 수도 있다.

122 | 파동 매매 | 옆으로 횡보하다가 갑작스러운 거래량이 터진다면 관심 오공 일봉

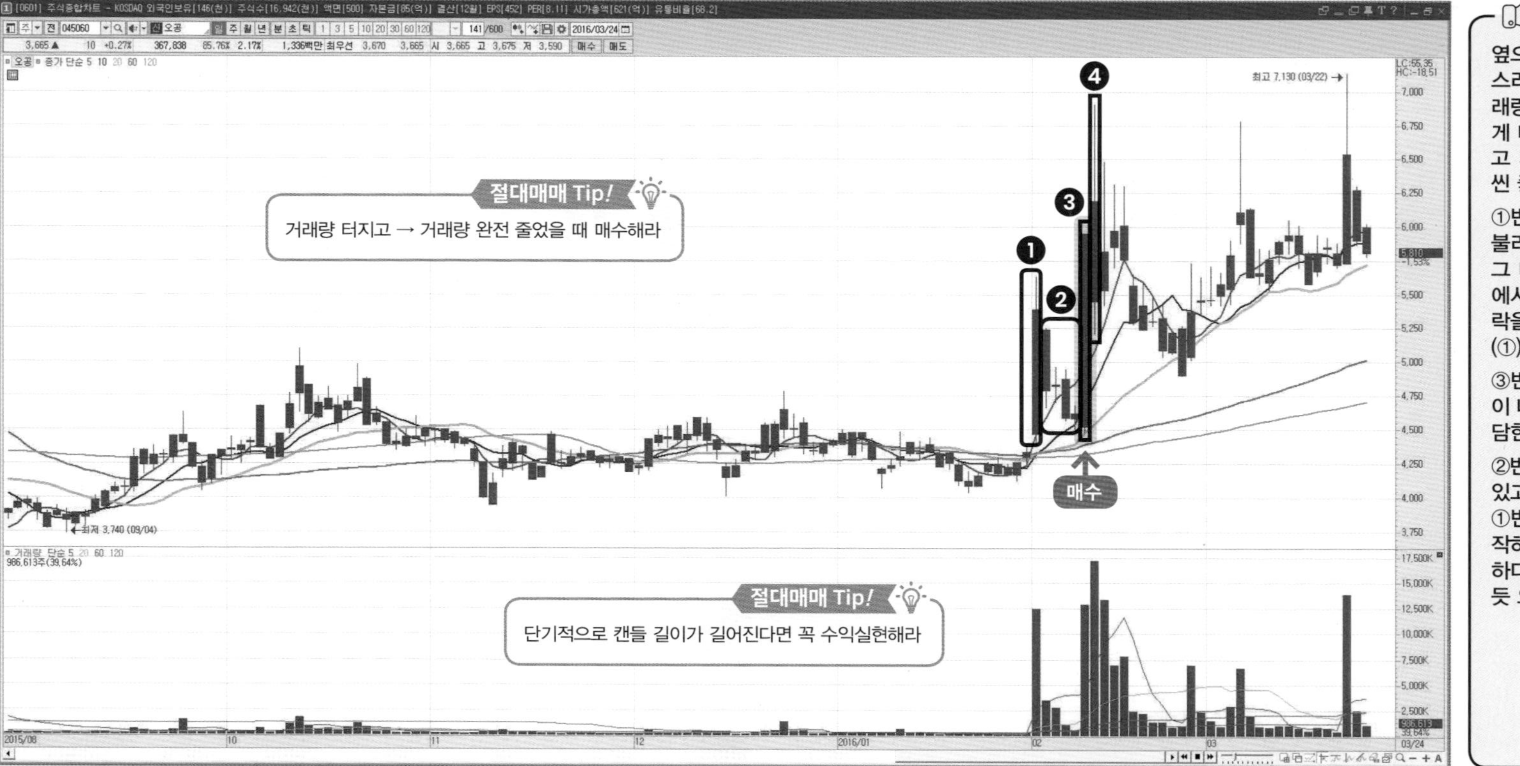

최고 7,130 (03/22)
최저 3,740 (09/04)
매수
절대매매 Tip!
거래량 터지고 → 거래량 완전 줄었을 때 매수해라
절대매매 Tip!
단기적으로 캔들 길이가 길어진다면 꼭 수익실현해라

개선 선생의 절대비기!

옆으로 계속 흘러가던 주가가 갑작스러운 재료나 뉴스로 인해 강한 거래량과 함께 상승이 나온다면, 급하게 따라가는 매매보다는 한숨 돌리고 파동 매매를 진행하는 것이 훨씬 좋다.

①번에서 강한 상승이 나온다면, 섣불리 따라서 매수에 가담하지 말고, 그 다음 날을 기다려야 한다. ②번에서 50%룰을 지키지 못하면, 하락을 더 기다렸다가 상승의 시작점(①)까지 눌림이 나오는지 확인한다.

③번에서 20일선에 지지하는 모습이 나온다면, 매수에 적극적으로 가담한다.

②번 구간에서는 거래량이 순감하고 있고, ③번 지점부터 거래량이 다시 ①번 지점의 거래량만큼 터지기 시작하면, 더 큰 시세의 분출이 가능하다. 파동을 활용해서 파도를 타듯 오르내리면서 매매하는 것이다.

개선 선생의 한마디!

③번에서의 강한 상승 후, 다음 날 거래량이 더 증폭됐지만 긴 위 · 아래꼬리 음봉(④)이 나온다면 좋지 못한 신호이다. 왜냐하면 이날 많은 단타 물량이 쏟아지고 있다는 것이고, 주가를 더 올릴 의지가 있었다면 이렇게 쉽게 매수 기회를 다 주지 않는다. 개인투자자가 다 매수할 수 있도록 시간적 여유와 기회를 주면서 올라가는 급등주는 없다. 급등주는 세력이 핸들링하기 때문에 최대한 개인투자자가 매수하지 못하도록 시간적 여유와 기회를 주지 않는 모습으로 급등세가 연출된다.

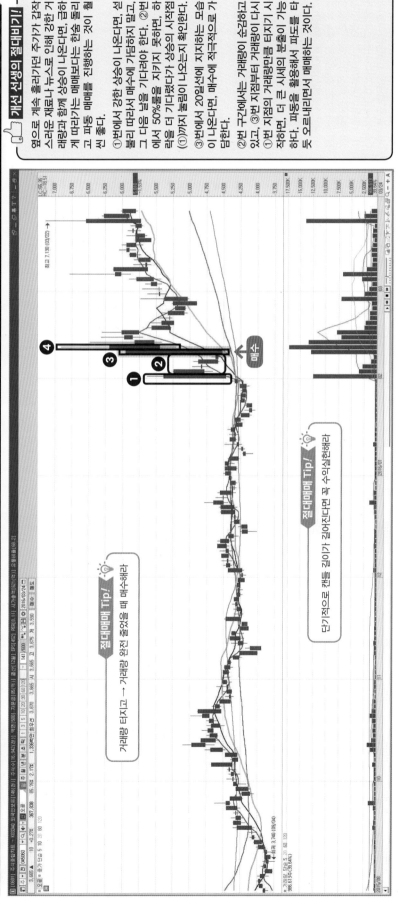

123 | 핑퐁 매매 | 파동 매매의 일부분, 이격도 매매 기법 이에스브이 일봉

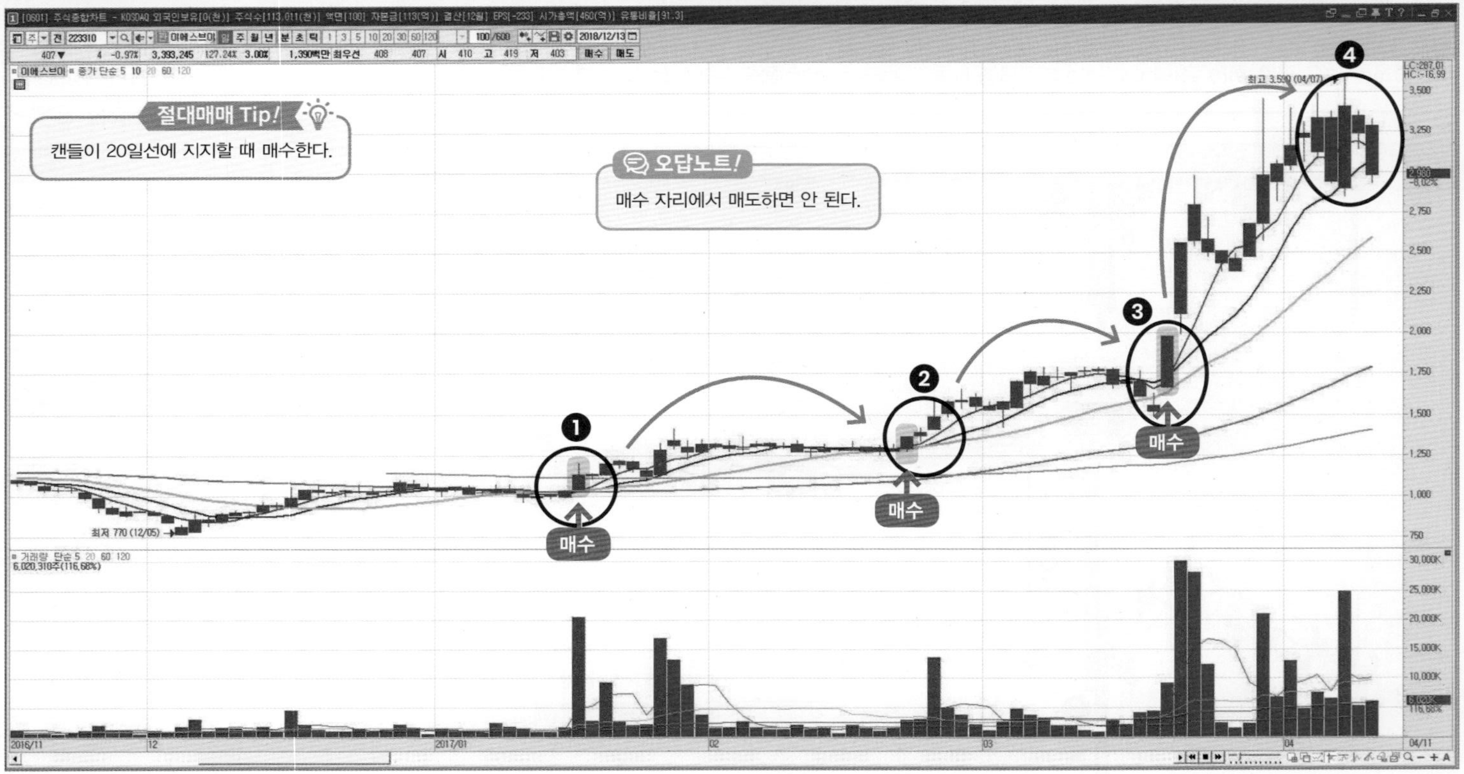

절대매매 Tip!

캔들이 20일선에 지지할 때 매수한다.

오답노트!

매수 자리에서 매도하면 안 된다.

개선 선생의 절대비기!

• 핑퐁 매매란?

'퐁당퐁당 돌을 던지자'는 노래 가사처럼 핑퐁게임 하듯이 주거니 받거니 한다는 의미이다. 핑퐁은 파동과 같은 개념인데, 3핑퐁(파동)이 이루어지고, 마지막 파동은 기울기가 상당히 가파르며 이격이 심하다. 시세분출을 예상하기에는 20일선을 깨지 않고, 정배열을 계속 유지해가는 것을 확인하면서 매매한다.

개선 선생의 한마디!

핑퐁 매매에서 가장 중요한 것은 ①번에서 ②번까지의 기간, ②번에서 ③번까지의 기간 그리고 ③번에서 ④번까지의 기간이 비슷하게 나타난다는 것이다. 또한, ①번, ②번, ③번 구간에서 거래량이 터지고 있고, 특히 ③번의 마지막 구간에 거래량이 극대화되고, 캔들(몸통+꼬리)이 길어지면서 고점이 임박했다는 신호를 보내고 있다.

124 | 고점 돌파 실패 | 주식은 꼭 신호를 주고 빠진다 클리오 일봉

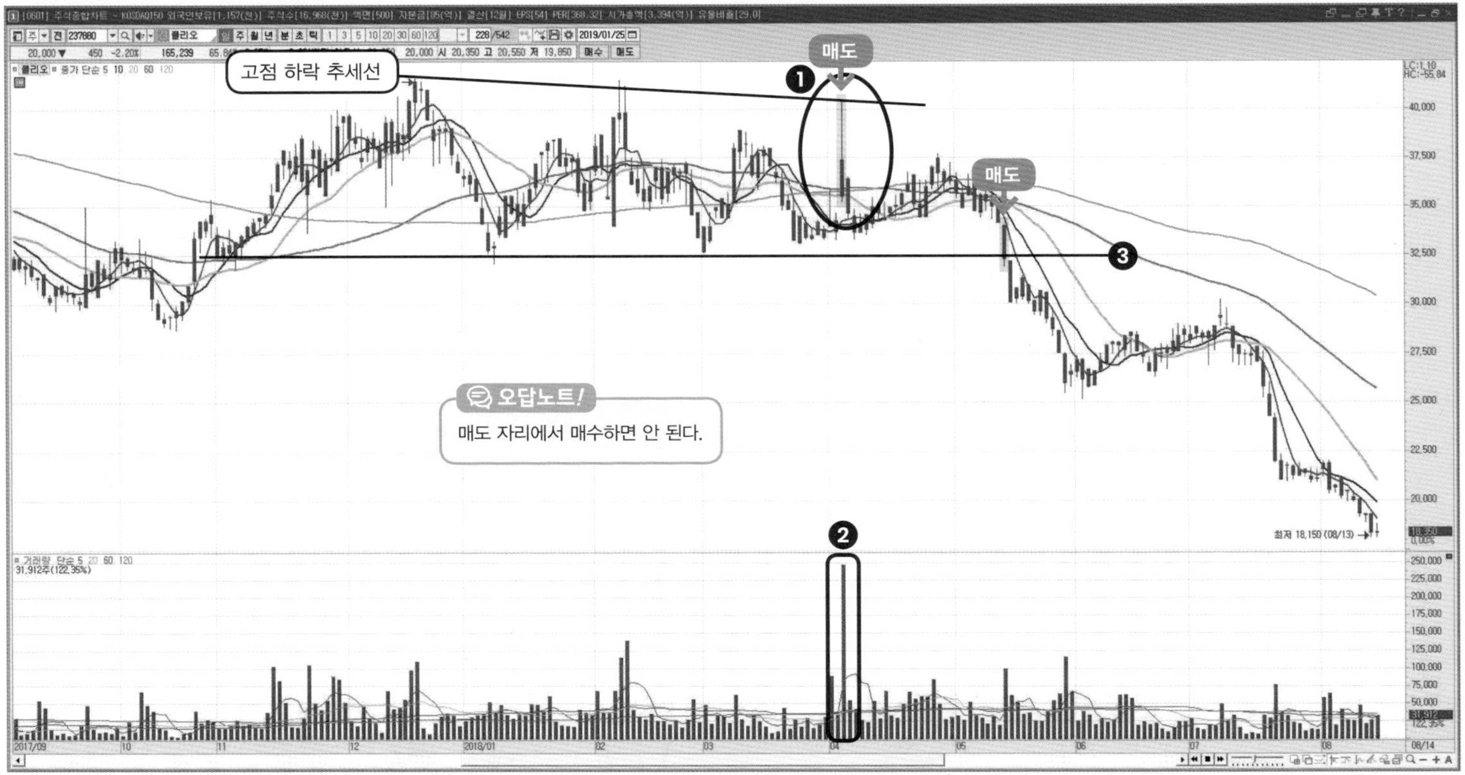

개선 선생의 절대비기!

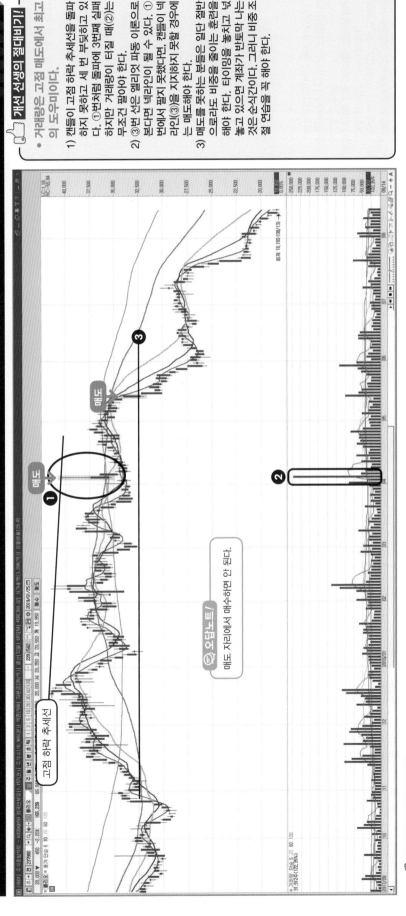

- **거래량은 고점 매도에서 최고의 도우미이다.**

1) 캔들이 고점 하락 추세선을 돌파하지 못하고 세 번 부딪히고 있다. ①번처럼 돌파에 3번째 실패하지만 거래량이 터질 때(②)는 무조건 팔아야 한다.
2) ③번 선은 엘리엇 파동 이론으로 본다면 넥라인이 될 수 있다. ①번에서 팔지 못했다면, 캔들이 넥라인(③)을 지지하지 못할 경우에는 매도해야 한다.
3) 매도를 못하는 분들은 일단 절반으로라도 비중을 줄이는 훈련을 해야 한다. 타이밍을 놓치고 넋 놓고 있으면 계좌가 반토막 나는 것은 순식간이다. 그러니 비중 조절 연습을 꼭 해야 한다.

개선 선생의 한마디!

매수보다 더 중요한 것이 매도이다. 좋은 자리에서 매수하고도 매도를 하지 못해 수익을 하나도 보지 못하는 분은 거래량을 꼭 체크해야 한다. 그래서 고점에서 거래량이 터지는 것은 돌파를 하는 것이 아니라 차익매물이 나오는 것이고, 고점일수록 캔들(몸통+꼬리)이 길어진다는 것 또한 기억해야 한다.

125 | 급락 신호 찾기 | 급락하기 전 꼭 나타나는 신호 삼성전자 일봉

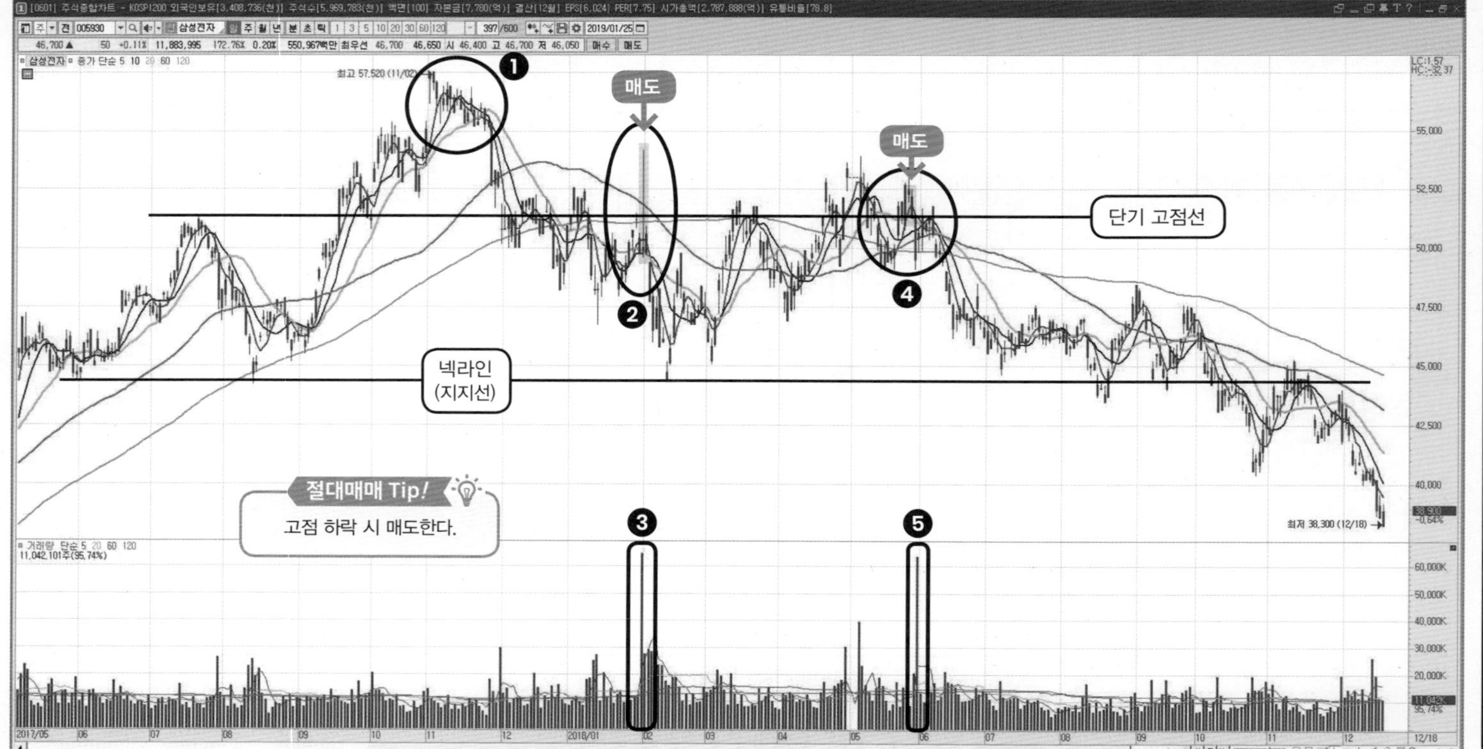

개선 선생의 절대비기!

- 급락하는 차트는 꼭 신호를 보낸다.

1) ①번과 같이 고점이 나온 후에 20일선을 하향이탈을 하게 되면 거래량을 잘 봐야 한다. ②번에서 ③번과 같은 거래량이 터지면 물량 소화를 하고 있는 것이다.
2) ②번과 같은 자리를 데드캣바운스라고 한다.
3) ④번에서 ⑤번과 같은 거래량이 다시 터진다면, 이는 매도 자리이다.

개선 선생의 한마디!

거래량이 터진다는 것은 위치에 따라서 대응이 다르다. 특히 고점에서 ④번과 ⑤번처럼 거래량이 터진다면 차익매물이 나온다고 봐야 한다. ③번 지점은 마지막 매도 자리이기 때문에 더 갈 것이라는 기대감을 가지고 홀딩하면 안 되며, 수익실현을 하고 나와야 한다.

126 | 고점 돌파 실패2 | 고점 돌파 실패 → 급락 나오기 전 매도 소리바다 일봉

개선 선생의 절대비기!

- **고점에서는 매도할 기회를 꼭 주고 빠진다.**

보통 ①번에서 고점을 찍고, 바로 강한 하락이 나오는 경우보다는 ②번처럼 다시 한 번 상승이 나오는 경우가 많다. 왜냐하면 ③번 거래량 이전에 거래량이 터진 흔적이 없기 때문이다. 차익매물이 아직 나오지 않았기 때문에 차익매물이 나오기 위해서는 ②번과 같이 강한 반등이 나오는 것처럼 속여야 한다. 이후 ①번 고점을 돌파 실패(②)하고, 거래량이 터지면서(③) 그 이후로는 지속적인 하락이 나오고 있다.

개선 선생의 한마디!

종목이 상승이 나오기 시작하면 ④번처럼 단기 고점이 형성된다. 이후에 추가적인 상승이 나와 ①, ②번과 같은 쌍고점이 형성되고, 거래량이 터지는 모습(③)이 나온다면, 지금까지 상승으로 인한 차익매물이 쏟아져 나올 수 있다. 이것은 세력의 이탈 가능성으로 볼 수 있다.

PART

• 분봉+주봉+월봉 기법

127 | 15/60 기법 | 15분봉+60분 이평선 매매 제이엔케이히터 분봉

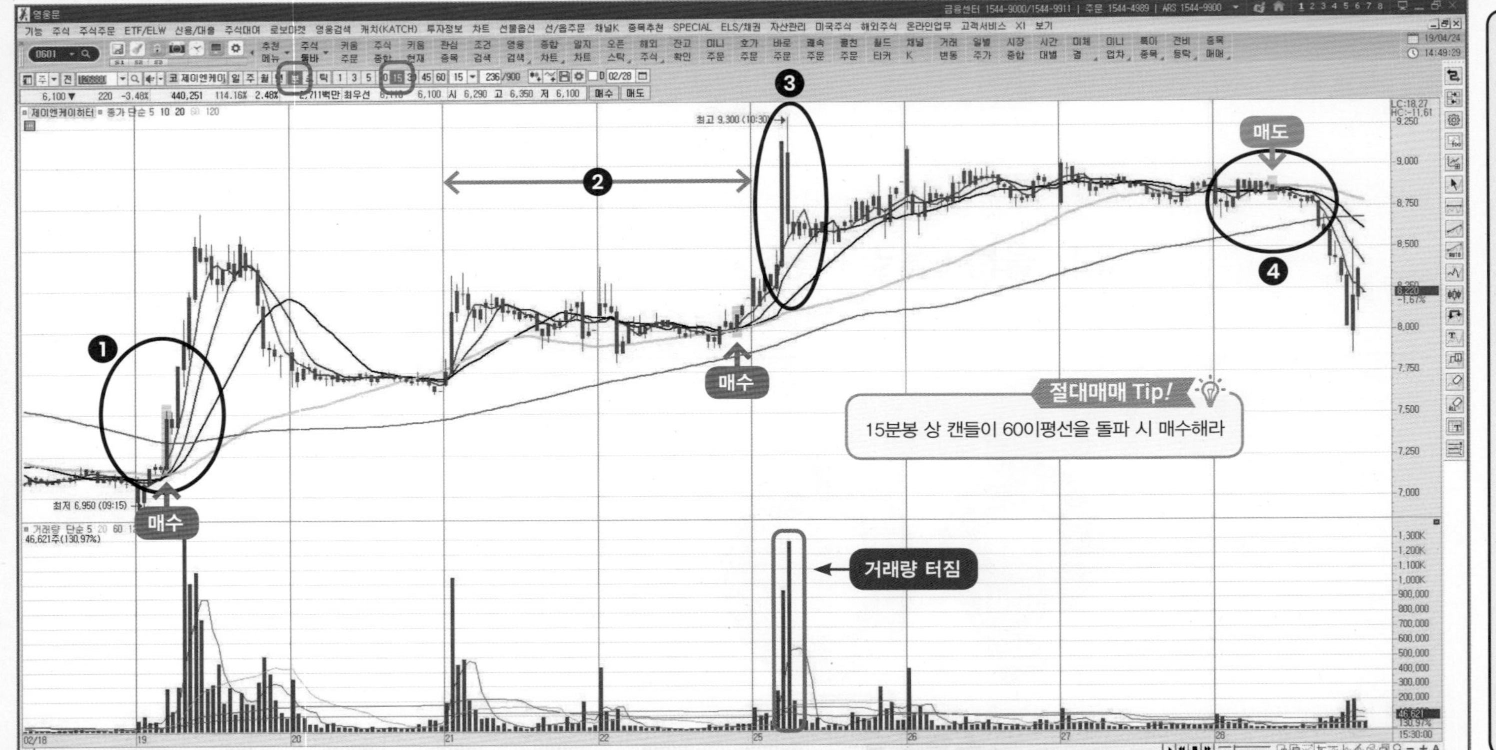

개선 선생의 절대비기!

- 15분봉 매매에서 가장 중요한 것은?

1) ①번에서 캔들이 60분 이평선을 올라탈 때 매수한다.
2) 기간조정(②) 이후, 다시 60분 이평선을 돌파할 경우, 종가 매수한다.
3) ③번에서 거래량이 상당히 많이 터졌지만 지속적인 돌파가 나오지 못하고 있다.
4) ④번에서 조정기간이 길어지는데, 돌파를 못한다면 바로 매도해야 한다.

개선 선생의 한마디!

분봉 매매를 할 때, 5분봉은 너무 빨라 스캘핑에 적합하며 15분봉은 스윙 매매를 하기 가장 편하다. 특히 60분 이평선을 함께 활용한 매매를 집중해서 연습하면 큰 도움이 된다. 이는 이격 매매를 함께 하는 것인데 60분 이평선에 가까워지면 매수하고, 멀어지면 매도하는 것이다. 60분 이평선에 다시 가까워지다가 이탈하면 ④번에서처럼 매도하면 된다.

128 | 15/60 기법 | 절대 놓치면 안 되는 15분봉 매매 코오롱생명과학 분봉

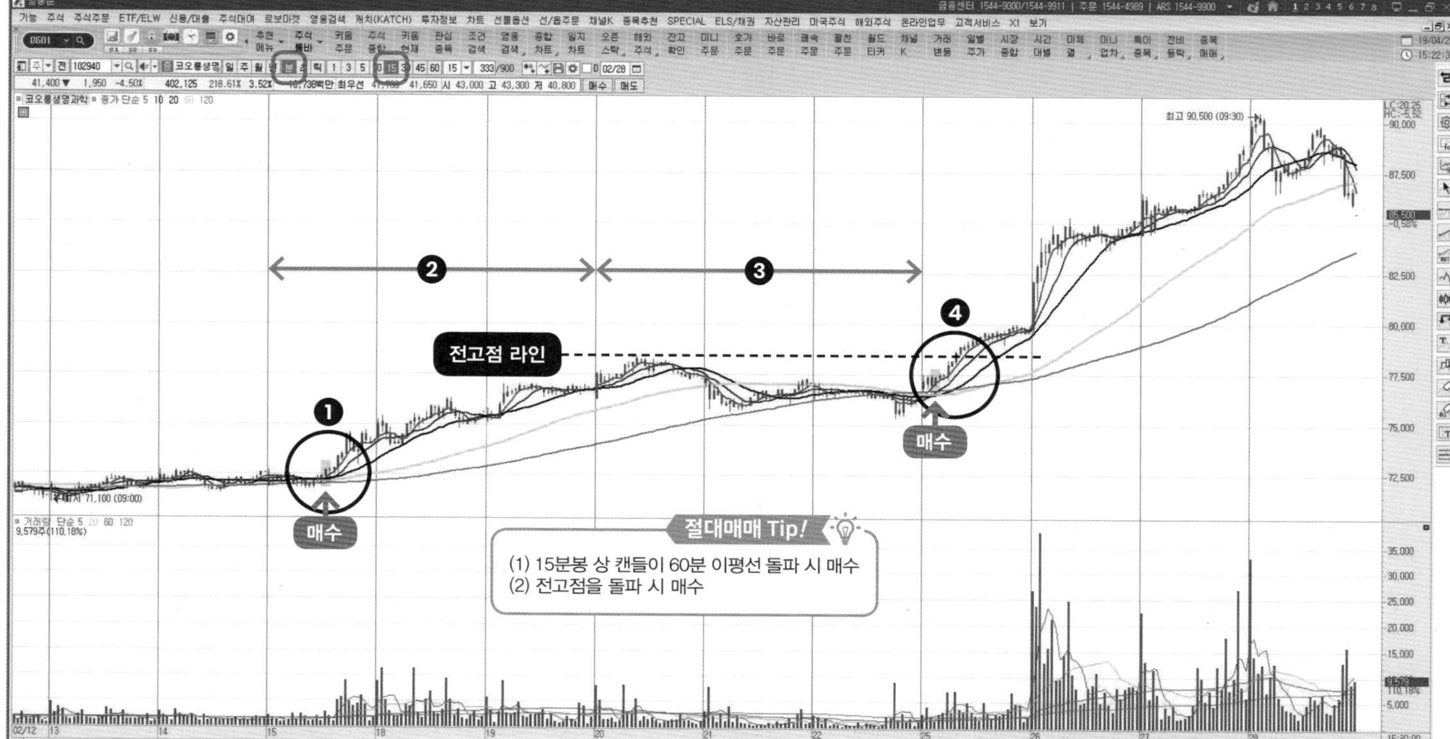

❷
❸
❹
전고점 라인
❶
매수
매수
절대매매 Tip!
(1) 15분봉 상 캔들이 60분 이평선 돌파 시 매수
(2) 전고점을 돌파 시 매수

개선 선생의 절대비기!

- **3일 연속 상승+3일 조정+3일 연속 상승**

15분봉에서 상승이 시작되면 ①번처럼 60분 이평선을 돌파하면서 상승 탄력이 3일(②) 가까이 이어진다. 이후 3일간 조정(③)이 나온다면, ④번처럼 다시 전고점을 돌파하는 시점에 추가매수해야 한다.

주식 격언 새기기!

"공격은 최대의 방어이다."

수비 축구, 수비 야구라는 말은 있지만 수비 주식이라는 말은 없다. 주식의 본질은 변화와 혼란이므로 수비와는 어울리지 않는다. 수비 주식을 생각했다면 다른 방법으로 재산을 운용하는 것이 좋을 것이다. 주식투자는 적극적인 공격만을 필요로 한다. 신중하게 시작하되 바로 이때다 싶을 때 과감하게 공격을 감행해야 하는 것이다. 공격을 감행하다가 그것이 실패라는 것을 알게 되었을 때는 신속하게 퇴각해야 한다. 퇴각도 공격의 일종이다.

개선 선생의 한마디!

15분봉은 장 중에 타이밍을 잡는 데 아주 좋은 무기가 될 수 있다. 장이 시작하자마자 올라가는 ②번 같은 모습에서는 올라타는 매수가 필요하다. ①번에서는 점심 이후에 상승 탄력이 나오기 시작하는 패턴이다. 장을 지켜보다가 강한 수급이 들어올 경우, 종가 매매 및 장중 매매가 가능한 타이밍을 포착할 수 있다.

129 | 15/60 기법 | 60분 이평선 추세 매매 끝장내기 하나제약 분봉

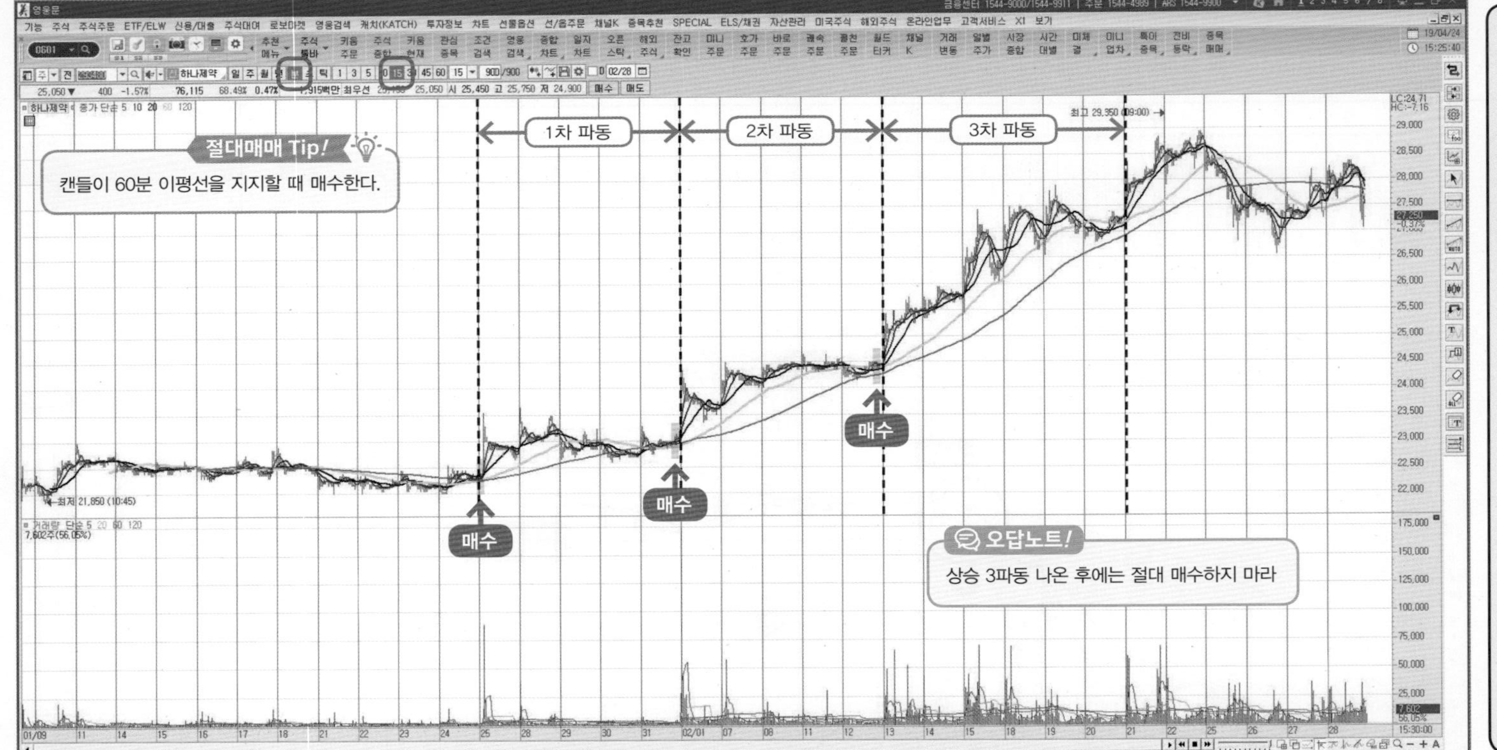

1차 파동
2차 파동
3차 파동
최고 29,350 (09:00)
최저 21,850 (10:45)
절대매매 Tip!
캔들이 60분 이평선을 지지할 때 매수한다.
매수
매수
매수
오답노트!
상승 3파동 나온 후에는 절대 매수하지 마라

개선 선생의 절대비기!

- 60분 이평선이 우상향한다면 끌고 가라!

60분 이평선이 상승 전환 시, 3파동이 나오는지 확인해야 한다. 특히 2, 3번째 파동에서는 매수가 가능하다. 또한 60분 이평선의 기울기가 45도로 상승 유지되는 것이 가장 좋다. 한 달 내내 계속 상승 탄력이 꺾이지 않고 있는 모습이다.

개선 선생의 한마디!

분봉 매매는 하루 종일 지켜봐야 하는 단점이 있지만, 한 번 탄력을 받으면 스윙 매매로서는 가장 적합한 매매 방법이다. 분봉 매매는 짧게는 2일, 길게는 한 달까지 추세 매매를 할 수 있는 방법이기 때문에 거래량과 함께 많이 연습해야 한다. 물론 분봉 매매로 스캘핑 매매나 당일치기 매매도 충분히 가능하다.

130 | 15/60 기법 | 15분봉 매도 신호 포착 유니크 분봉

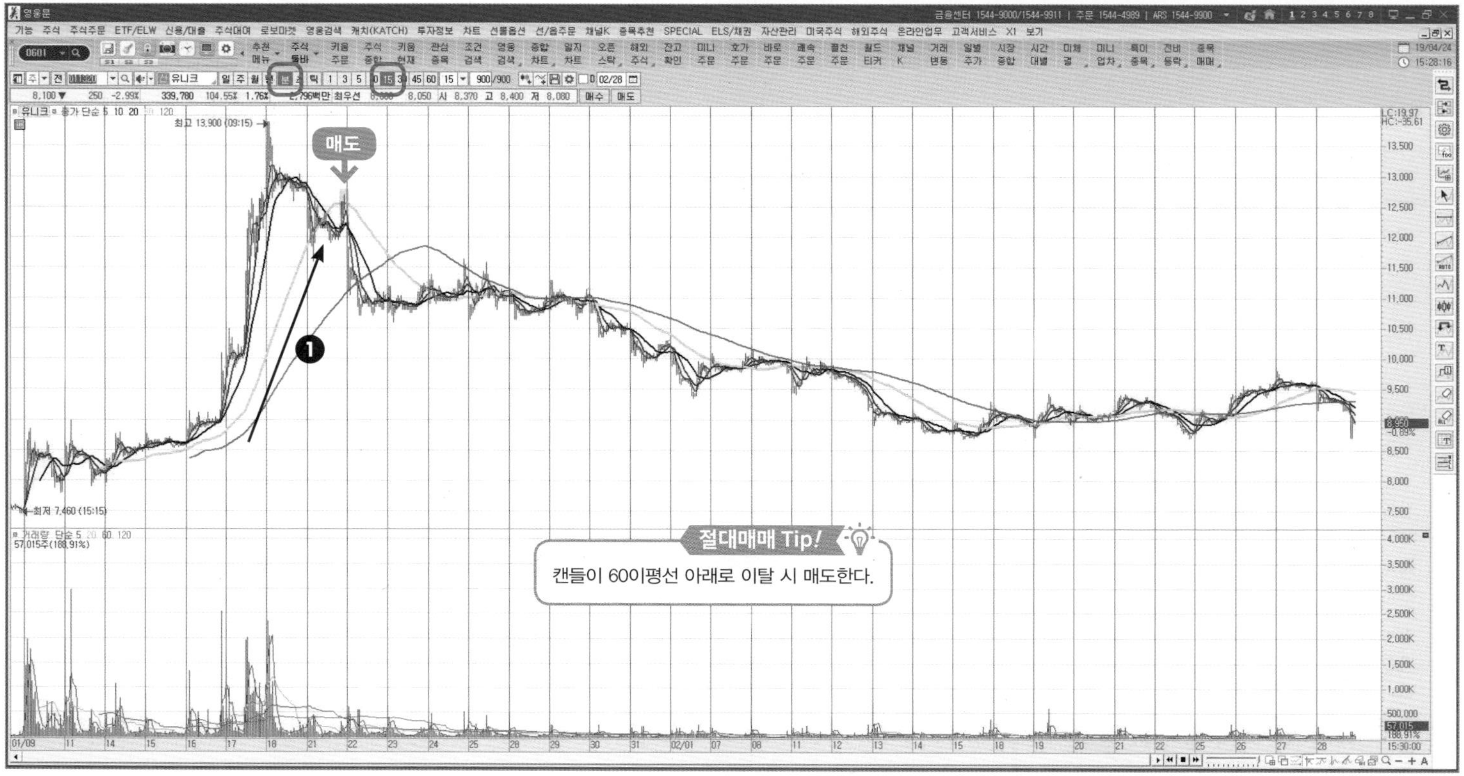

매도

❶

절대매매 Tip!

캔들이 60이평선 아래로 이탈 시 매도한다.

개선 선생의 절대비기!

- **15분봉 매매에서 매도 신호는?**

1) 60분 이평선의 기울기가 갑자기 가팔라진다(①).
2) 60분 이평선과 캔들의 이격이 더 커진다.
3) 60분 이평선의 기울기가 가팔라진 상태에서 상승하지 않고 옆으로 이동하는 모습이 나온다면 매도를 준비한다.
4) 캔들이 60분 이평선을 깨는 자리에서는 매도하고, 이때 매도하지 못했다면 캔들이 60분 이평선을 이탈했다가 다시 올라오더라도 일단 매도한다. 차익매물이 나올 수 있기 때문이다.

개선 선생의 한마디!

주식은 매수도 중요하지만 매도가 더 중요하다. 매도 자리를 놓치게 되면, 주가는 순식간에 매수했던 자리까지 떨어질 수 있다. 그렇기 때문에 일단 분봉 매매를 한다면, 수익이 5~10% 정도 나온다면 수익을 분할매도하면서 가는 것이 맞다. 특히 60분 이평선의 기울기가 가팔라지고, 캔들(몸통+꼬리)이 길어지거나 거래량이 터진다면, 추가 상승이 나오더라도 분할매도하면서 가는 것이 더 낫다.

131 | 15/60 기법 | 60분 이동평균선 추세 일탈 후 돌파 시 큰 시세 (삼성전자 분봉)

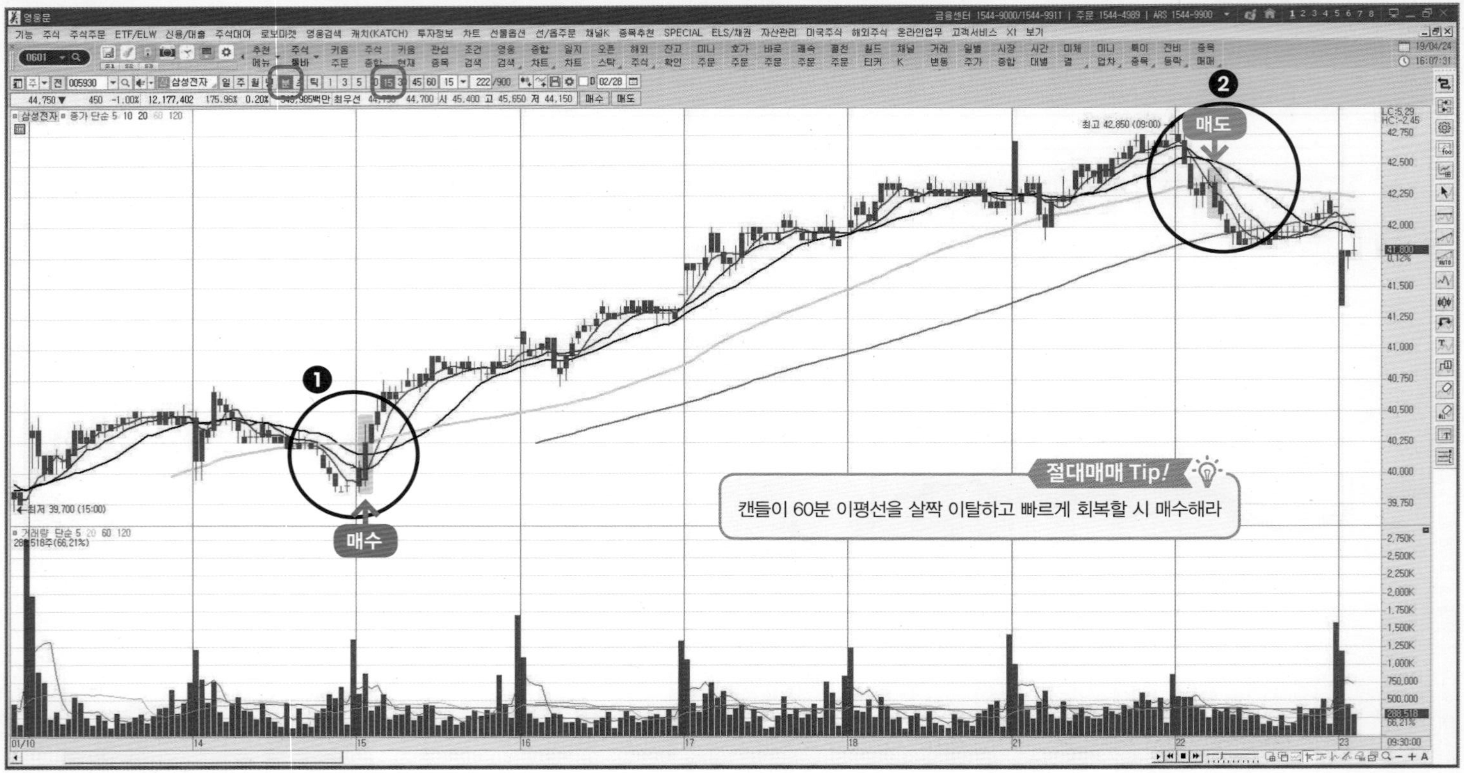

매수

매도

절대매매 Tip!

캔들이 60분 이평선을 살짝 이탈하고 빠르게 회복할 시 매수해라

개선 선생의 절대비기!

- **15분봉 트릭에 속지 마라!!**

1) 캔들이 60분 이평선을 깨더라도 60분 이평선이 우상향하고 있다면 다시 상승 가능하다.
2) 캔들이 다시 60분 이평선 위로 올라올 때는 빠르게 반등이 나와야 한다. 만약 ①번에서 반등이 안 나오고 추가 하락이 나왔다면, 물량을 줄이고 대응하는 것이 맞다. 하지만 만약 아침에 갭 하락이 나오면서 크게 하락하여 시작한다면, 오히려 빠른 기술적 반등이 나오는 것을 기다린 후에 기술적 반등이 마무리되는 부근에서 매도한다. 특히 캔들이 60분 이평선을 깬다면(②) 매도해야 한다.

개선 선생의 한마디!

60분 이평선은 15분봉 차트에선 중기선이 된다. 추세가 살아 있다면, 당일 또는 2~3일 내에는 그 추세를 유지하려는 모습이 나올 것이다. 15분봉이 60분 이평선을 이탈하더라도 빠르게 회복한 후에 추세를 이어간다면 오히려 더 멀리 갈 수 있다.

132 | 15/60 기법 | 급등 후 가격 조정 자리에서 데드캣바운스 매매 삼성출판사 분봉

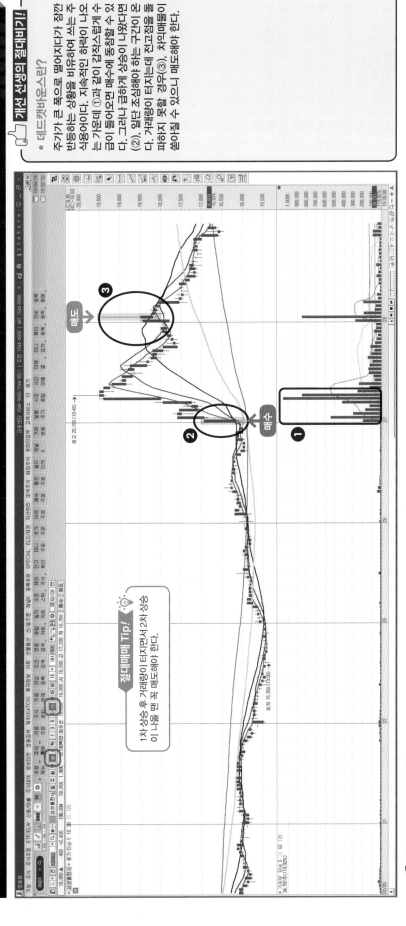

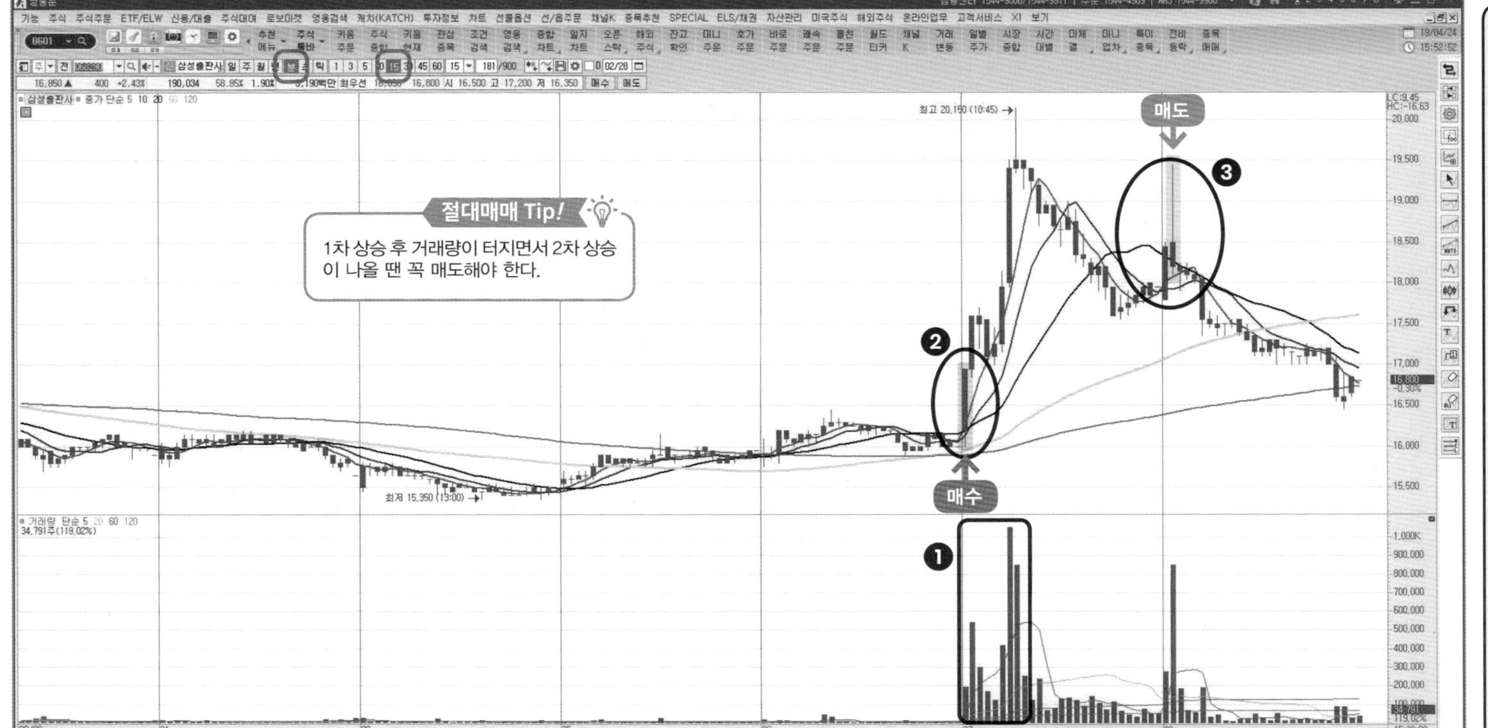

개선 선생의 절대비기!

• **데드캣바운스란?**

주가가 큰 폭으로 떨어지다가 잠깐 반등하는 상황을 비유하여 쓰는 주식용어이다. 지속적인 하락이 나오는 가운데 ①과 같이 갑작스럽게 수급이 들어오면 매수에 동참할 수 있다. 그러나 급하게 상승이 나왔다면(②), 일단 조심해야 하는 구간이 온다. 거래량이 터지는데 전고점을 돌파하지 못할 경우(③), 차익매물이 쏟아질 수 있으니 매도해야 한다.

개선 선생의 한마디!

60분 이평선이 바닥을 찍고 우상향하는 모습이더라도 캔들의 이격이 너무 크게 확대되는 것은 오히려 좋지 않다. 차근차근 확대되는 것이 훨씬 신뢰도가 높다.

133 | 15/60+MACD | 스윙 매매 타이밍을 놓치지 마라 에이블씨엔씨 분봉

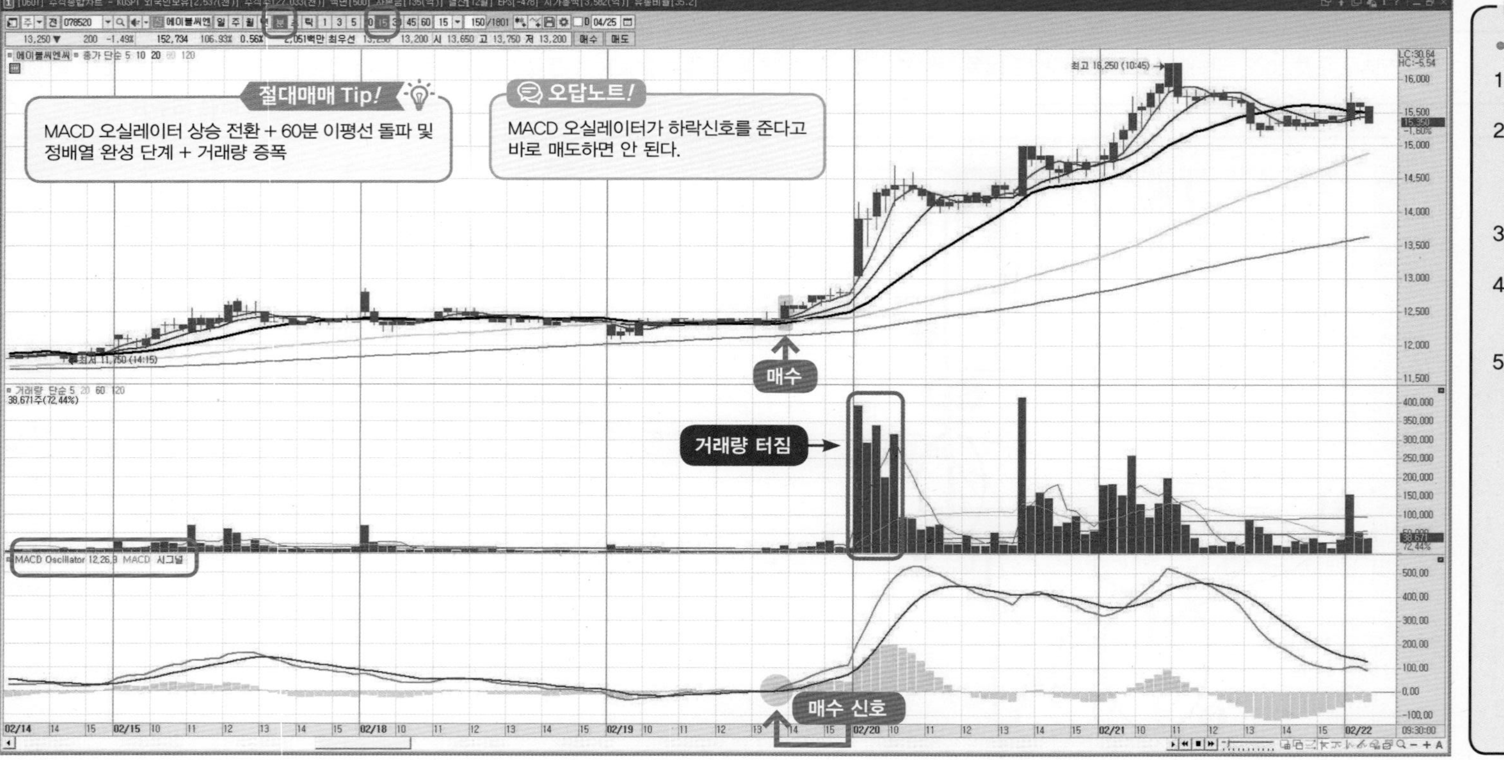

절대매매 Tip!
MACD 오실레이터 상승 전환 + 60분 이평선 돌파 및 정배열 완성 단계 + 거래량 증폭
오답노트!
MACD 오실레이터가 하락신호를 준다고 바로 매도하면 안 된다.
최고 16,250 (10:45)
최저 11,750 (14:15)
매수
거래량 터짐
MACD Oscillator 12,26,9 MACD 시그널
매수 신호

개선 선생의 절대비기!

• **MACD의 특징**

1) 단기, 중기, 장기 거래에 모두 사용하기 적합하다.
2) 이동평균선의 장점을 살리면서 단순 이동평균이 아닌 지수이동평균을 사용하여 후행성은 감소시킨 보조지표이다.
3) MACD 오실레이터는 단기거래에 특화되어 있다.
4) MACD의 값이 0 이하일 때 발생하는 골든크로스는 매수 신호이다.
5) MACD의 값이 0 이상일 때 발생하는 데드크로스는 매도 신호이다.

개선 선생의 한마디!

보조지표는 분봉 매매에선 더욱 중요하다. 특히 MACD는 단기 매매에 적합하기 때문에 분봉 매매할 때 꼭 참고해서 함께 사용해야 한다.

134 | 15/60+OBV | 거래량 지표 OBV를 확인해라 에이블씨엔씨 분봉

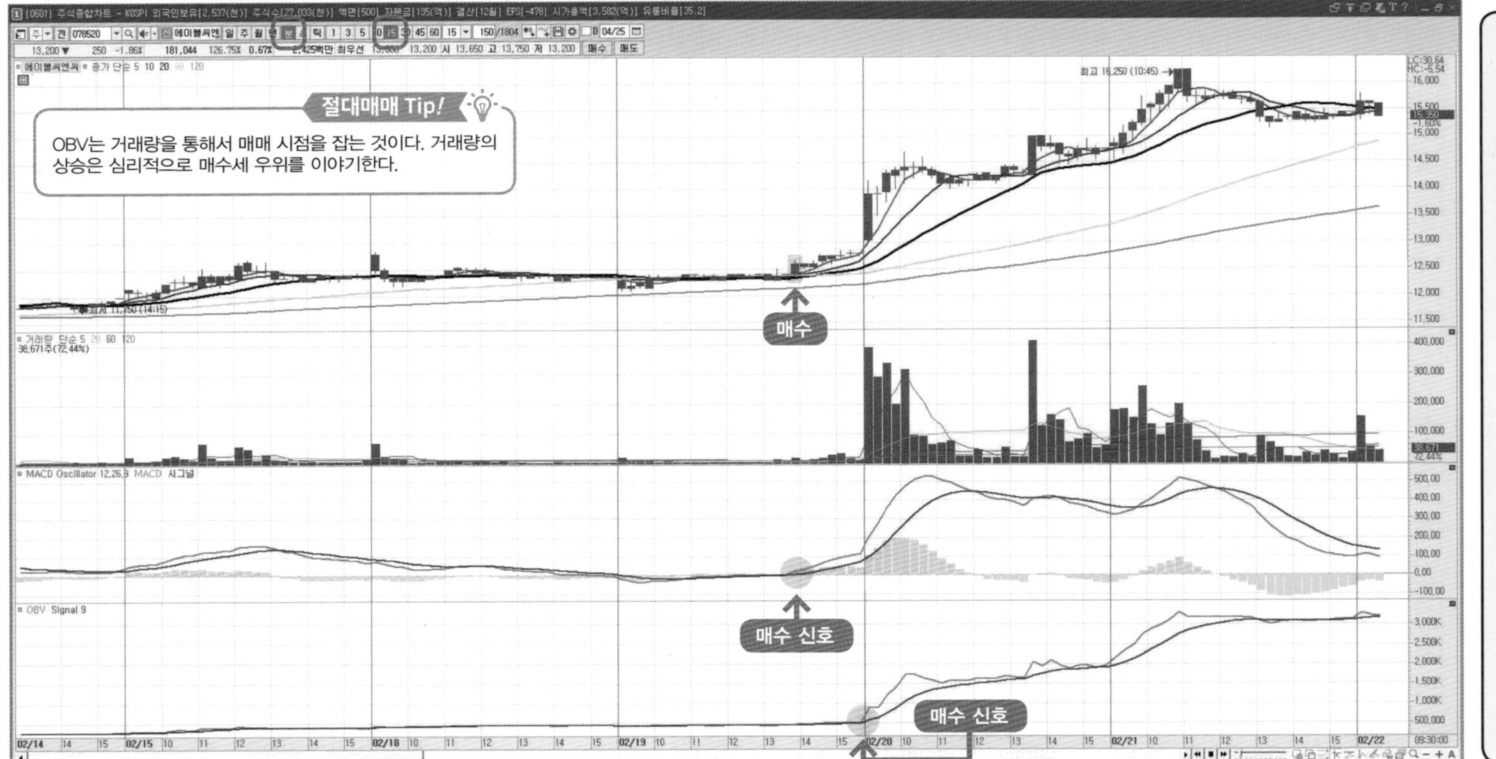

절대매매 Tip!
OBV는 거래량을 통해서 매매 시점을 잡는 것이다. 거래량의 상승은 심리적으로 매수세 우위를 이야기한다.
매수
매수 신호
매수 신호

개선 선생의 절대비기!

• **OBV의 특징**

OBV는 거래량을 통해 매수세와 매도세 간의 균형을 파악할 수 있는 보조지표이다. 가격이 상승한 날에 발생된 거래량은 더하고, 가격이 하락한 날에 발생된 거래량은 빼서 단순하게 산출한다.

1) 중기, 장기 거래에 유용하다.
2) 거래량을 통해 주가의 방향성을 예측하는 보조지표이다.
3) 시장의 추세를 파악할 수 있다.

개선 선생의 한마디!

분봉 매매에서 거래량이 터진다는 것은 일봉에서와 같이 고점과 저점 위치에 따라 다르게 해석한다. 캔들과 이평선이 수렴하다가 거래량이 터지면서 상승하면 매수 타이밍이다. 고점에서 거래량이 터진다면 차익매물이 쏟아지는 것이라고 해석하면 된다.

135 | 15/60+보조지표 | 분봉은 빠른 스윙매매에 적합 에이블씨엔씨 분봉

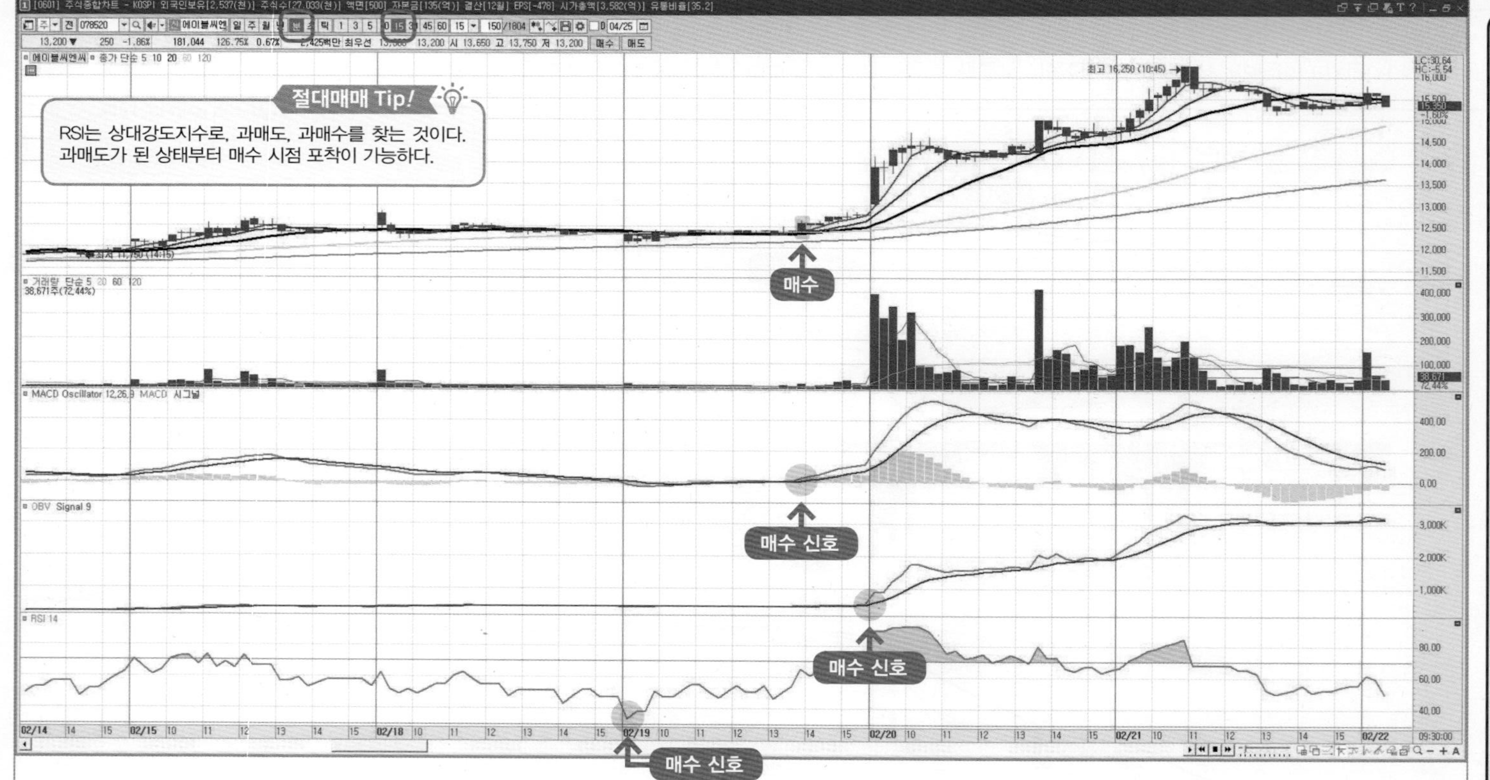

절대매매 Tip!
RSI는 상대강도지수로, 과매도, 과매수를 찾는 것이다. 과매도가 된 상태부터 매수 시점 포착이 가능하다.
매수
매수 신호
매수 신호
매수 신호

개선 선생의 절대비기!

• **RSI의 특징**

RSI는 현재 추세의 강도를 백분율로 나타낸 보조지표이다. 주가의 상승폭이 어느 정도인지를 분석하여, 상승추세라면 얼마나 강한 상승세인지, 하락추세라면 얼마나 강한 하락세인지를 판단해볼 수 있는 지표이다.

1) 단기, 중기, 장기거래에 모두 활용할 수 있다.
2) 백분율을 기준으로 현재 추세의 강도를 나타내기 때문에 추세가 있는 시장에서 유용하다.
3) 시장의 분위기를 나타내주는 대표적인 지표이다.

개선 선생의 한마디!

분봉 매매는 실시간 대응을 해야 하기 때문에 일봉 매매보다 더 디테일하게 매매해야 한다. 특히 RSI는 상대적으로 주가 위치가 과매도인지 과매수인지를 판단할 수 있는 보조지표이다. 분봉에서 사용할 때는 과매도가 포착되면 MACD가 상승 전환되는지 기다린다. MACD가 상승 전환되면 OBV가 전환되는지도 다시 확인해야 한다.

136 | 15/60 VS 5분봉 매매 | 5분봉 매매는 더 빠른 매매가 가능 에이블씨엔씨 분봉

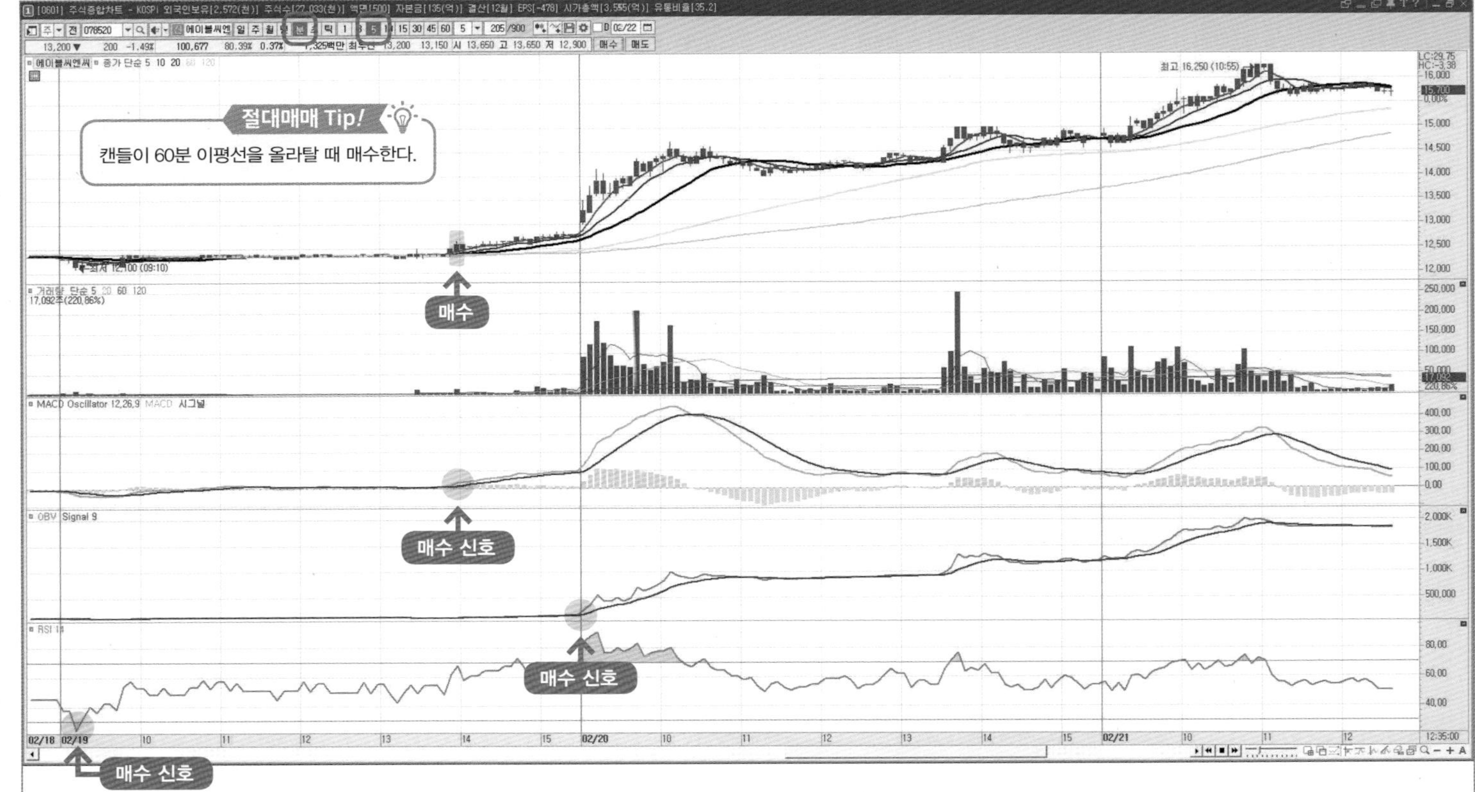

개선 선생의 절대비기!

- **RSI를 활용한 매매법**

1) RSI 지표를 활용한 과열 구간과 침체 구간은 백분율로 나타내기 때문에 다른 보조지표의 동일 구간보다 더 높은 신뢰도를 가지고 있다. 이를 활용해 RSI 값이 30 이하이면 매수 신호로, RSI 값이 70 이상이면 매도 신호로 사용할 수 있다.
2) 다른 보조지표들과 마찬가지로 주가가 이전 고점을 돌파하는데 RSI의 수치는 이전 고점을 돌파하지 못하고 하락한다면, 추세 전환을 예고하는 신호로 받아들일 수 있다.

개선 선생의 한마디!

5분봉 차트를 보더라도 15분봉 차트의 매수시점과 다르지 않다. 물론 박스권 장세에서 스캘핑 매매를 할 때, 1～2%의 수익 매매를 한다면 5분봉 매매가 필요하지만, 그렇지 않은 경우에는 5분봉보단 조금 더 긴 분봉을 사용하는 것이 심리적으로 안정감을 줄 수 있다. 봉의 등락을 계속 보다 보면 합리적 사고보다는 감정적인 매매가 나올 수 있기 때문이다.

137 | 30분봉 매매 | 대형주는 30분봉도 참고해라 삼성전자 분봉

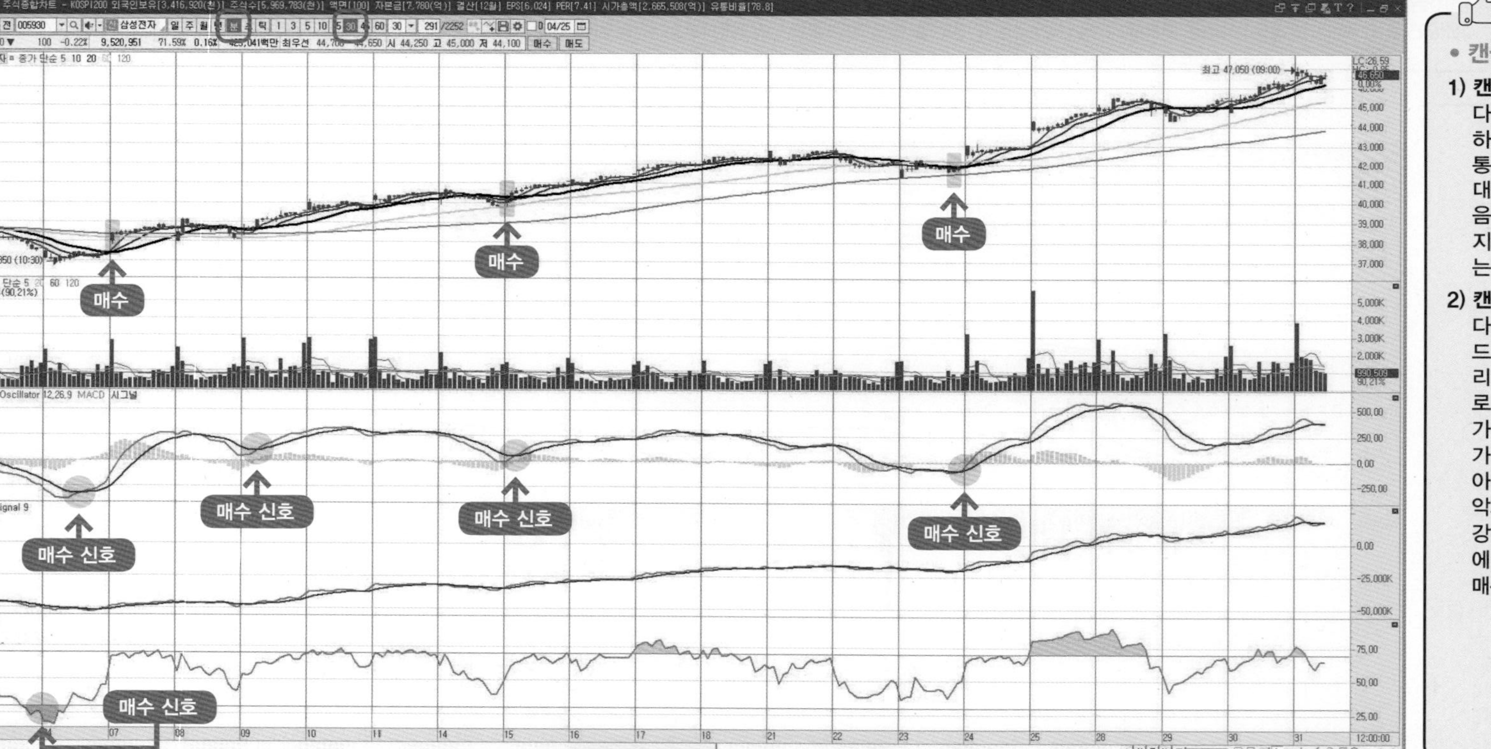

개선 선생의 절대비기!

• 캔들 해석하는 법

1) 캔들의 몸통이 긴 경우
다음 날에 대한 확신이 그만큼 강하다는 것을 의미한다. 양봉의 몸통이 길다면 다음 날 추가 상승에 대한 기대감이 높은 것이다. 반면 음봉의 몸통이 길다면 다음 날까지 추가 하락할 수 있다고 생각하는 투자자들이 많은 것이다.

2) 캔들의 꼬리가 긴 경우
다음 날에 대한 불확실한 감정이 드러난 것으로 볼 수 있다. 위꼬리가 길다면 당일 강한 기대감으로 상승했으나 생각보다 큰 호재가 아니었거나, 뒤따르는 매수세가 약했음을 알 수 있다. 반대로 아래꼬리가 길다면 해당 종목이 악재 등의 충격에 의해 장 중에 강하게 하락했지만, 시간이 지남에 따라 사람들이 이성을 되찾고 매수에 가담했음을 알 수 있다.

개선 선생의 한마디!

대형주는 일봉으로 매매하는 것이 맞지만, 분봉으로 장 중에 어떻게 움직이는지 확인해 볼 필요가 있다. 매매 시점을 포착하기엔 30분봉이 더 좋기 때문에 이를 잘 활용해야 한다. 특히 RSI는 대형주에 더욱 잘 맞는 방법일 수 있다. 첫 번째 매수 시점을 놓쳤어도 MACD를 보면서 두 번째, 세 번째 매수 시점을 포착하여 매매에 동참할 수 있다.

138 | 추세 하락도 30분봉으로 | 추세 하락 시 빠르게 대응해라 삼성전자 분봉

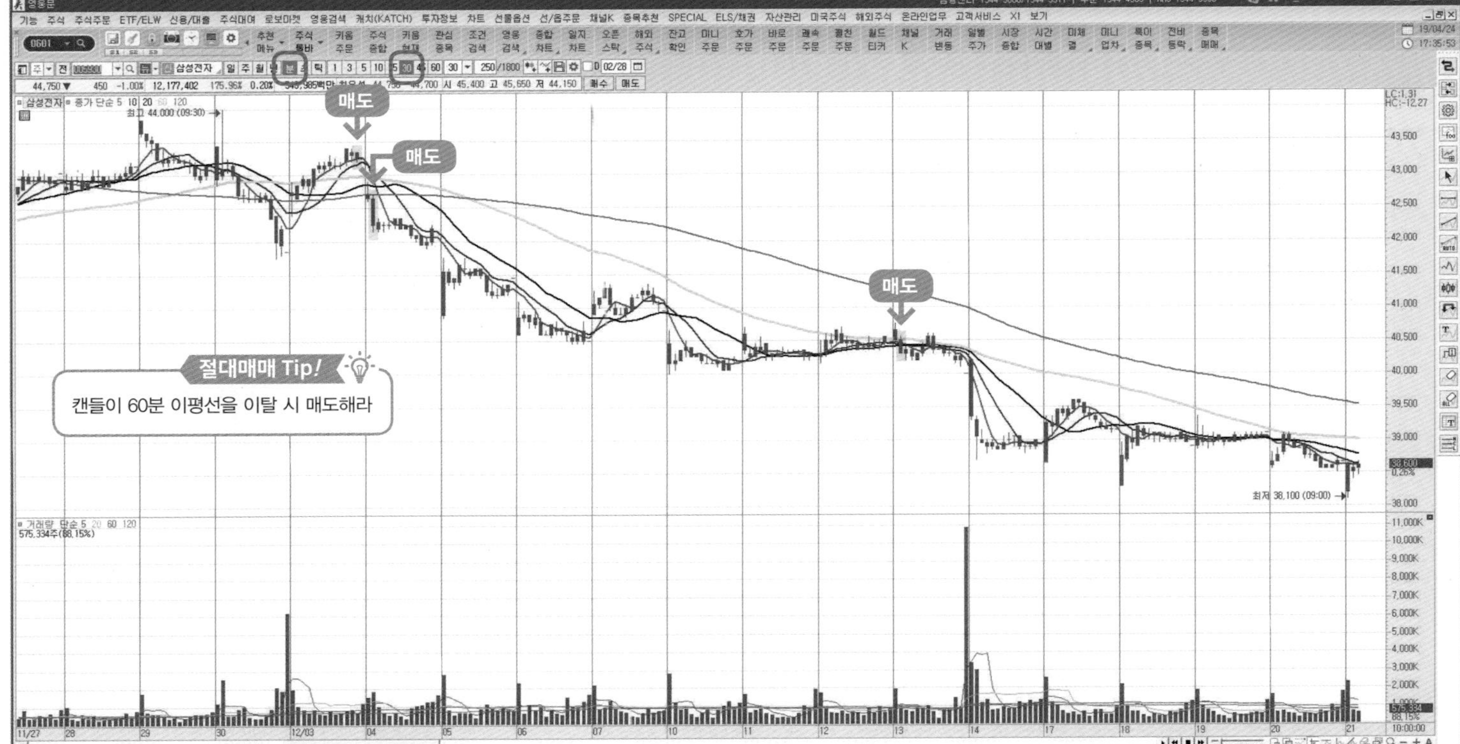
매도
매도
매도
절대매매 Tip!
캔들이 60분 이평선을 이탈 시 매도해라

개선 선생의 한마디!

대형주를 매매할 때는 분봉을 확인하면서 가는 것이 좋다. 특히 하락할 경우에는 빠른 대응이 절실하기 때문에 분봉으로 설정하고, 60분 이평선을 이탈할 때 매도해야 하고, 60분 이평선이 하락으로 전환되고 있다면 더더욱 조심해야 한다.

개선 선생의 절대비기!

- 캔들 해석 시 유의할 점

1) 캔들의 모양이 모든 것을 설명하지 않는다는 것이다. 장대양봉, 망치, 도지 등 캔들의 모양마다 의미가 다르지만, 캔들이 나타나는 위치와 거래량에 따라 그 해석과 중요성이 달라진다. 예를 들어 저가권에서 대량 거래를 수반한 장대양봉의 출현은 굉장히 긍정적인 신호이지만, 고가권에서 대량 거래가 터지면서 발생되는 장대양봉은 경계의 대상이 된다.
2) 하나의 캔들만 독립적으로 사용하기에는 불완전하다는 점이다. 당일의 캔들 모양뿐만 아니라 다음 날 캔들이 어떠한 모습이냐에 따라서도 그 해석이 달라지게 된다. 따라서 캔들이 1개일 때 가지는 의미와 2개, 3개일 때 가지는 의미를 이해하고 있어야 한다.
3) 캔들은 미래를 예측하기보다는 경고 표지판과 같은 존재다. 하락 반전형 캔들이 나타난다면 '주가가 곧 하락 반전할 수 있으니 주의하시오' 라고 쓰여있는 경고가 뜨는 것과 같은 것이다. 그래서 투자자들은 이를 항상 유의하면서 투자에 임해야 한다.

139 | 30분봉+이격 | 윌리엄 오닐이 이야기한 컵 모양 차트법 삼성전자 분봉

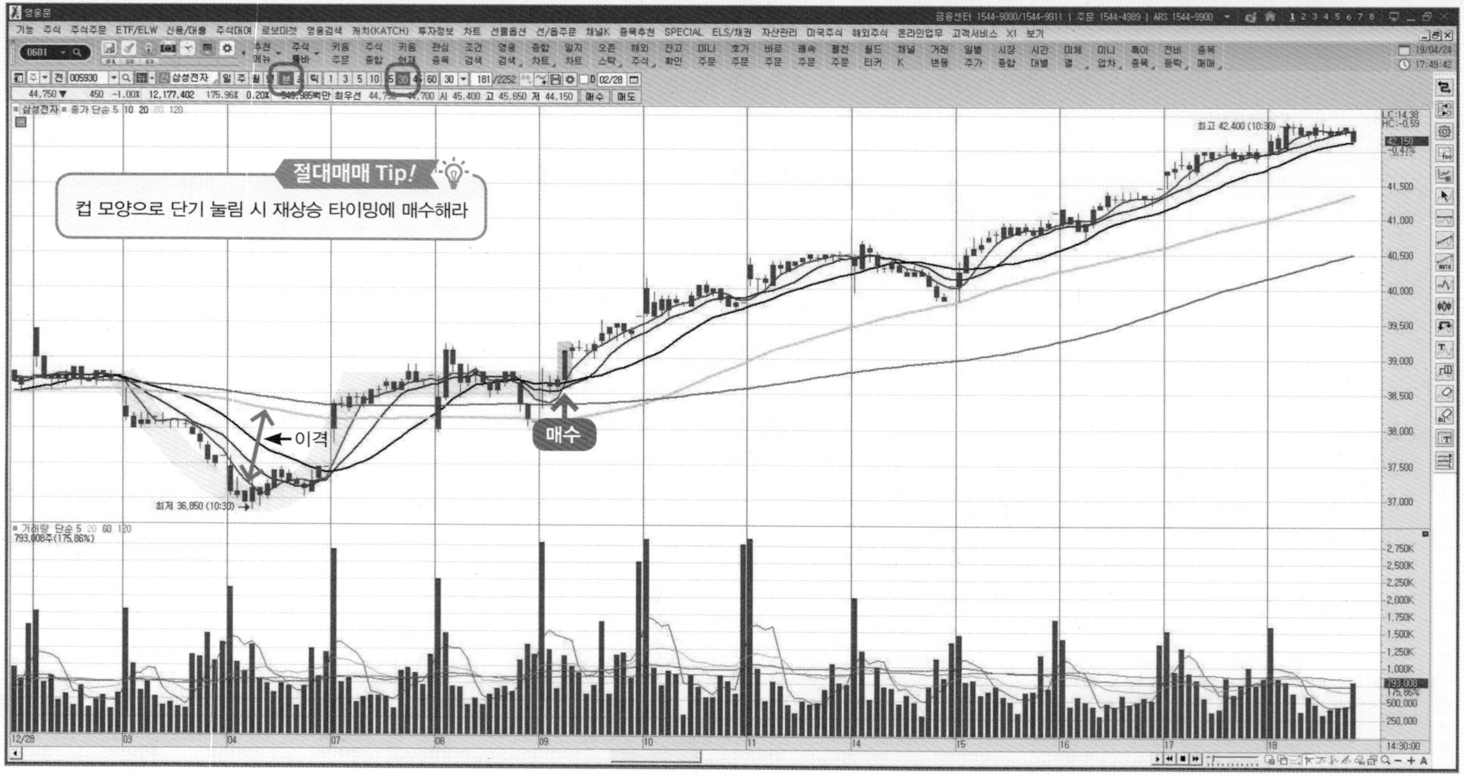

절대매매 Tip!
컵 모양으로 단기 눌림 시 재상승 타이밍에 매수해라
이격
매수
최고 42,400 (10:30)
최저 36,850 (10:30)

개선 선생의 절대비기!

- CAN SLIM이란?

CAN SLIM이란 주식이 급성장하기 전에 보이는 7가지 조건의 앞 글자를 따서 만든 투자기법이다.

'C'는 현재 분기 주당순이익 (Current Quarterly Earnings Per Share),

'A'는 주당순이익 증가율 (Annual Earnings Increase),

'N'은 새로운 것(New),

'S'는 수요와 공급 (Supply and Demand),

'L'은 주도주(Leader),

'I'는 기관투자가의 뒷받침 (Institutional sponsorship),

'M'은 시장의 방향성 (Market Direction)을 의미한다.

개선 선생의 한마디!

세계적인 투자자 윌리엄 오닐은 급성장 대박주를 찾는 방법에 대해 이야기했다. 바로 CAN-SLIM+컵 모양 차트 법칙이다. 30% 상승(단기 상승)이 나타나고, 컵 모양과 손잡이가 나타난 후에 상승이 나온다면 대박주가 나올 수 있다는 것이다. 이는 분봉 차트뿐만 아니라 모든 차트에서 적용 가능하다.

140 | 60분봉 매매 | 60분봉은 일봉으로 보는 것과 또 다르다 삼성전자 분봉

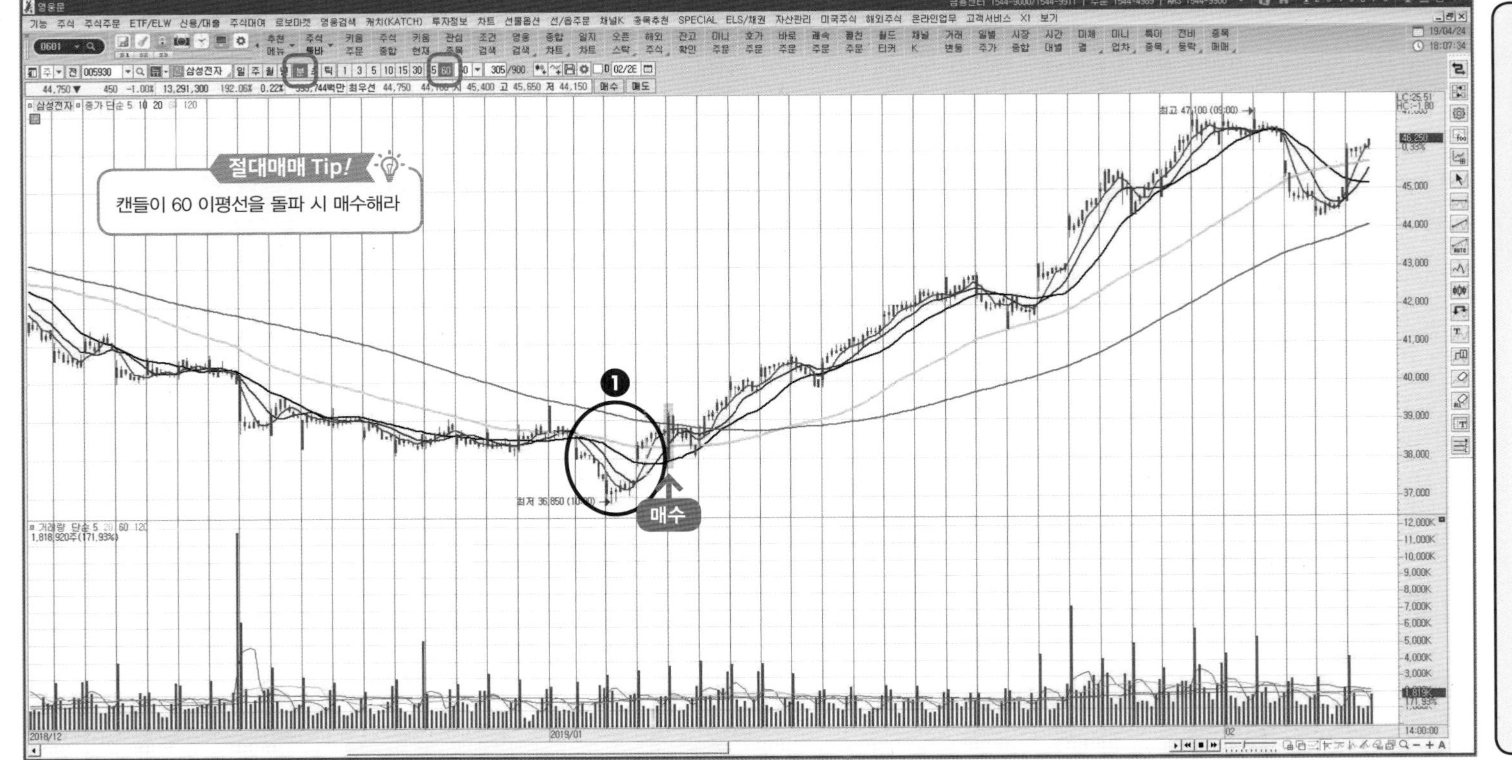

개선 선생의 절대비기!

- **워런 버핏이 건네는 투자 조언**

"놀라운 결과를 얻기 위해 반드시 놀라운 행동을 해야 하는 건 아니다."

"가격은 당신이 지불하는 것, 가치는 당신이 갖는 것"

"로켓과학자가 될 필요는 없다. 투자는 IQ가 160인 사람이 IQ 130인 사람을 이기는 게임이 아니다."

개선 선생의 한마디!

단기적인 V자 반등(①)이 나온 후, 60분 이평선을 돌파하는 자리가 매수 포인트이다. 일봉만 보는 것보다 15분봉, 30분봉, 60분봉을 한 번씩 살펴보면서 차트 분석이 제대로 되고 있는지 확인할 필요가 있다. 왜냐하면 단기 차트만 보면 감정적인 대응을 할 수 있고, 장기 차트만 보면 대응이 늦어서 손해를 볼 수 있기 때문이다.

141 | 월봉 매매 | 추세의 끝판왕 → 월봉 매매의 TIP 삼성전자 월봉

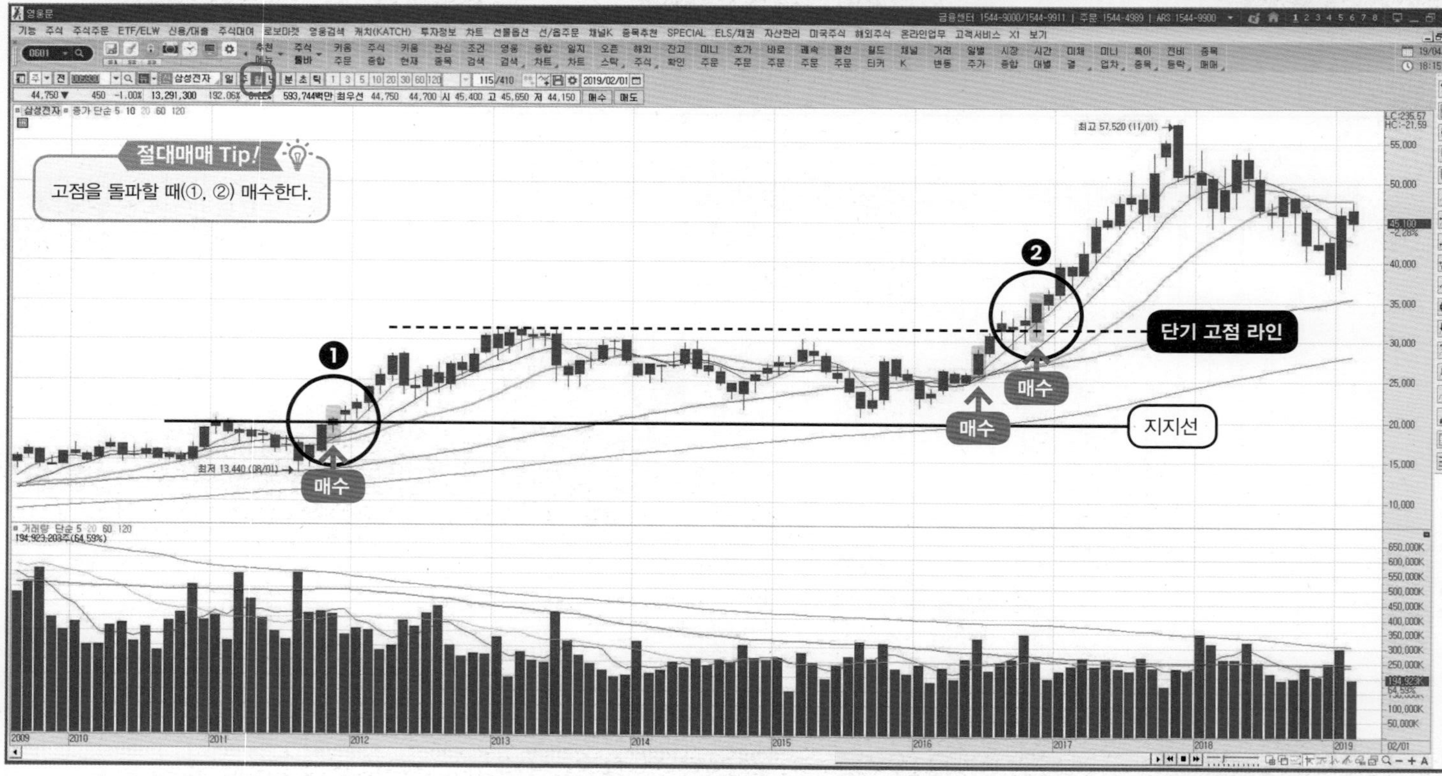

절대매매 Tip!

고점을 돌파할 때(①, ②) 매수한다.

개선 선생의 절대비기!

- 워런 버핏 검색식

1) **총자본증감률** : 최근3년평균 증감률 15% 이상
2) **영업이익률** : 최근3년평균 15% 이상
3) **EV/EBITDA** : 최근결산 5배 이하
4) **총부채증감률** : 최근3년평균 증감률 5% 이하
5) **부채비율** : 최근결산 100% 이하
6) **ROE** : 최근3년평균 20% 이상
7) **유보율** : 최근결산 100% 이상
8) **매출액증가율** : 최근3년평균 증감률 10% 이상

개선 선생의 한마디!

월봉 매매를 할 때에는 리스크 관리보다 계좌 관리가 더 중요하다. 상승 시엔 비중 조절을 해야 하고, 하락 시엔 비중 확대를 하면서 가야 한다. 또한 추세선을 돌파할 경우에는 비중 확대를 통해서 수익의 극대화를 진행하면 더 좋다.

142 | 월봉 매매 | 윌리엄 오닐의 컵 모양 기법 - 큰 시세를 꿈꿔라 (휠라코리아 월봉)

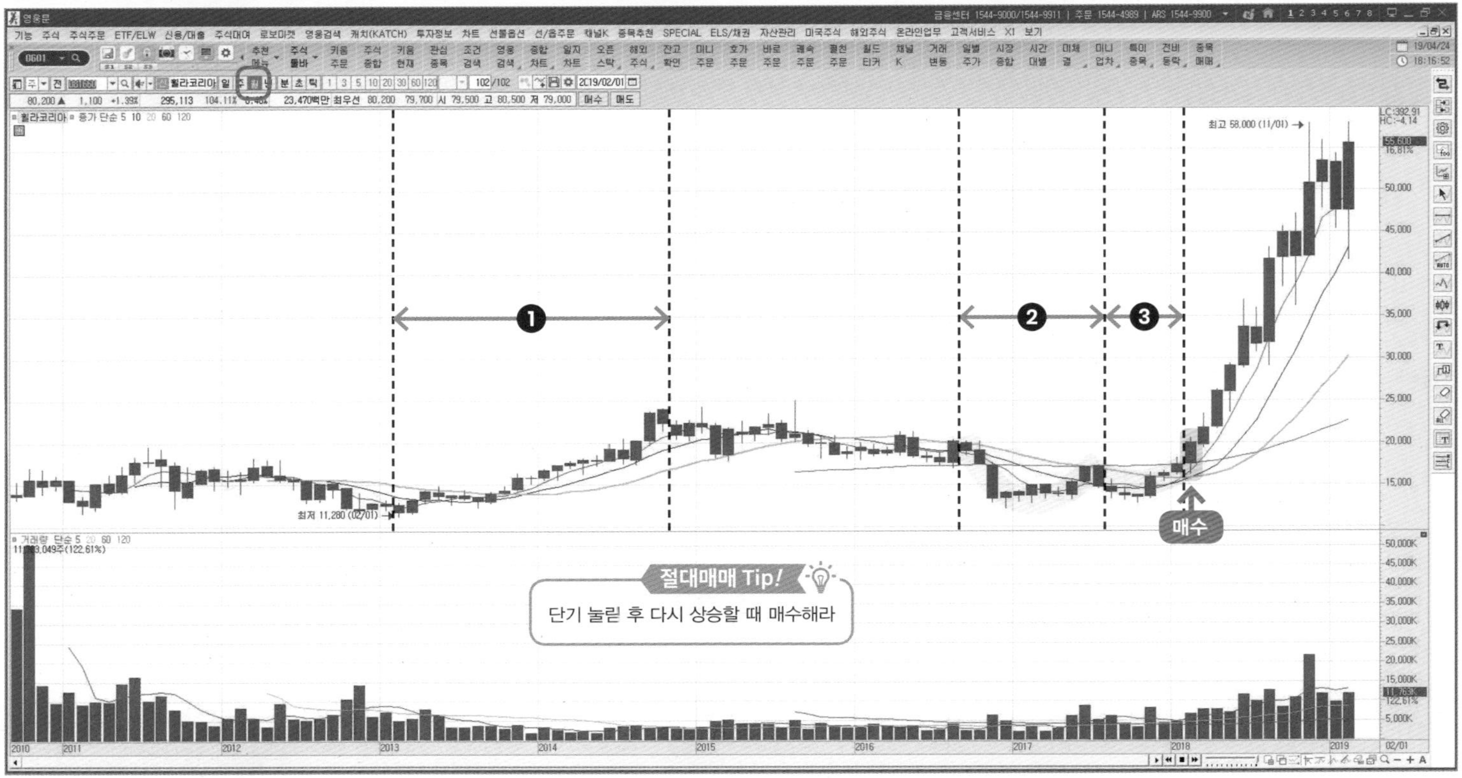

최고 58,000 (11/01) →

최저 11,280 (02/01)

❶ ❷ ❸

매수

절대매매 Tip!

단기 눌림 후 다시 상승할 때 매수해라

개선 선생의 절대비기!

• 윌리엄 오닐 컵 모양 기법

1) 단기 30% 이상 상승(①)이 나타난다.
2) 눌림 시 컵 모양 형태로 하락(②)이 나온다.
3) 컵 모양이 나타난 다음에 컵의 손잡이 부근에서 기간조정(③)이 나오고, 이후에 강한 상승이 나올 가능성이 있다.

주식 격언 새기기!

"과거나 현재에 연연하지 말고 미래를 내다봐야 한다."

주식투자 수익률을 높일 수 있는 급등주 발굴이 모든 투자가들의 소망이다. 인기 테마 진단을 얼마나 정확히 하여 바닥권에서 매수할 수 있느냐 하는 것이 문제의 관건이다.

인기 테마를 진단하기 위해서는 경제 변수나 증시 변수를 과거보다 미래에 초점을 두고 재해석하는 자세를 가져야 한다. 주가의 변화가 일어나면 자신의 선입견을 버리고 물처럼 투자관을 변화시켜 나가야 한다. 과거나 현재에 연연하지 말고 미래를 내다보라.

개선 선생의 한마디!

워런 버핏과 같은 세대인 윌리엄 오닐은 대공황이 한창이던 1934년에 태어났다. 오닐의 투자전략은 '몇 개월부터 2년 정도의 기간 안에 몇 배에서 수십 배가 되는 성장주를 노린다'였다. 실적 등 종목 선별 조건을 명확하게 제시하고 있으며, 주가차트 분석을 무엇보다 중요하게 여겼다. 윌리엄 오닐은 그의 저서를 통해 "동일한 형태는 몇 번이고 되풀이된다." "역사는 반복된다"고 여러 번 언급하였다.

143 | 월봉 매매 | 한 번 정배열 되면 크게 터진다 F&F 월봉

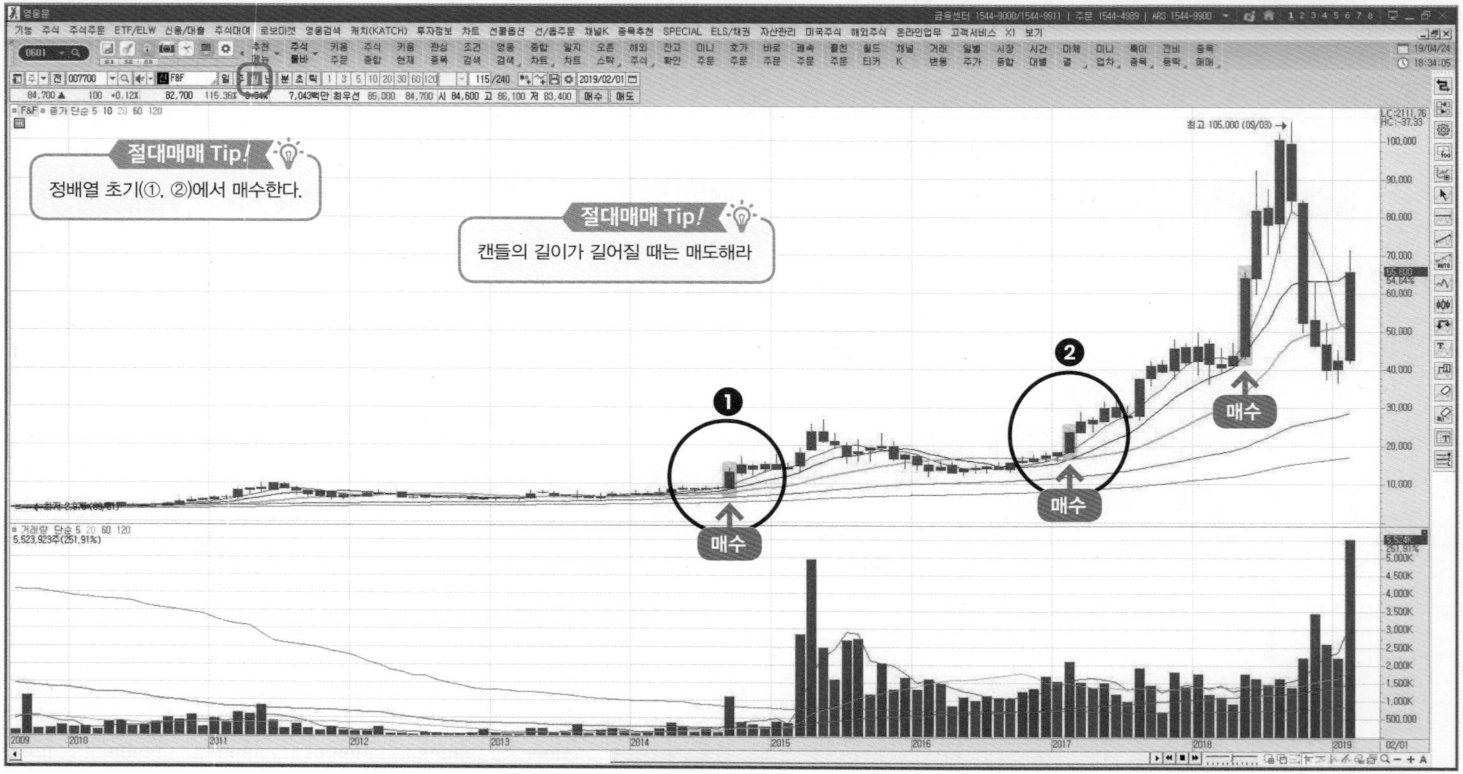

절대매매 Tip!

정배열 초기(①, ②)에서 매수한다.

절대매매 Tip!

캔들의 길이가 길어질 때는 매도해라

① 매수

② 매수

매수

개선 선생의 절대비기!

• **월봉으로 10배 터지는 종목을 매수해라!**

월봉 매매는 시간이 오래 걸리고, 기업 분석이 무엇보다 중요하다. 잘못된 기업에 월봉으로 투자했다가는 빠져 나오지도 못하고 손해만 지속될 수 있다. 그래서 월봉 매매는 기본적 분석 및 종목 분석이 우선시 되고, 경제 분석, 산업 분석이 함께 진행되어야 한다.

주식 격언 새기기!

"노력은 성공의 지름길이다."

노력은 성공의 어머니. 비단 주식투자뿐만 아니라 인간사 모든 분야에 통용되는 말이다. 노력하면 성공한다는 것은 누구나 아는 일이지만 실천하기는 쉽지 않다. 주식투자에 성공하기 위해 사람들은 다양한 기법을 이용한다. 어느 방법을 사용하더라도 공통점은 비상한 노력을 기울여야 한다는 것이다. 주식투자에서 운이 작용할 수도 있지만 주식을 알기 위한 노력을 기울여야만 끝내 이길 수 있다.

개선 선생의 한마디!

단기 차트만 보면 엄청난 종목들을 빠르게 팔아버리고, 적은 수익에 만족하는 문제가 발생한다. 월봉 차트는 이와 같은 상황이 벌어지지 않도록 도와주는 차트 방법이다.

144 | 주봉 매매 | 한 번씩은 확인하면서 매매해라 F&F 주봉

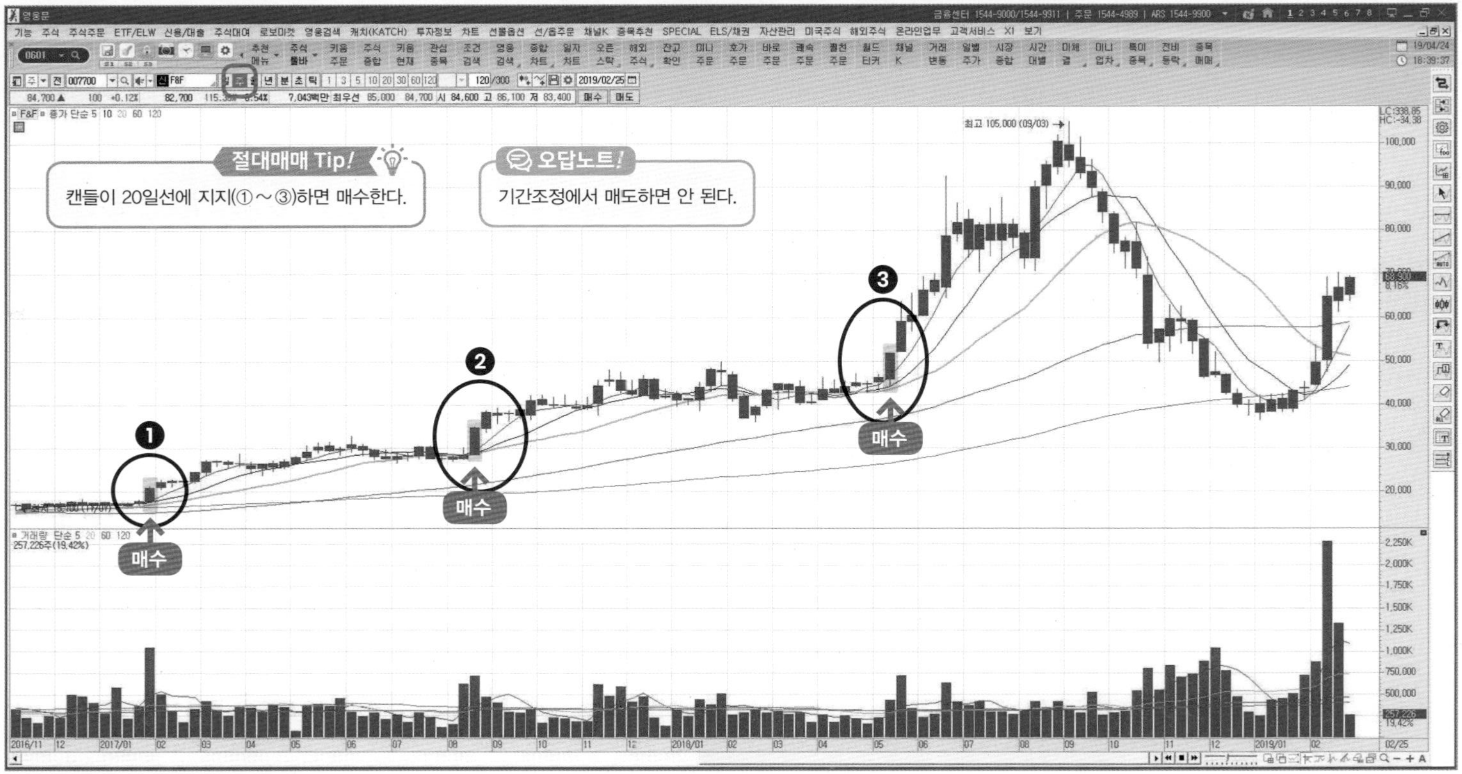

절대매매 Tip!

캔들이 20일선에 지지(①~③)하면 매수한다.

오답노트!

기간조정에서 매도하면 안 된다.

개선 선생의 절대비기!

• 워런 버핏의 핵심 투자전략

1) 코카콜라와 같이 소비자들에게 독점력을 행사하는 기업을 사라.
2) 나이키와 같이 상표가치가 높고 단기간에 소모되거나 교환주기가 짧은 제품을 판매하는 기업을 사라.
3) 기업의 성장이 주주의 이익으로 환원되는지 확인해라.
4) 부채를 늘리지 않더라도 높은 자기자본 수익률이 나는 기업을 사라.
5) 기업의 자산을 보수적으로 운용하는 기업이 오래 살아남을 수 있다.
6) 기업이 미래에 얼마의 돈을 벌 수 있을지 합리적으로 계산할 수 있어야 한다.
7) 매수가격은 투자에 따른 기대수익률에 의해 결정된다. 즉, 주식의 가격이 낮을수록 수익률은 높아진다.

개선 선생의 한마디!

주봉은 월봉보다는 조금 더 편하게 볼 수 있다. 20일선 지지를 잘 확인하고, 월봉과 주봉을 같이 보는 것이 더 좋다. 중 · 장기 차트를 볼 때에는 큰 그림을 봐야 한다. 단기가 아닌 3개월에서 수년까지 가지고 간다는 마음으로 투자하는 것이다.

PART

- 시스템 트레이딩 & 조건검색
- 신규 상장주 매매
- 테마 매매
- 시간외 매매
- 동시호가
- 호가 창
- VI

145 | 시스템 트레이딩 | 편하게 시스템으로 매매 타이밍 잡자! CCI 활용법

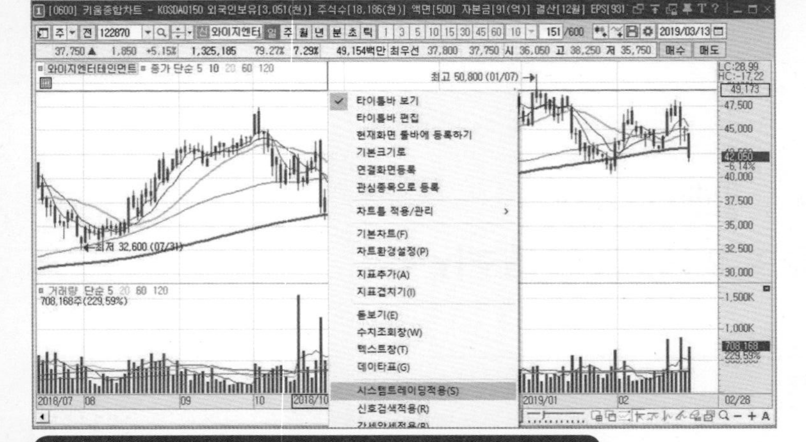

1. '키움종합차트'에서 우클릭 → '시스템트레이딩적용' 클릭

2. 'CCI과매수과매도' 적용

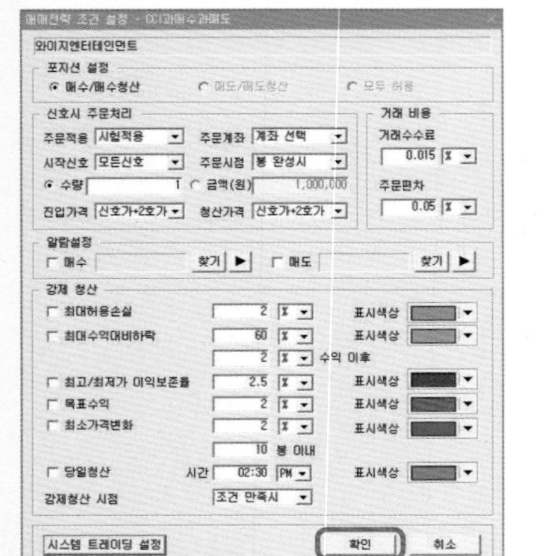

3. '확인' 클릭

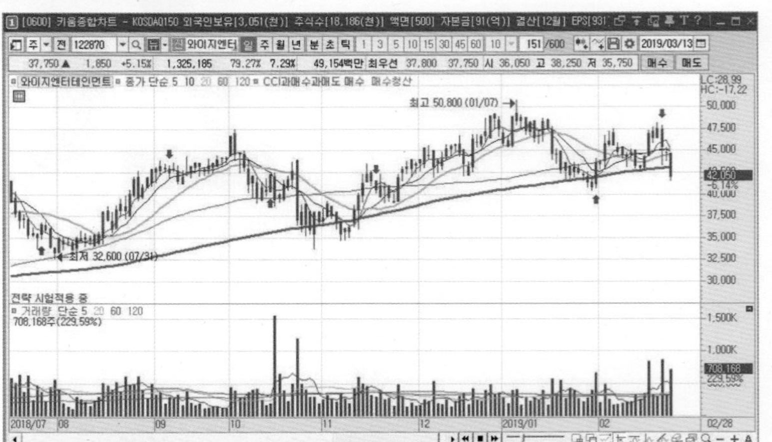

4. 차트상에 화살표가 표시되면 설정 완료

146 | 시스템 트레이딩 | CCI 활용해서 차트 신호 포착 원익IPS 일봉

CC 매도선

최고 25,450 (02/25) →

CCI 매수선

최저 16,100 (01/04) →

추세선

절대매매 Tip!

빨간색 화살표가 뜨면 매수한다.

개선 선생의 절대비기!

• CCI

CCI는 주가 평균과 주가 사이의 편차를 나타내는 지표로서 CCI 값이 높으면 현재 주가가 평균과 비교하여 높다는 것을 의미하며, 값이 낮으면 현재 주가가 평균과 비교하여 낮다는 것을 의미한다.

CCI가 0선을 상향 돌파하면 강세신호로 인식하여 매수 시점으로 보고, 0선을 하향 돌파하면 약세 신호로 인식하여 매도 시점으로 볼 수 있다.

개선 선생의 한마디!

CCI의 설정값은 기본적으로 '20'으로 되어 있으며, 따로 변경할 필요는 없다. 차트상에 빨간색 화살표가 표시된 자리에서 매수가 가능하며, 파란색 화살표가 표시된 자리에서 매도하면 되기 때문에 편안하게 시스템 트레이딩을 사용할 수 있다. 추세가 하향으로 나타나는 경우에는 신호가 느리게 나와 손절까지 시간이 다소 걸릴 수 있기 때문에 추세선을 그어 방향성을 정하고 매매하는 것이 좋다.

147 | 시스템 트레이딩 | CCI는 저점에서 매수 시 큰 수익 가능 그랜드백화점 일봉

CCI 매도선

+29.33%

CCI 매수선

추세선

CCI 매도선

+12.42%

CCI 매수선

개선 선생의 절대비기!

• 시스템 트레이딩이란?

심리적 요인으로 매수·매도 타이밍을 결정하다 보면 감정적으로 매매할 때가 있다. 시스템트레이딩이란 감정을 배제하고 일정한 매매 패턴을 만들어 타이밍을 포착해가는 방식을 말한다. 시스템트레이딩을 통해서 투자자들은 합리적 객관성을 유지할 수 있으며 잘못된 투자습관을 고칠 수 있다. 저점매수 고점매도 및 손절라인 설정 등 다양한 시스템트레이딩 신호를 활용해서 투자 타이밍을 잡아낼 수 있다. 시스템트레이딩을 설정해 놓으면 매수 신호와 매도 신호가 나오게 할 수 있다. 각 알고리즘에 따라서 신호가 발생하면 그 신호에 맞춰 매수와 매도를 진행하면 되는데, 각 알고리즘마다 특색이 있다. 상황에 따라서 각각의 알고리즘을 활용하여 매매에 참고하면 더 좋다. 특히 CCI 시스템트레이딩은 저점에서 매수 신호를 잡아내는 탁월함이 있으니 매도선보다 저점매수 신호 포착에 유용하게 활용하면 좋다.

개선 선생의 한마디!

그랜드백화점의 경우에 상향 추세선을 그리고 있는 모습을 확인할 수 있다. 빨간색 화살표 표시에서 매수가 가능하며, 파란색 화살표 표시에서 매도하기만 해도 단기간의 수익률이 상당히 좋다. 만약 추세가 하향으로 기울었다면, 시스템 트레이딩의 매도 신호가 발생하지 않았더라도 비중 축소나 손절로 대응해야 시스템 트레이딩의 한계점을 극복할 수 있다는 것을 기억해야 한다.

148 | 시스템 트레이딩 | 지수이동평균 크로스 활용

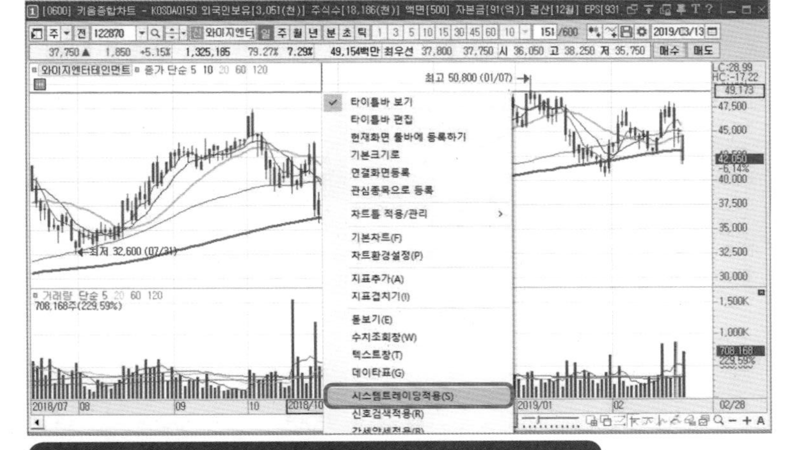

1. '키움종합차트'에서 우클릭 → '시스템트레이딩적용' 클릭

2. '지수이동평균 크로스' 적용

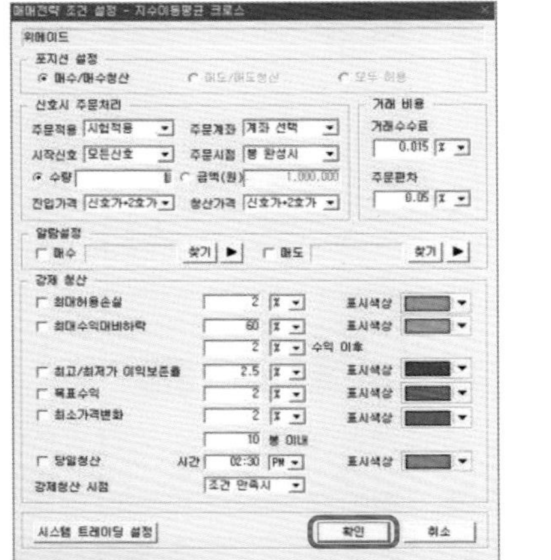

3. '확인' 클릭

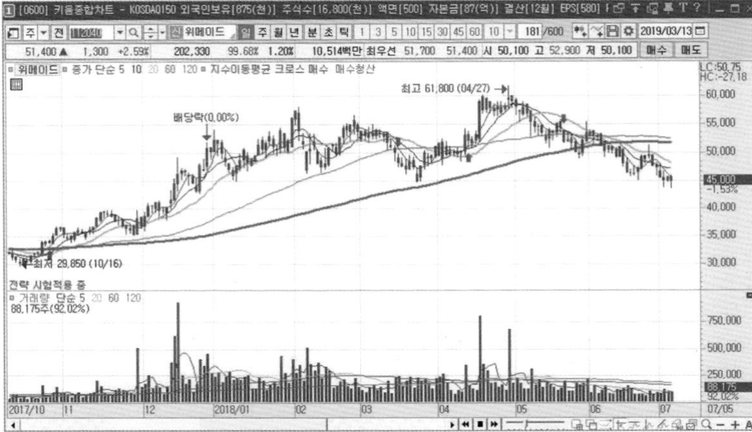

4. 차트상에 화살표가 표시되면 설정 완료

149 | 시스템 트레이딩 | 지수이동평균 크로스는 추세 매매에 최고 위메이드 일봉

절대매매 Tip!

빨간색 화살표가 뜨면 매수한다.

개선 선생의 절대비기!

• **지수이동평균 크로스란?**

우리가 흔히 이평선(이동평균선)이라고 부르는 보조지표로는 단순/지수/가중/기하/조화/삼각 등이 있다. 이동평균선은 일일 종가를 평균내서 선으로 표현한 것이다. 단순이동평균은 단순히 N일간의 종가를 합한 다음 N으로 나누는 방식이다. 지수이동평균선은 최근 주가에 가중치를 더 주어서 계산하는 방법이다. 그러다 보니 과거보단 현재에 가깝게 해석이 가능하다. 이동평균선은 주가의 가격에 의해서 만들어진 방법이므로 거래량 및 수급을 계산하지 않는다. 따라서 갑작스런 이벤트가 발생하면 그 부분을 반영할 수 없는 단점이 있다. 그러나 지수이동평균 크로스 알고리즘은 추세가 시작할 때와 정배열을 만들 때 신호가 발생하므로 추세 매매 시에는 최고의 시스템트레이딩이 될 수 있다.

개선 선생의 한마디!

지수이동평균 크로스의 설정값은 기본적으로 '19'로 되어 있으며, 따로 변경할 필요는 없다. 빨간색 화살표 표시에서 매수가 가능하며, 파란색 화살표 표시에서는 매도하면 되기 때문에 편안하게 시스템 트레이딩을 사용할 수 있다. CCI와 마찬가지로 추세선을 그어 놓고 상향 추세에서 매매하는 것이 좋으며, CCI 대비 더 긴 추세 매매를 하기에 유용하다. 다만, 박스권 구간에서는 신호가 자주 발생할 수 있으니 주의하여야 한다.

150 | 시스템 트레이딩 | 지수이동평균 크로스는 꼭 설정해 둬라 아이티센 일봉

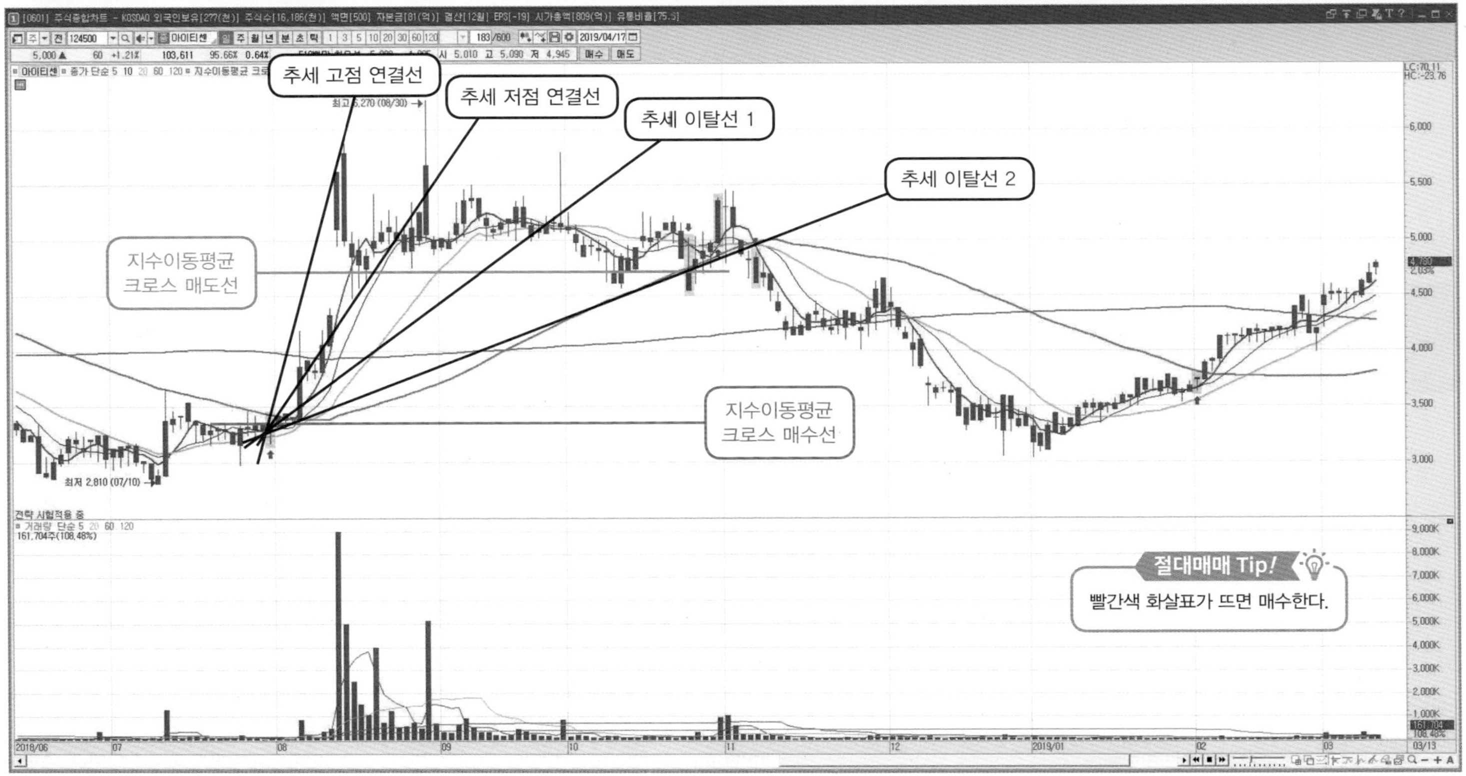

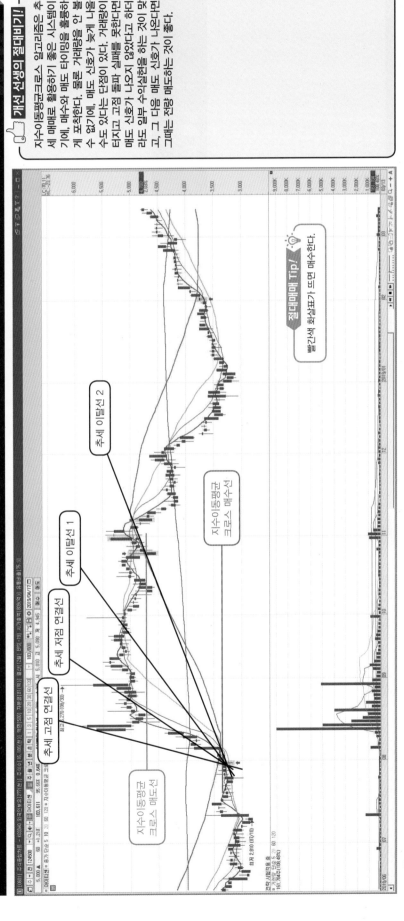

추세 고점 연결선
추세 저점 연결선
추세 이탈선 1
추세 이탈선 2
지수이동평균 크로스 매도선
지수이동평균 크로스 매수선
최고 5,270 (08/30)
최저 2,810 (07/10)
절대매매 Tip!
빨간색 화살표가 뜨면 매수한다.

개선 선생의 절대비기!

지수이동평균크로스 알고리즘은 추세 매매로 활용하기 좋은 시스템이기에, 매수와 매도 타이밍을 훌륭하게 포착한다. 물론 거래량을 안 볼 수 없기에, 매도 신호가 늦게 나올 수도 있다는 단점이 있다. 거래량이 터지고 고점 돌파 실패를 못한다면 매도 신호가 나오지 않았다고 하더라도 일부 수익실현을 하는 것이 맞고, 그 다음 매도 신호가 나온다면 그때는 전량 매도하는 것이 좋다.

개선 선생의 한마디!

아이티센의 경우에도 매수 신호 이후에 매우 강한 상승세가 나왔으며, 50% 이상 수익실현이 가능했던 것을 볼 수 있다. 마찬가지로 시스템 트레이딩을 사용할 때는 추세선을 긋는 것이 중요하다. 새롭게 긋는 추세선이 첫 번째 그은 추세선보다 기울기가 완만해진다면 추세의 힘 또한 약해졌음을 의미하기 때문에 매도할 준비를 하는 것이 좋다.

151 | 조건검색 | 검색기 설정하는 방법

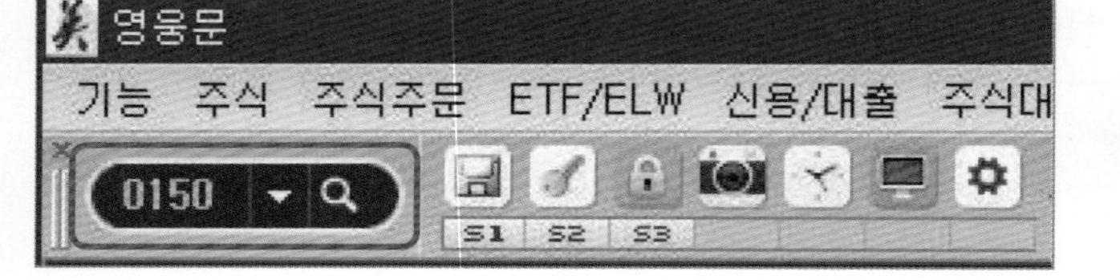

▶ 키움증권 HTS 기준 TR코드 “0150” OR 검색창에 “조건검색” 입력

▶ 원하는 검색 키워드 입력 ▶ 설정값 변경 ▶ ‘추가’ 클릭
▶ ‘내조건식 저장’ 클릭

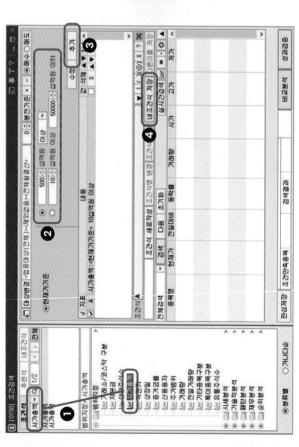

152 | 조건검색기 1 | 매물대 돌파로 수익 내기

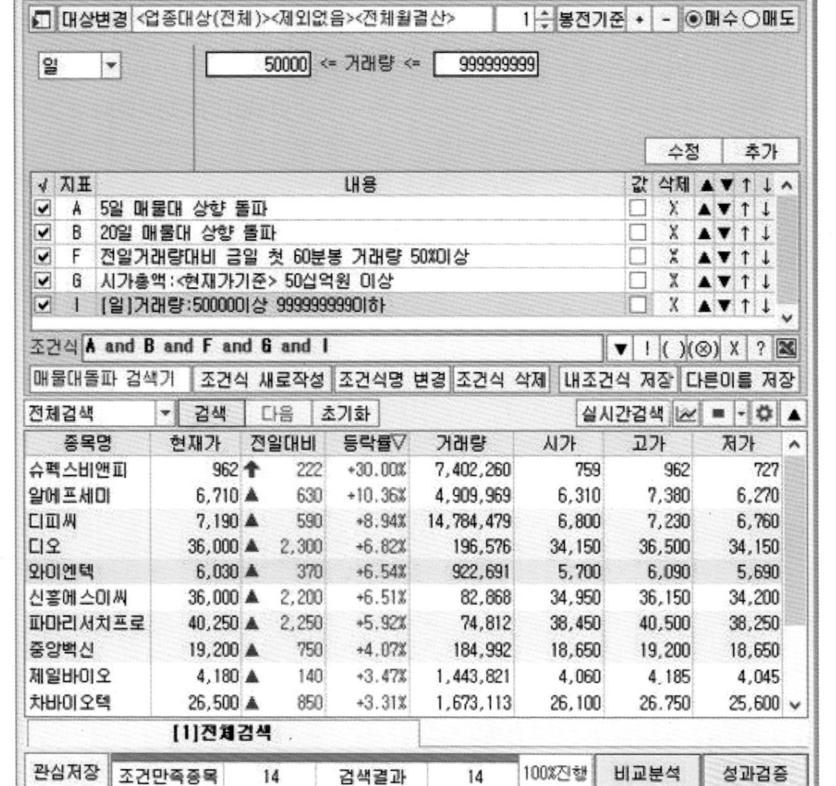

종목명	현재가	전일대비	등락률	거래량	시가	고가	저가
슈펙스비앤피	962	222	+30.00%	7,402,260	759	962	727
알에프세미	6,710	630	+10.36%	4,909,969	6,310	7,380	6,270
디피씨	7,190	590	+8.94%	14,784,479	6,800	7,230	6,760
디오	36,000	2,300	+6.82%	196,576	34,150	36,500	34,150
와이엔텍	6,030	370	+6.54%	922,691	5,700	6,090	5,690
신흥에스이씨	36,000	2,200	+6.51%	82,868	34,950	36,150	34,200
파마리서치프로	40,250	2,250	+5.92%	74,812	38,450	40,500	38,250
중앙백신	19,200	750	+4.07%	184,992	18,650	19,200	18,650
제일바이오	4,180	140	+3.47%	1,443,821	4,060	4,185	4,045
차바이오텍	26,500	850	+3.31%	1,673,113	26,100	26,750	25,600

검색 키워드!

#매물대 #거래량비율(전일거래량) #시가총액 #거래량

조건식

1. 5일 매물대 상향 돌파
2. 20일 매물대 상향 돌파
3. 전일 거래량 대비 금일 첫 60분봉 거래량 50% 이상
4. **시가총액** : 〈현재가기준〉 50십억 원 이상
5. **[일]거래량** : 50,000 이상 999999999 이하

개선 선생의 한마디!

1. 단기 및 중단기 매물대를 돌파하는 것은 해당 종목에 그만큼 매수세가 붙어 그동안 물려 있던 물량을 소화한 것을 의미한다.
2. 추가 상승을 노리는 돈의 힘만이 매물대를 소화할 수 있다.
3. 장 초반 1시간 동안 유입되는 거래량이 전일 거래량의 절반을 넘어섰다는 것은 강한 매수심리가 작용했다는 것을 보여준다.

153 | 조건검색기 1 | 매물대 돌파 검색식으로 종목 수익 내기 디오 일봉

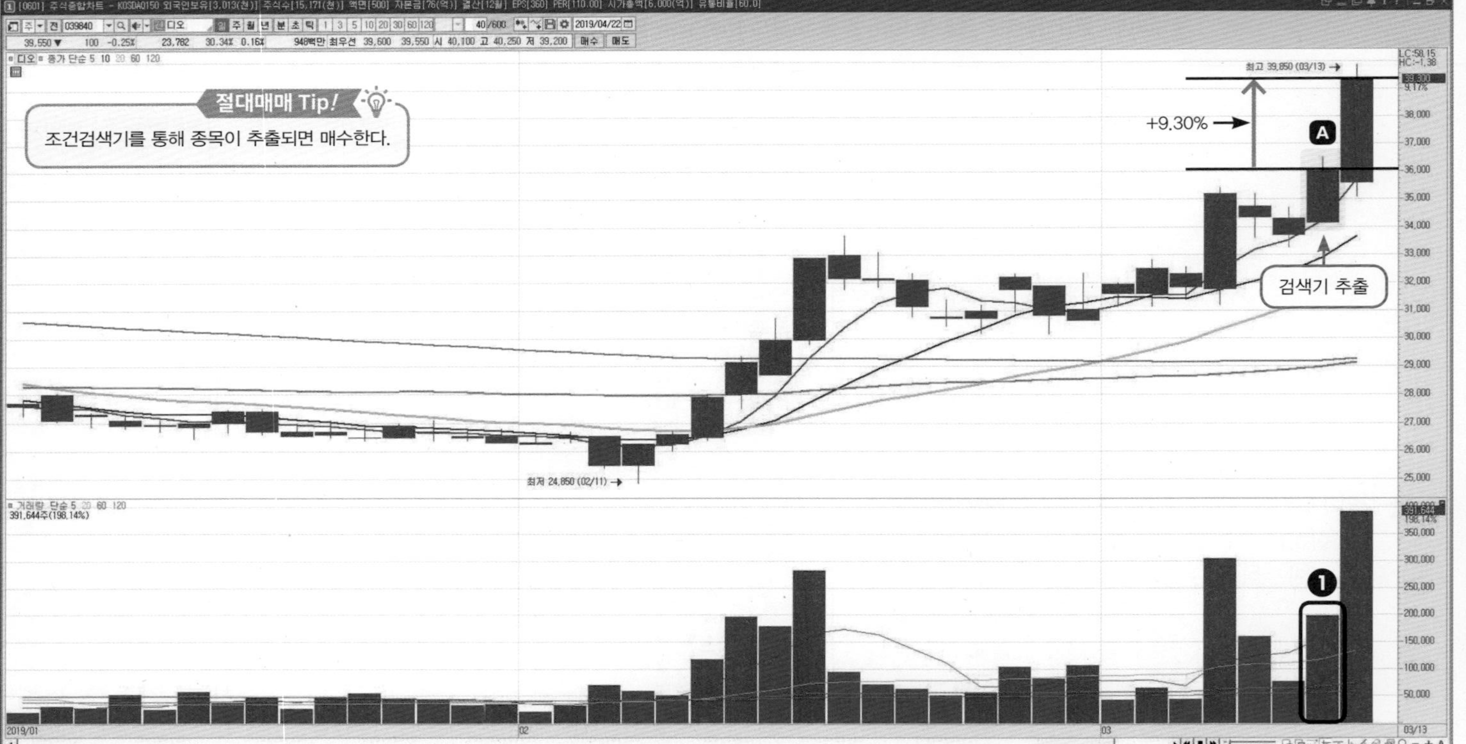

개선 선생의 절대비기!

• 매물대 돌파란?

매물대는 가장 큰 저항대이다. 주가가 하락할 때 물량을 매수하고, 급락이 나온다면 계속해서 매물대가 쌓여있게 된다. 주가가 다시 상승한다면 개인투자자들은 본전심리가 있다 보니 상승할 때 매수해둔 물량은 매물로 쏟아지게 된다. 그러다보면 주가가 큰 상승을 못하고 하락압박을 받게 되는 것이다. 그래서 신고가 갱신 종목은 위에 매물대가 쌓여 있지 않기 때문에 기관들이 상당히 좋아한다. 개인들 매물이 없고 적은 힘으로 큰 상승을 낼 수 있기 때문이다. 그래서 보통 실적 좋고 기관매수가 계속 들어오는 종목은 신고가 갱신 종목이 많다. 매물대 돌파를 완료한 종목을 찾아내는 조건검색을 통해서 이런 신고가 갱신종목만을 매매한다면 큰 수익을 낼 수 있다. 단, 거래량 상승을 확인해야 하고 수급을 확인해야 한다. 신고가 갱신이 나오면서 펀더멘탈이 좋고 기관들의 지속 매수가 나온다면 지속적인 상승 탄력을 기대해 볼 수 있다.

개선 선생의 한마디!

2019년 3월 12일에 추출된 디오의 사례이다. 3월 12일 추출로직에 따라 전일 대비 강한 거래량(①)을 수반하며 5% 이상의 급등(A)이 나타난 만큼 좋은 힘을 보였다. 바로 다음 날 약 9% 이상의 급등이 나타난다. 이때 주의할 점은 디오와 같이 단기 이평선이 정배열 상태일수록 힘을 이어갈 가능성이 높다는 것이다. 단기 매물대를 돌파했지만, 그 위에 다른 매물대가 있을 수도 있기 때문에 캔들 상단 장기 이평선과의 이격이 좁은 종목은 피하는 것을 권장한다. Tip을 추가하자면, 추출된 종목의 캔들은 단봉보다는 5~7% 정도의 장대양봉이 좋다.

154 | 조건검색기 1 | 매물대 돌파로 수익 내기 와이엔텍 일봉

개선 선생의 절대비기!

• **조건검색기란?**

지정된 각종 조건에 일치하는 종목을 실시간으로 검색할 수 있는 기능이다. 사용자가 종목의 기술적분석, 패턴분석, 재무분석 등 자신의 매매스타일에 가장 적합한 분석 조건을 조합하여 실시간으로 조건에 부합하는 종목을 검색할 수 있다.

개선 선생의 한마디!

2019년 3월 12일에 추출된 와이엔텍의 사례이다. 앞서 소개한 종목 '디오'와 유사한 점을 찾을 수 있다. 바로 5~7% 이내의 장대양봉(A)과 전일보다 높은 거래량(①)이 나타나며, 단기 이평선의 정배열까지 볼 수 있다. 주가가 올라갈수록 바로 위에 걸려 있는 매물대(전고점 라인)는 저항으로 작용한다. 계단을 오를 때 앞에 장애물이 있다면 올라가기 어려운 것처럼 주식도 마찬가지다. 이 검색기를 통해 단기 매물대를 돌파한 종목을 찾고, 캔들 위의 매물대가 적다면 충분한 상승 탄력을 받을 수 있다. 와이엔텍은 이날 12% 이상을 단숨에 오르는 기염을 토했다.

155 | 조건검색기 2 | 정배열로 수익 내기

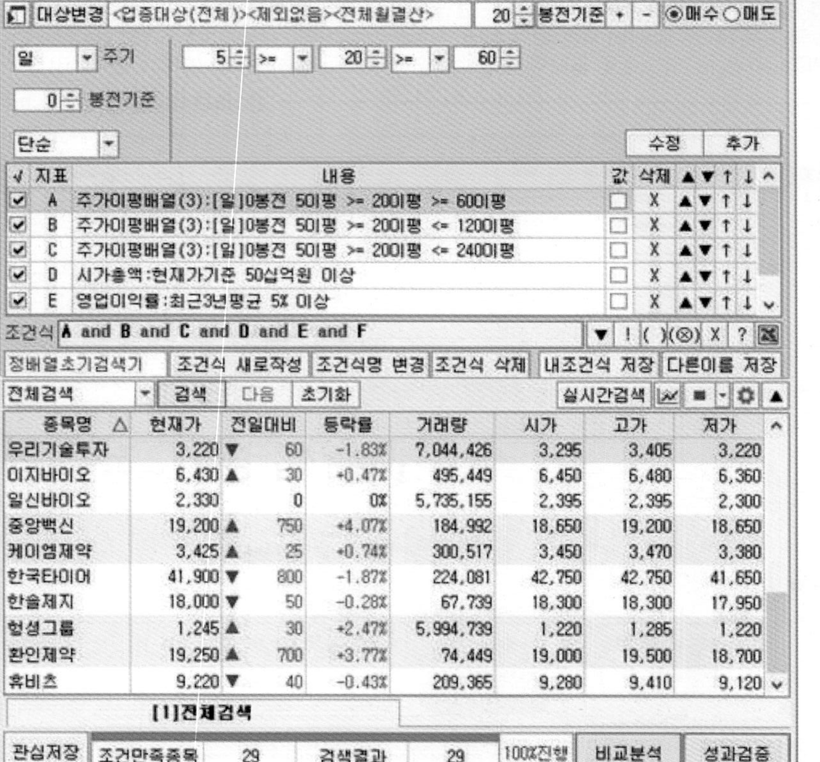

〈2019.02.12〉

검색 키워드!

#주가이평배열 #시가총액 #영업이익률 #거래량

조건식

1. **주가이평배열(3)** : [일]0봉전 5이평 >= 20이평 >= 60이평
2. **주가이평배열(3)** : [일]0봉전 5이평 >= 20이평 <= 120이평
3. **주가이평배열(3)** : [일]0봉전 5이평 >= 20이평 <= 240이평
4. **시가총액** : 현재가기준 50십억 원 이상
5. **영업이익률** : 최근 3년 평균 5% 이상
6. **[일] 거래량** : 50000 이상 999999999 이하

개선 선생의 한마디!

1. 이동평균선의 정배열만큼 강한 추세는 없다.
2. 120일선이나 240일선이 내려오기 전, 초기 정배열 구간을 잡는다.
3. 기본적으로 영업이익이 흑자를 기록하는 기업이 정배열과 함께 롱런할 가능성이 높다.

156 | 조건검색기 2 | 정배열로 수익 내기 우리기술투자 일봉

개선 선생의 절대비기!

• **정배열이란?**

이동평균선의 순서가 빠른 순서로 배열되어 있는 것을 의미한다. 예를 들면 5일선이 가장 위에 위치하고 20일선, 60일선, 120일 선의 순서로 나열되었을 때 정배열 상태라 할 수 있다.

주식시장에서는 '정배열 상태인 종목을 매수하라'는 말을 자주 쓰곤 한다. 이동평균선이 정배열이면 주가가 상승 중에 있음을 나타내고, 주가가 하락하더라도 아래에 강한 지지선이 있기 때문이다.

개선 선생의 한마디!

2019년 2월 12일에 추출된 우리기술투자의 사례이다. 검색기 추출 이후에 단타는 물론이고 스윙도 가능했으며, 약 한 달여 만에 24%의 수익을 내는 결과를 보여줬다. 단기 이평선이 중장기 이평선을 돌파(①)한다는 것은 추세 전환이 가능한 힘이 들어왔다고 해석할 수 있다. 이동평균선은 정배열 초기 국면(120일선, 240일선까지 정배열 되기 전)에는 단기적으로 5일선이 20일선을 하향 이탈할 가능성은 있다. 하지만 캔들이 60일선에 지지를 받는다면 재차 상승할 수 있기 때문에 단기적인 흔들림을 다음 지지선까지는 확인해야 한다.

157 | 조건검색기 3 | 거래량 폭증 종목으로 수익 내기

대상변경 <업종대상(전체)><제외없음><전체월결산> 0 봉전기준 + - ◉매수 ○매도

일 주기 1 봉전(중) 종가 대비 0 봉전 종가 등락률

◉ 1 % 이상

○ 5 % ~ 10 %

수정 추가

√	지표	내용	값	삭제
☑	C	[일]거래량:50000이상 999999999이하	☐	X
☑	D	전일거래량대비 금일 첫 10분봉 거래량 50%이상	☐	X
☑	E	주가등락률:[일]1봉전(중) 종가대비 0봉전 종가등락률 1%이상	☐	X
☑	F	시가총액:현재가기준 50십억원 이상	☐	X
☑	G	영업이익률:최근3년평균 5% 이상	☐	X

조건식 A and C and D and E and F and G

거래량폭증종목 조건식 새로작성 조건식명 변경 조건식 삭제 내조건식 저장 다른이름 저장

전체검색 검색 다음 초기화 실시간검색

종목명	현재가	전일대비	등락률	거래량	시가	고가	저가
환인제약	19,250	▲ 700	+3.77%	74,449	19,000	19,500	18,700
디피씨	7,190	▲ 590	+8.94%	14,855,713	6,800	7,230	6,760
우리손에프앤지	1,820	▲ 35	+1.96%	11,710,993	1,880	2,060	1,805
셀트리온헬스케	75,100	▲ 2,600	+3.59%	1,595,927	73,300	75,200	73,200
휴메딕스	30,950	▲ 850	+2.82%	372,801	31,800	32,900	30,500

[1]전체검색

관심저장 조건만족종목 5 검색결과 5 100%진행 비교분석 성과검증

검색 키워드!

#신고거래량 #거래량 #거래량비율(전일거래량대비) #주가등락률 #시가총액 #영업이익률

조건식

1. [일] 0봉전 20봉중 신고거래량
2. [일] 거래량 50000 이상 999999999 이하
3. 전일 거래량 대비 금일 첫 10분봉 거래량 50% 이상
4. **주가등락률** : [일]1봉전(중) 종가 대비 0봉전 종가등락률 1% 이상
5. **시가총액** : 현재가기준 50십억 원 이상
6. **영업이익률** : 최근 3년 평균 5% 이상

개선 선생의 한마디!

1. 거래량이 폭증했다는 것은 그만큼 시장참가자(투자자)의 관심이 급증했기 때문일 것이다.
2. 첫 10분봉에 거래량이 전일 대비 50%를 넘어섰다는 것은 그만큼 더 빠른 수급이 들어오는 것이므로 단타에도 유용하다.
3. 다만, 1번 조건식 때문에 시초가 단타 종목으로 추출이 안 될 수도 있으니 해당 조건식을 삭제하고 사용한다면 시초가 종목도 잡을 수 있을 것이다.

158 | 조건검색기 3 | 거래량 폭증 종목으로 수익 내기 디피씨 분봉

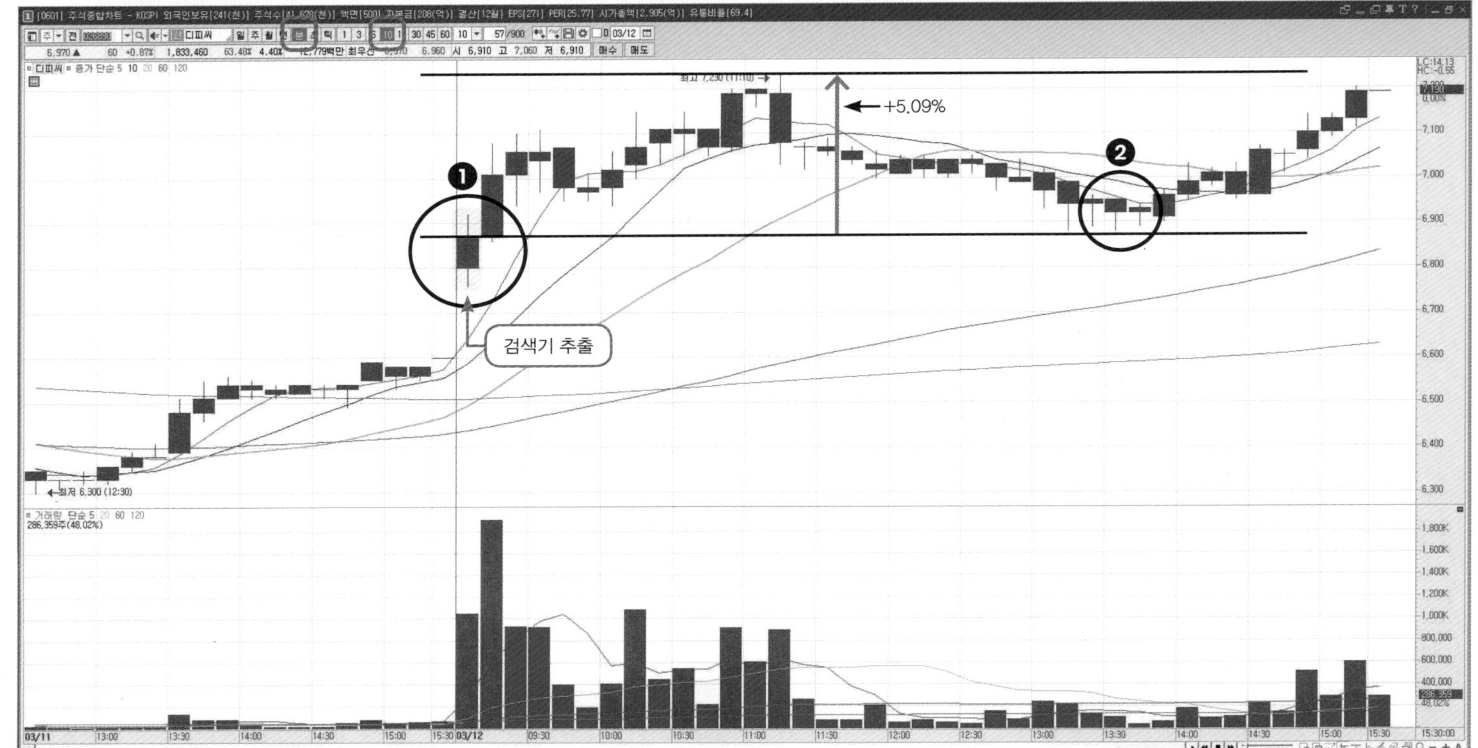

개선 선생의 절대비기!

- **거래량이 강하게 터진 상한가 종목, 매수해도 될까?**

과거에 가격 상승 제한폭이 15%일 때는 대량 거래량을 수반한 장대양봉이 발생하게 되면 다음 날까지 그 상승세가 이어지는 경우가 많았다. 그러나 상한가가 30%로 바뀐 이후, 상한가 첫 날 거래량이 많이 터지면 다음 날까지 상승세를 이어가는 것이 부담스러워졌다. 그래서 대량 거래량을 동반한 상한가 종목은 다음 날 주가가 하락하게 되는 것을 자주 볼 수 있다.

따라서, 아무리 좋은 재료가 있는 종목이라도 눌림을 공략해 매수하는 것이 좋다. 전일 상한가의 50% 밑으로 하락하지 않고 지지한다면 매수해볼 수 있는데, 이를 '50% 룰'이라고 하며 다양한 곳에 활용할 수 있다.

개선 선생의 한마디!

2019년 3월 12일, 시초가에 추출된 디피씨의 분봉이다. 디피씨는 첫 번째 10분봉에서 이미 전일 거래량의 절반을 넘어서며 갭상승으로 출발했다. 첫 번째 봉 출현까지 10분이라는 시간을 확인하고 매수하면 되기 때문에 너무 성급하게 매수하지 않아도 된다. 여기서 Tip은 ①번에서 매수하지 못했더라도 10분봉 기준 첫 번째 종가를 지켜준다면, ②번에서 매수해도 충분히 단타 수익을 내고 나올 수 있다는 것이다.

159 | 조건검색기 4 | MACD를 이용한 단타 검색기

종목명	현재가	전일대비	등락률▽	거래량	시가	고가	저가
로보스타	24,050	▲ 1,850	+8.33%	237,527	22,450	24,300	22,400
케어랩스	20,950	▲ 1,450	+7.44%	148,498	19,700	21,300	19,700
실리콘웍스	44,600	▲ 3,050	+7.34%	185,638	41,850	44,800	41,800
에프에스티	6,110	▲ 350	+6.08%	787,773	5,950	6,310	5,920
DB하이텍	12,350	▲ 700	+6.01%	298,882	11,800	12,500	11,800
파마리서치프로	40,250	▲ 2,250	+5.92%	74,830	38,450	40,500	38,250
포스코켐텍	66,300	▲ 3,700	+5.91%	556,464	63,300	66,400	63,300
선데이토즈	23,400	▲ 1,250	+5.64%	117,457	22,400	23,400	22,350
영원무역	33,150	▲ 1,750	+5.57%	188,229	31,600	33,250	31,600
이엠넷	2,340	▲ 120	+5.41%	110,828	2,255	2,385	2,220

검색 키워드!

#MACD Osc #거래량 #시가총액 #영업이익률

조건식

1. [일]0봉전 MACD Osc(12,26,9) 3봉 연속 추세유지 후 상승반전
2. [일]0봉전 MACD Osc(12,26,9) 0선 이하
3. **[일]거래량** : 50000 이상 999999999 이하
4. **시가총액** : 현재가기준 50십억 원 이상
5. **영업이익률** : 최근 3년 평균 5% 이상

개선 선생의 한마디!

1. MACD Oscillator는 MACD(단기지수이동평균값 – 장기지수이동평균값)에서 Signal값을 뺀 값으로 추세전환지표이다.
2. 이러한 특성을 이용하여 0 이하 값에서 추세 반전이 나오기 전에 저점 구간을 잡는 것이 목적이다.
3. 만약 종목 보유 중에 MACD Osc가 0 이상으로 상승한다면, 추가 상승을 염두에 두고 매매해도 좋다.

160 | 조건검색기 4 | MACD를 이용한 단타 검색기 로보스타 일봉/분봉

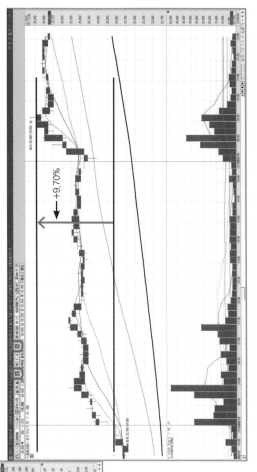

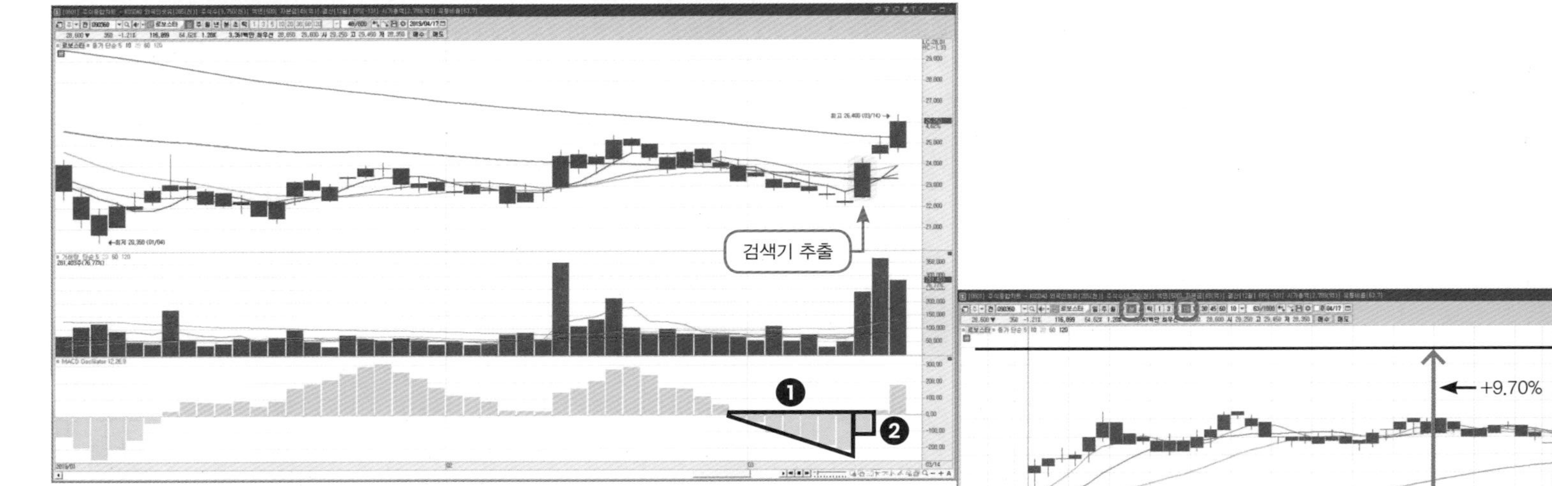

개선 선생의 한마디!

2019년 3월 12일에 추출된 로보스타의 일봉과 분봉이다. 일봉 차트를 보면, 추출된 당일 MACD Osc를 보면 3봉 이상 추세가 유지(①)되다가 3월 12일 장대양봉과 함께 추세가 반전된 것(②)을 볼 수 있다. 분봉 차트를 보면, 이후에 흐름이 유지되면서 이틀 동안 약 10%에 육박하는 수익을 기록했다. 하방으로 유지되던 주가의 추세가 강한 힘과 함께 반전되는 타이밍을 노리는 단타 매매 검색기이다.

161 | 조건검색기 5 | 시초가 갭 공략 검색기

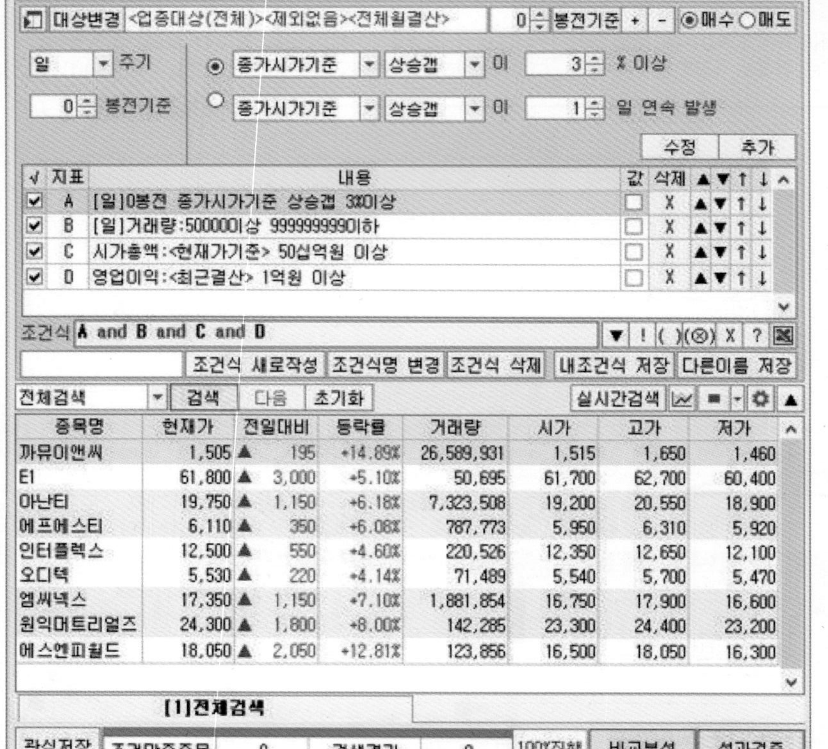

검색 키워드!

#상승갭 #거래량 #시가총액 #영업이익

조건식

1. [일]0봉전 종가시가기준 상승갭 3% 이상
2. **[일]거래량** : 50000 이상 999999999 이하
3. **시가총액** : 〈현재가기준〉 50십억 원 이상
4. **영업이익** : 〈최근결산〉 1억 원 이상

개선 선생의 한마디!

1. 시초가 갭이 3% 이상 발생했다는 것은 매수심리가 시초부터 강하게 반영된다는 것을 말해준다.
2. 상승갭은 3~5% 이내 종목 공략을 추천한다. 5% 이상 갭이 발생하면 시초에 차익을 실현하려는 심리가 발생하여 매도 물량이 쏟아져 나올 수 있기 때문이다.
3. 최근 결산 1억 원 이상이라는 것은 적어도 관리종목 수순은 피했다는 것을 의미한다.

162 | 조건검색기 5 | 시초가 갭 공략 검색기 에스엔피월드 분봉

개선 선생의 절대비기!

• **갭이란?**

갭은 전일 종가와 당일 시가의 가격 차이를 말한다. 갭은 매수하고자 하는 사람과 매도하고자 하는 사람 간의 균형이 무너지면서 특정 가격대에서 거래가 일어나지 않았다는 의미이다. 또한, 매수나 매도 중 한 주체가 강한 힘을 가졌음을 뜻하기도 한다.

개선 선생의 한마디!

2019년 3월 12일, 시초가에 추출된 에스엔피월드의 분봉이다. 에스엔피월드는 시초에 3%대의 상승갭(①)을 보였고, 다음 봉에서도 전일 시가를 유지하며, 세 번째 봉에서 돌파가 나왔다. 시초가 형성 이후에 10분봉의 세 번째 캔들에서도 시초가를 하향 이탈하지 않는다면 충분히 매수 가능하다. 여기서 tip은 ①번에서 매수하지 못했더라도 10분봉 기준 첫 번째 종가를 지켜준다면, ②번에서 매수해도 충분히 단타 수익을 내고 나올 수 있다는 것이다. 이날 에스엔피월드는 매수가 이후 10% 이상 급등을 보이며 수익을 실현할 수 있었다.

163 | 신규 상장주 매매 | 추세를 만들고 저점을 높여라! 셀리버리 일봉

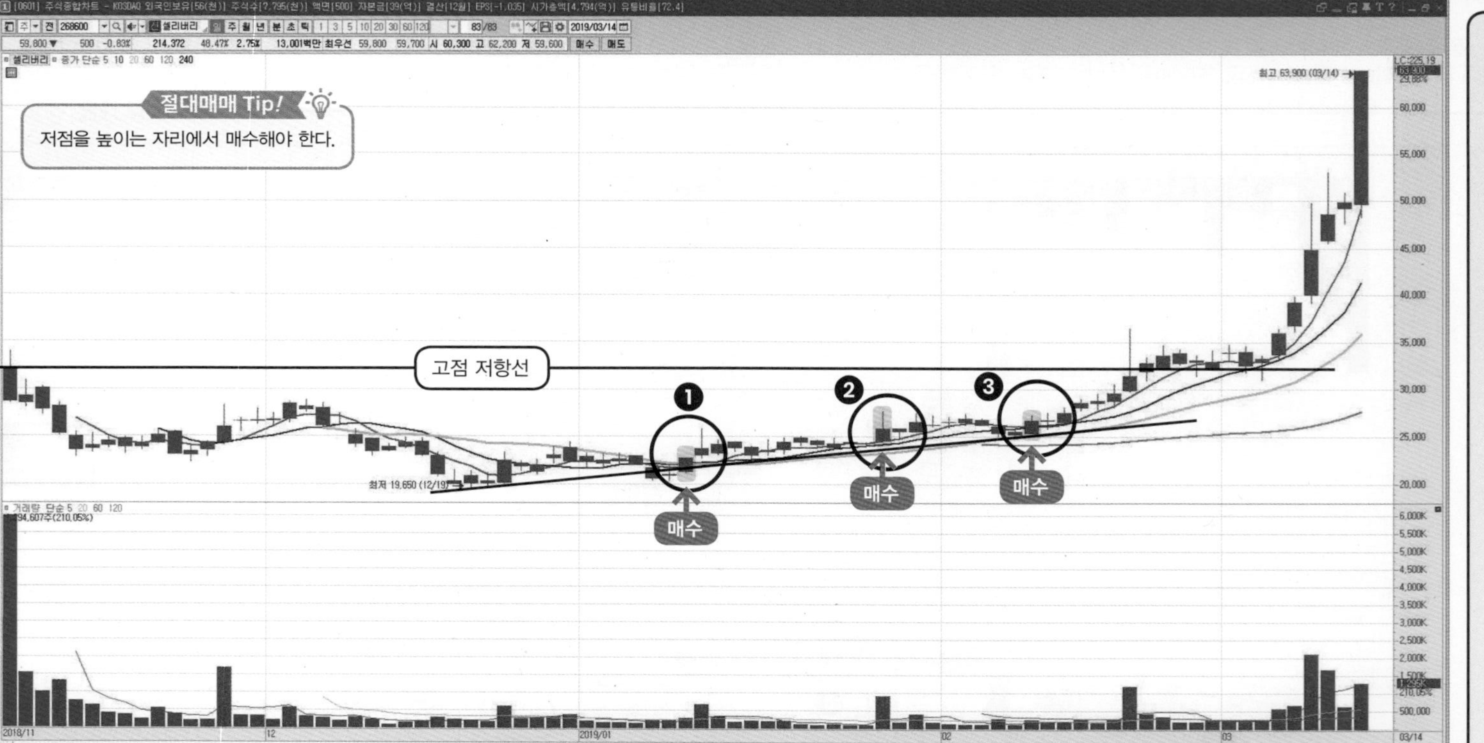

개선 선생의 절대비기!

- **신규 상장주 매매 총정리!**

1) 신규 상장주가 상장 후 하락이 나오면 매수하지 말아야 한다.
2) 저점을 형성할 때까지 기다려야 한다.
3) 처음으로 저점을 만들 때 매수하지 말고, 저점을 높이는 ①번에서부터 매수해야 한다.
4) 20일선을 올라타는 ②번, ③번에서도 매수가 가능하다.
5) 상장 당시, 고점 저항선을 돌파하면 매수해야 한다.

개선 선생의 한마디!

신규 상장주는 위에 매물대가 없기 때문에 한 번 상승 탄력이 붙으면 어디까지 올라갈지 모른다. 일반적으로 3～5배의 상승이 나올 수 있다. 그러나 반대로 하락하게 되면, 지지선이 없기 때문에 어디까지 하락할지도 알 수 없다. 따라서 신규 상장주가 저점을 높이는지 확인하고 매수해야 한다.

164 | 신규 상장주 매매 | 상장하자마자 기관 매도세 후, 기관 재매수 타이밍! 하나제약 일봉

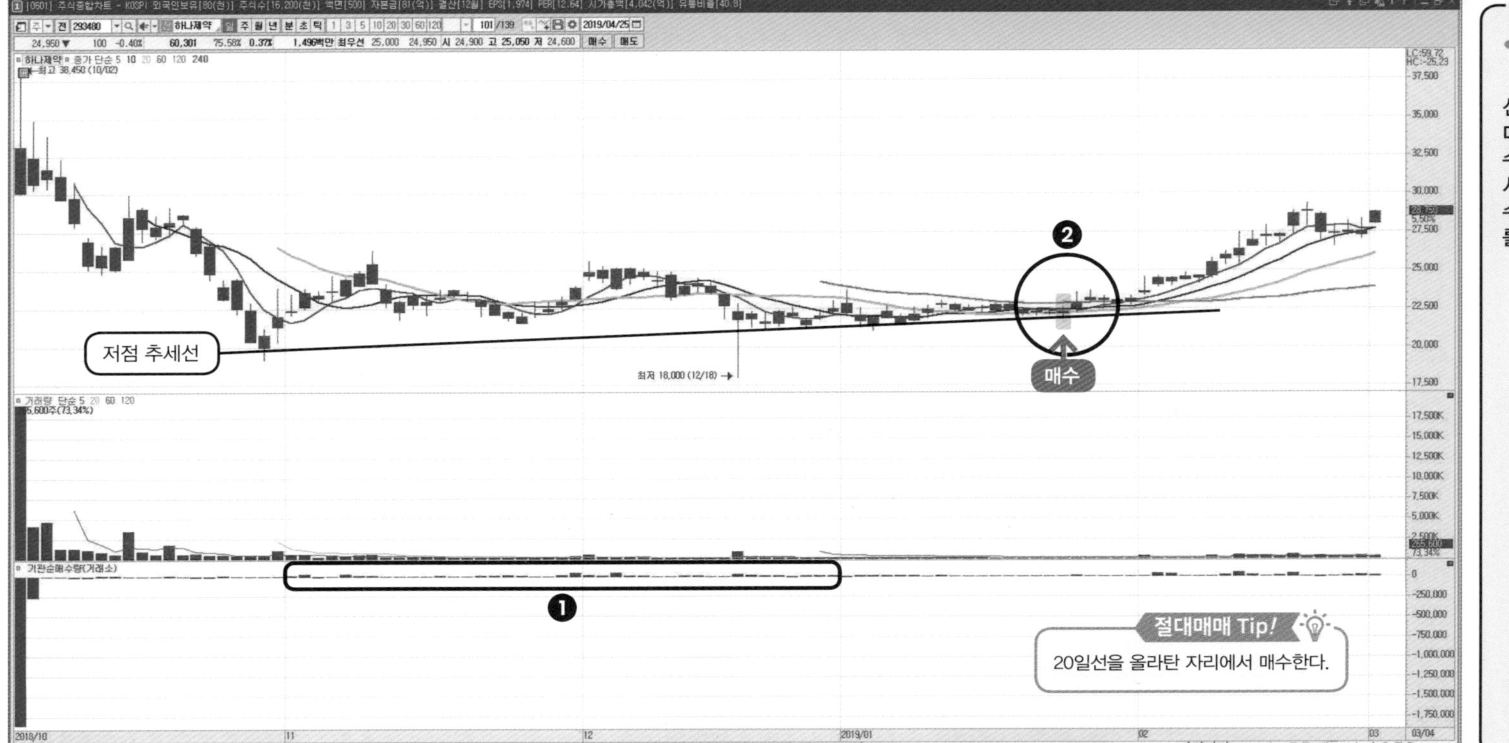

개선 선생의 절대비기!

- **신규 상장주 상장 시, 기관 매도가 먼저 나온다!**

신규 상장주는 상장하자마자 기관 매도가 나올 수밖에 없다. 보호예수물량이 언제 풀리는지도 확인해서 체크해둬야 한다. 기관이 재매수하는 시점(①)부터 매수 포인트를 잡아도 된다.

개선 선생의 한마디!

신규주가 상장하면 일단 첫 날에 매수하지 말아야 한다. 둘째 날, 고점 돌파에 실패한다면, 마찬가지로 매수해서는 안 된다. 눌림이 어느 정도 나온 후, 바로 매수하는 것보다는 차분히 물량을 소화하는 것을 보고, 20일선을 올라타서 정배열이 진행되는 시점(②)에 매수하는 것이 좋다. 이때 분봉도 같이 확인하면서 매매해야 한다.

165 | 신규 상장주 매매 | 지속적 신고가 갱신 매매법 천보 일봉

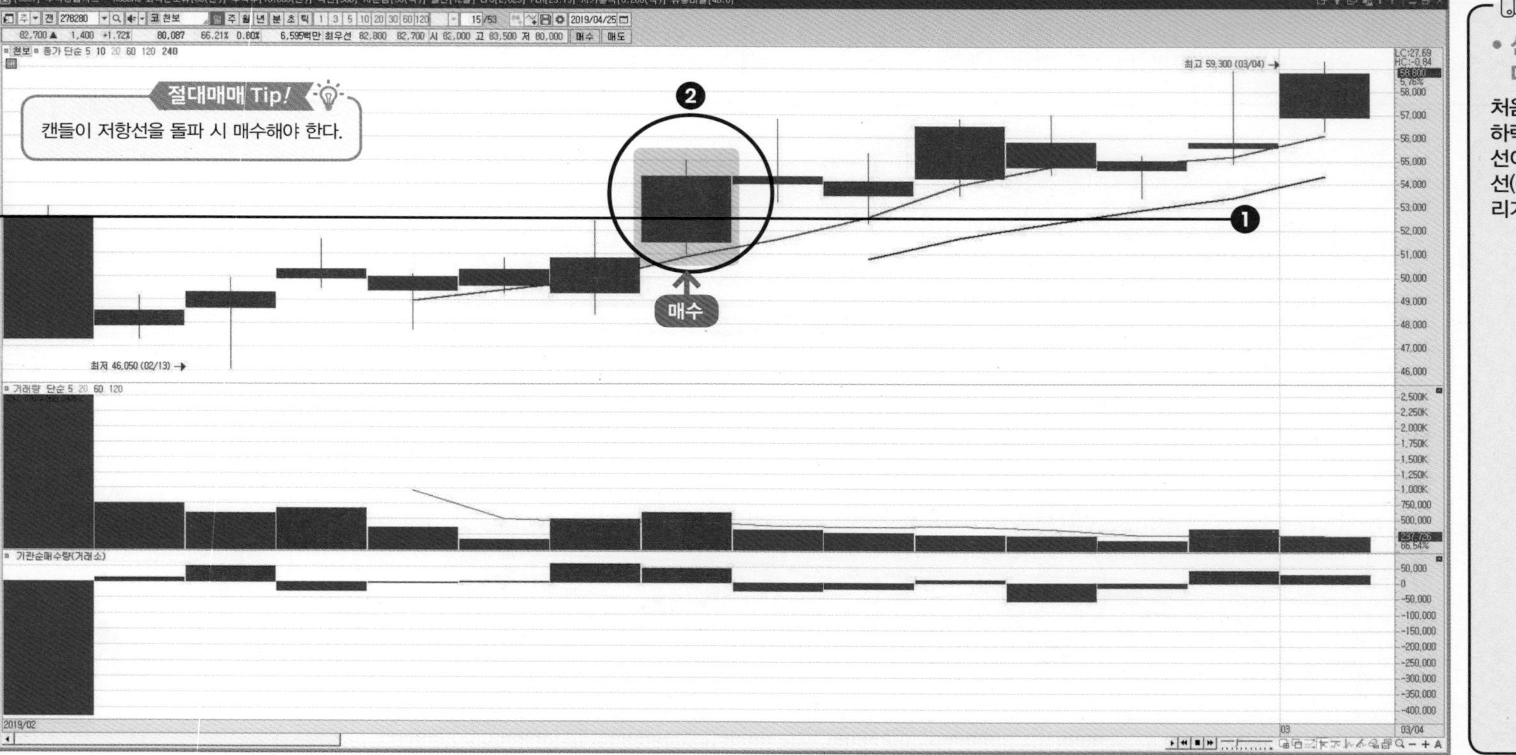

개선 선생의 절대비기!

- **신규 상장주 신고가 돌파 매매하는 방법은?**

처음 신규주가 상장되고 종가보다 하락하게 되면, 시가선(①)이 저항선이 된다. ②번처럼 캔들이 저항선(①)을 돌파하는 자리가 매수 자리가 된다.

개선 선생의 한마디!

신고가를 갱신하는 신규 상장주는 끝이 없다. 위에서 출회되는 물량이 없기 때문에 고점이 어디가 될지 모를 정도로 급격한 상승도 가능하다. 만약 개별주 매매 시기이지만 지수가 박스권 상태이거나 특별한 주도주가 없는 상태라면, 신규 상장주 돌파 매매는 엄청난 시세분출이 나올 수 있다.

166 | 신규 상장주 매매 | 상장 후, 지속 하락하다가 반등 시 1차 목표가 디아이티 일봉

전고점 라인

하방 지지선

매수

매수

오답노트!

전고점에 오면 매수하는 것이 아니다.

절대매매 Tip!

캔들이 20일선을 올라탄 자리가 매수 포인트다.

개선 선생의 절대비기!

- **상장 후, 지속 하락 시 대응 방법은?**

상장한 종목이 하락할 경우, 지지선이 없기 때문에 하락이 멈출 수가 없다. 따라서 하락 추세의 기울기가 평행이 될 때까지 기다려야 한다. 이때는 급하게 매수하면 안 된다. 최대한 기다린 다음, 이평선이 정배열을 만든 후에 상승이 나온다면 ①번 지점까지 상승이 가능하다.

개선 선생의 한마디!

신규 상장주가 하락하게 되면 얼마나 하락할까? 하락이 가속화되면 3파동으로 하락하는 것이 보통이지만, 신규 상장주는 그런 기준이 없다. 1파동에서나 2파동에서 끝나는 경우도 많다. 그래서 하락 파동을 신경 쓰는 것이 아니라 지지선을 만드는 것을 확인하고 매수하는 것이 좋다.

167 | 신규 상장주 매매 | 캔들+20일선+정배열 비피도 일봉

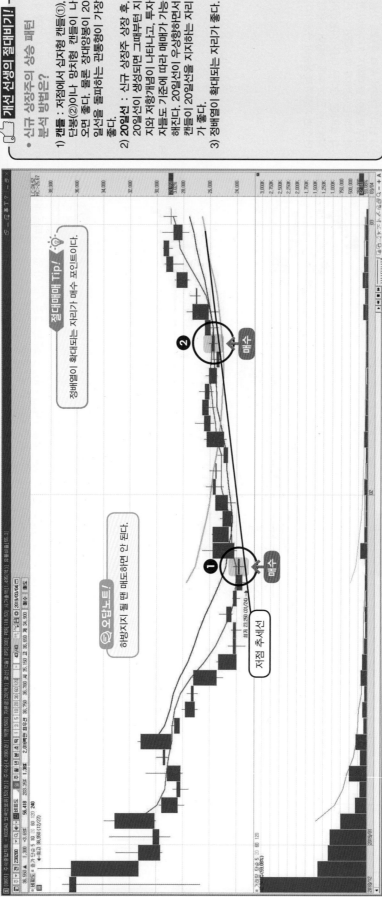

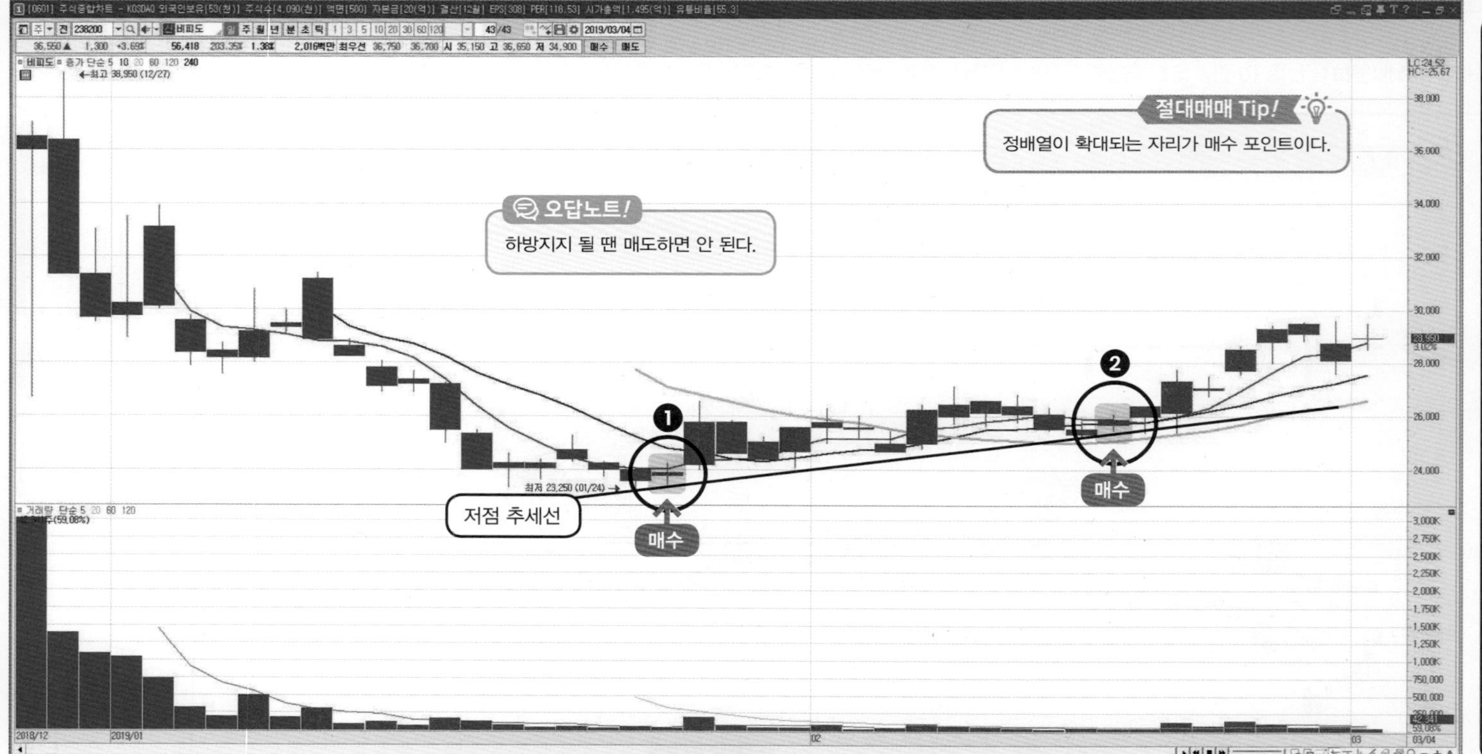
절대매매 Tip!
정배열이 확대되는 자리가 매수 포인트이다.
오답노트!
하방지지 될 땐 매도하면 안 된다.
저점 추세선
매수
매수
최고 38,950 (12/27)
최저 23,250 (01/24)

개선 선생의 절대비기!

• 신규 상장주의 상승 패턴 분석 방법은?

1) **캔들** : 저점에서 십자형 캔들(①), 단봉(②)이나 망치형 캔들이 나오면 좋다. 물론 장대양봉이 20일선을 돌파하는 관통형이 가장 좋다.
2) **20일선** : 신규 상장주 상장 후, 20일선이 생성되면 그때부턴 지지와 저항개념이 나타나고, 투자자들도 기준에 따라 매매가 가능해진다. 20일선이 우상향하면서 캔들이 20일선을 지지하는 자리가 좋다.
3) 정배열이 확대되는 자리가 좋다.

개선 선생의 한마디!

신규 상장주 매매를 어려워하는 분들이 많은데, 사실 가장 쉬운 매매가 신규 상장주이다. 차트에 기준이 많이 없기 때문에 신경 써야 할 부분도 그만큼 적어서 차트가 단순하게 움직이기 때문이다. 다시 말하면, 차트 매매가 더욱 신뢰도가 높다는 것이다. ②번과 같은 자리는 꼭 매수해야 하는 자리이다. 잔파동을 이루고 20일선을 지지하는 자리는 절호의 매수 기회이기 때문이다.

168 | 신규 상장주 매매 | 저점을 높이는 자리가 매수 타이밍 유틸렉스 일봉

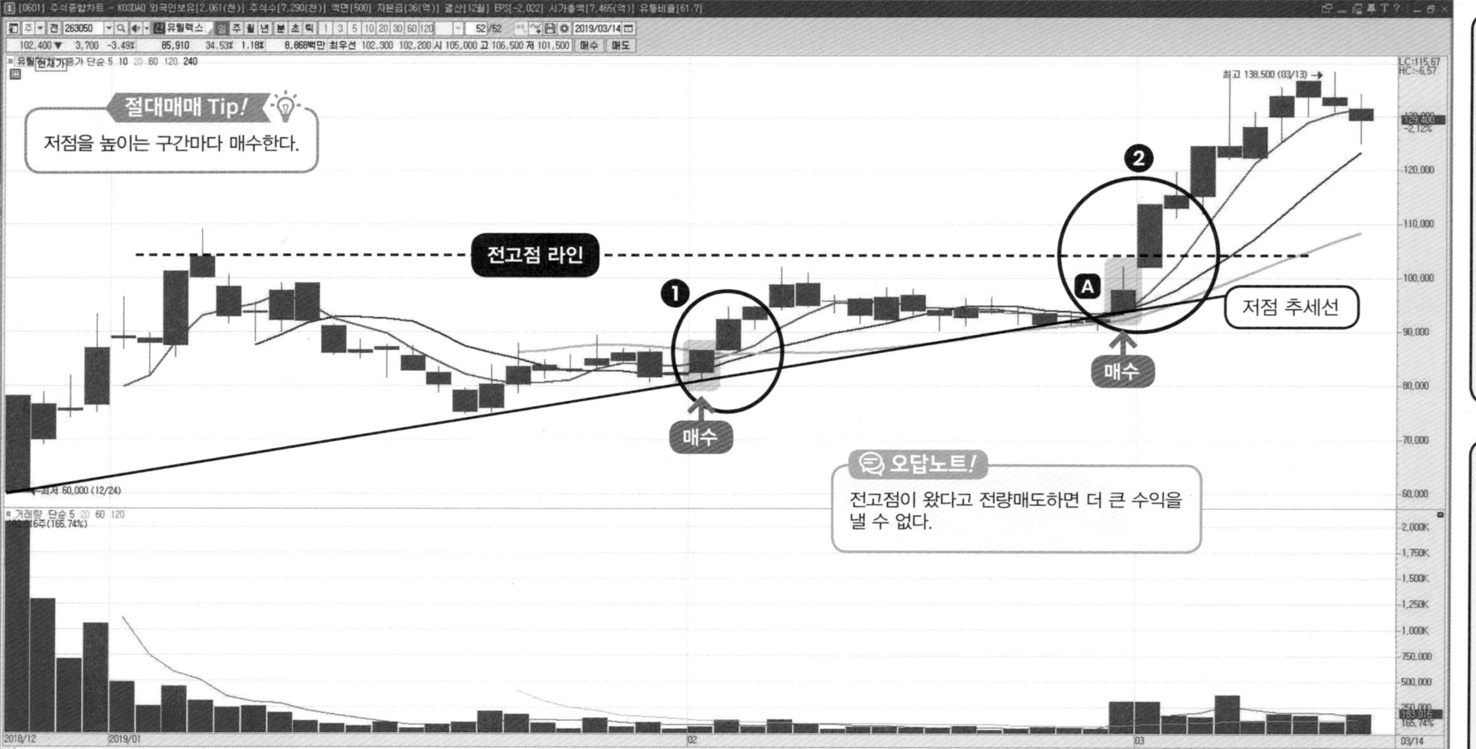
절대매매 Tip!
저점을 높이는 구간마다 매수한다.
전고점 라인
저점 추세선
매수
매수
오답노트!
전고점이 왔다고 전량매도하면 더 큰 수익을 낼 수 없다.

개선 선생의 절대비기!

신규 상장주는 저점을 높이는 자리에서만 매수해라! 신규 상장을 하면 본 차트와 같이 강한 상승이 나올 수 있다. 그러나 때를 놓쳤다면 가는 말에 올라타지 말고, 눌림을 기다리는 것이 좋다. 그리고 2차 저점을 높이는 자리에서 매수하면 된다. ①번에서부터 매수하고, ②번에선 20일선을 망치형 캔들(A)이 지지하면서 전고점 돌파가 나오는 구간이니 추가매수가 가능하다.

주식 격언 새기기!

"긴 보합은 폭등이나 폭락의 전조이다."

바닥권이나 상승시세 중간의 큰 보합에서는 상승을 위한 충분한 시장에너지가 축적되었기 때문에 주가가 상승하면 큰 시세가 나올 가능성이 많다. 반대로 천정권이나 하락시세의 중간에서 생기는 긴 보합은 시세의 추진에너지가 소진되어 버린 것이므로 주가가 하락할 때 큰 폭으로 하락하는 것이 보통이다.

개선 선생의 한마디!

저점을 높이는 구간에서의 매수는 첫 번째 저점보다 두 번째 저점(①)이 훨씬 신뢰도가 높다. ①번에서 단기 상승 후, 전고점 돌파에 실패했어도 다시 한 번 ②번에서 돌파를 시도한다면 전고점 돌파가 가능하다. 거래량도 조정구간에서는 많이 감소해야 한다.

169 | 신규 상장주 매매 | 삼중바닥을 찾아라! 에이비엘바이오 일봉

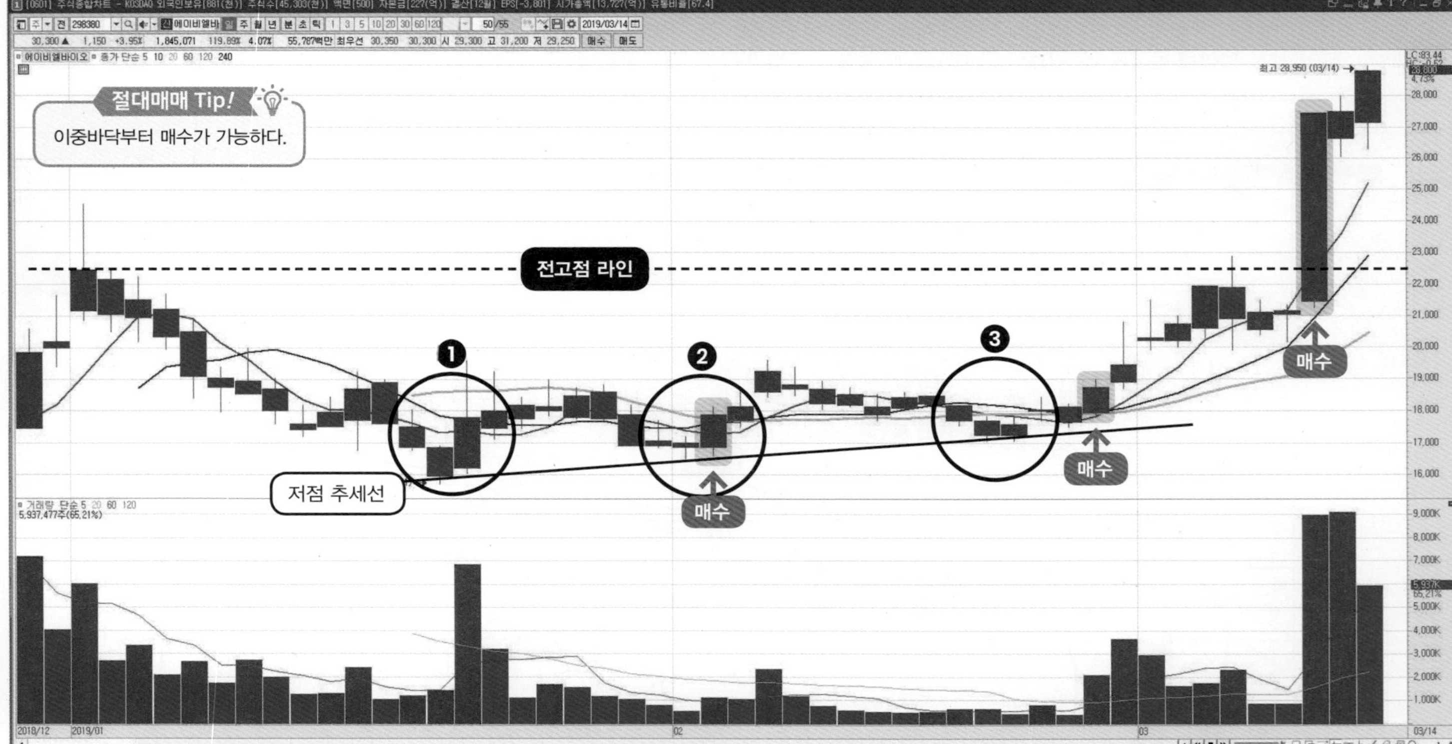

개선 선생의 절대비기!

- 신규 상장주도 폭등주는 삼중바닥에서 나온다.

삼중바닥은 바닥을 세 번 찍었다는 것이다. 삼중바닥이 나왔다는 것은 하방경직이 확실하다는 것이고, 이는 매수세력이 더욱 강력하게 매수할 수 있는 기회를 준 것이다. ①~③번의 저점을 지지하면서 삼중바닥이 완성되고 있다.

주식 격언 새기기!

"대세는 오래가도 개별 종목시세는 짧다."

주식시장에서 장기간에 걸친 큰 시세가 나오는 경우에 모든 종목이 함께 상승하는 것은 아니다. 먼저 우량주가 오르고 다음에 보통주가 오르고 마지막에는 부실저가주가 오른다. 종합주가는 계속 오르지만, 부실주가 천정부지로 오르는 동안에 먼저 오른 우량주는 시세가 끝나고 하락세로 들어간다.

개선 선생의 한마디!

①번 저점에선 바닥이 왔다고 볼 수 없다. 저점을 깨고 내려간다면, 추가 하락이 나올 수 있는 상황이기 때문이다. ②번 저점에서 반등이 나오면서 지지선이 형성되고, 매수가 가능하다. ③번에서 삼중바닥이 완성되면, 바로 매수하는 것보다 20일선을 돌파하는 자리부터 매수에 가담하면 된다.

170 | 신규 상장주 매매 | 하방지지는 너무 중요하다+옷걸이 기법 엠아이텍 일봉

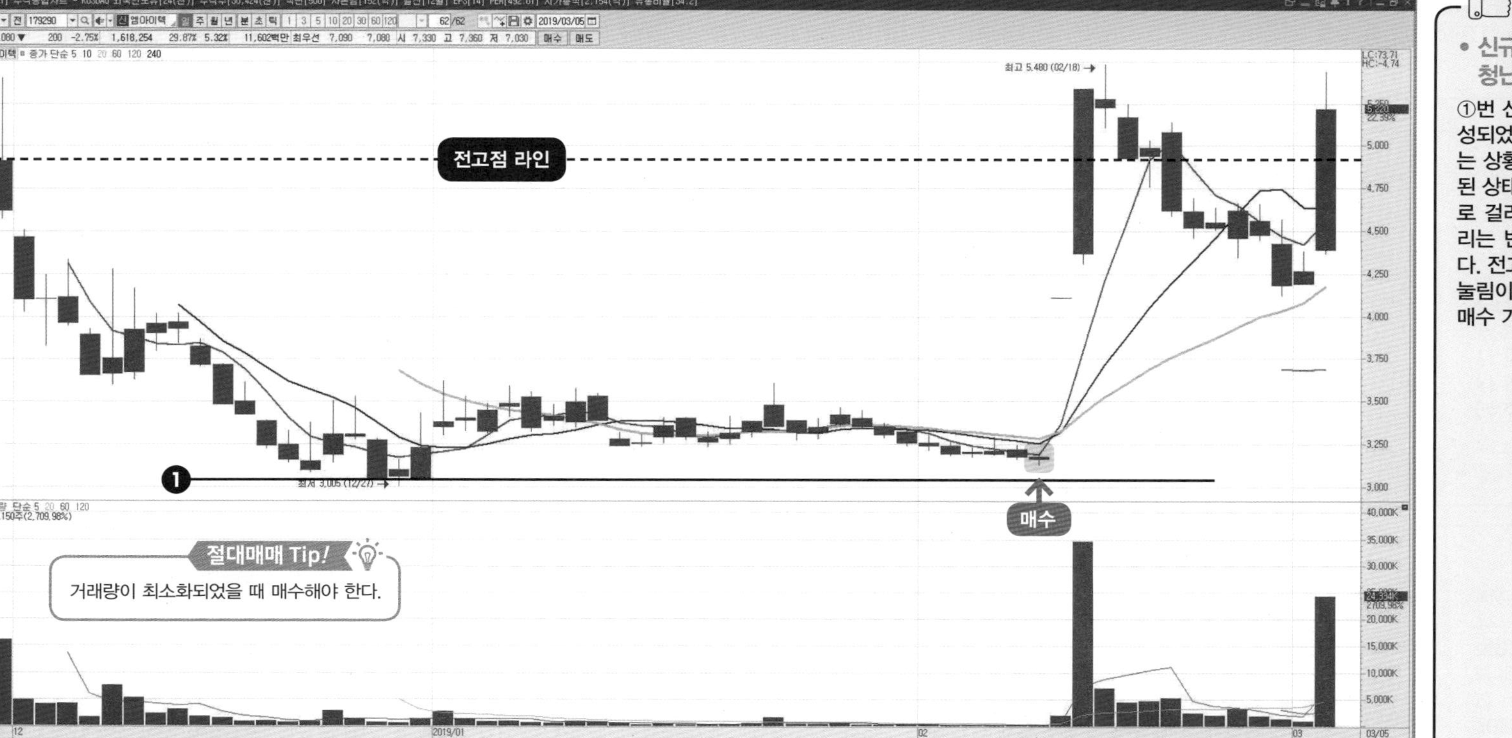

개선 선생의 절대비기!

- **신규 상장주의 하방지지 시 엄청난 시세 분출이 가능하다.**

①번 선이 단기 하방지지선으로 형성되었다. 추가 하락이 나올지 모르는 상황이지만 거래량이 완전 소멸된 상태로 20일선에 옷걸이 기법으로 걸려서 내려오고 있다. 이런 자리는 반등 시 매수 가능한 자리이다. 전고점까지 상승이 나오면 일시 눌림이 나온다. 눌림 이후에는 다시 매수 가능하다.

개선 선생의 한마디!

신규 상장 종목은 이평선도 없을 뿐만 아니라 보조지표도 형성되는 것이 없다. 보조지표는 과거 자료를 지표화한 것이기 때문이다. 신규 상장주는 다른 지표가 없기 때문에 무엇보다 거래량이 중요하다. 특히 하방이 지지되는 상황에서 거래량이 감소하여 최소화되는 순간까지 기다렸다가 매수를 진행하는 방법으로 큰 수익을 낼 수 있다.

171 | 테마 매매 | 수소경제로 43조 부가가치를 만든다 유니크 일봉

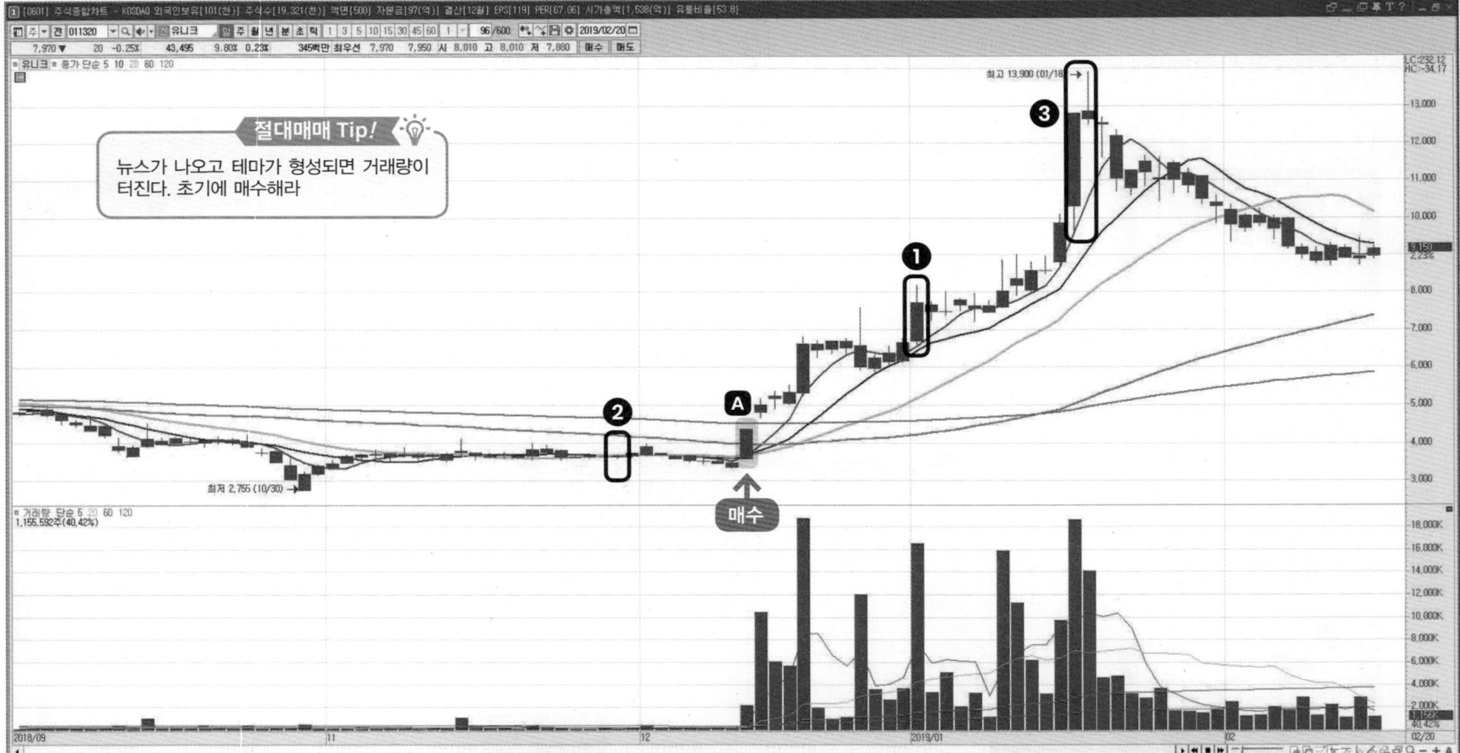
절대매매 Tip!
뉴스가 나오고 테마가 형성되면 거래량이 터진다. 초기에 매수해라
최고 13,900 (01/18)
최저 2,755 (10/30)
매수
A
1
2
3

- **2018년 11월 수소차 관련 기사**
  - □ 산업부, 국토부, 환경부, 수소차 대중화 위해 힘 모아(비즈니스포스트)
  - □ 2020년 수소차 5000만 원, 국회와 수소경제로드맵 공조(머니투데이)
  - □ 정의선 부회장, 2050년에 전기차 · 수소차 비중 70~80% 차지(머니투데이)

- **2019년 1월 수소경제로드맵 투자안 관련 기사**
  - □ [수소경제 로드맵] 2040년 수소차 620만 대 보급, 2025년 3천만 원대 반값 공급(파이낸셜뉴스)
  - □ 수소경제로 年 43조 부가가치 만든다(문화일보)

개선 선생의 한마디!

소문에 사서 뉴스에 팔라는 말이 있다. 하지만 이제는 온라인 매체가 발달하면서 정보의 속도는 더 빨라졌기 때문에 뉴스에 사서 기술로 팔아야 하는 시대이다. 2018년 말부터 수소차에 대한 이슈가 나오면서 수소차 섹터가 움직이기 시작했고, 2019년 대통령의 신년 기자회견 자리에서 발표한 수소경제로드맵 투자안으로 장대양봉(①)에 불이 붙었다. 재료를 분석할 때, 가장 강한 단기 추세를 만드는 것이 정부정책에 대한 이슈이다. 정부와 관련된 뉴스가 나오기 시작하면 관련주를 주시해야 한다. 유니크의 경우, 수소차 이슈가 나오기 시작한 2018년 11월(②)에도 잠잠하던 주가가 12월 말 거래량을 수반한 장대양봉(A)이 출현하면서 단기 이평선인 5일선, 10일선, 20일선, 60일선을 한 번에 돌파했다. 이때가 바로 매수 포인트이다. 눌림을 무서워하지 말고, 분할매수 전략으로 매수에 동참해야 한다. 그 이후에도 거래량이 폭증하면서 상승추세를 그리다 하락 반전 패턴인 유성형 캔들+잉태형 캔들이 출현(③)하면서 추세가 무너졌다.

172 | 테마 매매 | '삼한사미' 세 번 춥고, 네 번 미세먼지 웰크론 일봉

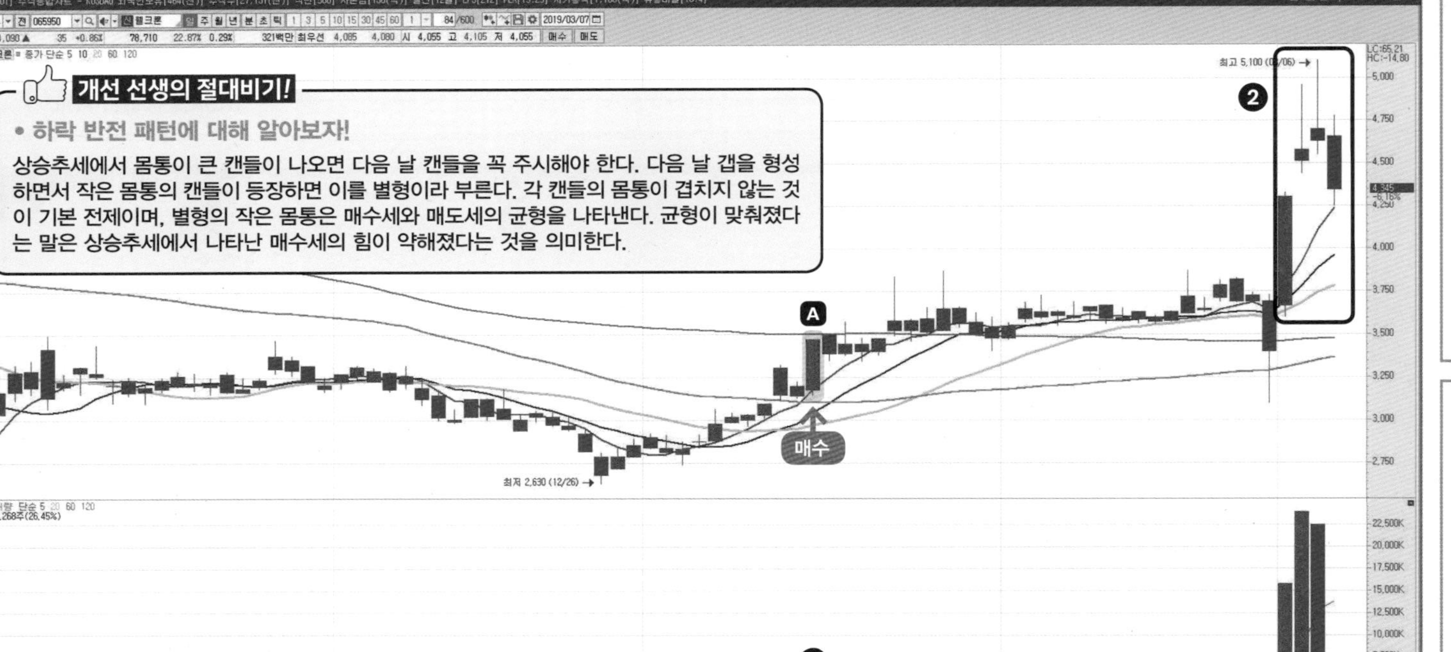

개선 선생의 절대비기!

• 하락 반전 패턴에 대해 알아보자!

상승추세에서 몸통이 큰 캔들이 나오면 다음 날 캔들을 꼭 주시해야 한다. 다음 날 갭을 형성하면서 작은 몸통의 캔들이 등장하면 이를 별형이라 부른다. 각 캔들의 몸통이 겹치지 않는 것이 기본 전제이며, 별형의 작은 몸통은 매수세와 매도세의 균형을 나타낸다. 균형이 맞춰졌다는 말은 상승추세에서 나타난 매수세의 힘이 약해졌다는 것을 의미한다.

• 2019년 1월 미세먼지 관련 기사

□ 미세먼지 · 스모그 습격에 아시아 곳곳 '비명'(조선일보 19.01.16.)
: 최근 아시아 곳곳이 최악의 대기오염으로 고통받고 있으며, 특히 한국은 미세먼지로 인한 문제가 심각하다는 내용의 기사이다.

• 2019년 3월 미세먼지 대책 관련 기사

□ 文대통령 "미세먼지 긴급대책 中과 협의, 필요 시 추경 긴급편성"
(연합뉴스 19.03.06.)

개선 선생의 한마디!

이번 사례는 매년 계절적으로 이슈가 되는 미세먼지 관련주이다. 건강에 해로운 미세먼지가 투자자들에게 수익을 가져다 주는 아이러니한 상황이 발생하고 있다. 웰크론(마스크 생산업체)과 같은 미세먼지 관련주 또한 1월부터 거래가 증가하기 시작하면서 3월 초까지도 꾸준하게 상승했다. 단 두 달 만에 저점 대비 90%가 상승했는데, 거래량이 6배 이상 급증(①)하며 장대양봉(A)을 세웠다. 평소 거래량보다 3배 이상 증가하면서 장대양봉이 출현하면, 시장참가자들의 관심을 한 몸에 받고 있다는 증거이기 때문에 해당 종목에 관심을 가져야 한다. 이때 매수로 동참하면 거래량이 수십 배 증가할 때를 가장 조심해야 한다. 본 차트에서는 별형 중 하락 반전 패턴(②)이 나타나며 시세가 무너진 것을 확인할 수 있다. 하락 반전 패턴은 급등하는 종목에서 주의해야 할 패턴이다. 1～3월은 황사와 미세먼지로 관련주가 움직이는 달이다. 선 매집, 후 수익으로 미리미리 대비해야 한다.

173 | 테마 매매 | 제2의 1400% 신라젠을 찾아라! 셀리버리 일봉

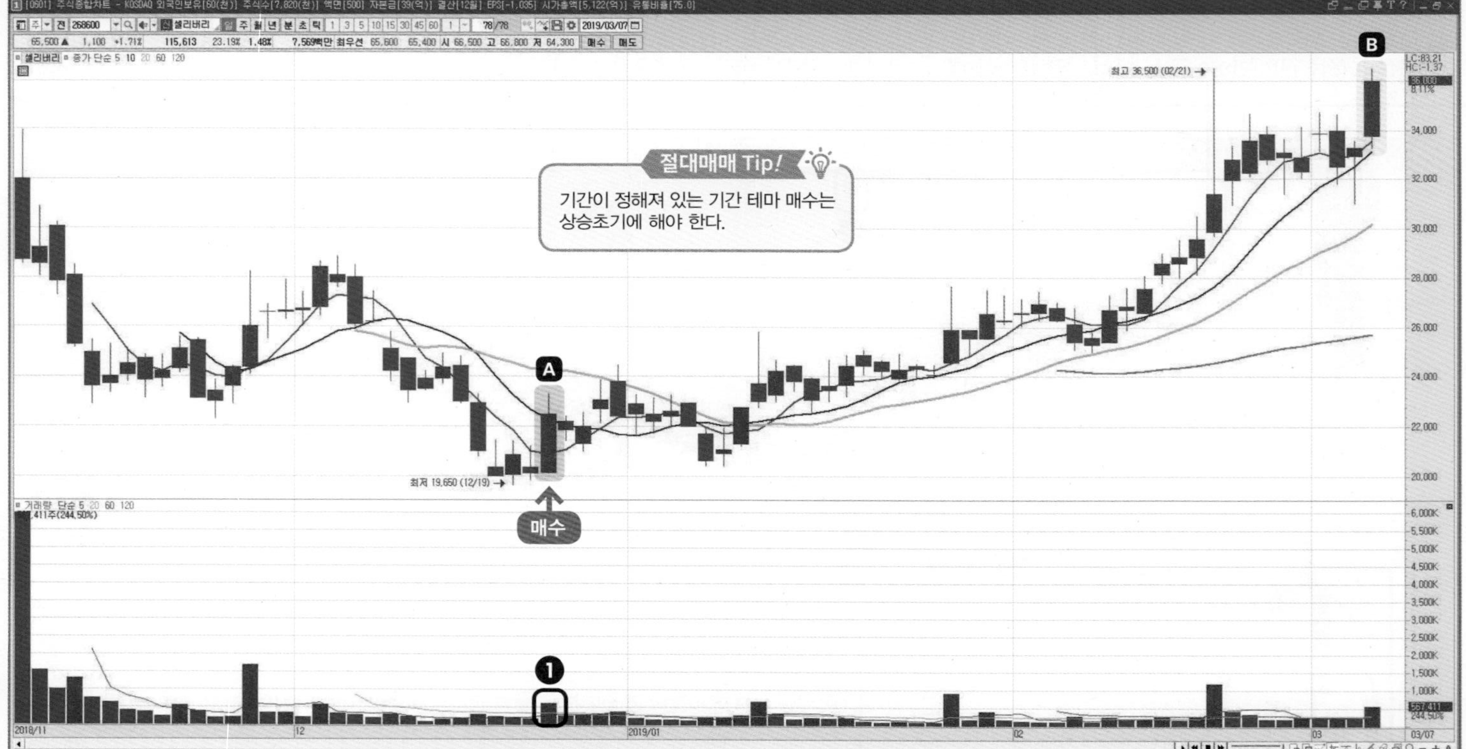
최고 36,500 (02/21) →
절대매매 Tip!
기간이 정해져 있는 기간 테마 매수는 상승초기에 해야 한다.
A
B
최저 19,650 (12/19) →
매수
1

- 2018년 12월 JP모건 컨퍼런스 관련 기사
  - □ 'JP모건 컨퍼런스' 참가 韓 제약·바이오기업은 어디?
    (신아일보 18.12.23.)
  - □ 셀리버리, JP모건헬스케어컨퍼런스서 주요 파이프라인 기술수출 논의(이투데이 18.12.27.)

개선 선생의 한마디!

바이오주를 매매하는 투자자라면 반드시 기억해야 할 테마이다. 바로 연초에 열리는 '월스트리트의 쇼핑몰'이라고 불리는 JP모건헬스케어 컨퍼런스이다. 2019년에는 1월에 개최되었다. 이 컨퍼런스는 전세계 제약바이오 기업들이 신약 개발 파트너를 물색하고, 투자를 유치하기 위해 모이는 제약업계 최대 규모의 글로벌 행사이다. 따라서 향후 기술수출 계약 체결로 이어질 수 있다. 이 컨퍼런스에 어떤 기업이 참여하는지 주목할 필요가 있는데, 사례로 든 셀리버리는 2019년 12월 27일 참가 소식과 함께 기술수출 논의가 될 것이라 보도되었다. 이날 평소보다 3배 이상 큰 거래량(①)이 수반되며 장대양봉(A)이 나타났는데 이때 매수에 동참해야 한다. 이후에 나오는 캔들이 장대양봉의 시가를 하향 이탈하지 않는다면, 추가매수로 대응이 가능하기 때문에 겁 먹을 필요가 없다. 추가로 2019년 3월 7일에는 BIO-EU 등 학회 참가 소식에 또 다시 양봉(B)에 불을 붙였다. 매년 열리는 학회 이슈는 반드시 체크해야 한다.

174 | 테마 매매 | 4차 산업혁명 시대에 필수이자 시작인 5G 오이솔루션 일봉

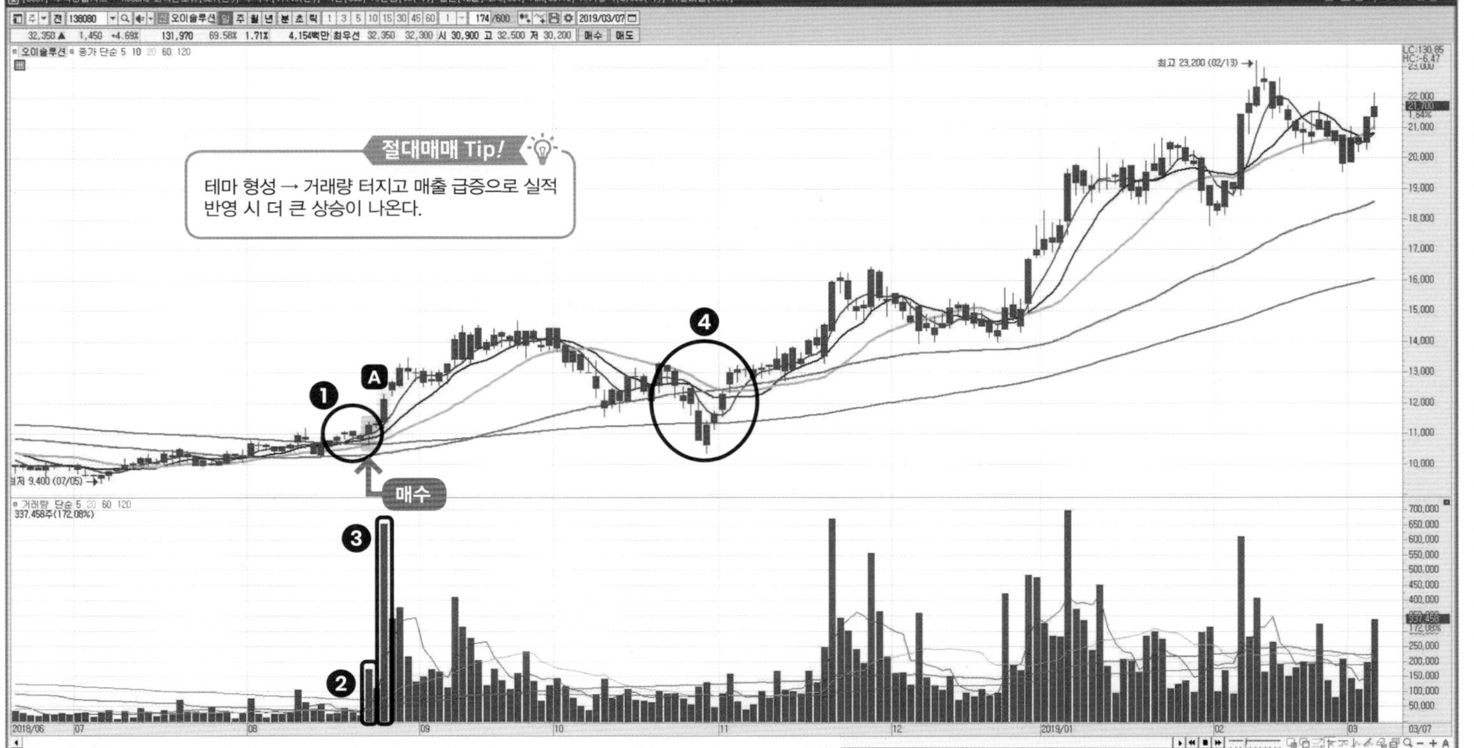

- 2018년 8~9월 5G 관련 기사
  - 과기정통부, G20 디지털경제 장관회의서 '최초 5G' (아이뉴스24 18.08.27.)
  - 5G 상용화, 수혜 기대되는 중소형 장비공급사는?(아이투자 18.09.18.)
  - 속도 내는 5G 상용화, 탄력 받는 통신장비(아시아경제 18.09.21.)
  - 5G 상용화 급물살, 코스닥 장비업체 수혜 기대(한국금융신문 18.09.19.)
  - MWC 아메리카 2018에 국내 중소기업 5G 통신장비 출품(로봇신문 18.09.14.)

개선 선생의 한마디!

5G 테마는 4차 산업혁명에 있어 필수라고 보면 된다. 5G의 3대 핵심 특성인 초고속, 초저지연, 초연결성은 사물인터넷(IoT)이나 자율주행, 인공지능(AI) 등에 반드시 필요한 기술이기 때문이다. 5G 테마 관련주를 선별할 때는 실적으로 이어질 수 있는지의 여부가 중요하다. 사례로 든 오이솔루션은 글로벌 5G 투자로 동사의 Wireless 제품 매출이 실적으로 연결되어 성장할 수 있는 기업이다. 기술적으로 보자면 장기 이평선을 돌파(①)하며 거래량이 평소보다 5배 이상 터졌고(②), 과학기술정보통신부가 5G 상용화 계획을 강조하면서 폭발적인 거래량(③)과 함께 장대양봉(A)을 만들었다. 이후에 상승추세를 보여주다가 10월 급락장에 휩쓸려 하락을 면치 못했다. 하지만 거래량 증가와 함께 120일 이평선 돌파가 나와주었었기 때문에 120일선 하향 이탈 없이 다시금 상승 추세로 만들어준 모습(④)이다.

175 | 테마 매매 | 전기차 시대가 도래하고 있다! 2차 전지 파워로직스 일봉

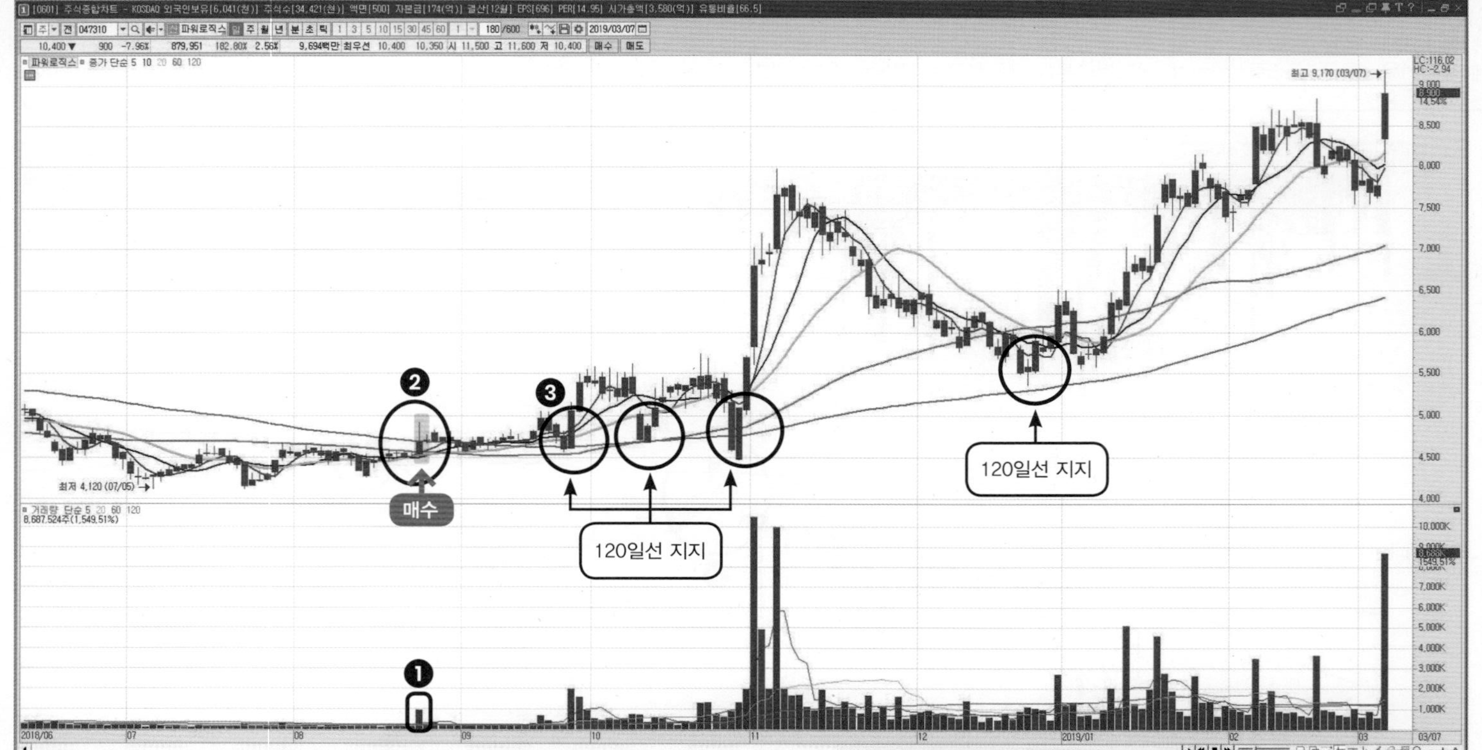

- 2018년 8～9월 2차 전지 관련 기사

□ [4Th Energy] 2차 전지 산업의 황금기, 3세대 전기차 타고 온다 (산업일보 18.08.24.)

□ "파워로직스, 본업 순항+전기차 모멘텀…저평가 영역"-이베스트투자증권(머니투데이 18.09.19.) : 전기차 관련 매출이 미미하여 파워로직스 주가는 전기차 모멘텀이 반영되지 않았다는 내용이 있다.

개선 선생의 한마디!

1997년 교토의정서를 시작으로 2015년 파리기후협정까지 체결되면서, 전세계적으로 환경문제를 해결하려는 의지가 드러났다. 2018년 8월, 미국 전기차 전문 매체인 인사이드이브이스(InsideEVs)에 따르면, 7월 미국 전기차 판매량이 전년 동월 대비 90% 증가한 판매량을 보이며 월간 최고 판매량을 달성했다. 8월에는 EV용 2차 전지 중심 중대형 전지가 고성장 초입 단계라는 보고서가 나오며, 시장은 2차 전지의 수혜주를 찾는 과정을 거치게 된다. 이후 증권사에서 파워로직스가 전기차 모멘텀이 반영되지 않았다는 점을 강조하며, 동사의 주가에 힘을 실어주었다. 하지만 증권사의 보고서가 나오기 전인 8월, 2차 전지산업 급성장에 대한 뉴스가 나온 날, 파워로직스의 주가에 거래량이 수반(①)되며 장기 이평선인 120일선을 돌파(②)한다. 이때 파워로직스에 대한 기업가치를 미리 알았던 매수세가 붙었을 것이다. 기술적으로 거래가 수반된 장대양봉이 나타나고, 장기 이평선 돌파를 시작하는 테마주는 관심을 갖고 매매에 동참해도 좋다.

176 | 테마 매매 | 중국은 절대 끝나지 않는다 로스웰 일봉

절대매매 Tip!
대외 변수 테마는 예측 매매보다는 차트 단타 매매를 해라.
최고 1,940 (03/04)
최저 885 (10/30)
매수
A

- **2018년 8~9월 중국 관련 기사**
  - 무역갈등 완화 가능성, "철강 · 기계 中 부양 수혜"(아시아경제 19.02.17.)
  - 中 절실한 '미중 무역협상'… "3월 전인대 후 중국증시 바닥 탈출"(이데일리 19.02.18.)
  - [주간 중국증시 브리핑] 지난주 이어 이번 주도 고위급 미중무역협상 소식(뉴스핌 19.02.18.)
  - 중국, 1월 신에너지 자동차 판매량 138% 껑충… 순수 전기차 인기 폭발(인민일보 19.02.20.)

개선 선생의 한마디!

2018년부터 시작된 미중 무역분쟁을 시작으로 전세계 증시뿐 아니라 중국 증시 또한 대폭락을 맞았다. 중국 상해지수는 고점 대비 –30% 급락했던 만큼 중국 내수에 대한 우려감이 시장에 팽배했다. 하지만 2019년 1월, 중국이 경기부양의 의지를 보였고, 투자 심리가 살아나기 시작했다. 중국 증시가 상승 흐름을 보이며, 우리나라 증시에도 중국 내수주에 대한 테마 바람이 불었다. 로스웰은 자동차 전장부품 제조업체로, 중국 강소 로스웰을 보유 중인 회사이다. 세력이 주가를 급등시키기 전에는 물량 테스트를 하는 경우가 많다. ①번에서 물량대를 확인하기 위해 평소보다 많은 거래량(②)으로 시험을 했고, ③번에서 확실한 거래량을 수반(④)하며 장대양봉(A)을 출현시켰다. 연이어 로스웰을 한 번 더 급등시키기 위한 재료가 필요했는데, 중국 자동차 판매량에 대한 뉴스를 내보내며 2차 상승(⑤)을 만들어냈다. 이처럼 테마주를 매매할 때는 거래량+물량 테스트+돌파+뉴스를 확인하며 매매에 임하는 습관을 가지는 것이 좋다.

177 | 테마 매매 | 북한에 한국경제의 미래가 있다 아난티 일봉

절대매매 Tip!
대북관련 테마는 실적과는 무관하지만 큰 기대치를 갖고 있다. 큰 눌림이나 조정 시 매수하고 뉴스로 기대치가 올라가면 매도한다.
전고점 라인
최고 31,650 (01/23)
최저 7,240 (08/29)

- **2018년 9월 방북 관련 기사**
  - □ 문 대통령, 백두산에서 서울로 출발… 방북 일정 종료 (연합뉴스 18.09.20.)
  - □ 방북 마친 이재용 부회장, 소회 묻자 "…"(머니투데이 18.09.20.)
  - □ 북한 다녀온 3당 대표, 오늘 文의장 만나 방북 결과 설명 (뉴스1 18.09.21.)

- **2018년 12월 아난티 사외이사 선임 관련 기사**
  - □ 아난티, 짐 로저스 사외이사 선임… 금강산 골프장 재개하나(이데일리 18.12.11.)

개선 선생의 한마디!

남북 관계가 화해 무드로 접어들면서 2018년 초부터 남북경제협력과 관련한, 이른바 대북주의 움직임이 활발해졌다. 제1차 북미정상회담 이후에 거래량이 줄어들면서 1차 상승한 만큼 하락이 나타나났지만 제2차 북미정상회담의 기대감과 유명인사들의 방북으로 남북 간의 경협이 더욱 가속화를 내는 분위기가 연출되었다. 이에 2018년 하반기부터 다시금 관련주들의 움직임이 나타난다. 아난티는 대표적인 금강산 관광 관련주이다. 개성공단 재개와 금강산 관광, 대북 철도주 등은 경제 협력이 가장 먼저 이뤄질 가능성이 높다고 판단하고 있는 세부 섹터이기 때문에 주가도 가장 먼저 반응했다. ①번에서 이슈와 함께 거래량을 수반(②)한 장대양봉(A)이 출현한다. 이후에 해당 고점을 돌파하지 못하다가 짐 로저스가 동사의 사외이사로 선임한다는 이슈와 함께 거래량이 폭증(③)하며, 전고점을 갭으로 돌파(④)하였다. 여기서 재미있는 사실은 전고점을 돌파하는 시점에 이슈가 나왔다는 것이다. 누차 말했듯이 급등 종목은 급등하기 전에 물량 테스트(②)를 거친다. 평소 거래량보다 몇 배 이상 증가한 거래량과 장대양봉이 출현한다면, 언제든지 다시 한 번 급등할 수 있다는 것을 반드시 명심해야 한다.

178 | 시간외 매매 | 갭을 크게 띄우면 수익을 챙겨라 대양제지 분봉

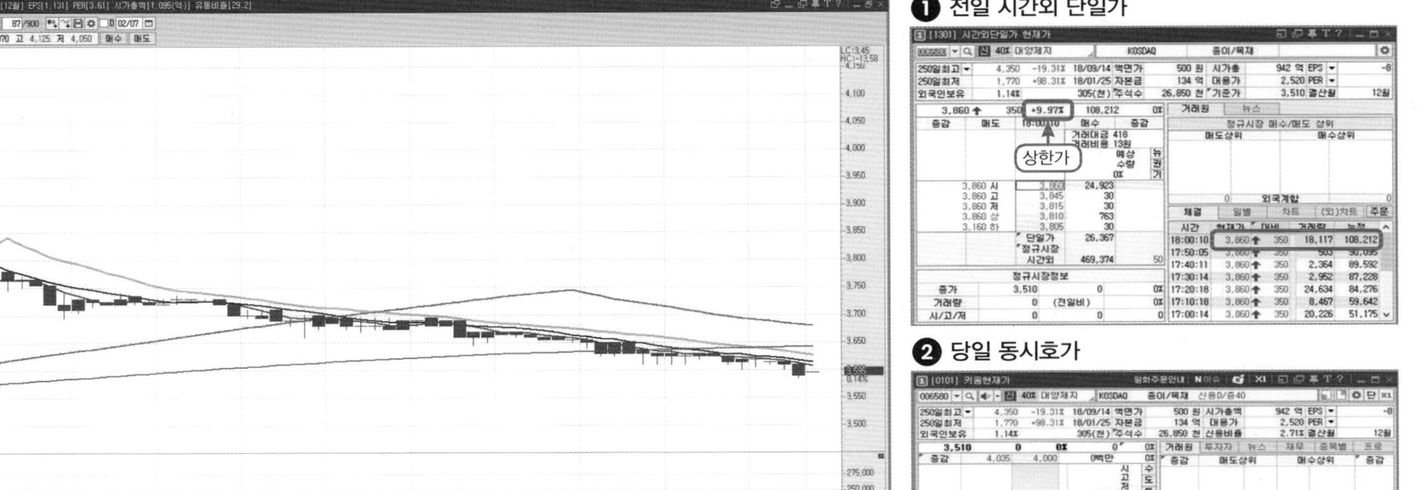

❶ 전일 시간외 단일가

상한가

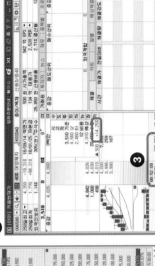

❷ 당일 동시호가

❸

개선 선생의 한마디!

대양제지의 경우, 전일 시간외 상한가(+9.97%)마감을 했다. 여기서 주목해야 할 점은 ①번 창을 보면, 거래가 상당 부분 터지면서 시간외 거래대금이 약 5억 원(현재가 × 누적 거래량)을 기록한 것이다. 이렇게 거래가 터지면서 시간외 상한가 마감했을 경우에는 시가총액이 작을수록 익일 시가에 영향을 크게 미친다. 만약에 보유 중이라면 이런 상승갭이 발생했을 때, 수익청산을 하거나 일단 비중을 줄이는 것이 좋다. 갭이 발생하면 아무래도 주가는 부담으로 작용을 하게 되며, 종가를 보면 대부분 상승갭을 메운 것이 확인된다. 또한 상한가로 마감한 다음 날의 시간외 잔량만 봐도 그 힘을 예측할 수 있다. 전일 시간외 거래량 이상으로 매수물량이 대기 중(③)인 것을 ②번 창에서 확인이 가능하다. 다만, 전일 시간외 종가 이상으로 갭을 상승시켜서 시작한다면, 음봉(A)으로 전환되는 시점은 주의해야 한다. 캔들은 '갭을 메우는 특성'이 있다는 것을 기억해야 한다.

179 | 시간외 매매 | 시간외 매매에서는 거래량이 진정성이다 한컴MDS 분봉

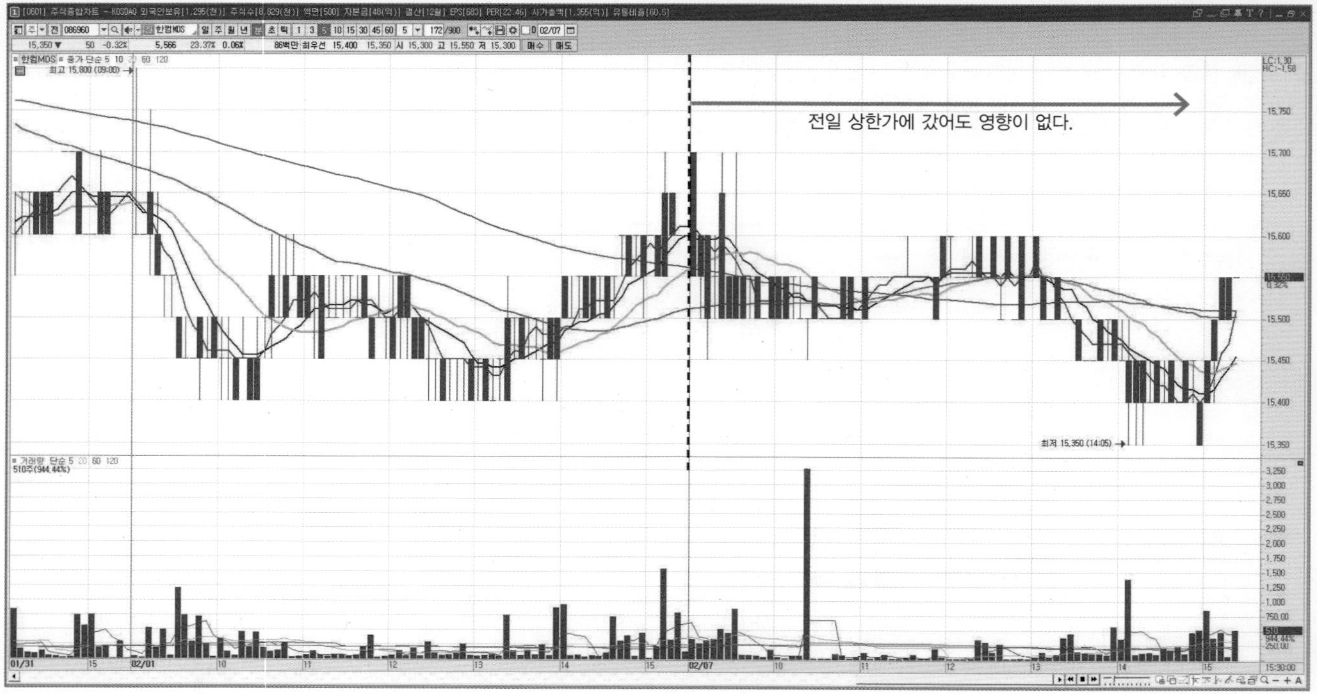

전일 상한가에 갔어도 영향이 없다.

❶ 전일 시간외 단일가

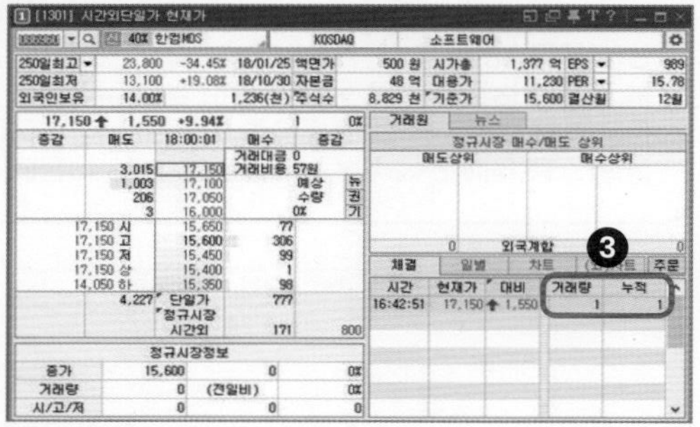

❷ 당일 동시호가

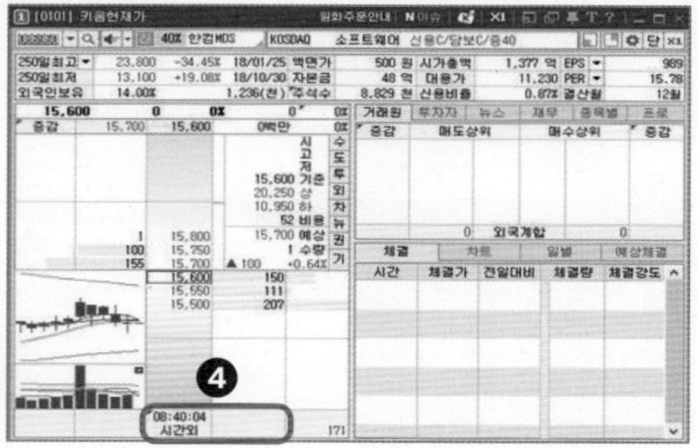

개선 선생의 한마디!

극단적으로 예를 든 종목이긴 하지만, ①번 창을 보면 한컴MDS의 경우에는 단 하나의 거래량으로 시간외 상한가를 만들었다(③). 표면적으로는 상한가지만, 이런 허수에 속지 않아야 한다. 거래량이 수반되지 않은 시간외 상승이나 하락은 개연성을 크게 갖지 않아도 된다. 물론 한 주가 아니라 몇십 주 내지 몇백 주가 나오더라도, 평소 거래량 대비 미미한 수준의 시간외 물량은 다음 날 시가에 큰 영향을 미치기는 어렵다. 상한가를 기록한 후에 익일 매수잔량이나 호가만 봐도 허수인 것을 알 수 있다. ②번 창을 보면 한컴MDS의 경우엔 장 전 시간외 매수물량이 전혀 없었던 점(④)을 봐야 한다. 적어도 이 책을 읽는 독자들은 보유종목이나 관심종목은 반드시 시간외 거래량과 장 전 시간외 매수(매도) 잔량을 보는 습관을 기르고, 허수 물량에 속지 않길 바란다.

180 | 동시호가 | 동시호가 허매도 신경 쓰지 마라 제미니투자 분봉

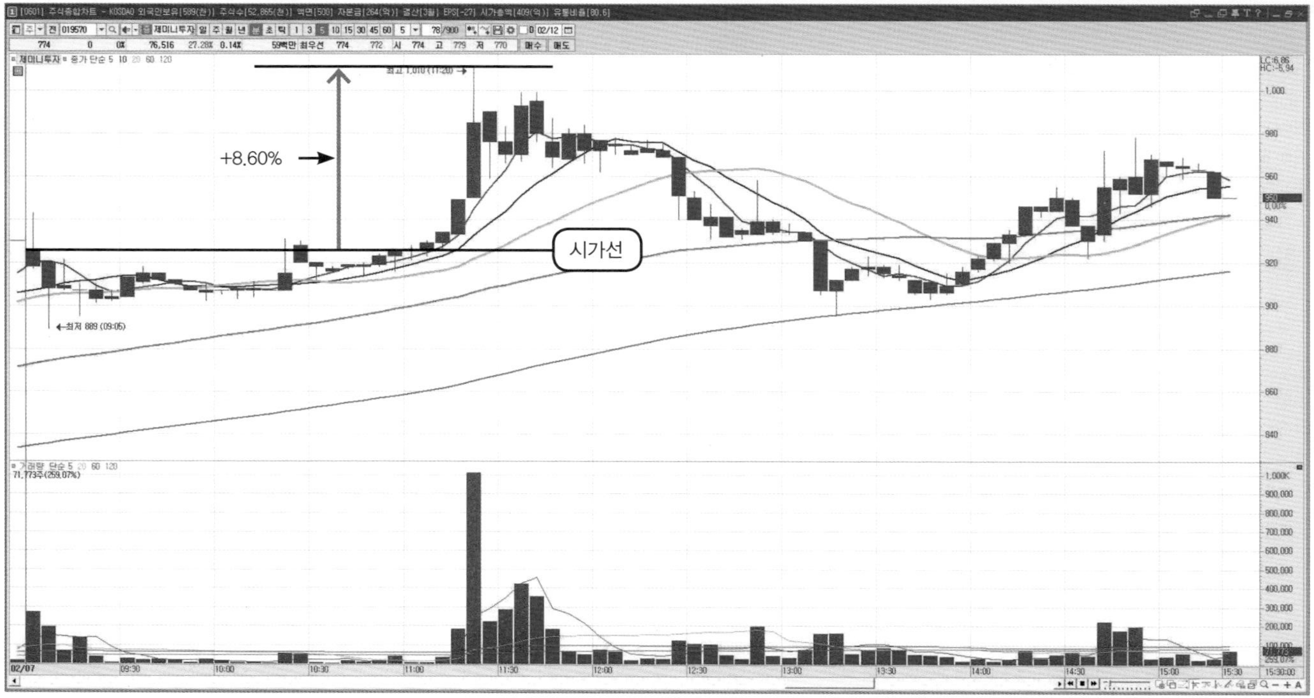

+8.60%

시가선

❶ 전일 시간외 단일가

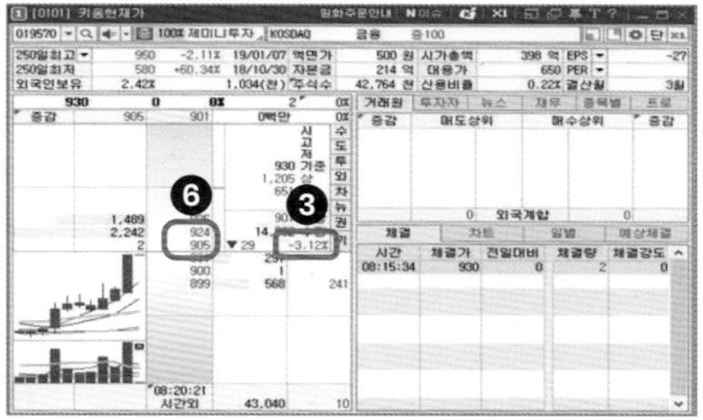

❷ 당일 동시호가

개선 선생의 한마디!

제미니투자의 차트를 보면 재미있는 모습을 확인할 수 있다. 장 전 8시 20분경 예상호가는 −3.12%(③)를 보이고 있지만, 이건 허수 주문으로 봐야 한다. 시간외 매수잔량이 몇만 주 내지 몇십만 주가 깔려 있다면 보통 하락 출발하는 경우보다는 상승 출발 내지 보합 출발하는 경우가 많으며 상승할 확률이 높다. 동일 종목의 경우에도 2019년 2월 7일 당시, 보합 출발하였지만 장 중 8.60% 오른 1,010원을 기록하기도 했다. 동시호가로 분석할 때는 유의미한 시간외 매수잔량이 있는지 확인(④)해야 한다. 반대로 시간외 매도잔량이 깔려 있는데 예상호가가 상승할 것처럼 보이는 것은 피해야 한다. 예상호가는 어디까지나 예상에 불과하다. 장 10분 전 동시호가부터 신뢰도가 높은 예상호가를 형성(⑤)하니 꼭 알아두자! 또한 호가 연결성이 있어야 한다. ⑥번을 보면, 905원 다음에 924원이 나온다. 이처럼 나열된 호가들이 하락이든 상승이든 호가 사이에 빈 호가가 없어야 한다.

181 | 동시호가 | 돌파갭을 이용한 매매법 노랑풍선 분봉

❶ 전일 시간외 단일가

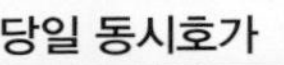

❷ 당일 동시호가

개선 선생의 한마디!

본 차트는 돌파갭을 이용한 동시호가 매매법이다. 앞서 동시호가의 허수성 주문을 파악하는 방법을 확인했다면, 장 전 동시호가를 통해 단타로 수익을 내는 방법은 다음과 같다. 노랑풍선의 경우를 보면, 장 전 12만 주 정도의 시간외 매수물량(③)이 쌓여 있는 것을 확인할 수 있다. 물론 8시 13분에 찍혀 있는 예상호가(④)대로 시작한다면 시초가 매수로 접근하기 어렵겠지만, 다행히도 5% 이내로 시초가가 출발하면서 돌파갭이 나타난다. 단순 계산만 해도 12만 주라는 물량은 전일 종가 기준으로 약 33억 원 정도이니 절대 적은 금액은 아니다. 시간외에서 12만 주 대기물량은 노랑풍선을 매수하고자 하는 투자자의 심리를 대변한다고 보면 된다. 만약 시초가에 잡았다고 하더라도 최고가까지 13.58%의 추가 상승이 나온 것을 감안하면 무리한 가격대는 아니었다. 즉, 5% 이내의 시초가 돌파갭과 장 전 시간외 매수잔량을 기억하면 성공적인 매매가 가능하다.

182 | 동시호가 | 돌파갭을 잘 활용하면 급등 터진다 판타지오 분봉

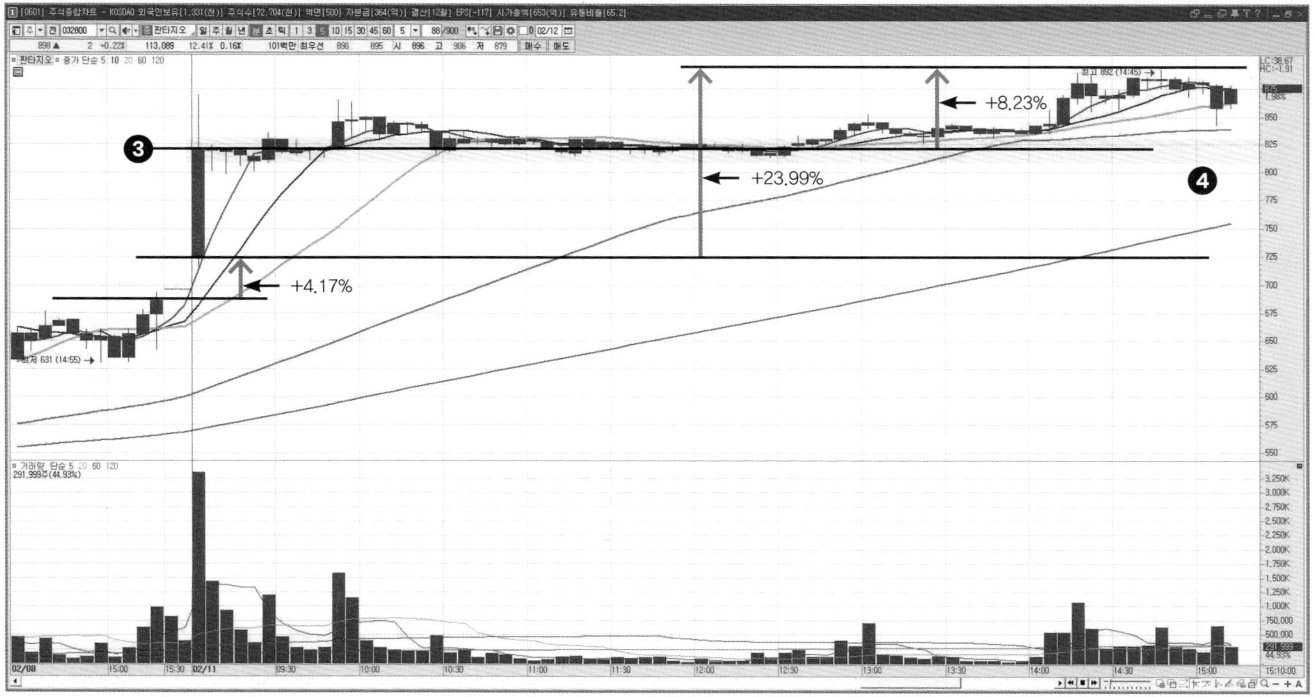

+4.17%

+23.99%

+8.23%

❶ 당일 시간외 매매

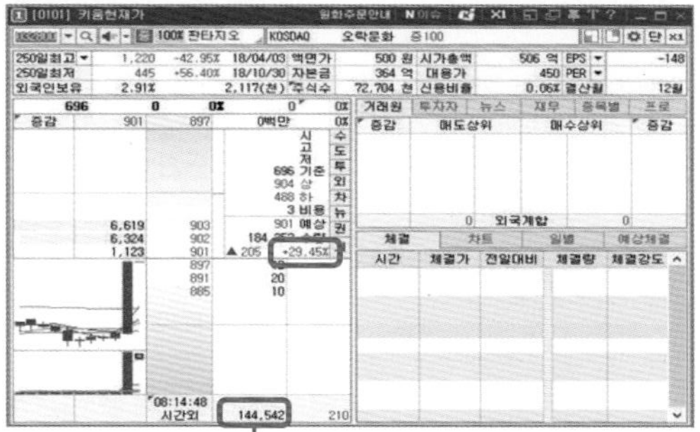

❷ 동시호가

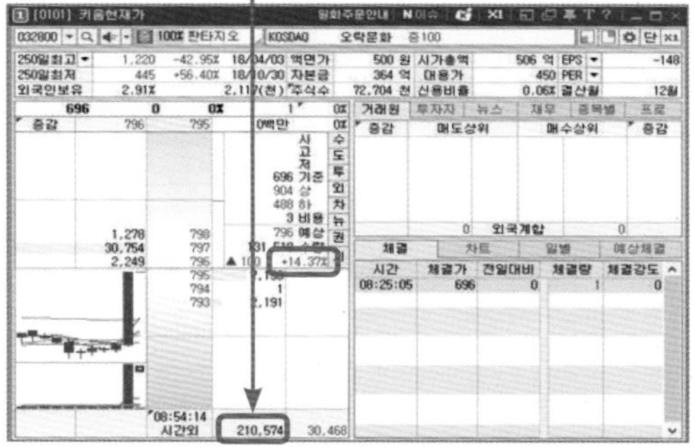

개선 선생의 한마디!

돌파갭을 이용한 다른 사례이다. 앞서 설명한 바와 같이 ①번 창에서 8시 50분 이전 호가는 시초가가 아닌 허수이다. 하지만 8시 50분 이후에도 호가가 강하게 형성되어 있다면, 금일 이 종목의 매수심리가 강하다는 뜻이다. 시간외 매수잔량이 더 늘어난 것도 확인된다. 결국 판타지오는 4.17% 갭이 발생하며 시작했고, 급등 이후에 지지 라인(③)에서 계속 지지를 받다가 추가로 8.23%가 상승했다. 시초가에 못 샀더라도 일정가격 구간대(④)에서 지속적으로 지지를 받아준다면, 단기적으로 접근을 해도 좋을 것이다. 일정 가격대 이하로 빠지지 않는 것은 급등에 의한 차익실현 매물 압박보다는 추가 상승을 보고 지지를 해주는 세력이 있기 때문이다. 2019년도 거래소 관련 시간외 매매, 동시호가 매매 시작시간이 변경되었다. 그러나 동시호가 매매 전략은 달라진 것이 없다. 다만, 중요한 포인트는 '8시 50분 이후부터'라는 것을 명심해야 한다.

183 | 동시호가 | 시간외+동시호가+장전 5분 전 상황 풍강 분봉

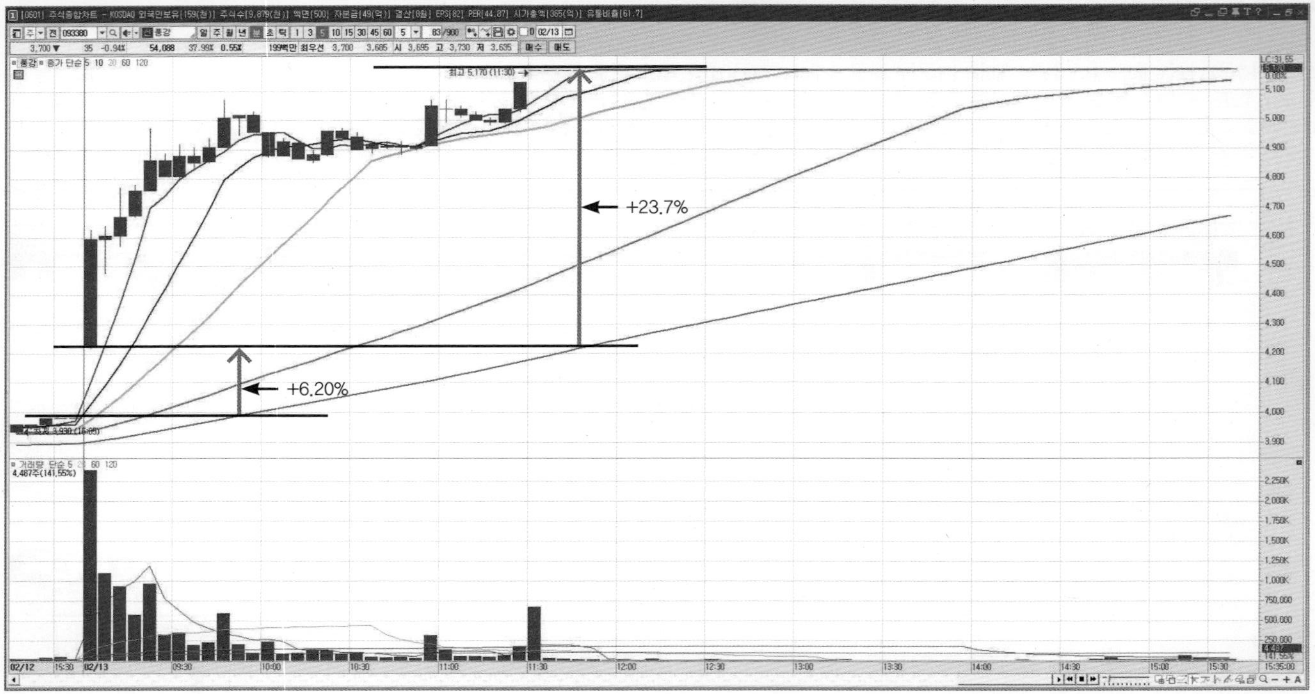

+23.7%

+6.20%

❶ 전일 시간외 단일가 매매

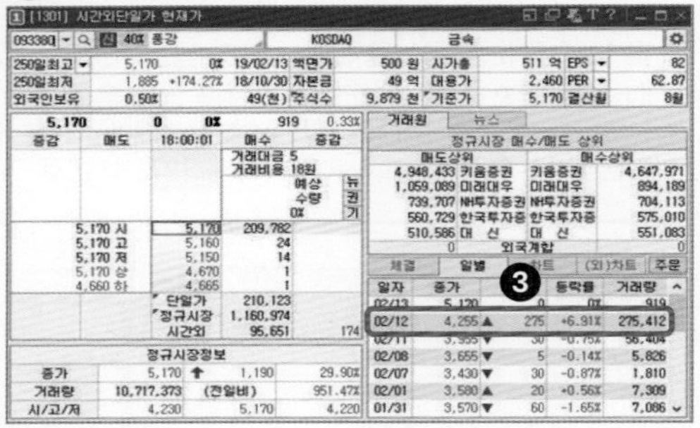

❷ 동시호가

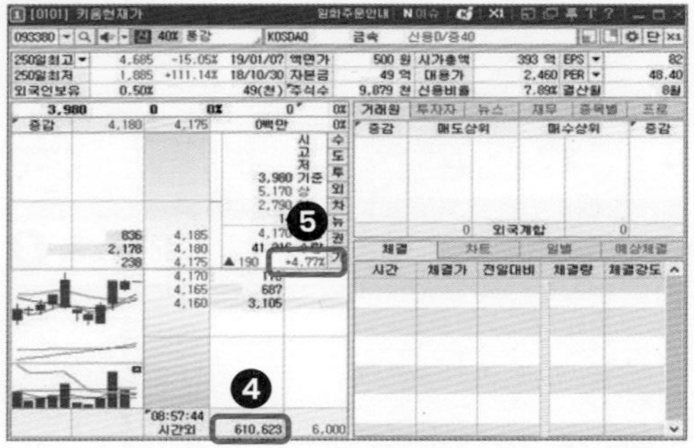

개선 선생의 한마디!

돌파갭을 이용한 다른 사례이다. ①번 창을 보면, 전일 풍강은 27만 주의 거래량(③)으로 시간외 상한가를 기록했다. ②번 창을 보면, 그 다음 날은 전일 시간외 거래의 약 2배가 넘는 61만 주의 시간외 매수잔량(④)이 쌓여 있지만, 장 시작 3분 전에는 약 4%의 갭 발생을 예고(⑤)했다. 하지만 장 시작과 동시에 2% 더 얹어서 갭상승 출발을 했고, 상한가를 기록했다. 장 시작 예상호가보다 더 큰 시초가 형성은 종목을 매수하려는 심리가 그만큼 강하다는 이야기이다. 즉, 1. 전일 거래량을 수반한 시간외 상한가, 2. 그 거래량을 뛰어넘는 익일 시간외 잔량, 3. 장 10분 전 동시호가보다 더 강한 시초가 형성. 이 세 가지를 기억하면 당일 매수심리를 이용한 단타에 성공할 확률이 높다.

184 | 호가 창 | 매도잔량 VS 매수잔량 #체결강도 윙입푸드 분봉

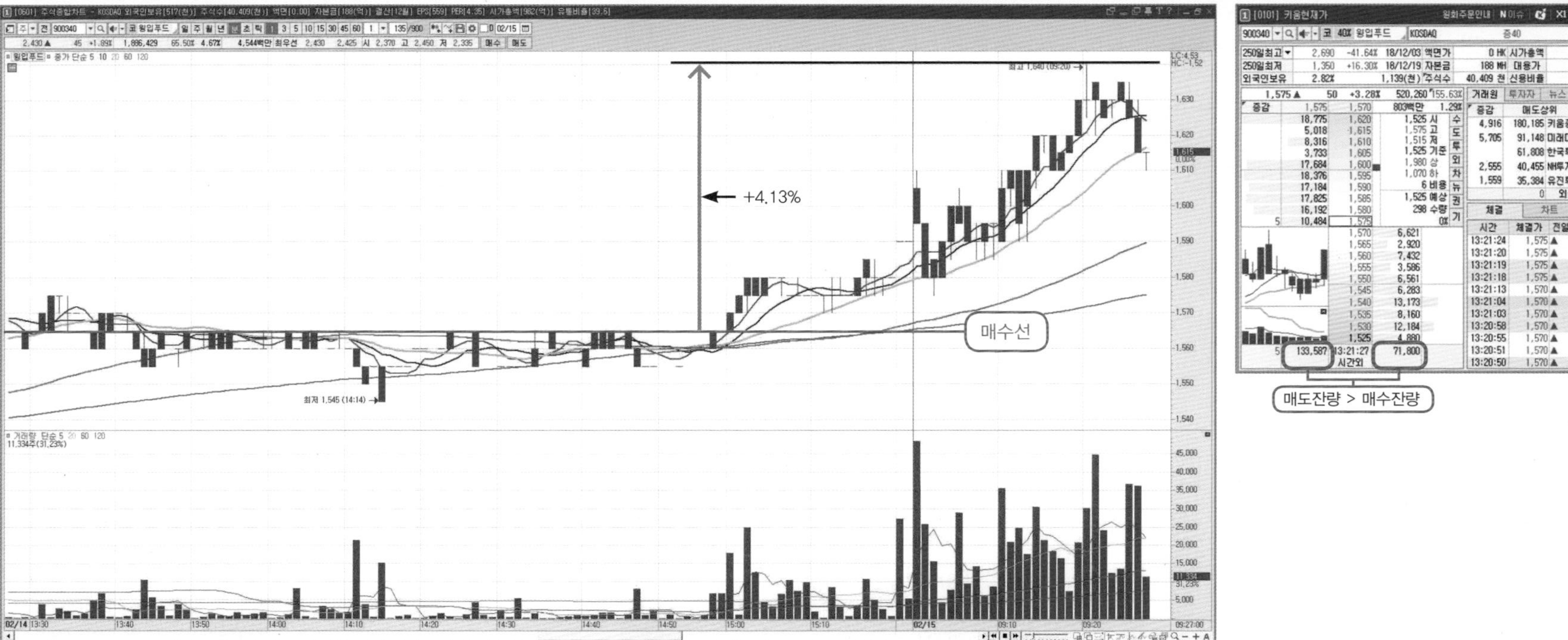

개선 선생의 한마디!

매수하는 잔량이 많아야 주가가 올라간다고 생각하는 투자자가 많다. 하지만 꼭 그렇지만은 않다는 걸 보여주는 것이 호가 창 매매의 포인트이다. 투자자의 심리를 분석해보면, 주가가 빠진다고 판단하는 투자자는 시장가보다 낮은 가격에 매수를 걸어두고, 반대의 경우라면 시장가보다 높은 가격에 매도를 건다는 것이다. 이처럼 호가 창은 심리를 반영한다. 즉, 매도잔량이 많아진다면 주가가 오를 것이라는 심리가 우세하다고 판단하면 된다. 윙입푸드의 경우에도 체결강도는 높아지고 있지만(①), 매도잔량이 많아진 후에 종가까지 오르고, +4.13%가 더 오른 후에 마감했다. 이렇게 주가가 상승할 것이라는 기대감은 그 다음 날에도 반영되며, 약 4%까지 시초에 오르는 모습을 보여주었다. 호가 창은 매매심리를 반영하고 있으나, 단기적으로는 계속 변하기 때문에 단타에 적용하는 것이 좋다.

185 | VI | VI란 무엇인가

발동 요건

- 참조가격

동적 VI	정적 VI
호가제출직전 체결가격	호가제출직전 단일가격 - 시가결정전 : 당일 기준가격 - 시가결정후 : 직전 단일가격

- 발동가격 : 참조가격 ± (참조가격X발동가격율)

구분		동적 VI			정적 VI
		접속매매시간 (09:00~15:20)	종가단일가 매매시간[1] (15:20~15:30)	시간외단일가 매매시간 (16:00~18:00)	정규시장 모든세션
주식	KOSPI200 구성종목	3%	2%	3%	10%
	유가 일반종목, 코스닥종목	6%	4%	6%	

구분		동적 VI			정적 VI
		접속매매시간 (09:00~15:20)	종가단일가 매매시간[1] (15:20~15:30)	시간외단일가 매매시간 (16:00~18:00)	정규시장 모든세션
ETF/ETN	KOSPI200/100/50, KRX100, 인버스, 채권	3%	2%	3%	10%
	레버리지, 섹터·해외지수, 상품 등 기타지수	6%	4%	6%	

주 1) 다만, 주식관련 파생상품 최종거래일(각 파생상품별 결제월의 두 번째 목요일) 종가단일가매매시간에는 파생상품 기초자산 주식에 대해 별도의 동적 VI 발동률(1%) 적용
(KOSPI200 지수 구성종목, KOSDAQ150 지수 구성종목, 섹터지수 구성종목, 개별주식 선물·옵션 구성종목, ETF 선물 구성종목, KRX300 지수 구성종목이 이에 해당)

- 하루 중 발동횟수의 제한 없음

개선 선생의 한마디!

거래소는 주문 실수나 수급 불균형 등 일시적인 주가 급변을 완화하기 위하여 VI(종목별 변동성 완화장치)를 운영하고 있다. VI가 발동되면 2분간 단일가 매매 호가 접수 및 체결이 진행된다. VI는 크게 정적VI와 동적VI로 나뉜다. 정적VI는 누적된 가격 변동성 완화장치로, 직전 단일가를 기준으로 한다. 반면 동적 VI는 일시적 변동성 완화장치로, 직전 체결가를 기준으로 한다.

186 | 정적VI 매매 기법 | 단기적 매매뿐만 아니라 중장기 매매도 가능 보해양조 일봉, 5분봉, 15분봉

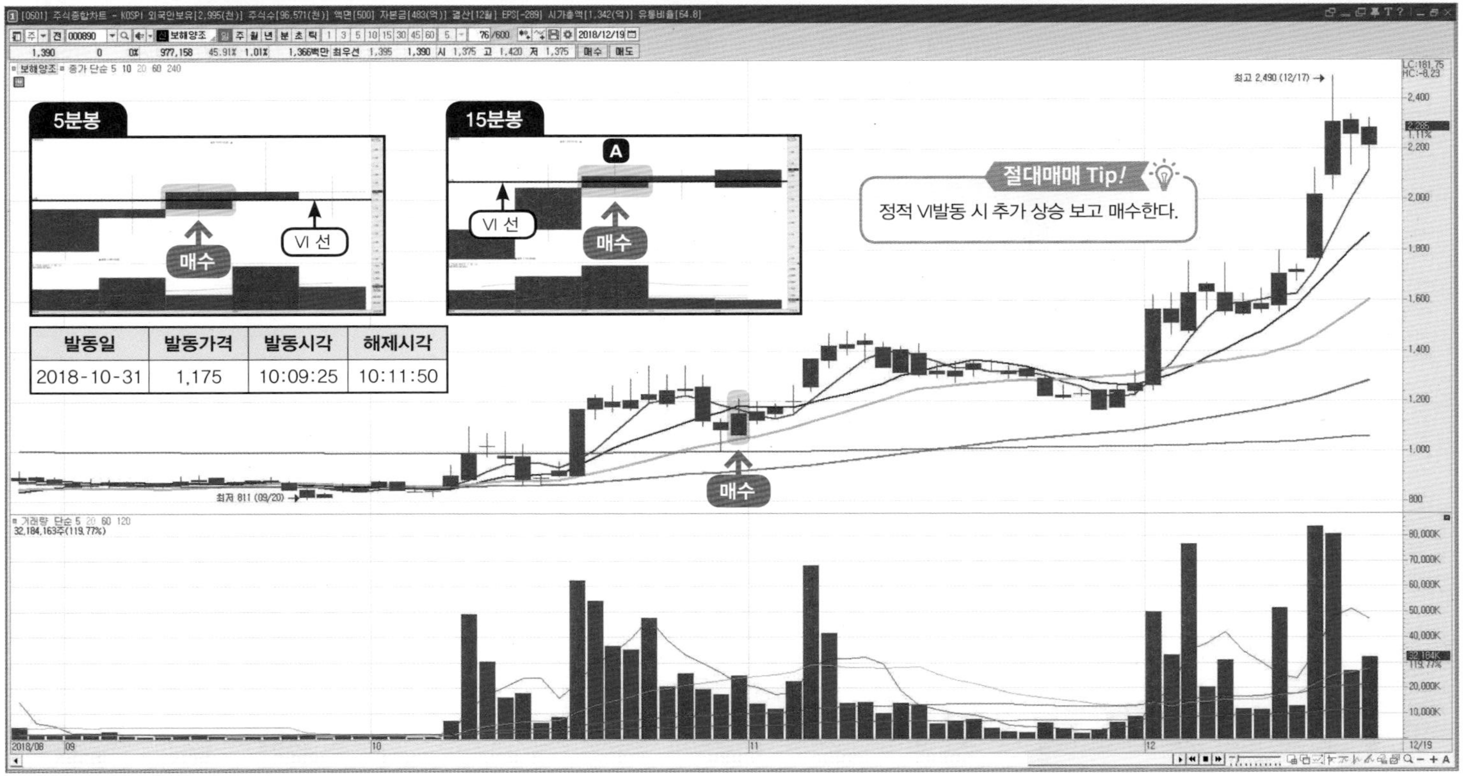

5분봉

15분봉

발동일	발동가격	발동시각	해제시각
2018-10-31	1,175	10:09:25	10:11:50

절대매매 Tip!

정적 VI발동 시 추가 상승 보고 매수한다.

개선 선생의 절대비기!

• 정적VI

예전에는 없었던 VI(변동성완화장치) 제도이다. 오히려 이 제도를 활용해서 매매를 할 수 있어야 한다. VI가 나오면 일단 단일가 매매로 전환되고, 실시간 거래가 멈추게 된다. 이때, VI 발생 이유가 무엇인지 빨리 확인해야 한다. 그리고 더 갈수 있는지, 일시적인 상승 이후 다시 하락할 것인지 전략을 잡아야 한다. 보통 VI나온 이후 바로 매수하지 말고 다시 눌림이 나올 때까지 기다려야 한다. 눌림 이후 거래량이 터지면서 VI가 나온 가격대를 돌파하고 강한 수급이 따라붙는다면 추격 매수로 두 번째 VI까지 기대할 수 있다.

그리고 당일 단타를 하지 않더라도 VI가 나왔다는 것은 강한 수급이 들어왔다고 본다. 일봉으로 저점상태에서 강한 인상을 심어주었기에, 그때부터 종목에 대한 분석을 통해서 추세매매가 가능한지를 판단하고 20일선을 유지하는 자리에서 매수하고 지속 보유해도 좋다.

개선 선생의 한마디!

15분봉을 보면, VI가 걸리고 위꼬리가 있는 상태에서 저가를 지지하고 있다(A). 그리고 종가는 VI가 나온 가격인 1,175원 근처에서 마감했다. 단기적으로 VI가 걸린 후, 눌림 자리에서 매수해도 된다. VI가 나온 종목만 뽑아서 매일매일 검색하고, 중기적 관점으로 확인하면서 매수 타이밍을 보고, 그 다음 날 음봉에서 매수해도 된다.

187 | 정적VI 매매 기법 | 변동성 완화장치로 단타 매매 및 고점 매도 한창제지 일봉, 5분봉, 15분봉

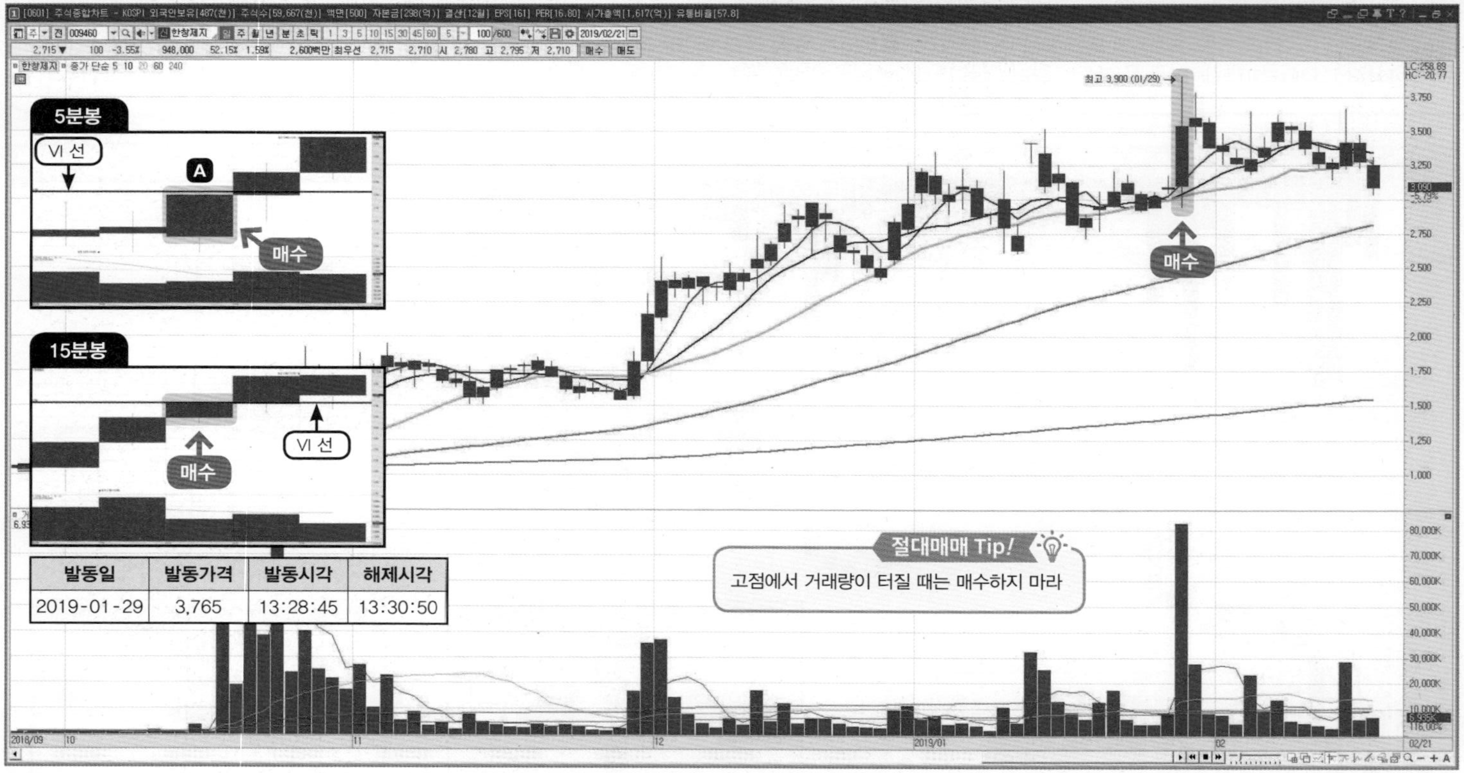

5분봉

VI 선

A

매수

15분봉

매수

VI 선

최고 3,900 (01/29)

매수

발동일	발동가격	발동시각	해제시각
2019-01-29	3,765	13:28:45	13:30:50

절대매매 Tip!

고점에서 거래량이 터질 때는 매수하지 마라

개선 선생의 절대비기!

VI가 나온 이후 강한 상승이 나올 것이라 생각하고 덥썩 매수했다가 그 자리가 최고점이 되는 경우가 종종 있다. 이 때 조심해야 되는 것은 거래량이다. 거래량이 고점에서 터지거나 이제까지 나오지 않은 거래량이 나온다면 고민해 봐야 한다. 또한, 이런 자리에서 고점 돌파를 실패하게 되면 실망 매물이 쏟아지게 된다. 그렇다면 지지해야 할 지지선을 이탈하고 하락하는 경우가 많을 수 있으니 꼭 지지해야 할 20일선 및 지지대를 설정하고 이탈시 매도해야 한다.

주식 격언 새기기!

"대중이 가는 뒤안길에 꽃길이 있다."

인기의 뒤안길을 가라. 사람들이 매수를 생각도 못 할 때가 살 때이다. 초보자에게 좋게 주식이 보일 때는 이미 그 주식의 주가가 많이 올라 있는 상태이다. 따라서 대중이 미처 알아채지 못하고 있는 재료주를 찾아 투자하면 큰돈을 벌 수 있다.

개선 선생의 한마디!

변동성 완화장치가 발동되면 무조건 좋다고 생각하고 매수하는 경우가 있다. 일단 5분봉을 보고, VI가 나온 후에 발동이 풀리면, 살짝 눌림 구간(A)에서 매수한다. 그러면 다시 강한 상승이 나올 수 있다. 그러나 거래량이 지속적으로 터진다면, 추가 상승을 기대하지 말고, 수익실현을 하면서 가야 한다.

188 | 정적VI 매매 기법 | 데드캣바운스 VI에 속지 마라 미래SCI 일봉, 5분봉, 15분봉

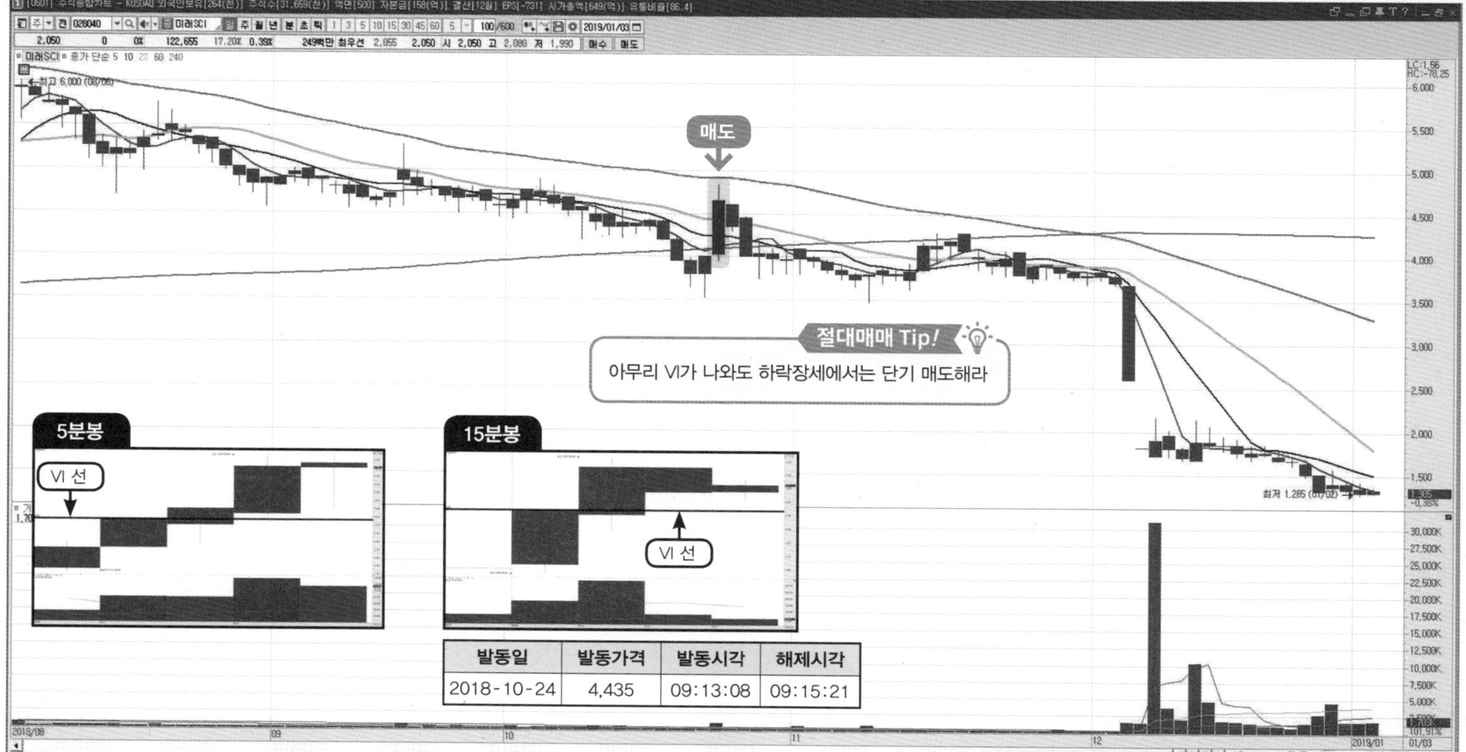

매도
절대매매 Tip!
아무리 VI가 나와도 하락장세에서는 단기 매도해라
5분봉
VI 선
15분봉
VI 선

발동일	발동가격	발동시각	해제시각
2018-10-24	4,435	09:13:08	09:15:21

개선 선생의 절대비기!

하락장 추세에서 나온 VI는 조심해야 한다. 특히 이평선을 돌파하지 못하는 VI는 더 크게 하락할 수 있다. VI 발생으로 추가 상승을 기대하고 들어온 투자자들이 실망해서 매도를 하게 되면 더 많은 물량이 쏟아져 나올 수 있기 때문이다. 그렇기 때문에 오히려 전고점 돌파 실패 VI가 나올 시 다시 한 번 이평선과 이격이 크게 나오는 자리를 재공략하는 것이 더 좋다.

주식 격언 새기기!

"뉴스를 과신 말고 기사는 행간을 읽어야 한다."

신문이나 방송의 뉴스는 같은 내용의 뉴스를 신문사나 방송국에 따라서 보도하는 각도가 다르고 오보나 추측기사, 각색기사 등이 많으며 사실을 있는 그대로 전달하지 못하는 것이 뉴스이므로 너무 과신해서는 안 된다. 또한 신문기사는 곧이 곧대로 읽지 말고 행간에 숨겨진 또 다른 의미를 해석하는 안목을 길러야 한다.

개선 선생의 한마디!

VI가 나온다고 다 멀리 가는 것은 아니다. 오히려 VI가 해제된 이후에 추가 하락이 나오는 경우도 많다. 일봉 차트에서 추가 상승이 나올 수 있는 자리인지 먼저 확인하고, 분봉으로 가는 것이 맞다. 상승추세에서는 VI만 공략하는 것이 더 좋다. 물론 바닥의 이평선이 우상향하려는 구간에서 돌파가 나온다면 초입부터 VI에 매수해야 한다.

PART 08

- 캔들
- 패턴

189 | 캔들 매매 | 역망치형 양봉 + 20일선 지지 홍구석유 일봉

개선 선생의 절대비기!

캔들 매매에서 가장 중요하고, 놓치지 말아야 할 것은 역망치형 양봉이다. 왜냐하면 양음양 법칙을 하루 안에 다 이루어낸 형태이기 때문이다. 역망치형 캔들이 20일선에 붙어서 나오면 신뢰도가 더욱 높다. 역망치의 형태만 보면, 몸통이 꼬리보다 짧아지면 신뢰도가 떨어지고, 몸통이 크고 꼬리가 짧을수록 신뢰도는 높아진다.

절대매매 Tip!

①번에서 1차 급등 이후, 전고점을 뚫지 못하면 세력은 매물 소화라는 방법을 택한다. ②번에서 역망치형 캔들과 20일선 지지가 함께 나온다면 최고의 매수 자리이다. 이때는 무조건 매수하면 된다.

매도는 간단하다. 거래량이 많이 터지거나 캔들이 길어지기 시작하면, 매도를 생각해야 한다. 강한 종목일수록 매도할 기회를 몇 번 주는데, '혹시 이 자리에서 추가 상승이 나오지 않을까'라는 생각을 갖게 만들어도 절대 속아서는 안 된다. 무조건 매도해야 한다.

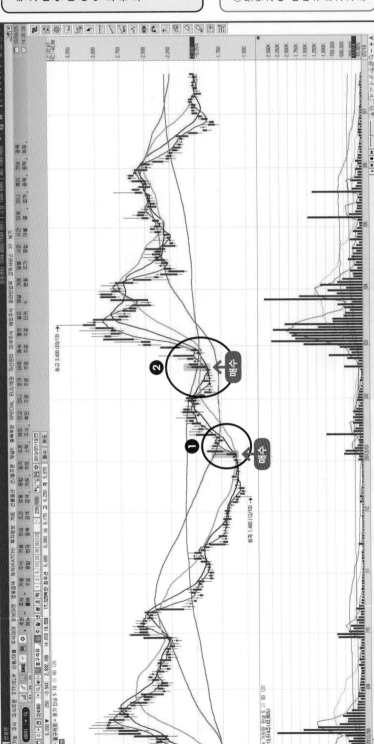

개선 선생의 한마디!

하락추세가 계속 이어지면서 20일선을 돌파한 적은 있지만 20일선이 계속 하락 중이기 때문에 매수하면 안 된다. 20일선이 횡보하거나 상승으로 전환하려는 시점에 캔들을 매수 자리를 조절한다. 역망치형 캔들(A)이 나오기 이틀 전에 20일선을 뚫는 양봉이 나오고, 다음 날 음봉이 나온다. 그리고 다음 날 시가에 눌러주는 척하면서 20일선 지지가 나왔을 때, 지지를 확인하면 분봉에서 확인하고 바로 매수하면 된다. 이때 매수를 못 했다면 다음 날 역망치형 캔들의 몸통을 지지하는 자리에서 다시 매수 가능하다. 그리고 다시 눌림이 나올 때는 역망치형 양봉을 기준으로 몸통 아래로 캔들이 내려가면 안 된다. 몸통 위에서 지지가 나온다면 다시 한 번 랠리를 하겠다는 의지를 보여 준 것이기에 두려워하지 말고 매수에 임한다.

190 | 장대양봉 매매 | 전고점 돌파+20일선 지지+역망치형+거래량 증가 코콤 일봉

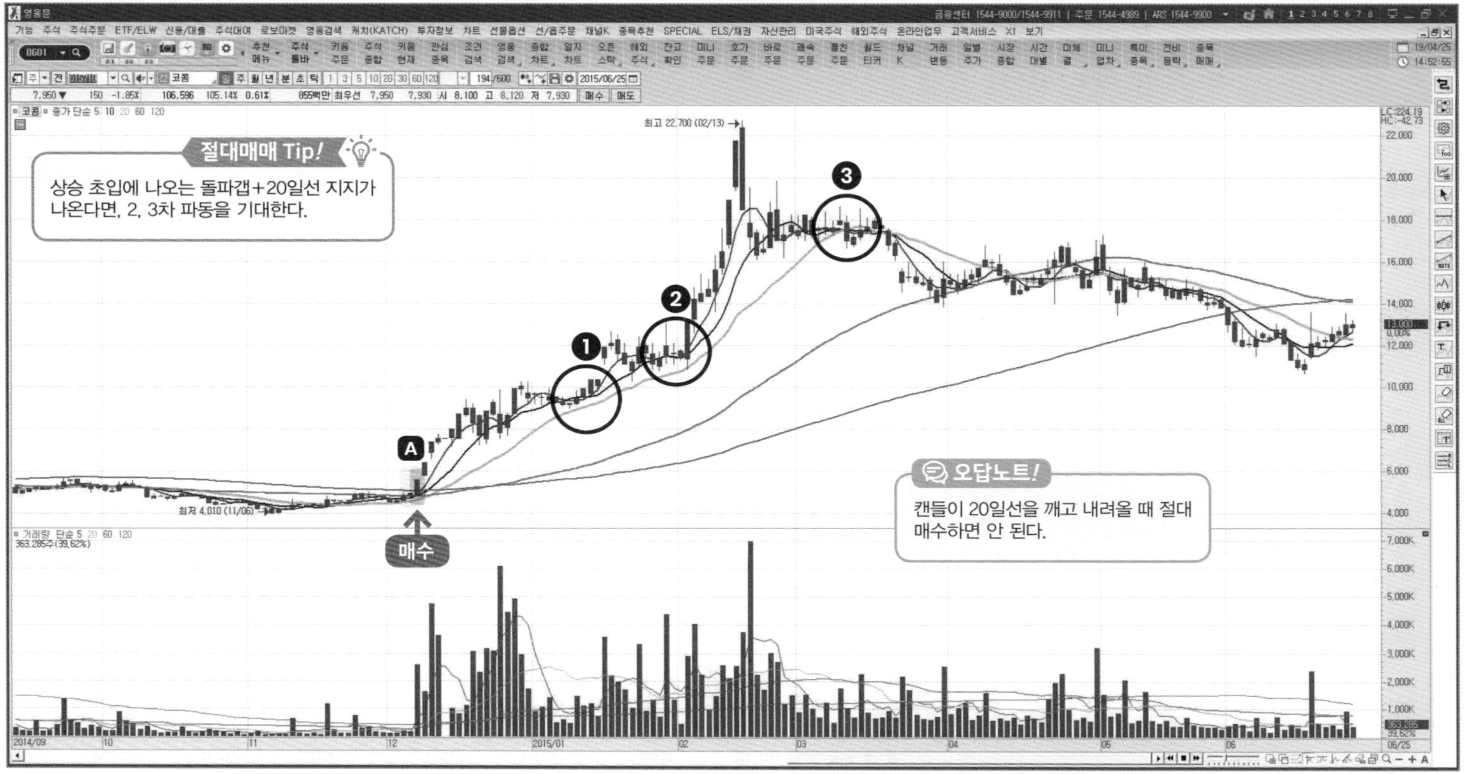
절대매매 Tip!
상승 초입에 나오는 돌파갭+20일선 지지가 나온다면, 2, 3차 파동을 기대한다.
최고 22,700 (02/13)
최저 4,010 (11/06)
A
매수
1
2
3
오답노트!
캔들이 20일선을 깨고 내려올 때 절대 매수하면 안 된다.

개선 선생의 절대비기!

- **장대양봉 매매 중요 포인트 4!**

1) 20일선 지지가 되어야 한다. 아니면 20일선을 돌파하는 모습이 나와야 한다.
2) 전고점을 돌파한다는 것은 그만큼 수급이 강하다는 증거이다.
3) 바닥에서 역망치형 캔들이 자주 나온다면, 하방으로 지지세력이 있다는 것이다.
4) 거래량이 급격하게 증가하고 있다. 거래량 증가는 돌파 장대양봉에서 없어서는 안 될 중요한 부분이다.

주식 격언 새기기!

"금융장세는 대 시세가 나온다."

주가는 대개 재료를 가지고 움직이는 것이 보통이다. 재료를 수반하고 움직이는 시세를 재료시세 또는 실적시세라 한다. 그러나 아무 재료도 없이 시중의 과잉유동성이 주식시장으로 몰려와서 큰 시세를 형성하는 것을 금융장세라고 하며 재료시세보다 훨씬 큰 것이 보통이다.

개선 선생의 한마디!

장대양봉 매매는 그동안 응축된 힘이 터지기 시작하여 상승 시 3~4배 이상의 수익이 나올 수 있기 때문에 중요하다. 거래량이 터지기 전에는 거래량이 한없이 줄어들고, 양음양 캔들(A)이 나오면서 신뢰도를 더욱 높이고 있다. 한 번 상승이 시작되면, 20일선을 지지선으로 생각한다. 20일선이 45°로 계속 상승할 때, 20일선에 지지하는 지점이 세 번(①~③) 나올 때까지 홀딩한다고 생각하면 된다. 또한 캔들과 20일선의 이격이 너무 커졌을 때는 단기 수익을 실현하는 게 좋다.

191 | 장대양봉 매매 | 20일선이 장대양봉 아랫부분을 관통 상승 휴림로봇 일봉

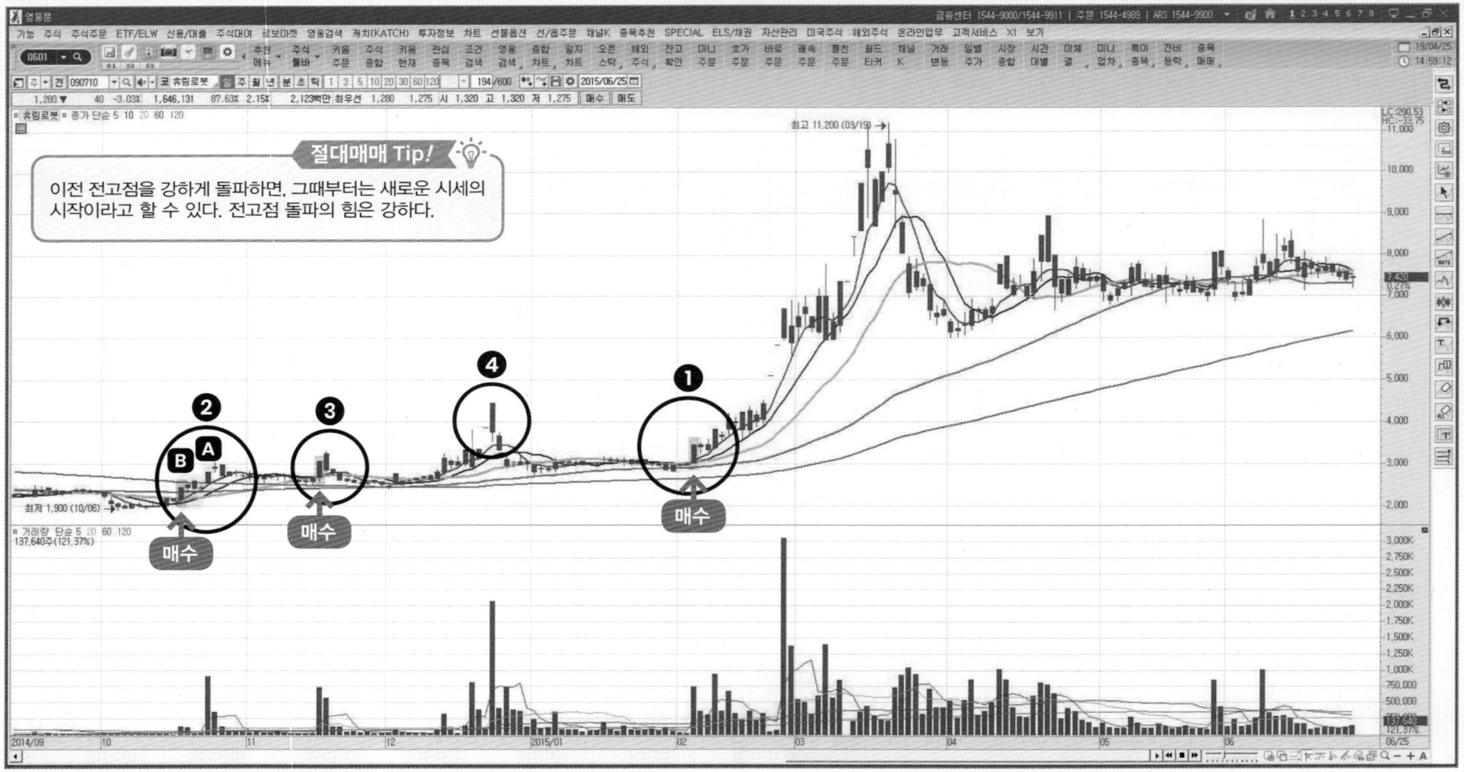

절대매매 Tip!
이전 전고점을 강하게 돌파하면, 그때부터는 새로운 시세의 시작이라고 할 수 있다. 전고점 돌파의 힘은 강하다.
최고 11,200 (03/19)
최저 1,900 (10/06)
매수
매수
매수

개선 선생의 절대비기!

- **장대양봉 매매에서 가장 중요한 것은 20일선이다.**

3이라는 숫자는 주식에서 상당히 큰 의미를 갖는다. 3일선 매매는 단타 매매에서 급등주를 매매할 수 있는 방법이고, 삼중바닥 또한 바닥에서 가장 중요한 의미이다. 그리고 고점이 세 번 만들어지면 세 번째가 단기 고점이 될 수 있다는 것도 명심해야 한다.

20이라는 숫자도 중요하다. 특히 급등주가 나오기 직전에 20일선은 더욱 중요하다. 관통 매매기법은 캔들과 이평선의 관계를 정립한 기법이다. ①번에서는 장대봉 하단을 20일선이 관통하고 있는 모습으로 큰 상승을 예측할 수 있다.

개선 선생의 한마디!

②번에서 장대봉(A)이 나올 때, 거래량이 갑작스럽게 나왔다. 만약 이날 매수를 못 했다면, 다음 날부터 장대봉의 절반 부분을 지지하는지 지켜본다. 양음양 또는 양음음양(B)이 나오는지 보고, ③번에서 하방지지가 되는 모습이 나온 후, 다음 날 양봉이 나온다면 적극적으로 매수에 동참해야 한다. 그러고 나서 ④번처럼 단기 고점이 형성되고 거래량이 터진다면, 단기 수익실현을 한다. ①번처럼 하방지지가 다시 한 번 이뤄지면서 삼중바닥이 형성되면 장대양봉에서 매수한다. 이런 종목은 몇 배의 수익을 줄 수 있기 때문에 큰 상승을 대비하고 매수한다. 그러나 만약 장대봉 절반 부분을 지지하지 못한다면, 다시 첫날 장대봉의 고점을 돌파하는 시점을 기다렸다가 매수한다.

192 | 양음양 | 양음양 매매는 급등주의 기본! 양음음양 응용 매매 바이오제네틱스 일봉

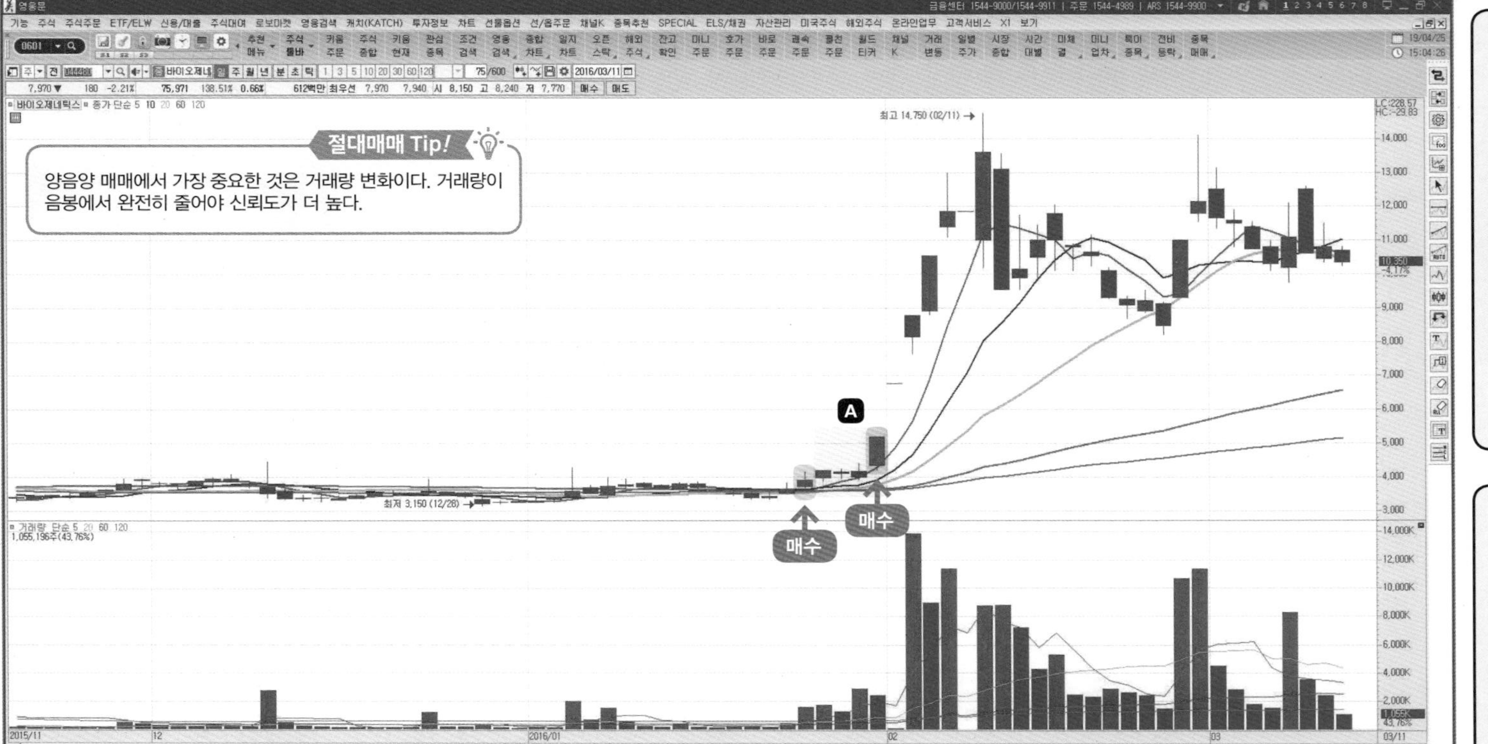

절대매매 Tip!
양음양 매매에서 가장 중요한 것은 거래량 변화이다. 거래량이 음봉에서 완전히 줄어야 신뢰도가 더 높다.
최고 14,750 (02/11)
최저 3,150 (12/28)
A
매수
매수

개선 선생의 절대비기!

• 양음양의 매매는 어떻게 해야 하는 것인가?

양음양은 음봉에서 개인투자자에게 심리적 두려움을 준다. 이를 통해 음봉에서 매도를 부추기고, 물량을 확보하는 구간이다. 이 차트는 양음양 응용 매매 기법이다. 양음음양에서 음봉을 두 번 만드는 이유는 기간조정일 수도, 미수로 매매한 개인투자자들이 2거래일에 반대 매매가 나온다는 것에 반하여 음봉을 만드는 것일 수도 있다.

주식 격언 새기기!

"기회는 소녀처럼 왔다가 토끼처럼 달아난다."

주식투자는 매입 시점과 매도 시점을 얼마나 잘 잡느냐에 따라서 성패가 좌우된다. 주식시세는 일년 열두 달 내내 있지만 최선의 매입 시점과 최선의 매도 시점은 순간적으로 지나가 버린다. 주식투자는 기회를 잘 활용하여야 하는 게임이다.

개선 선생의 한마디!

양음음양(A)이든 양음양이든 중요한 것은 거래량이다. 거래량이 증가하고 있는지가 가장 중요하다. 첫 번째 양봉에서 거래량 상승, 음봉에서 거래량이 확 줄어들고, 두 번째 양봉에서 거래량이 재차 상승해야 한다. 두 번째 양봉에서는 첫 번째 양봉에서보다 더 많은 거래량이 나와야 추세 상승 돌파가 가능하다. 그리고 양음양 기법에서 보조적으로 50%룰을 꼭 지켜야 한다. 50%룰은 처음 나온 장대양봉의 절반 부분을 지지하는 것을 말한다.

193 | 캔들 매매 | 20일선에 붙은 '단봉+역망치형'은 최고의 자리 코드네이처 일봉

개선 선생의 절대비기!

- '단봉+역망치형'의 전제조건

1) 거래량이 확 줄어들어야 한다. 급등하기 전, 거래량 급감은 필수이다.
2) 단봉의 중심을 지지해줘야 한다. 두 번째 나온 역망치형 캔들의 저점이 전날 나온 단봉의 절반 부분을 이탈하지 않아야 한다.
3) 20일선의 중심을 지지하거나 붙거나 돌파해야 한다. 단봉의 절반 부분을 20일선이 관통하는 것이 가장 좋고, 다음 날 역망치형 캔들 몸통 아랫부분이 20일선에 붙어 있다면 최고의 매수 자리이다.
4) 급등이 시작되면 거래량이 급상승해야 한다.
5) 최소 2~3배 상승 가능하니 상승 중에 눌림목이 온다면 단타매매도 가능하다.

개선 선생의 한마디!

"가는 말에 올라타야 한다."라는 말은 잘못 활용하면 매우 위험할 수 있는 증시 격언이다. 그러나 이 격언을 잘 활용하면, 엄청난 수익을 낼 수 있다. ①번에서 ②번까지 2배 상승한 것처럼 말이다. 가는 말에 올라타더라도 눌림에서 올라타는 것이 더욱 좋다. 눌림은 장 중에도 나올 수 있고, ③번에서처럼 20일선을 지지하면서 나올 수도 있다. 눌림 매매에서 큰 수급이 들어온 세력의 평단가와, 세력은 그 평단가 아래에서 매매되는 것을 상당히 싫어한다는 것이 중요하다.

194 | 역망치 매매 + N자형 혼합 | 역망치 + 20일선 + N자형 모델 안랩 일봉

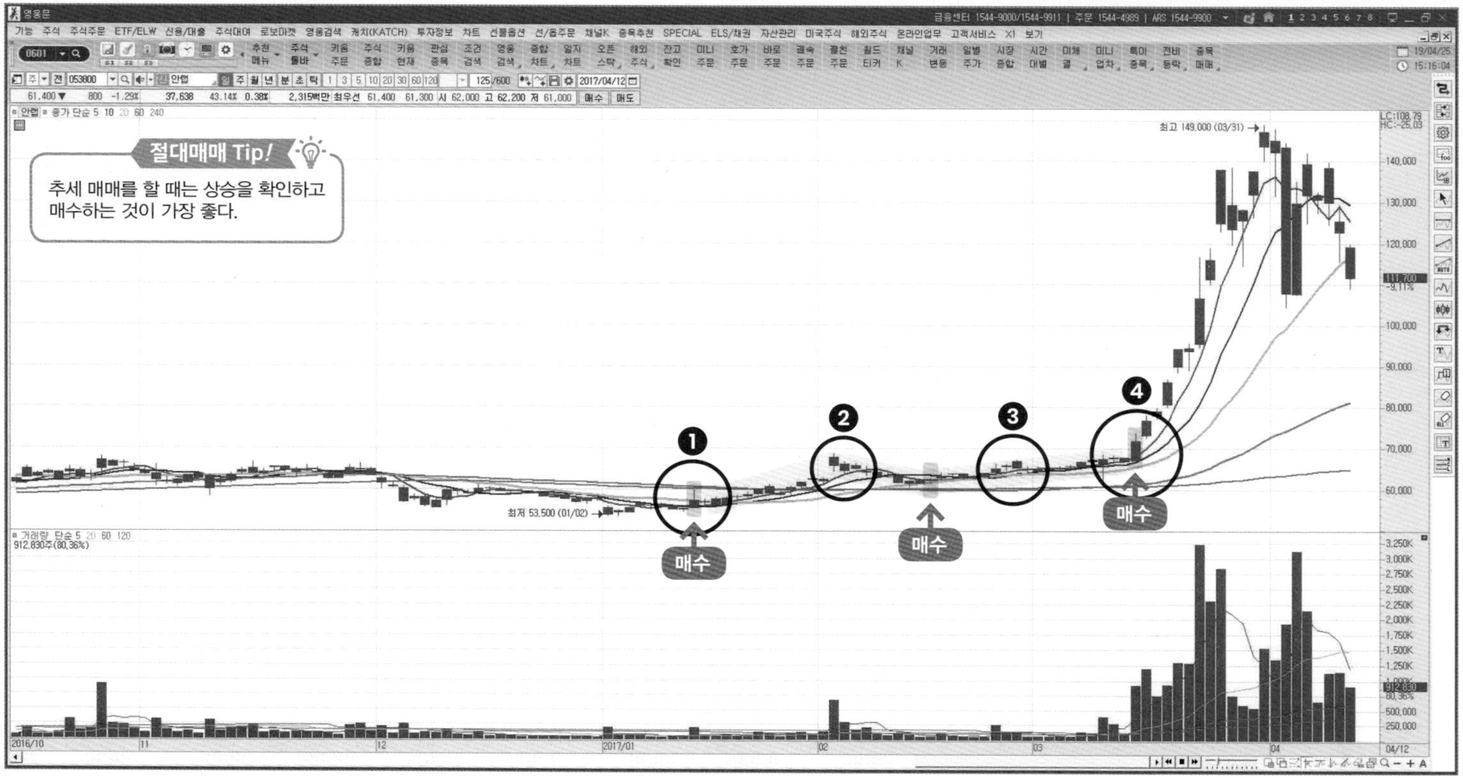

개선 선생의 절대비기!

①번에서 강하게 20일선을 돌파했고, ②번에서 눌림이 나왔다. 20일선을 지지하면서 ③번에서 전고점 돌파를 시도하지만 실패한다. ④번에서 강한 역망치형 캔들이 나오면서 상승 랠리가 나왔다. N자형 매매에서는 저점을 지지하는 것과 힘의 수축이 너무 과하지 않게 진행되는 것이 중요하다. 또한, 20일선을 지지하면서 가는 것이 가장 신뢰도가 높다.

주식 격언 새기기!

"기회가 왔을 때는 과감하게 행동해야 한다."

주식을 적극적으로 사야 할 때 과감히 사지 못하다가 천정권에서 사 낭패를 보기도 하고, 팔아야 할 때 손실이 두려워 팔지 못하다가 감당하기 힘든 손실을 보기도 한다. 시장에 기회가 주어질 때는 과감히 행동하는 것이 필요하다.

개선 선생의 한마디!

①번, ③번이 가장 중요한 자리이다. 전고점을 돌파할 때는 거래량이 터져야 한다. ①번, ③번에서는 거래량이 많지 않지만 ④번에서부터 거래량이 전고점 돌파 실패 때의 거래량보다 2배 이상 터지면서 전고점을 돌파하고 있다. 또한, 20일선이 계속 우상향하는 모습을 통해 힘의 응축이 잘 되고 있다고 볼 수 있다.

195 | 캔들 관통 매매 | 캔들의 중심부를 이평선이 관통 고려시멘트 일봉

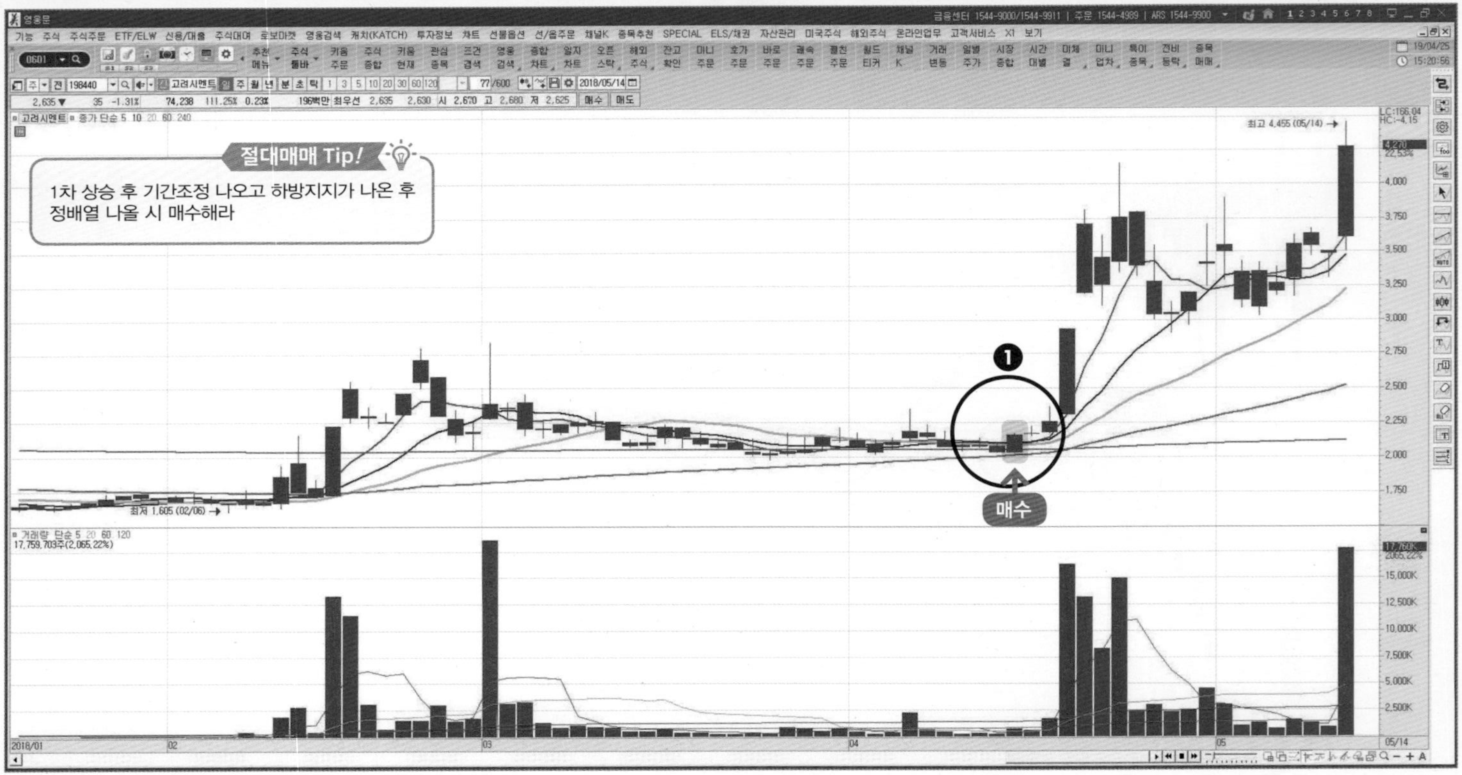

절대매매 Tip!

1차 상승 후 기간조정 나오고 하방지지가 나온 후 정배열 나올 시 매수해라

① 매수

개선 선생의 절대비기!

• **캔들 관통이란?**

이평선이 장대양봉 몸통의 어느 부분을 관통하느냐에 따라 추세 전환 및 강한 상승신호가 나올 수 있다. 가장 신뢰도가 높은 관통 모형은 20일선이 우상향하면서 캔들 몸통의 중간이나 중간 이하를 관통하는 것(①)이다. 이처럼 이평선이 캔들을 관통하는 모습은 추세 전환의 강력한 힘을 느낄 수 있는 순간이다.

주식 격언 새기기!

"넝마주와 부실주도 때로는 큰 돈을 벌게 해준다."

주식시장이 조정을 보이면 상대적으로 소외된 부실주(관리종목)나 우선주, 일부 재료 보유주들이 상승률 상위종목에 다수 포진한다. 그러나 이들 종목은 시세 연속성을 기대할 수 없어 상승추세를 확인한 후 단기 매매로만 임하는 게 유리하다.

개선 선생의 한마디!

1. **캔들 몸통 윗부분을 이평선이 관통** : 가장 신뢰도가 낮고, 다음 날 관통선을 지지하고 돌파가 나와야 한다.
2. **캔들 몸통 중간부분을 이평선이 관통** : 중간 지점을 관통할 경우, 이평선이 우상향한다면 주가 상승이 가능하다.
3. **캔들 몸통 아랫부분을 이평선이 관통** : 가장 신뢰도가 높다. 계속 상승이 가능하고, 이때 이평선의 상승 각도는 45°가 가장 좋다.

196 | 양음양 매매 기법 | 상승 초입 양봉 후, 음봉 매매법 필링크 일봉

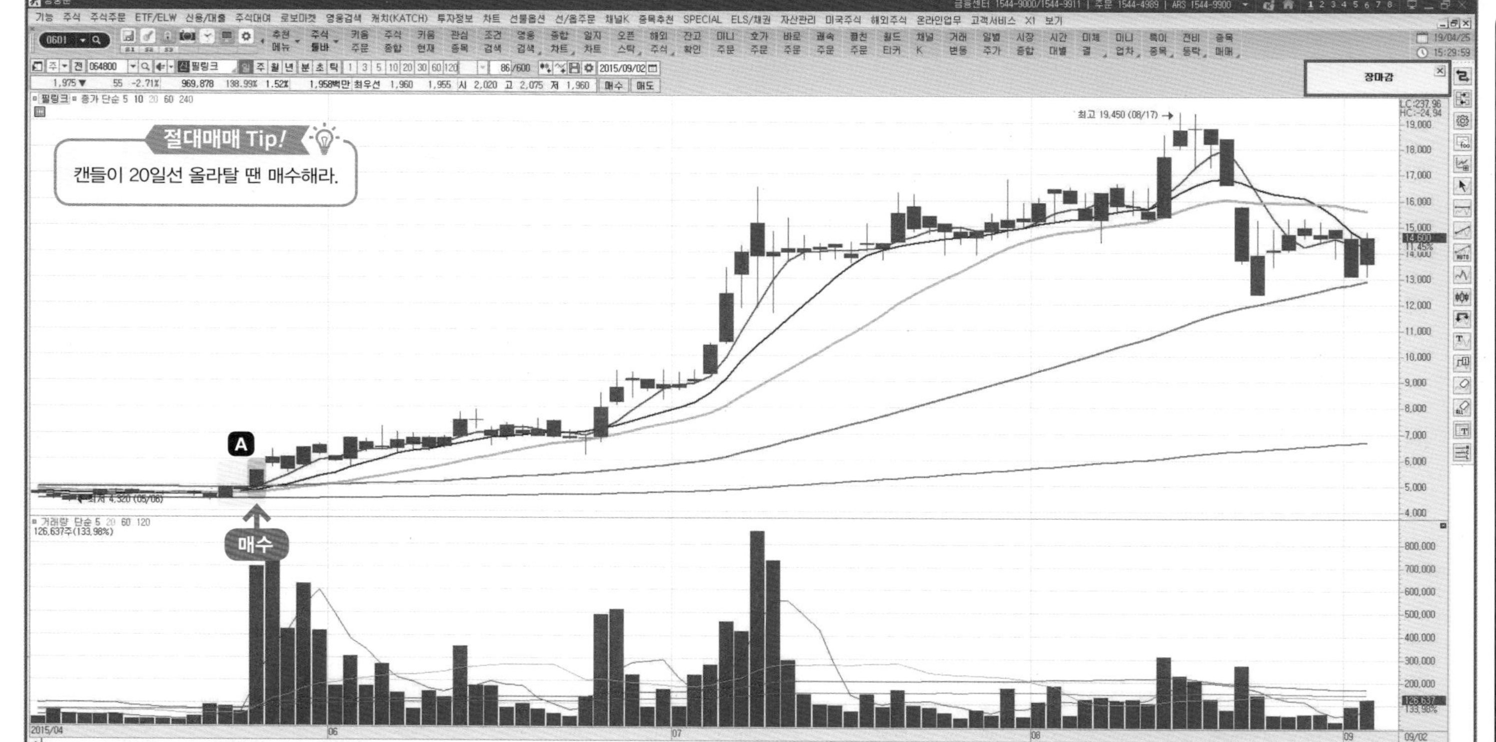

개선 선생의 절대비기!

• 양음양 매매 기법

1) 상승 초입에서 양음양(A)이 나온다면 더 큰 수익이 가능하다.
2) 양음양에서 음봉이 망치형 캔들, 단봉 등처럼 짧고 간결할수록 더 좋다.
3) 양음양에서 두 번째 양봉이 첫 번째 양봉의 종가를 지지하고 상승한다면 매수 기회이다.
4) 20일선이 우상향하는 모습과 정배열의 완성이 같이 나타나면 신뢰도가 더 크다.
5) 양음양의 음봉에서는 거래량이 완전히 죽어야 한다.
6) 양음양의 두 번째 양봉에서는 거래량이 터져야 한다.

개선 선생의 한마디!

양음양 매매 기법에서는 음봉에서 매수하는 것도 좋지만, 매매가 빠른 분들이라면 두 번째 양봉이 시작할 때 매수하는 것이 가장 완벽하다. 그러나 이 자리에서 정확히 매수하려면 빠른 매매를 해야 하기 때문에 음봉에서 1차 매수하고, 두 번째 양봉에서 2차 매수하는 방식으로 분할매수하는 것이 더 좋다.

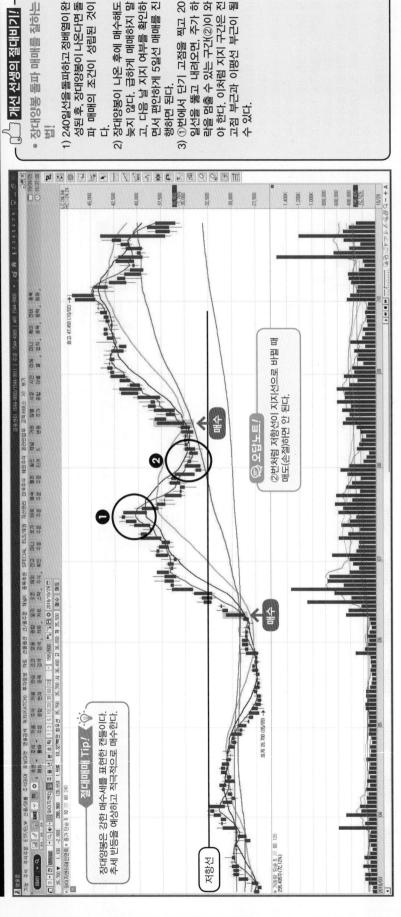

197 | 돌파 매매 | 장대양봉이라면 무조건 믿어라 와이지엔터테인먼트 일봉

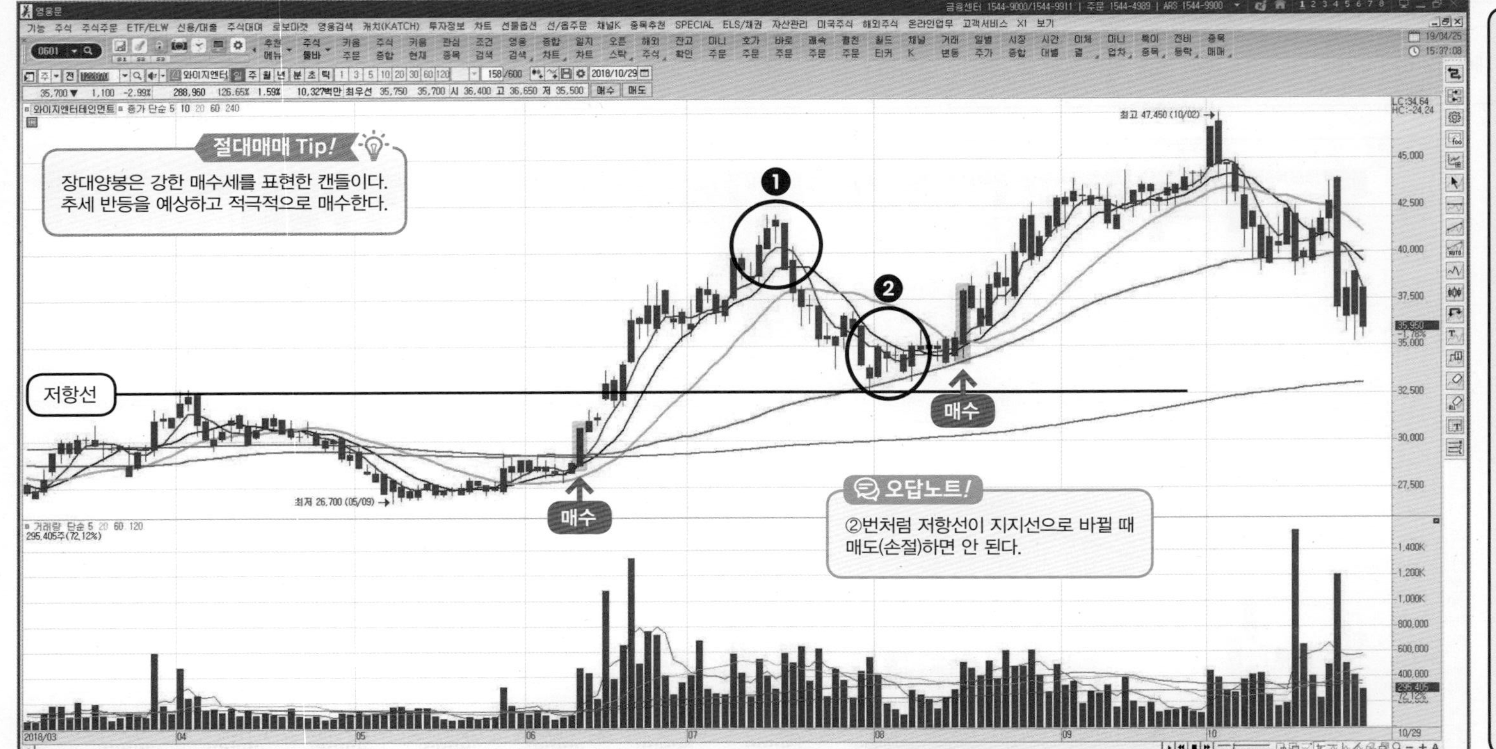

절대매매 Tip!
장대양봉은 강한 매수세를 표현한 캔들이다.
추세 반등을 예상하고 적극적으로 매수한다.
저항선
❶
❷
매수
매수
오답노트!
②번처럼 저항선이 지지선으로 바뀔 때 매도(손절)하면 안 된다.
최고 47,450 (10/02)
최저 26,700 (05/09)

개선 선생의 절대비기!

• **장대양봉 돌파 매매를 잘하는 법!**

1) 240일선을 돌파하고 정배열이 완성된 후, 장대양봉이 나온다면 돌파 매매의 조건이 성립된 것이다.
2) 장대양봉이 나온 후에 매수해도 늦지 않다. 급하게 매매하지 말고, 다음 날 지지 여부를 확인하면서 편안하게 5일선 매매를 진행하면 된다.
3) ①번에서 단기 고점을 찍고 20일선을 뚫고 내려오면, 주가 하락을 멈출 수 있는 구간(②)이 와야 한다. 이처럼 지지 구간은 전 고점 부근과 이평선 부근이 될 수 있다.

개선 선생의 한마디!

돌파 매매가 나올 때는 거래량이 이전보다 급격하게 늘어야 한다. 또한 모든 이평선을 한 번에 뚫는 장대양봉이 나온다면 더욱 신뢰도가 높다. 240일선이 점차 우상향한다면, 추세를 쉽게 꺾지 않고, 계속 상승할 수 있다.

198 | 바닥 찾는 비기-망치형 캔들 | 시세 분출 직전 바닥을 찾아라 파마리서치프로덕트 일봉

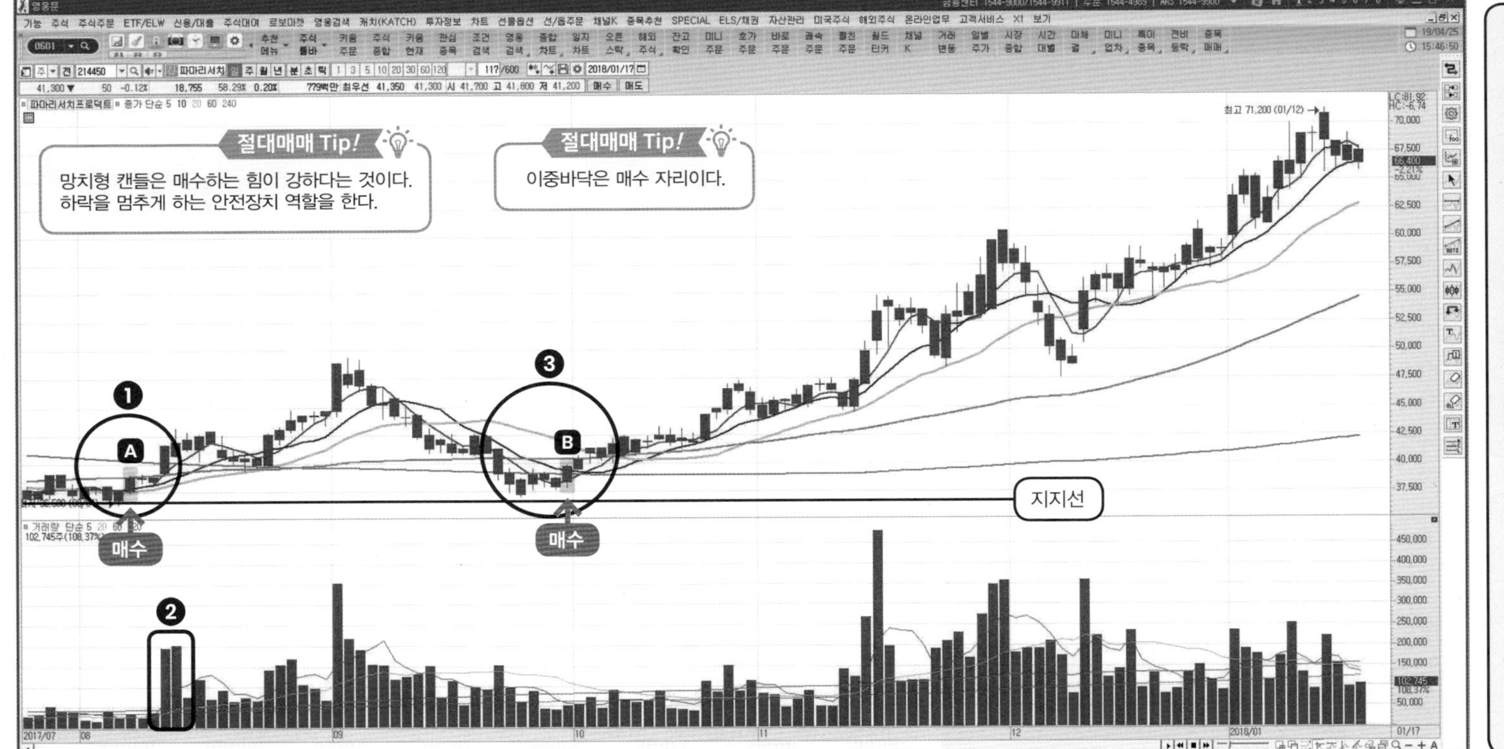

절대매매 Tip!
망치형 캔들은 매수하는 힘이 강하다는 것이다. 하락을 멈추게 하는 안전장치 역할을 한다.
절대매매 Tip!
이중바닥은 매수 자리이다.
A
B
매수
매수
지지선

개선 선생의 절대비기!

- **10배 이상 터지는 종목의 바닥을 정확히 찾아낼 수 있는가?**

바닥 찾는 비기는 망치형 캔들에서 나온다. 바닥을 정확히 잡아 주고, 더 이상 빠지지 않는 안전장치가 될 수 있다.

1) 망치형 캔들(A)이 나타난 후에 거래량이 터져야 한다(②).
2) 망치형 캔들은 ③번처럼 하락이 나올 때에는 지지선의 기준이 된다.
3) ③번에서 눌림이 나오는 구간에서는 거래량이 줄어야 한다.
4) ③번에서도 망치형 캔들(B)이 나오면서 강한 돌파를 하고 있다.

개선 선생의 한마디!

망치형 캔들은 바닥에서 나오는 것도 중요하지만, 수급을 끌어올릴 때 돌파형 자리에서 더욱 극대화된 실력을 발휘한다. 캔들은 캔들의 위치나 거래량의 상태, 다른 캔들과의 조합에 따라서 매매 포인트가 달라진다. 따라서 단편적으로 캔들의 모습보다는 상황에 따른 캔들의 모습을 보고 힘의 방향성을 잡아가는 훈련을 해야 한다.

199 | 바닥 찾는 비기 - 역망치형 캔들 | 놓치면 땅을 치고 후회하는 비기 코디엠 일봉

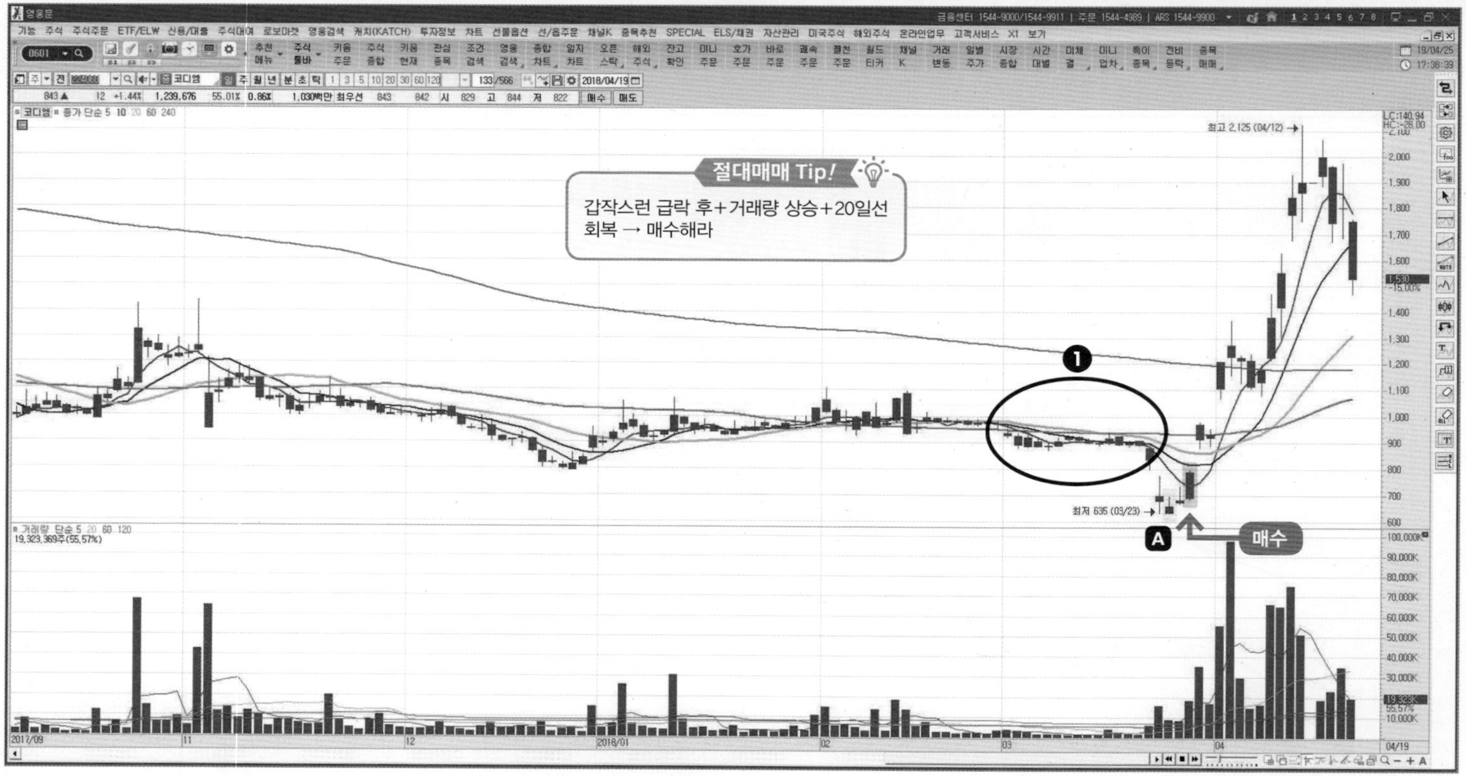

절대매매 Tip!
갑작스런 급락 후+거래량 상승+20일선 회복 → 매수해라
최고 2,125 (04/12) →
최저 635 (03/23) →
❶
A
매수

개선 선생의 절대비기!

- 바닥에서 나오는 역망치형 캔들 VS 망치형 캔들

1) 바닥을 만들고 난 후, 상승이 나오면서 수급이 붙을 때 나오는 것은 망치형 캔들이다.
2) 종목이 바닥을 찍고 하락을 멈추게 하는 캔들은 역망치형 캔들 (A) 또는 십자형 단봉이다.
3) 역망치형 캔들은 위꼬리가 있는 캔들이다. 위꼬리가 있지만 양봉이 나오고, 계속 상승하는 자리라면 매수가 가능하다.

주식 격언 새기기!

"독립적으로 사고해야 한다."

데이트레이더들이 반드시 명심해야 할 투자격언이다. 데이트레이딩은 특성상 많은 거래를 하기 때문에 성공과 실패를 무수히 경험하게 된다. 심리적 종속화의 연결고리를 끊는 의도적 행동이나 독립된 사고는 흐트러짐 없는 매매를 유지하는 지름길이다. 지나간 매매를 후회하며 곱씹기만 한다면 분초를 다투는 데이트레이딩 전쟁터에서 승리할 수 없다.

개선 선생의 한마디!

①번에서처럼 20일선을 옷걸이 기법처럼 걸려있다가 갑작스럽게 하락이 나오는 경우에는 오히려 고무줄처럼 탄력적으로 반등이 나올 수 있다. 역망치형 양봉이 나올 경우, 하락추세에 브레이크가 걸린다고 생각하고, 반등하는 것을 확인한 후에 매수하면 좋다.

200 | 바닥 찾기 | 바닥에서도 망치형! 힘을 끌어올릴 때도 망치형! 진양화학 일봉

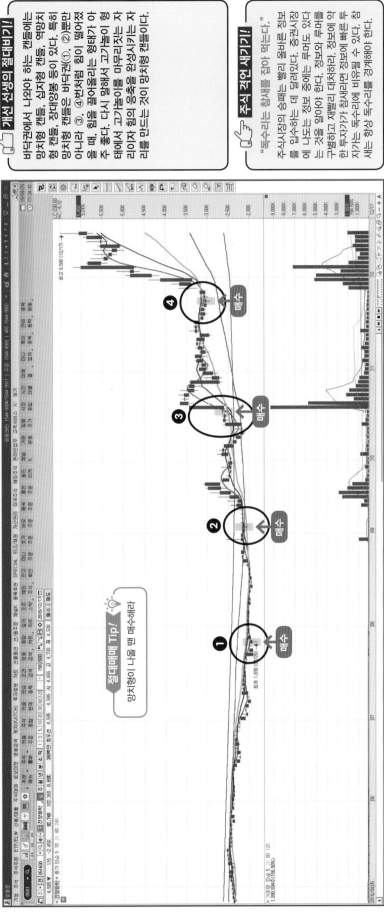

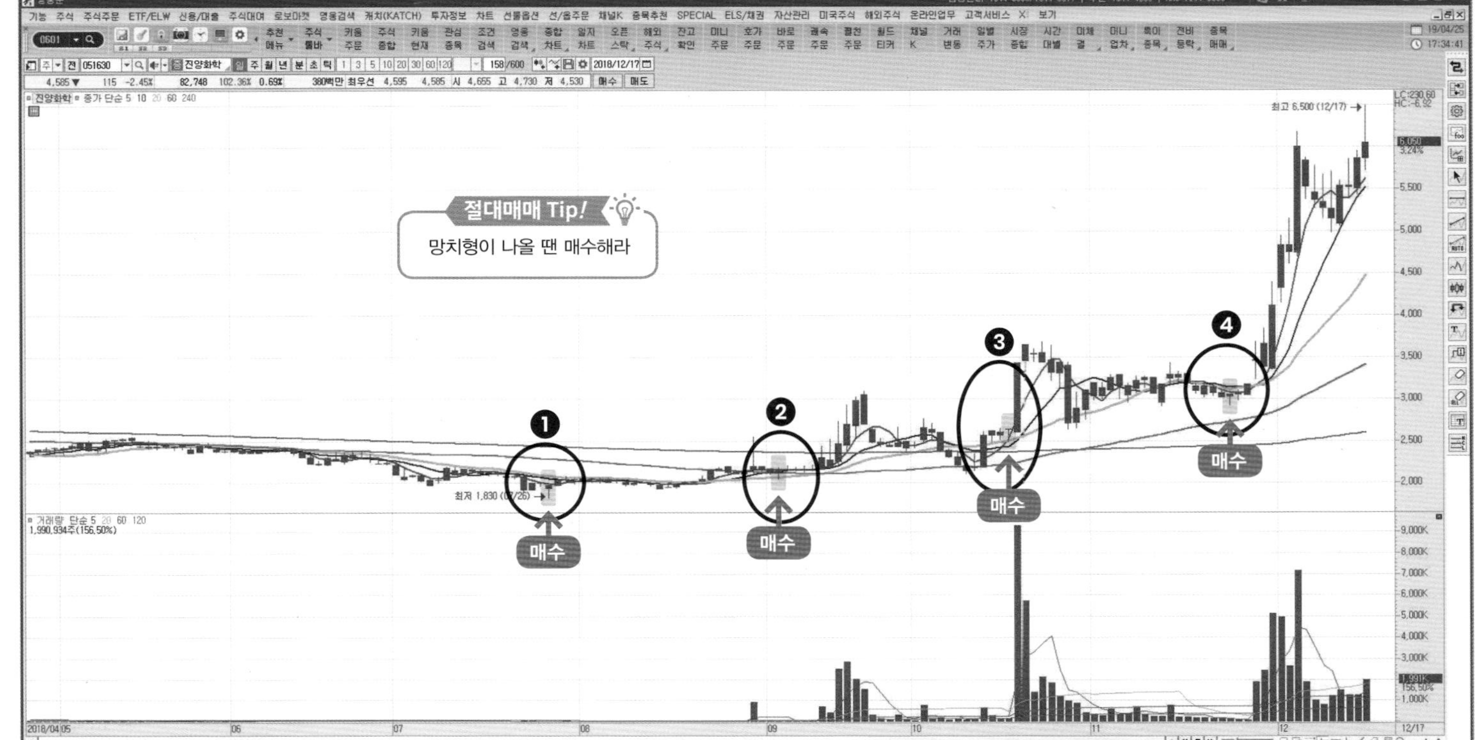

개선 선생의 절대비기!

바닥권에서 나와야 하는 캔들에는 망치형 캔들, 십자형 캔들, 역망치형 캔들, 장대양봉 등이 있다. 특히 망치형 캔들은 바닥권(①, ②)뿐만 아니라 ③, ④번처럼 힘이 떨어졌을 때, 힘을 끌어올리는 형태가 아주 좋다. 다시 말해서 고가놀이 형태에서 고가놀이를 마무리짓는 자리이자 힘의 응축을 완성시키는 자리를 만드는 것이 망치형 캔들이다.

주식 격언 새기기!

"독수리는 참새를 잡아 먹는다."

주식시장의 승패는 빨리 올바른 정보를 입수하는 데 달려있다. 증권시장에 나도는 정보 중에는 루머도 있다는 것을 알아야 한다. 정보와 루머를 구별하고 재빨리 대처하라. 정보에 약한 투자가가 참새라면 정보에 빠른 투자가는 독수리에 비유될 수 있다. 참새는 항상 독수리를 경계해야 한다.

개선 선생의 한마디!

주식에서는 바닥을 잡아 내는 것이 가장 중요하다. 바닥만 잘 잡을 수 있다면 큰 수익을 낼 수 있다. 다음으로 중요한 것은 이 종목이 더 상승할 수 있는지, 아니면 추세 이탈이 나올 것인지를 계속 묻는 것이다. 이에 답을 줄 수 있는 캔들이 바로 망치형 캔들이다.

201 | 바닥 찾기 2 | 위치에 따라 쓰임새가 다른 장대양봉 흥국 일봉

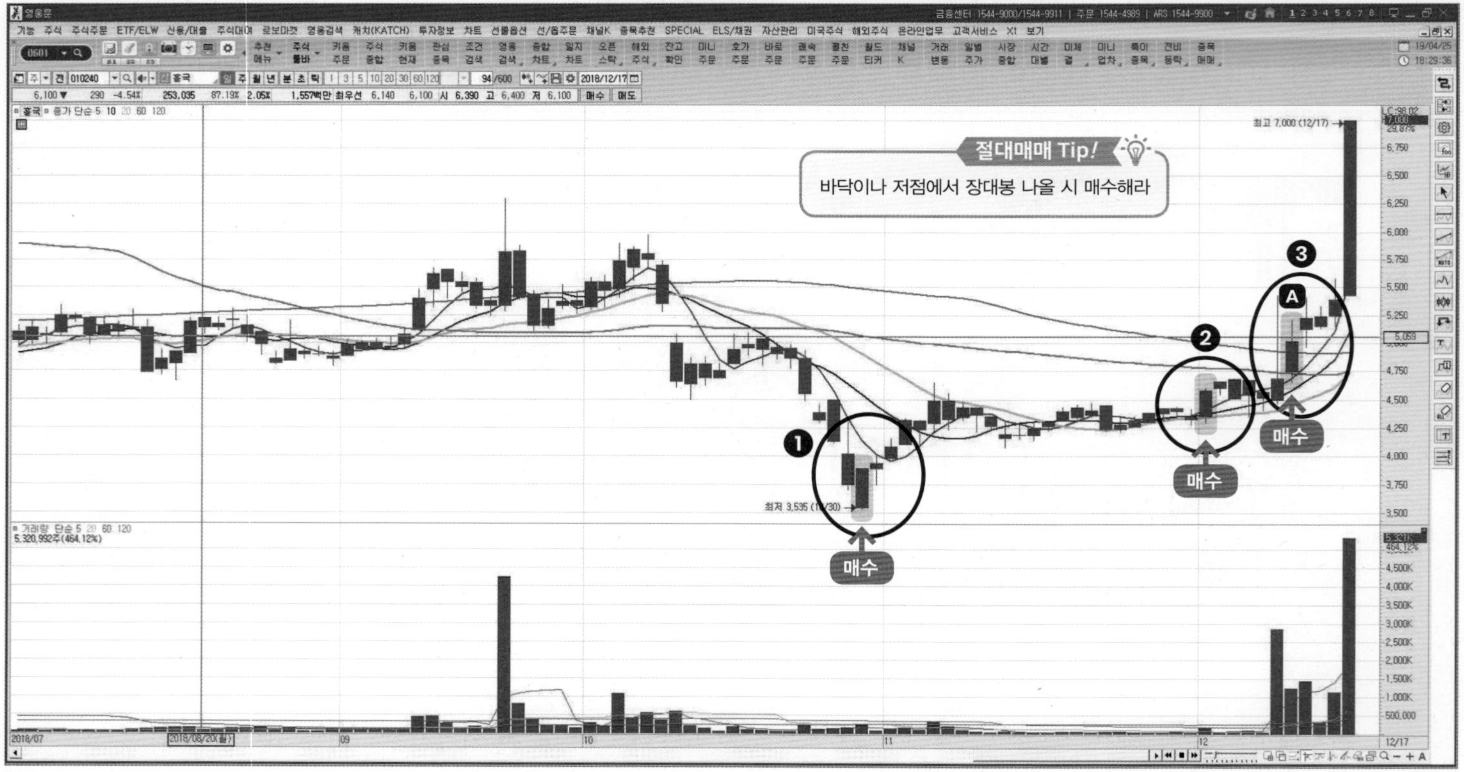

개선 선생의 절대비기!

①번처럼 20일선과 이격이 발생한 상태에서 바닥이 잡힌다. 그 후 장대양봉은 보통 20일선에서 ②번처럼 나오는 경우가 많다. 그러나 바닥에서 장대양봉이 나오는 경우에는 다른 어떤 형태의 캔들보다 더 신뢰도가 높다. 또한, ③번에서 나오는 위꼬리가 긴 형태의 캔들(A)은 다음 날이 중요하다. 다음 날 캔들이 전 날의 위꼬리가 긴 캔들(A)의 종가를 지지하면, 그 다음 날 저가에서 매수가 가능하다. 이때는 큰 수익이 나올 수 있다. ③번처럼 위꼬리가 긴 양봉(A)의 고점을 돌파하면, 더 큰 수익이 나올 수 있다는 것을 명심해야 한다.

개선 선생의 한마디!

장대양봉은 주식에서 가장 중요한 캔들이다. 위치에 따라서 장대양봉은 쓰임새가 다르기 때문이다. 장대양봉이 나오는 지점은 좋은 자리이기도 하지만, 고점에서 거래량이 터지고, 캔들의 길이가 길어지는 자리에서 나타나는 장대양봉은 매도 시기가 가까워졌음을 나타낸다.

202 | 위꼬리 캔들 매매 | 물량 매집 대량거래를 잡아라 영흥철강 일봉

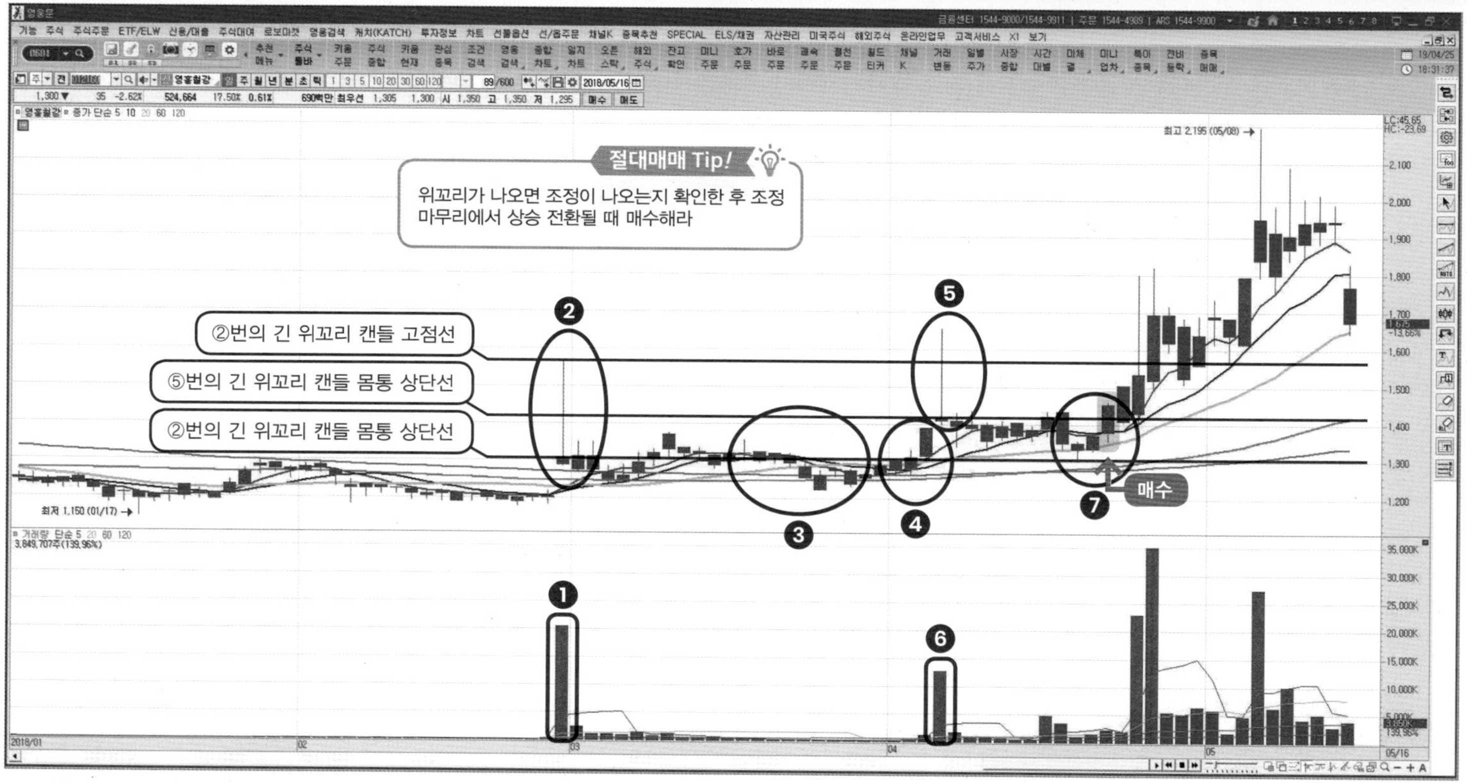

개선 선생의 절대비기!

- **바닥에서 위꼬리 캔들 + 거래량 터진다면 지켜봐라!**

1) 상한가가 30%가 되면서 갑작스런 상승이 나올 때는 차익매물이 당일에 나오는 경우가 많다. 이 차익매물을 누군가 매수해간다면, ①번처럼 흔적이 남게 된다. 이를 세력의 매집이라고 볼 수 있다.
2) ②번에서 돌파를 실패한 후, 20일선을 하향 이탈하는 지점(③)이 나온다. ④번에서처럼 20일선 아래 있던 캔들이 다시 20일선을 올라타는 자리가 매수 포인트이다.
3) ⑤번에서 ②번 고점을 돌파하려 시도하지만, ⑥번 거래량이 ①번 거래량보다 적게 터지면서 다시 위꼬리가 나오고 있다.

개선 선생의 한마디!

급등주는 형태가 비슷하다. 그럼에도 불구하고 확신이 없기 때문에 개인투자자는 급등주를 의심한다. 주식은 확신을 갖는 예측 매매보다 캔들과 추세, 수급을 확인하면서 투자하는 것이 맞다. 거래량이 터진 이유, 캔들이 20일선을 올라탄 이유, ⑤번에서 ②번 고점을 돌파하지 못한 이유, 다시 ⑦번부터 매수를 들어가야 하는 이유가 무엇인지를 늘 고민해야 한다. 이런 여러 가지 고민을 하다 보면 해답이 보인다.

203 | 장대양봉 매매 | 장대양봉이 나오면 그 다음 날이 중요하다 파인넥스 일봉

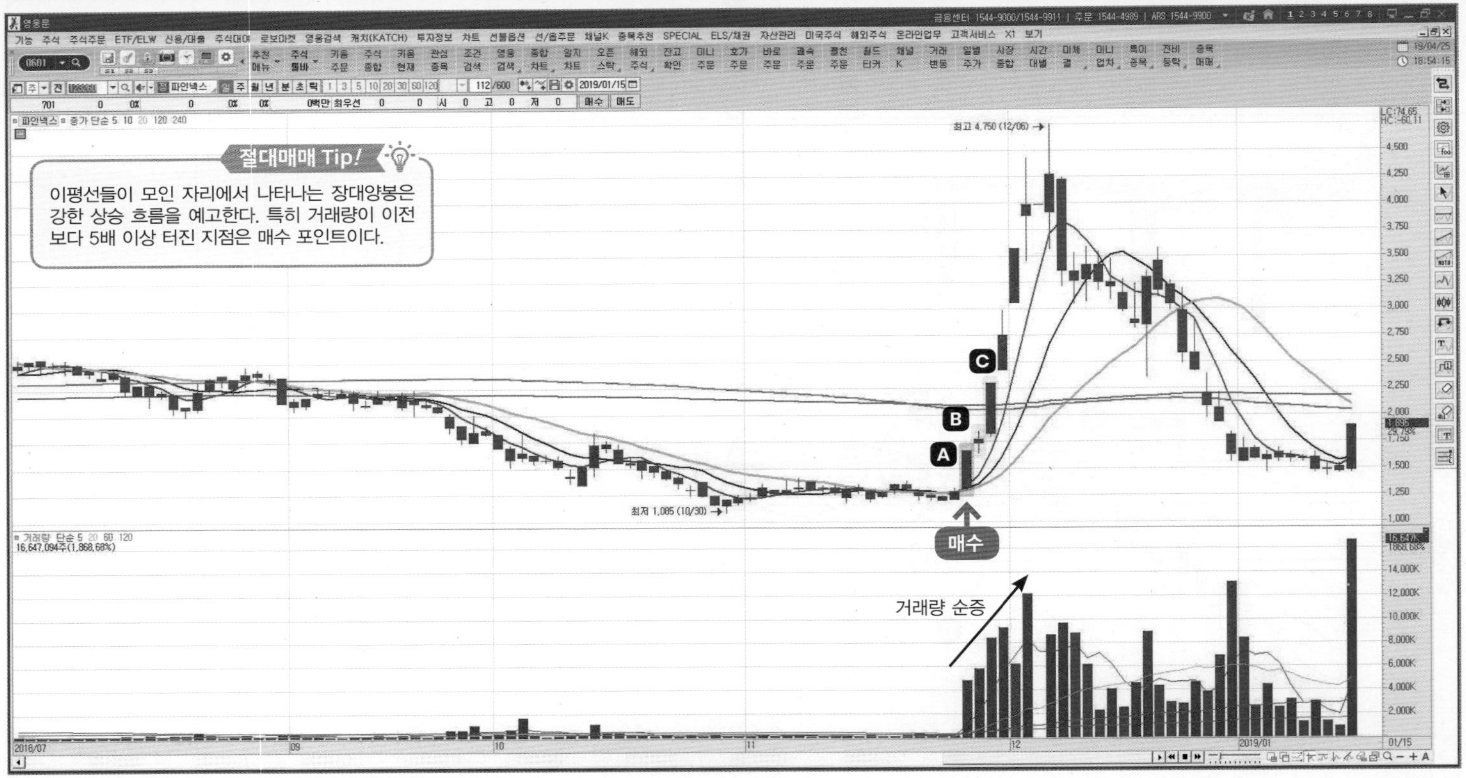

절대매매 Tip!

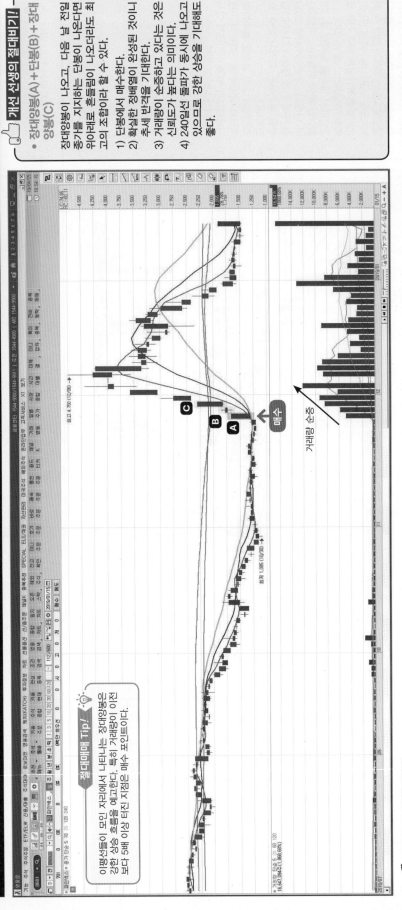

이평선들이 모인 자리에서 나타나는 장대양봉은 강한 상승 흐름을 예고한다. 특히 거래량이 이전보다 5배 이상 터진 지점은 매수 포인트이다.

최고 4,750 (12/06) →

최저 1,085 (10/30) →

A B C

매수

거래량 순증

개선 선생의 절대비기!

- 장대양봉(A)+단봉(B)+장대양봉(C)

장대양봉이 나오고, 다음 날 전일 종가를 지지하는 단봉이 나온다면 위아래로 흔들림이 나오더라도 최고의 조합이라 할 수 있다.

1) 단봉에서 매수한다.
2) 확실한 정배열이 완성된 것이니 추세 반격을 기대한다.
3) 거래량이 순증하고 있다는 것은 신뢰도가 높다는 의미이다.
4) 240일선 돌파가 동시에 나오고 있으므로 강한 상승을 기대해도 좋다.

개선 선생의 한마디!

양음양은 가장 중요한 캔들 형태이다. 양음양에서 음봉이 나오지 않더라도 단봉이 음봉의 역할을 한다. 음봉은 쉬어간다는 의미이며, 전날 매수한 사람의 매물이 나왔다는 뜻이다. 단봉은 매수와 매도가 합의점을 이룬 구간이기 때문에 다음 날 위로 치고 올라간다면, 달리는 말에 올라타도 큰 수익을 볼 수 있다.

204 | 장대양봉 캔들 매매 | 장대봉만 잘 찾아도 주식이 쉬워진다 에이티넘인베스트 일봉

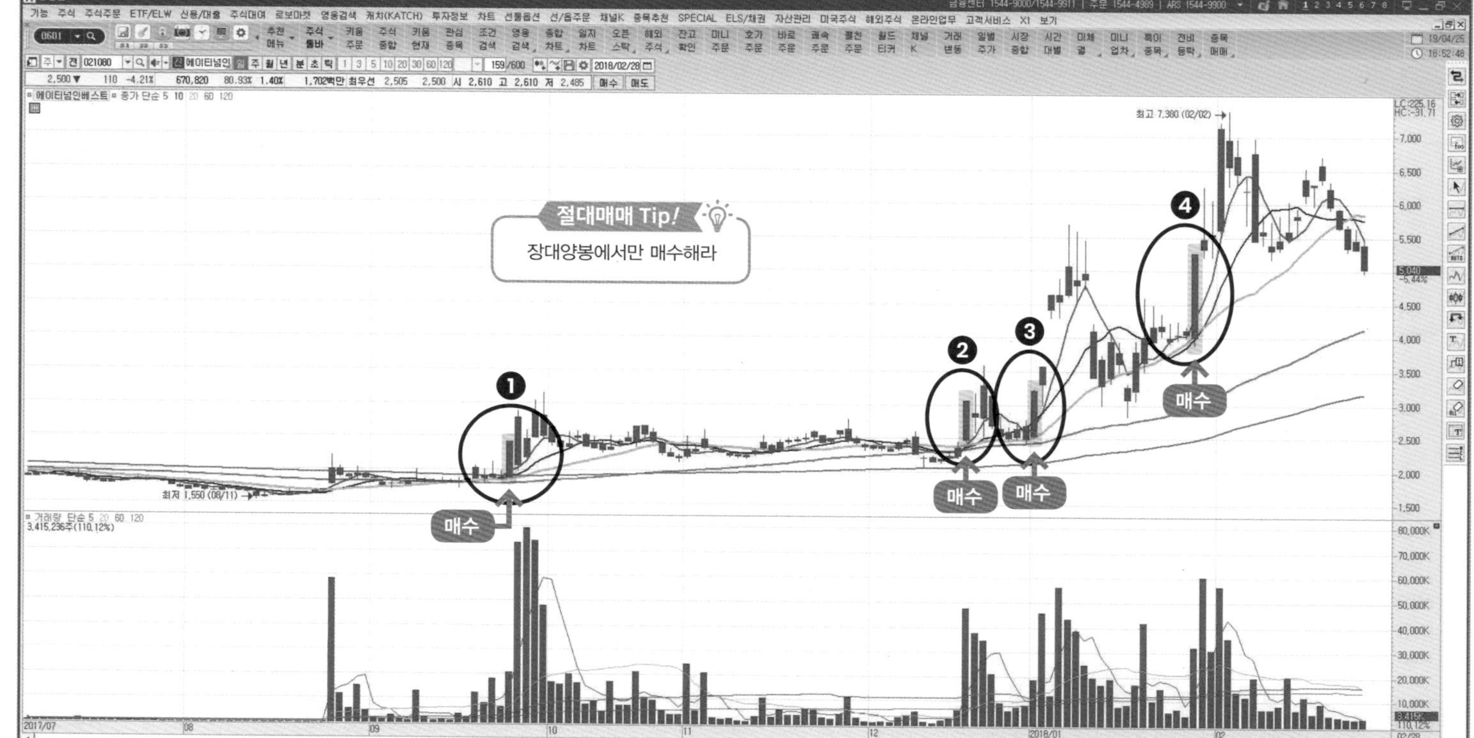

개선 선생의 절대비기!

- 주식에서 가장 중요한 캔들은 장대양봉이다.

장대양봉의 출현은 강한 매수세가 하루 종일 장악한 것이다. 이는 끌어올리는 힘이 대단하다는 의미이다. 저점에서 위꼬리가 없는 장대양봉이 나온다면, 매수 신호가 될 수 있다. 특히 ①~④번처럼 20일선을 지지하는 형태의 장대양봉은 더욱 신뢰도가 높다.

주식 격언 새기기!

"눈 위에 서지 말아야 한다."

하락추세 시 시장이 견조한 하방 경직성을 보일 때까지는 섣부른 매수는 자제하는 것이 유리하다. 눈이 녹아서 진짜 바닥을 드러낼 때까지 기다리란 의미다. 막연히 눈 위에 서게 되면 발이 빠질 수 있다.

개선 선생의 한마디!

추세(Trend) 매매에서는 추세를 만드는 시작점이 무엇보다 중요한데, 장대양봉은 추세를 만드는 시발점이라고 보면 된다. 왜냐하면 장대봉을 만들 때의 힘은 추세를 만들어 내기에 충분한 힘을 내재하고 있기 때문이다. 주가가 상승할수록 캔들 모양이 길어진다면 매도해야 할 시점이 다가온 것이다.

205 | 망치형 | 하락 국면+기간조정 시+돌파 매매 페이퍼코리아 일봉

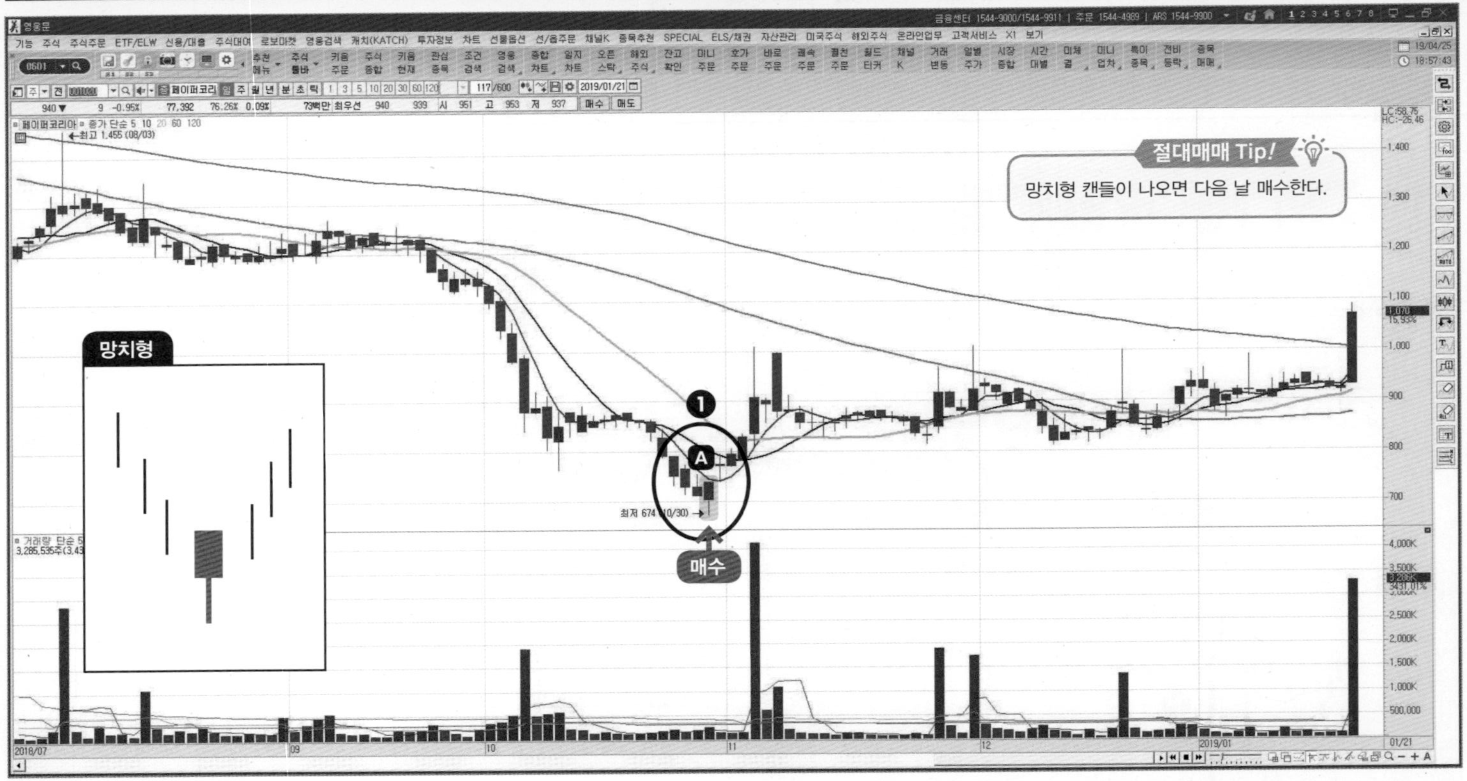

절대매매 Tip!
망치형 캔들이 나오면 다음 날 매수한다.

망치형

매수

개선 선생의 절대비기!

- **망치형 캔들(Hammer)의 쓰임새**

1) 하락 국면의 저점에서 나타나면 좋고, 특히 ①번처럼 갑작스럽게 급락이 나올 때, 바닥을 잡는 역할을 한다.
2) 망치형 캔들이 나온 후가 중요하다. 추세가 방향 전환을 하고, 거래량이 터지는지를 확인한다.
3) 주가가 상승한 후에 기간조정이 나올 때, 기간조정을 끝내는 자리에서 망치형 캔들이 나오는 것도 좋다.
4) 돌파 매매를 할 때, 전고점을 돌파할 경우 강한 매매신호가 된다.

개선 선생의 한마디!

망치형 캔들(A)은 머리와 손잡이가 달린 망치처럼 생겼다. 우산형의 망치형은 양봉이 될 수도 있고, 음봉이 될 수도 있다. 망치형 캔들의 아래꼬리는 저가 매수세가 충분히 이뤄지고 있다는 투자 심리의 방증이다. 음봉보다는 양봉의 신호가 강할 수 있다. 몸통의 길이는 짧을수록, 그리고 꼬리는 길수록 추세 전환의 신호이다. 보다 확실한 추세 전환의 시기를 판단하려면, 방향 전환이 되고 있는지 이평선과 거래량의 모습을 확인해야 한다.

206 | 교수형 | 고점에서 출현 시 무조건 매도해라 CJ우 일봉

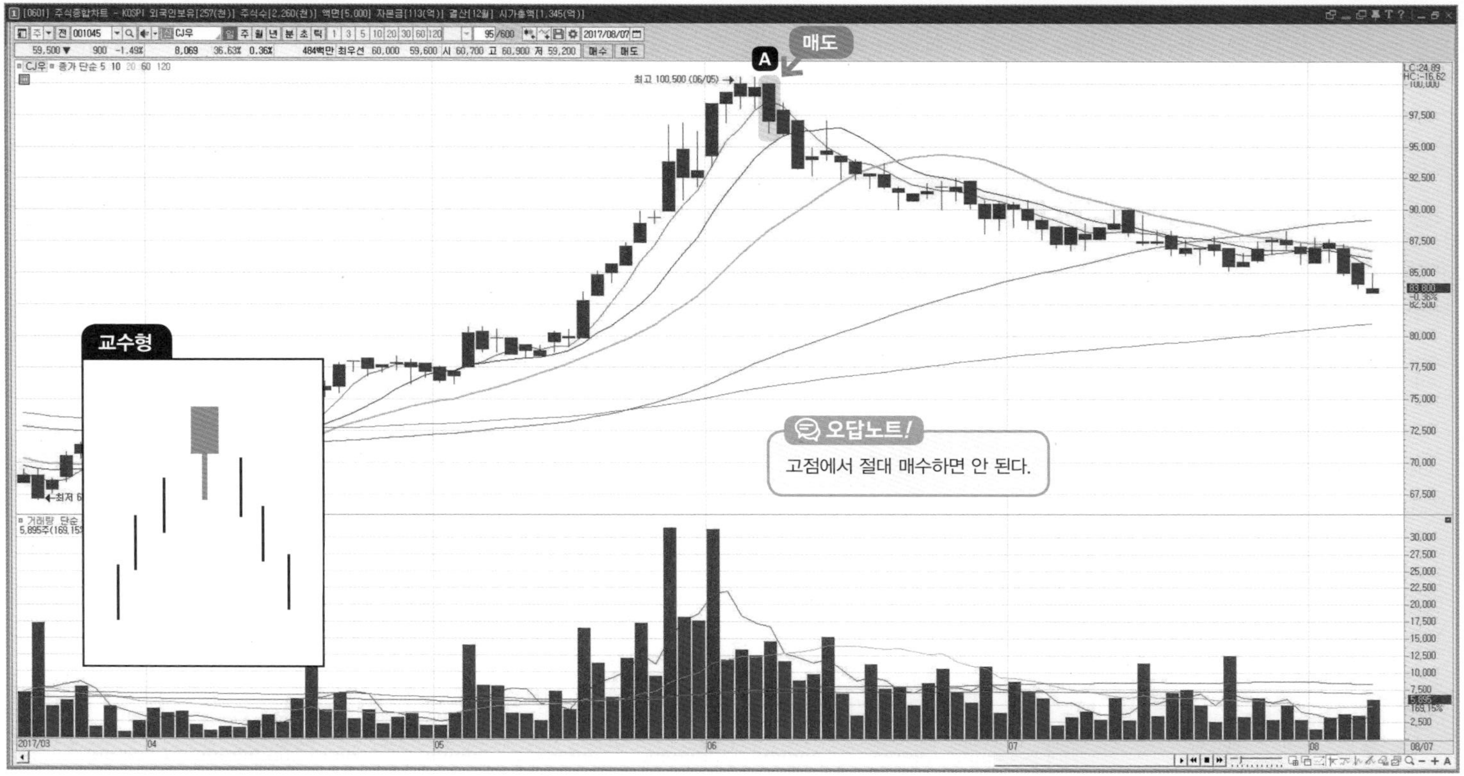

교수형

매도

A

오답노트!

고점에서 절대 매수하면 안 된다.

개선 선생의 절대비기!

• 교수형 캔들의 쓰임새

망치형 캔들의 다른 형태라고 보면 된다. 아래꼬리를 올려주면서 상승이 가능해 보이도록 속이는 연출을 하면서 하락을 예시하고 있는 것이다.

1) 고점에서 나올 경우, 강한 하락 전환을 예고한다.
2) 하락이 진행될 때에는 한 번씩 시가 상승을 보이면서 기대를 가지고 있는 사람을 유인하는 역할을 한다.
3) 아래꼬리가 짧고 몸통이 길수록 더욱 신뢰도가 높다.

개선 선생의 한마디!

교수형(A)이라는 이름이 좀 잔인하게 보이겠지만, 교수형 밧줄에 사람이 매달려 있는 모습과 유사해서 붙여진 이름이다. 그만큼 교수형 캔들은 상승추세에서 조심해야 할 위험주의보이다. 망치형 캔들에서 주의 깊게 봐야 할 점은 위꼬리가 전혀 없어야 한다는 것이다. 망치형 캔들처럼 보이지만 위꼬리가 남겨져 있는 캔들은 자주 출현한다.

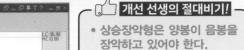

207 | 상승장악형 | 캔들은 모양보다 의미가 중요하다 한진중공업 일봉

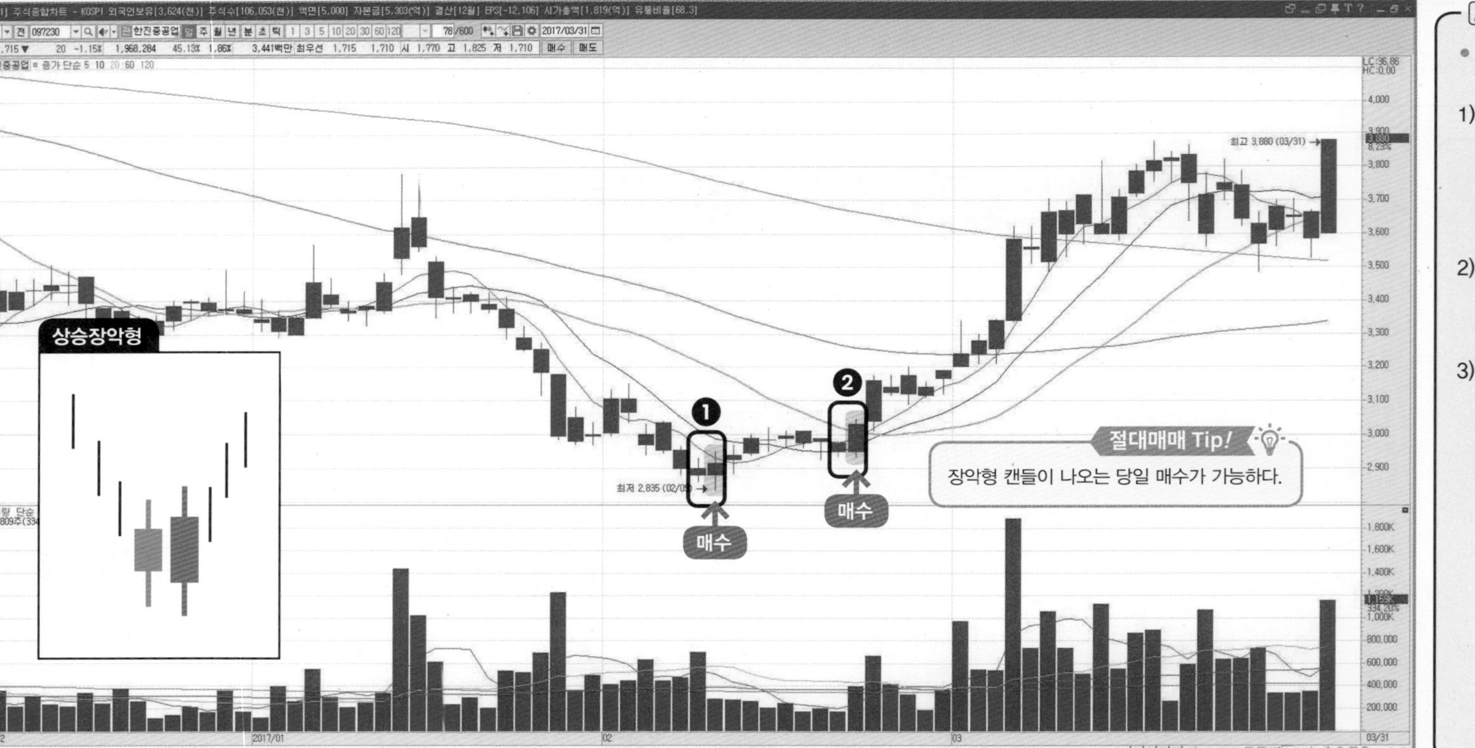

개선 선생의 절대비기!

- **상승장악형은 양봉이 음봉을 장악하고 있어야 한다.**

1) 주가가 지속적으로 하락할 때, 음봉이 계속 나오다가 어느 한 순간 양봉의 몸통이 전날 음봉의 몸통보다 크거나 길게 나온다면, 상승 매수세가 갑자기 들어왔다고 볼 수 있다.
2) 손바뀜 현상이 나타날 때 나올 수 있는 캔들로서, 이후 물량 부담 없이 추세적인 상승으로 이어지는 경우가 많다.
3) 캔들은 위치나 거래량에 따라 의미가 많이 달라진다. 어느 상황에서 어떤 의미를 갖는지 파악하기 위해서는 어떤 심리(매수 · 매도의 힘)가 작용했는지를 고민하고 훈련해야 한다.

개선 선생의 한마디!

상승장악형(①, ②)은 양봉의 몸통이 음봉의 몸통보다 2배 이상 크거나 양봉에 아래꼬리가 없거나 장대봉 형태로 나오면서 이평선을 뚫고 돌파 형태가 나온다면 더욱 신뢰도가 높다. 꼭 하락 구간에만 나오는 것은 아니고, 상승 구간에서도 힘을 끌어올릴 때 자주 나온다. 특히 장악형이 나올 때, 다음 날도 추세가 이어지는지를 확인하고 매수에 동참하면 좋다. 앞서 본 우산형은 단일 캔들로 분석하는 방법이지만, 장악형 캔들의 경우엔 상반된 캔들 두 개로 구성되며, 중요한 반전신호이다. 상승장악형의 경우에는 이전 음봉을 잡아먹을 만한 강한 양봉이 발생하는 것이며, 그만큼 매수세가 매도세보다 강하다는 것이다.

208 | 하락장악형 | 캔들이 길어진다는 것은 고점이라는 신호이다 이건산업 일봉

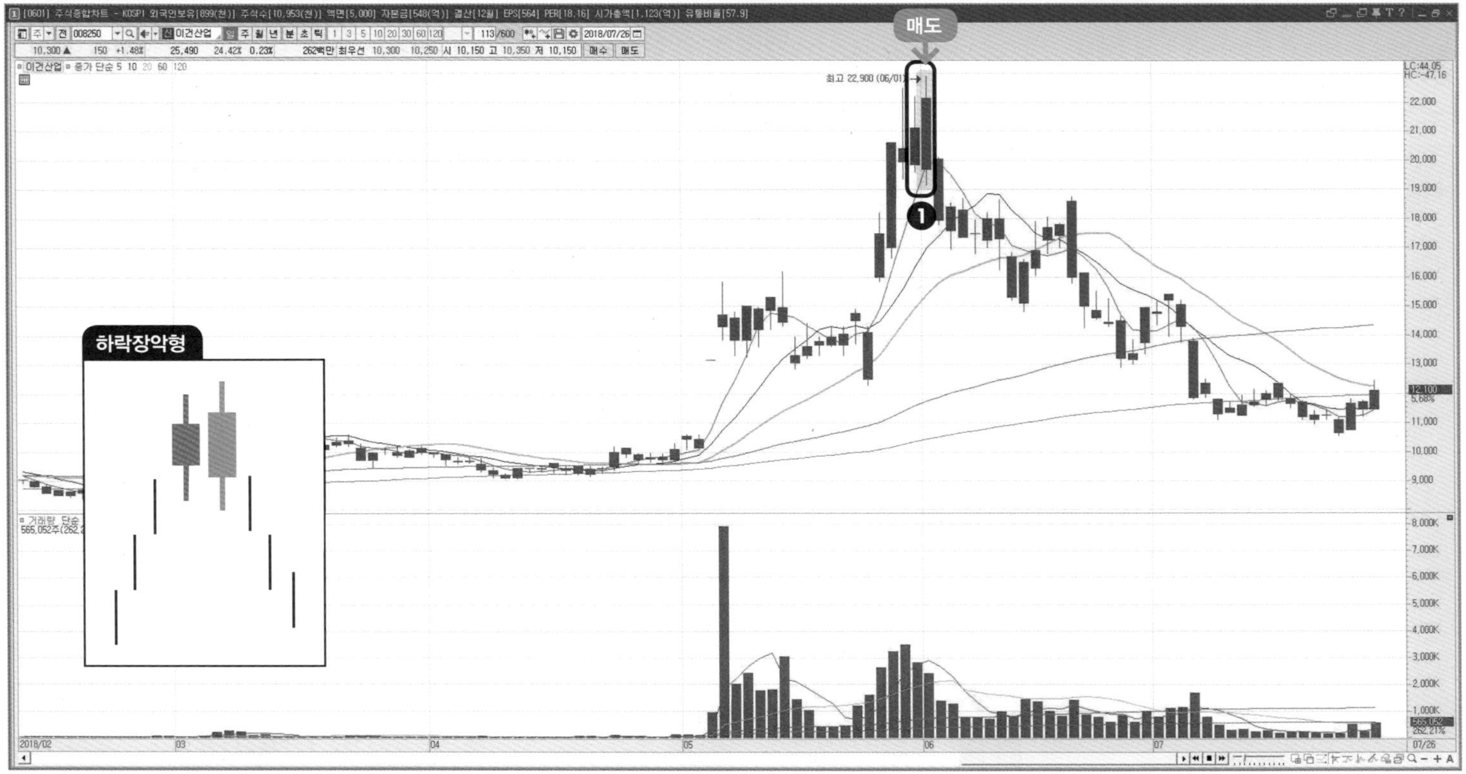

매도

❶

하락장악형

개선 선생의 절대비기!

하락장악형의 출현은 고점 매도를 암시한다. 장악은 두 번째 날 나온 형태가 매수이든 매도이든 강한 수급의 바뀜으로 봐야 한다. 고점으로 갈수록 캔들의 길이가 길어진다면 매도를 준비하고, 음봉의 길이가 길어진다면 매도를 대기해야 한다. 음봉의 길이가 길어진 상태에서 다음 날 음봉의 하방을 지지하면서 다시 상승장악형이 나오는 경우도 있다. 이런 경우는 개미떨기 형태가 이루어지고, 재차 손바뀜이 나오는 경우라고 보면 된다.

주식 격언 새기기!

"눈으로 강세를 보고 귀로 약세를 들어야 한다."

시장이 상승으로 치닫게 되면 이를 눈으로 확인해야 하며 하락으로 전환될 때는 증시 주변 여건에 대해 귀로 듣고 대비해야 한다. 다소 대중의 투자 방향과 이탈된 외로운 길에 설지라도 시장흐름에 맞서는 용기가 필요하다.

개선 선생의 한마디!

하락장악형(①)은 상승장악형의 반대라고 보면 된다. 주가 상승추세에서 나오는 하락장악형은 강력한 매도 신호이기 때문에 주의해야 한다. 매수세를 압도하는 음봉은 자칫 투매를 불러올 수 있기 때문에 상승장악형보다 더 큰 폭의 변동성을 보일 수도 있다. 최근 급등을 보였던 차트일수록 음봉의 길이는 길어질 수 있다.

209 | 흑운형 | 고점에서 하방압력이 거세다 필룩스 일봉

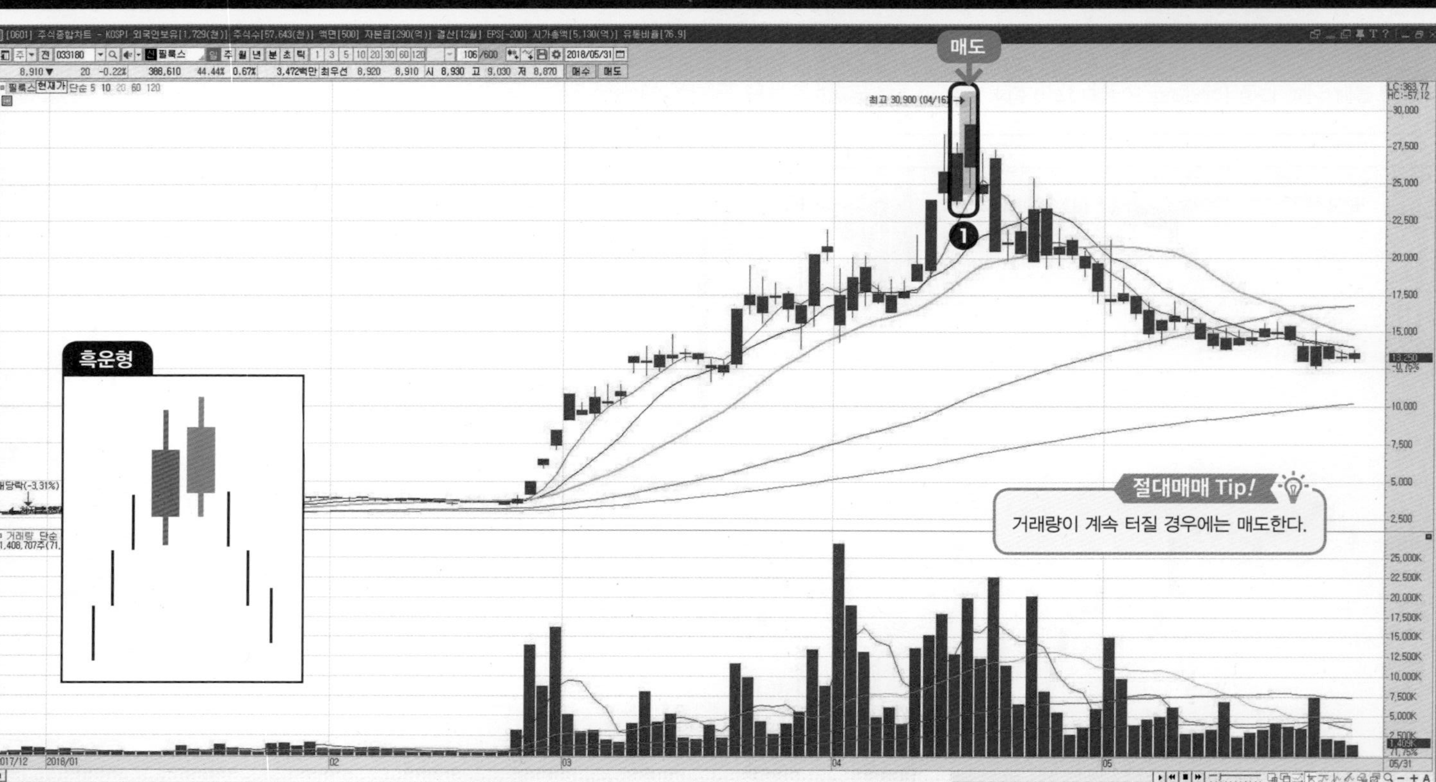

개선 선생의 절대비기!

• 흑운형은 고점 돌파를 예상하고 매수한 사람들의 무덤이다

흑운형을 영문으로 표현하면 Dark-cloud cover이다. 그만큼 어두운 구름이라고 보면 된다. 비가 오기 전에는 항상 어두운 구름이 먼저 나타나는 것처럼, 주식 차트에서도 흑운형 캔들이 나오면 장대비(음봉)가 내릴 수 있다는 점을 유의하여야 한다. 흑운형 캔들은 장악형 캔들과 유사한데, 흑운형 캔들은 강세의 양봉이 먼저 출현하고, 두 번째 캔들은 시가가 전날의 고가보다 높게 형성되지만, 종가 무렵에 양봉 몸통 안으로 밀려 내려간다. 두 번째 캔들은 종가가 전일 종가에 미치지 못할 뿐만 아니라 전날의 양봉 몸통 내에 위치하게 된다.

개선 선생의 한마디!

흑운형(①)에서 가장 조심해야 할 것은 전날까지 강한 상승 탄력이 발생했기에 흑운형이 나오는 날도 강한 상승을 예상하고 시가에 매수하는 것이다. 매수했다가 하락이 나오면 이것이 양음양이 될 수 있을 것이라 기대하면 안 된다. 거래량이 터지거나 전날 양봉의 절반을 지지하지 못한 것이라면 더욱 더 조심해야 한다. 만약 흑운형 이후에 하락추세가 나온다면 계속해서 비중을 줄이면서 빠져 나오는 것이 좋다.

210 | 관통형 | 하락 국면을 끝내는 신호이다 - 역발상 매매 도구 한창 일봉

개선 선생의 절대비기!

보통 본 차트와 같이 급락이 나오면 계속해서 빠질 것이라고 생각한다. 하지만 하락할 때 거래량이 전혀 터지고 있지 않다. 다시 말해서 참다못한 소수의 개인투자자가 팔아서 빠지는 것인데, 매수를 해 줄 수급이 없기 때문이다. 모든 사람들이 하락이 지속될 것이라고 생각할 때, 이런 생각을 역발상해 줄 새로운 수급이 들어와야 한다. 그 자리를 만들어 주는 것이 관통형 캔들이다. 시가는 하락했지만 그것을 양봉으로 강하게 끌어올리면서 상승의 힘을 보여 주고 있다.

주식 격언 새기기!

"내일 필 것이라고 생각한 벚꽃 밤바람에 날려버린다."

뭐든 때가 있다. 팔려고 생각한 주식은 바로 그날 팔아야 하는 것이다. 여유를 부리다가는 좋은 찬스를 놓치기 십상이란 의미다. 매입 또한 마찬가지일 것이다.

개선 선생의 한마디!

관통형과 상승반격형과의 차이는 상승반격형은 전일 음봉 종가와 금일 양봉 종가가 같다. 그러나 관통형(①)은 전일 음봉 종가를 관통하고, 금일 종가는 최소 전일 음봉의 절반 이상으로 올라가야 더욱 신뢰도가 높다. 그리고 관통형이 나온 후에 거래량이 터지면서 상승 탄력이 바로 나온다면, 상승 반전의 추세 전환이 완전히 이루어지는 것이다. 흑운형과 반대라고 보면 되고, 상승장악형과 유사하다. 첫째 날 종가보다 하락하여 시작하고, 양봉을 뽑으며 전날 음봉 몸통을 절반 이상 파고 올라가지만, 음봉 전체를 덮진 못한다.

211 | 샛별형 | 하락추세를 멈추게 하는 힘이 있다 디와이파워 일봉

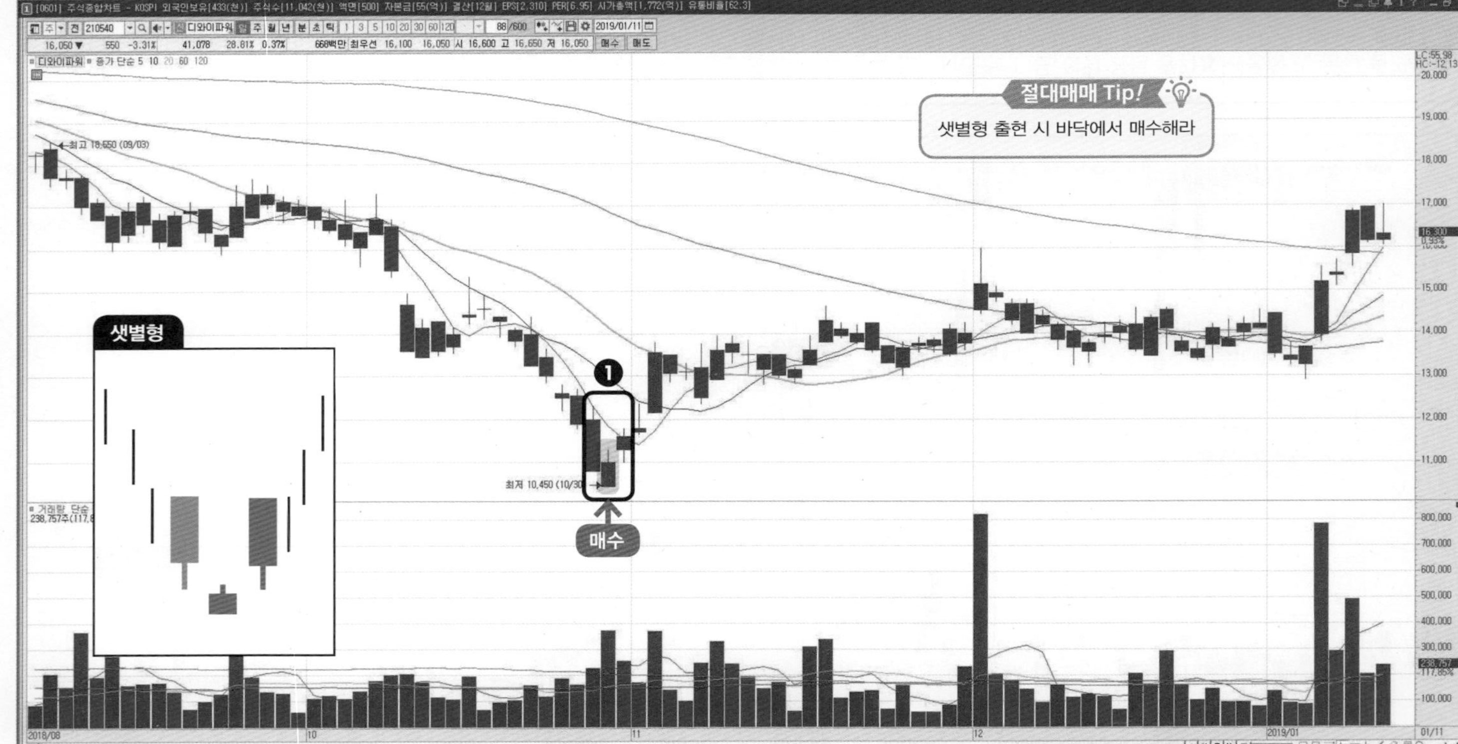

개선 선생의 절대비기!

- **하락추세를 멈추게 한다.**

샛별형은 정말 많이 나오는 캔들이다. 하락추세가 이어지다가 마지막으로 이평선과 함께 기울기가 큰 낙폭을 그리면서 강하게 하락할 때, V자 반등을 만드는 작용을 하는 캔들이다. 거래량이 터지면서 하방을 잡아 주면, 그때부터 상승기조로 추세를 돌릴 수 있다.

주식 격언 새기기!

"대량거래가 지속되면 천정의 징조다."

주식시세는 큰손이나 전문투자가들에 의해서 주도되는 것이 보통이다. 이들 시장전문가들은 바닥권이나 시세의 초기 단계에서 매입했다가 시장활황을 보고 몰려드는 일반투자자나 대중투자자들이 매입에 열중할 때 보유주식을 사정없이 내다판다. 전문가와 아마추어간에 손이 바뀌는 과정에서 대량거래가 수반되고 주가도 등락이 교차되는 혼조 장세가 연출된다. 전문가들이 시장을 빠져나가면 시세는 대개 천정을 친다.

개선 선생의 한마디!

하락하는 차트를 멈추게 하는 캔들은 여러 가지가 있다. 십자형 단봉, 장대양봉, 역망치형 캔들 등이 있는데, 가장 중요한 것은 샛별형(①)이다. 시가를 떨어뜨린 후에 종가를 끌어올리는 형태가 가장 힘이 센 캔들이다. 샛별형은 하락 추세에서 나오는 반전신호이며, 두 캔들의 몸통이 겹치지 않는 특성이 있다. 장대음봉의 출현은 매도세가 매수세를 압박하고 있다는 증거이지만, 다음 날 출현하는 작은 몸통과 캔들(음봉이나 양봉)은 하락세를 이어갈 만큼 매도세가 압도적이지 않다는 이야기이다. 샛별형의 마지막 캔들은 양봉을 보이면서 매수세가 다시 주도권을 잡는 것을 말한다.

212 | 십자저녁형 | 십자저녁형은 고점을 알리는 신호이다 액토즈소프트 일봉

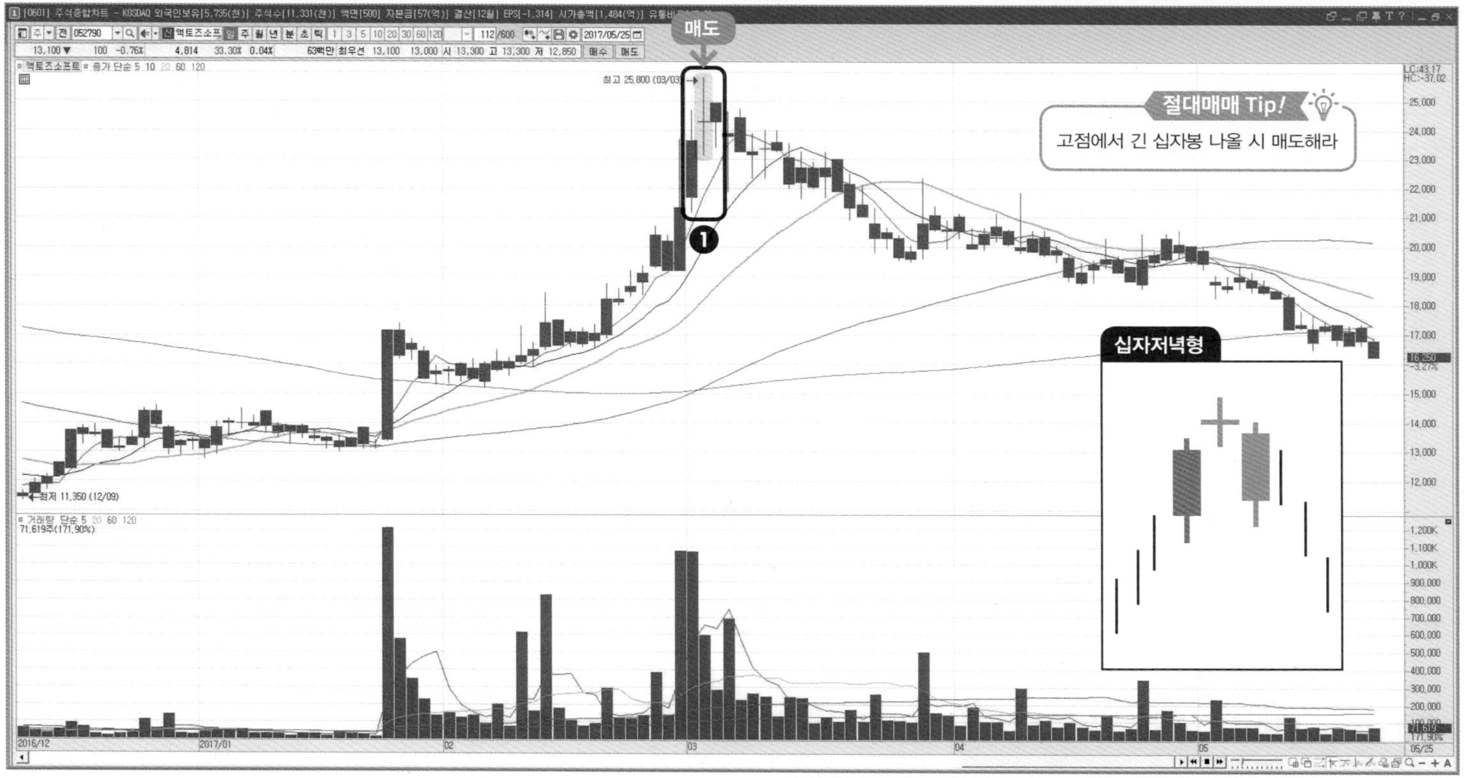

매도

❶

절대매매 Tip!

고점에서 긴 십자봉 나올 시 매도해라

십자저녁형

개선 선생의 절대비기!

상승추세에서 몸통이 큰 캔들이 나오면 다음 날 캔들을 꼭 주시해야 한다. 다음 날의 캔들에서 1. 갭을 형성하고, 2. 작은 몸통의 캔들이 등장하면, 이를 별형이라 부른다. 각 캔들의 몸통이 겹치지 않는 것이 기본 전제이며, 별형의 작은 몸통은 매수세와 매도세의 균형을 나타내는 캔들이다. 균형이 맞춰졌다는 말은, 상승추세에서 나타난 매수세의 힘이 약해졌다는 것을 의미한다.

주식 격언 새기기!

"두 갈래 길을 만나거든 두 군데 모두 가봐야 한다."

분산투자의 중요성을 일깨워 주는 말이다. 주식시장은 주도주나 인기주들이 수시로 바뀌기 때문에 한쪽으로 치우친 매매는 '모 아님 도'가 되기 십상이다. 상승추세로 접어들면 포트폴리오(분산투자)의 묘미를 살려가는 것도 중요하다.

개선 선생의 한마디!

십자저녁형(①)은 첫 번째 캔들과 두 번째 캔들의 몸통이 겹치지 않는 것이 전제이다. 십자저녁형은 두 번째 캔들이 작은 몸통이 아니라 도지(십자형)형으로 이루어져 있다. 위꼬리가 계속 달린다는 것은 오르려는 매수세와 차익실현을 하려는 매도세가 균형을 이루면서 매수세의 힘이 그만큼 줄어들었다는 뜻이다.

213 | 십자샛별형 | 바닥을 알리는 신호이다 멀티캠퍼스 일봉

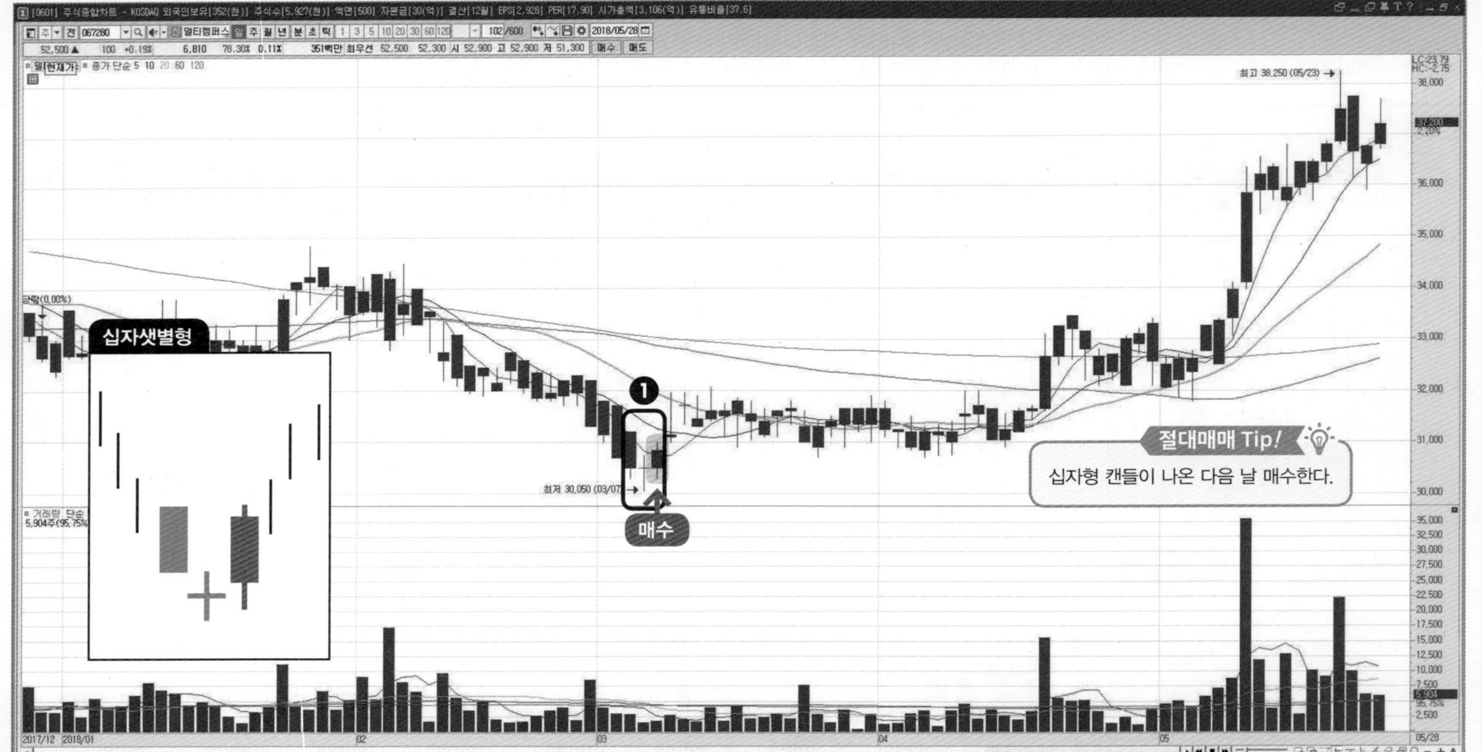

개선 선생의 절대비기!

- **십자샛별형 매매를 하는 방법은?**

십자샛별형(①)에서 가장 중요한 것은 십자형 도지 캔들이다. 십자형 도지 캔들은 매수와 매도의 힘이 균형을 이루는 캔들이다. 하락중인 차트에선 매도가 우세한 시장이다. 매도가 강하게 작용하고 있고, 기울기가 더 가파르게 진행될 때에 갑자기 나타나는 십자형은 매도와 매수의 힘의 균형이 맞춰진 것이다. 그리고 아래꼬리가 길다면 매수의 힘이 더 세게 작용한 것이다. 이는 의미적으로 매도세가 멈출 수 있는 가능성이 커진 것이다. 이런 자리에서 바로 매수하는 것보다는 다음 날 캔들이 망치형이 나오는 것을 확인하고, 20일선을 올라탈 때 매수하는 것이 더 좋다.

개선 선생의 한마디!

캔들 매매에서 가장 중요한 것이 십자형 단봉이다. 십자형 단봉이 상승하는 중간에 나올 때도 있는데, 만약 다음 날 십자형 단봉의 고가를 돌파 시 매수하면 충분히 단타 매매가 가능하며, 상승추세가 멈추면서 거래량이 터질 때는 매도하고 나오는 것이 좋다.

214 | 역망치형 | 세력이 매집하는 신호로 해석할 수 있다 인트로메딕 일봉

역망치형
절대매매 Tip!
20일선+역망치+거래량 증가 시 매수해라
A
매수
배당락(0.00%)
최고 29,150 (05/04)
절대매매 Tip!
망치형 캔들이 나타난 다음 날 매수한다.

개선 선생의 절대비기!

• 세력이 주로 사용하는 캔들은 역망치형 캔들이다.

역망치형 캔들은 양음양을 하나의 캔들로 표현한 것이기 때문에 세력이 매집할 때 주로 사용한다. 역망치형 캔들은 위치에 따라서 다양하게 해석할 수 있고, 몸통과 위꼬리 부분의 길이 차이에 따라서도 해석이 달라질 수 있다. 꼬리는 최대한 짧은 게 좋고, 몸통이 20일선을 지지하는 것이 가장 신뢰도가 높다.

주식 격언 새기기!

"막연한 예측은 빗나가는 화살과 같다."

빗나간 화살은 돌이킬 수 없는 만큼 섣부른 예측은 금물이다. 주식시장이 상승 랠리를 추가로 이어가는 데도 저항대를 미리 정해, 일시 조정기에 모두 팔아치워 수익을 제대로 챙기지 못하는 경우가 많다. 천정을 예단하기보다 증시 주변여건을 면밀히 검토하고 확인하는 것이 필요하다.

개선 선생의 한마디!

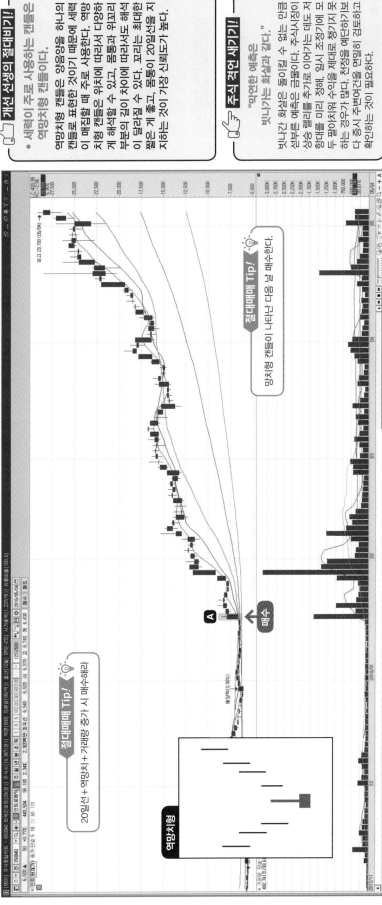

급등이 시작되는 시점에서 역망치형 캔들(A)이 정배열 초기의 20일선을 밟고 일어서는 자리는 절호의 매수 기회이다. 추가 돌파가 계속 나올 경우에는 급등주가 나올 수 있고, 상승 랠리 시에는 200~400% 이상의 수익을 낼 수 있다.

215 | 역망치형 | 거래량이 터지는 역망치형은 매집이다 삼기오토모티브 일봉

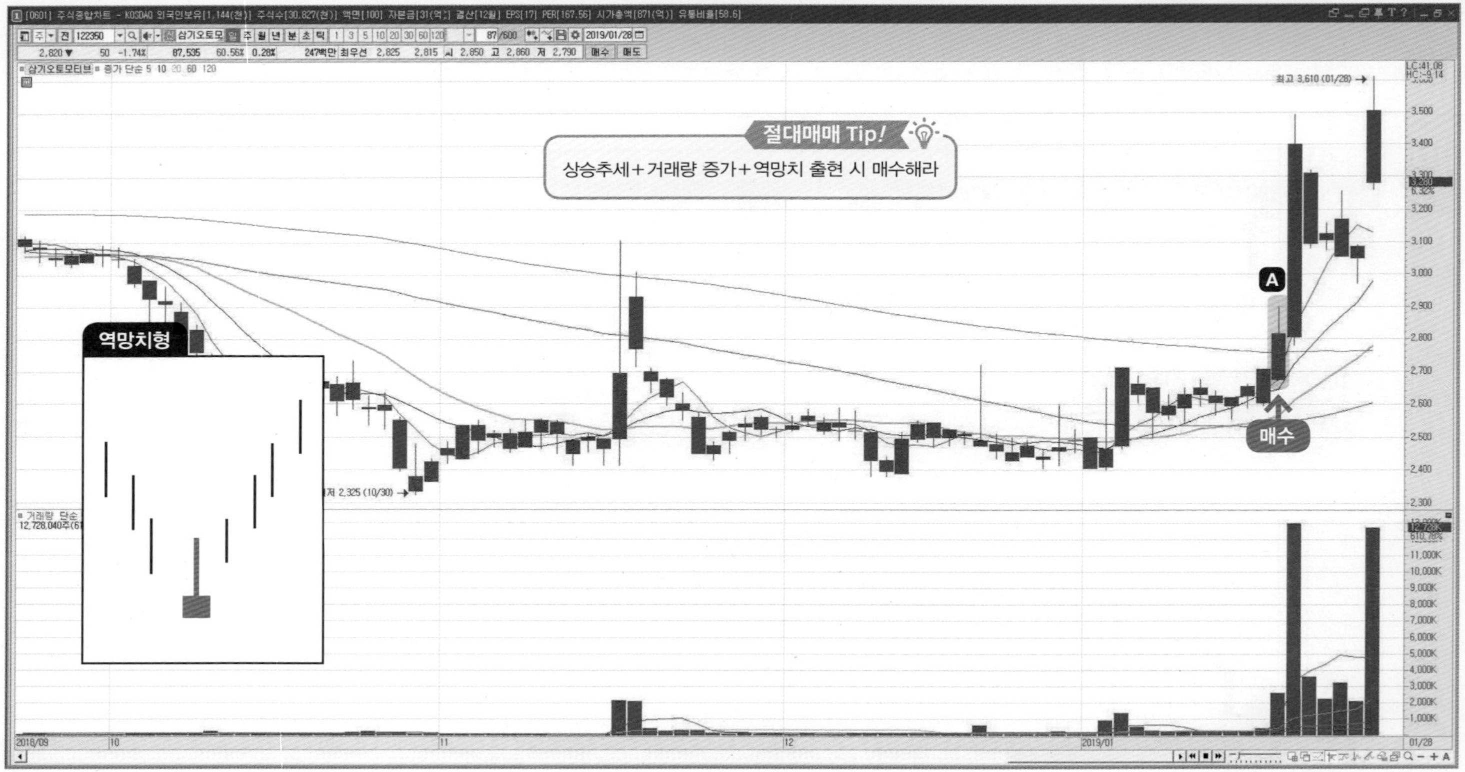

절대매매 Tip!

상승추세 + 거래량 증가 + 역망치 출현 시 매수해라

역망치형

A

매수

개선 선생의 절대비기!

- 역망치형 캔들과 거래량의 관계

1) **20일선 급등 초입에서의 역망치형 캔들** : 거래량이 터지는 것이 좋다.
2) **1차 상승 후, 중간에 쉬는 구간이 끝나는 지점에서의 역망치형 캔들** : 거래량이 최저로 줄어야 좋다.
3) **3차 상승 후, 고점에서의 역망치형 캔들** : 거래량이 계속 터지거나 캔들의 길이가 길어질 경우에는 매도하는 것이 좋다.

주식 격언 새기기!

"매는 맞기 직전이 가장 두렵다."

위 격언은 큰 악재를 앞두고 불확실성이 고조된 상태에서의 불안한 투자 심리를 나타낸다. 흔히들 매를 들었을 때 매에 대한 두려움을 느끼게 되나, 한 대, 두 대 맞는 가운데 통증은 느낄지언정 매에 대한 두려움은 많이 없어지는 심리와 비교되고 있다.

개선 선생의 한마디!

별형은 아니지만 역망치형(A)은 유성형 캔들과 같은 모습이기 때문에 소개한다. 유성형과는 반대로 하락추세에서 나오는 위꼬리가 길고, 아래꼬리가 거의 없는 형태를 띈다. 굳이 하락추세가 아니더라도 본 차트와 같이 바닥 구간에서 나오는 역망치형은 상당히 신뢰도가 높다. 역망치형은 상승추세가 임박했다는 신호이기 때문에 꼭 기억해야 한다.

216 | 역망치형 | 바닥을 잡고 상승 탄력 임박 전에 나오는 신호 가비아 일봉

개선 선생의 절대비기!

- **역망치형 캔들은 상승 탄력 직전의 시그널**

역망치형 캔들은 속임수 음봉을 내포하기 때문에 세력이 핸들링하고 있다는 표현이기도 하다. 그렇기 때문에 흐름상 상승이 임박하기 전 나오는 특성이 있다. 고점에 대한 기대치를 꺾으면서 개인투자자가 관심을 돌림으로써 돌파를 쉽게 할 수 있기 때문이다. 상승하는 시기에는 전고점을 돌파하는 역망치형 캔들이 나올 수 있다. 이런 역망치형 캔들은 다음 날부터 다시 저점을 지지하고 반등이 나올 경우에는 강한 상승이 역망치형 캔들이 나온 날의 고점을 돌파할 수 있다.

개선 선생의 한마디!

역망치형 캔들(A)이 바닥에서 나오는 경우도 있지만, 상승 초입과 상승 중간에 나오는 경우도 있다. 특히 상승 초입에 나오는 위와 같은 경우에는 20일선 지지가 무엇보다 중요하다. 또한, 정배열 초기 형태에서 나오는 역망치형 캔들은 더욱 신뢰도가 높다.

217 | 역망치형 | 하락을 멈추게 하는 힘이 있다 룽투코리아 일봉

개선 선생의 절대비기!

- 하락을 멈추게 하는 역망치형 캔들!

하락을 멈추게 하는 역망치형 캔들은 몸통이 조금 더 크고, 꼬리가 짧은 장대봉과 같은 모습이 더 신뢰도가 높다. 꼬리가 짧다는 것은 오늘 아침에 상승한다고 생각해서 매수한 투자자 중에서 더 상승할 것으로 보고 오버나잇을 하겠다는 투자자가 많은 것이다. 다시 말해서 내일 더 올라갈 것이라 판단하는 투자자가 많다는 의미이다.

주식 격언 새기기!

"매매기준은 대세흐름을 봐야 한다."

단순 주가가 어떤 수준이냐를 근거로 매매기준을 삼아서는 안 된다. 대시세의 시작이라고 생각하면 주가가 아무리 많이 올라도 따라 사야 하며 천정을 치고 하락하는 주가가 아무리 싸도 매입해서는 안 된다. 주가 수준보다는 주가의 흐름과 시장의 대세를 보고 투자전략을 짜야 한다.

개선 선생의 한마디!

역망치형 캔들(A)은 정말 중요하기 때문에, 차트를 볼 때에는 역망치형이 나오는 시점과 출현 이후 주가가 어떻게 흘러가는지를 확인해야 한다. 역망치형 캔들이 상승초입에 나올 때가 가장 좋고, 출현한 이후에 주가는 우상향하면서 거래량이 터지는 자리가 매수 자리이다. 하락 중에 나타나는 역망치형 캔들은 갭하락 후에 지속적으로 상승이 나왔다는 것이기 때문에 눌림 해소라고 볼 수 있다.

218 | 유성형 | 고점에서 출현+거래량 터짐+음봉 → 매도 키이스트 일봉

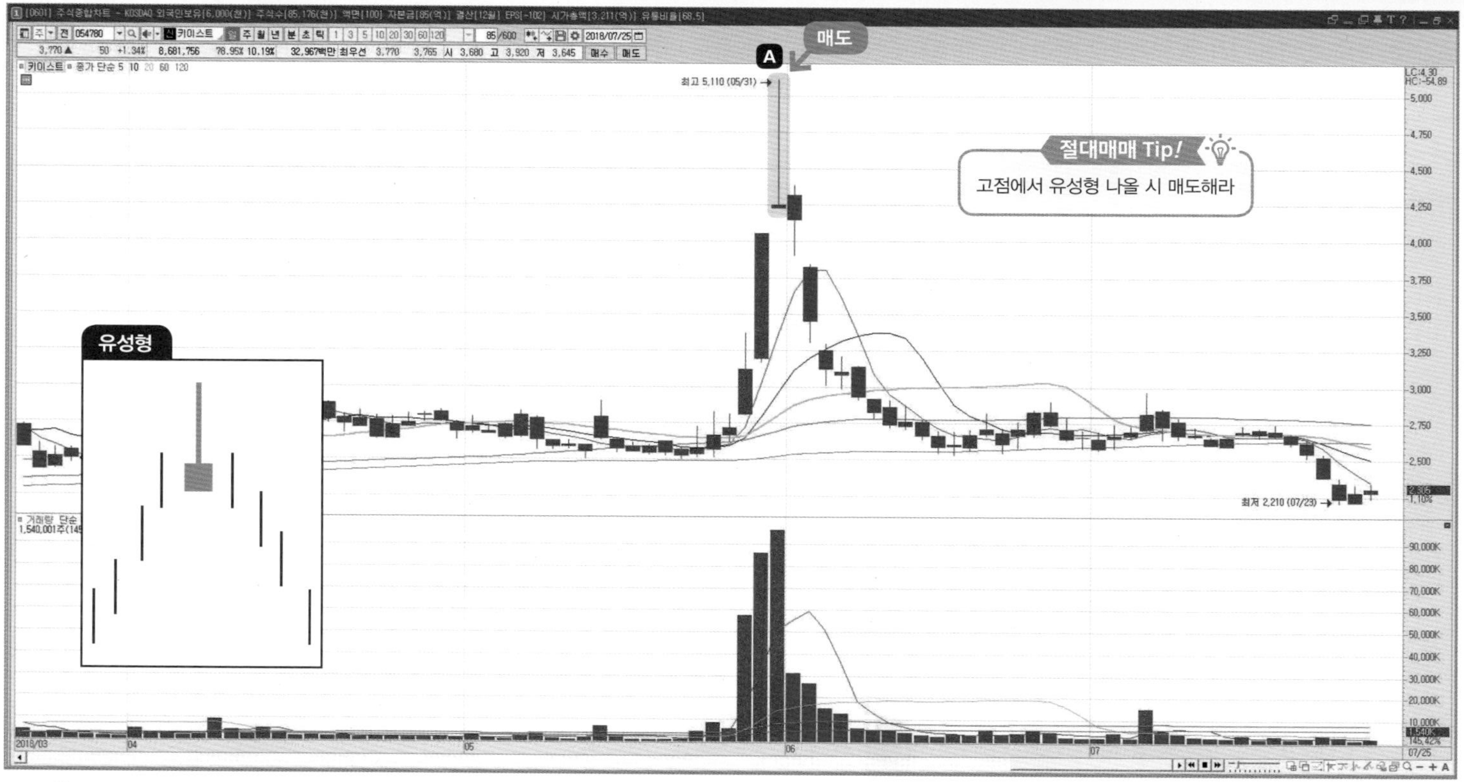

매도

A

최고 5,110 (05/31)

절대매매 Tip!

고점에서 유성형 나올 시 매도해라

유성형

최저 2,210 (07/23)

개선 선생의 절대비기!

• **유성형 캔들을 조심해라!**

고점에서 강한 상승 발생 후, 장 중에 계속 하락이 나오면서 위꼬리가 길게 늘어난 캔들이 나오거나 거래량이 이전보다 더 강하게 터지면서 유성형 캔들이 나왔다면 무조건 매도해야 한다. 물론 눌림이 나오기 전에 매도하면 좋겠지만, 그러지 못했을 경우에는 다음 날 추가적인 반등을 한 번 기다리고 매도해야 한다. 만약 다음 날 오늘의 저가를 지키고, 다시 반등이 나와서 유성형 캔들의 고점까지 올라간다면 꼭 매도하고 나와야 한다.

개선 선생의 한마디!

유성형(Shooting Star) 캔들(A)은 상승추세에서 나오는 반전신호로, 말 그대로 별똥별과 같이 몸통이 작고, 위꼬리가 길며, 아래꼬리가 거의 없는 형태이다. 이런 캔들은 위 가격 저항대에 대한 물량을 소화하는 과정이라고 해석하는 경우도 있지만, 이보다는 차익실현 매물에 의해 위꼬리가 발생했다고 보는 것이 더 우세하다고 봐야 한다.

219 | 하락잉태형 | 상승추세 조정? 하락 전환 신호? 이스트소프트 일봉

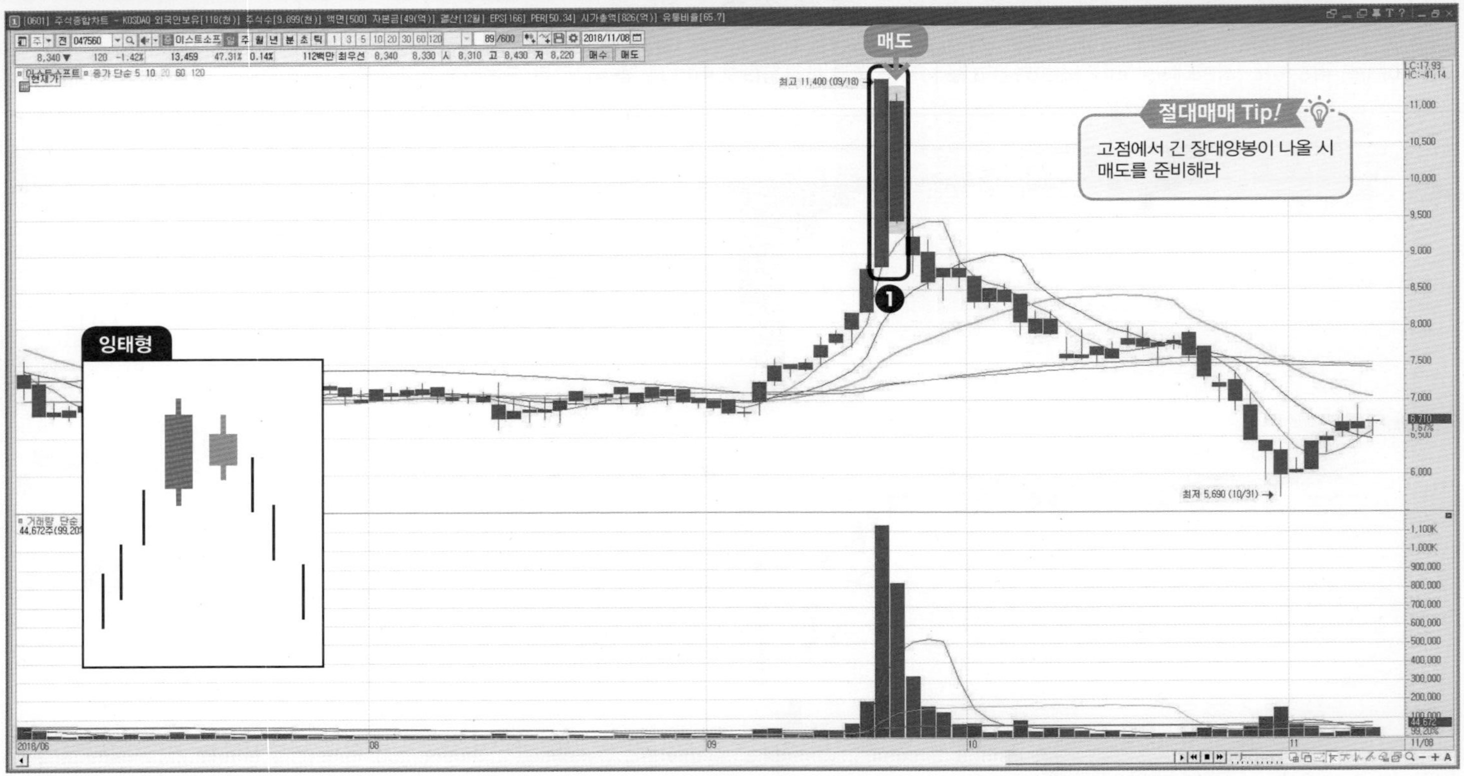

개선 선생의 절대비기!

하락잉태형은 긴 양봉이 발생한 이후 몸통 사이에서 작은 음봉이 방생한 모양이다. 매수세가 약해진 것을 의미한다.

주식 격언 새기기!

"매매 일기장을 작성해야 한다."

데이트레이딩에서 매매일기장은 성공의 중요한 열쇠이다. 장이 끝나면 오늘 하루의 매매를 돌이켜 보면서 매매일기장을 작성하라. 손실을 본 하루였다면 왜 실패했는지, 이익을 본 하루였다면 어떤 매매 기법이 성공을 가져다 줬는지 매매일기장을 작성하면서 깨닫고 기록해 둬야 한다.

개선 선생의 한마디!

잉태형(①)은 비정상적인 양봉 뒤에 작은 몸통의 캔들이 발생할 때에 형성되는 반전 패턴이다. 큰 양봉을 어머니 캔들이라 부르고, 작은 캔들을 아기 캔들 같다고 하는데, 이는 마치 잉태를 한 모습과 같다고 하여 붙여진 이름이다. 상승추세에서 마지막에 장대양봉이 발생하고, 그 뒤에 작은 캔들이 나타나면서 견조했던 주가가 하락으로 전환되는 신호이다.

220 | 하락잉태형 | 양음양으로 오해할 수 있으니 조심 알파홀딩스 일봉

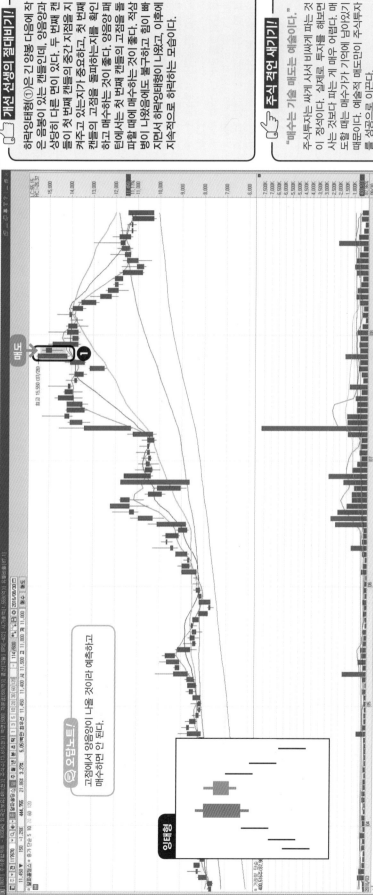

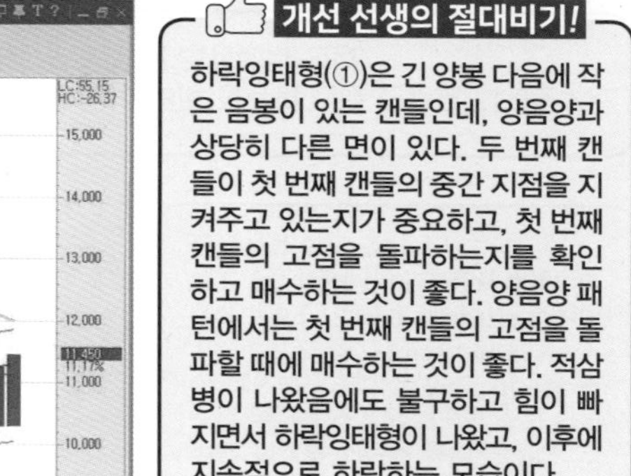

오답노트!

고점에서 양음양이 나올 것이라 예측하고 매수하면 안 된다.

개선 선생의 절대비기!

하락잉태형(①)은 긴 양봉 다음에 작은 음봉이 있는 캔들인데, 양음양과 상당히 다른 면이 있다. 두 번째 캔들이 첫 번째 캔들의 중간 지점을 지켜주고 있는지가 중요하고, 첫 번째 캔들의 고점을 돌파하는지를 확인하고 매수하는 것이 좋다. 양음양 패턴에서는 첫 번째 캔들의 고점을 돌파할 때에 매수하는 것이 좋다. 적삼병이 나왔음에도 불구하고 힘이 빠지면서 하락잉태형이 나왔고, 이후에 지속적으로 하락하는 모습이다.

주식 격언 새기기!

"매수는 기술 매도는 예술이다."

주식투자는 싸게 사서 비싸게 파는 것이 정석이다. 실제로 투자를 해보면 사는 것보다 파는 게 매우 어렵다. 매도할 때는 매수가가 기억에 남아있기 때문이다. 예술적 매도만이 주식투자를 성공으로 이끈다.

개선 선생의 한마디!

고점에서 하락하지 않을 것 같은 모습을 만드는 것이 잉태형이다. 따라서 투자자가 속는 경우가 많다. 적삼병이 나오면서 돌파를 할 것처럼 보였지만, 하락잉태형이 나왔다. 이전 고점을 돌파하지 못하고, 지지해야 할 20일선을 지지하지 못한다면 매도해야 한다.

221 | 하락장악형 | 상승추세 조정? 하락 전환 신호? 부산산업 일봉

매도
하락장악형
오답노트!
상승추세에서 하락 전환 신호가 나왔는데 매수하면 안 된다.

개선 선생의 절대비기!

• **음봉은 좋지 않은 신호이다!**

하락잉태형은 두 번째 캔들이 양봉이라 놓치는 경우가 많다. 하지만 하락장악형(①)은 긴 음봉이 감싸고 있기 때문에 하방 압력이 강하게 작용한다.

주식 격언 새기기!

"매수가는 잊어버려야 한다."

주식 투자는 파(매도)는 예술이라고들 한다. 이는 매도의 중요성을 강조하는 말이다. 이렇듯 중요한 매도시기를 결정하는데 투자자들의 판단을 흐리게 하는 게 매수가다. 쉬운 말로 본전 생각이다.

많은 투자자들이 특정종목을 매수한 후 매수가를 기준으로 매도시기를 결정해 적절한 시점을 놓치곤 한다. 그러나 손실을 보고 있더라도 추가 하락이 예상되면 팔아야 하고, 이익을 보고 있더라도 추가 상승이 기대되면 보유해야 하는 것이다. 매수가는 잊어버리고 현 시점에서 더 오를지 내릴지를 판단해야 하는 것이다.

개선 선생의 한마디!

하락장악형 캔들이 확인될 때에는 강한 하방 압력이 함께 나온다. 물론 상승추세가 있는 중간 상태에서 눌림목 구간의 형태로 나오는 경우도 있지만, 거래량이 하락장악형 캔들 전후로 터지는 자리에서는 조정 구간이 시작된다고 봐야 하고, 그동안 많이 오른 차트라면 더욱 하락 압력이 더해질 수 있다. 20일선을 깨는 자리는 더욱 눌림이 나올 수 있으니 조심해야 한다.

222 | 상승 십자잉태형 | 기존 추세가 돌처럼 굳어지고 상승이 나온다 SK하이닉스 일봉

개선 선생의 절대비기!

직전의 긴 봉에 완전히 감싸지는 도지(십자형) 캔들이 나오면서 잉태한 형태가 된다. 두 번째 캔들이 도지 형태로 나오면서 기존 추세의 정지 신호인 잉태형과 병합된 모습이다. 세 번째 캔들이 어떻게 나오는지가 중요한데, 이후 긴 양봉이 뜨면 상승 강세 신호가 가속화된다.

주식 격언 새기기!

"모두가 좋다는 종목은 피하는 것이 좋다."

모든 사람이 다 좋다는 주식은 모든 사람이 다 이미 주식을 사놓고 주가가 오르기만을 기다리고 있는 상태라고 볼 수 있다. 모든 사람이 주식을 다 사놓았기 때문에 더 이상 살 사람이 없어 주가가 오르기 어려울 뿐만 아니라 주가가 오르면 모든 사람이 다 팔려고 하기 때문에 주가는 오히려 떨어지기 쉽다.

개선 선생의 한마디!

십자잉태형(①)은 잉태형과 비슷한 형태이지만, 두 번째 캔들이 도지형이라는 데서 차이가 있다. 십자잉태형은 매도세가 주가를 압도적으로 누르다가 매수와 매도세가 균형을 이루며 도지형 캔들이 나타나는 형태이다.

223 | 상승샅바형 | 최저점 신호 중 강력하다! 아래꼬리 없는 샅바형 SK하이닉스 일봉

절대매매 Tip!

상승샅바형 나올 시 상승추세 이어지는지 보면서 매수해라

상승샅바형

A

매수

매수

최고 33,100 (06/24)

최저 25,650 (05/18)

개선 선생의 절대비기!

- **샅바형은 강한 추세 반등 신호이다.**

샅바형(A)은 하방지지가 강하게 나오는 자리를 뜻한다. 그러나 이런 자리에서 바로 매수하기가 어려우므로, 20일선을 돌파하는 자리부터 확인하고 매수하면 된다.

주식 격언 새기기!

"모든 재료가 곧 바로 주가에 반영되지는 않는다."

주가는 장래에 대한 기대를 가지고 오르지만 너무 먼 장래의 꿈은 재료로서의 가치가 미약하다. 먼 재료가 주가에 반영될 때까지는 시간이 오래 걸리므로 먼 정보를 미리 입수하거나 장래의 먼 전망을 가지고 주식을 사 놓아도 주가는 오르지 않는다.
재료는 일반 투자자에게 알려져야 주가에 반영되며 알려진 후에도 시장분위기나 인기 흐름에 부합될 때까지는 주가가 오르지 않는다.

개선 선생의 한마디!

샅바형은 하나의 캔들로 이루어져 있으며, 시가와 저가가 똑같거나 종가와 고가가 똑같거나 비슷한 장대양봉을 말한다. 즉, 캔들에 위꼬리나 아래꼬리가 거의 없는 꽉 찬 양봉이다. 주가가 오르면서, 저가에서 산 물량을 차익실현하기 보다는 더 오를 것이라는 기대에 보유로 대응하는 투자자가 많기 때문에 샅바형 캔들이 만들어진다. 따라서 하락추세나 바닥에서 상승샅바형 캔들이 출현하면, 곧 주가 반등이 나올 수 있다는 것을 의미한다.

224 | 하락샅바형 | 고점에서 나올 시 조심해라! 크게 다친다 현대모비스 일봉

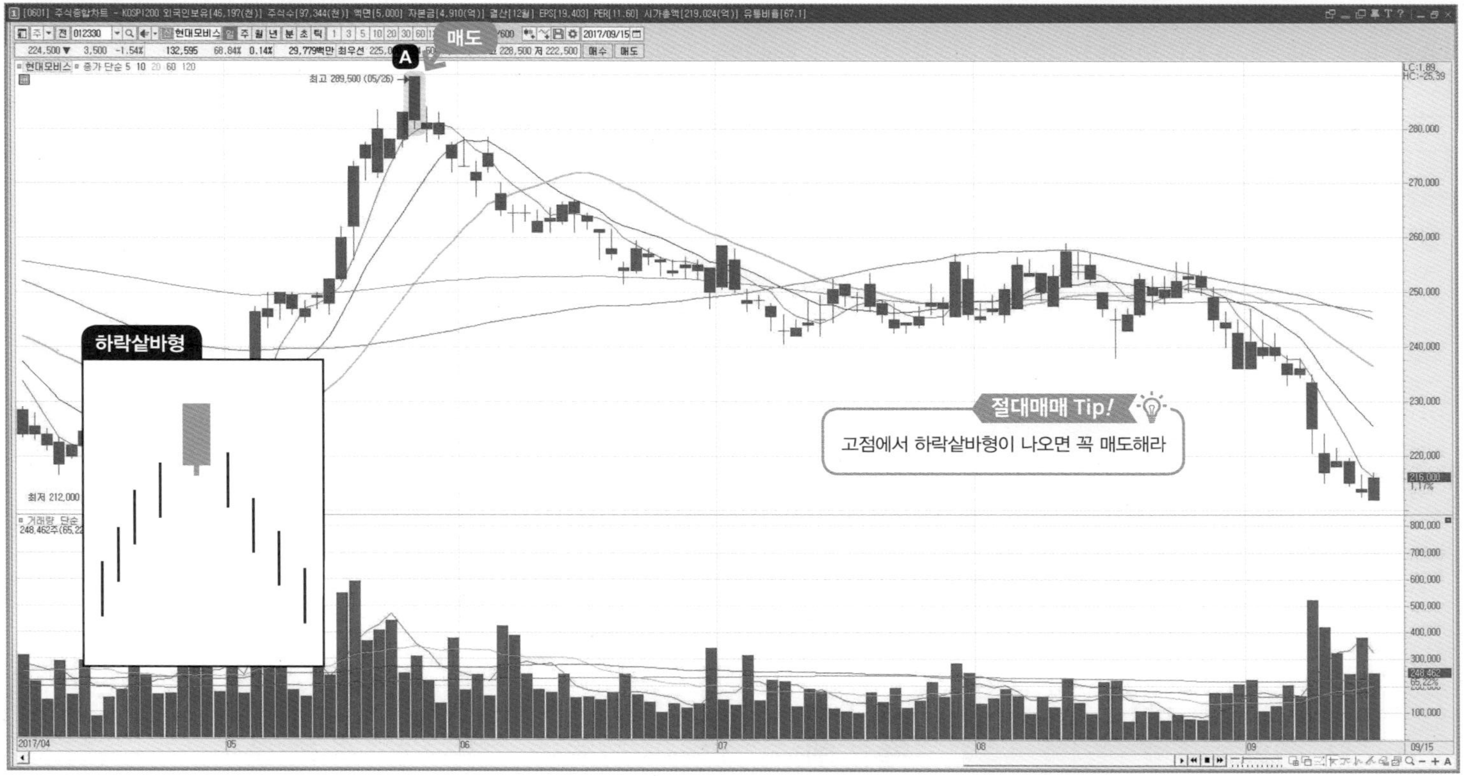

A
매도
최고 289,500 (05/26)
최저 212,000
하락샅바형

절대매매 Tip!
고점에서 하락샅바형이 나오면 꼭 매도해라

개선 선생의 절대비기!

• 하락샅바형이란?

고점 돌파를 실패하고, 장대음봉이 나오는 모습이다. 시가 대비 종가가 상당히 많이 빠진 상태인데, 갭상승 후 하락한 것이기 때문에 더욱 힘이 약하다고 봐야 한다. 정배열의 이격이 심한 상태라 5일선을 깰 때부터 매도하는 것이 좋다.

주식 격언 새기기!

"목숨이 걸린 돈에는 손을 대지 말아야 한다."

얼마 전 주식투자로 인한 손실을 비관해 목숨을 끊었다는 비보가 증권가를 얼어붙게 한 적이 있다. 주식투자는 어디까지나 여유자금으로 해야 한다. 위험한 돈을 투자해 손해 본다면 이성적인 판단을 잃을 확률이 높다. 빚을 내서 주식투자를 하지 말라는 것도 같은 맥락에서 이해하면 될 것이다.

개선 선생의 한마디!

하락샅바형(A)은 상승샅바형과 다르게 꽉 찬 음봉이 발생하는 경우이다. 상승샅바형과 마찬가지로 위꼬리나 아래꼬리가 길지 않다. 매도세가 매수세보다 강하기 때문에 저가에서 매수하려는 의지가 크게 없는 캔들이다. 상승추세에서 하락샅바형이 만들어지면, 추세가 꺾일 수 있으니 주의해야 한다. 몸통이 길수록, 거래량이 터질수록 조심해야 한다.

225 | 하락까마귀형 | 이틀 연속 갭상승 후, 주가가 제자리라면 하락신호? 유수홀딩스 일봉

매도

❶

까마귀형

절대매매 Tip!

고점 돌파 실패 시 매도한다.

개선 선생의 절대비기!

거래량이 터지는 자리부터는 조심해야 한다. 또한 갭을 지속적으로 띄우면서도 상승 돌파를 못 하고 있다면, 더욱 조심해야 한다. 이때는 강한 상승세가 없어졌다고 보는 것이 맞다.

주식 격언 새기기!

"머리와 귀를 이용하지 말고 눈을 이용해야 한다."

주식을 매매하는데 있어 예측이 맞아 떨어질 때의 그 쾌감은 말로 표현할 수 없이 기쁘다. 예상적중에 대한 기쁨과 동시에 큰 수익이 돌아오기 때문이다. 그러나 시장을 예측하고 맞추기는 그 기쁨만큼 어려운 게 사실이다. 섣부른 예측은 오히려 손실을 키우는 원인이 되기도 한다. 시장에 돌고 있는 정보(귀)나 주관적인 감정과 판단(머리)에 치우치지 말고 주가 흐름을 눈으로 확인한 후 매수하는 것이 최선의 방법이다.

개선 선생의 한마디!

까마귀형(①)은 영어로 Upside gap two crows이다. 문자 그대로 해석하면, 상승갭이 발생하고 두 마리의 까마귀가 있다는 뜻이다. 이 까마귀는 전선이나 나뭇가지에 앉아 아래를 내려본다는 것으로, 고가에 있다는 의미이다. 본 차트는 약간 변형된 형태로, 두 번째 캔들이 양봉이지만 상승갭 이후의 단봉이기 때문에 크게 의미는 없다. 다만, 세 번째 캔들의 종가가 전일 종가를 지키지 못하고 마감한다. 두 번째 캔들에서 매수세의 입지를 어느 정도 지켜줬다면, 세 번째 캔들은 힘이 무너진 양상이다. 즉, 매수세가 힘을 잃었다는 것이다. 본 차트에서 체크 포인트는 세 번째 캔들이 전일 종가를 지켜주지 못했다는 것이다.

226 | 상승까마귀형 | 떨어질 듯 갭하락이 나오나 상승 반전하다 코디엠 일봉

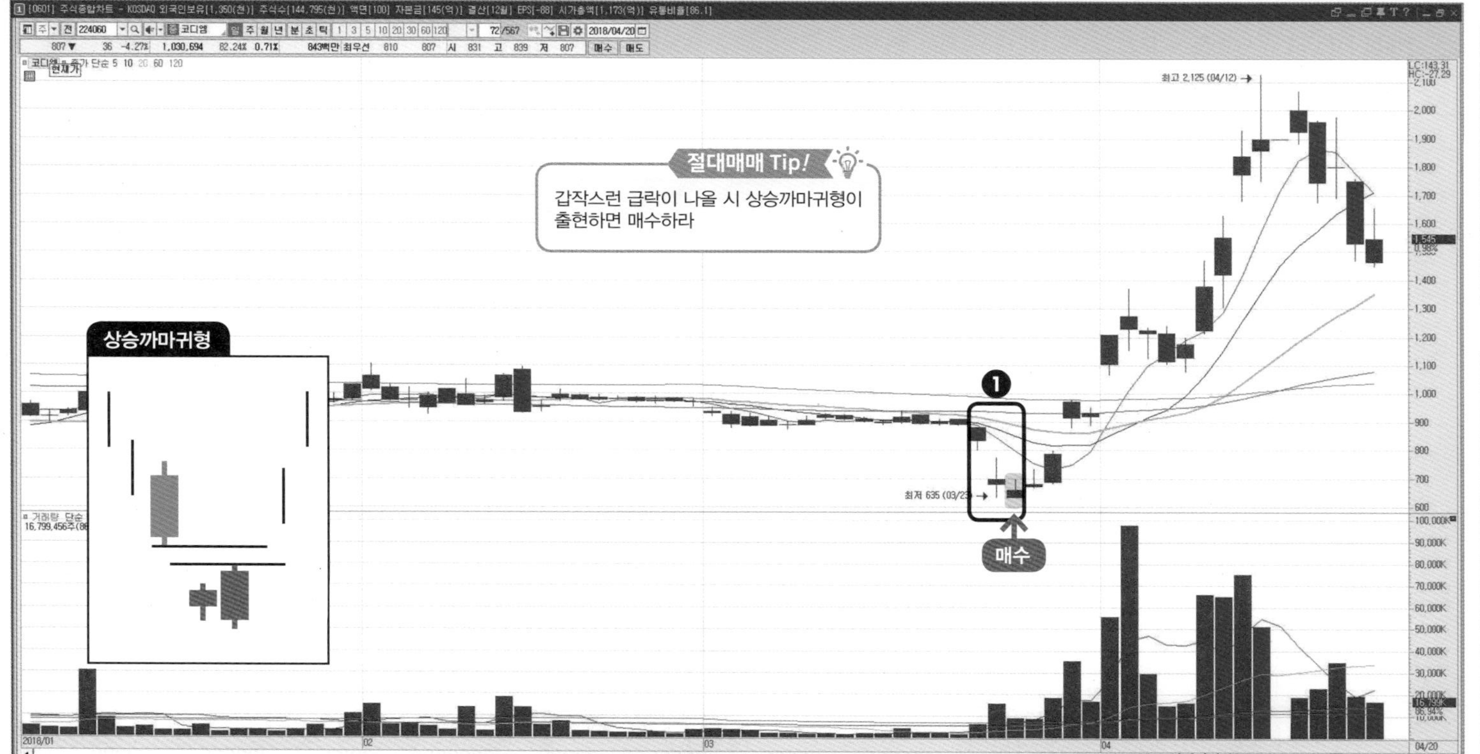

개선 선생의 절대비기!

• **상승까마귀형이란?**

하방에서 지속적으로 상승으로 끌어올리고 있는 모습은 상당히 좋은 차트 모습이다.

주식 격언 새기기!

"사고 싶은 약세, 팔고 싶은 강세."

시장이 하락세가 진행되고 있으면 소극적으로 대응하고 상승세로 접어들면 적극적으로 대응하는 것이 증권매매의 기본임에도 불구하고 대다수의 투자자들이 이를 간과한다.

수익을 극대화시키기 위해서는 약세장이 진행될 때는 현금을 보유한 상태에서 낙폭과대에 의한 기술적 반등 시에만 짧게 단기관점으로 매매를 하되, 긴 호흡으로의 매수는 가급적 자제해야 한다. 반면에 강세장이 진행될 때는 주식 보유량을 늘리면서 추세가 꺾이는 징후가 드러나기 전까지는 수익 극대화에 집중해야 한다.

개선 선생의 한마디!

두 번 연속 시가 갭이 발생한 것이다. 두 번째 양봉이 시가 갭하락을 하고, 종가를 끌어올린다. 그러고 나서 세 번째 날 다시 시가 갭하락이 나오면서 저가를 내렸다가 다시 종가는 전일보다 높게 형성한다. 즉, 밑에서 매수하는 세력이 있다고 보는 것이다. 갭하락을 하면, 끌어올리면서 힘을 보여주고 있기에 상승 반전이 가능하다. 까마귀형(①)을 보면, 첫 번째 양봉에서 시가 갭하락(–18%)이, 두 번째 양봉에서도 시가 갭하락(–9%)이 나타난다.

227 | 흑삼병 | 고점에서 흑삼병이 나오면 빨리 매도해라 디아이 일봉

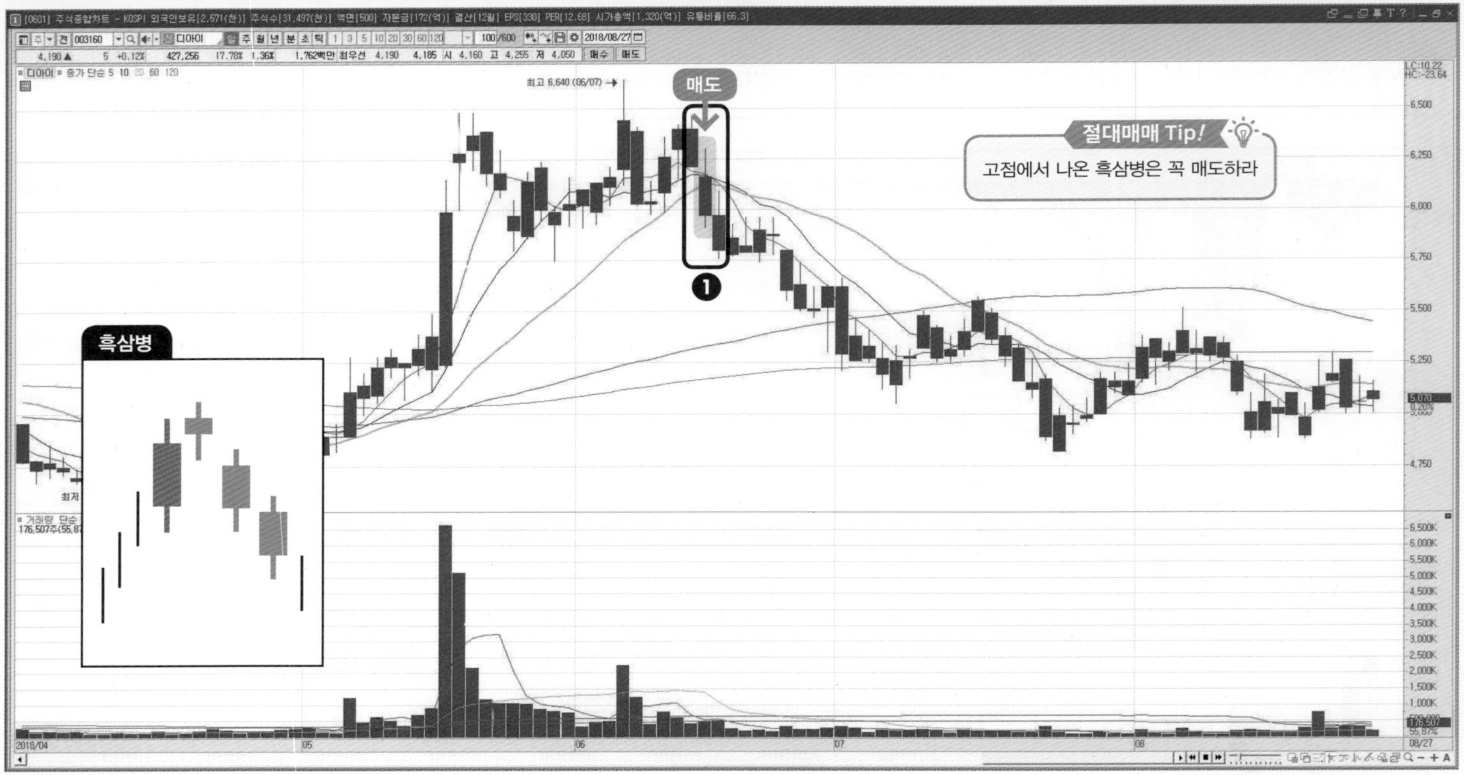

흑삼병

매도

❶

절대매매 Tip!

고점에서 나온 흑삼병은 꼭 매도하라

개선 선생의 절대비기!

고점에서 나오는 흑삼병(①)은 정말 조심해야 한다. 그런데 보통 흑삼병에서는 처음 음봉이 나오고, 두 번째 음봉이 나올 땐 매도하는 것이 좋다. 흑삼병이 완성되는 것을 절대 기다리지 말고, 먼저 행동으로 움직여야 한다.

주식 격언 새기기!

"상승세가 강한 주식의 첫 번째 하락은 매입 신호다."

기술적인 분석이 가미된 증시격언이다. 주식이 강한 상승을 보인 후 차익매물이 나와 하락양상을 보이는 시점을 주식 매수 기회로 삼으라는 의미다. 주식은 시세의 흐름을 한 쪽으로 잡으면 일정기간 진행되는 속성을 보이는데 이를 적절히 활용하면 짭짤한 수익을 거둘 수 있다. 이 같은 시세의 흐름을 따라가는 투자에서는 추가 상승의 목표치를 너무 크게 잡기보다는 적절히 이익을 챙기고 빠지는 지혜도 필요하다.

개선 선생의 한마디!

흑삼병(①)의 영문 이름(Three Black Crows)에도 까마귀가 들어간다. 보통 까마귀는 소설이나 영화에서 흉조인데, 흑삼병의 영문 이름에는 이 까마귀가 세 마리나 나왔다. 상승추세에서 나오는 흑삼병은 그만큼 하락추세의 전환 신호로 작용할 수 있다. 또한 흑삼병의 캔들이 직접 20일선을 이탈하여 내려가고 있으면, 고점에서 세 번 이상 돌파를 실패했기 때문에 매도해야 한다.

228 | 적삼병 | 20일선 돌파나 전고점 돌파 적삼병을 매수해라 디아이 일봉

절대매매 Tip!

저점에서 적삼병+거래량 증가 나올 시 매수해라

상승적삼병

매수

개선 선생의 절대비기!

- **상승적삼병이란?**

이중바닥이나 삼중바닥이 완성된 후, 저점에서 적삼병이 나올 때에는 강한 상승 기대감이 살아 있다고 볼 수 있다. 거래량이 순증하면, 더욱 신뢰도가 높다.

주식 격언 새기기!

"생선의 꼬리와 머리는 고양이에게 주어야 한다."

주식을 천정에서 팔고 바닥에서 살 생각을 버려야 한다. 바닥에서는 사기 어렵고 천장에서는 팔기 어렵기 때문이다. 생선도 다 먹으려면 체하는 법이다. 때론 바닥(꼬리)에 대한 미련 때문에 몸통을 먹을 기회조차 살리지 못하는 우를 범하기도 한다.

개선 선생의 한마디!

상승적삼병 패턴(①)이 주가가 바닥이나 저가일 때 나타나면, 큰 상승 시세를 줄 수 있는 기폭제라고 생각하면 쉽다. 주가가 저가에서 머물던 중 세 개의 양봉이 출현하면, 본격적으로 주가를 끌어올리겠다는 매수세의 힘이 작용한다고 보면 된다. 특히 20일선을 돌파하거나 전고점 부근을 돌파하는 형태로 나온다면 신뢰도가 더 높다. 캔들이 점차 줄어드는 형태보다는 캔들이 점차 커지는 형태라면 더 빠른 급등주가 나오게 된다. 거래량도 이후에 터지는지 확인해야 한다.

229 | 하락반격형 | 양음양으로 오해할 수 있는 캔들이다 노루페인트 일봉

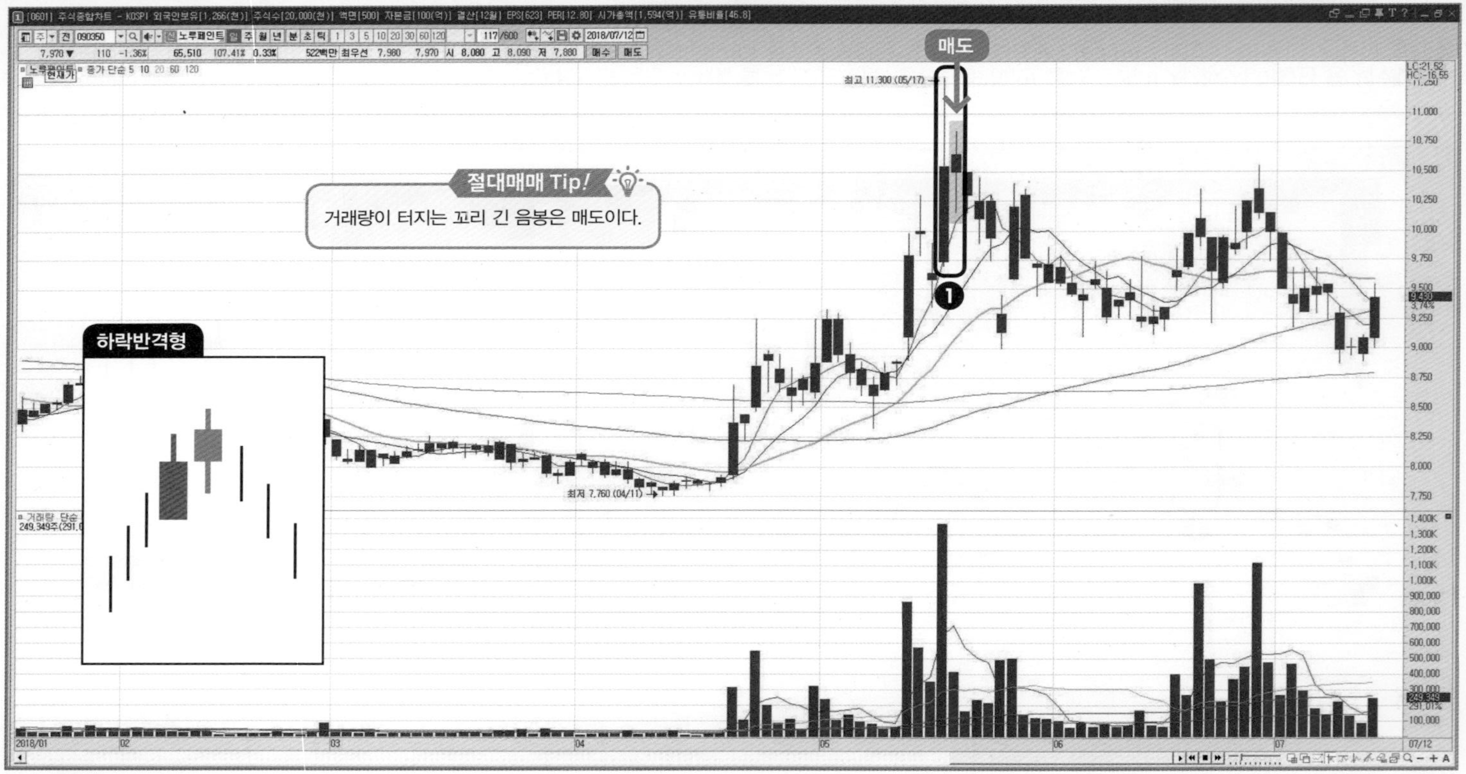

매도

절대매매 Tip!

거래량이 터지는 꼬리 긴 음봉은 매도이다.

하락반격형

개선 선생의 절대비기!

양음양으로 오해할 소지가 크다. 양음양과의 차이점은 상당히 많은 거래량이 터진다는 것과 하락반격형 다음에 나타나는 캔들이 저점을 지지하지 못하고 하락한다는 것이다. 하락반격형은 두 캔들의 종가가 같아야 한다.

주식 격언 새기기!

"소문난 잔치에 먹을 게 없다."

주도주로 소문나면 주가는 더 이상 오르기 어려워진다. 큰 시세를 내는 경우는 소문도 없이 조용히 눈치 채지 못하게 오를 때이다. 만인에게 정체가 노출되면 일반 투자가인 매수세력이 급격히 달라붙어 거래량이 급등한다. 반면에 이들 매수세력은 이익이 조금이라도 남으면 매도세력으로 돌변하므로 큰 시세를 내는데 필요한 매도 세력의 공백현상을 만들기 어렵다. 소문난 잔치보다 소문나지 않게 조용히 초대받았을 때 진수성찬이 차려져 있는 법이다.

개선 선생의 한마디!

하락반격형(①)은 첫째 날 캔들이 양봉이고, 둘째 날 캔들은 음봉이다. 단, 캔들의 종가는 같아야 하는데, 이 패턴은 상승추세에서 발생한다. 사실 앞서 소개한 관통형이 반격형보다는 더 유의미한 반전 패턴이지만, 반격형의 경우에는 이전 종가를 지키려는 매수세가 존재한다는 의미이기 때문에 주의해야 한다.

230 | 상승반격형 | 샅바형과 비슷하지만 흐름을 이해해라 흥국화재우 일봉

개선 선생의 절대비기!

상승반격형은 전일 음봉의 종가까지 회복하는 양봉이다.
바닥권에서 상승반격형이 나타나면 주가가 단기반등할 가능성이 크다.

주식 격언 새기기!

"꽃을 꺾고 잡초에 물을 주지 말아야 한다."

수익이 나는 주식(꽃)을 보유하고 손실이 나는 주식(잡초)을 과감히 자르는 작업이 필요하다는 의미다. 반대로 꽃을 꺾고 잡초에 물을 주게 되면 결국 잡초만 무성하게 되는 큰 낭패를 입게 된다.

개선 선생의 한마디!

상승반격형(①)은 하락반격형과 반대 개념이다. 반격형은 전일 종가와 당일 종가가 같거나 큰 차이가 없는 캔들이다. 반격형은 관통형보다는 힘이 약한 부분이 있으나 반전신호가 될 수 있는 캔들이기 때문에 반드시 살펴야 한다.

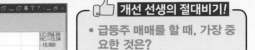

231 | 양음양 | 20일선 지지+양음양+돌파 매매 제이엔케이히터 일봉

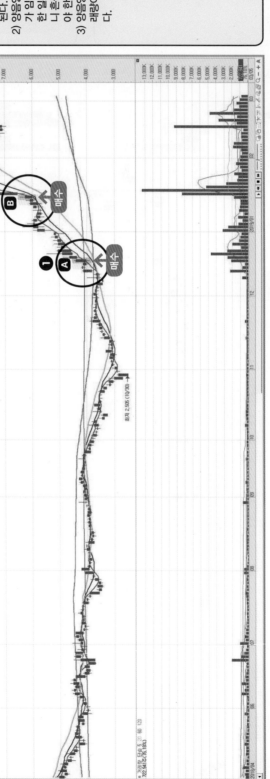

절대매매 Tip!

양음양의 마지막 양봉에서 상승을 확인하고 매수한다.

개선 선생의 절대비기!

- 급등주 매매를 할 때, 가장 중요한 것은?

1) 양음양은 자주 나오는 신호이다. ①, ②번에서 양음양(A, B)이 나타나는데, ①번에서는 20일선을, ②번에서는 10일선을 지지하면서 두 번째 양봉에서 매수 자리가 형성된다.
2) 양음양에서 음봉은 전고점 돌파가 임박한 자리에서 매물대로 인한 일부 차익매물이 나오는 것이니 흔들리지 말고 추세 매매를 해야 한다.
3) 양음양이 나올 때는 ①번처럼 거래량이 순증하는 것이 가장 좋다.

개선 선생의 한마디!

급등주 매매는 어렵지 않다. 거래량이 더욱 잘 설명해 주기 때문에 오히려 일반 추세 매매보다 더 쉬울 수 있다. 캔들과 이평선도 지지와 저항을 잘 만들어 주면서 올라가기 때문에 멀리 가는 급등주일수록 오히려 더욱 깔끔하게 매매할 수 있다.

232 | 양음양 변형 | 양+음(고가놀이)+양 셀바이오텍 일봉

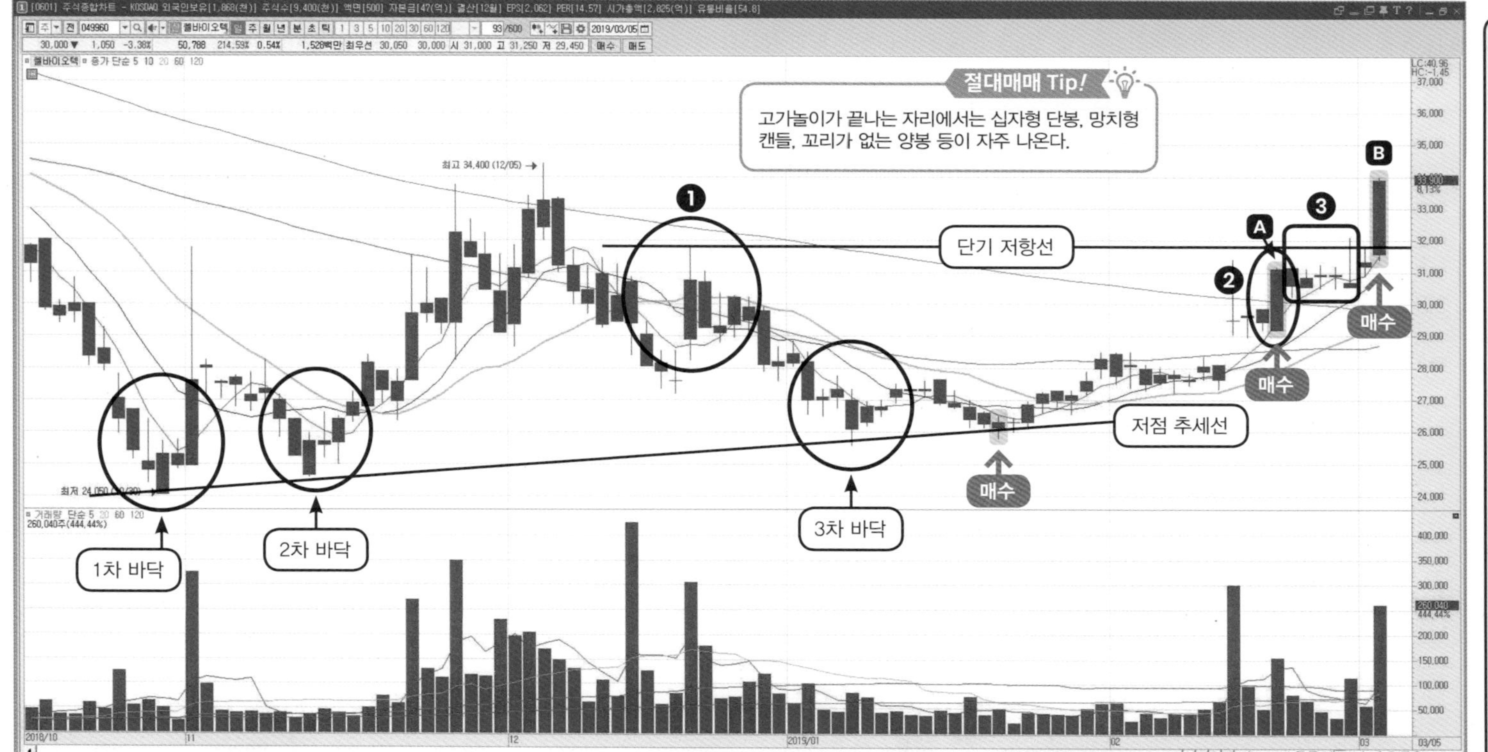

개선 선생의 절대비기!

- 장대양봉 + 고가놀이 + 돌파 장대양봉

1) 고점 돌파를 하지 못하고 하락하는 도중에 ①번처럼 작은 파동을 다시 시도한다. 만약 이 파동이 전고점까지 가지 못하고 눌림이 나온다면, ①번의 고점이 단기 저항 구간이 된다.
2) ②번에서 장대양봉(A)이 나온 다음, ③번 구간에서 5일 동안 고가놀이가 나타난다. 이 고가놀이를 하나의 음봉으로 이해할 수 있다. 가격조정보다 기간조정으로 매물을 소화하는 구간이라고 보면 된다. 보통 짧은 고가놀이는 3일, 5일 동안 나오지만, 때에 따라서는 9일, 13일까지 나오는 경우도 있다.
3) 이후에 전고점을 돌파하면서 강한 장대양봉(B)이 나온다. 이미 고가놀이를 통해서 차익매물을 소화했기 때문에 큰 거래량 없이도 강한 돌파를 할 수 있다.

개선 선생의 한마디!

주식은 매수와 매도 간의 힘의 균형으로 움직이는 심리적인 흐름이 중요하다. 어느 쪽의 힘이 강하냐에 따라서 주가의 방향은 정해진다. 하방에서 삼중바닥이 나오면, ①번처럼 고점 테스트를 하면서 다시 거래량이 줄어든다. 그리고 상승 탄력이 다시 나오는 ②번 구간부터는 집중을 해야 한다. 전고점을 돌파할 때, 위에서 설명한 양음양 법칙을 많이 활용한다는 것을 명심해야 한다.

233 | 속임수 음봉 | 속임수 음봉 찾아내는 방법은? 디피씨 일봉

절대매매 Tip!

거래량이 다시 늘어날 때 매수한다.

개선 선생의 절대비기!

• 속임수 음봉이란?

강한 상승이 나오던 중, 갑작스럽게 음봉이 나타나 개미떨기가 나온다. 이는 개인투자자의 투자심리를 꺾어버리는 음봉이다. 속임수 음봉인지 아니면 추세 하락인지 구분하는 방법은 세 가지가 있다. 첫째, 거래량이 없을 때는 속임수 음봉이다. 둘째, 지지선을 이탈한 후에 바로 회복하지 못한다면 추세 이탈이다. 셋째, 속임수 음봉 다음에 나타나는 캔들이 중요한 이평선 및 저점을 지지하는 것이 중요하다.

주식 격언 새기기!

"나누어서 사고
나누어서 팔아야 한다."

투자자들은 누구나 시세에 대한 100% 확신을 가질 수 없기 때문에 나누어서 매매함으로써 시황의 변화에 따라 매매를 조정할 수 있다.

개선 선생의 한마디!

속임수 음봉(A)이 나오는 이유는 보통 개인투자자의 매수세를 꺾으려는 의도도 있지만, 속임수 음봉의 최저점이 세력의 평단가가 될 수도 있기 때문이다. 독한 세력은 자신의 평단가까지 음봉으로 매도하면서 겁을 주는 경우도 있다. 속임수 음봉이 나온 다음에 다시 거래량이 크게 상승하거나 점진적으로 증가한다면, 추세 돌파가 이루어질 수 있기 때문에 매수해야 한다.

234 | 속임수 음봉 | 상승 초입 속임수 음봉에 속지 마라 이즈미디어 일봉

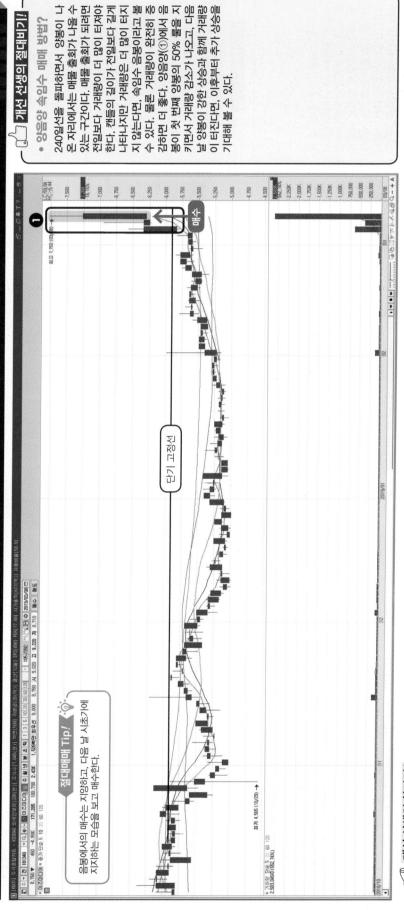

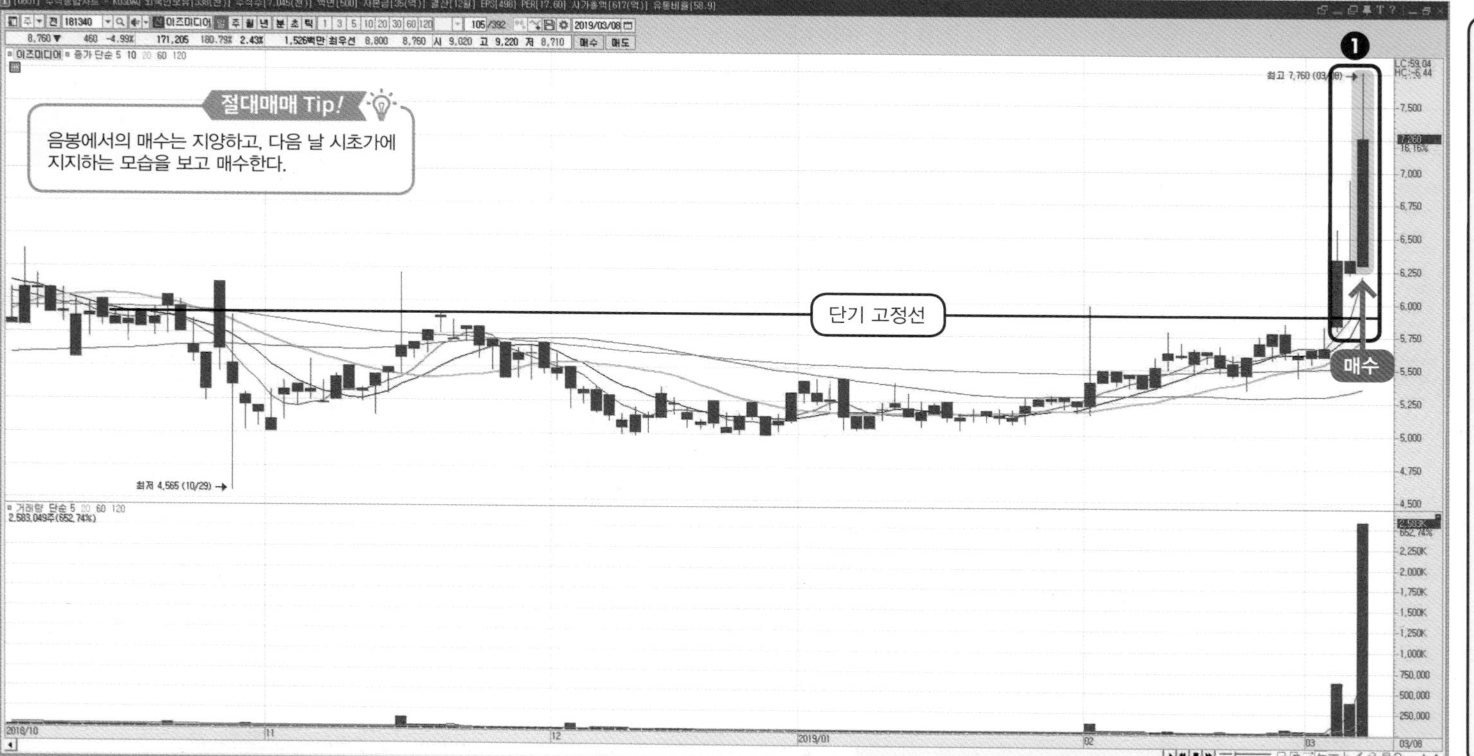
절대매매 Tip!
음봉에서의 매수는 지양하고, 다음 날 시초가에 지지하는 모습을 보고 매수한다.
단기 고정선
매수
최고 7,760 (03/08)
최저 4,565 (10/29)

개선 선생의 절대비기!

• **양음양 속임수 매매 방법?**

240일선을 돌파하면서 양봉이 나온 자리에서는 매물 출회가 나올 수 있는 구간이다. 매물 출회가 되려면 전일보다 거래량이 더 많이 터져야 한다. 캔들의 길이가 전일보다 길게 나타나지만 거래량은 더 많이 터지지 않는다면, 속임수 음봉이라고 볼 수 있다. 물론 거래량이 완전히 증감하면 더 좋다. 양음양(①)에서 음봉이 첫 번째 양봉의 50% 룰을 지키면서 거래량 감소가 나오고, 다음 날 양봉이 강한 상승과 함께 거래량이 터진다면, 이후부터 추가 상승을 기대해 볼 수 있다.

개선 선생의 한마디!

240일선+캔들+거래량+재료+실적과 같은 여러 가지 분석 자료가 상승을 외치고 있다면 큰 시세분출이 나올 수 있다.

235 | 속임수 캔들 | 속임수 음봉 이후 흐름이 중요하다 포비스티앤씨 일봉

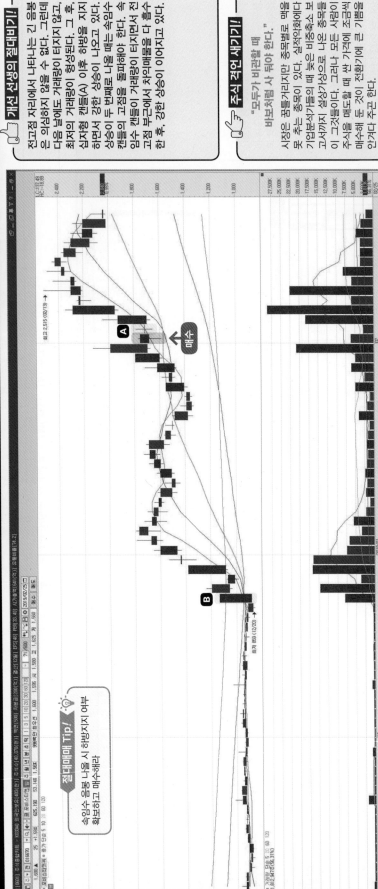

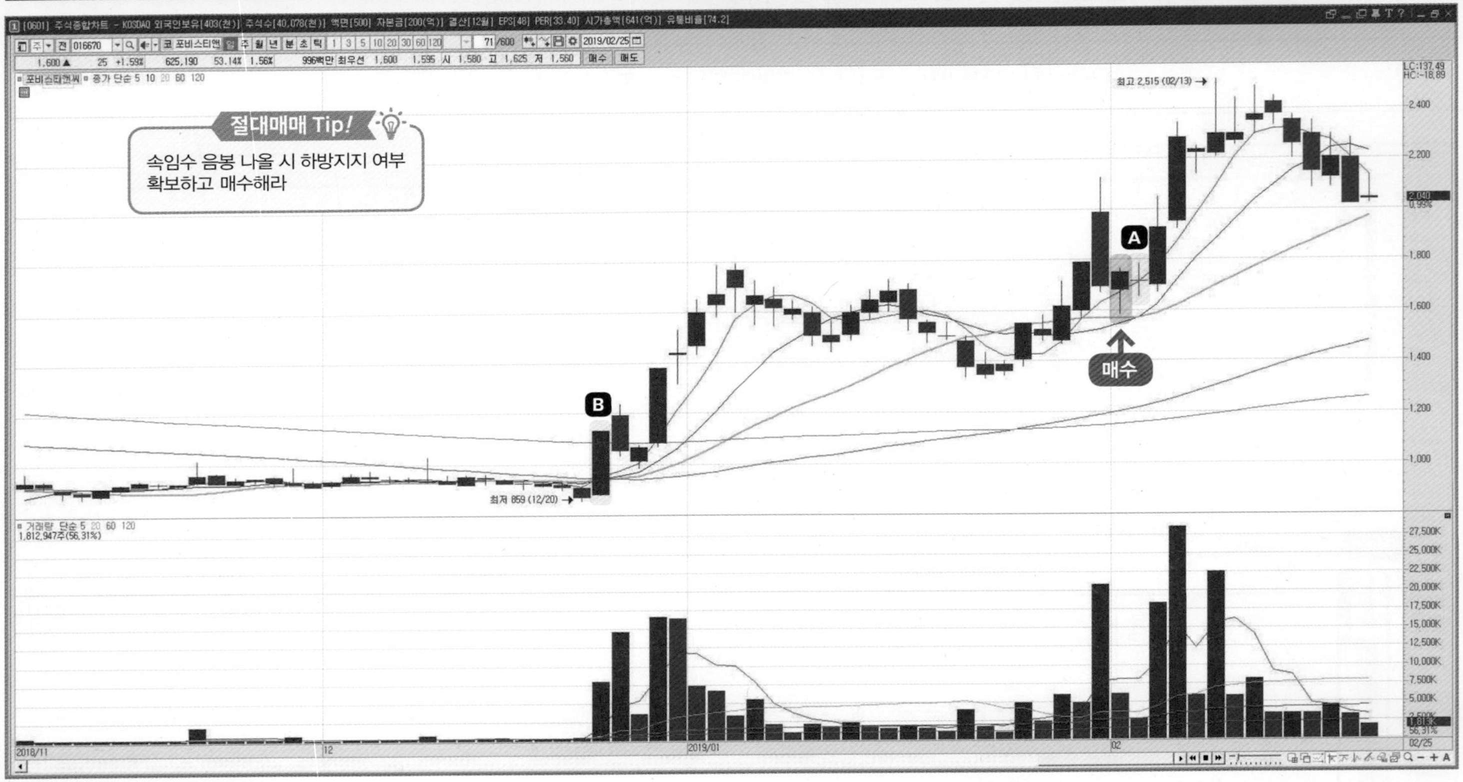

절대매매 Tip!

속임수 음봉 나올 시 하방지지 여부 확보하고 매수해라

개선 선생의 절대비기!

전고점 자리에서 나타나는 긴 음봉은 의심하지 않을 수 없다. 그런데 다음 날에도 거래량이 터지지 않고, 최저의 거래량이 형성된다. 그 후, 십자형 캔들(A) 이후 하방을 지지하면서 강한 상승이 나오고 있다. 상승이 두 번째로 나올 때는 속임수 캔들의 고점을 돌파해야 한다. 속임수 캔들이 거래량이 터지면서 전고점 부근에서 차익매물을 다 흡수한 후, 강한 상승이 이어지고 있다.

주식 격언 새기기!

"모두가 비관할 때 바보처럼 사 둬야 한다."

시장은 꿈틀거리지만 종목별로 맥을 못 추는 종목이 있다. 실적악화에다 기업분석가들의 때 늦은 비중축소 보고서까지 설상가상으로 나온 종목들이 그것들이다. 그러나 모든 사람이 주식을 매도할 때 싼 가격에 조금씩 매수해 둔 것이 전환기에 큰 기쁨을 안겨다 주곤 한다.

개선 선생의 한마디!

상승 초입부터 장대양봉(B)이 출현하고, 정배열이 확산됐다가 수렴한다. 캔들이 20일선을 살짝 이탈했다가 다시 상승하면서 전고점 부근에서 속임수 음봉이 나타난다. 다음 날 이평선을 지지하면서 상승 랠리가 나온다. 거래량이 줄고 있을 때 매수하고, 거래량이 터질 때에는 매도하는 것이 맞다.

236 | 지속형 패턴 - 상승갭 | 갭은 메꾸면서 가야 멀리 간다 이화공영 일봉

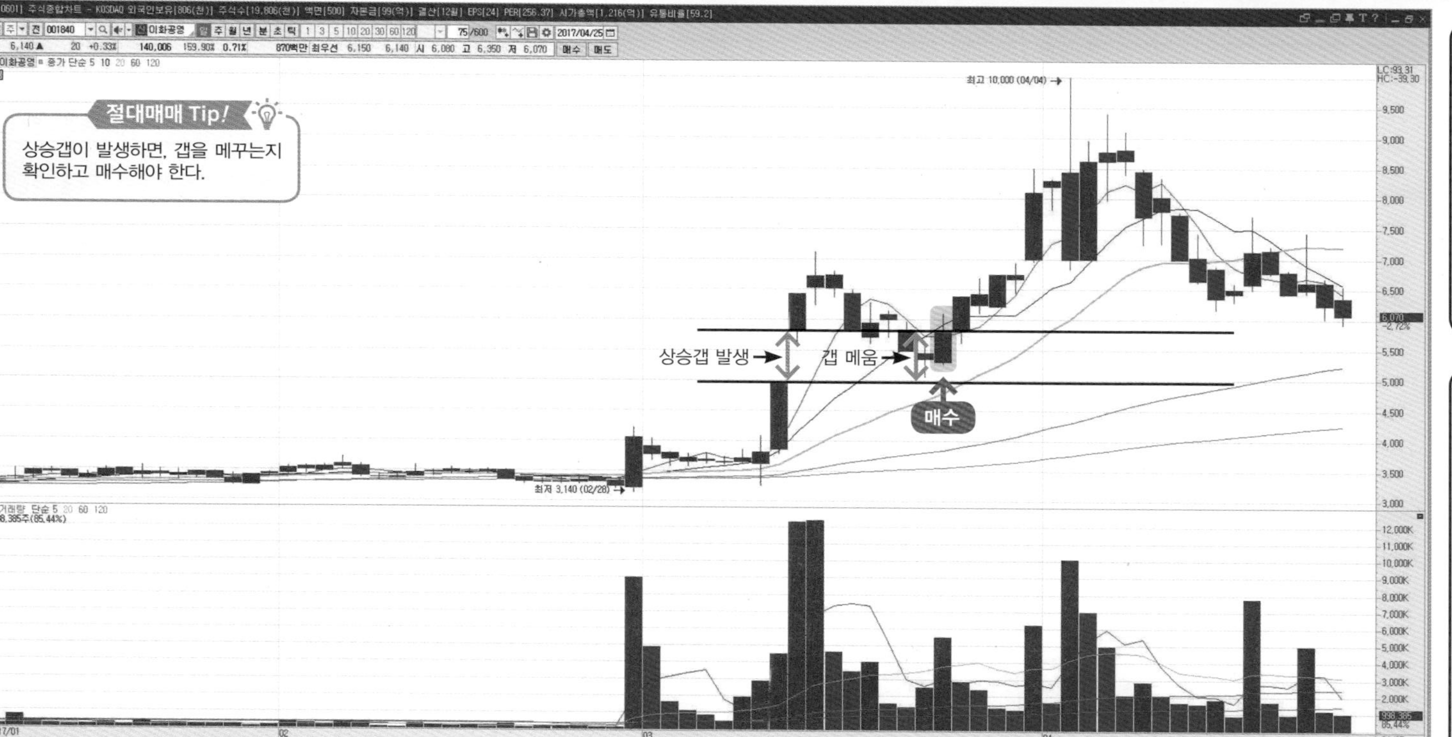

개선 선생의 절대비기!

• **돌파갭 VS 상승갭**

상승 초입에 갑작스러운 돌파가 나오면서 갭이 발생하는 돌파갭은 갭을 메꾸지 않고 올라가는 경우가 많다. 하지만 상승 중간에 나오는 상승갭은 그 갭을 메꾸러 내려올 수 있으니 눌림에 대비해야 한다.

주식 격언 새기기!

"벌어들인 이익은 독수리처럼 지켜야 한다."

독수리는 먹잇감을 지키고 있다가 단번에 낚아채고 그 후에도 항상 경계를 늦추지 않는다. 주식투자는 100번의 성공 후에 다가온 단 한 번의 실수로 그 동안 벌어둔 이익을 모두 까먹거나 원금마저 손해를 볼 수 있다.
수익을 낸 부분을 다른 사람보다 잘 지키고 이를 위해 위험을 관리하는 것이 최종 승자가 되는 비결이다. 주식투자에서는 항상 경계심을 갖고 시장에 유연하게 대응하는 노력이 필요하다.

개선 선생의 한마디!

주식시장에는 힘이 균형을 맞추는 특성이 있다. 상승갭(Gap) 또한 힘의 균형을 이용한 기술적 분석 중 하나다. 상승갭이 발생한 날은 과도한 매수세가 시초부터 발생하면서 캔들을 크게 띄우게 된다. 하지만 주식시장에서는 저런 갭을 가만히 두지 않는다. 기술적 분석가라면 갭이 발생한 뒤 메꿔지지 않고 지속 상승한다면 불안할 것이다. 지속형 패턴은 갭을 메꾸는 시점에서 상승갭을 하향 이탈하지 않는 특징이 있다. 이후에 추가 상승이 나올 수 있고, 추세가 끝난 것이 아니기 때문에 수익을 극대화하면 된다.

237 | 지속형 패턴-하락갭 | 하락이 나올 때 나오는 하락갭은 매도의 기회이다 보성파워텍 일봉

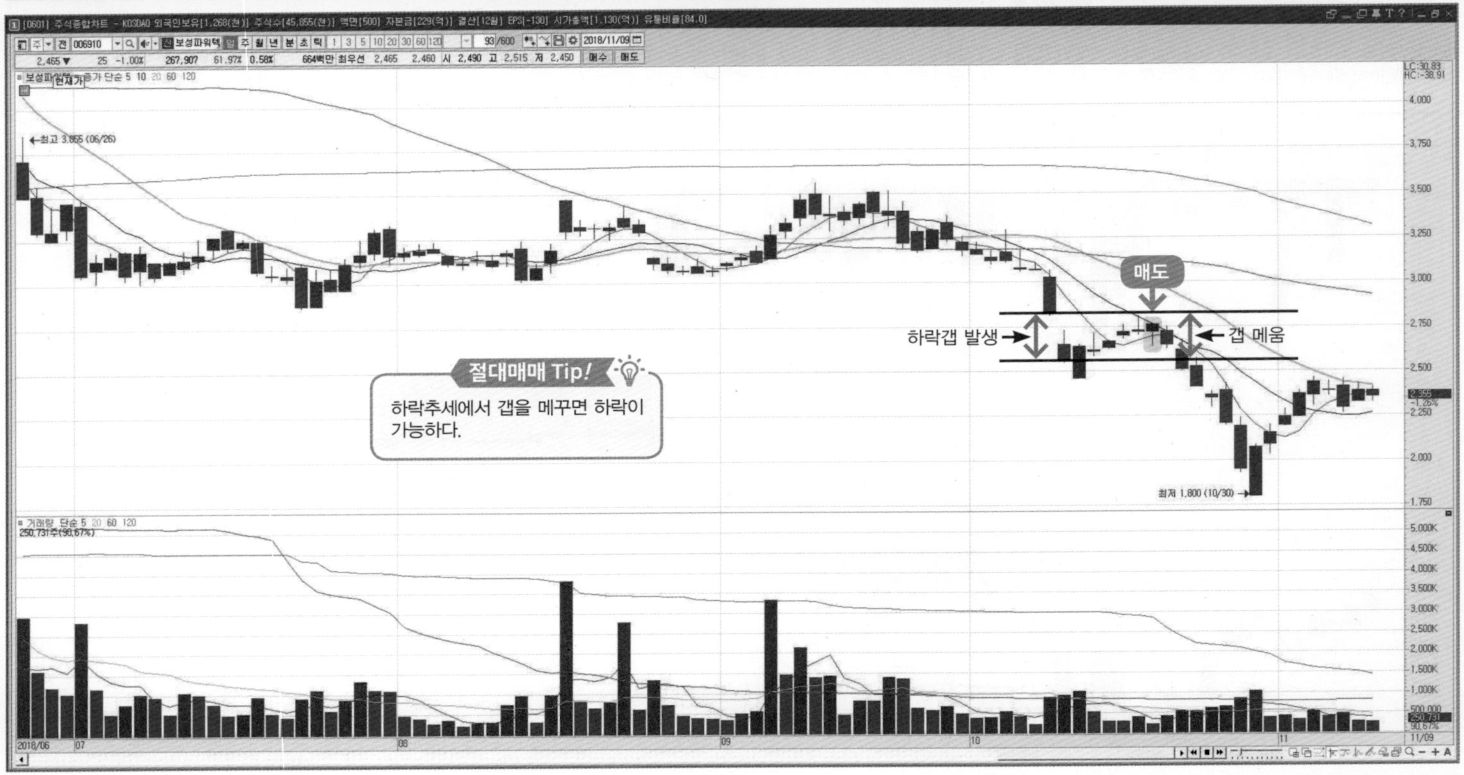

하락갭 발생

갭 메움

매도

절대매매 Tip!

하락추세에서 갭을 메꾸면 하락이 가능하다.

개선 선생의 절대비기!

- **하락갭이 나왔다가 매수하면 절대 안 된다.**

하락갭은 강한 하락세가 한 번 더 시작된다고 볼 수 있다. 그러니 반등이 나오면서 갭을 메꾸는 자리에서는 일단 비중을 줄이고 대응하는 것이 좋다.

주식 격언 새기기!

"부피가 크다고 좋은 것은 아니다."

일반투자가들은 싼 주식을 많이 갖기를 원한다. 비싼 주식을 갖기 싫어한다. 왜냐하면 적은 돈으로 많은 양의 주식을 갖고 싶기 때문이다. 주식의 수량이 많고 적은 것은 소용이 없다. 양보다 질. 부실주, 저가주를 잔뜩 사두었다가는 어느 날 자신의 주식이 휴지가 된 것을 발견할 수도 있다. 큰 보따리에 반드시 좋은 게 많이 들어있는 건 아니다. 실속 있는 주식을 사야 한다.

개선 선생의 한마디!

하락갭은 상승갭과 반대되는 지속형 패턴이라고 보면 된다. 하락갭이 발생한 이후에 주가가 반등이 나오더라도, 캔들이 갭을 상승 돌파하지 않는다면 하락추세가 지속된다고 보는 것이 맞다.

238 | 지속형 패턴 - 상승 삼법형 | 상승추세의 힘이 살아 있는 형태이다 보해양조 일봉

개선 선생의 절대비기!

상승 삼법형(①)에서 장대양봉이 갖는 의미는 상당히 크다. 상승 삼법형이 나올 경우, 장대양봉의 몸통을 벗어나지 않고 고가놀이가 나타난다면, 고가놀이가 끝나는 시점(거래량이 완전히 줄어든 상태)이 매수 포인트가 될 수 있다.

주식 격언 새기기!

"바퀴벌레 한 마리를 조심해야 한다."

바퀴벌레 한 마리가 부엌에서 발견됐을 때 찬장이나 구석진 곳을 뒤지면 십중팔구 다른 바퀴벌레들이 많이 숨어있다. 대표적인 기업의 실적발표는 해당업종의 단기전망과 직결되는 경우가 많다는 것이 바퀴벌레 이론의 기본이다.

몇몇 기업들의 부도나 외부감사 회계법인의 부정적 감사의견, 대주주의 모럴해저드 등이 문제가 되면 시장에는 악영향을 미칠 수밖에 없다. 대표기업의 실적도 마찬가지다. 특정기업의 호재나 악재가 동종업체 또는 시장전반에 미치는 영향을 반드시 감안해야 한다.

개선 선생의 한마디!

상승 삼법형은 상승추세에서 장대양봉이 출현한 이후에 장대양봉의 고가와 저가를 훼손하지 않는 범위에서 조정 캔들이 3개가 출현하는 패턴이다. 3개의 캔들이 가장 이상적이지만, 장대양봉의 고가와 저가의 범위 안에서 조정 캔들의 수는 2~5개도 상관없다. 다만, 조정 캔들 이후에는 양봉이 하나 나타나야 한다. 본 차트에서는 그 이후에 기간조정이 있었지만 지속형 패턴의 모습을 보여준다.

239 | 지속형 패턴 - 상승 삼법형(변형 패턴) | 눌림을 활용한 매수 포인트 대영포장 일봉

개선 선생의 절대비기!

장대양봉이 나오면, 큰 힘을 쏟았기에 거래량이 줄어들면서 눌림 구간이 나올 수 있다. 물론 바로 갭을 띄우면서 상승이 나올 수도 있으나 급하게 올라가면 멀리 가지 못하고 다시 눌림이 나온다. 차라리 어느 정도 조정구간을 주면서 45°의 기울기로 차근차근 올라간다면 지속적인 추세 상승이 가능하다.

주식 격언 새기기!

"사람이 가는 속에 길이 있고, 꽃의 산이 있다."

주식 매매에 있어서 타인의 의견과 자신의 마음을 억누르며 매매를 행해야 할 때가 있다. 자신의 생각이 가장 옳다고 느끼면 그대로 하는 것이 바람직함에도 분위기에 휩쓸려 버리는 경우가 많다. 거래에 있어서는 타인으로부터 독립돼 자신만의 길을 걸어가야 할 것이다. 버는 것도 투자자 본인이고 잃는 것도 투자자 본인이다.

개선 선생의 한마디!

상승 삼법형의 변형 패턴(①)이지만 기본 논리는 같다. 다만, 장대양봉의 저가와 고가의 범위에서 약간의 오차가 있고, 캔들의 수가 기존 패턴보다 많은 형태이다. 이런 패턴은 급등하는 주식에서 자주 출현하기 때문에 반드시 기억하는 것이 좋다. 장대양봉 이후에 저가를 훼손하지 않는 범위에서 추가적인 장대양봉이 발생하면, 이는 지속형 패턴으로 봐야 한다. 강한 시세 뒤의 조정은 언제든지 재상승추세를 만들 수 있다는 것을 꼭 기억해야 한다.

PART

- **보조지표**

240 | 추세지표 CCI | 과매수 과매도 구간을 파악하라 도화엔지니어링 일봉

개선 선생의 절대비기!

- **추세지표 CCI는 주가평균과 주가 사이의 편차를 나타내는 지표이다.**

과매도 : CCI가 −100 수준일 때
과매수 : CCI가 +100 수준일 때
매수 : CCI가 −100 아래에서 위로 상승할 경우
매도 : CCI가 +100에서 아래로 하락할 경우

주식 격언 새기기!

"새 술은 새 부대에 담아야 한다."

주식투자에서 성공만 계속된다면 그 이상 바랄 게 없겠지만 실패요소는 여기저기서 투자자를 노리고 있다. 한 번 실패하면 투자심리가 위축되면서 시세흐름에 둔해지고 조급해진다. 실패는 빨리 잊을수록 좋다. 새로운 기분으로 앞으로 나가라. 새 술은 새 부대에! 아픈 과거는 빨리 잊고 성공을 향해 달려 나가야 한다.

개선 선생의 한마디!

1980년에 램버트(Lambert)가 만든 보조지표 CCI는 원래 상품가격의 계절성 및 주기성 등을 확인하기 위해서 만든 것이고, 가상화폐 매매 시 추세 확인을 위한 지표로 많이 쓰인다. 현재 가격이 평균주가와 얼마나 차이가 나는지를 보여주는 지표라고 보면 된다.

241 | 추세지표 CCI | 추세를 확인하기 위한 최고의 도구 삼성중공업 일봉

CCI 값 +100 수준에서 충분히 수익실현의 기회는 올 것이다.
이동평균선 매매 전략을 같이 활용한다면,
더 좋은 매도 타이밍을 잡을 수 있을 것이다.
과매도 구간에서 과매수 구간으로 전환되는
시점을 찾아야 한다.
대략적인 평단가가 정해진다.
절대매매 Tip!
과매도 구간에서 과매수 구간 전환 시 매수해라
매수
매수 신호
+100
-100
최고 8,450 (10/04)

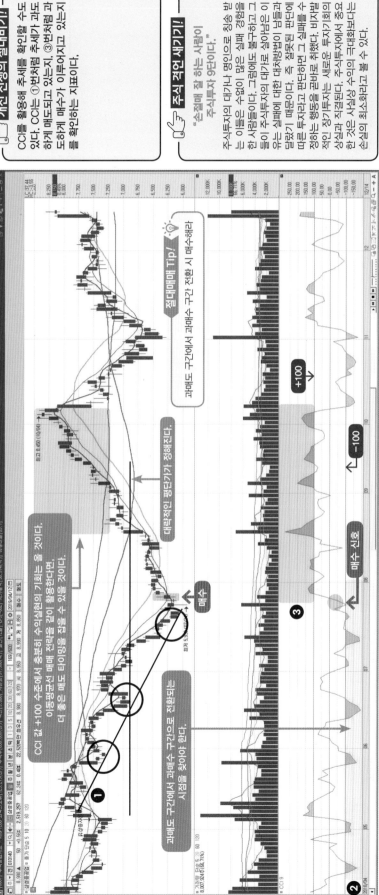

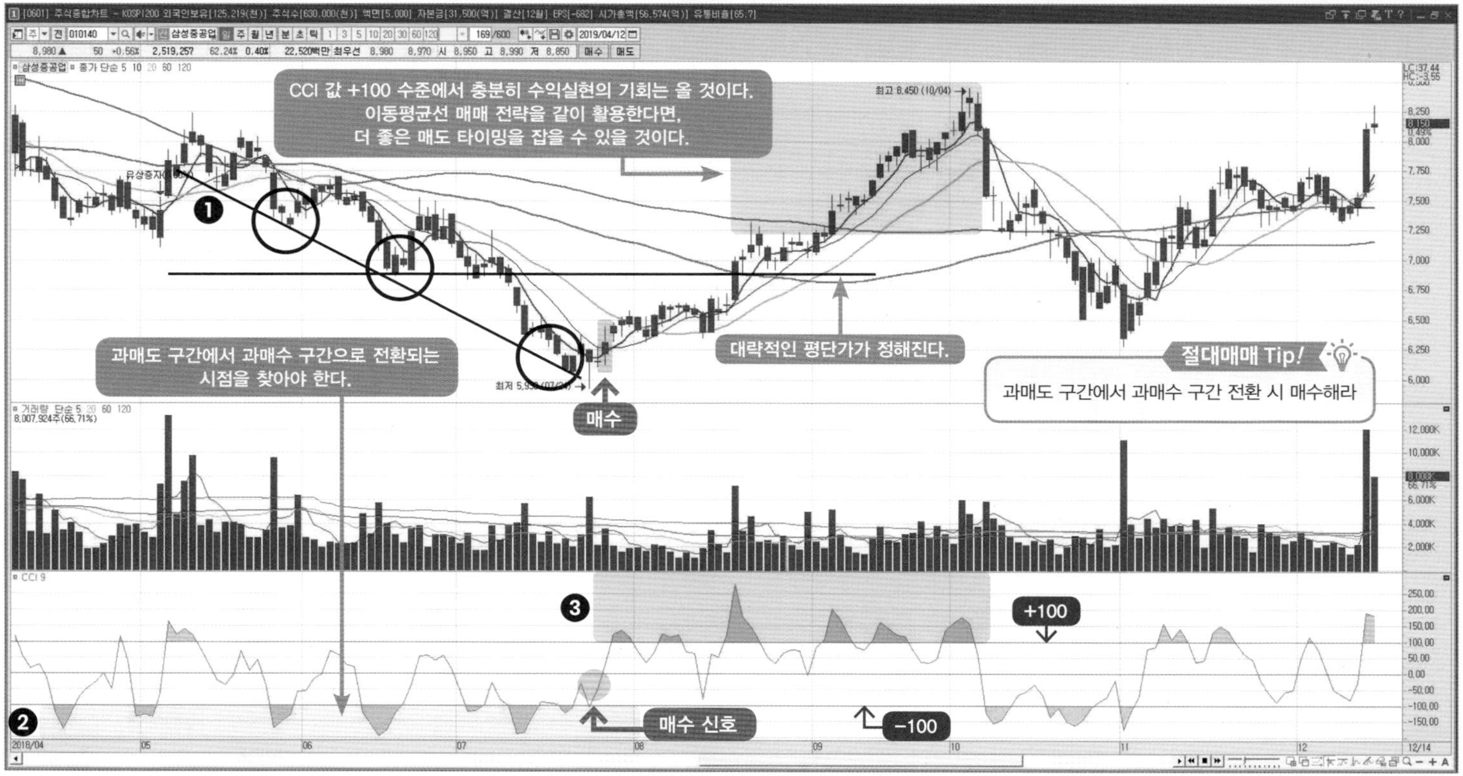

개선 선생의 절대비기!

CCI를 활용해 추세를 확인할 수도 있다. CCI는 ①번처럼 추세가 과도하게 매도되고 있는지, ③번처럼 과도하게 매수가 이루어지고 있는지를 확인하는 지표이다.

주식 격언 새기기!

"손절매 잘 하는 사람이 주식투자 9단이다."

주식투자의 대가나 명인으로 칭송 받는 이들은 수없이 많은 실패 경험을 한 사람들이다. 그럼에도 불구하고 그들이 주식투자의 대가로 살아남은 이유는 실패에 대한 대처방법이 남들과 달랐기 때문이다. 즉 잘못된 판단에 따른 투자라고 판단하면 그 실패를 수정하는 행동을 곧바로 취했다. 비자발적인 장기투자는 새로운 투자기회의 상실과 직결된다. 주식투자에서 중요한 것은 사실상 수익의 극대화보다는 손실의 최소화라고 볼 수 있다.

개선 선생의 한마디!

②번처럼 지속적으로 과매도 구간이 나온다고 하여 계속 분할매수를 하는 것은 잘못된 방법이다. ②번처럼 과도하게 하락이 나온 후, ③번으로 전환되는 시점을 찾는 것이 조금 더 효율적인 매수방법이다. 그리고 보조지표는 흐름을 파악하는 보조적인 도구일 뿐이라는 것을 꼭 염두에 두어야 한다.

242 | 추세지표 CCI | 추세강도+추세방향까지 알려준다 신세계인터내셔널 일봉

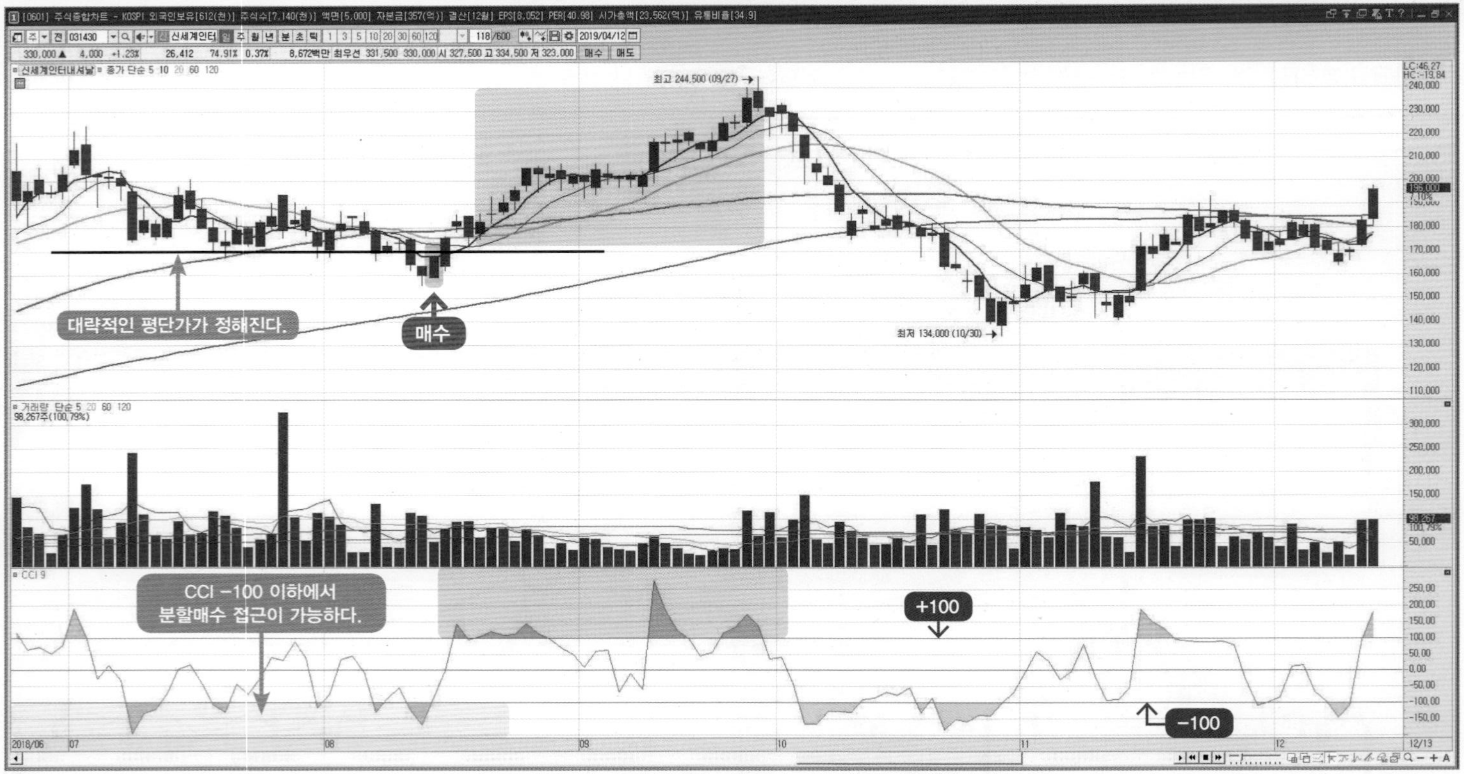

최고 244,500 (09/27)
대략적인 평단가가 정해진다.
매수
최저 134,000 (10/30)
CCI -100 이하에서
분할매수 접근이 가능하다.
+100
-100

개선 선생의 절대비기!

- CCI 수식정리

CCI = (M − SM) / (0.015 * D)
단, 0.015란 값은 Lambert가 사용한 상수로서 CCI값이 ±100에서 크게 벗어나지 않도록 하기 위해 주어진 제수(Constant Divisor)이다.

M = (H + L + C) / 3
H : 고가, L : 저가, C : 종가, M : 평균가격(Mean Price)

SM = M의 n일 합계 / n
단, N은 일반적으로 20일을 기본값으로 제공한다.

D = (M − SM)의 N일 합계 / N
M : 평균가격, SM : n기간 단순 이동평균, D : 평균편차(Mean Deviation)

개선 선생의 한마디!

CCI는 추세의 강도만을 알려주는 ADX(Average Directional Movement Index)와 달리 추세의 방향까지 함께 알려준다. 그것은 복잡한 수식에서 봐도 알 수 있듯이 평균가격을 만들고, 현재 주식 가격과의 차이를 가지고 방향을 제시하는 것이다. 추세추종형 매매를 하는 분들에게 아주 유용한 지표이다. 특히 바닥주 매매를 하는 분 중에서 추세 변곡점을 포착할 때 더 유용하다.

243 | 추세지표 CCI | 과매도에서 분할매수를 한다면 큰 수익 나온다 현대미포조선 일봉

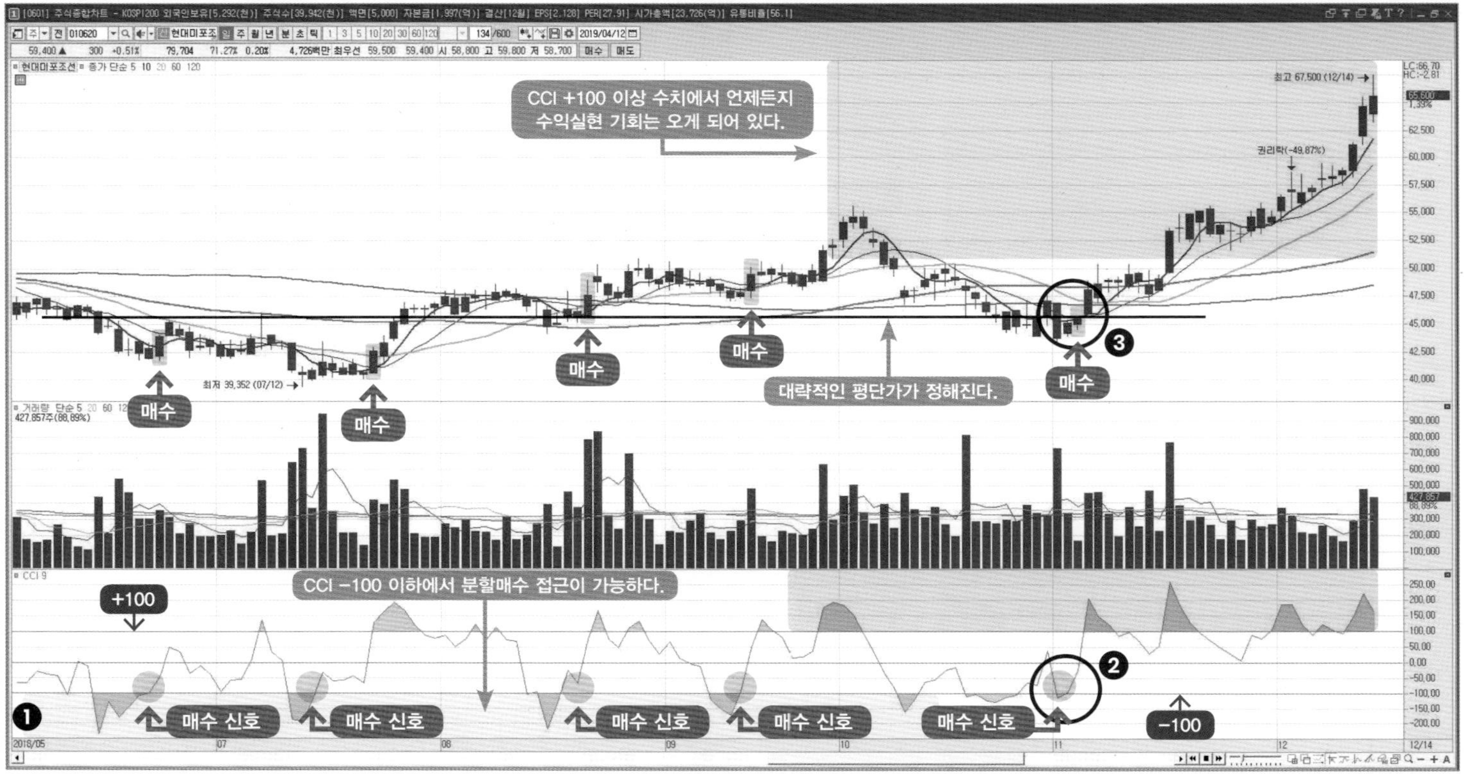

CCI +100 이상 수치에서 언제든지 수익실현 기회는 오게 되어 있다.
최고 67,500 (12/14)
권리락(-49.87%)
최저 39,352 (07/12)
매수
매수
매수
매수
매수
대략적인 평단가가 정해진다.
CCI −100 이하에서 분할매수 접근이 가능하다.
+100
−100
매수 신호
매수 신호
매수 신호
매수 신호
매수 신호
❶
❷
❸

개선 선생의 절대비기!

CCI는 다양하게 많이 쓰이는 지표이다. 심리적으로 과매도 구간에서 매수하는 역발상 매매를 한다는 것이 어려운데 CCI는 그런 어려운 부분을 쉽게 결정할 수 있게끔 만들어준다. 과매도 구간에서는 분할매수를 3~5번 한다고 생각하고 모아가는 전략이 상당히 좋다.

주식 격언 새기기!

"수급은 모든 것에 우선한다."

주가도 일반상품 시세와 마찬가지로 근본적으로 수요와 공급에 의해 결정된다. 사회적으로 유동성이 풍부해 주식시장으로 자금이 밀려올 때에는 어떠한 악재에도 주가는 오른다. 하지만 증자 등으로 주식물량이 과다한 상태에서는 어떠한 호재나 부양책에도 주가는 하락한다.

개선 선생의 한마디!

추세가 바뀌지 않고, 계속해서 과매도 구간에 있다는 것은 언젠가는 다시 올라갈 수 있는데 힘이 눌림을 받고 있다고 생각해야 한다. ①번에서 과매도구간이 세 번 이상 나온 후부터 유심히 봐야 한다. ②번처럼 −100 이하로 많이 떨어지지 않고, 살짝 찍은 후 변곡점이 나온다면 추세가 변하는 변곡점이 나올 수 있는 자리가 된다. 즉, 매수 포인트(③)가 될 수 있다.

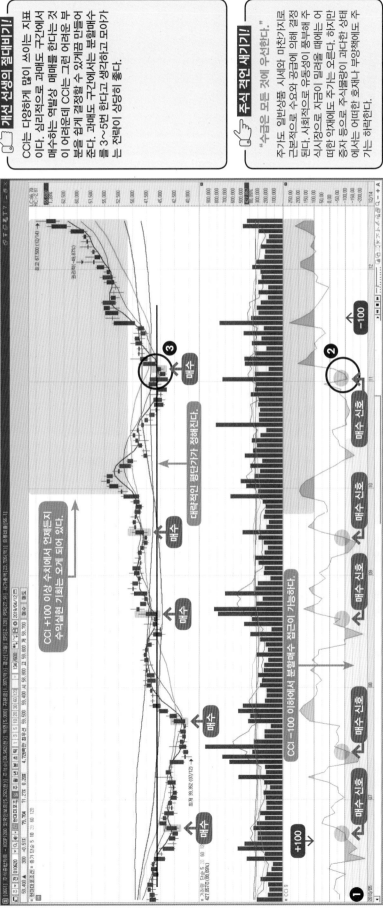

244 | 추세지표 DMI | 시장의 방향성+시장추세 강도 파악 삼진제약 일봉

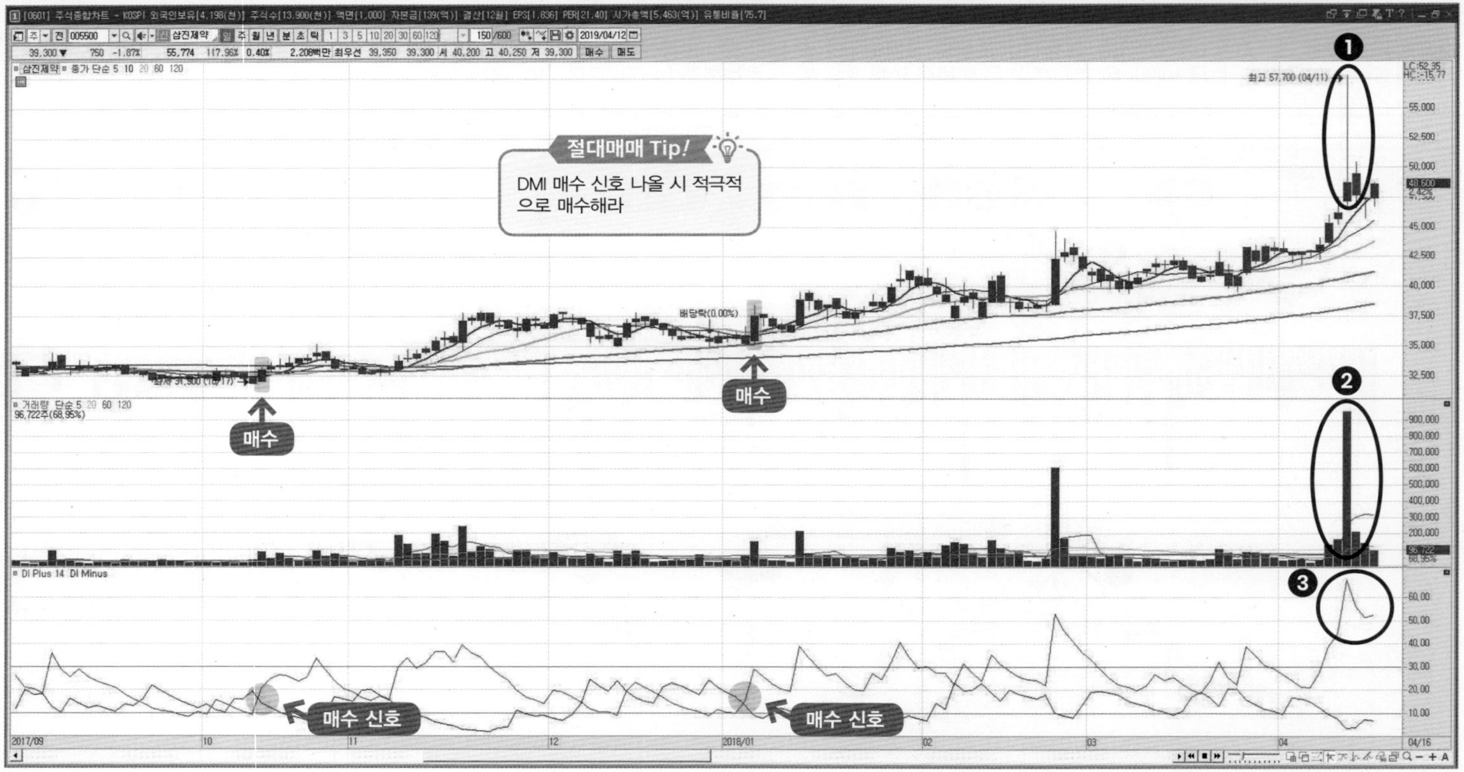
절대매매 Tip!
DMI 매수 신호 나올 시 적극적으로 매수해라
매수
매수
매수 신호
매수 신호
최고 57,700 (04/11)
DI Plus 14 DI Minus

개선 선생의 절대비기!

- **DMI(Directional Movement Index)란?**

현재의 시장추세와 함께 그 추세의 강도까지 알려주는 지표이다. 중장기 추세 판별에 적합하다.

상승추세 : +DI가 −DI보다 큰 국면
하락추세 : +DI가 −DI보다 작은 국면
매수 : +DI가 −DI를 상향돌파 하는 시점
매도 : +DI가 −DI 하향돌파 하는 시점

개선 선생의 한마디!

DMI는 1978년 웰리스 와이더(J. Welles Wilder)에 의해 처음 소개되었고, 추세 방향(+DI 와 − DI 의 크로스 매매)과 ①~③번처럼 추세 강도를 확인해 볼 수 있는 방법이다. ADX와 함께 활용한다면, 더욱 신뢰도를 높일 수 있다.

245 | 추세지표 DMI | 시장의 방향과 강도를 확인해라 서부T&D 일봉

개선 선생의 절대비기!

- 최적 기간의 피라미터는 시장 상황에 따라 달라질 수 있으나 14일을 사용할 것을 제시하고 있다.

1) 금일의 주가가 어제보다 위에 있을 때는 +DM
2) 일의 주가가 어제보다 아래에 있을 때는 −DM

주식 격언 새기기!

"숲을 먼저 보고 나무를 봐야 한다."

주식투자에서 너무 작은 시세와 파동에 집착하게 되면 시장의 큰 흐름을 보지 못하는 경우가 많다. 산길을 가더라도 숲을 보지 않고 나무만 보고 걸으면 길을 잃고 전혀 다른 곳으로 가기 십상이다. 구체적으로 시장의 큰 흐름과 배경을 읽고 시장주도주군의 움직임을 파악한 이후에 종목의 시세를 봐야 할 것이다. 숲을 바로 볼 필요가 있다.

개선 선생의 한마디!

①번처럼 DI플러스가 DI마이너스를 돌파하는 골든크로스 구간이 매수 구간이다. 그리고 ②번처럼 추세가 확대되는 구간을 확인할 수 있고, 확대된 후에는 다시 축소되고 다시 확대되는 작용을 반복하게 된다.

246 | 추세지표 DMI | 상승 에너지, 하락 에너지의 흐름을 느껴라 유니켐 일봉

절대매매 Tip!

20일선 일탈+DMI 데드크로스 시 매도

개선 선생의 절대비기!

DMI 지표에서 가장 중요한 것은 균형이다. 고가가 계속 올라가고 있는지, 저가가 계속 올라가고 있는지를 파악할 수 있는 지표이다. ②번에서는 놓치지 말고 수익실현을 해야 한다.

주식 격언 새기기!

"시세는 값의 고저이며 그 高(고)를 팔고 그 低(저)를 산다."

주식은 싸게 사서 비싸게 팔아야 한다. 주식투자를 하는 사람 중에 싸게 사서 비싸게 팔아 이익을 남기는 사람이 얼마나 될까. 장사는 기민하게 움직이지 않으면 이익을 남기가 힘들다. 시대의 유행이나 변화에 재빠르게 순응할 수 있는 유연함이 필요하다. 진지하고 꼼꼼한 것은 주식투자에 그다지 적합하지 않다. 진지하고 꼼꼼한 사람은 대부분 완고하고 융통성이 없다. 주식투자에 있어서 별로 도움이 되지 않는 성격이라고 하겠다. 주식으로 성공하려면 유연하고 융통성 있으며 계산에 밝아야 한다.

개선 선생의 한마디!

②번에서 DI마이너스가 DI플러스를 돌파하면서 매도 신호가 떴다. 박스권 매매를 할 때에는 크로스가 자주 나오는 경우가 있다. 또한, ①번처럼 DI플러스와 DI마이너스가 만나는 지점이 균형을 이루는 자리이다. 상승 에너지와 하락 에너지가 균형을 이루는 도지형태라고 보면 된다.

247 | 추세지표 MACD | 박스권 장세에서 단타 매매 진행 AP시스템 일봉

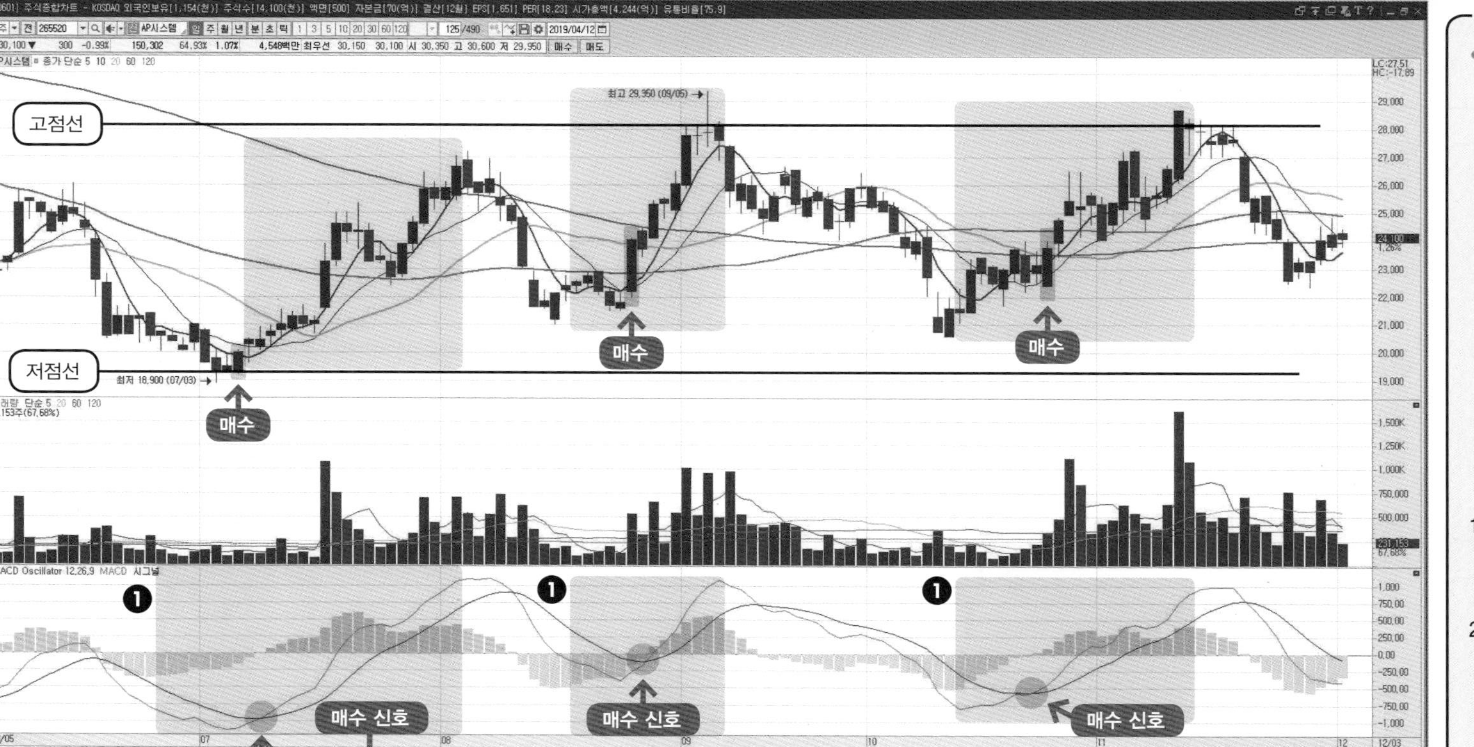

개선 선생의 절대비기!

- 이동평균수렴확산지수, 기간이 다른 이동평균선 사이의 관계에서 추세변화의 신호를 찾으려는 진동자 지표이다. 이동평균선은 주가의 단기변동 때문에 나타나는 불규칙성을 제거하기 위해 만드는데, MACD는 이동평균선을 이용해 매매신호를 찾으려 한다. 단순이동평균선은 추세 전환 신호가 늦게 나타나기 때문에 이를 해결하기 위해 MACD를 사용한다. 즉, MACD는 단기 지수이동평균값에서 장기 이동평균값을 뺀 값으로, 두 이평선 사이의 관계를 보여주는 지표이다.

1) **시그널 교차 매매** : 시그널선이 MACD선을 골든크로스하면 매수, 시그널선이 MACD선을 데드크로스하면 매도한다.
2) 0선 돌파 매매 : 오실레이터가 0 위로 확장될 경우에 매수, 0 아래로 확장될 경우에는 매도한다.

개선 선생의 한마디!

주식투자를 하면서 많이 사용하는 것이 MACD인데, 자주 사용하면 매매 타이밍을 잡기가 상당히 쉽다. 초보투자자라면 꼭 참고하여 활용하고, 매매를 무조건 따라하면 된다. 중급 이상인 투자자는 ①번에서 음 오실레이터의 봉(파란색 봉)이 서서히 줄어드는 자리부터 유심히 지켜보다가 차트의 캔들이나 이평선의 움직임을 보고 먼저 매수한다면, 조금 더 빠른 매매가 가능하다.

248 | 추세지표 MACD | MACD 매매법은 실전으로 연습해라 일신석재 일봉

개선 선생의 절대비기!

MACD는 제럴드 아펠(Gerald Appel)이 만든 지표로, MA는 이동평균, C는 수렴, D는 확산을 의미한다. 예전에는 주식시장이 주 6일이었기에 12일선과 26일선을 썼는데, 지금은 10일선, 20일선을 사용해도 무방하다. 5, 34, 7로 설정해서 사용하는 경우도 있다.

주식 격언 새기기!

"시세는 시세에 물어야 한다."

주식시세는 산술 공식대로 움직이는 것이 아니다. 주가를 결정하는 요인이 너무나 많고 복잡하기 때문에 누구도 주가를 섣불리 예측할 수 없는 것이다. 아무리 뛰어난 분석력과 정보체계를 갖춘 전문가라 하더라도 상상도 못했던 요인에 의해 주가가 결정될 때는 속수무책일 수밖에 없다. 그러나 주식시장에서 주가가 결정되고 있을 때는 주가를 결정하는 각종 요인이 가장 현실적이고 정확하게 반영되고 있는 것이다. 그러므로 시세에 관한 한 시세가 가는 길이 진리다.

개선 선생의 한마디!

MACD의 단점은 변동폭이 작은 시장에서는 잦은 매매를 유발시킨다는 것이다. 만성이 된 투자자는 박스권을 돌파할 때에 오히려 때를 놓치는 경우가 생길 수 있기에 바닥에서 박스권 장세가 연출되면, 단기매매를 하다가 장기 이평선이나 박스권을 돌파할 때, 다른 추세 보조지표를 확인하면서 매매하면 된다.

249 | 추세지표 MACD | 오실레이터의 길이와 시그널선의 기울기 화인베스틸 일봉

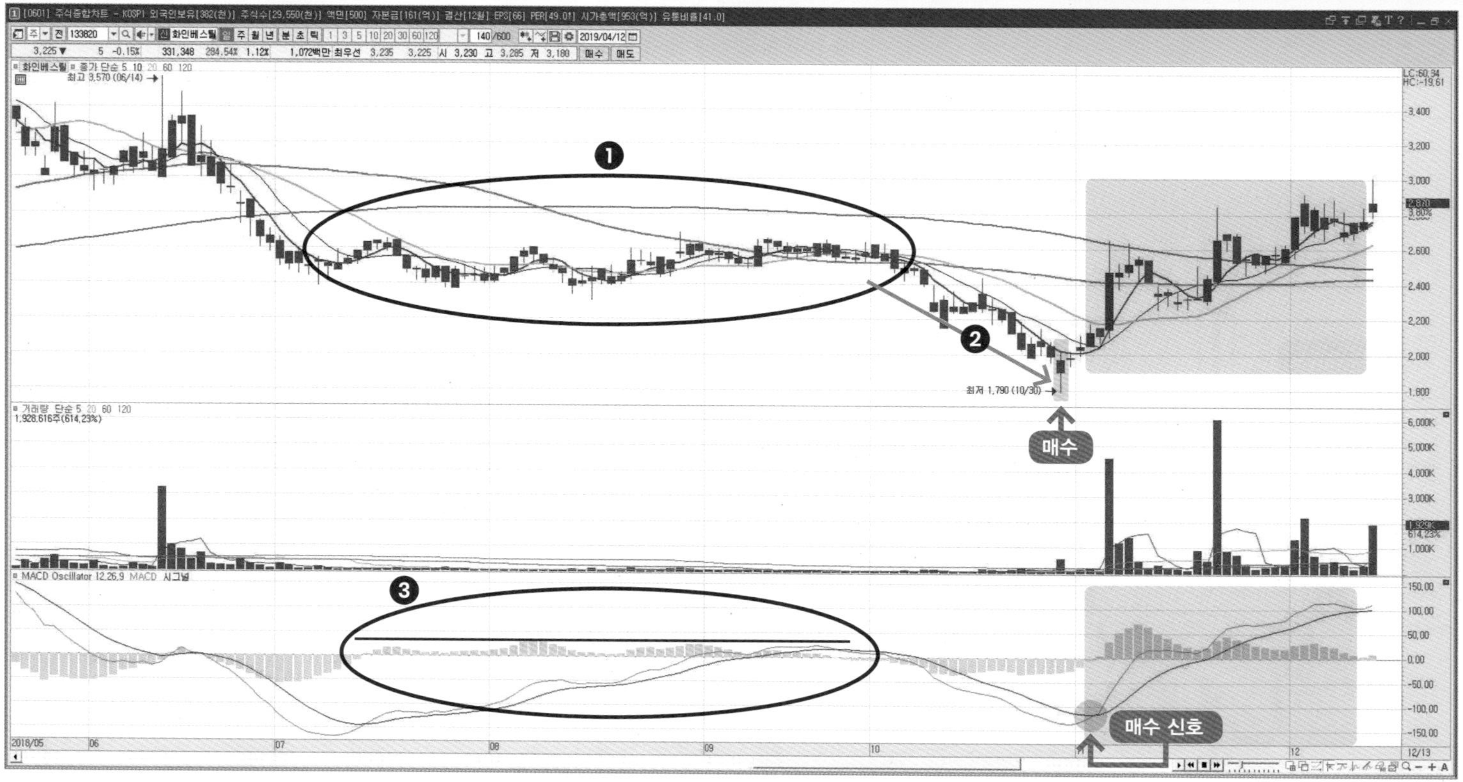

개선 선생의 절대비기!

MACD 시그널 돌파가 나왔다고 무조건 매수하는 것은 아니다. 바닥(①)에서 3개월간 횡보를 하는데, ③번의 시그널과 오실레이터는 매수를 외치고 있다. 만약 이때 매수했다면, ②번처럼 큰 하락을 맞게 되었을 것이다.

주식 격언 새기기!

"시장분위기에 취하지 말아야 한다."

대세에 순응하는 것은 투자의 기본이다. 낙관적이든 비관적이든 주식시장에는 항상 어떤 분위기가 형성돼 있고 이러한 분위기는 불합리한 인간심리나 단편적인 투자 판단에 좌우되므로 수시로 변한다. 미 증시 급등, 프로그램 매수 확산 등에 따라 지수가 강하게 올랐으나 단숨에 오를 것처럼 장밋빛 전망이 쏟아져 나오다가도 급락하는 것이 주식시장이다. 대세에 순응하되 분위기에 도취되지 않는 냉정한 투자자세가 필요한 때이다.

개선 선생의 한마디!

오실레이터 길이는 추세의 힘을 이야기한다. ③번처럼 추세의 힘이 없는 경우에는 돌파를 하기 어렵다. 확실한 매수타이밍은 MACD+돌파 매매+거래량 매매를 함께 하는 것이다. 시그널의 기울기는 ②번처럼 속도를 이야기한다. 기울기가 가파를수록 더 빠르게 떨어지고, 더 빠르게 올라갈 수 있다.

250 | 가격지표 볼린저밴드 | 박스권 매매의 최강자 AP시스템 일봉

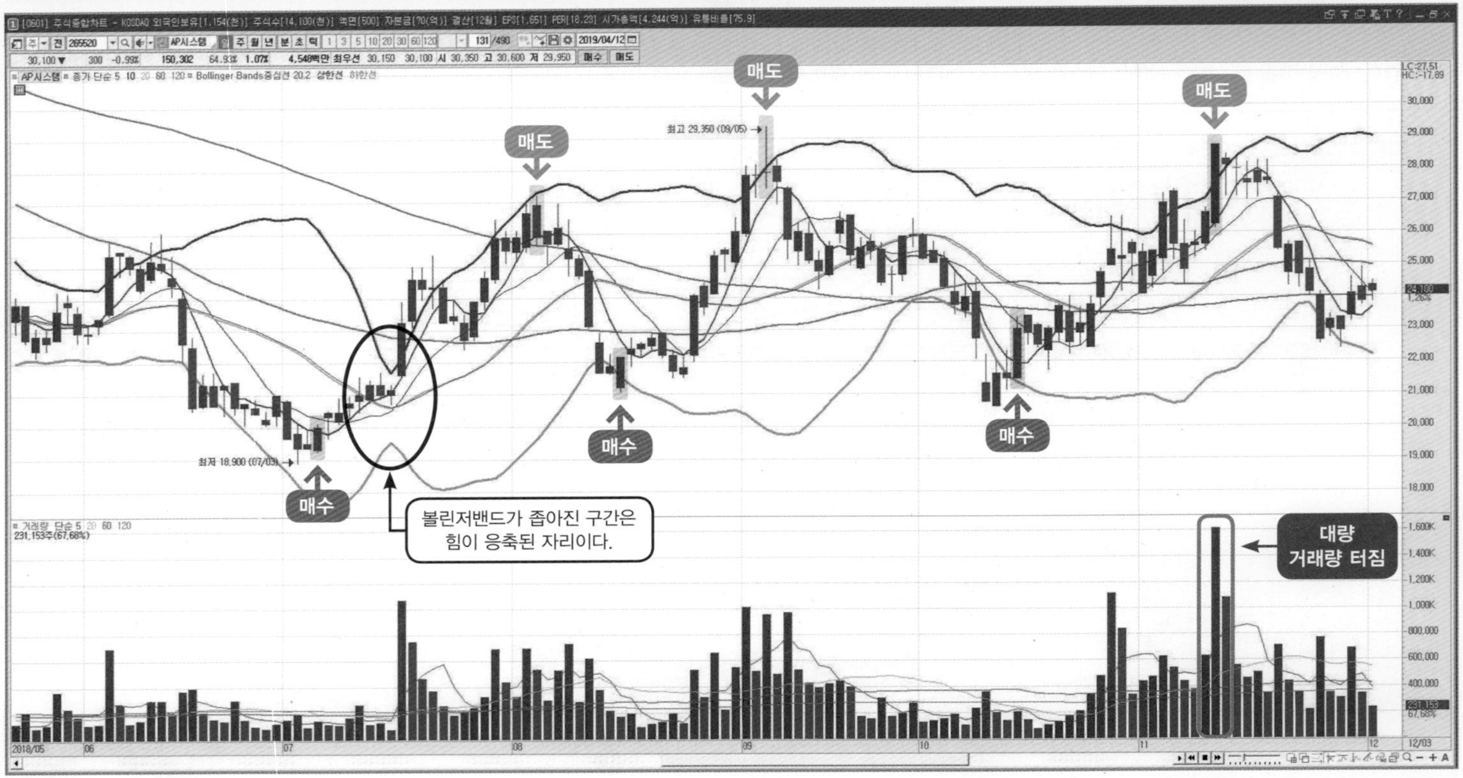

개선 선생의 절대비기!

볼린저밴드(Bollinger Bands)는 주가나 지수의 움직임이 큰 시기에는 Bands의 폭이 넓어지고, 움직임이 작은 시기에는 Bands의 폭이 좁아지는 특성이 있다. 볼린저밴드에서 상단 밴드는 보통 저항권으로, 하단 밴드는 지지권으로 작용한다.

주식 격언 새기기!

"10%의 주가 등락은 대세 전환일 경우가 많다."

주식투자는 시세의 큰 흐름에 편승하는 것이 기본이다. 그러나 대세가 전환되기 전에 빠져 나와야 하는 것이 가장 중요하고 어려운 일인데 대세 전환을 기계적으로 파악하는 방법이 이것이다. 주가가 바닥에서 10% 정도 오르면 대세 상승 전환인 경우가 많고 최고가에서 10% 정도 하락하면 대세가 하락세로 전환되는 경우가 많기 때문이다.

개선 선생의 한마디!

볼린저밴드는 대표적인 가격지표로서 초보들이 쉽게 사용할 수 있는 지표이다. 특히 박스권 매매를 할 때에는 하단 밴드에서 매수하고, 상단 밴드에서 매도하는 방식으로 매매한다면, 단타 및 스윙으로 수익을 낼 수 있다. 또한 볼린저밴드는 지지와 저항을 활용한 매매에 큰 도움이 된다.

251 | 가격지표 볼린저밴드 | 수렴과 확산을 통해서 방향성을 결정 SPC삼립 일봉

개선 선생의 절대비기!

볼린저밴드(Bollinger Bands)는 주가나 지수의 움직임이 큰 시기에는 Bands의 폭이 넓어지고, 움직임이 작은 시기에는 Bands의 폭이 좁아지는 특성이 있다. 볼린저밴드에서 상단 밴드는 보통 저항권으로, 하단 밴드는 지지권으로 작용한다.

주식 격언 새기기!

"알고 행하지 않는 것은 모르는 것과 같다."

주식이 오를 때 '난 알고 있었어'라고 말하는 사람들이 있다. 정확한 예측보다 중요한 것은 실제로 매매해서 이익을 손에 넣는 것이다. 주식예측도 어렵지만 과감한 매매도 힘든 법. 예측과 함께 주식 매매를 실행으로 옮기는 훈련도 필요하다.

그래서 주식 매매에는 정신력이 필요하다는 말이 있다. 어떤 기회든 표면적으로는 항상 불확실하고 부정확하다. 시세를 이기기 위해서는 불확실과 부정확 속으로 뛰어들어 성공을 끌어내야 한다.

개선 선생의 한마디!

볼린저밴드를 활용한 다른 매매 방법은 수렴과 확산을 이용하는 것이다. 볼린저밴드가 수렴되어 좁아진 형태가 되었을 때는 힘이 모였다고 생각해야 한다. 수축된 폭은 다시 확산될 텐데 어떤 추세 방향으로 확산할 것이냐가 중요하고, 밴드 상단에 왔다고 매도하는 것보다는 중심선을 깨지 않으면 홀딩한다는 마음으로 트레이딩을 하는 것이 좋다.

252 | 가격지표 볼린져밴드 | 상승추세대 형성을 활용한 매매법 티에이치엔 일봉

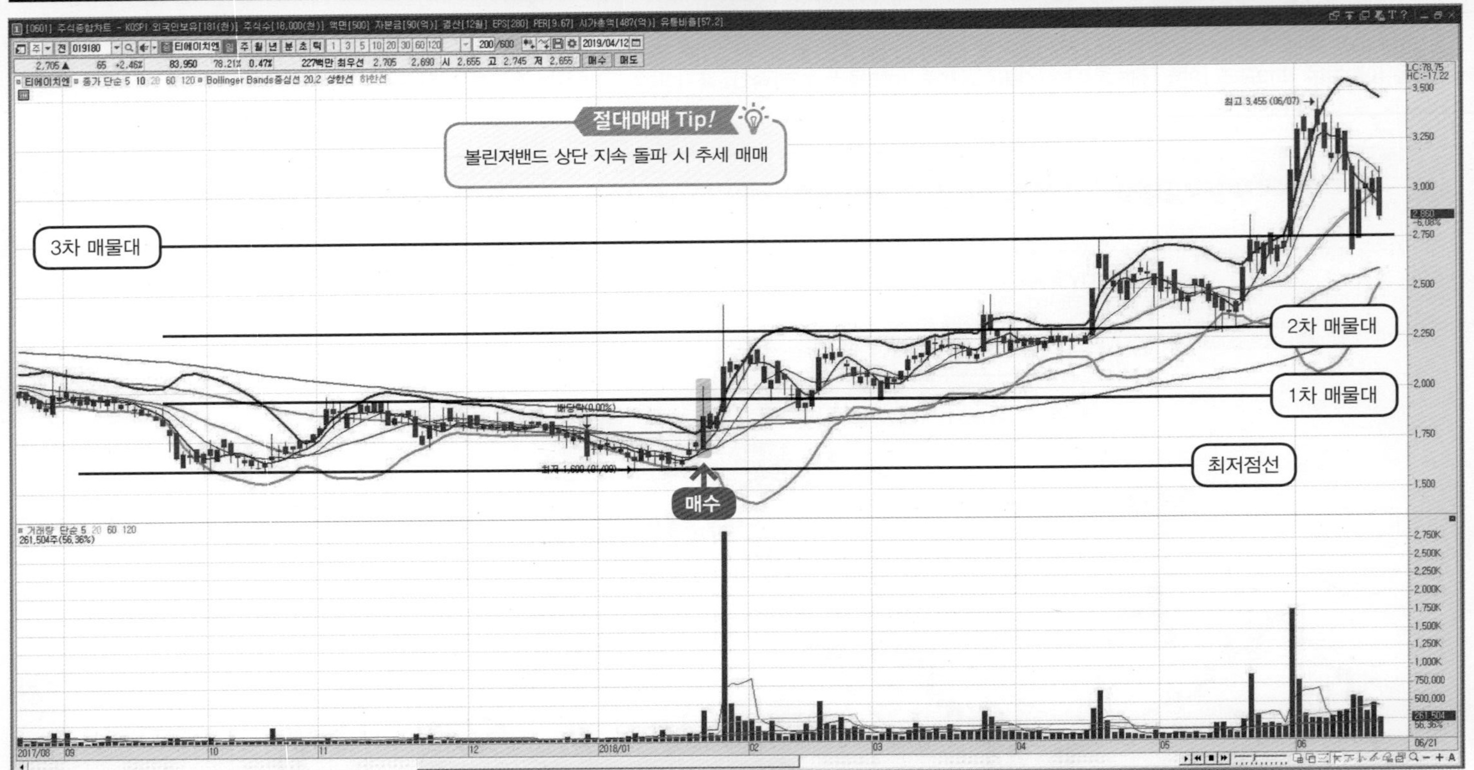

개선 선생의 절대비기!

볼린져밴드는 1980년대 초반, 존 볼린져(Jonh Bollinger)라는 투자전문가가 고안해 낸 지표이다. 주가의 변동이 표준정규분포 함수에 따른다고 가정하고, 주가를 따라 위아래로 폭이 같이 움직이는 밴드를 만들었다. 볼린져밴드는 주식의 변동성 자체가 가변적이고 일정하지 않은 시장상황에서 적합한 매매 범위를 찾기 위해 만들어진 것이다.

주식 격언 새기기!

"에어컨은 겨울에 사야 한다."

주가는 기업실적이나 배당성향, 경영자 능력과 성장가능성 등을 다각도로 평가하여 결정된다. 그러나 국내외 경기 변동이나 증권시장의 내적인 요인에 의해 주가가 침체상태에 놓여있을 때는 우량기업의 주식도 과소평가되기 쉽다. 과소평가 되었을 때 우량주를 사두면 장세가 회복될 경우 높은 수익을 기대할 수 있다. 에어컨은 여름에 품귀현상을 빚지만 한겨울에는 싼값에다 무이자 할부까지 실시한다.

개선 선생의 한마디!

본 차트와 같이 볼린져밴드에서 상단선을 계속 치고 올라가면서 추세가 형성된 경우에는 상단 볼린져밴드에서 매도하는 것이 아니라 평행추세선을 그어가면서, 지지 후 돌파가 나온다면 계속 끌고 가는 매매가 가능하다. 그리고 고점신호를 다른 지표를 통해서 잡아가는 것이 좋다. 매수 시점은 볼린져밴드가 좁아지고, 밴드 상단이 추세대를 상승으로 잡는 시점이 된다.

253 | 이격도 | 현재 주가VS이동평균선 대영포장 일봉

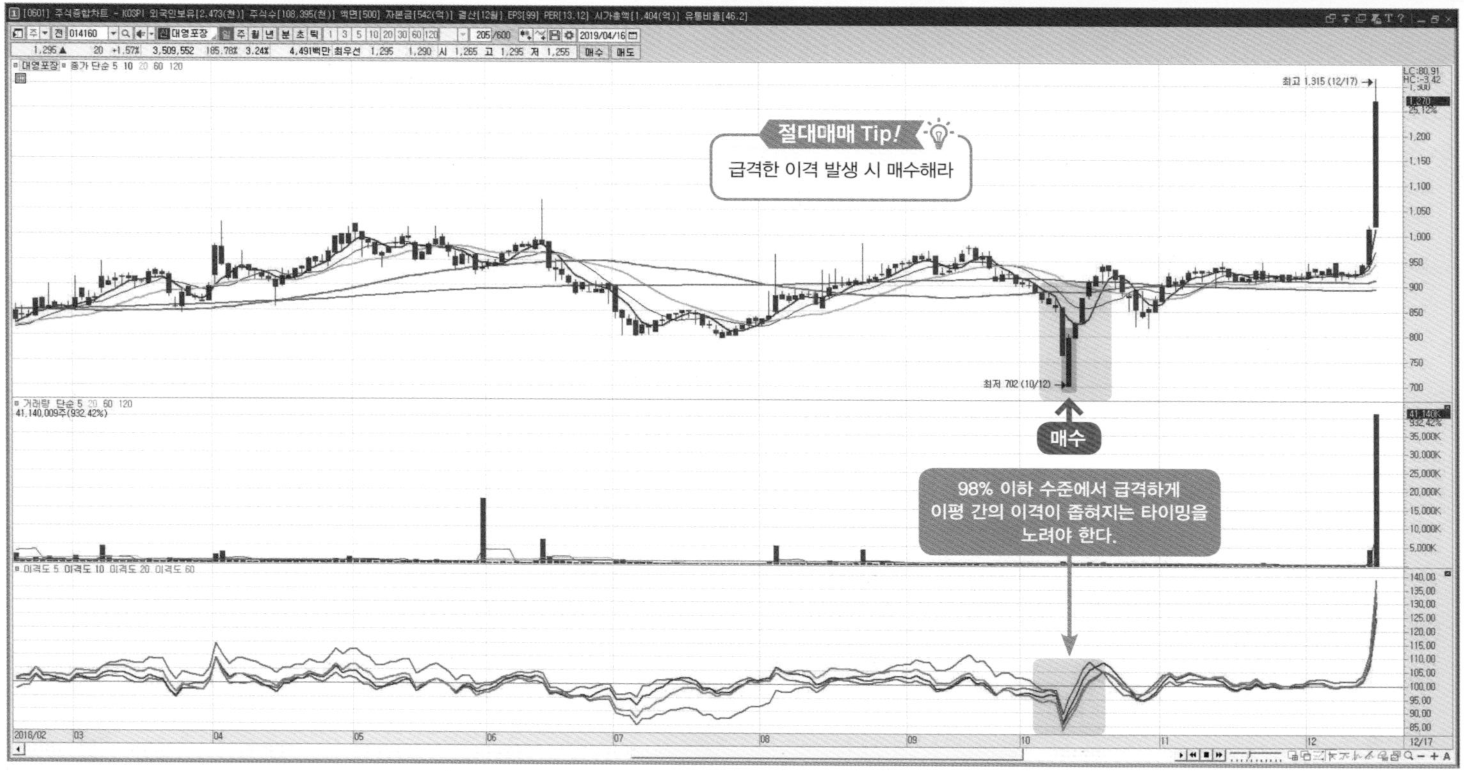

절대매매 Tip!

급격한 이격 발생 시 매수해라

매수

98% 이하 수준에서 급격하게 이평 간의 이격이 좁혀지는 타이밍을 노려야 한다.

개선 선생의 절대비기!

이격도(Disparity)는 주가가 이동평균값으로부터 어느 정도 차이가 있는가를 나타내는 지표이다. 보통 88~98% 수준이면 매수 시점, 102~106% 수준이면 매도 시점으로 본다.

주식 격언 새기기!

"예측은 사용할 줄 아는 사람만의 좋은 무기이다."

주식시장은 변동성을 먹고 자란다. 증시에 대한 예측의 결과에 따라 높은 수익을 내기도 하고 반면 큰 손실을 보기도 한다. 섣부른 예측보다는 확인 후 매매하는 것이 유리할 수 있다. 시장에 범람하는 정보에 따라 효과적이고 유연하게 매매하라는 의미다. 그러나 선무당이 사람 잡듯 쓸데없는 상상이나 근거 없는 예측은 절대 금물이다. 시장만큼 냉정한 게 없고, 주식만큼 예측불허가 없기 때문이다. 따라서 예측은 하되 매매는 객관적이고 예리한 판단에 근거하는 게 절대 필요하다.

개선 선생의 한마디!

이격도가 100보다 높다면 현재 주가가 과거 주가 이동평균보다 높다는 뜻이고, 100보다 낮다면 현재 주가가 과거 주가 이동평균보다 낮다는 뜻이다. 만약 이격도가 100이면 현재의 주가와 이동평균은 동일하다는 것이다.

254 | 이격도 매매 | 수렴과 확산을 통해서 과매수, 과매도를 잡아라 KCTC 일봉

최고 3,750 (06/19)

최저 1,960 (10/30)

매수

98% 이하 수준에서 급격하게 이평 간의 이격이 좁혀지는 타이밍을 노려야 한다.

개선 선생의 절대비기!

• 이격도를 구하는 공식

종목별 이격도(%) = (현재 주가/주가이동평균) X 100

주식 격언 새기기!

"무엇이든 첫발이 중요하다."

첫 단추를 잘 꿰어야 한다는 말이 있듯이 주식에 있어서도 시작이 중요하다. 첫발을 잘못 내디디면 이익과 멀어지므로 가능한 한 빠른 시간 내에 발길을 돌려야 한다.

시작부터 실패하는 이유는 단 하나. 매매를 시작하기 전에 시간과 노력을 들여 충분히 조사하지 않았기 때문이다. 안정권과 고가권에 대한 판단, 시세의 강약, 거래액, 환어음의 취결, 재료 등을 충분히 조사해야 한다.

재료는 충분히 확인할 수 없으므로 큰 재료, 작은 재료 정도로만 파악해도 상관없으나 안정권이냐 고가권이냐 하는 것은 반드시 따져봐야 한다. 많은 투자가들은 제대로 따져보지 않고 주식을 사고 판다. 안정권인지 고가 권인지 알 수 없을 때는 손을 대지 말고 기다려야 한다. 먼저 준비를 하라. 첫발이 중요하다.

개선 선생의 한마디!

주가는 이동평균선으로부터 확산되고, 수렴되는 회귀성을 가지고 있다. 그래서 평균선(기준선)을 가지고 매매하는 것이 가장 좋은 매매 방법이다. 이격도가 커진다면 다시 이격을 줄이려 내려올 것이고, 이격이 좁아진다는 것은 다시 이격을 넓힐 수 있다는 것이다. 이동평균선은 투자 유망주를 고르고 포착하는 데 쓰인다면, 이격도는 매매 시점을 잡는 데 유용하다.

255 | 이격도 매매 | 이격 매매의 한계는 약세장, 강세장이 지속될 경우이다 대우부품 일봉

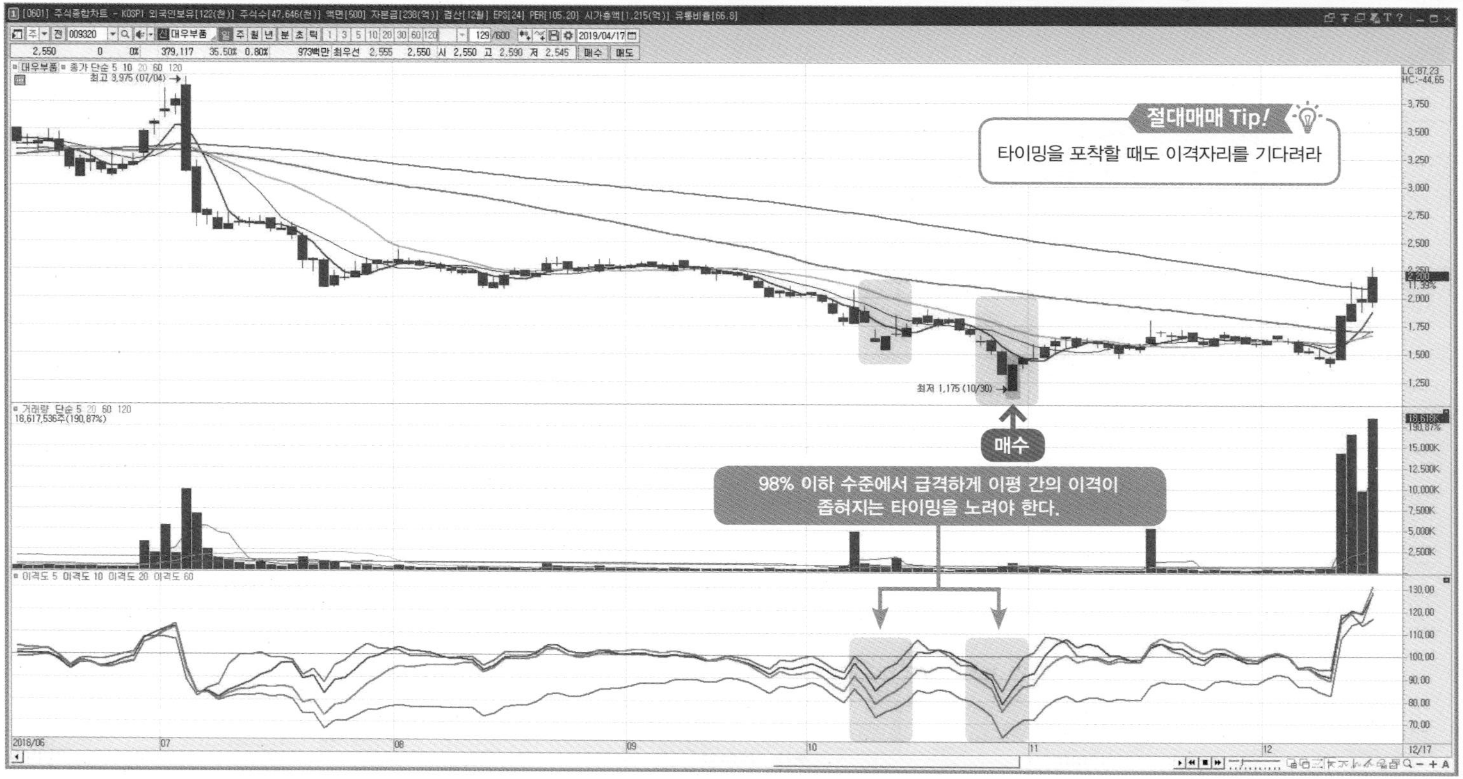

절대매매 Tip!

타이밍을 포착할 때도 이격자리를 기다려라

최저 1,175 (10/30)

매수

98% 이하 수준에서 급격하게 이평 간의 이격이 좁혀지는 타이밍을 노려야 한다.

개선 선생의 절대비기!

이격도 매매는 단순해 보이지만, 과매도에 매수하는 것이다. 그런데 경기가 과열되거나 지속적인 침체가 이어진다면, 과매도나 과매수가 지속되는 기간이 길어지면서 더 많은 투매나 과열된 매수가 계속될 수 있다. 그래서 매크로적인 변수 (금리, 환율, 변동성지수, 외국인 수급, 해외지수 등)를 확인해야 한다.

개선 선생의 한마디!

모든 보조지표에는 한계가 있다. 이격도의 한계는 증시가 강세장이나 약세장이 지속될 경우, 또한 어떠한 이벤트로 인해서 개별 종목의 이슈가 지속될 가능성이 커졌을 때에는 이격 매매를 적극적으로 활용하는 것이 오히려 독이 될 수 있다는 것이다. 약세장일 경우, 이격도가 상승 신호를 보내는 중에도 하락이 더 나올 수 있고, 강세장에서도 마찬가지이다.

256 | 이격도 매매 | 대형주 매매에서 과매도권을 잡는 것은 탁월 기아차 일봉

최고 35,600 (09/27)
최저 26,200 (10/25)
매수
98% 이하 수준에서 급격하게 이평 간의 이격이 좁혀지는 타이밍을 노려야 한다.
매수 신호

개선 선생의 절대비기!

이격 매매는 이동평균선과 멀어지는 것을 이용한다. 이동평균선은 지나간 주가의 평균선을 의미하는데, 갑자기 이격도가 커진다는 것은 이벤트가 발생했다는 것이고, 대형주일 경우에는 그 이벤트는 일시적인 하락 요인이 될 수 있다. 서브프라임처럼 큰 악재가 나오지 않는 이상은 이격 매매는 개별적 이벤트에 강한 매매 방법이다. 단, 서브프라임이나 매크로적인 큰 변수가 발생할 경우에는 이격 매매가 오히려 독이 될 수 있다.

개선 선생의 한마디!

이격도가 100 이하로 떨어지면서 하락추세가 만들어지고, 특히 갑작스럽게 거래량이 터지는 하락이 나오면서 이격도 20, 60이 좁혀지고 있다. 이때는 모두가 매도가 맞다고 생각하고 투매가 나오는 구간이다. 하지만 오히려 이때가 역발상으로 그동안의 하락을 멈추고, 상승 전환될 수 있는 구간이라고 생각하고 매수 여부를 고민해 봐야 한다. 다음 날부터 캔들이 상승장악형, 상승반격형 및 상승 형태의 반전형이 나오는지 확인해야 한다.

257 | 이격도 매매 | 이격 매매의 완성은 다음 날 캔들 형태이고, 추세 흐름이다 유엔젤 일봉

최고 5,400 (08/28)
최저 2,795 (10/30)
매수
98% 이하 수준에서 급격하게
이평 간의 이격이 좁혀지는 타이밍을
노려야 한다.

개선 선생의 절대비기!

- 이격 매매 후, 나오면 좋은 캔들 형태

1) 상승반격형
2) 관통형
3) 상승장악형
4) 상승샅바형
5) 상승잉태형

주식 격언 새기기!

"상황 변화에 순응해야 한다."

주식시장이 변하고 있다. 외국인이 국내 증시에 큰 손으로 등장하며 주도군에도 큰 변화가 생긴 모습이다. 소위 가는 종목만 가고 있다. 고가에 주가 움직임도 무겁게만 느껴진 업종 대표주들이 최근 장에서는 그들만의 잔치를 벌이고 있다. 주식시장의 고집은 상대적인 박탈감과 손실만을 안겨다 줄 뿐이다. 시장 상황변화를 주시하고 이에 따라갈 필요가 있다.

개선 선생의 한마디!

이격 매매에서는 캔들의 상승 탄력이 나와야 한다. 망치형 캔들, 몸통이 큰 역망치형 캔들, 장대양봉, 잠자리형 캔들 등 아래에서 끌어올리는 힘이 있는 캔들이 나온다면, 이격의 마지막 단계라고 보면 된다.

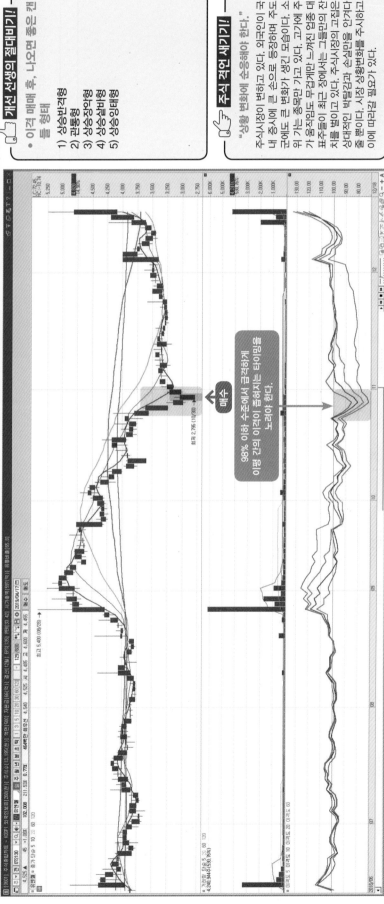

258 | Stochastics Fast | 추세 전환의 시작점을 찾을 때 유용하다 세방전지 일봉

절대매매 Tip!

추세가 바뀌는 시점에 매수해야 한다.

매수

매수

개선 선생의 절대비기!

- **스토캐스틱(Stochastics) Fast는 일정 기간 동안의 주가 변동폭 중에서 금일 종가의 위치를 백분율로 나타내는 지표이다.**

매수 : %K가 20% 이하로 하락했다가 다시 상승하는 경우, %K값이 %D값을 상향 돌파하여 상승하는 경우

매도 : %K가 80% 이상으로 상승했다가 다시 하락하는 경우, %K값이 %D값을 하향 돌파하여 하락하는 경우

개선 선생의 한마디!

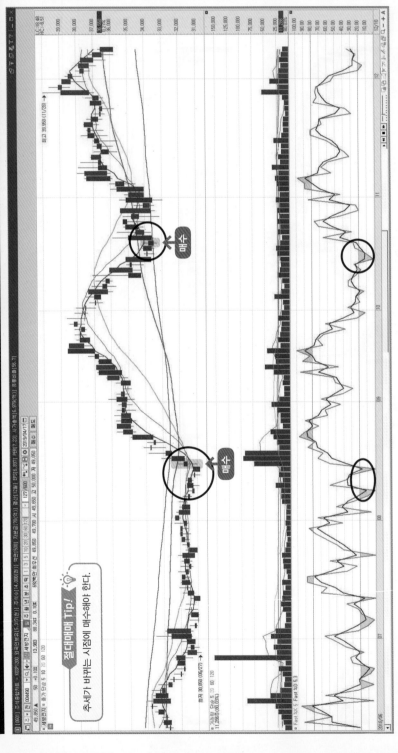

스토캐스틱을 맹신하면 너무 많은 매매로 인해 신뢰도가 떨어진다. 그래서 참고만 할 뿐이지만, 스토캐스틱+캔들+거래량 증가+이평선 돌파+정배열 등 이러한 다양한 도구를 함께 사용해서 포착한다면, 시작점을 찾는 데 크게 도움이 되는 보조지표이다.

259 | Stochastics Slow | 현재 주가의 위치를 알려주는 지표 화성밸브 일봉

개선 선생의 절대비기!

- 〈Stochastics Slow〉

스토캐스틱 N값 = 현재 가격 – N일 중 최저가/N일 중 최고가 – N일 중 최저가

다시 말해서 현재 가격이 높을수록 수치가 높다.

주식 격언 새기기!

"손을 주머니 안에 꽂아두고는 이길 수 없다."

주식투자를 결심한 상태에서 매입을 주저하다 주가가 너무 올라 기회를 살리지 못하는 경우가 있다. 또한 주식을 사놓고서 방치하다가 시장흐름을 따라가지 못해 수익률이 부진을 면치 못하기도 한다. 싸우기 위해서는 손을 빼고 공격이나 방어자세를 잡아야 하듯, 항상 준비하고 노력하는 투자만이 성공을 가져다준다. 결심이 서면 행동에 옮기고 그 이후에는 꾸준한 노력과 계좌 관리가 필요하다.

개선 선생의 한마디!

스토캐스틱은 이격 매매와는 다르다. 이격 매매에서 말하는 과매도, 과매수는 이평선을 기준으로 하는데 스토캐스틱은 최근 고가, 저가 대비 지금이 얼마만큼 빠졌고, 또 얼마만큼 올라갔느냐를 나타내는 것이다. 다시 말해서 비교 기준이 현재 시장에서 고가, 저가를 같이 생각하고, 모멘텀이 살아 있느냐 죽어 있느냐를 구분하는 것이다.

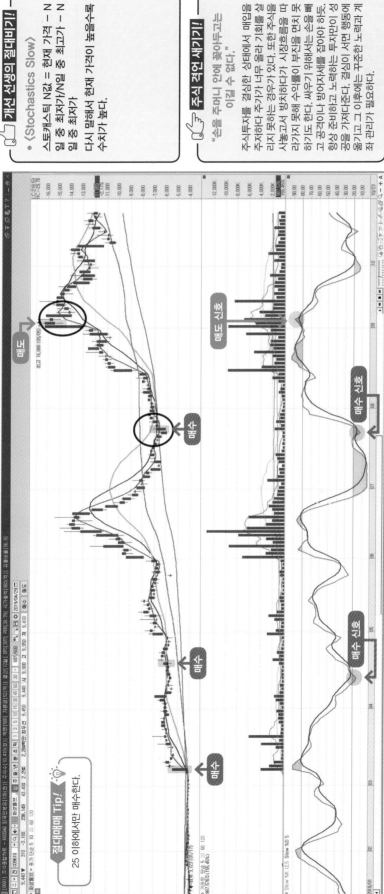

260 | Stochastics Fast | %K과 %D 선의 교차를 통해 진입 시점 판단 해성옵틱스 일봉

개선 선생의 절대비기!

스토캐스틱은 오늘 내가 변동성 장세에서 어느 위치에 있느냐를 이야기하는 지표이다. %K선이 %D선을 골든크로스할 때 매수하고, 데드크로스할 때 매도하는 방식으로 추세 전환 신호로 활용할 수 있다.

주식 격언 새기기!

"승부를 여유 있게 즐겨야 한다."

승부를 위해 목숨을 거는 것보다는 승부를 즐길 때 뜻밖의 좋은 성적을 얻을 수 있다. 대폭락 투매와 같은 환상적인 패가 왔을 때 첫 단추를 끼우고 때가 올 때까지 기다려야 한다. 때가 왔다 싶으면 천정에 이르기 전에 미리 빠져 나오는 것이 좋다. 7부 능선쯤에서 다른 사람에게 먹을 것을 남겨두고 나오는 여유를 보여야 한다. 또 10% 미만의 승률밖에 없는 주식을 추격하여 매수하는 것을 피하라. 항상 여유를 가지고 즐기는 자세가 중요하다.

개선 선생의 한마디!

스토캐스틱 Fast에서 신호가 나오면, 바로 매수하는 것보다는 상승 탄력의 힘을 확인하고, 수급이 따라붙을 때 매수를 한다. 또한, 매도 신호가 나왔다고 하더라도 고가놀이가 나올 수 있으니 거래량이 터질 때 분할매도 한다.

261 | Stochastics Slow | 저점을 계속 올리는데 주가가 하락한다면? 중앙오션 일봉

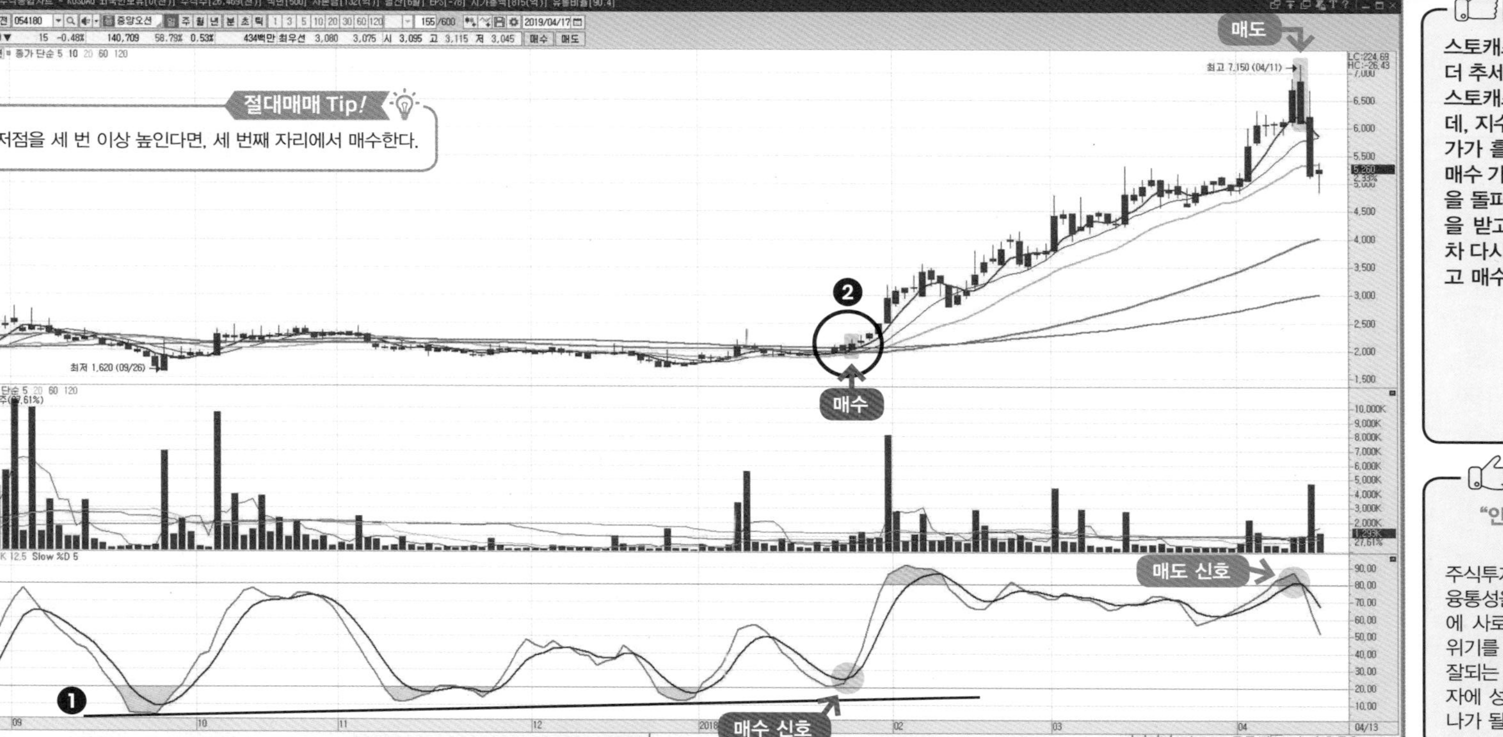

개선 선생의 절대비기!

스토캐스틱 Fast보다 Slow가 조금 더 추세 매매에 적합하다. ①번처럼 스토캐스틱 저점이 올라가고 있는데, 지수는 거래량이 감소하면서 주가가 흘러내리고 있다면, ②번에서 매수 가능하다. 매수 자리는 20일선을 돌파하고 지지하면서 캔들이 힘을 받고 있는 자리나 거래량이 재차 다시 터지는 자리부터 관심을 갖고 매수한다.

주식 격언 새기기!

"안 될 때는 잘되는 사람을 따라해야 한다."

주식투자에서 꼭 필요한 것 중 하나가 융통성을 갖는 것이다. 자기만의 고집에 사로잡혀 집착하다 보면 시장 분위기를 따라가지 못하게 된다. 때로는 잘되는 사람을 따라하는 것이 주식투자에 성공하는 가장 쉬운 방법 중 하나가 될 수 있다.

개선 선생의 한마디!

스토캐스틱 Fast는 매매가 조금 많이 나온다. 그러다 보니 빠른 단타로서는 좋지만, 너무 많은 매매로 인한 스트레스가 커질 수 있다. 일단 '추세가 형성되거나 추세가 바뀌는 자리가 여기구나'라고 확인하는 용도로는 상당히 좋은 보조지표이다. 매매에 대한 자신감과 신뢰도를 높이는 용도로 사용하자.

262 | Stochastics Slow | 시세 시작을 알리고 저점을 잡아주는 지표 푸른기술 일봉

개선 선생의 절대비기!

추세 매매를 하면, 시세의 시작이 알고 싶어진다. 스토캐스틱은 언제 시세가 시작되는지에 대해 답을 줄 수 있는 보조지표이다. ①번에서 매수하고, 다시 25 이하로 내려오지 않으면 추세 매매를 이어가면 된다. 그러다가 ②번에서 다시 매수가 가능하고, ③번에서 매도하면 된다.

주식 격언 새기기!

"어설픈 상담자가 투자를 망친다."

주식투자의 원리나 요령은 그것을 확실하게 이해하고 정확한 이해의 바탕 위에서 응용할 수 있는 상태가 되어야 한다. 투자 요령을 어설프게 알거나 잘 알지 못하는 사람으로부터의 투자 조언은 오히려 투자를 망치는 원인이 되는 수가 많다. 따라서 투자 상담자는 어떤 노력을 해서라도 주가 예측이 정확한 탁월한 사람을 찾아야 한다.

개선 선생의 한마디!

모멘텀 지표라고 하는 이유는 더 갈 수 있는 이유가 있느냐, 없느냐를 묻는 것이기 때문이다. 지표값은 5-3-3을 주로 쓰나 10-6-60이나 20-12-12를 사용하여 조금 더 유연하게 매매 자리를 포착할 수 있다.

263 | Stochastics Slow | 봉우리의 모습을 기억해라 #다이버전스 네패스신소재 일봉

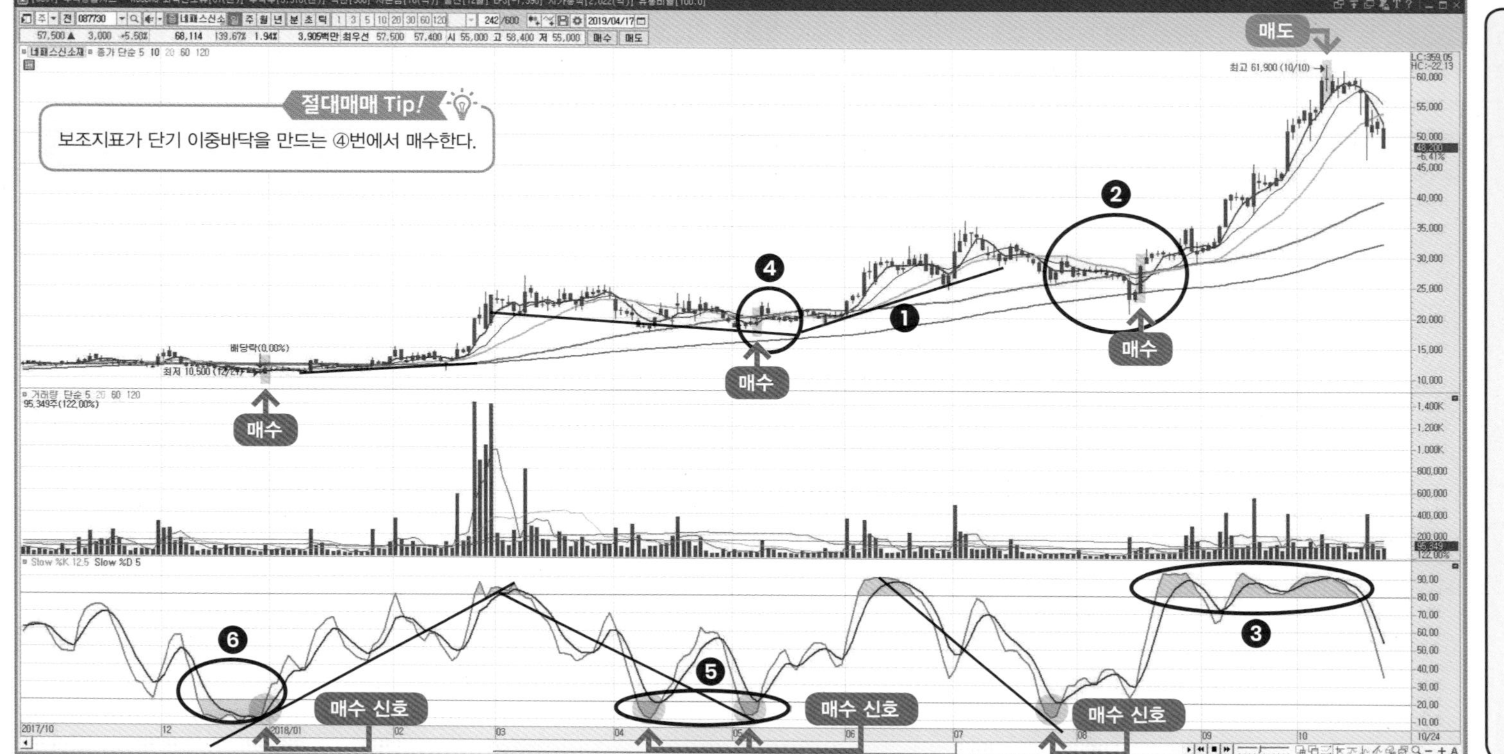

개선 선생의 절대비기!

①번처럼 추세는 상승하는데 스토캐스틱에선 하락추세라면, 곧 추세도 눌림이 온다는 것이다. 이때는 다시 변곡점을 기다리는 것이 맞고, 이격이 멀어진 ②번에서 매수할 수 있다. 그리고 ③번에서 매도를 하는데, 75 이상이라고 무조건 매도를 하는 것보다는 추세 이탈 신호를 보고 매도하는 것이 맞다. 추세 이탈 신호는 20일선을 깨는 자리이면서 기울기가 급격하게 하락으로 전환되는 자리를 말한다.

개선 선생의 한마디!

스토캐스틱 봉우리 매매를 할 때는 하방에선 단기 이중바닥을 만드는 자리(⑤)나 넓은 봉우리(⑥) 중에서 K선과 D선을 활용한 골든크로스 매매를 진행한다. 매도 신호를 잡을 때는 ③번에서 쌍봉우리나 봉우리가 세 번 나온다면, 네 번째 봉우리를 기다리지 말고 매도를 해야 한다.

264 | 일목균형표 | 운이 나빠도 수익을 볼 수 있는 방법 유니크 일봉

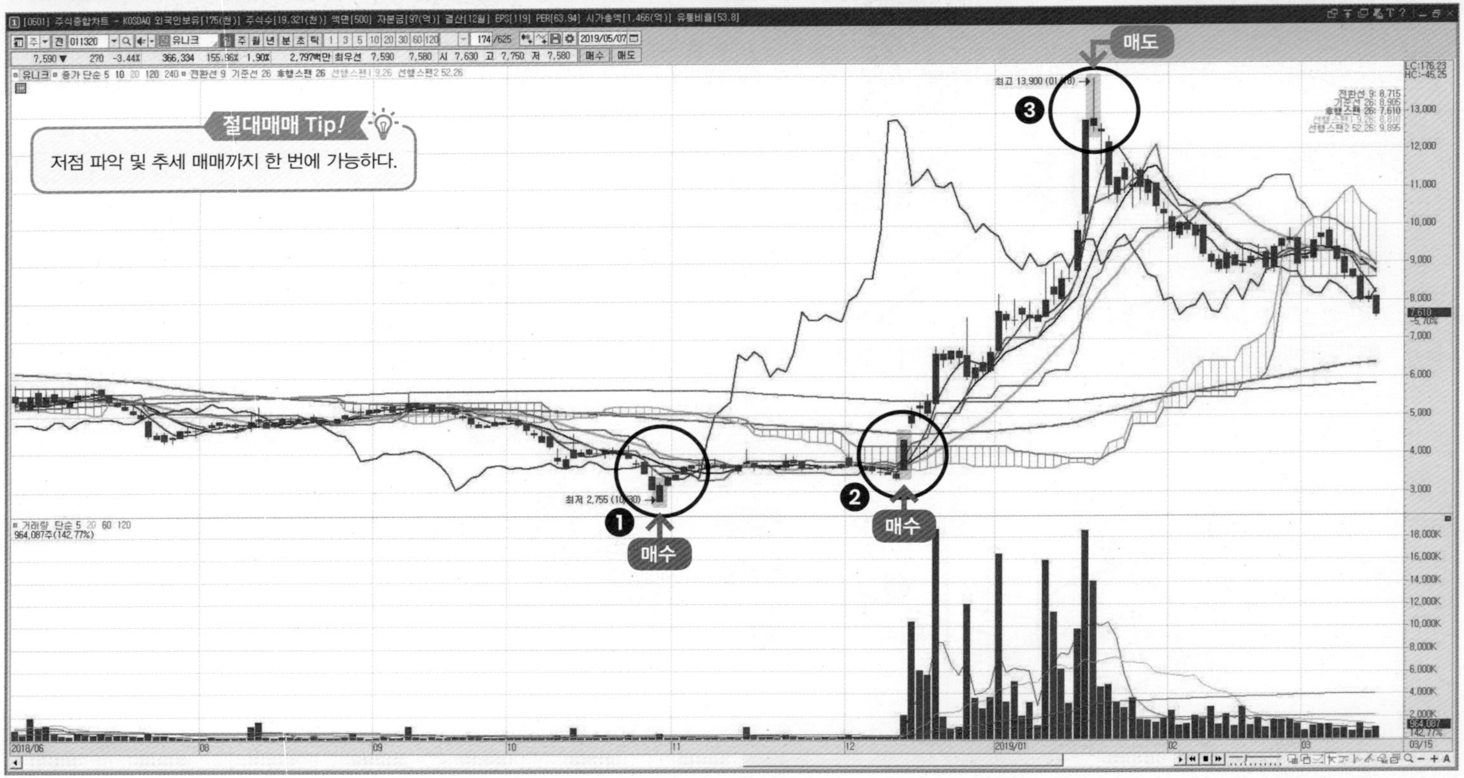

절대매매 Tip!

저점 파악 및 추세 매매까지 한 번에 가능하다.

개선 선생의 절대비기!

- 일목균형표의 선

1) **전환선** : 과거 9일간의 최고가+과거9일간의 최저가/2
2) **기준선** : 과거 26일간의 최고가+과거 26일간의 최저가/2
3) **후행스팬** : 오늘 종가의 26일 뒤
4) **선행스팬1** : 전환선+기준선/2 → 26일 앞
5) **선행스팬2** : 52일 최고가+52일 최저가/2 → 26일 앞

주식 격언 새기기!

"여유자금으로 투자해야 한다."

목숨이 걸린 돈이나 비상금으로 주식 투자를 해서는 안 된다. 주식시장의 시세가 좋다고 해서 생활비나 용도가 정해진 자금들을 동원해서 투자했다가 주가가 크게 하락하면 큰 손해를 보고 팔아야 한다. 그러므로 투자자금은 여유자금으로 한정해야 투자자금을 항상 100% 주식에 투자한 상태로 끌고 가는 것은 좋은 방법이 못 된다. 항상 현금보유비율이 30% 정도는 유지되는 것이 좋다.

개선 선생의 한마디!

일목균형표는 일본의 호소다 코이치가 만들었다. 일목균형은 위, 아래의 중간 그리고 양옆의 중간 개념을 계산하여 현재 주가가 어느 위치에 있느냐를 종합적으로 판단할 수 있는 지표이다. ①번은 후행스팬 꼭짓점에서 매수이고, ②번은 기준선이 상승으로 방향을 틀면서 선행스팬1과 선행스팬2를 통해서 음운 구름대가 형성되는데, 그 구름대를 돌파할 때 매수한다. ③번은 후행스팬이 이미 꼭짓점에서 매도를 외치고 있다.

265 | 일목균형표 / 후행스팬 | 최고점과 최저점을 찾아라 엔케이 일봉

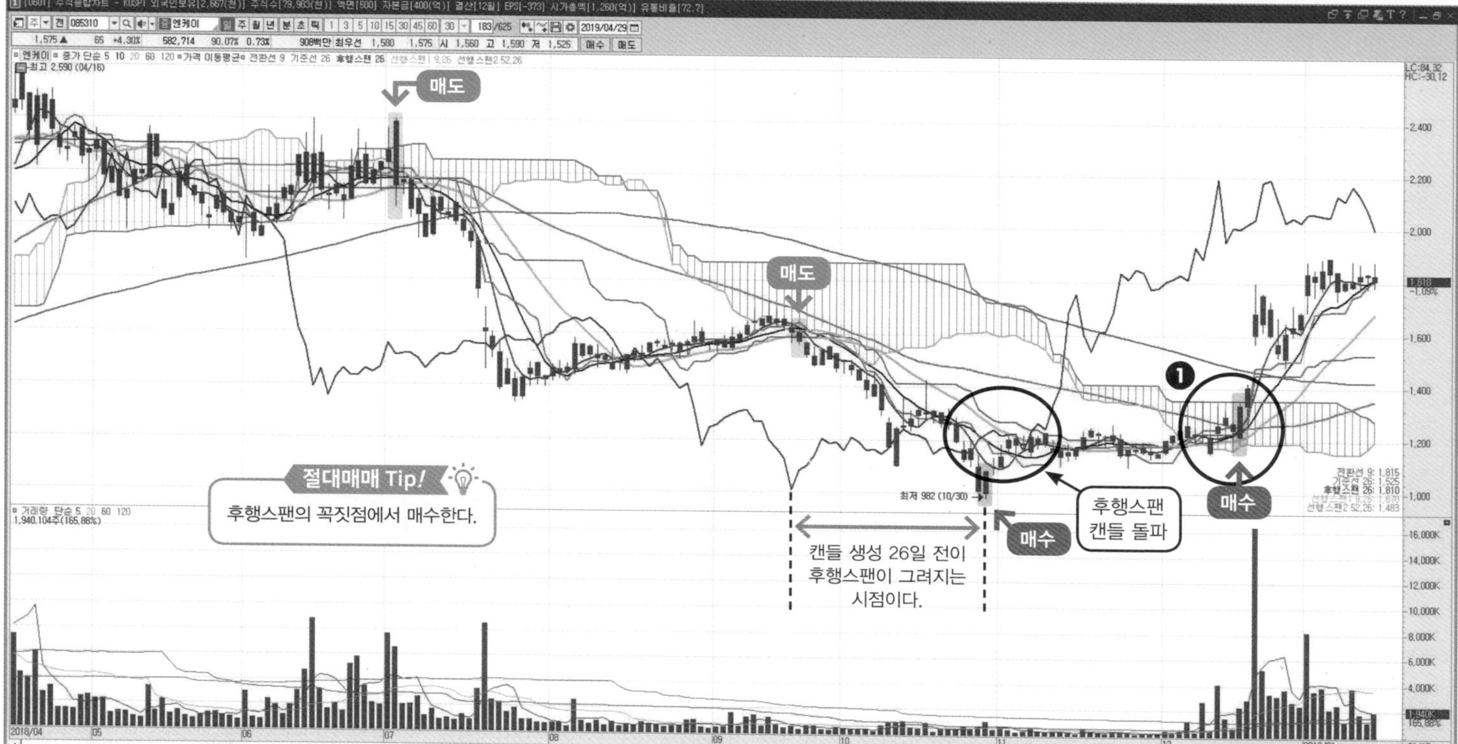

개선 선생의 절대비기!

- 본 차트에서 보라색 선으로 설정되어 있는 후행스팬은 캔들의 26 거래일 전 시점에 점을 찍어 선으로 표현한 지표이다.

1) 차트에서 고점과 바닥을 찾을 수 있다. 후행스팬의 꼭짓점을 찾으면 되고, 하락할 때 꼭짓점이 세 개 이상 나오면 매수한다.
2) 후행스팬을 통해 주가의 방향성을 파악할 수 있다.
3) 후행스팬이 캔들을 돌파할 때 매수한다.

개선 선생의 한마디!

후행스팬 매매 방법은 간단하다. 기준선이 우상향하면서 음운을 돌파(①)하면 큰 시세분출이 가능하다. 일목균형은 말 그대로 일목하게 균형을 본다는 뜻이다. 또한 구름대가 하락하면서 세 번 이상 형성된 것은 구름대가 얇아질 가능성이 있고, 얇아진 구름대는 돌파하기가 쉽다. 즉, 구름대는 매물대라고 볼 수 있다.

266 | 일목균형표 / 구름대 | 구름대는 매물대이다 성창오토텍 일봉

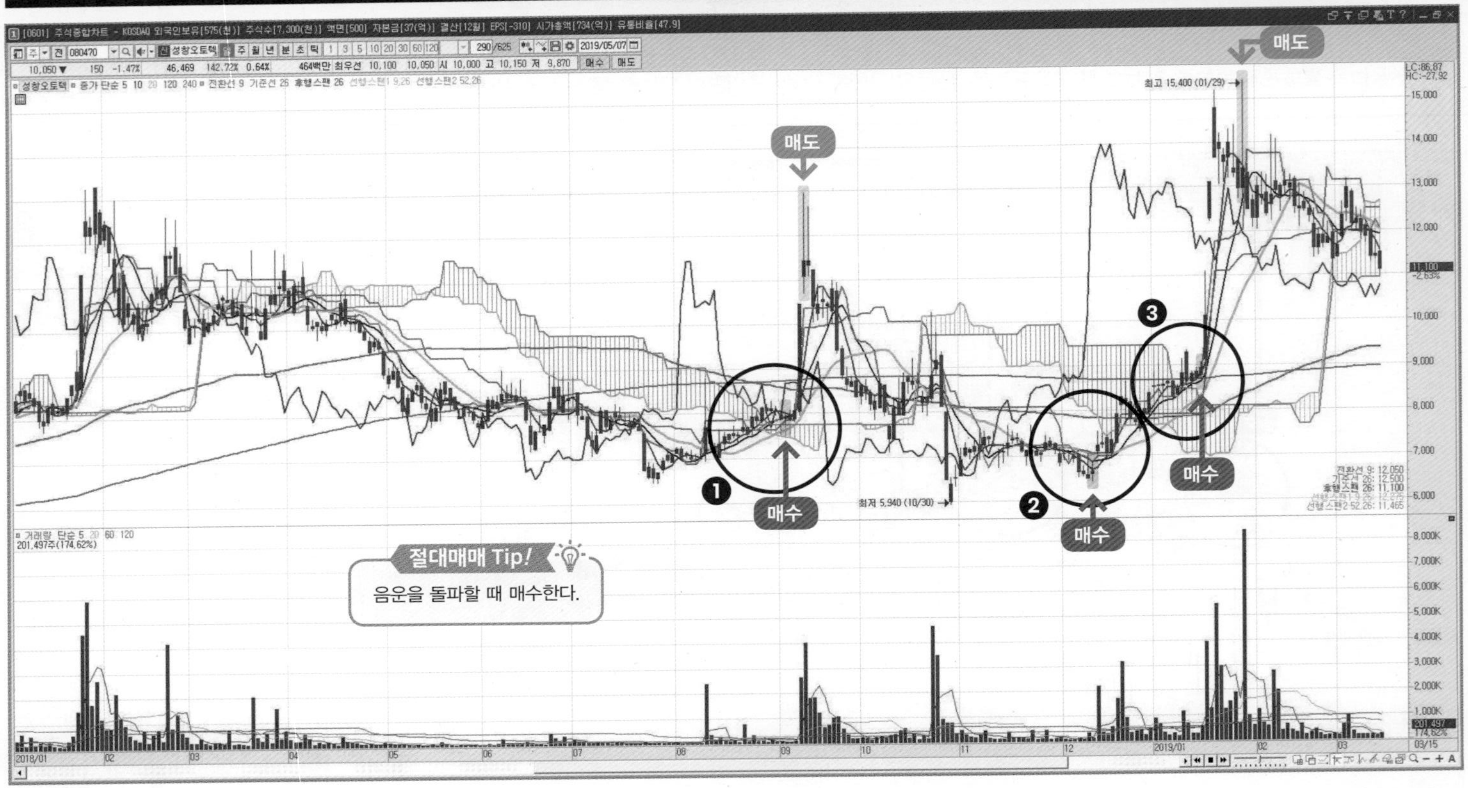

매도
매도
매수
매수
매수
최고 15,400 (01/29)
최저 5,940 (10/30)

절대매매 Tip!

음운을 돌파할 때 매수한다.

개선 선생의 절대비기!

- **구름대 매매 방법은?**

구름대는 선행스팬1과 선행스팬2가 교차하면서 만들어진다.

1) 양운은선행스팬1이선행스팬2위에 있을 때, 음운은 선행스팬1이 아래에 있을 때 만들어진다.
2) 구름대가 두꺼운 것은 그만큼 매물이 쌓여 있다고 보면 된다.
3) 양운은 지지해야 하는 구름대이고, 음운은 상승 시 돌파를 해야 한다.
4) 구름대 위에서 상승이 꾸준히 나와야 추세 매매가 가능하다.

개선 선생의 한마디!

구름대는 매물대를 의미한다. 그래서 음운이 두꺼우면 매물이 많은 부분이라 쉽게 돌파하지 못한다. 돌파를 시도하면, 분명히 차익매물이 쏟아질 것이다. 그래서 음운이 얇아진 ①번과 같은 지점은 매물 소화가 이루어진 것이라 돌파가 더 쉽다. ②번은 기준선 변곡점 매매, ③번은 음운 돌파 매매 방법이다.

267 | 일목균형표 / 기준선 | 기준선을 적극적으로 활용해라 우수AMS 일봉

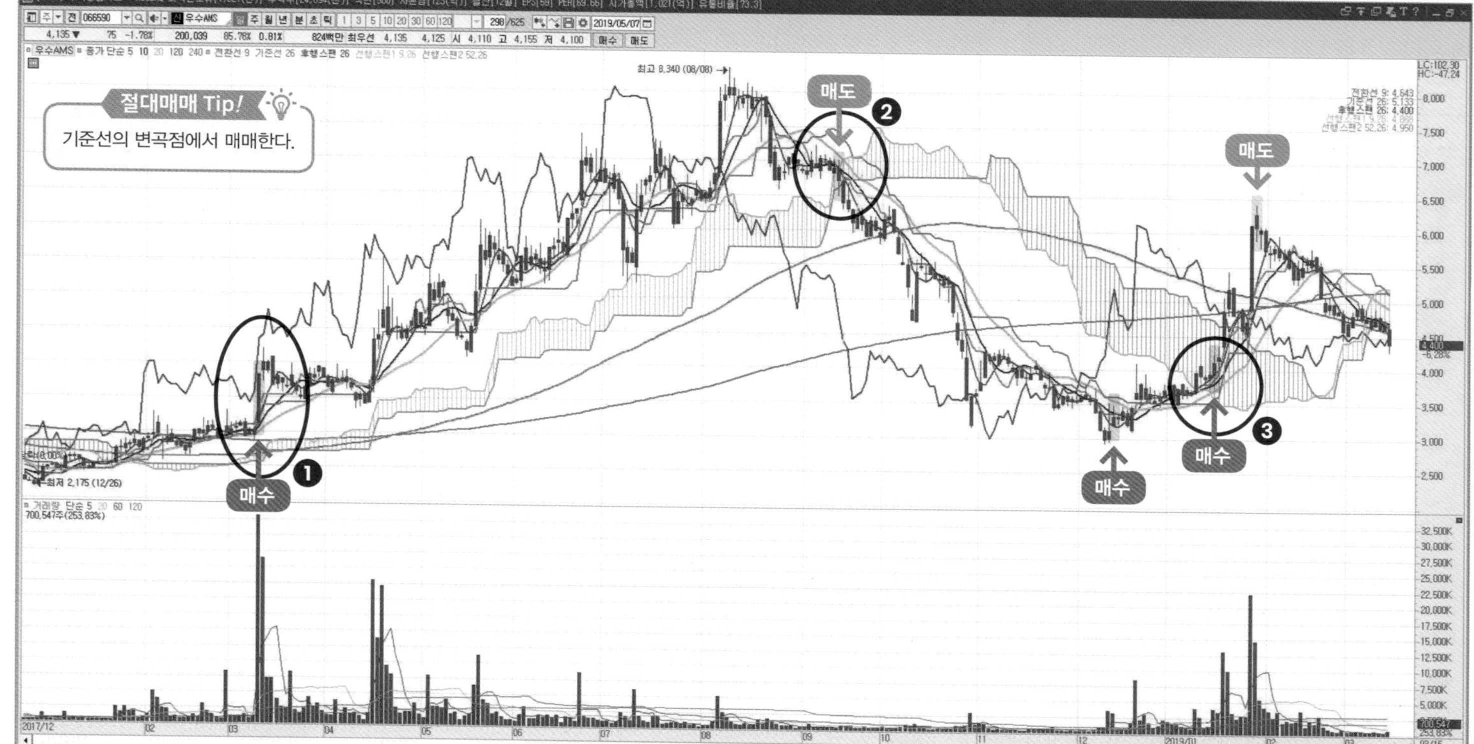

개선 선생의 절대비기!

- **기준선 매매 방법은?**

1) 기준선의 변곡점을 찾는다.
2) 기준선을 지지와 저항으로 활용한다.
3) 이격도를 활용한다.
4) 전환선이 기준선을 돌파할 때 매수한다.
5) 전환선이 기준선 지지를 받는지 확인한다.

주식 격언 새기기!

"오르는 힘이 다하면 주가는 저절로 떨어진다."

주가는 재료를 가지고 움직이지만 재료가 주가를 올리는 원동력은 아니다. 주식시세를 올리는 원동력은 주식시장에 들어오는 자금이나 인기 등으로 구성되어 있는 추진에너지이다. 자금이나 인기는 어느 정도 기간이 지나면 한계에 달하여 추진에너지가 약화된다. 에너지가 약화되면 주가는 작은 충격에도 큰 폭으로 떨어진다.

개선 선생의 한마디!

일목균형표는 다 중요하지만, 일목에서 기준이 되는 선인 기준선을 가장 많이 활용한다. 기준선이 변곡점이 되는 자리(①)에서 매수하고, 기준선이 급격하게 하락 변곡점(②)을 만드는 자리에서 매도, 다시 기준선의 상승 변곡점 자리(③)에서 매수가 가능하다.

268 | 일목균형표 / 기준선 | 기준선을 따라가면 큰 수익이 터진다 제이엔케이히터 일봉

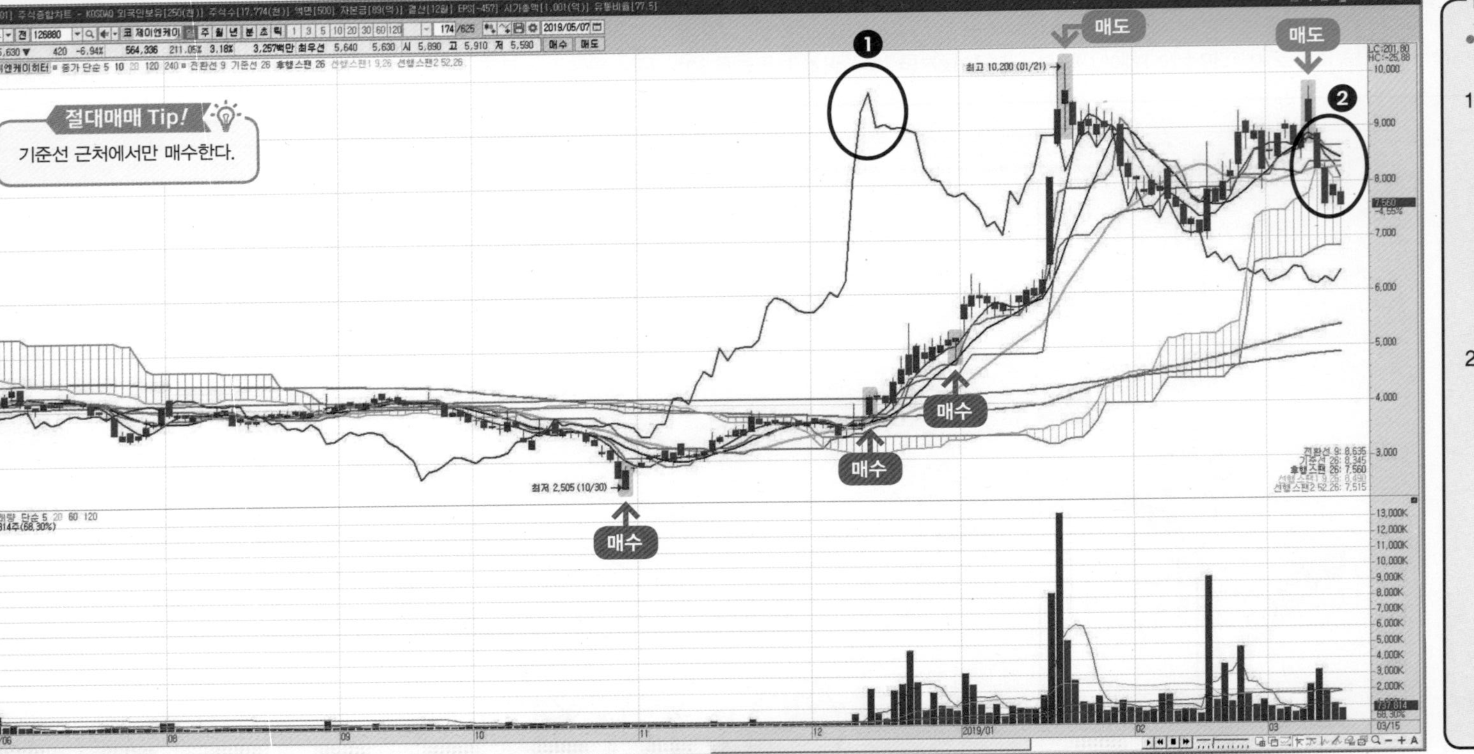

개선 선생의 절대비기!

- **기준선 매매를 활용한 단타 매매 VS 추세 매매**

1) 기준선으로 단타 매매를 하는 방법은 일단 단기 상승이 나온 후, 고가놀이나 조정이 나오게 되는지를 보는 것이다. 그러면 기준선까지 하락이 나올 수 있는데, 기준선은 변곡점이 나오지 않고 캔들이 하락하는 경우와 기준선이 먼저 변곡점을 만드는 경우가 있다. 이 두 가지 경우 모두 매수 가능하다.
2) 기준선으로 추세 매매를 하는 방법은 기준선 아래로 캔들이 내려가지 않으면, 계속 끌고가는 매매를 하는 것이다.

개선 선생의 한마디!

양운 위에서 주가가 움직이다가 후행스팬이 고점 꼭짓점(①)을 만들고, 하락신호가 나오는 상태에서 양운이 두꺼워지고, 캔들이 그 양운으로 내려오고 있다면(②) 매도해야 한다. 물론 다시 양운에서 지지가 되면 상승할 수 있겠지만, 양운은 사실 과매수를 나타내는 신호이다. 과매수는 매도가 나올 자리이기 때문에 양운이 있으니 매수해도 된다고 생각하면 안 된다.

269 | 일목균형표 / 대등수치 | 시간적 개념을 대등하게 계산해라 삼표시멘트 일봉

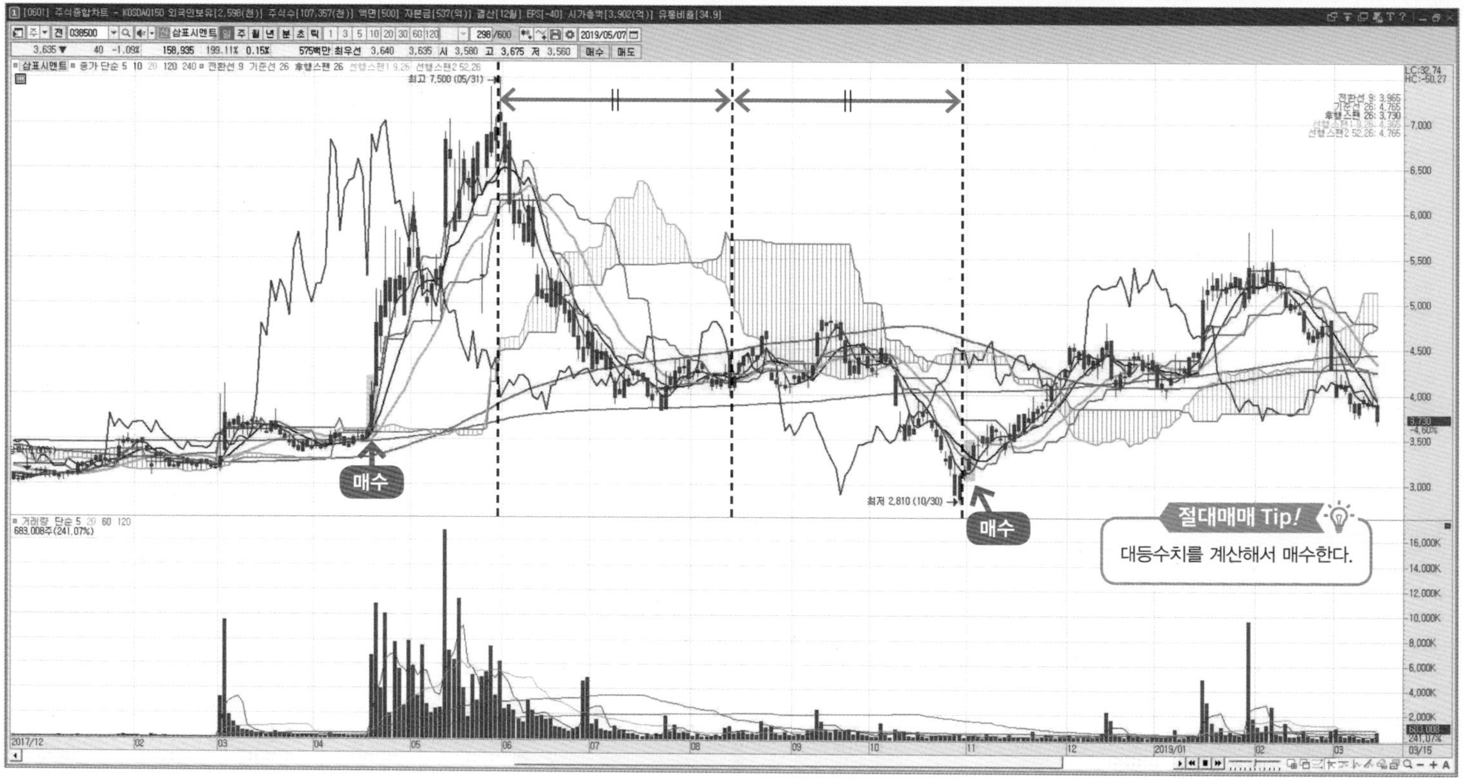

절대매매 Tip!

대등수치를 계산해서 매수한다.

개선 선생의 절대비기!

• **대등수치란?**

시간관계 또는 가격관계를 기준으로 대등하게 수치를 계산한다. 과거 주가가 움직인 시간과 대등하게 결과가 나온다는 것이다. 대등수치는 S형, E형이 많이 나타난다.

주식 격언 새기기!

"오른손에 재무제표, 왼손엔 차트를 들어야 한다."

국내 증시에서 귀가 따갑도록 들어온 말이 한국 주식들은 저평가돼 있다는 것이다. 그러나 이같은 의견을 좇아 주식을 매입한 투자자들 가운데 수익률이 좋은 투자자는 몇 안 된다. 주가는 물론 기업가치가 중요하지만 수급 요인과 투자 심리가 반영돼 형성된다. 시세 흐름에 대한 차트분석이 펀더멘털에 대한 분석 못지않게 중요하다는 점을 일러주는 격언이다.

개선 선생의 한마디!

일목균형표는 시간 개념과 공간 개념을 동시에 표현하는 보조지표이다. 차트가 복잡하게 구현되어 보기가 어렵지만, 이해를 잘하고 분석하면 아주 신뢰도가 높은 매매 방법이다.

270 | 투자심리선 | 인기의 변화, 투자 심리의 변화를 파악하자 한미약품 일봉

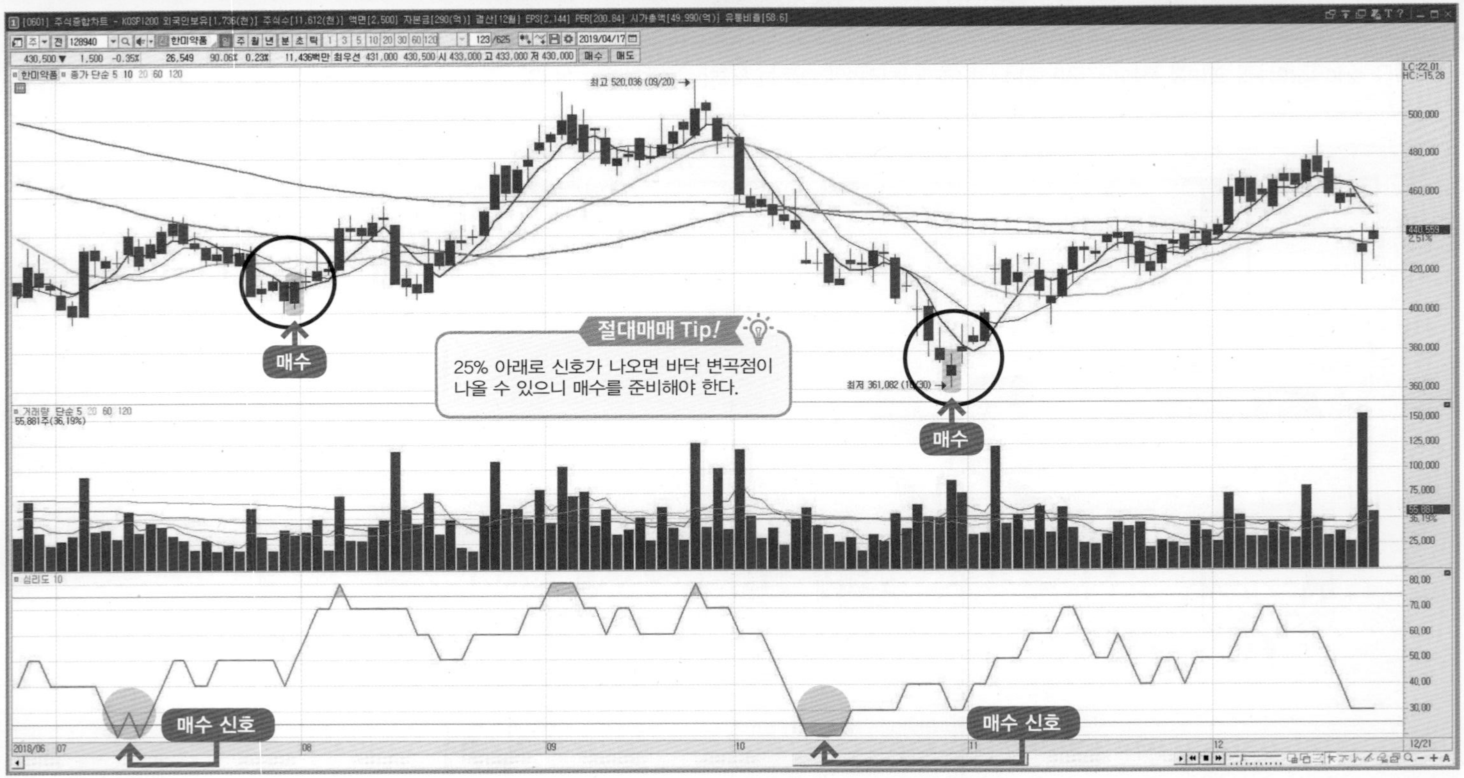
최고 520,036 (09/20)
최저 361,082 (10/30)
매수
매수
매수 신호
매수 신호
절대매매 Tip!
25% 아래로 신호가 나오면 바닥 변곡점이 나올 수 있으니 매수를 준비해야 한다.

개선 선생의 절대비기!

- **투자심리선**

투자심리도(%) = 최근 N일 중 주가 상승일수/N일* 100

주식 격언 새기기!

"시세는 연날리기와 같다."

바람이 있어야 연이 날고 바람이 없으면 연은 땅에 떨어지듯이 주식시세도 주식시장으로 들어오는 자금이 있어야 오른다. 바람이 세게 불면 연은 높이 나르고 약하게 불면 연이 낮게 날듯이 주식시세도 증시로 들어오는 자금의 양이 많으면 많을수록 높이 오르고 증시자금이 거꾸로 증시 외부로 빠져 나가기 시작하면 주가는 떨어질 수밖에 없다. 주식시세는 어떠한 재료보다도 수급상황이 가장 기본적인 요인인 것이다. 수요가 공급보다 우세한 시장에서는 어떠한 악재가 나와도 주가는 상승하지만 공급이 수요를 초과하는 주식시세는 어떠한 이유로도 상승하기가 어려운 것이다.

개선 선생의 한마디!

투자심리도 75% 이상이라면 과열 상태로, 호재가 많아서 매입 세력이 강할 때를 이야기한다. 즉, 과매수 구간이다. 투자심리도가 25% 이하라면 12일 동안 상승일수가 3～4일밖에 없었다는 의미이고, 계속 하락만 나왔기에 이격이 벌어진 상태이며, 심리적으로 너무 많이 매도한 것이 아닌가 하는 생각을 갖게 한다는 것이다.

271 | 투자심리선 | 과매수 구간과 과매도 구간을 심리적으로 판단 부광약품 일봉

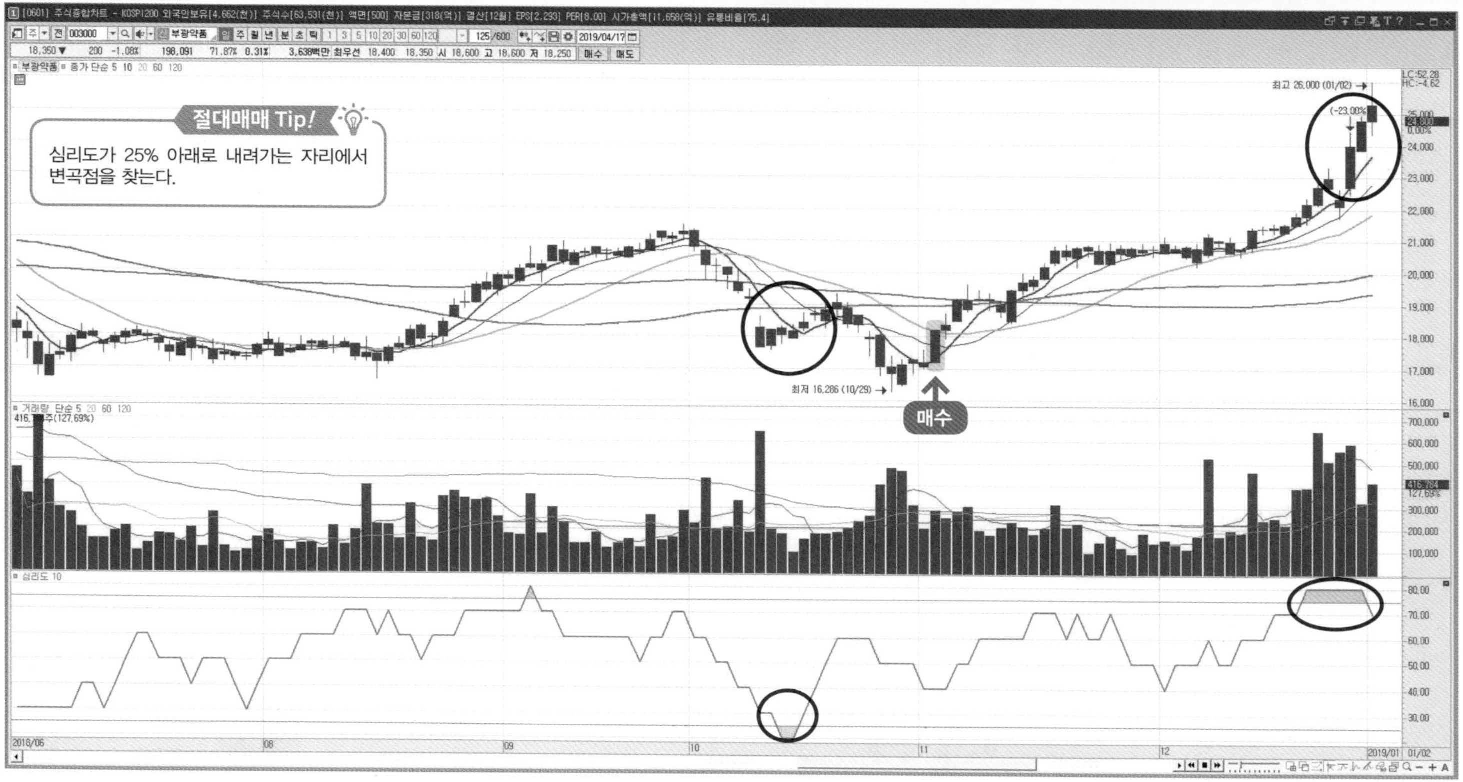

절대매매 Tip!

심리도가 25% 아래로 내려가는 자리에서 변곡점을 찾는다.

개선 선생의 절대비기!

- 투자심리선은 10일이라는 한정된 기간을 이용하여 시장의 인기, 즉 과열 및 침체도를 파악하고자 하는 기법이다.

매수 : 25% 이하
매도 : 75% 이상

주식 격언 새기기!

"오늘의 패자만이 내일의 승자가 될 수 있다."

증권사 실전투자 수익률 대회에서 수천%에 이르는 경이적인 수익률로 고수의 자리에 오른 투자자들이 소감을 묻는 자리에서 과거의 아픈 투자 경험을 실토하는 것을 자주 본다. 주식 투자에서 누구나 한두 번쯤은 대규모 손실을 보고 실패의 쓴 맛을 볼 수 있다. 그러나 중요한 것은 그러한 실패를 어떻게 활용하느냐이다. 오늘의 실패를 훗날 성공을 위한 밑거름으로 활용하는 지혜가 필요하다.

개선 선생의 한마디!

투자심리선은 매매가 간단하나 주의해야 할 점이 있다. 과매도 구간인 25% 아래에서 신호가 나와도 바로 매수하면 안 된다. 이는 심리적으로 매도가 많이 나왔을 뿐이지 매수로 전환된 것은 아니기 때문이다. 주식은 V자로 변곡점이 나올 수 있지만, 추세는 한 번 무너지면 바닥을 다지는 작업이 필요하고, 바닥 변곡점에서 나오는 캔들이나 신호가 있다. 투자심리선은 미리 매수와 매도를 준비하게 하는 보조지표이다.

272 | OBV | 거래량은 증기기관차를 움직이는 증기다 AJ렌터카

개선 선생의 절대비기!

- OBV(On Balance Volume)를 통해 현재 주식시장이 매집(주식을 대량으로 매수하는 것) 단계에 있는지, 분산(일부나 전체를 매도하는 것) 단계에 있는지를 분석할 수 있다. 특히 주식시장이 큰 변동 없이 정체 상태에 있을 때, 주가의 추세 방향을 예측하는 데 유용한 지표이다.

매수 : OBV가 Signal을 상향돌파 = 상승세 전환
매도 : OBV가 Signal을 하향돌파 = 하락세 전환

개선 선생의 한마디!

다우이론의 조셉 그랜빌이 만든 거래량 보조지표로, 추세가 없는 주가 패턴처럼 보이지만 그 뒤에 숨어서 축적되고 있는 매수 · 매도의 힘을 발견하려는 것이다. 가격이 오르내리면서 같은 가격이 있다고 하더라도 OBV는 플러스가 될 수 있고, 그렇다면 매수 세력이 숨어 있다고 보는 것이다. 전성기 시절, 그랜빌이 성공가도를 달릴 수 있었던 이유 중 하나는 OBV를 사용했기 때문이다.

273 | OBV | 거래량으로 투자하라! 유일한 선행지표이다 코나아이 일봉

개선 선생의 절대비기!

1) **주가 상승 + 거래량 증가** : 투자자들이 매수에 가담
2) **주가 상승 + 거래량 감소** : 점차 매수가 줄어듦
3) **주가 하락 + 거래량 증가** : 투자자들이 현금화를 함
4) **주가 하락 + 거래량 감소** : 매도자가 줄고 있음

주식 격언 새기기!

"오르기는 따로따로 내리기는 일제히 해야 한다."

주도주와 주변주의 주가 흐름은 분명한 차이가 있다. 주변주들은 시장이 전체적으로 오를 때 주도주만큼 상승세를 보이지 못하지만 증시가 하락세로 반전될 때는 주도주보다 더 많이 내리는 게 일반적이다.
그래서 다소 비싼 값을 치르더라도 항상 주도주를 공략하는 자세가 필요하다. 어쩔 수 없이 주변주를 매수한 경우라면 기대수익률을 낮춰 잡고 보유기간도 가급적 짧게 가져가는 것이 좋다.

개선 선생의 한마디!

지수가 하락하지만 OBV선이 이전의 저점 수준 이하로 떨어지지 않고 보합권에 있다면, 시장 하락에 세력의 매집 활동이 일어난다고 봐야 한다. 그래서 주가는 상승하게 된다. 지수는 상승하는데 지수가 보합권에서 파동으로 박스권 장세에 있을 때 OBV가 상승한다면, 떨어지는데도 매집을 하고 있다는 것이니 더 큰 상승이 나온다는 것이다.

274 | OBV | 추세 매매를 할 때도 거래량은 중요하다 에이치엘비 일봉

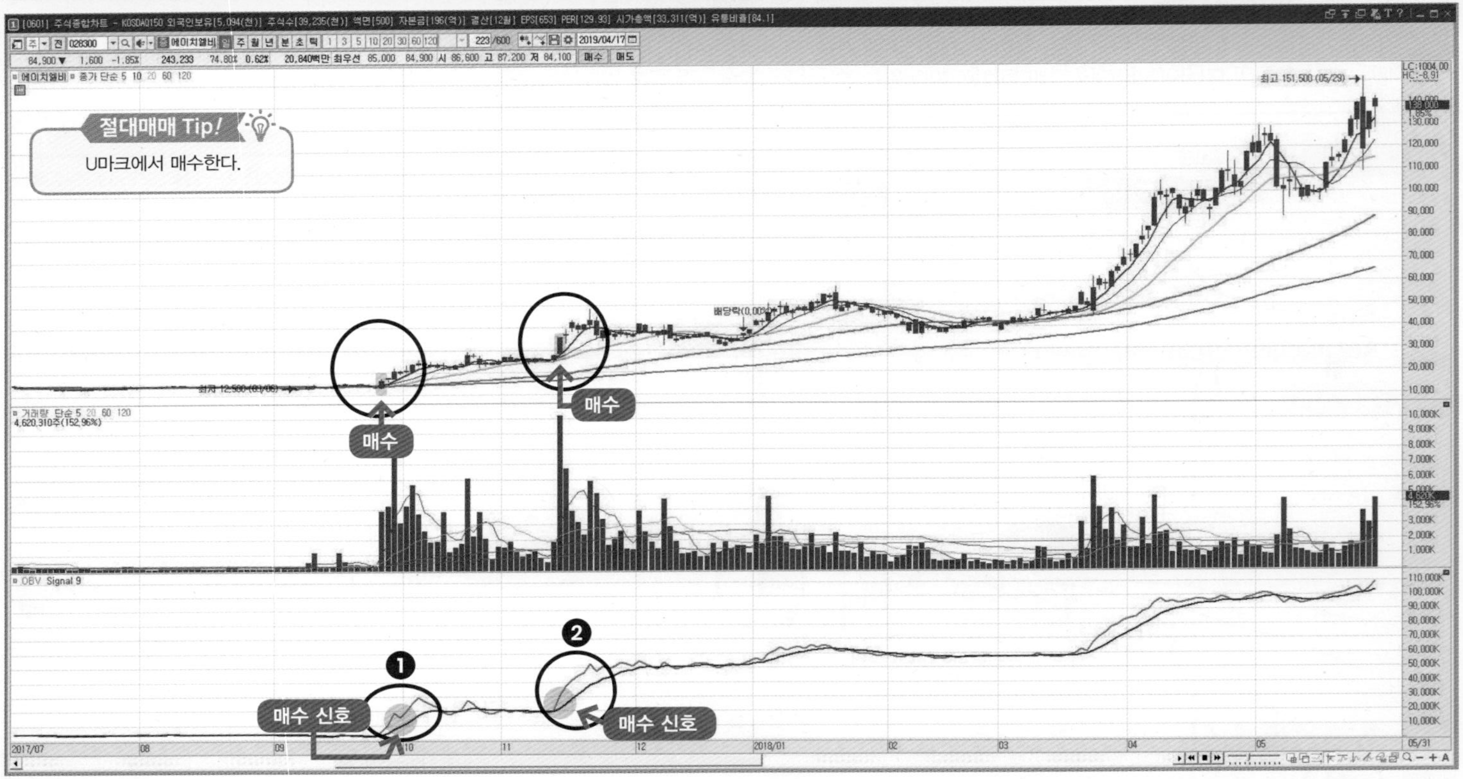

절대매매 Tip!

U마크에서 매수한다.

매수

매수

❶ 매수 신호

❷ 매수 신호

개선 선생의 절대비기!

- D마크와 U마크란?

1) **D마크(Down)** : OBV선의 등락이 직전의 저점을 초과 시 단기 매도
2) **U마크(Up)** : OBV선의 등락이 직전의 고점을 초과 시 단기 매입

주식 격언 새기기!

"오를 때는 계단으로 내릴 때는 엘리베이터로 가야 한다."

주가는 단계별로, 종목별로 마치 계단을 밟아 올라가듯 서서히 오르기 마련이다. 그러나 하락할 때는 급격히 하락한다. 주가 시세는 인간의 마음을 반영한다고 할 수 있다. 인간의 기대심리는 일시에 확산되지 않기 때문에 아주 천천히 번져나가지만 불만이나 공포심이 있을 때는 반응이 격렬하기 마련이다.

하락세는 상승세보다 훨씬 급격하다. 계단으로 힘들게 올라가서 순식간에 떨어질 때의 허무함이란. 하락이 훨씬 급격하다는 것을 늘 명심해야 한다.

개선 선생의 한마디!

지수가 상승하는데 고점이 계속 높아진다는 것은 상승 탄력에 상승이 더 붙고 있다는 것이다. 즉, 더 많은 투자자가 매수에 가담하고 있다는 것이다. OBV선이 일정 기간 평행선을 가다가 변곡점이 나오면서 U마크(①, ②)가 나온다면, 지속적인 돌파가 가능한 상황이며, 그동안 세력들이 계속 매집을 하고 있다고 볼 수 있다.

275 | OBV 다이버전스 | 지수는 눌림이 나와도 OBV는 우상향? 유비쿼스홀딩스 일봉

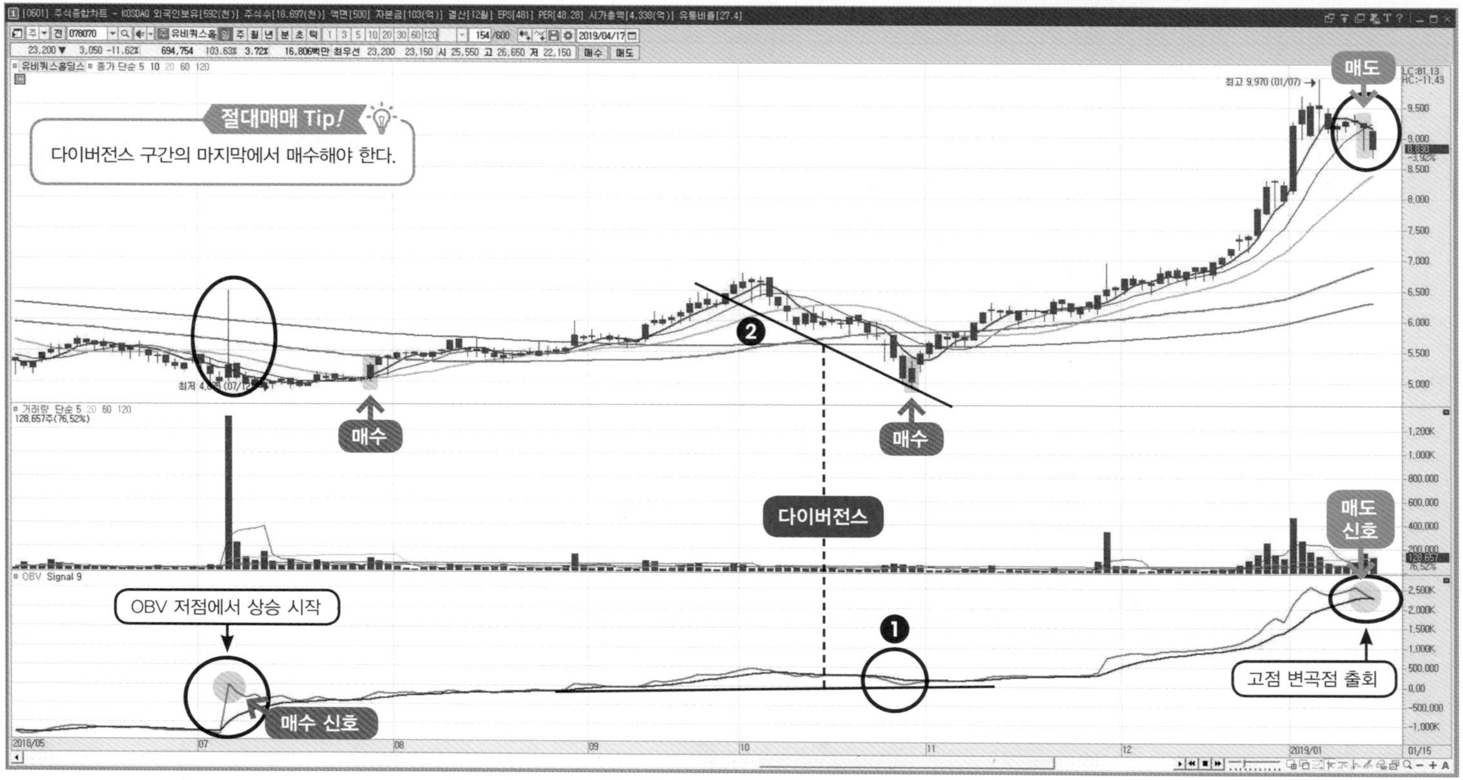

개선 선생의 절대비기!

• OBV vs VR

OBV는 누계라서 시세 판단 비교가 어렵다. 비율로 분석하는 방법은 VR(Volume Ratio)이다. VR이 100%라는 것은 주가 상승일의 거래량 합계와 주가 하락일의 거래량 합계가 같다는 것이다.

주식 격언 새기기!

"욕심을 버려야 고지에 도달한다."

주식 실패의 원인을 분석해보면 대부분 지나친 욕심 때문이었다는 결론이 나온다. 그래서 주식은 '욕심 극복의 과정'이라는 말까지 있다. '주식에서 따려고 하는 것은 잃으려는 시작'이라는 말처럼 욕심이 눈앞을 가리면 승리는 보이지 않게 된다. 모의투자를 할 때는 잘 되다가 실제 투자를 할 때 잘 안 되는 이유도 바로 욕심 때문이다. 욕심을 버려야 한다. 그러면 저기 고지가 보일 것이다.

개선 선생의 한마디!

1. 추세가 우상향하고 있는 도중에 ①번처럼 D마크가 나오면 오히려 매수 신호이다.
2. 추세가 하락하는 도중에 U마크가 나오면 매도 신호이다.
3. ②번 구간처럼 지수는 하락 중인데 OBV는 상승추세가 나타난다면 다이버전스가 발생한 것이기 때문에 매수 신호이다.

276 | 윌리엄스(Williams'R) | 과매수, 과매도를 확인해라 미코 일봉

개선 선생의 절대비기!

- Williams'R 지표는 래리 윌리엄스(Larry Williams)에 의해 개발된 지표로, 과매도, 과매수를 측정하기 위한 탄력 지표이다.

매수 : −80% 이하 과매도 구간
매도 : −20% 이상 과매수 구간

개선 선생의 한마디!

고점에서 얼마만큼 하락했고, 저점에서 얼마만큼 올랐는지를 통해 과매수, 과매도를 판단하는 지표이다.

277 | 윌리엄스(Williams'R) | 최고점에서 현재 주가의 위치를 파악한다 JYP Ent. 일봉

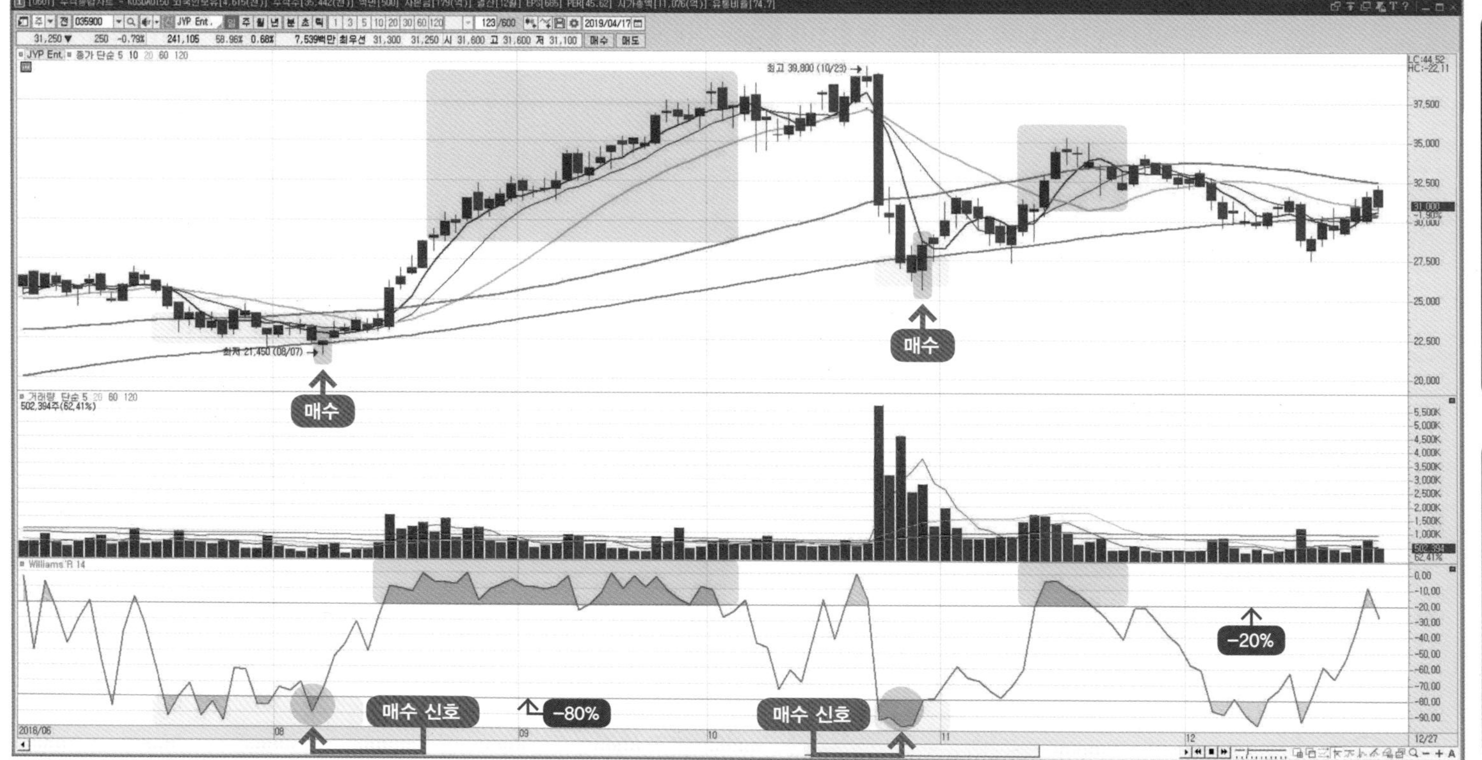

개선 선생의 절대비기!

• 윌리엄스 VS 스토캐스틱

스토캐스틱은 최근 변동폭과 종가와 최저점의 차이를 구하는 것이고, 윌리엄스는 종가와 최고점의 차이를 구하는 것이다. 다시 말하면, 윌리엄스는 고점 대비 얼마만큼 하락했는지를 보고 과매도인지 과매수인지를 판단하는 것이다.

주식 격언 새기기!

"우거진 나무로 새들이 모인다."

증시는 상승 모멘텀이 부여될 때 주가가 오르고 시장 참여자들의 자금이 몰린다. 최악의 상황으로 내몰린 시장이 상승하기 위해서는 실적 모멘텀과 정부의 경제부양 의지가 얼마나 확실한지 담보돼야만 한다. 고객예탁금과 거래량이 늘지 않는다는 것은 불확실성이 여전하다는 뜻이다. 주가는 거래량의 그림자라는 격언을 다시 한 번 상기해야 한다.

개선 선생의 한마디!

윌리엄스 신호의 발생 시기가 통상 주가 움직임보다 조금 더 빠르게 나오기도 한다. 그렇기 때문에 신호가 나왔다고 바로 매수하지 말고, 변곡점이 출현한 지점에서 나타나는 캔들신호를 확인하고 매수하는 것이 좋다.

278 | 윌리엄스(Williams'R) | 잦은 매매신호가 나온다면 MACD를 참고 에이치엘비 일봉

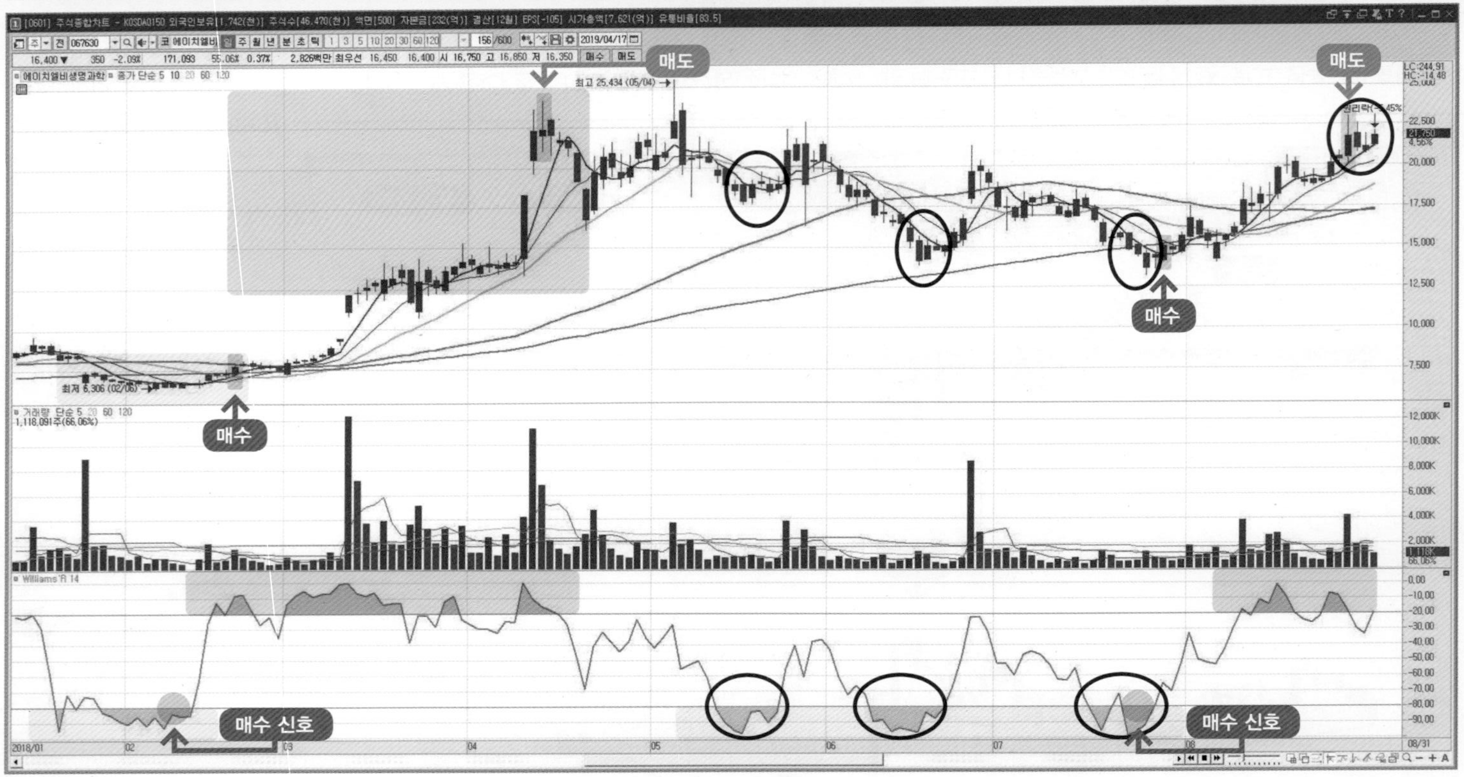

개선 선생의 절대비기!

- 〈Williams'R〉

해당 기간의 최고가 – 당일 종가/해당 기간의 최고가 – 해당 기간의 최저가)*(–100)

주식 격언 새기기!

"이익은 8할만 취하고, 손실은 1할만 감수해야 한다."

시장이 상승세를 탈 때는 천정에서 팔려고 하고 침체 장에서는 미련으로 단념하지 못하는 투자자들의 습성을 꼬집는 격언이다.
증권투자로 크게 실패한 사람들의 공통점 중의 하나는 물러서야 할 때와 나가야 할 때 결단을 내리지 못하는 점이다. 누구라도 손절매는 싫은 것이고, 특히 저평가 상태로 매수한 종목은 더 그렇다. 주식투자는 실패를 통해 큰 수익을 챙길 수 있으며 실패는 내일을 기약할 정도로 최소화시켜야 한다.

개선 선생의 한마디!

윌리엄스 –80% 구간에서 세 번의 매수 구간이 나왔지만, 추세는 하락하고 있다. 다시 말하면, 고가놀이나 단기 상승 후, 고점 부근에서 잦은 매매신호가 나올 수 있다는 것이다. 이때는 MACD 지표를 보조지표로 사용하면 매매신호의 신뢰도를 높일 수 있다. MACD가 계속 상승 신호를 내면, 윌리엄스 신호는 일시적일 수도 있는 것이다.

279 | 엔벨로프(Envelope) | 추세와 이격을 때려잡자 유양디앤유 일봉

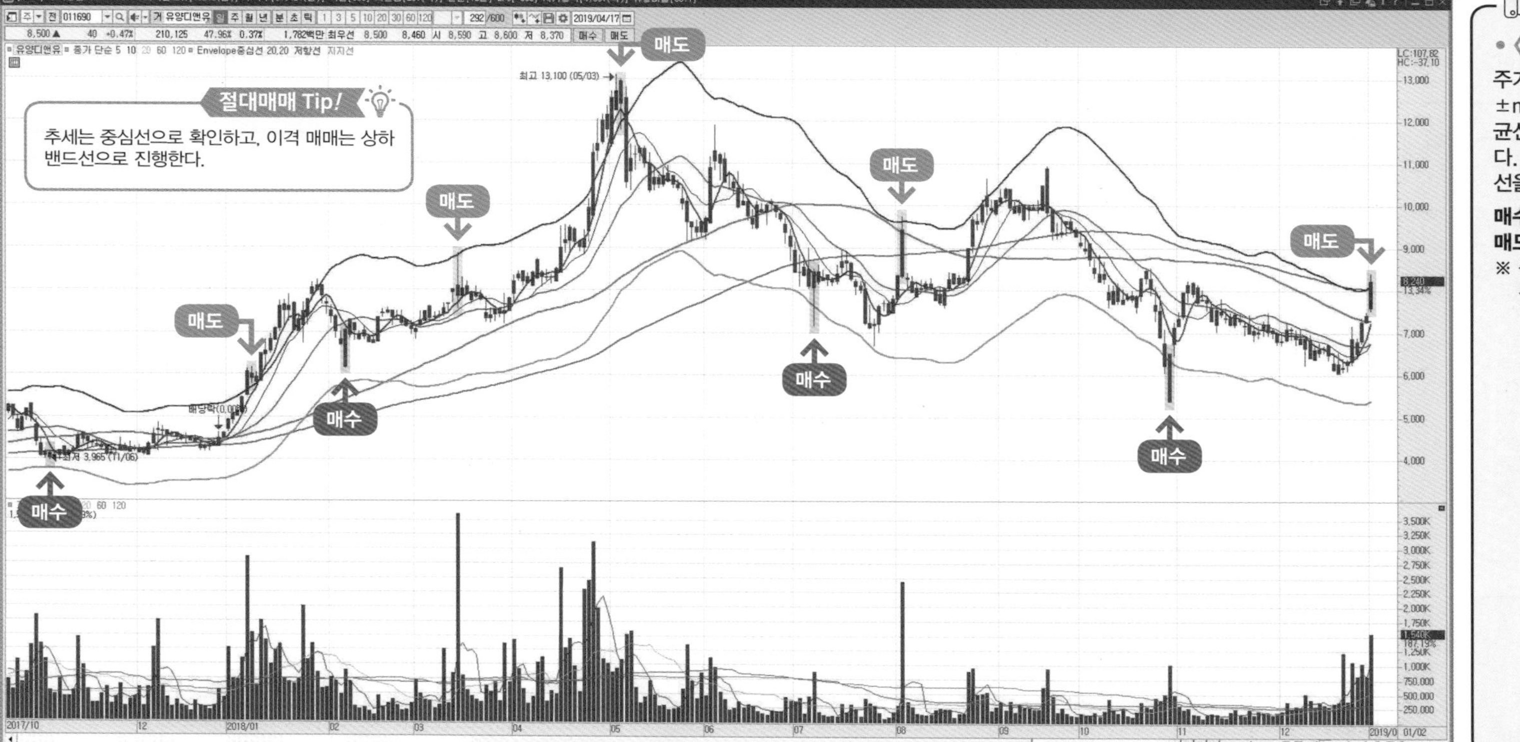

개선 선생의 절대비기!

- 〈Envelope〉

주가의 이동평균선과 이동평균선의 ±m% 선을 함께 그린 것을 이동평균선에 대한 Envelope선이라고 한다. +20% 선을 저항선으로, −20% 선을 지지선으로 인식한다.

매수 : − 20% 하단선
매도 : + 20% 상단선
※ 상세설정 : Percent선을 20으로 설정

개선 선생의 한마디!

캔들이 상단 밴드선에 닿으면 매도, 하단 밴드선에 닿으면 매수이다. 일단 추세 매매보다는 이격 매매를 통해서 수익을 낼 수 있는 보조지표이다. 상승장에서 매매할 때보다 하락장에서 매매할 때가 더 신뢰도가 높다.

280 | 엔벨로프(Envelope) | 매매를 많이 하는 것보다 정확하게 해라 대영포장 일봉

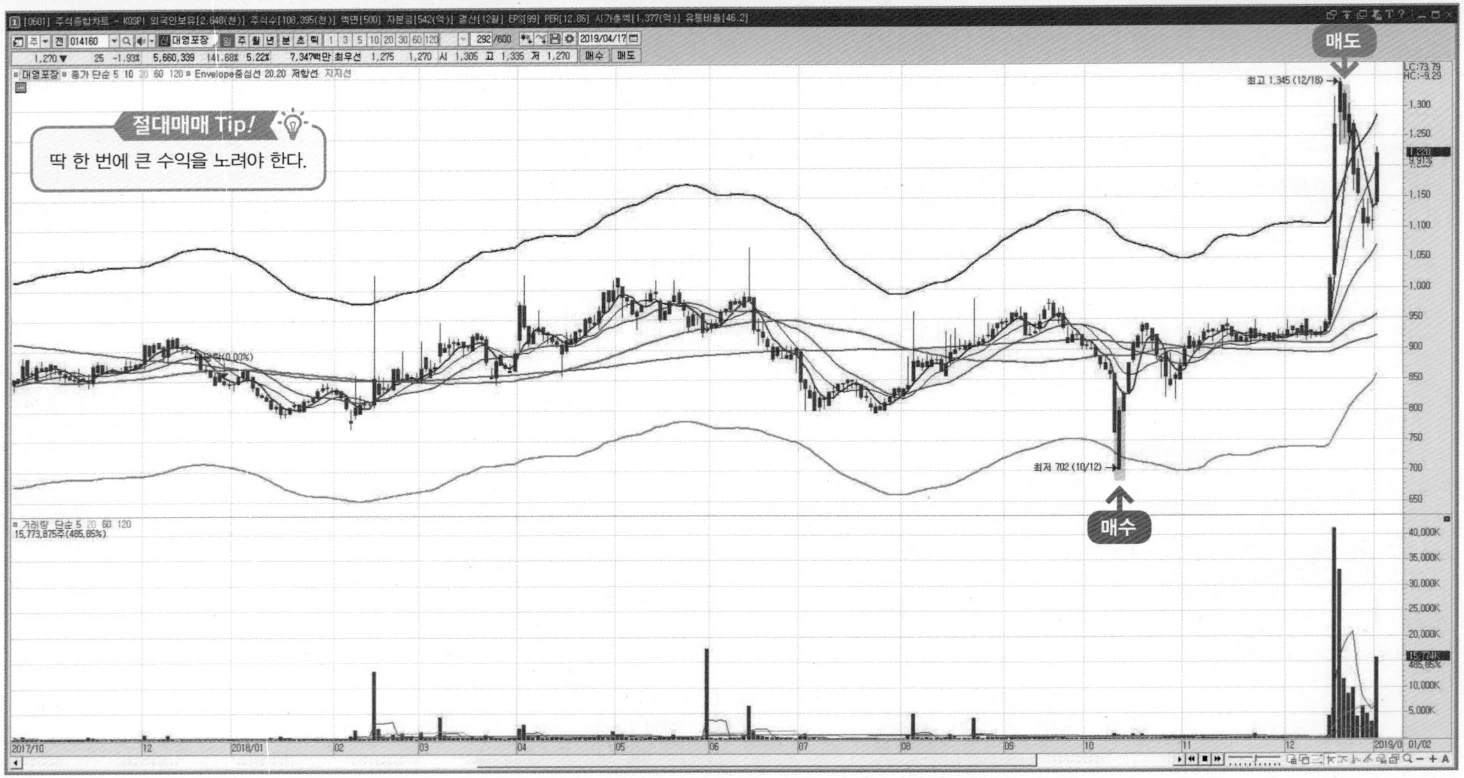

절대매매 Tip!

딱 한 번에 큰 수익을 노려야 한다.

매도

최고 1,345 (12/18)

최저 702 (10/12)

매수

개선 선생의 절대비기!

• 엔벨로프의 선

중심선 : 20일 주가이동평균
상한선 : 20일 주가이동평균+(20일 주가이동평균*M(%))
하한선 : 20일 주가이동평균−(20일 주가이동평균*M(%))

주식 격언 새기기!

"인간 본성을 극복해야 한다."

'주식명인들은 도대체 어떻게 해서 억만장자의 대열에 올라섰을까?' 궁금하지 않을 수 없다. 한 판의 주식 승부는 곧 인생사라는 말이 있다. 탐욕과 공포, 미련과 집착, 불안과 흥분, 절망과 환희 등이 어우러진 한편의 처절하고도 치열한 드라마라는 얘기다. 주식명인들은 인간의 본성을 극복해낸 사람들이다. 그들은 욕심을 버리고 공포를 버리고 미련을 버리고 불안과 초조를 버리고 흥분하지 않고 고정관념을 버렸다. 주식이라는 드라마에서 주인공으로 우뚝 서기 위해서는 많은 것을 버려야 한다.

개선 선생의 한마디!

엔벨로프 매매 방법에서 가장 중요한 것은 갑작스러운 이벤트가 발생하거나 급락이 나올 때가 오히려 매수 기회이고, 그 이후에 급등이 나오는 경우가 많다는 것이다. 많은 매매를 하는 것보다는 한 번만 매매하더라도 정확한 자리에서 매매한다면 큰 수익을 볼 수 있다.

281 | 엔벨로프(Envelope) | 하락장에서 더욱 요긴하다 코오롱머티리얼 일봉

개선 선생의 절대비기!

중심선을 통해 추세가 어떻게 되는지 확인할 수 있다. 하락추세인지, 상승추세인지, 보합추세인지 확인하고 매매를 하는 것이다. 중심선이 계속 하락하는 상태이기 때문에, 하락추세인 것을 알 수 있다.

주식 격언 새기기!

"전략 없는 곳에 승리 없다."

증시를 전쟁으로 자주 비유한다. 전쟁(증시)에서 단순히 무기(자금)가 많다고 이기는 것은 아니다. 효과적인 전략과 적절한 전술이 있어야 한다. 주식투자에 있어 전략이란 제한된 자금으로 단–중–장기 투자여부 결정, 시장흐름 예측, 주도주 포착, 매매대상 종목 선정을 뜻한다. 전술은 매매대상 종목 추이에 따른 기간 설정, 매수가 및 매도가 설정, 장중 변수에 대한 유연한 대응을 말한다. 이길 수 있다는 자신감이 있어야만 큰 수익을 낼 수 있고, 이를 뒷받침하는 것은 필승의 매매전략 수립이다.

개선 선생의 한마디!

중심선을 통해 추세 방향을 설정하고, 상승추세로 판단되면 밴드 하단에서 매수하고, 중심선이 하락추세라면 매도 포지션을 주축으로 움직이면 된다. 또한, 박스권 형태로 움직이는 자리에서는 하단선과 상단선을 활용한 박스권 매매로 수익을 확보할 수 있다.

282 | 엔벨로프(Envelope) | 박스권 매매에선 최고 좋은 단타 제조기 비티원 일봉

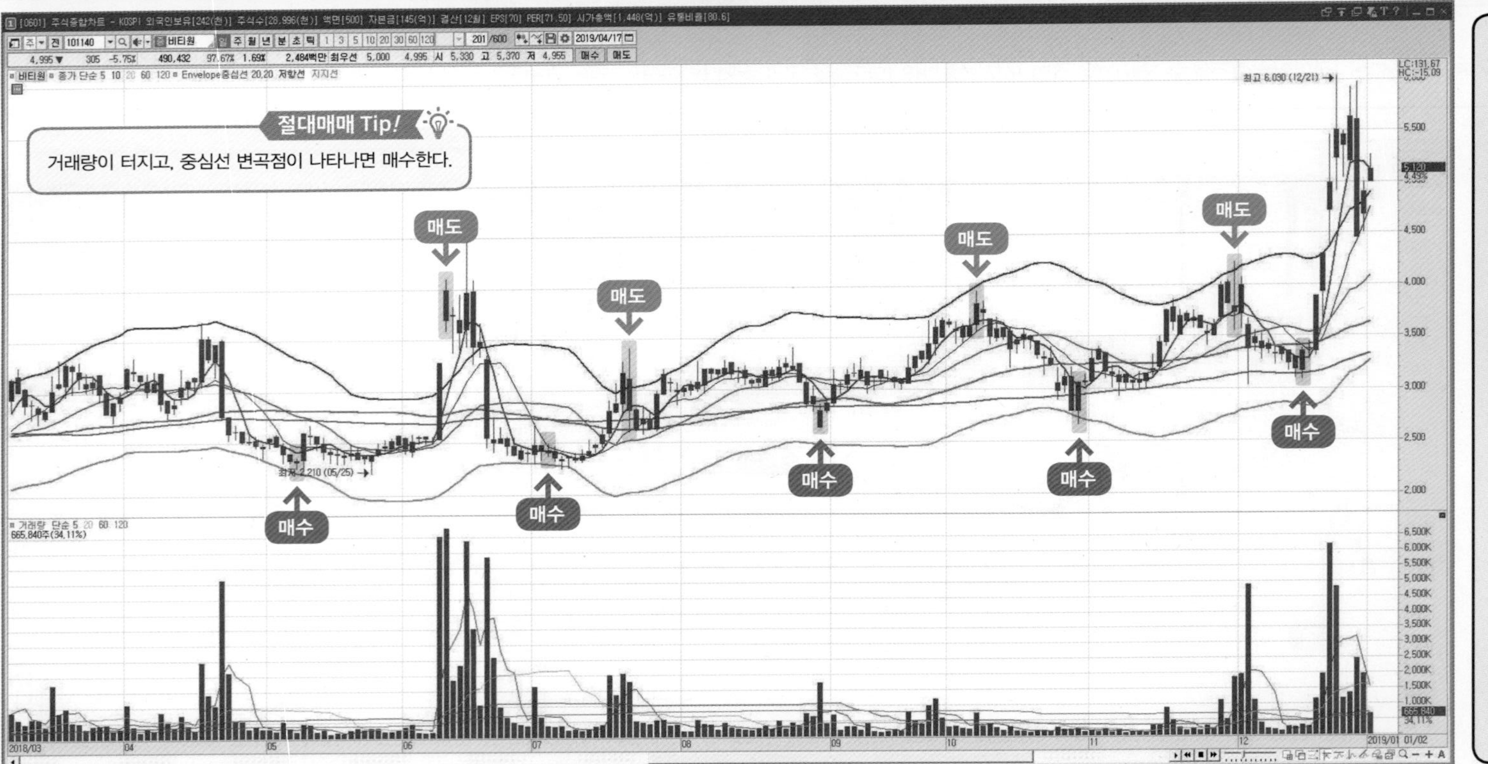

개선 선생의 절대비기!

- **보합장세에서 박스권 매매는 최고다.**

이격 매매와 비슷한 엔벨로프는 멘탈을 잡아 주는 심리적 밴드이다. 박스권 장세에서는 특히 저점에서 매수하고, 고점에서 매도하는 것이 쉬워 보이지만, 어떻게 될지 모른다는 불안감이 든다. 이런 심리적 불안감을 어느 정도 잡아 주는 것이 엔벨로프이다. 그러나 만약 추세 이탈 신호(중심선의 방향성)가 나올 때에는 밴드 하단이나 상단에서 매매가 이루어지는 것보다 중심선을 기준으로 잡는 것이 훨씬 좋다.

개선 선생의 한마디!

엔벨로프 매매는 주식에서 상당히 많이 쓰이는 매매 방법이다. 거래량을 함께 참고하면서 상단과 하단에서 어떤 이유로 지지가 되고 저항이 되는지 이해를 해야 한다. 위에 차트를 보면 보합추세라고 하지만 전체적인 흐름이 조금씩 우상향하면서 저점을 높이고 있는 상태이다. 그러다 보면 점차 밴드 하단에 닿지 않고 가는 자리가 나온다. 이때가 급등 임박 신호라고 보면 된다.

283 | 엔벨로프(Envelope) | 급등주 일시적 눌림 구간 저점 포착 남선알미늄 일봉

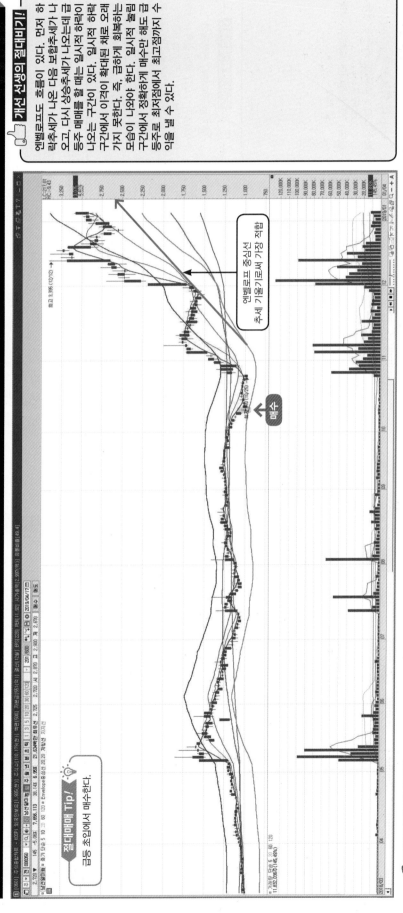

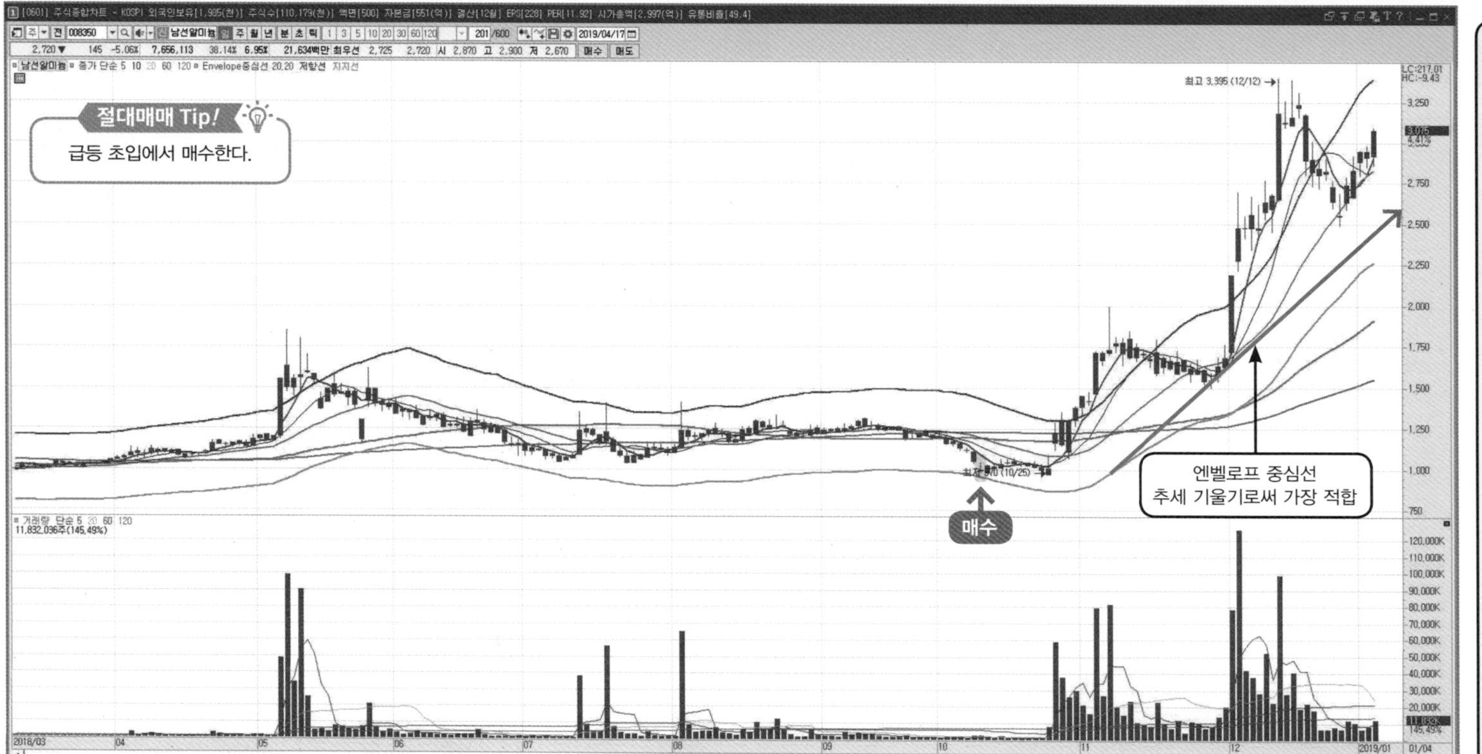

개선 선생의 절대비기!

엔벨로프도 흐름이 있다. 먼저 하락추세가 나온 다음 보합추세가 나오고, 다시 상승추세가 나오는데 급등주 매매를 할 때는 일시적 하락이 나오는 구간이 있다. 일시적 하락 구간에서 이격이 확대된 채로 오래 가지 못한다. 즉, 급하게 회복하는 모습이 나와야 한다. 일시적 눌림 구간에서 정확하게 매수만 해도 급등주로 최저점에서 최고점까지 수익을 낼 수 있다.

개선 선생의 한마디!

엔벨로프 하단에서 매수를 해도 급등주가 나올 경우에는 밴드 상단에서 매도하면 안 된다. 박스권을 뚫고 올라갈지 알 수 있는 방법은 거래량을 보는 것이다. 거래량이 이전보다 5배 이상 터지면서 돌파하고, 중심선의 변곡점이 나오고 우상향(45°로 움직이면 더 멀리 간다)하면, 그때부터는 밴드 상단이 중요한 것이 아니라 중심선을 이탈하지 않느냐를 보면서 추세 매매를 하는 것이 더 좋다.

284 | 상대강도지수(RSI) | 주가의 흐름과 추세강도를 미리 알자 인지컨트롤스 일봉

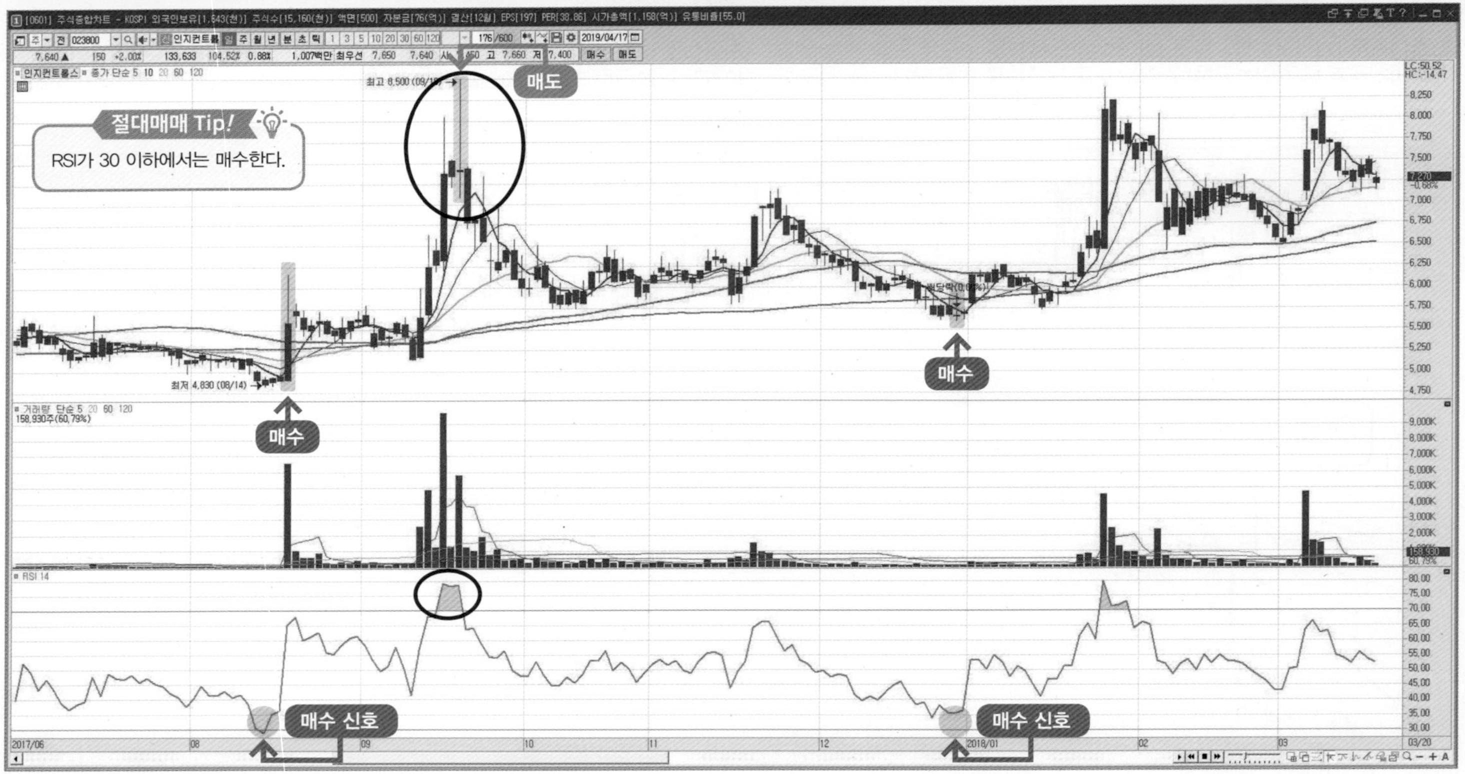

절대매매 Tip!

RSI가 30 이하에서는 매수한다.

매도

매수

매수

매수 신호

매수 신호

개선 선생의 절대비기!

- RSI(Relative Strength Index)는 현재 추세의 강도를 백분율로 나타내어 언제 주가 추세가 전환될 것인가를 예측하는 데 유용한 지표이다.

매수 : 30 이하이면 과매도 상태로 매수

매도 : 70 이상이면 과매수 상태로 매도

주식 격언 새기기!

"주가는 재료보다 선행한다."

투자자들이 주식을 사는 것은 미래에 대한 기대 때문이다. 투자의 기준은 미래에 있으며 미래의 예상되는 재료에 따라서 현재의 주가가 결정되므로 주가는 언제나 재료보다 선행한다. 경기가 회복 기미만 보여도 주가는 이미 상승세로 바뀌고 재료가 실현되기 전에 주가는 이미 다 올라버린다.

개선 선생의 한마디!

상대강도지수는 웰레스 윌더(Welles Wilder)가 개발한 지표로, 과도한 상승기에는 매도하고, 과도한 하락기에서 추세 변곡점이 나올 때는 매수할 수 있게끔 도와준다. MACD만큼 많이 쓰이는 보조지표이고, 잘 활용하면 아주 놀라운 수익을 낼 수 있다. 단기트레이딩을 할 때도 유용하고, 분봉 매매를 할 때도 같이 참고하는 것이 좋다.

285 | 상대강도지수(RSI) | 변동폭이 크게 나올 때 상대적 강도를 느껴라 송원산업 일봉

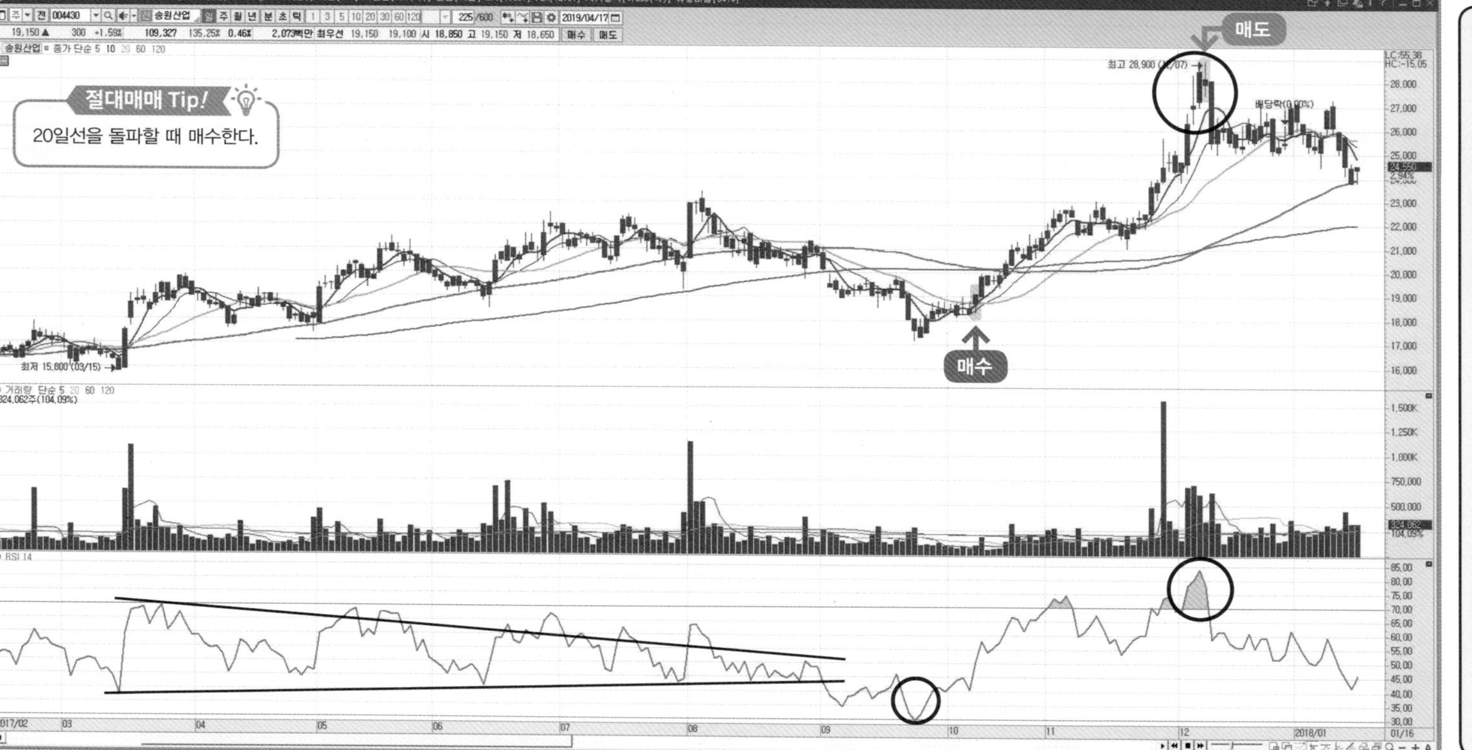

개선 선생의 절대비기!

- RSI = N일간의 주가상승폭 합계 /(N일간의 주가상승폭 합계+N일간의 주가하락폭 합계) *100

상승폭이나 하락폭을 계산하는 것이다 보니 이동평균선과 비슷한 개념이라고 보면 된다. 50일선을 기점으로 방향이 어느 쪽으로 향하고 있느냐가 중요하고, 갑작스러운 과매도, 과매수 구간에 진입할 때에는 매매를 진행하면 된다.

개선 선생의 한마디!

50%를 기준으로 50% 이상이면 매수세가 우세, 50% 이하이면 매도세가 우세하다고 보면 된다. 고점과 저점이 어떤 추세를 만들고 있느냐, 그리고 50%에서 어느 쪽으로 더 치우쳐 있느냐에 따라서 추세를 확인하고, 갑작스러운 과매도로 들어올 경우에는 매수를 준비했다가 캔들이 20일선을 돌파할 때 매수해야 한다.

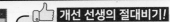

286 | 상대강도지수(RSI) | 다이버전스+저점 높이기 매매 활용 방법 메디파트너생명공학 일봉

매도

❺

매수

❶

❷

❸

❹

매수

매수 신호

절대매매 Tip!

20일선 돌파+거래량이 터질 때 매수한다.

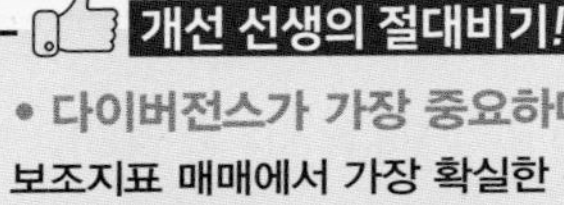

개선 선생의 절대비기!

• **다이버전스가 가장 중요하다**

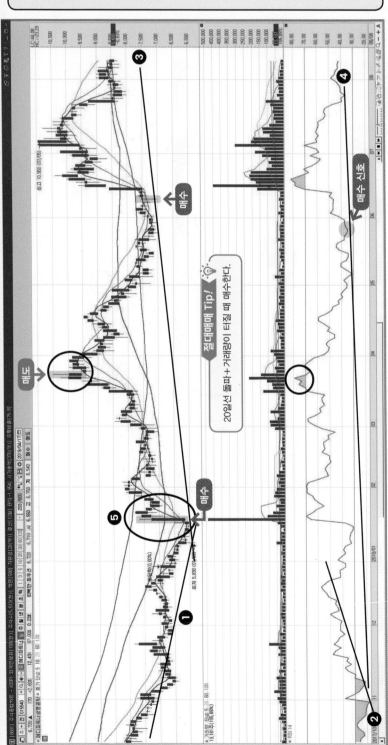

보조지표 매매에서 가장 확실한 것은 다이버전스이다. MACD와 RSI는 다이버전스를 더욱 신경 써야 한다.

1) ①번에서는 추세가 하락하고 있는데 ②번에서는 상승이 나오고 있다. 다이버전스가 나오고, ⑤번 지점에서 거래량이 터지면서 20일선을 돌파할 때 매수한다.
2) ③번 선을 보면, 저점을 계속 높이고 있는 것을 확인할 수 있다. ④번 선도 지지선을 높이고 있다면, 저점을 높이는 구간부터 매수 대기한다.

개선 선생의 한마디!

상대강도지수 하나만 보는 것보다는 다른 캔들과 거래량 그리고 추세 방향 패턴을 함께 보는 것이 좋다. 그러나 상대강도지수는 어떤 상대적 힘의 방향과 힘의 강도를 느끼기엔 좋은 지표이다.

287 | 보조지표 혼합 | CCI+스토캐스틱+다이버전스 싸이토젠 일봉

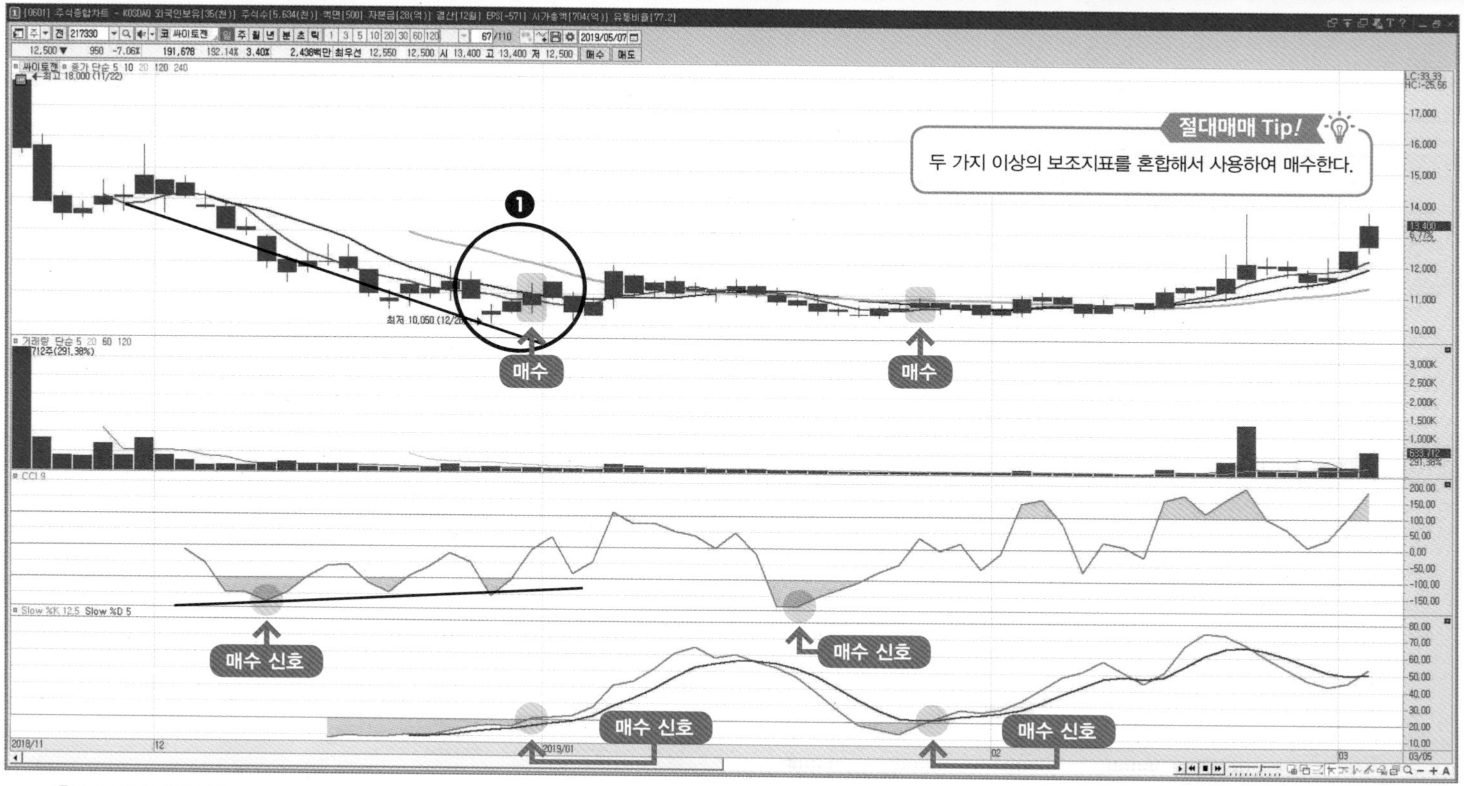

개선 선생의 절대비기!

• 보조지표의 혼합이 중요하다

CCI는 심리적 도구를 사용되는 지표로, 추세 매매를 확인할 때 좋고, 스토캐스틱은 매수와 매도 신호를 잡아줄 때 좋다. 이처럼 보조지표를 함께 사용한다면 보다 신뢰도 높은 매매가 가능하다.

주식 격언 새기기!

"주가는 옛집으로 간다."

주가는 전반적인 장세 변화에 따라 움직이지만 장기적으로는 개별기업의 실적이나 전망이 주가에 반영된다. 주식의 가치가 주가에 적게 반영된 종목은 약세국면에서 다른 종목에 비해 내림폭이 적은 것이 특징이다. 반면, 장세가 호황국면으로 돌아서면 상대적으로 오름폭이 크다. 우량주를 선택할 때 당장은 주가 변동으로 인한 수익이 적을 수도 있으나 장기적으로는 높은 수익을 얻을 수 있다.

개선 선생의 한마디!

다이버전스가 나오면서 CCI는 저점을 높이지만, 지수는 계속 하락하고 있다. 보조지표가 상승 흐름이기에 지수도 다시 상승으로 전환될 수 있는 자리가 곧 온다고 볼 수 있다. ①번에서 다이버전스+스토캐스틱 매수 신호+20일선 돌파 등 세 개 이상의 매수 신호가 나오고 있는 것을 확인할 수 있다.

288 | 이격도+MACD | 기간조정에 속지 않는 조합 경동나비엔 일봉

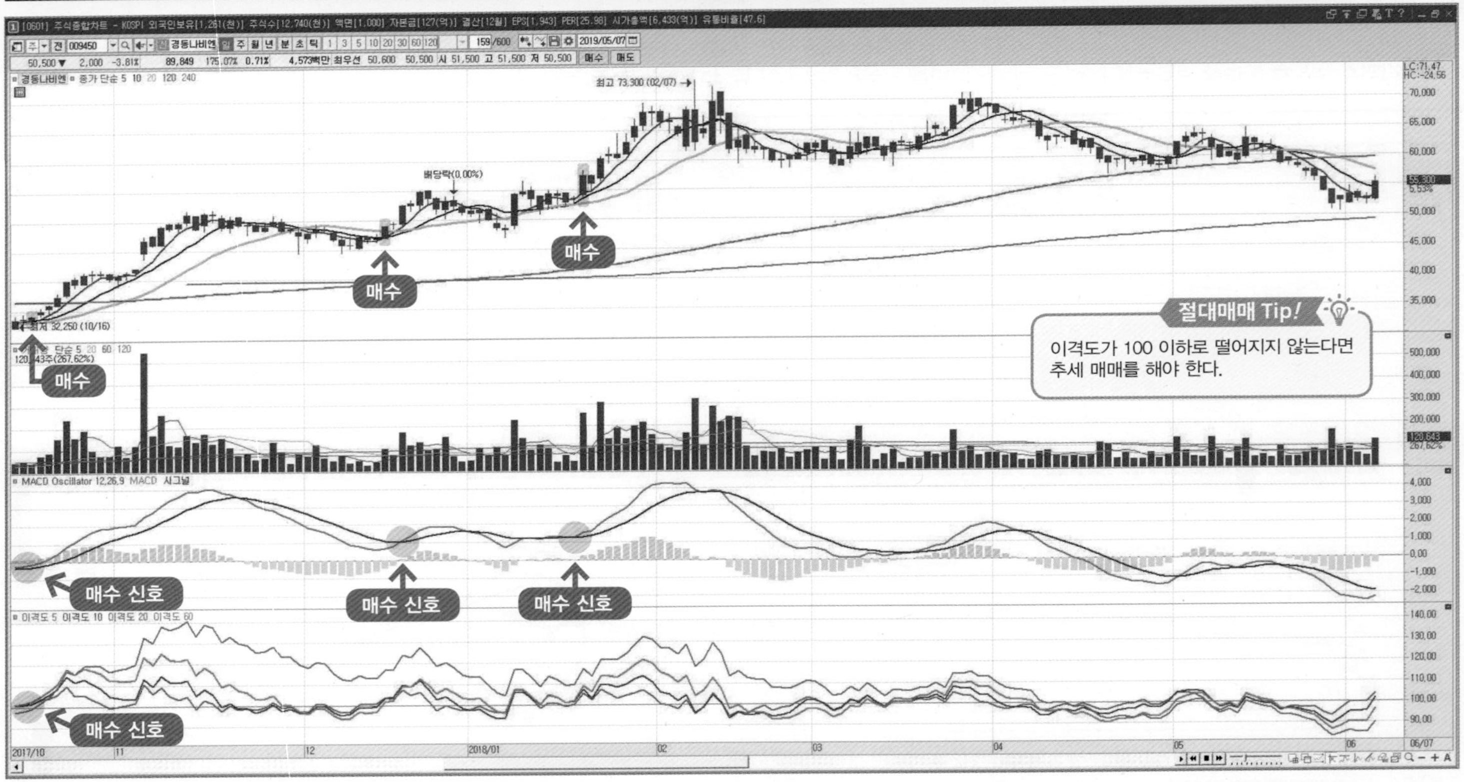

매수

매수

매수

매수 신호

매수 신호

매수 신호

매수 신호

절대매매 Tip!

이격도가 100 이하로 떨어지지 않는다면 추세 매매를 해야 한다.

개선 선생의 절대비기!

추세 상승이 나오다 보면, 보조지표들이 계속 변동성 있는 신호를 주기 마련이다. 그때마다 매도를 하면 끌고가는 매매를 실패하게 되고, 큰 수익을 볼 수 있는 기회를 놓치게 된다. 즉, 이때는 잔파동의 MACD보다 추세 매매 이격도를 활용하는 것이 유리하다.

주식 격언 새기기!

"주식투자는 절대적 유연성이 필요하다."

주식투자는 자기 나름의 소신을 가지고 해야겠지만 너무 자기의 생각에만 집착해서는 안 된다. 고집이 지나치게 세고 융통성이 부족한 성격의 사람은 주식투자가 적성에 맞지 않는다. 상황이 불리하고 자기 판단이 잘못되었다고 생각하면 하루아침에 시세관을 180도 바꾸는 유연성이 주식투자에는 절대적으로 요구된다.

개선 선생의 한마디!

이격도는 과매수, 과매도를 활용하는 매매 방법이다. 이격도가 벌어진 자리에서는 매도하고, 배열이 좁아진 부근에선 매수해야 한다. 이처럼 상승할 때마다 MACD를 활용해서 단타 매매를 할 수 있다.

289 | RSI+MACD | 하락장에서 반등을 활용한 매매 삼성전자 일봉

개선 선생의 절대비기!

보조지표는 투자자가 자신이 없더라도 매매를 잘할 수 있게끔 도와준다. RSI지표는 심리지표로, 과하게 하락했을 경우에만 매수하면 된다.

주식 격언 새기기!

"하강기의 반짝 장세에 현혹되지 마라"

시장 추세선이 하락 중일 때 낙폭 과대에 의한 기술적 반등이 나오게 되면 혹시나 하는 생각을 하기 쉽다. 그러나 추세 전환이라는 확신이 서기 전까지는 경계심을 풀면 안 된다. 과매도권에서 나타나는 반등은 기술적 매매로 임하는 것이 효과적이다.

시장이 진 바닥을 확인하지 않은 상태에서 갭 반등이 나올 때 반등폭은 상대적으로 크지 않은 경우가 많으므로 방어적 매매로 임하는 것이 좋다. 하락추세의 반등은 마지막 휘발유를 소진하는 불꽃이 될 수도 있다.

개선 선생의 한마디!

하락장에서도 우리는 수익을 내야 한다. 그러기 위해선 멘탈이 좋아야 하는데 단기 반등 매매와 과도하게 빠진 자리에서 매수해서 기술적 반등으로 수익을 내야 한다. 특히, MACD는 단타 매매에 적합하고, RSI는 추세적으로 과도하게 빠진 자리에서 매수하면 된다.

특별부록

- M&A
- 공시 분석

290 | M&A | 자기자본이익률(ROE)이 높은 상장사는 좋은 상장사가 아니다!

[자기자본이익률(ROE)]

경영자가 투자된 자본을 사용해 이익을 어느 정도 올리는가를 나타내는 지표.

[기업 유보율]

기업 확장을 위해 해당 회사가 어느 정도 자금을 회사에 쌓아두고 있는지를 나타내는 지표.

일반적으로 기업 가치를 판단할 때 ROE가 높은 기업은 수익성 측면에서 좋은 기업이라고 평가받는다.
또한 기업 유보율이 높아 회사의 유동성이 풍부할 경우 기업의 안정성 측면에서 좋은 점수를 받게 된다.

하지만 ROE와 기업 유보율이 높은 회사가 무조건 좋은 회사인지는 의심해봐야 한다.

ROE가 높다는 것을 반대로 생각해 보면 기업의 성장추세에 대응하는 자본축적이 미흡하다는 반증이 될 수도 있다. 기업 유보율이 높다는 것도 기업의 미래 성장 동력 확보를 위한 투자에 소극적이라고 판단할 수 있다.

이 때문에 ROE가 높아 일반적으로 좋다고 평가받는 기업이나 기업 유보율이 높은 기업의 경우에는 투자에 유의할 필요가 있으며, 시총 3,000억 미만 상장사의 경우 ROE 비율이 배당, 투자, 특수지출(대여, 매입 등)에 제한되어 있다면 기업 유보율이 높은 상장사가 좋은 상장사라고 할 수 있다.

▶ ROE가 높은 기업임에도 위험 할 수 있는 사례

- 시총 3,000억 미만 기업의 경우 지난 4분기 동안 유상증자를 한번이라도 했음에도 ROE가 높다면 위험!
- 2년 동안 BW 발행을 한번이라도 했다면 의심!
- 경영자 교체 시점에 보호예수가 걸려있는 종목은 ROE가 높을수록 거래정지 확률 높음!

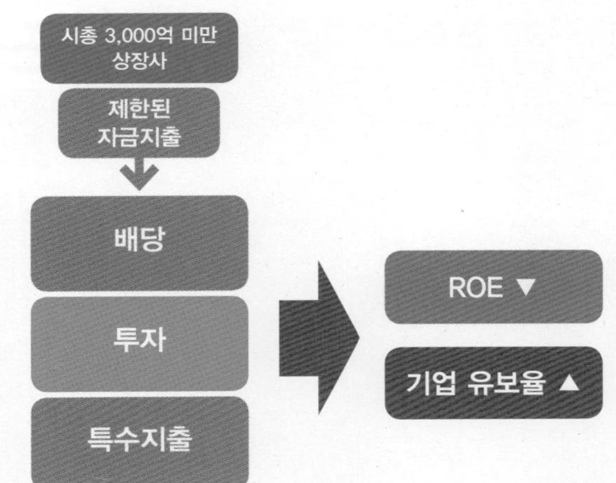

291 | M&A | 상장사가 주식교환방식 M&A로 (비)상장사를 인수할 때를 지켜봐라!

[주식교환방식 M&A]
특정기업을 인수하려는 기업 주식을 신규로 발행해 피인수기업의 주식과 교환함으로써 해당 회사를 자회사로 편입시키는 M&A 방법

주식교환방식 M&A는 1997년 외환위기 이후 각종 경제 질서가 활발히 재편되고 기업 및 금융기관의 구조조정의 필요성이 강조되던 시절 자본시장의 원활한 자금흐름을 유도하고, 기업 인수합병 시장에 활기를 불어넣기 위해 시작되었다.

주식교환방식으로 M&A 하려는 기업은 주식 신규 발행분을 피인수기업의 주식과 교환하기 때문에 신규 자금을 조달할 필요가 없다.

이 과정에서 피인수기업이 배정받은 인수기업의 주식 교환비율이 턱없이 낮음에도 불구하고 주식교환을 통해 모기업의 주식을 취득하는 경우가 있다. 피인수기업 자체의 성장가능성에 대한 한계를 인지하고 모기업 상장을 통해 기업 가치를 증대하려는 경우도 많다.

경우에 따라, 기업이 외부투자유치를 통해 기업 가치를 부풀린 후 사업부별로 기업분할을 시도하여 기업의 수익구조를 만드는 경우도 있다.

주식교환방식 M&A를 통해 피인수 되는 회사는 펀더멘털의 한계점을 의심해 봐야 한다.

※단, 인수기업이 피인수기업을 인수 후 유상증자를 시행하는 시점에서 약 1개월에 한하여 주가는 상승한다.

▶ **주식교환방식 M&A의 옳지 못한 사례**

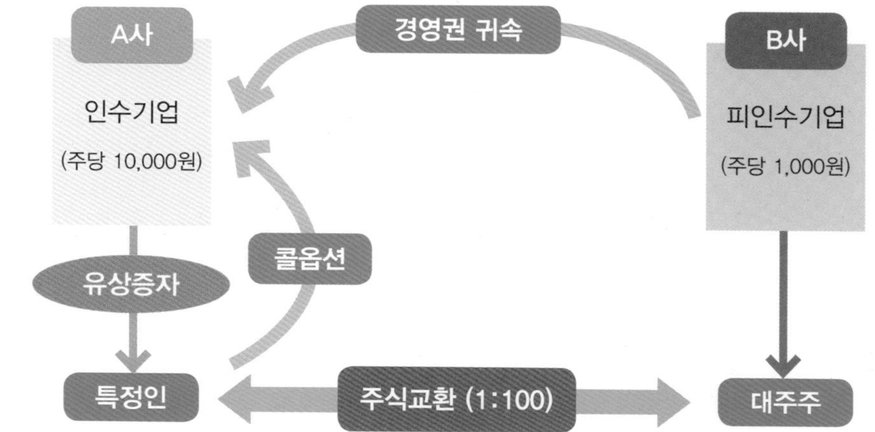

A(피인수)기업이 B(인수)기업을 주식교환방식으로 인수하고자 할 때 기존 주식을 이용하기보단 제3자(특정인) 유상증자를 통해 신규주식을 발행하여 진행한다.

이때 유상증자를 받은 특정인과 B기업의 대주주간 주식교환이 이루어지게 되지만 이는 B기업의 대주주만 변경되는 형태이기에 특정인은 유상증자분에 대해

'콜옵션'을 걸고 A기업에 경영권을 귀속하게 된다.
결과적으로 인수에 사용된 주식은 '콜옵션'이 걸린 유상증자 주식이 되는 것이다.

이때 대개 특정인은 주가 부양을 위한 각종 설계를 진행하게 되는데, 그 과정이 원활하지 못할 시 B기업의 매출채권(유동자산, 설비 등)을 처분하고 B기업을 공중분해 시키는 경우가 있다.

이럴 경우 A기업의 주가는 하락하게 되기에 본 방식의 M&A를 진행하는 회사는 주의해서 살펴야 하며, 이 또한 정상적인 M&A 방식이라 볼 수 없다.

292 | M&A | 조합이 최대주주가 되는 상장사는 단기간이라도 무조건 사야 한다!

조합은 일반적으로 분양, 시행, 시공을 하고자 하는 습성이 있기 때문에, 부동산 개발 사업에 대한 사업권을 획득하고자 일반 기업을 인수하려는 경우가 있다.

조합이 회사를 인수하는 경우, 조합원이 많다는 조합의 특성을 이용, 주가 조정이 유연한 면이 있다.

그럼에도 조합 방식을 통해 M&A를 하는 이유는 무엇일까?

첫 번째로, 조합이 기업을 인수하는 목표를 생각해 볼 수 있다. 조합은 기업의 본 사업 외의 사업권(분양, 디벨롭먼트 등)을 획득하기 위해 M&A에 참여하는 경우가 많다. 일반적으로 조합은 시행, 시공 등을 선호하므로 M&A를 통해 이러한 부동산 사업을 전략적으로 추진할 수 있다.

두 번째로, 현금흐름이 좋아진다는 장점이 있다. 기업인수 후 무이자 전환사채 발행 등을 통해 현금흐름을 개선시킬 수 있고, 이를 통해 다양한 방식의 유상증자, 재담보 대출이 가능해져 2차적으로 자금흐름을 원활히 할 여지가 크다.

조합이 기업의 사업권 획득을 위해 인수기업을 인수하는 경우, 여러 조합원의 자금을 순차적인 투자로 나누어 인수자금을 투입하는 경우가 있다.
이런 경우, 인수기업의 주가는 지속적으로 상승하게 되며, 조합이 인수하는 회사의 기업가치 또한 증대되는 경우가 많으므로 주목해야 한다.

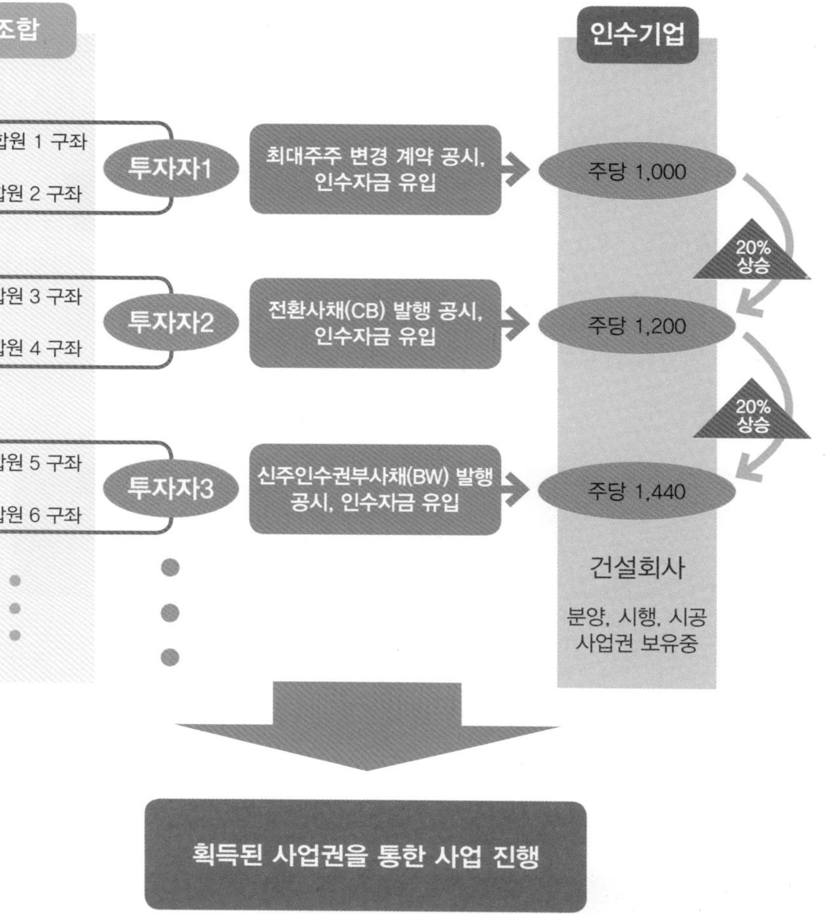

293 | M&A | 2개월 안에 자기주식취득 신탁계약 해지 후 유상증자 하는 기업을 주목하라!

장지웅 이사

[자기주식취득 신탁계약]

자기가 발행한 주식을 취득하여 보유하고 있는 주식으로, 이를 증권사 등에 신탁형태로 주식과 차입금을 SWAP 후, 만기 때 계약을 해지하는 방식.
(이때, 증권사는 만기 전까지 신탁 받은 주식을 관리만 할 수 있음.)

자기주식취득은 자본의 공동화, 불공정거래 가능성 등의 부정적 측면으로 인하여 상법상 원칙적으로 금지되고 있다.

하지만 주가안정 등 긍정적 측면도 있어 자본시장법상 상장법인에 대하여는 배당가능 이익 범위 내에서 허용하고 있다.

일반적으로, 개인투자자들은 시총이 작고 변동성이 큰 코스닥에 관심을 갖는 경우가 많다. 우량주는 자기주식취득 신탁계약의 영향이 미미한 반면, 시총 2,000억 미만의 소형주는 기업 공시에 큰 영향을 받는 경우가 많다.

이러한 시총 2,000억 미만 기업이 자기주식취득 신탁계약을 한 후 이를 해지한 경우에 주목할 필요가 있다.

자기주식취득 계약을 해지할 때, 해지 대신 제3자 배정 유상증자를 받을 자를 설정하는 경우가 있다. 이렇게 유상증자로 납입한 납입금을 담보로 주식담보부 대출, 전환사채 발행 등을 통해 현금 흐름을 만든다. 이 자금으로 주식을 추가 매입하는 과정에서 주가가 상승하는 경우가 많다.

▶ **자기주식취득 신탁계약 사례**

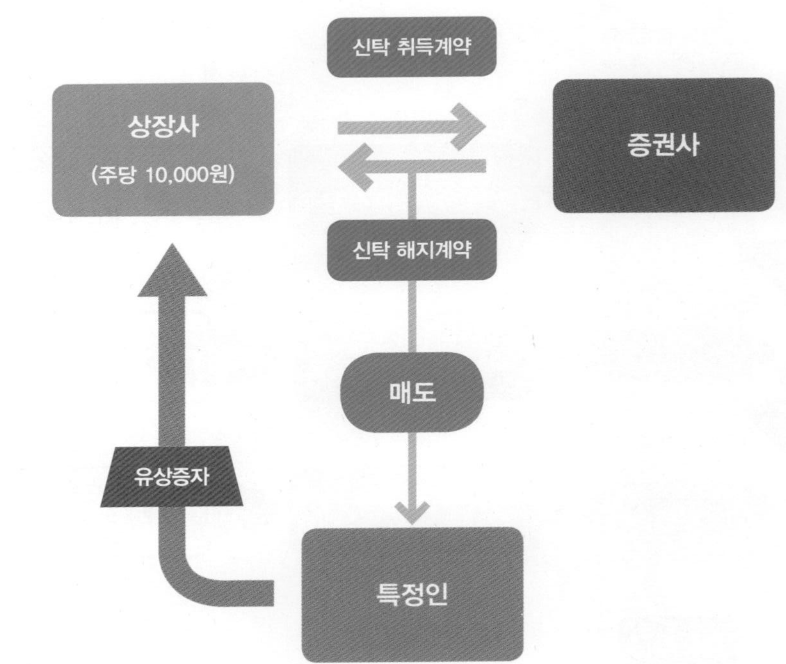

294 | M&A | 2분기 동안 전환가액 조정이 세 차례 이상 공시된 상장사는 작전이다!

장지웅 이사

[전환사채]

일정한 조건에 따라 채권을 발행한 회사의 주식으로 전환할 수 있는 권리가 부여된 채권으로서 전환 전에는 사채로서의 확정이자를 받을 수 있고 전환 후에는 주식으로서의 이익을 얻을 수 있는, 사채와 주식의 중간 형태를 취한 채권

전환가액의 조정이란 전환사채 발행 시, 발행 이후 주가가 변동하는 경우 사전에 정해진 방식에 의해 전환가를 조정해주는 것을 말한다.

기업가치가 변동되면 전환가액을 조정해야 하나, 가격조정이 힘들 때에는 전환되는 주식의 수량을 조정하게 된다.
이 경우, 유통 주식의 주도권을 가진 측에 주식물량을 넘기면 이를 통해 주식 거래량을 끌어올릴 가능성이 크다.

따라서, 시총 3,000억 미만 기업이 6개월 동안 3차례 이상 전환가액 조정이 들어갈 경우, 3번째 조정 시 작전일 가능성이 매우 높다.

일반적으로, 전환사채를 발행하기 전 단계로 유상증자를 진행하며, 그 후 전환사채를 발행하기 때문에 전환사채는 유상증자의 또 다른 수단으로 사용되기도 한다.

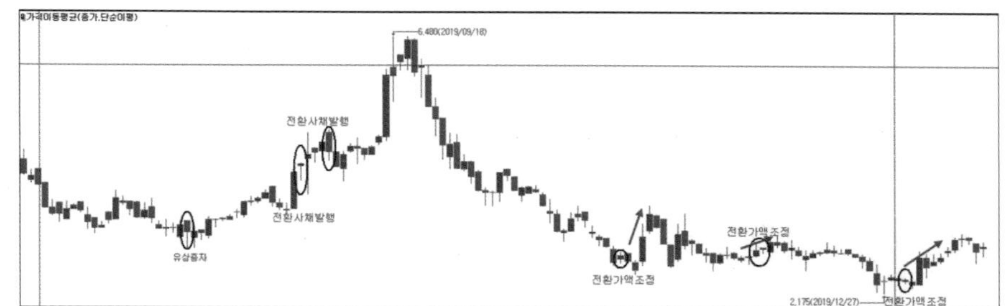

295 | M&A | 흑자전환 후 1주일 내 유·무상 증자하는 기업에 주목하라!

장지웅 이사

일반적으로, 기업이 흑자전환되면 기업의 미래성장성에 주목을 받아 주가가 상승한다.

그러나 2분기 이상 적자가 지속되던 회사가 대규모 흑자전환 시에도 주가가 상승하지 못하는 경우가 있다.

이러한 기업의 특징은

– 대주주지분이 최소 40% 이상이다.
– 거래량이 거의 없다.
– 자기자본이익률(ROE)이 현저히 낮다.

이러한 경우 흑자전환 후 1주일 내에 무상증자 혹은 유상증자가 이뤄질 확률이 높다. 유 · 무상증자가 발표되면 약 20% 정도 주가가 상승하지만, 이러한 주가 수준이 6개월간 지속된다.

그러나 2분기 이후 또 흑자 뉴스가 나올 경우 다시 유 · 무상증자가 이루어지고, 이때 주식가격이 폭등할 가능성이 높다.

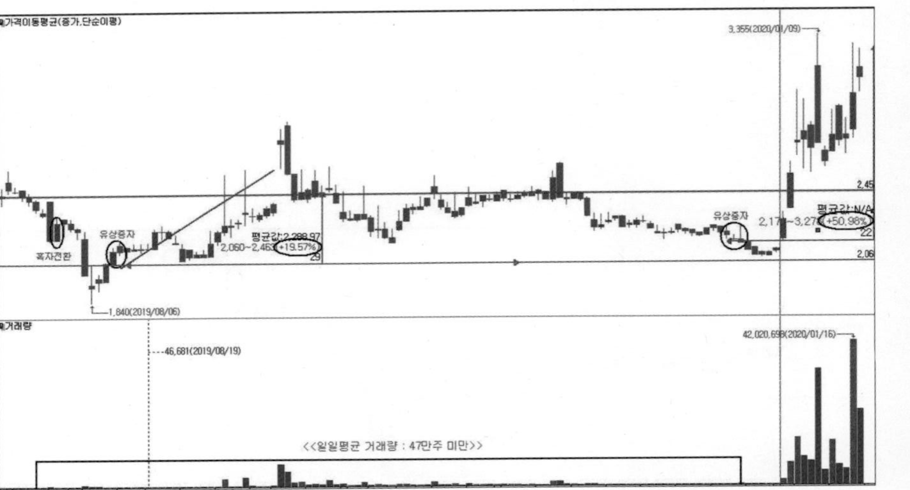

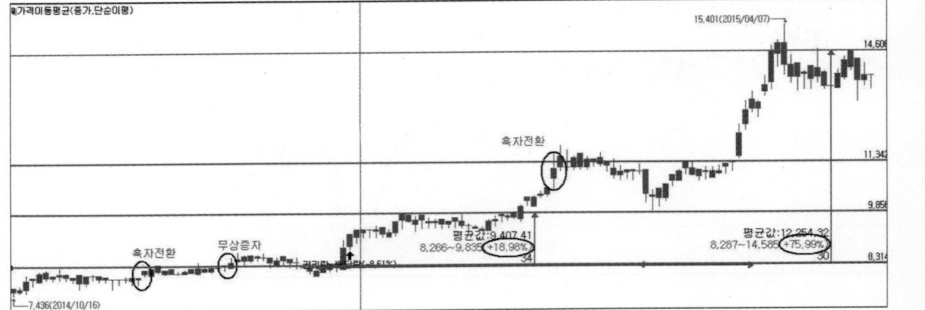

296 사모투자합자회사가 경영참여 목적으로 최대 주주가 되는 상장사를 주시하라!

장지웅 이사

사모투자합자회사는 기본적으로 GP(General Partners)를 구성하여 투자자인 LP(Limited Partners)를 모집한다. 이렇게 모집된 자금으로 제3자 배정 유상증자나 직접인수 등의 방식을 통해서 상장사의 최대 주주가 되려고 한다. 특히, 창업투자회사에서 경영 참여 목적으로 최대 주주가 되는 상장사를 주목해야 한다.

▶ **사모투자합자회사(PEF)의 기본 구조**

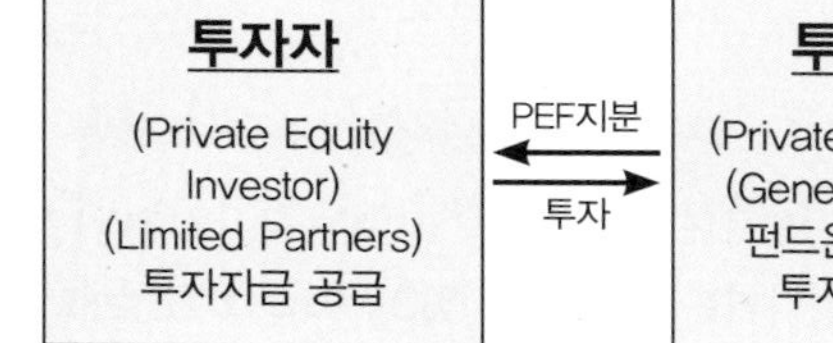

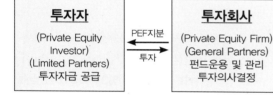

사모투자합자회사의 운용 주체는 일반적으로 VC(Venture Capital), 대부회사, 자산운용사, 창업투자회사가 있다. 운용 주체에 따라 성격이 다르지만, 창업투자회사의 PE 부서에서 운용하는 사모투자합자회사가 중요하다. 운용 주체가 창업투자회사 PE 부서일 경우, 목표 주가를 설정하기보다는 M&A를 통해서 시가총액을 늘린다.

창업투자회사에서 운용하는 사모투자합자회사가 M&A를 통해 시가총액을 늘리는 이유는, 모태펀드에서 인수회사의 타당성 검토가 끝났기 때문이다. 일반적으로 창업투자회사의 모태펀드에서 기술투자목적으로 20~30억 정도를 인수회사에 투자한 이후, 기술력을 확인하고 경영 참여 목적으로 최대 주주가 되는 경우가 많다.

창업투자회사는 경영권을 지배할 수 있는 권한이 없다. 그래서 본연의 기능인 기술투자 등 순투자를 통해 인수회사의 가치를 평가한 후, 사모투자합자회사를 통해 최대 주주가 된다.

이렇게 창업투자회사 모태 펀드에서 기술투자를 통해 가치를 확인하고, 사모투자합자회사를 통해 경영 참여를 목적으로 최대 주주가 되는 상장사는 향후 주가 움직임이 긍정적일 가능성이 매우 크다.

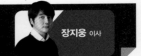

297 주식담보대출을 받은 상장사를 주목하라!

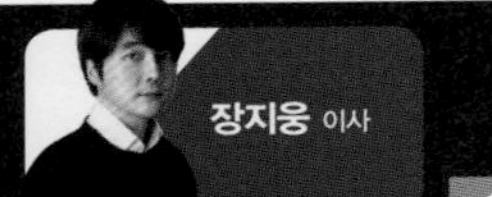

장지웅 이사

회사의 자금이 부족하여 주식담보대출을 받는 경우가 있다. 이때 몇 가지 조건만 만족한다면 안정적으로 수익을 낼 수 있다.

① 영업이익이 단 1%라도 회복되는 회사

영업이익이 마이너스여도 상관없다. 예를 들어 -20%에서 -19%로 1%라도 회복되는 것이 중요하다.

② 대주주 지분이 10% 이상 되는 회사

영업이익이 회복되면서 대주주 지분이 10% 이상 되는 회사는 주식담보대출을 받은 기준가보다 하락하기 쉽지 않다. 대주주 입장에서 주가를 적극적으로 방어하게 된다.

③ 부동산 자산이 시가총액의 20% 이상인 회사

대주주 지분이 10% 이상이고, 부동산 자산이 시가총액의 20% 이상인 회사는 주식담보대출 이후에 유상증자 공시를 기다려볼 필요가 있다. 이런 회사들은 자산가치가 충분하므로 유증이 수월하다.

예를 들어 주가가 10,000원인 회사가 주식담보대출을 받게 되면 담보가액이 6,500원~7,000원 수준이 된다.
위의 세 가지 조건을 만족하는 상장사라면 주식담보대출의 기준가가 10,000원을 밑돌기는 상당히 어렵다.

주식담보대출은 기간보다는 주가가 중요하다. 만약 주가가 기준가 10,000원에서 9,000원으로 떨어지면, 대출받은 자금 일부를 상환해야 한다. 주가가 9,000원으로 하락하면 담보비율을 70% 적용해도 6,300원이 되기 때문에, 10,000원 기준 담보가액 7,000원과의 차액만큼 상환이 필요하다. 이 때문에 대주주로서는 주식담보대출의 기준가인 10,000원을 무조건 지키려고 한다.

주식담보대출을 받은 상장사가 위의 세 가지 조건을 만족한다면 담보 기준가 대비 +6% 수준에서 지켜봐야 한다. 만약 유상증자 공시가 나온다면 이때가 매수 타이밍이 된다. 이후 M&A 공시가 있거나, 매출 증대 등의 뉴스가 나온다면 홀딩 관점이다.

하지만 유상증자 공시 이후 15~20% 상승한 다음 M&A 공시가 나왔는데 주가가 횡보한다면 이때가 매도타이밍이다.

298 최대 주주 변경을 수반하는 주식담보제공 계약 체결 공시는 먹튀일 가능성이 크다.

▶ 최대 주주 변경을 수반하는 주식담보제공 계약 체결 공시 흐름 예시

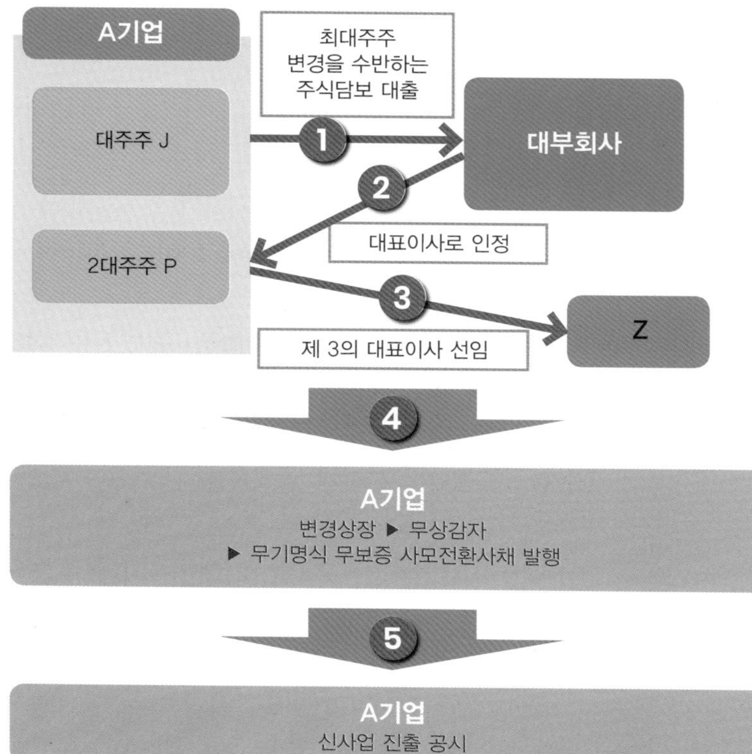

① A기업의 최대 주주 J가 주식담보대출을 받게 되면, 담보권이 실행되어 J의 지분율이 떨어지고 2대 주주가 최대 주주로 변경된다.
② 2대 주주 P가 최대 주주가 된다.
③ 최대 주주가 된 P는 제3자인 Z를 대표이사로 선임한다.
④ Z가 대표이사로 선임된 이후 A기업은 변경상장 이후 무상감자를 진행할 가능성이 매우 크다. 이후 무기명식 무보증 사모전환사채를 국내 사모전환사채로 발행하는 과정을 거칠 가능성이 크다.
⑤ 사채발행을 통해 조성된 자금으로 신사업진출 공시 가능성이 크다. 이때가 세력을 불러들이는 시점이 된다.

이런 과정을 거치면 회사는 존속하지만, 신사업에서 손실 가능성이 크다. 세력의 힘으로 최대 40%까지 주가 상승은 가능하지만, 2개월 이상 유지되기는 힘들다. 이 때문에 최대주주변경을 수반하여 주식 담보 제공계약 체결 공시를 하는 상장사는 의심스럽게 봐야 한다.

매수 타이밍은 ⑤번 시점인 세력이 유입되는 시점으로 20% 정도 수익실현이 가능하다. 최저점은 변경상장 시점이지만, 더욱 안전한 시점은 신사업진출 공시를 할 때이다.

매도 타이밍은 임시주총을 열면서 주식분할승인의 건이 공시되었을 때가 적당하다.

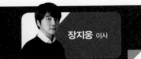

299 무기명 무이권부 사모전환사채를 발행하는 상장사를 지켜봐라!

장지웅 이사

사채발행 공시 이후 20일 이내 최대 주주가 바뀐다면 세력일 가능성이 크다.

무기명 무이권부 사모전환사채는 일반적으로 3년 만기이며, 만기이자 및 표면이자는 없다. 물론 주식으로 전환할 수 있는 전환가는 존재하고, 사채 규모에 따라 신주가 발행될 수 있다. 사채발행 목적은 운영자금조달일 가능성이 크다.

① A라는 상장사가 명목상 B를 대상으로 사채를 발행하지만,
② 실질적으로 C나 D가
③ 경영 참여목적으로 사채를 인수할 가능성이 크다. 이런 과정을 거치면
④ 95% 이상 외국인 순매수가 유입되면서 주가를 부양하게 된다.

매수 타이밍은 최대주주변경 공시가 나왔을 때이다.
매도 타이밍은 경영권이 바뀌고, 거래량이 상승할 때이다.

▶ 무기명 무이권부 사모전환사채 발행 예시

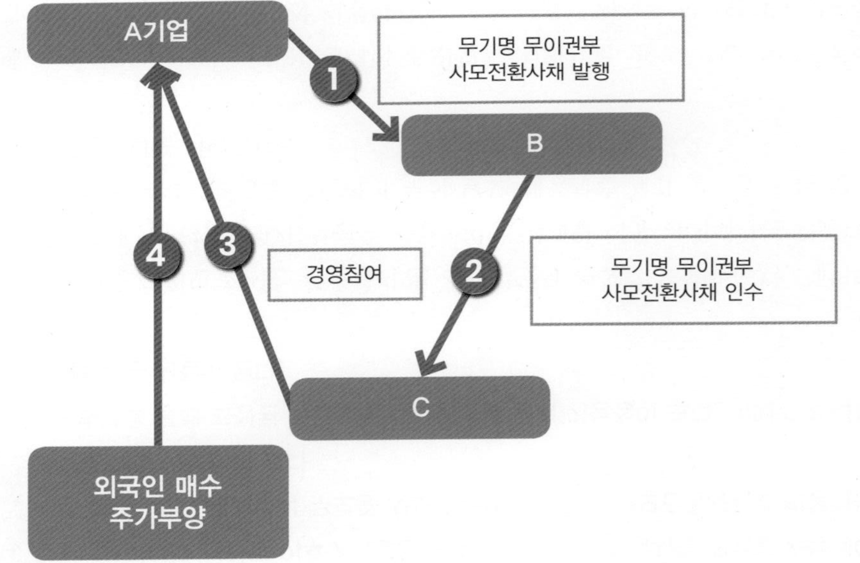

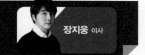

300 장중 52주 최저가를 갱신하고, 4일 안에 외국인이 갑작스럽게 순매수 유입되는 상장사를 주목하라!

장지웅 이사

장중 52주 신저가를 갱신하는 종목은 일반적으로 개인들의 순매수가 많다. 거래비중의 90% 이상이 개인인 경우가 많고, 기관은 거래에 참여하지 않는 패턴을 보인다. 이런 상황에서 외국인의 순매수가 갑작스럽게 늘어나면, 투자자들의 관심을 끌게 된다.

내부적으로 이런 상장사들은 52주 최저가 이전 시점에 최대 주주 변경을 수반하는 유상증자를 준비할 가능성이 크다. 준비를 마친 상황에서 다음 단계를 거치게 된다.

① 외국인 순매수 유입을 통해 주가를 7% 이상 상승시킨다.
② 영업이익적자는 늘어나지만, 매출이 증가하였다고 공시를 하면서 상한가를 만든다.
③ 최대 주주 변경을 수반하는 유상증자 공시를 한다.
④ 거래원 동향에 대형 증권사가 매수창구 상위에 등장한다.

이런 과정으로 영업적자 등 주가에 부정적인 뉴스를 희석하며 주가 상승을 유지한다. 10일 이내에 유상증자가 완료되면 사명 변경을 한다. 이후 신규 사업계획 뉴스를 올리며 주가 상승 폭을 유지하고, 또 한 번 최대주주변경이 이루어진다. 이런 상장사들은 결국 법원의 회생절차를 밟을 가능성이 크다.

위와 유사한 행보를 보이는 상장사의 매수타이밍은 ① 외국인 순매수가 유입되는 시점이다. 매도 타이밍은 유상증자 이후에 추가 상장 공시 시점이 된다.

주식 차트 절대비기 300선!

초판 1쇄 발행 2019년 6월 14일
19쇄 발행 2023년 2월 20일

지은이 이상우
편집 선우지운, 이상혁

펴낸곳 여의도책방
인쇄 ㈜재능인쇄
출판등록 2018년 10월 23일(제2018-000139호)
주소 서울시 강남구 논현로168길 47 2층
이메일 esangbook@lsinvest.co.kr

정가 27,000원
ISBN 979-11-965244-6-3 (03320)